# 講座
# 実務家事事件手続法 上

【編著】金子　修・山本和彦・松原正明

日本加除出版株式会社

# は し が き

　家事事件手続法が平成25年1月1日に施行されてから5年が経過した。施行までの各方面の準備や施行後のさまざまな運用上の工夫などに向けた関係者の御努力を得て，同法は，実務に確実に定着してきているように思われる。

　同法の制定は，それまでの家庭裁判所の実務運用を踏まえつつも，他の各種手続法に現れている理念をも取り入れた本格的な手続法という意味で，家事事件処理手続の一種の到達点であり，また，大きな転換点を画するものであることは間違いなかろう。他方で，家事事件の処理のあり方もスピードを増す時代の変化に機敏に対応していくことが問われている中で，同法が制定されたことは，そのための土台が形成されたという評価が可能であろう。その意味では，現時点は，将来においてこの分野の発展の歴史を振り返ったとき，新時代の黎明期であったと位置づけられることになるともいえそうである。

　本書は，そのような段階において編まれる本格的な解説書である。裁判所の判断の基礎となる情報を提供し合うとともに，世間の良識を踏まえた調整を図り，ときに専門家の意見も斟酌しながら解決策を見出す家庭裁判所の営みは，ダイナミックでありきわめて魅力的なものであるが，残念なことに，家事審判法時代のこの分野における理論面・実践面の探究は，法律の研究者や法律実務家共通の重要テーマというには至っていない状況にあった。家事事件手続法の制定過程を通じて，この分野に対する一定の関心が寄せられ，また，法改正をきっかけにこの分野における論考が多く発表され始めていることは幸いであったが，家庭をめぐる紛争が家庭裁判所に持ち込まれることが増加し，司法による解決への期待も今後ますます高まってくることが見込まれていることを考えれば，これに止まることなく，さらに多くの研究者の方々の研究対象に加えていただき，将来にわたって大いに発展させる必要のあるこの分野の理論的支柱になっていただくとともに，法律実務家に常に関心を持っていただき，解釈上の問題や法律上，運用上の課題を指摘していただくことが，家事事件の適切な紛争解決手段として機能し続けるために不可欠であろう。

はしがき

　私たち編著者は，このような問題意識を共有し，現時点における家事事件の処理についての法律・実務の到達点を確認し，それを分析しつつ，実践的で，かつ，運用上や立法論上の課題までを視野にいれた理論書を残しておくことが有用であるとともに，特定の分野の解釈や課題が何かを知る必要性が生じたときに，参照することで当該テーマについての問題点をひととおり理解することのできる実践的な論考が必要であると考え，本書の企画に携わることになった。

　本書は，このような甚だ欲張りな企画を具体化するため，テーマ設定と執筆者に関し，次のような工夫を試みることとなり，それが本書の特長ともなっている。

①　家事事件手続法の基本的な構造や家事事件の手続の流れに関するテーマと事件類型からアプローチするテーマを配して，双方の視点から家事事件手続法についての理解が可能となるようにした。また，各テーマは，あまり細分化せずに，ある程度まとまりのあるものとして，各執筆者が広い視点から考察することを可能とした。それぞれのテーマは，理論面や運用面の検討のほか，今後の課題や立法論にも及んでいる。

②　本書が取り扱う分野は手続法と家族実体法の交錯する分野でもあり，理論的検討，裁判実務の運用にあたっては，実体法の知識・理解が不可欠となることが多い。そこで，全体を通じて，基本的には，手続法，家族実体法の境界にこだわることなく，各執筆者の判断で論及していただいているが，家族実体法に比重をおいたテーマも取り上げている。このようなものとしては，「遺産分割（主として実体法的側面）」などがある。

③　手続法的な側面については，個別の条文の解釈を超えた，家事事件の手続の底流をなす基本的な理念にさかのぼった解説が可能となるようなテーマ設定をした。この点は，特に「家事審判における手続保障」，「当事者の役割と裁判所の役割」，「家事事件手続法における資料収集」，「家事事件手続法下の調停と審判の関係」といったテーマ設定に顕著に現れている。

④　いろいろな角度からの検討が有意義と考えられる主要なテーマについては，複数の執筆者がそれぞれの関心を有する観点から解説することとし，その場合の執筆者は，異なる視点からの検討となることを期待して，

研究者と実務家，裁判官と弁護士といった組合せになるよう配慮した。複数執筆者によって扱われているものは，「当事者の役割と裁判所の役割」，「家事事件手続法下の調停と審判の関係」，「子の引渡しをめぐる家事事件」など12のテーマに及んでいる。

⑤ 執筆者は，手続法及び家族法の研究者，裁判官，弁護士，家庭裁判所調査官である。これまでの研究分野や実務経験も考慮することはもちろんであるが，将来この分野における指導的役割を期待することのできる方々にお願いすることとなった。

以上の工夫が内容面の充実に結びついているかどうかはもとより本書を手にされた皆さんの判断に委ねる他ないのであるが，我々としては概ね目的は達せられているものと自負している。

本書が実務において広く活用されるとともに理論面の礎となり，本書を通じて，家事事件に関心のある方が一層広がり，今後の家事事件手続法の実務と理論の発展のために少しでも寄与するものとなることを願っている。

本書の刊行に当たっては，企画の段階から日本加除出版株式会社の真壁耕作，松原史明両氏に大変お世話になった。心より感謝申し上げる。


平成29年12月

金　子　　　修
編著者　山　本　和　彦
松　原　正　明

# 執筆者一覧

（肩書は平成29年11月現在，括弧内は執筆当時）

## 【編著者】

| | | |
|---|---|---|
| 金子 | 修 | 法務省大臣官房審議官 |
| 山本 | 和彦 | 一橋大学大学院法学研究科教授 |
| 松原 | 正明 | 早稲田大学大学院法務研究科教授 |

## 【執筆者】（五十音順）

| | | |
|---|---|---|
| 相原 | 佳子 | 弁護士 |
| 青木 | 哲 | 神戸大学大学院法学研究科教授 |
| 赤沼 | 康弘 | 弁護士 |
| 石垣 | 智子 | 東京法務局訟務部副部長（裁判所職員総合研修所教官） |
| 一場 | 修子 | 千葉地方家庭裁判所松戸支部判事（東京家庭裁判所判事） |
| 今津 | 綾子 | 東北大学大学院法学研究科准教授 |
| 内海 | 博俊 | 立教大学法学部准教授 |
| 打越さく良 | | 弁護士 |
| 姥迫 | 浩司 | 鳥取地方家庭裁判所判事（大阪家庭裁判所判事補） |
| 大谷美紀子 | | 弁護士 |
| 大橋 | 眞弓 | 明治大学法科大学院教授 |
| 岡田 | 幸宏 | 同志社大学法学部教授 |
| 垣内 | 秀介 | 東京大学大学院法学政治学研究科教授 |
| 笠井 | 正俊 | 京都大学大学院法学研究科教授 |
| 加藤 | 祐司 | 弁護士 |
| 金子 | 隆男 | 那覇家庭裁判所調査官 |
| 釜元 | 修 | 大阪高等裁判所判事（神戸家庭裁判所判事） |
| 窪田 | 充見 | 神戸大学大学院法学研究科教授 |
| 久保野恵美子 | | 東北大学大学院法学研究科教授 |

## 執筆者一覧

| | |
|---|---|
| 小池　覚子 | 岡山家庭裁判所判事（大阪家庭裁判所判事） |
| 小西　　洋 | 広島地方家庭裁判所部総括判事（東京家庭裁判所判事） |
| 小林　謙介 | 釧路地方裁判所部総括判事兼釧路家庭裁判所判事<br>（東京家庭裁判所判事） |
| 近藤ルミ子 | 弁護士 |
| 坂田　　宏 | 東北大学大学院法学研究科教授 |
| 佐々木　公 | 福岡高等裁判所那覇支部判事（東京家庭裁判所判事） |
| 杉山　悦子 | 一橋大学大学院法学研究科教授 |
| 鈴木　雅久 | 東京地方裁判所判事（京都家庭裁判所判事補） |
| 長島　寧子 | 水戸家庭地方裁判所下妻支部判事（大阪家庭裁判所判事） |
| 西　希代子 | 慶應義塾大学大学院法務研究科准教授 |
| 西森みゆき | 大阪家庭地方裁判所堺支部判事（名古屋家庭裁判所判事） |
| 菱田　雄郷 | 東京大学大学院法学政治学研究科教授 |
| 古川　善敬 | 最高裁判所人事局付兼総務局付（仙台家庭裁判所判事補） |
| 本間　靖規 | 早稲田大学法学学術院教授 |
| 増田　勝久 | 弁護士 |
| 町村　泰貴 | 北海道大学大学院法学研究科教授 |
| 松川　正毅 | 大阪学院大学法学部教授 |
| 松田　　亨 | 大阪高等裁判所部総括判事 |
| 三浦　康子 | 福岡地方裁判所小倉支部判事（大阪家庭裁判所判事） |
| 右田　晃一 | 裁判所職員総合研修所教官（東京家庭裁判所判事） |
| 水野　有子 | 東京地方裁判所部総括判事（東京家庭裁判所部総括判事） |
| 三村　義幸 | 横浜地方裁判所判事（仙台家庭裁判所判事） |
| 八槇　朋博 | 長野地方家庭裁判所諏訪支部判事（大阪家庭裁判所判事補） |
| 山田　　文 | 京都大学大学院法学研究科教授 |
| 脇村　真治 | 法務省民事局付 |
| 渡邉　充昭 | 札幌地方裁判所判事（名古屋家庭裁判所判事補） |
| 渡部美由紀 | 名古屋大学大学院法学研究科教授 |

# 凡　例

文中に掲げる法令・出典については次の略記とする。


〔法令〕

| | | | |
|---|---|---|---|
| 法 | 家事事件手続法 | 民訴費 | 民事訴訟費用等に関する法律 |
| 規則 | 家事事件手続規則 | 人訴 | 人事訴訟法 |
| 家審 | 家事審判法 | 人訴規 | 人事訴訟規則 |
| 家審規 | 家事審判規則 | 民執 | 民事執行法 |
| 非訟 | 非訟事件手続法 | 民調 | 民事調停法 |
| 民 | 民法 | 民調規 | 民事調停規則 |
| 民訴 | 民事訴訟法 | 児福 | 児童福祉法 |
| 民訴規 | 民事訴訟規則 | | |

| | |
|---|---|
| ハーグ条約 | 国際的な子の奪取の民事上の側面に関する条約 |
| ハーグ条約実施法 | 国際的な子の奪取の民事上の側面に関する条約の実施に関する法律 |
| 児童の権利条約 | 児童の権利に関する条約 |
| 任意後見 | 任意後見契約に関する法律 |
| 児童虐待防止法 | 児童虐待の防止等に関する法律 |
| 消費者裁判手続 | 消費者の財産的被害の集団的な回復のための民事の裁判手続の特例に関する法律 |
| 犯被保護 | 犯罪被害者等の権利利益の保護を図るための刑事手続に付随する措置に関する法律 |
| 通則法 | 法の適用に関する通則法 |


〔出典〕

| | | | |
|---|---|---|---|
| 大民集 | 大審院民事判例集 | 法時 | 法律時報 |
| 民集 | 最高裁判所民事判例集 | 曹時 | 法曹時報 |
| 刑集 | 最高裁判所刑事判例集 | 民商 | 民商法雑誌 |
| 下民集 | 下級裁判所民事判例集 | ジュリ | ジュリスト |
| 民録 | 大審院民事判決録 | 論究ジュリ | 論究ジュリスト |
| 東高民時報 | 東京高等裁判所判決時報（民事） | 法教 | 法学教室 |
| 集民 | 最高裁判所裁判集民事 | 金判 | 金融商事判例 |
| 民月 | 民事月報 | 家判 | 家庭の法と裁判 |
| 家月 | 家庭裁判月報 | 民訴雑誌 | 民事訴訟雑誌 |
| 判タ | 判例タイムズ | 戸時 | 戸籍時報 |
| 判時 | 判例時報 | リマークス | 私法判例リマークス |
| 金法 | 金融法務事情 | 判解 | 最高裁判所判例解説 |

# 上 巻 目 次

## 第 **1** 章　訴訟と非訟 ————————————————山本和彦

**第 1**　はじめに —— 問題の設定 ……………………………………………… *1*

**第 2**　従来の議論の整理 —— 判例法理の意義，学説の批判，新たな胎動 ……… *2*

　1　伝統的判例法理の意義………………………………………………………… *2*
　　⑴　訴訟事件・非訟事件2分論…………………………………………………… *2*
　　⑵　憲法82条と32条の対象の同一性……………………………………………… *5*
　　⑶　憲法32条の意義 —— 広範な「立法政策論」……………………………… *5*
　　⑷　判例法理の総括………………………………………………………………… *7*
　2　学説の批判…………………………………………………………………… *8*
　　⑴　事件の多様性 —— 個別アプローチによる適切な手続の模索……………… *8*
　　⑵　憲法32条の非訟事件への適用………………………………………………… *9*
　　⑶　憲法32条の実質化：審尋請求権論…………………………………………… *10*
　　⑷　非訟事件に関する憲法的保障のコンセンサス……………………………… *11*
　3　判例の流動化の胎動………………………………………………………… *12*
　　⑴　外国裁判の承認………………………………………………………………… *13*
　　⑵　平成20年決定の少数意見の議論……………………………………………… *13*

**第 3**　訴訟・非訟2分論 —— 立法者のフリーハンドの容認と評価 ……… *15*

　1　立法者のフリーハンドの現実……………………………………………… *16*
　2　学説の無関心の理由………………………………………………………… *18*
　3　「訴訟と非訟」論に関する小括…………………………………………… *19*

**第 4**　ハイブリッド型手続の隆盛 —— 純然たる訴訟事件の非訟化のテクニック ……………………………………………………………………… *20*

　1　ハイブリッド型手続の意義………………………………………………… *20*
　2　ハイブリッド型手続の歴史………………………………………………… *21*
　3　ハイブリッド型手続の限界………………………………………………… *22*

**第 5**　非訟化のニーズと受け皿となるべき非訟手続 …………………… *24*

上巻目次

| | | |
|---|---|---|
| 1 | 非訟化のニーズの所在と対応の可能性 | 24 |
| 2 | 受け皿となる非訟手続のあり方 —— 争訟的非訟事件 | 25 |
| 3 | 非訟手続の「下限」—— 憲法上の要請と行政事件との均衡 | 27 |

第**6** おわりに —— 新たな理論的地平を求めて … 28

## 第**2**章　家事事件手続法の意義と課題 ————金子　修

第**1** 本稿の目的 … 31

第**2** 家事事件手続法制定の意義 … 32

| | | |
|---|---|---|
| 1 | 手続法改正の流れから | 32 |
| 2 | 他の手続法との比較検討の可能性 | 33 |
| 3 | 非訟事件の性質論への影響 | 33 |
| 4 | 決定手続の規律論又は解釈論への影響 | 35 |
| 5 | 社会的影響 | 36 |
| 6 | 研究対象として | 37 |
| 7 | 家庭をめぐる紛争処理のための包括的な規律として | 38 |

第**3** 家事事件の処理における後見性 … 38

| | | |
|---|---|---|
| 1 | 後見性の意義 | 38 |
| （1） | 後見性の現れ方 | 39 |
| （2） | 手続上の担保 | 41 |
| 2 | 手続保障と後見性の関係 | 43 |
| （1） | 家事事件手続法における手続保障の内容 | 43 |
| （2） | 手続保障と後見性の交錯 | 44 |
| 3 | 裁判所と関係者の役割分担 | 47 |
| 4 | 子の利益の実現 | 49 |
| （1） | 家事事件手続法における子の利益の確保の手法 | 49 |
| （2） | 子の手続代理人と家庭裁判所の役割 | 50 |
| 5 | 後見性の発揮と当事者の意向 | 52 |
| （1） | 手続当事者による専門性へのアクセス | 53 |
| （2） | 手続選択と当事者の関与 | 54 |

第**4** まとめに代えて … 57

第**3**章　家事事件手続法の意義と課題────────本間靖規

第**1**　はじめに ……………………………………………………… *59*

第**2**　当事者の手続主体性 …………………………………………… *60*

第**3**　当事者権と審尋請求権 ………………………………………… *66*

第**4**　手続保障の及ぶ人的範囲 ……………………………………… *67*

　　1　一　般 ………………………………………………………… *67*
　　2　子の代理人 …………………………………………………… *69*

第**5**　当事者と裁判所の役割分担（職権探知主義と手続協力義務の関係）……… *72*

　　1　当事者の手続主体性と職権探知主義の関係 ………………… *72*
　　2　職権探知の根拠 ……………………………………………… *72*
　　3　職権探知主義と主張責任・証明責任 ……………………… *74*
　　4　手続協力義務 ………………………………………………… *76*
　　5　いわゆる当事者主義的運用と手続協力義務との関係 …………… *78*

第**6**　おわりに ……………………………………………………… *81*


第**4**章　渉外家事事件と家事事件手続法────────水野有子

第**1**　渉外家事事件の意義 …………………………………………… *83*

第**2**　渉外家事事件の審理──総論 ………………………………… *84*

　　1　概　要 ………………………………………………………… *84*
　　2　国際裁判管轄等の存否の確認 ……………………………… *84*
　　　(1)　国際裁判管轄等の意義等 ………………………………… *84*
　　　(2)　国際裁判管轄等の規律・判断 …………………………… *84*
　　　(3)　国際裁判管轄等の解釈 …………………………………… *85*
　　　(4)　改正法案 …………………………………………………… *87*
　　3　準拠法の決定 ………………………………………………… *88*
　　　(1)　国際私法の意義 …………………………………………… *88*

上巻目次

　　(2)　準拠法決定のプロセス ･･････････････････････････ *89*
　　(3)　準拠法の適用 ･････････････････････････････････ *92*
　4　適用される手続法 ･･････････････････････････････････ *93*
　5　外国裁判の承認 ･････････････････････････････････････ *93*
　　(1)　外国裁判の承認の意義 ･･･････････････････････････ *93*
　　(2)　外国裁判を承認する要件 ･････････････････････････ *94*

## 第3　渉外家事事件の審理 —— 各論 ･･････････････････ *95*

　1　離婚調停事件 ･････････････････････････････････････ *95*
　　(1)　はじめに ･･･････････････････････････････････････ *95*
　　(2)　国際的な管轄 ･･･････････････････････････････････ *95*
　　(3)　準拠法 ･････････････････････････････････････････ *96*
　2　財産分与事件 ･････････････････････････････････････ *97*
　3　子の監護に関する処分事件（養育費を除く） ･･････････ *98*
　4　婚姻費用分担事件及び子の養育費請求事件 ･･･････････ *98*
　5　実親子関係事件 ･･･････････････････････････････････ *99*
　　(1)　実親子関係事件全体について ･････････････････････ *99*
　　(2)　嫡出否認事件の準拠法 ･･･････････････････････････ *100*
　　(3)　認知事件（同無効・取消事件）の準拠法 ･･･････････ *100*
　　(4)　親子関係存否確認事件の準拠法 ･･･････････････････ *101*
　6　養親子関係の成立を目的とする審判事件 ･････････････ *101*
　　(1)　はじめに ･･･････････････････････････････････････ *101*
　　(2)　国際裁判管轄 ･･･････････････････････････････････ *102*
　　(3)　準拠法 ･････････････････････････････････････････ *102*


# 第5章　渉外家事事件と家事事件手続法 ―――― 大谷美紀子

## 第1　はじめに ･･･････････････････････････････････････ *105*

## 第2　国際裁判管轄 ･････････････････････････････････ *106*

## 第3　送　達 ･･･････････････････････････････････････ *107*

　1　調停・審判事件の外国にいる相手方への送達・送付 ･･･ *107*
　2　外国送達 ･････････････････････････････････････････ *108*
　3　外国公示送達 ･････････････････････････････････････ *111*

（1）　外国公示送達の要件･･････････････････････････････････････････････*111*

（2）　外国公示送達の方法及び効力発生の時期･････････････････････････*113*

4　外国送達による場合の手続の進行･･･････････････････････････････････*114*

5　日本国内における日本語を理解しない相手方に対する送達・送付･･･････*115*

## 第4　準拠法 ･･････････････････････････････････････････････････････････*115*

## 第5　事実の調査 ･･････････････････････････････････････････････････････*116*

## 第6　外国にいる当事者の期日への参加 ･･･････････････････････････････*117*

## 第7　翻　訳 ･･････････････････････････････････････････････････････････*119*

## 第8　通　訳 ･･････････････････････････････････････････････････････････*119*

## 第9　渉外家事事件手続におけるその他の特別の要請や配慮 ･････････････*120*

## 第6章　管轄と移送────────────────脇村真治

## 第1　家事事件における管轄の意義等 ･････････････････････････････････*123*

1　管轄の意義と当事者等の手続上の権能の便宜･･･････････････････････*123*

2　家事事件における管轄裁判所の特徴（管轄の集中と移送，自庁処理
による柔軟な対応）･･････････････････････････････････････････････････*125*

## 第2　家事審判事件の管轄裁判所 ･････････････････････････････････････*125*

1　成年後見に関する審判事件･････････････････････････････････････････*126*

2　子に関連する審判事件･････････････････････････････････････････････*127*

（1）　子の監護，親権及び未成年後見に関する審判事件･･･････････････*127*

（2）　特別養子縁組に関する審判事件･････････････････････････････････*127*

3　別表第2の審判事件と合意管轄･････････････････････････････････････*128*

## 第3　家事調停事件の管轄裁判所と家事審判事件との関係 ･････････････*130*

1　家事調停事件の管轄裁判所･････････････････････････････････････････*130*

2　審判移行と家事審判事件の管轄裁判所･･･････････････････････････････*130*

3　付調停と家事調停事件の管轄裁判所･････････････････････････････････*131*

*13*

第**4** 優先管轄等 ················································································ *134*

  1 優先管轄の意義 ················································································ *134*

  2 手続の併合 ····················································································· *134*

第**5** 移　送 ·························································································· *135*

  1 移送の種類 ····················································································· *135*

  2 申立権 ·························································································· *137*

  3 意見聴取 ······················································································· *137*

  4 移送の要件と移送の申立ての却下 ······················································· *137*

   ⑴ 管轄権を有しない裁判所による管轄権を有する裁判所への移送（法
     9条1項本文） ·············································································· *137*

   ⑵ 管轄権を有しない裁判所による管轄権を有する家庭裁判所以外の
     家庭裁判所への移送（法9条1項ただし書） ········································ *138*

   ⑶ 管轄権を有する裁判所による優先管轄の規定によって管轄権を有
     しないこととされた家庭裁判所への移送（法9条2項1号） ··················· *138*

   ⑷ 管轄権を有する裁判所による管轄権を全く有していなかった家庭
     裁判所（優先管轄の規定によって管轄権を有しないこととされた家
     庭裁判所以外の家庭裁判所）への移送（法9条2項2号） ··················· *138*

   ⑸ 移送の申立てを却下する裁判 ························································· *139*

  5 即時抗告 ······················································································· *139*

   ⑴ 即時抗告の対象 ········································································· *139*

   ⑵ 即時抗告権者 ··········································································· *139*

   ⑶ 即時抗告の理由 ········································································· *139*

   ⑷ 抗告審の裁判 ··········································································· *140*

  6 即時抗告の執行停止効 ····································································· *140*

  7 移送の裁判の効力 ··········································································· *140*

第**6** 自庁処理 ······················································································ *141*

  1 要件等 ·························································································· *141*

  2 意見聴取 ······················································································· *141*

  3 自庁処理の裁判 ·············································································· *142*

  4 不服申立て ···················································································· *142*

上巻目次

## 第 7 章　家事審判における手続保障————————垣内秀介

### 第 1 　はじめに ……………………………………………………………………… *143*

### 第 2 　手続保障の意義 ……………………………………………………… *144*

1　手続保障の必要性…………………………………………………………… *144*
2　手続保障に関する諸規律…………………………………………………… *146*
3　家事事件ないし家事事件手続の特殊性………………………………… *150*

### 第 3 　手続保障をめぐる家事事件手続法の規律の枠組み ………… *152*

1　当事者の手続保障に関する諸規定……………………………………… *153*
　(1)　家事審判事件全般に適用のある規律………………………………… *153*
　(2)　別表第 2 事件の特則………………………………………………………… *154*
2　当事者以外の利害関係人の手続保障に関する諸規定……………… *156*
　(1)　各種の利害関係人をめぐる家事事件手続法上の諸概念………… *157*
　(2)　当事者以外の利害関係人に対する手続保障の内容……………… *163*
　(3)　ドイツ法上の「関係人」概念との比較……………………………… *175*

### 第 4 　手続保障をめぐる今後の課題 …………………………………… *180*

1　当事者の手続保障をめぐる問題点……………………………………… *180*
　(1)　別表第 1 事件と第 2 事件との区別の合理性……………………… *180*
　(2)　裁判資料収集における当事者の主体性……………………………… *182*
2　当事者以外の利害関係人の手続保障をめぐる問題点……………… *185*
　(1)　手続保障を与えるべき者の範囲……………………………………… *185*
　(2)　手続保障を与えるべき者に対する処遇の内容…………………… *187*

### 第 5 　おわりに ……………………………………………………………………… *188*


## 第 8 章　当事者の役割と裁判所の役割————————近藤ルミ子

### 第 1 　はじめに ……………………………………………………………………… *189*

### 第 2 　家事事件における当事者概念〜家事事件手続法における「当事者」概念の導入〜 ………………………………………………………………… *191*

*15*

1　利害関係参加の制度‥‥‥‥‥‥‥‥‥‥‥‥‥‥‥‥‥‥‥‥‥‥‥*192*
　　⑴　「審判を受ける者となるべき者」及び「審判の結果により直接の影
　　　響を受ける者」の利害関係参加‥‥‥‥‥‥‥‥‥‥‥‥‥‥‥‥*192*
　　⑵　職権による利害関係参加‥‥‥‥‥‥‥‥‥‥‥‥‥‥‥‥‥‥*194*
　　⑶　未成年者の利害関係参加‥‥‥‥‥‥‥‥‥‥‥‥‥‥‥‥‥‥*194*
　　⑷　利害関係参加人の手続保障‥‥‥‥‥‥‥‥‥‥‥‥‥‥‥‥‥*195*
　　2　審判の告知・即時抗告権の付与‥‥‥‥‥‥‥‥‥‥‥‥‥‥‥‥*195*
　　3　必要的陳述聴取‥‥‥‥‥‥‥‥‥‥‥‥‥‥‥‥‥‥‥‥‥‥‥*196*

## 第3　家事事件における職権探知主義の意義と実際～家事事件における要件事実論を踏まえて～‥‥‥‥‥‥‥‥‥‥‥‥‥‥‥‥‥‥‥‥‥‥‥*197*

　　1　家事事件手続法下での職権探知主義の意義‥‥‥‥‥‥‥‥‥‥‥*197*
　　⑴　職権探知主義の意義‥‥‥‥‥‥‥‥‥‥‥‥‥‥‥‥‥‥‥‥*197*
　　⑵　職権探知主義の下での手続保障‥‥‥‥‥‥‥‥‥‥‥‥‥‥‥*198*
　　2　家事事件において職権探知主義が採用される根拠‥‥‥‥‥‥‥‥*200*
　　3　家事事件手続における職権探知主義の実際‥‥‥‥‥‥‥‥‥‥‥*201*
　　⑴　事件類型に応じた職権探知主義の機能‥‥‥‥‥‥‥‥‥‥‥‥*201*
　　⑵　別表第2審判事件における要件設定と職権探知主義‥‥‥‥‥‥*202*

## 第4　家事事件の手続における裁判所と当事者それぞれの役割‥‥‥*205*

　　1　職権探知主義と手続保障の関係‥‥‥‥‥‥‥‥‥‥‥‥‥‥‥‥*205*
　　2　職権探知主義の下での裁判所の役割と当事者の役割‥‥‥‥‥‥‥*206*
　　3　事案解明における当事者の役割‥‥‥‥‥‥‥‥‥‥‥‥‥‥‥‥*208*


## 第9章　当事者の役割と裁判所の役割────────杉山悦子

## 第1　はじめに‥‥‥‥‥‥‥‥‥‥‥‥‥‥‥‥‥‥‥‥‥‥‥‥‥‥‥*213*

## 第2　当事者及び裁判所の概念の導入‥‥‥‥‥‥‥‥‥‥‥‥‥‥‥‥*214*

　　1　裁判所概念の導入‥‥‥‥‥‥‥‥‥‥‥‥‥‥‥‥‥‥‥‥‥‥*214*
　　2　当事者概念の導入の経緯‥‥‥‥‥‥‥‥‥‥‥‥‥‥‥‥‥‥‥*214*
　　3　家事事件手続法上の当事者の地位‥‥‥‥‥‥‥‥‥‥‥‥‥‥‥*216*

## 第3　当事者と裁判所の責務（法2条）‥‥‥‥‥‥‥‥‥‥‥‥‥‥‥*217*

　　1　家事事件手続法2条と民事訴訟法2条の関係‥‥‥‥‥‥‥‥‥‥*217*

上巻目次

　　2　家事事件手続法2条の法的性質………………………………220

第**4**　事案解明における職権探知主義の原則と当事者と裁判所の役割………223

　　1　職権探知主義の導入………………………………………………223
　　2　裁判所による事実調査と証拠調べ（法56条1項）……………225
　　3　当事者による申立権………………………………………………226
　　4　当事者による協力義務（法56条2項）…………………………227
　　5　職権探知主義の下における当事者の地位………………………228

第**5**　主張責任と証明責任，釈明権の適用について………………………231

　　1　主張責任と証明責任………………………………………………231
　　2　釈明権………………………………………………………………231


第**10**章　手続行為能力————————————————————西　希代子

第**1**　はじめに………………………………………………………………233

第**2**　従来の学説……………………………………………………………234

第**3**　成年被後見人・未成年者…………………………………………236

　　1　家事事件手続法における手続行為能力の原則的否定…………236
　　2　行為能力をめぐる議論等との関係………………………………236
　　3　原則と例外の逆転の可能性………………………………………238

第**4**　被保佐人・被補助人………………………………………………240

　　1　家事事件手続法における手続行為能力の制限…………………240
　　2　民法13条1項4号「訴訟行為」の解釈論との関係…………240

第**5**　例外——制限行為能力者に手続行為能力が認められる場合………242

　　1　手続行為能力が認められる審判事件……………………………242
　　2　線引きの妥当性——民法の伝統的理論との整合性……………243
　　　(1)　家事事件手続法における基準…………………………………243
　　　(2)　中川善之助博士による身分行為の分類………………………245
　　3　線引きへの疑問…………………………………………………246
　　　(1)　扶養に関する審判事件等………………………………………247

17

(2)　相続人の不存在に関する審判事件 ················································ 248
　(3)　祭具等の所有者の承継者の指定の審判事件 ··························· 248


# 第11章　法定代理と手続代理 ─────────────坂田　宏

## 第1　はじめに ···································································· 251

## 第2　法定代理 ·································································· 252

　1　概要（法17条） ······························································ 252
　2　家事事件における成年被後見人及び未成年者の地位 ··············· 253
　3　家事事件手続法18条の趣旨 ·········································· 254
　4　人事訴訟法13条・14条との整合性 ································ 256
　5　家事事件手続法17条2項・3項 ··································· 257
　6　特別代理人 ·································································· 258
　7　代理権の消滅 ······························································ 259

## 第3　手続代理 ·································································· 261

　1　概説 ── 弁護士代理の原則 ········································ 261
　2　許可代理制度 ······························································ 262
　3　裁判長による手続代理人の選任 ····································· 263
　4　手続代理人の代理権の範囲 ··········································· 264
　5　代理権の消滅 ······························································ 265
　6　当事者による更正の意義 ·············································· 266


# 第12章　子の手続代理人 ─────────────増田勝久

## 第1　子の手続代理人の意義 ·············································· 269

## 第2　子の手続代理人の法律上の根拠 ································· 269

## 第3　子の手続代理人制度の背景 ········································ 271

　1　子どもの意見表明権 ····················································· 271
　2　親権の二面性 ······························································ 272
　3　手続保障 ···································································· 272

## 第4 諸外国の類似の制度 ......273

1 ドイツ ......273
2 オーストラリア ......274
3 その他 ......275

## 第5 子の手続代理人の法的性格 ......276

1 手続代理人 ......276
2 本人の手続行為能力 ......277
3 資 格 ......278
4 裁判所との関係 ......279

## 第6 子の手続参加の制限 ......279

## 第7 子の手続代理人の選任が適切な事件 ......280

1 家庭裁判所調査官との役割分担 ......280
 (1) 司法機関としての限界 ......280
 (2) 調査目的による限界 ......281
 (3) 公平性，中立性による限界 ......281
2 適切な事件類型 ......282
3 有用な事案 ......282

## 第8 子の手続代理人の活動 ......285

1 総 説 ......285
2 記録の閲覧・謄写 ......286
3 子どもとの面会 ......286
4 裁判所・家庭裁判所調査官との面談・協議 ......287
5 学校・医療関係者との面談・協議 ......288
6 当事者との面談・協議 ......288
7 主張立証 ......288
8 紛争解決へ向けた調整 ......289
9 審判後の活動 ......289

## 第9 実務運用と残された課題 ......290

1 子の手続代理人の選任件数 ......290
2 選任手続 ......290

上巻目次

　　3　手続行為能力 ··································· 290
　　4　費用・報酬 ····································· 291
　　5　実際の活用事例 ······························· 292

第10　結　び ········································· 293


第13章　電話会議システム・テレビ会議システムの活用──姥迫浩司

第1　制度趣旨 ········································ 295
　　1　電話会議等の概要 ····························· 295
　　2　電話会議等の要件 ····························· 296
　　　(1)　当事者が遠隔の地に居住していること ········ 296
　　　(2)　その他家庭裁判所が相当と認めること ········ 297
　　　(3)　相当性の判断基準 ·························· 298
　　3　電話会議等の具体的な方法 ····················· 299
　　　(1)　電話会議の場合 ···························· 299
　　　(2)　テレビ会議の場合 ·························· 300

第2　審判手続における活用 ···························· 303
　　1　別表第1事件について ························· 303
　　2　別表第2事件について ························· 303
　　　(1)　調停事件が先行していない審判事件について ·· 303
　　　(2)　調停事件が先行している審判事件について ···· 305

第3　調停手続における活用 ···························· 306
　　1　活用することができない場面 ··················· 306
　　2　活用にふさわしい事案や場面 ··················· 306


第14章　申立てをめぐる諸問題──古川善敬

第1　はじめに ········································ 309

第2　書面による申立て ································ 310
　　1　審　判 ······································· 310

2　調　　停 ···························································································· *310*

### 第3　申立書の記載事項と申立ての特定 ·········································· *311*

　　1　審　　判 ···························································································· *311*
　　(1)　当事者 ···························································································· *311*
　　(2)　申立ての趣旨及び理由 ································································ *312*
　　2　調　　停 ···························································································· *313*

### 第4　申立書の写しの送付 ······························································ *313*

　　1　審　　判 ···························································································· *313*
　　(1)　別表第2に掲げる事項についての審判事件について ··········· *313*
　　(2)　別表第1に掲げる事項についての審判事件について ··········· *315*
　　(3)　審判を受ける者となるべき者への手続保障 ························· *315*
　　2　調　　停 ···························································································· *316*
　　(1)　原　　則 ···························································································· *316*
　　(2)　例　　外 ···························································································· *316*
　　(3)　申立書の写しの原則送付と定型書式の利用 ························· *317*

### 第5　申立書の却下 ······································································· *317*

　　1　審　　判 ···························································································· *317*
　　2　調　　停 ···························································································· *318*

### 第6　申立ての併合 ······································································· *318*

　　1　審　　判 ···························································································· *318*
　　(1)　総　　説 ···························································································· *318*
　　(2)　要　　件 ···························································································· *318*
　　(3)　管轄との関係 ················································································ *319*
　　2　調　　停 ···························································································· *319*

### 第7　申立ての変更 ······································································· *320*

　　1　審　　判 ···························································································· *320*
　　(1)　総　　説 ···························································································· *320*
　　(2)　要　　件 ···························································································· *320*
　　(3)　方　　法 ···························································································· *321*

上巻目次

（4）　申立ての変更の不許可の裁判 ･････････････････････････････････････ *321*

2　調　停 ･･････････････････････････････････････････････････････････････････････････ *322*

## 第8　申立ての取下げ ･･････････････････････････････････････････････････････ *322*

1　審　判 ･･････････････････････････････････････････････････････････････････････････ *322*

（1）　総　説 ･････････････････････････････････････････････････････････････････ *322*

（2）　取下げの要件に関する原則的規律 ･･･････････････････････ *323*

（3）　取下げの要件に関する例外的規律 ･･･････････････････････ *324*

（4）　抗告審における取下げ ･････････････････････････････････････････ *325*

2　調　停 ･･････････････････････････････････････････････････････････････････････････ *326*

3　申立ての取下げの擬制 ･･･････････････････････････････････････････････ *327*

（1）　審　判 ･････････････････････････････････････････････････････････････････ *327*

（2）　調　停 ･････････････････････････････････････････････････････････････････ *327*

# 第15章　家事審判事件の審判物 ────────大橋眞弓

## 第1　はじめに ･･･････････････････････････････････････････････････････････････ *329*

1　本稿の問題意識 ･･･････････････････････････････････････････････････････････ *329*

2　本稿における用語法 ･････････････････････････････････････････････････････ *330*

3　本稿の基本的構成 ･･･････････････････････････････････････････････････････ *330*

## 第2　家事審判法下における考え方 ･･･････････････････････････ *331*

1　伝統的な考え方 ── 前提として訴訟と非訟の峻別論 ････ *331*

2　訴訟非訟峻別論の帰結 ── 審判申立ての効果 ･･････････ *333*

（1）　制限行為能力者に関する審判について ･････････････････ *333*

（2）　子の監護に関する処分について ･･･････････････････････････ *333*

3　訴訟非訟峻別論への疑問 ･･･････････････････････････････････････････ *334*

4　「審判物」概念の提唱 ･････････････････････････････････････････････････ *337*

## 第3　現行法下における「審判物概念」 ･･･････････････････････ *339*

1　基本的考え方 ･･･････････････････････････････････････････････････････････････ *339*

2　1類審判事件の審判物 ･････････････････････････････････････････････････ *340*

（1）　制限行為能力者の審判について ･･･････････････････････････ *341*

（2）　別表の項の中に，複数の審判物が規定されている場合 ･･････････ *342*

（3）　複数の形成原因がある場合 ･････････････････････････････････ *343*

3　2類審判事件の審判物‥‥‥‥‥‥‥‥‥‥‥‥‥‥‥‥‥‥‥‥‥‥‥‥*343*
　　⑴　子の監護に関する処分について‥‥‥‥‥‥‥‥‥‥‥‥‥‥‥‥‥‥*343*
　　⑵　婚姻継続中の子の養育料について‥‥‥‥‥‥‥‥‥‥‥‥‥‥‥‥*344*
　　⑶　財産分与について‥‥‥‥‥‥‥‥‥‥‥‥‥‥‥‥‥‥‥‥‥‥‥‥*345*

## 第4　審判物概念をめぐる若干の問題 ‥‥‥‥‥‥‥‥‥‥‥‥‥‥‥‥‥*345*

　1　審判が申立て以外の方法で開始する場合‥‥‥‥‥‥‥‥‥‥‥‥‥*345*
　　⑴　2類審判事項のみが調停手続の対象となっていたとき‥‥‥‥‥*346*
　　⑵　2類審判事項が調停手続の対象に含まれていなかったとき‥‥‥‥‥*346*
　　⑶　2類審判事項と一般調停事項が調停手続の対象となっていたとき‥‥*346*
　2　審判物と上訴との関係‥‥‥‥‥‥‥‥‥‥‥‥‥‥‥‥‥‥‥‥‥‥*349*

## 第5　結びに代えて ‥‥‥‥‥‥‥‥‥‥‥‥‥‥‥‥‥‥‥‥‥‥‥‥‥‥*350*


# 第16章　参加と受継 ─────────────菱田雄郷

## 第1　参　加 ‥‥‥‥‥‥‥‥‥‥‥‥‥‥‥‥‥‥‥‥‥‥‥‥‥‥‥‥‥‥*353*

　1　総　論‥‥‥‥‥‥‥‥‥‥‥‥‥‥‥‥‥‥‥‥‥‥‥‥‥‥‥‥‥‥*353*
　　⑴　当事者概念‥‥‥‥‥‥‥‥‥‥‥‥‥‥‥‥‥‥‥‥‥‥‥‥‥‥*353*
　　⑵　当事者参加の意義‥‥‥‥‥‥‥‥‥‥‥‥‥‥‥‥‥‥‥‥‥‥*354*
　　⑶　利害関係参加の意義‥‥‥‥‥‥‥‥‥‥‥‥‥‥‥‥‥‥‥‥‥*355*
　2　当事者参加‥‥‥‥‥‥‥‥‥‥‥‥‥‥‥‥‥‥‥‥‥‥‥‥‥‥‥*356*
　　⑴　任意参加‥‥‥‥‥‥‥‥‥‥‥‥‥‥‥‥‥‥‥‥‥‥‥‥‥‥‥*356*
　　⑵　強制参加‥‥‥‥‥‥‥‥‥‥‥‥‥‥‥‥‥‥‥‥‥‥‥‥‥‥‥*360*
　　⑶　参加人の地位‥‥‥‥‥‥‥‥‥‥‥‥‥‥‥‥‥‥‥‥‥‥‥‥‥*362*
　3　利害関係参加‥‥‥‥‥‥‥‥‥‥‥‥‥‥‥‥‥‥‥‥‥‥‥‥‥‥*363*
　　⑴　任意参加‥‥‥‥‥‥‥‥‥‥‥‥‥‥‥‥‥‥‥‥‥‥‥‥‥‥‥*363*
　　⑵　強制参加‥‥‥‥‥‥‥‥‥‥‥‥‥‥‥‥‥‥‥‥‥‥‥‥‥‥‥*369*
　　⑶　参加人の地位‥‥‥‥‥‥‥‥‥‥‥‥‥‥‥‥‥‥‥‥‥‥‥‥‥*370*

## 第2　手続からの排除 ‥‥‥‥‥‥‥‥‥‥‥‥‥‥‥‥‥‥‥‥‥‥‥‥*371*

　1　意　義‥‥‥‥‥‥‥‥‥‥‥‥‥‥‥‥‥‥‥‥‥‥‥‥‥‥‥‥‥‥*371*
　2　要　件‥‥‥‥‥‥‥‥‥‥‥‥‥‥‥‥‥‥‥‥‥‥‥‥‥‥‥‥‥‥*372*
　3　手続・効果‥‥‥‥‥‥‥‥‥‥‥‥‥‥‥‥‥‥‥‥‥‥‥‥‥‥‥*373*

上巻目次

## 第3 手続の受継 ……………………………………………………………… *373*

1 中断の有無 ……………………………………………………………… *373*

2 受継の意義 ……………………………………………………………… *374*

　(1) 受継の二類型 ……………………………………………………… *374*

　(2) 受継Ⅰ ……………………………………………………………… *374*

　(3) 受継Ⅱ ……………………………………………………………… *375*

3 受継Ⅰ …………………………………………………………………… *376*

　(1) 要　件 ……………………………………………………………… *376*

　(2) 手　続 ……………………………………………………………… *377*

4 受継Ⅱ …………………………………………………………………… *377*

　(1) 要　件 ……………………………………………………………… *377*

　(2) 手　続 ……………………………………………………………… *378*


# 第17章　家事事件手続法における資料収集————松原正明

## 第1 はじめに ……………………………………………………………… *381*

## 第2 職権探知主義 ………………………………………………………… *382*

## 第3 証拠調べ ……………………………………………………………… *383*

## 第4 事実の調査 …………………………………………………………… *384*

1 特　色 …………………………………………………………………… *384*

2 沿　革 …………………………………………………………………… *385*

　(1) 非訟事件 …………………………………………………………… *385*

　(2) 調　停 ……………………………………………………………… *386*

3 主　体 …………………………………………………………………… *389*

　(1) 審判手続 …………………………………………………………… *389*

　(2) 調停手続 …………………………………………………………… *389*

4 方　法 …………………………………………………………………… *390*

　(1) 裁判官による事件関係人に対する審問 ………………………… *390*

　(2) 調査の嘱託（法62条前段）……………………………………… *390*

　(3) 報告の請求（法62条後段）……………………………………… *391*

　(4) 関係人や各種団体に対する照会 ………………………………… *391*

（5）　検証の方法によることなく，事物の形状を見分すること·················· *391*

（6）　医師である裁判所技官に事件の関係人の心身の状況を診断させる
こと······································································································· *391*

（7）　家庭裁判所調査官による事実の調査（法58条）························· *391*

（8）　家事審判手続における子の意思の把握（法65条）····················· *392*

## 第5　資料収集手続における当事者主義的運営 ·································· *392*

1　問題の所在··································································································· *392*

2　当事者主義の内容························································································· *392*

（1）　当事者権の実質的保障·········································································· *393*

（2）　当事者の手続協力義務ないし事案解明義務····························· *393*

（3）　当事者の合意の尊重·············································································· *393*

## 第6　資料収集手続を有する家事調停の性質及びその運営方法 ····· *395*

1　我が国の調停制度の基本構造····································································· *395*

（1）　問題の所在····························································································· *395*

（2）　調停観の対立························································································· *396*

（3）　家事事件手続法上のADRの位置付け··································· *398*

2　調停手続における資料収集手続の意義····················································· *400*

## 第7　家庭裁判所調査官による事実の調査 ·········································· *401*

1　家庭裁判所調査官の職務············································································· *401*

2　家庭裁判所調査官による事実の調査の結果とその意見························· *403*

（1）　事実の調査の結果·················································································· *404*

（2）　家庭裁判所調査官の意見········································································ *405*

# 第*18*章　家庭裁判所調査官の役割──────金子隆男

## 第1　はじめに ······························································································· *409*

## 第2　家庭裁判所調査官による調査活動 ·············································· *410*

## 第3　子の意思の把握・考慮に向けた調査活動 ·································· *411*

## 第4　家事調停手続における調査活動 ·················································· *413*

上巻目次

| | 1 | 家庭裁判所調査官の関与の時機や形態 | 413 |
| | 2 | 家庭裁判所調査官による期日立会いと意見陳述 | 414 |
| | 3 | 家庭裁判所調査官による期日間の調査 | 416 |
| (1) | 子の監護状況を把握する調査 | 417 |
| (2) | 子の意向を把握する調査 | 418 |
| (3) | 子の反応の表れ方 | 421 |

第5　解決すべき紛争に応じた子の調査 　422

1　親権（監護権）の帰すうをめぐる紛争 　422
2　面会交流をめぐる紛争 　423

第6　関係機関との連絡 　425

第7　調査報告書の開示と調査実務 　426

第8　おわりに 　427


第19章　記録の閲覧謄写 ————————————西森みゆき

第1　記録の閲覧謄写の手続保障上の重要性と許可制の意義（審理非公開との関係） 　429

第2　調停における規律 　431

第3　審判における規律 　433

1　原則許可の意義 　433
2　各不許可事由と具体例の検討 　433
(1)　「事件の関係人である未成年者の利益を害するおそれ」 　434
(2)　「当事者若しくは第三者の私生活若しくは業務の平穏を害するおそれ」 　434
(3)　「当事者若しくは第三者の私生活についての重大な秘密が明らかにされることにより，その者が社会生活を営むのに著しい支障を生じ，若しくはその者の名誉を著しく害するおそれ」 　434
(4)　「事件の性質，審理の状況，記録の内容等に照らして当該当事者に記録の閲覧等又は記録の複製を許可することを不適当とする特別の

　　　　事情があると認められるとき」······················································*434*

　　3　不服申立て及び簡易却下制度···············································*435*

　　4　調停提出資料の審判段階における閲覧謄写··························*436*

## 第4　その他 ·······························································································*436*

　　1　審判前の保全処分···································································*437*

　　2　履行勧告···················································································*437*

　　3　当事者以外の第三者による謄写等··········································*437*

　　4　国際的な子の奪取の民事上の側面に関する条約の実施に関する法律·······*438*


# 第20章　子に対する手続保障──────────────窪田充見

## 第1　はじめに ···························································································*441*

## 第2　「子の意思」の把握と考慮·································································*442*

　　1　家事事件手続法65条の趣旨····················································*442*

　　⑴　家事事件手続法65条の背景·················································*443*

　　⑵　「子の意思」の把握の位置づけと実体法上の根拠 ·············*443*

　　2　家事事件手続法65条の対象等···············································*448*

　　⑴　親子，親権又は未成年後見等に関する家事審判·················*448*

　　⑵　家事調停 ············································································*449*

　　3　子の意思の聴取のあり方·························································*449*

　　4　個別的に規定された15歳以上の子の必要的陳述聴取··············*450*

## 第3　手続代理人──いわゆる「子ども代理人」の問題を含めて ·············*451*

　　1　家事事件手続における手続代理人···········································*452*

　　⑴　前提となる状況··································································*452*

　　⑵　家事事件手続法による対応·················································*454*

　　2　いわゆる「子ども代理人」について········································*454*


# 第21章　別表第1事件と手続保障──────────────笠井正俊

## 第1　はじめに ···························································································*457*

上巻目次

第**2** 当事者・関係人の種類と手続への参加等 ………………………… *459*

  1  概   観 ……………………………………………………………… *459*

  2  当事者 ………………………………………………………………… *461*

  3  審判を受ける者，審判を受ける者となるべき者等 ……………… *462*

第**3**  手続上の各種の機会の保障 …………………………………………… *463*

  1  概   観 ……………………………………………………………… *463*

  2  事件の係属の通知 ………………………………………………… *464*

  3  陳述の聴取・審問 ………………………………………………… *466*

  4  事実の調査の通知 ………………………………………………… *469*

  5  審理終結日・審判日 ……………………………………………… *471*

第**4**  各種の事件についての手続保障 …………………………………… *472*

  1  成年後見開始等の事件 …………………………………………… *472*

  2  特別養子縁組事件 ………………………………………………… *473*

  3  親権の喪失等の事件 ……………………………………………… *474*

  4  推定相続人の廃除の事件 ………………………………………… *476*

# 第**22**章  別表第2事件と手続保障 ————————————内海博俊

第**1**  はじめに …………………………………………………………………… *493*

第**2**  若干の前提 ……………………………………………………………… *494*

  1  家事事件手続法と手続保障 ……………………………………… *494*

  2  別表第2事件と手続保障 ………………………………………… *495*

  3  本款の概観 ………………………………………………………… *496*

    （1）  規   定 …………………………………………………… *496*

    （2）  存在意義に関する立法担当官の説明 ……………………… *497*

  4  小括 —— 本稿の問題意識 ……………………………………… *498*

第**3**  立法過程 ………………………………………………………………… *500*

  1  概   要 ……………………………………………………………… *500*

  2  家事事件手続法 …………………………………………………… *501*

  3  非訟事件手続法 …………………………………………………… *502*

4　小　括……………………………………………………………………*504*

## 第4　別表第2事件の特殊性をめぐって………………………………*505*

　1　前　説………………………………………………………………………*505*
　2　若干の前提………………………………………………………………*506*
　　(1)　別表第2事件の特殊性……………………………………………*506*
　　(2)　手続保障の一般的根拠……………………………………………*506*
　3　一般的根拠の延長による説明とその限界…………………………*507*
　　(1)　前　提………………………………………………………………*507*
　　(2)　リスクの程度による説明…………………………………………*508*
　　(3)　不意打ちリスクに関する相違による説明………………………*508*
　　(4)　小　括………………………………………………………………*509*
　4　一般的根拠から独立した（可能性のある）議論…………………*510*
　　(1)　総　説………………………………………………………………*510*
　　(2)　処分可能性…………………………………………………………*510*
　　(3)　公益性の（相対的）欠如…………………………………………*511*
　　(4)　争訟性………………………………………………………………*512*
　5　訴訟のアナロジーの正当性をめぐって……………………………*513*
　　(1)　沿革から……………………………………………………………*513*
　　(2)　憲法から……………………………………………………………*514*
　　(3)　学説の発展…………………………………………………………*514*
　　(4)　小　括………………………………………………………………*518*

## 第5　おわりに………………………………………………………………*518*


## 第23章　審判の効力─────────────────渡部美由紀

## 第1　はじめに………………………………………………………………*521*

## 第2　審判の効力の発生……………………………………………………*522*

　1　効力の発生時期…………………………………………………………*522*
　2　確定概念の導入…………………………………………………………*522*

## 第3　審判の取消し・変更 ── 自己拘束力の例外………………………*523*

上巻目次

## 第4 審判の効力 ················································· 524

### 1 執行力 ····················································· 525
⑴ 給付を命じる審判と執行力 ················· 525
⑵ 強制執行 ·················································· 526
### 2 形成力 ····················································· 527
⑴ 形成力の意味 ·········································· 527
⑵ 形成力の対世効 ······································ 528
### 3 既判力 ····················································· 529
⑴ 問題の所在 ·············································· 529
⑵ 審判の既判力をめぐる議論の状況 ······· 529
⑶ 検 討 ····················································· 533

## 第5 審判の効力と再審 ···································· 541

### 1 再審制度の新設 ········································· 541
### 2 審判の効力と再審 ····································· 542

# 第24章 審判前の保全処分 ──────渡邉充昭

## 第1 はじめに ················································· 545

### 1 審判前の保全処分の意義 ···························· 545
### 2 審判前の保全処分の類型 ···························· 546
⑴ 第1類型 ·················································· 547
⑵ 第2類型 ·················································· 547
⑶ 第3類型 ·················································· 547
⑷ 第4類型 ·················································· 547
### 3 審判前の保全処分の性質 ···························· 547

## 第2 本案係属要件 ··········································· 548

### 1 家事審判法からの変更点 ···························· 548
### 2 新たな規律が設けられた理由 ···················· 549
### 3 家事事件手続法施行後の運用状況 ·············· 550

## 第3 保全処分の端緒 ······································· 551

第**4** 審理手続 ································································· *553*

 1 疎明義務 ······················································· *553*

 2 家庭裁判所による職権調査等 ······················· *553*

 3 陳述の聴取 ··················································· *554*

 4 記録の閲覧謄写等に関する特則 ···················· *556*

 5 審判前の保全処分の審理に関するその他の規律 ···· *556*

 6 審理に関する実情等 ······································· *558*

  (1) 審判前の保全処分を担当する裁判体について ········· *558*

  (2) 本案の審判事項に係る調停事件が係属中に申し立てられた審判前

   の保全処分の審理について ··································· *559*

第**5** 申立ての取下げ ············································· *559*

第**6** 審判と効力 ···················································· *560*

 1 効力発生時期 ··············································· *560*

 2 効力の内容 ··················································· *560*

 3 効力の終期 ··················································· *561*

第**7** 上 訴 ·························································· *562*

 1 原則と例外 ··················································· *562*

 2 申立権者 ······················································ *562*

 3 執行停止・執行処分の取消し ························· *562*

 4 原状回復の裁判 ············································· *563*

第**8** 審判前の保全処分の取消し ···························· *564*

 1 端 緒 ························································ *564*

 2 審 理 ························································ *564*

 3 審判等 ························································ *565*

第**9** 担 保 ·························································· *566*

第**10** 審判前の保全処分と本案審判との関係 ·············· *566*

上巻目次

# 第25章　審判前の保全処分
## ——本案家事審判係属の要件を中心に————青木　哲

### 第1　はじめに …………………………………………………………………… 569

### 第2　家事事件における保全処分の沿革 ………………………………………… 570
1　人事訴訟手続法（明治31年）………………………………………………… 570
2　人事調停法（昭和14年）……………………………………………………… 571
3　家事審判法・家事審判規則（昭和22年）…………………………………… 572
4　家事審判法改正（昭和55年）………………………………………………… 574
5　民事保全法（平成元年）……………………………………………………… 575
6　人事訴訟法（平成15年）……………………………………………………… 575
7　家事事件手続法（平成23年）………………………………………………… 576

### 第3　各種の保全処分における本案手続係属の必要性 ………………………… 577
1　民事保全手続と本案訴訟………………………………………………………… 577
　(1)　民事保全手続の独立性と付随性 ………………………………………… 577
　(2)　法人の代表者の職務執行停止・職務代行者選任の仮処分（民保56
　　　条）………………………………………………………………………… 578
　(3)　人事訴訟の附帯処分を本案とする民事保全 …………………………… 579
2　特殊保全処分と本案要件 ……………………………………………………… 579
　(1)　特殊保全処分の付随性 …………………………………………………… 579
　(2)　倒産法上の手続開始前の保全処分 ……………………………………… 580
　(3)　執行停止の仮の処分 ……………………………………………………… 581
　(4)　調停前の措置等 …………………………………………………………… 582
3　各種の保全処分と審判前の保全処分の比較 ………………………………… 584

### 第4　家事調停係属中の審判前の保全処分が認められたことの意義 ………… 586
1　家事審判法 ……………………………………………………………………… 586
　(1)　本案審判係属の必要性 …………………………………………………… 586
　(2)　本案審判認容の蓋然性を重視する通説的理解 ………………………… 586
　(3)　保全の必要性を重視する見解 …………………………………………… 587
　(4)　調停係属中の審判前の保全処分 ………………………………………… 588
2　家事事件手続法 ………………………………………………………………… 589
　(1)　家事調停係属中の保全処分を認める改正とその趣旨 ………………… 589

32

（2） 審判前の保全処分の取消しに関する改正……………………………… *590*

3 家事調停係属中の審判前の保全処分が認められたことの意義…………… *591*

（1） 家事調停事件が係属していれば保全処分が認められることについ
て……………………………………………………………………………… *591*

（2） 家事調停事件が係属していなければ保全処分が認められないこと
について……………………………………………………………………… *593*

## 第26章　審判の取消し・変更の制度と再審─────岡田幸宏

### 第1　はじめに ……………………………………………………………… *595*

### 第2　非訟事件の本質と取消し・変更 …………………………………… *596*

### 第3　家事審判の取消し・変更制度 …………………………………… *598*

1 取消し・変更の理由としての審判の不当…………………………………… *598*
2 審判の取消し・変更と新たな審判………………………………………… *599*
3 職権による取消し・変更…………………………………………………… *600*
4 取消し・変更の期間制限…………………………………………………… *601*
5 取消し・変更に際しての陳述の聴取……………………………………… *602*
6 審判の効力…………………………………………………………………… *602*
7 不服申立て…………………………………………………………………… *603*
8 平成16年12月16日最高裁決定と条文外の取消しの可能性 ……………… *603*

### 第4　再度の考案 …………………………………………………………… *606*

### 第5　再審制度 ……………………………………………………………… *608*

1 家事事件手続法における再審規定の明文化……………………………… *608*
2 再審制度と取消し・変更制度の相違……………………………………… *610*
3 再審事由……………………………………………………………………… *611*
4 再審の申立権者……………………………………………………………… *615*
5 再審の手続…………………………………………………………………… *616*

### 第6　結びに代えて ………………………………………………………… *617*

上巻目次

# 第27章　家事審判事件の抗告審における審理————松田　亨

## 第1　はじめに ……………………………………………………………… *619*

## 第2　家事事件手続法の定めと抗告審の審理 …………………………… *620*

1　見直しの背景 ………………………………………………………… *620*
2　見直しの要点 ………………………………………………………… *620*
  (1)　手続保障を図るための制度 …………………………………… *620*
  (2)　国民が利用し易い制度づくり ………………………………… *620*
  (3)　裁判手続の基本的事項に関わる規定の整備 ………………… *621*

## 第3　家事抗告事件の審理の実際 ………………………………………… *622*

1　手続保障を図るための制度の観点から ………………………… *622*
  (1)　抗告状の写しの送付 …………………………………………… *622*
  (2)　計画的な審理運営の実践 ……………………………………… *623*
  (3)　家庭裁判所調査官による調査の実際 ………………………… *625*
  (4)　必要的な陳述聴取の意義について …………………………… *626*
2　裁判手続の基本的事項に関わる規定の整備の観点から ……… *628*
  (1)　自判原則について ……………………………………………… *628*
  (2)　不利益変更の禁止について …………………………………… *631*
  (3)　上訴（抗告）不可分の原則について ………………………… *634*
3　国民に利用し易い制度づくりの観点から ……………………… *636*
  (1)　抗告審における自庁調停について …………………………… *636*
  (2)　自庁調停の実際 ………………………………………………… *637*

## 第4　おわりに ……………………………………………………………… *638*


事項索引 ………………………………………………………………………… *641*
判例索引 ………………………………………………………………………… *655*

# 下 巻 目 次

### 第28章　後見（成年後見，未成年後見，保佐，補助，任意後見）に関する審判事件─────一場修子

**第1**　はじめに

**第2**　後見等開始の申立て

　　　1　管　轄／2　参与員による説明聴取や家庭裁判所調査官による調査等／3　親族照会／4　鑑定等／5　後見人等の選任／6　後見等開始の申立ての取下げ制限

**第3**　任意後見監督人選任の申立て

　　　1　任意後見制度について／2　任意後見監督人選任の申立て／3　法定後見（後見，保佐，補助）との関係

**第4**　後見等開始の審判前の保全処分

　　　1　財産の管理者の選任／2　事件の関係人に対する指示／3　後見等命令

**第5**　後見人等及び後見監督人等の義務・権限と制限

　　　1　後見人等の義務・権限／2　後見人等の権限の制限／3　後見等事務の終了

**第6**　裁判所による後見人等の監督

　　　1　定期監督等／2　調査人／3　後見監督人等の選任／4　後見人等の解任

**第7**　後見制度支援信託


### 第29章　成年後見制度の手続と運用─────────────赤沼康弘

**第1**　成年後見制度の趣旨と理念

**第2**　法定後見制度の手続と運用

　　　1　申立てをなし得る者／2　成年後見等開始審判と本人の能力鑑定／3　成年後見の費用／4　成年後見人の権限／5　意思の尊重と身上配慮の義務／6　後見制度支援信託／7　保佐人，補助人の権限／8　成年後見等の監督／9　成年後見終了後の後見人等の権限

**第3**　任意後見の開始と不開始

**第4**　成年後見制度の課題


### 第30章　財産の管理に関する審判事件──────────────小西　洋

**第1**　はじめに

**第2**　相続財産管理人関係事件

　　　1　相続財産管理人選任申立事件／2　管理業務／3　特別縁故者に対する相続財産分与／4　報　酬／5　終　了／6　記録の閲覧・謄写

**第3**　不在者財産管理人関係事件

　　　1　不在者財産管理人選任申立事件／2　管理業務／3　報　酬／4　終　了／5　記録の閲覧・謄写

下巻目次

## 第31章　面会交流事件に関する諸問題 ————————三村義幸

**第1**　はじめに

**第2**　面会交流に関する事件の動向
　　1　事件数の動向

**第3**　面会交流の変遷等について
　　1　社会，家族の意識等の変遷について／2　親と子の権利に関する法制度／3　面会交流に関する家事実務の変遷について／4　立法の経緯について／5　小　括

**第4**　面会交流の意義
　　1　親との別離による子への影響／2　面会交流の意義

**第5**　調停・審判の審理の実情
　　1　面会交流の判断基準／2　禁止・制限すべき具体的事由／3　監護親と非監護親に対する働き掛け

**第6**　調停・審判における面会交流の内容
　　1　一般的な面会交流の内容／2　強制執行を前提とする面会交流の内容／3　間接交流の定め方

**第7**　面会交流の実現
　　1　履行勧告（家事事件手続法289条）／2　債務不履行に基づく損害賠償請求／3　強制執行（民事執行法172条（間接強制））／4　再調停の申立て

**第8**　おわりに


## 第32章　面会交流事件に関する諸問題 ————————打越さく良

**第1**　面会交流の明文化前後の流れ

**第2**　法的性質

**第3**　手続の概略

**第4**　最近の動向
　　1　統　計／2　動向・特徴／3　現在の家庭裁判所の実務

**第5**　子の意思への配慮，子の手続代理人

**第6**　試行的面会交流と第三者機関の活用
　　1　試行的面会交流／2　第三者機関の利用／3　代理人活動のありかた

**第7**　履行確保をめぐる問題
　　1　履行勧告／2　間接強制／3　慰謝料請求


## 第33章　子の引渡しをめぐる家事事件 ————————石垣智子

**第1**　子の引渡しをめぐる紛争と家事事件
　　1　家事事件として扱われる子の引渡し事件／2　子の引渡しをめぐる紛争と家事事件手続の射程

**第2**　子の監護者指定及び子の引渡しの事案における考慮要素
　　1　離婚前の別居中の夫婦間の場合／2　離婚後，親権者又は監護者と定められた者から非親権者又は非監護者に対する引渡請求の場合

**第3**　審判事件（審判前の保全処分を含む。）・調停事件の審理

下巻目次

　　　1　審判手続の概要 ／ 2　審判前の保全処分の審理 ／ 3　調停手続の概要
第4　履行確保のための手段
　　　1　履行勧告（家事事件手続法289条）／ 2　強制執行手続 ／ 3　人身保護手続

## 第34章　子の引渡しをめぐる家事事件――――――――――――――相原佳子

第1　はじめに
　　　1　親権と監護権 ／ 2　手続について
第2　家事事件手続法による具体的な手続
　　　1　調停申立て・審判申立て ／ 2　調停の場合 ／ 3　審判の場合 ／ 4　審判前の保全処分（調停前も含む）
第3　監護者指定・子の引渡しの判断基準
　　　1　具体的な判断基準 ／ 2　審判前の保全処分における引渡しの判断基準
第4　子の引渡しを求める他の手続
　　　1　子の引渡しを求める他の手続 ／ 2　民事訴訟と人事訴訟 ／ 3　人身保護請求 ／ 4　刑事手続
第5　具体的な執行方法（具体的な執行について）
　　　1　子どもの引渡し ／ 2　執行官による直接強制
第6　ハーグ条約における子の引渡し
　　　1　ハーグ条約 ／ 2　条約の内容 ／ 3　ハーグ条約実施法 ／ 4　返還事由と返還拒否事由 ／ 5　ハーグ条約実施法における執行手続
第7　民事執行手続に関する研究会報告
第8　最後に

## 第35章　児童の虐待をめぐる諸問題――――――――――――――三浦康子

第1　はじめに
第2　近年の法改正と家庭裁判所実務への影響
　　　1　児童虐待の防止等に関する法律の施行と児童虐待の定義付け ／ 2　平成16年児童虐待防止法改正 ／ 3　平成19年児童虐待防止法改正と臨検捜索許可状制度の新設 ／ 4　平成23年民法改正及び児童福祉法改正 ／ 5　平成28年児童福祉法等改正
第3　平成23年民法改正前後の親権喪失等の事件数の動向
　　　1　事件数の動向 ／ 2　申立人の内訳等 ／ 3　大阪家庭裁判所本庁における親権喪失等申立事件の状況
第4　親権停止の要件及び事例の傾向
　　　1　親権停止の要件及び効果 ／ 2　親権停止が検討されるべき事案の類型 ／ 3　具体的な事件における親権停止事由 ／ 4　親権停止の期間 ／ 5　保全処分の活用状況について
第5　親権喪失の要件及び事例の傾向
　　　1　民法改正前の状況 ／ 2　改正後の要件とその解釈 ／ 3　改正後の親権喪失申立事件の類型 ／ 4　具体的な事件における親権喪失事由 ／ 5　保全処分の活用状況について
第6　親権喪失等申立事件の審理
　　　1　はじめに ／ 2　家事手続案内及び申立て ／ 3　受理面接 ／ 4　裁判官，書記官及び家庭裁判所調査官による協議 ／ 5　第1回審判期日 ／ 6　家庭裁判所調査官による調査 ／ 7　調査後の手続 ／ 8　審　判

下巻目次

**第7** 児童福祉法28条申立事件の現状
1　児童福祉法28条1項申立事件の概要 ／ 2　児童福祉法28条2項申立事件の概要 ／ 3　事件数の動向 ／ 4　大阪家庭裁判所本庁における平成26年の状況

**第8** 児童福祉法28条申立事件の審理
1　申立ての連絡及び受理面接 ／ 2　裁判官，書記官及び家庭裁判所調査官による協議 ／ 3　第1回審判期日 ／ 4　家庭裁判所調査官による調査 ／ 5　調査後の手続 ／ 6　審判 ／ 7　都道府県に対する保護者に対する指導措置の勧告

**第9** 終わりに

# 第36章　児童の虐待をめぐる諸問題————————————久保野恵美子

**第1** 序　説

**第2** 親権喪失事件
1　事件の性質 ／ 2　事件の構造

**第3** 児童福祉法28条事件
1　事件の性質 ／ 2　事件の構造——当事者，関係者の構造

**第4** 課題及び分析
1　両事件類型の原型の違い ／ 2　親権喪失事件の変容 ／ 3　28条事件における親権者との争訟性の重視の傾向 ／ 4　28条事件の性格——行政との関係 ／ 5　親権喪失事件と28条事件の比較対照上の論点 ／ 6　まとめ

# 第37章　推定相続人の廃除————————————————釜元　修

**第1** 推定相続人廃除制度の概観
1　虐待及び重大な侮辱について ／ 2　その他の著しい非行について

**第2** 旧法下における推定相続人廃除調停の実際
1　被相続人が生存している場合 ／ 2　被相続人が遺言で廃除し，遺言執行者が申し立てる場合 ／ 3　旧法下の推定相続人廃除調停の状況のまとめ

**第3** 別表第1事件（調停をすることができないこと）としたことの実務運用と評価

**第4** 特則による手当と手続保障の実務運用
1　推定相続人の手続権保障の必要性 ／ 2　家事事件手続法の定め ／ 3　審理の実情 ／ 4　審　判

**第5** 他の推定相続人の法的地位等
1　推定相続人廃除審判が他の推定相続人に与える影響 ／ 2　ほかの推定相続人の利害関係参加の可否 ／ 3　参加した推定相続人の地位 ／ 4　廃除された推定相続人の配偶者の立場

**第6** 廃除の取消しをめぐる問題
1　廃除の取消しの申立て ／ 2　廃除の取消事由 ／ 3　廃除取消しの審理 ／ 4　不服申立て ／ 5　取消審判の効力

# 第38章　推定相続人の廃除————————————————町村泰貴

**第1** はじめに
1　制度趣旨 ／ 2　沿　革 ／ 3　統　計

**第2** 廃除原因

1　原　則／2　裁量性／3　審判物としての廃除事由／4　被相続人に対する虐待又は侮辱／5　著しい非行

**第3** 家事事件手続法の規律

1　非訟事件とすることの合憲性／2　別表第1事件とすることの妥当性／3　当事者／4　審判による廃除の効果と届出

**第4** 廃除の取消し

# 第39章　遺産分割（主として手続法的な側面）————————八槇朋博

**第1** 遺産分割調停と遺産分割審判の関係

1　手続としての両者の関係／2　両者の連続性について／3　遺産分割審判の付調停，遺産分割調停と遺産分割審判の管轄等について

**第2** 争点整理の実際

1　遺産分割調停事件における争点／2　前提問題について争いがある場合（1の①）／3　付随的な問題等について争いがある場合（1の②）／4　本来的な遺産分割にかかる問題について争いがある場合（1の③）

**第3** 家事事件手続法制定といわゆる当事者主義的運用について

1　当事者主義的運用の意味について／2　当事者主義的運用の具体的内容／3　家事事件手続法の下での当事者主義的運用

**第4** 電話会議の活用

1　電話会議システム等による手続の実施／2　手続代理人弁護士事務所が遠隔地にある場合／3　当事者本人が遠隔地に居住している場合

**第5** 書面による受諾の活用

1　遺産分割事件において同制度を用いる必要性／2　書面による受諾の具体的な手続

**第6** 調停に代わる審判の活用

1　調停に代わる審判による解決／2　不出頭当事者がいる場合／3　遺産の分割方法そのものについては当事者間に争いがない場合／4　調停委員会の紛争解決案の提示方法として，調停に代わる審判によることが適当な場合

**第7** 遺産の財産的価値の評価の方法

1　遺産の評価の必要性と基準時／2　流動資産（現預金，上場株式等の有価証券等）の評価の方法／3　不動産の評価の方法

# 第40章　遺産分割（主として手続法的な側面）————————加藤祐司

**第1** 遺産分割審判と遺産分割調停の関係

1　遺産分割と遺産関連紛争／2　調停で提出された資料の審判への引き継ぎ

**第2** 争点整理の在り方

1　段階的進行モデル／2　前提問題／3　付随問題

**第3** 遺産分割の当事者主義的運用

1　当事者主義的運用の意義

**第4** 電話会議の活用

1　電話会議システムの導入／2　電話会議システムの活用

**第5** 調停に代わる審判

下巻目次

　　　1　調停に代わる審判制度の改正　／　2　遺産分割事件についての調停に代わる審判
第**6**　調停条項案の書面による受諾制度
第**7**　遺産の財産的価値の評価の方法
　　　1　参与員及び家事調停委員からの意見の聴取　／　2　遺産の評価方法

## 第*41*章　遺産分割（主として実体法的な側面）──────────小林謙介
第**1**　はじめに
第**2**　遺産の範囲（遺産分割の対象財産）
　　　1　遺産分割の対象財産　／　2　被相続人が相続開始時に所有していたこと　／　3　現在も
　（分割時も）存在する財産であること　／　4　「未分割の」財産であること　／　5　「積極財産」
　であること
第**3**　特別受益
　　　1　特別受益の持戻し　／　2　特別受益の法的性質　／　3　特別受益の主張・立証責任　／　4
　特別受益の要件について

## 第*42*章　遺産分割（主として実体法的な側面）──────────松川正毅
　序
第**1**　遺産分割の対象財産
　　　1　相続債務　／　2　可分債権　／　3　定額郵便貯金債権，委託者指図型投資信託受益権，個
　人向け国債　／　4　相続させる旨の遺言　／　5　相続開始後に生じた代償財産　／　6　相続開
　始後生じた果実など　／　7　遺産確認の訴え
第**2**　特別受益
第**3**　寄与分
　　　1　審判事項としての寄与分　／　2　寄与分の範囲　／　3　寄与の対価性について
第**4**　まとめ

## 第*43*章　家事調停事件の処理について──────────────右田晃一
第**1**　家事調停事件の範囲
　　　1　家事調停事項　／　2　人事に関する訴訟事件　／　3　別表第1に掲げる事項についての事
　件を除く，その他家庭に関する事件
第**2**　調停前置主義
　　　1　意　義　／　2　適用範囲　／　3　調停前置を経ないで訴訟が提起されたときの効果　／　4
　調停前置の意味　／　5　不服申立て　／　6　調停前置主義違反の効力
第**3**　調停機関
　　　1　裁判所　／　2　調停委員会　／　3　調停委員　／　4　単独調停　／　5　家事調停官
第**4**　家事調停申立書の記載事項
　　　1　申立ての方式　／　2　申立書の記載事項　／　3　申立書の定型書式の活用
第**5**　調停による解決の妥当性（ADRの中での位置付け）
　　　1　調停による解決の妥当性　／　2　家事調停のADRの中での位置付け
第**6**　審判の調停前置主義的運用
　　　1　意　義　／　2　別表第2審判事件の付調停の手続　／　3　調停前置主義的運用における調
　停に付すことが相当でない事情

*40*

**下巻目次**

第**7** 双方立会手続説明の運用
　　　1　意　義／2　説明等の内容／3　留意点
第**8** テレビ会議システム又は電話会議システムの方法
　　　1　概　要／2　要　件／3　電話会議システムを利用する場合の留意点
第**9** 調停手続における閲覧・謄写等
　　　1　概　要／2　家事調停事件の記録の閲覧・謄写等を許可するか否か
第**10** 調停条項案の書面による受諾
　　　1　意　義／2　要　件／3　調停条項案の書面による受諾によることができない場合
　　　／4　具体的手順
第**11** 調停前の処分
　　　1　意　義／2　要　件／3　手　続／4　対象者／5　裁　判／6　内　容／7
　　　効　力／8　審判前の保全処分との関係
第**12** 調停をしない措置と審判移行
　　　1　調停をしない措置／2　要　件／3　効　果
第**13** 高等裁判所における調停
　　　1　概　要／2　調停機関／3　手　続

第**44**章　**家事事件手続法下の調停と審判の関係**——————————鈴木雅久

第**1** 調停手続と審判手続の連続性
　　　1　はじめに／2　連続型の利点／3　連続型の欠点／4　小　括
第**2** 資料の流用をめぐる問題
　　　1　問題の所在／2　流用についての当事者への説明／3　調停限りという提出方法に関
　　　するニーズとこれに対する対応／4　審判手続における調停事件記録の事実の調査の在り
　　　方について／5　審判手続における調停事件記録の事実の調査の通知の在り方について／
　　　6　小　括
第**3** 調停における事情聴取の審判手続への影響について
　　　1　はじめに／2　中間合意事項や当事者の主たる関心事を踏まえた審判運営／3　当事
　　　者が調停段階でうかがわせた妥協案
第**4** 調停と審判の関係を巡るその他の問題について
　　　1　審判事件の付調停手続について／2　調停に代わる審判について
第**5** 終わりに

第**45**章　**家事事件手続法下の調停と審判の関係**——————————山田　文

第**1** 調停手続と審判手続の対象
第**2** 審判手続の改正による調停手続への影響
　　　1　法律上の影響／2　手続運用上の影響：調停の審判化の光と影
第**3** 調停手続から審判手続への移行
　　　1　手続の概要／2　手続移行における問題／3　調停に代わる審判
第**4** 審判手続から調停手続への移行
　　　1　付調停制度の概要／2　申立てによる家事調停との異同／3　付調停の相当性

*41*

下巻目次

# 第46章　合意に相当する審判　————————————————————松原正明

**第1**　はじめに

**第2**　合意に相当する審判の趣旨

**第3**　合意に相当する審判の沿革
　　1　家事審判法施行前まで／2　家事審判法／3　家事事件手続法

**第4**　合意に相当する審判の構造

**第5**　合意に相当する審判の対象

**第6**　合意に相当する審判の主体

**第7**　合意に相当する審判の当事者

**第8**　合意の法的性質
　　1　各説の検討／2　合意確認の手続

**第9**　当事者が原因事実を争わないこと

**第10**　家庭裁判所による事実の調査

**第11**　合意を正当と認めること

**第12**　親子関係不存在確認事件における合意に相当する審判のあり方

**第13**　親子関係関連事件の実務
　　1　嫡出否認事件／2　親子関係不存在確認事件／3　認知請求事件

**第14**　結びに代えて

# 第47章　合意に相当する審判　————————————————————今津綾子

**第1**　意　義
　　1　調停手続を利用することの意義／2　審判という裁判形式をとることの意義／3　合意に相当する審判の意義

**第2**　対象及び要件
　　1　「当事者間に申立ての趣旨のとおりの審判を受けることについて合意が成立していること」（法277条1項1号）／2　「当事者の双方が申立てに係る無効若しくは取消しの原因又は身分関係の形成若しくは存否の原因について争わないこと」（法277条1項2号）／3　裁判所が「必要な事実を調査した上，第1号の合意を正当と認める」こと（法277条1項柱書）

**第3**　手　続
　　1　調停機関／2　電話会議システム等の利用／3　審　判

**第4**　異議申立て
　　1　即時抗告の不許／2　利害関係人による異議申立て／3　当事者による異議申立て

# 第48章　調停に代わる審判　————————————————————小池覚子／長島寧子

**第1**　調停に代わる審判とは

**第2**　制度趣旨

**第3**　手続の主体及び対象となる事件
　　1　手続の主体／2　対象となる事件

**第4**　手続の要件

1 調停に代わる審判の要件 ／ 2 「相当と認めるとき」とは ／ 3 家事調停委員の意見聴取

### 第5 審 判
1 審判書の記載及び内容 ／ 2 審判の告知 ／ 3 審判が告知できない場合の取消し ／ 4 調停手続の取下げの制限

### 第6 異議申立て
1 異議申立ての期間等 ／ 2 異議申立ての主体 ／ 3 異議申立ての効果

### 第7 異議申立権の放棄・調停に代わる審判に服する旨の共同の申出
1 異議申立権の放棄 ／ 2 調停に代わる審判に服する旨の共同の申出

### 第8 調停に代わる審判の効力

### 第9 調停に代わる審判をするメリット
1 紛争の早期解決 ／ 2 柔軟な解決の実現 ／ 3 別表第2事件の審理の充実

### 第10 調停に代わる審判の事件動向
1 事件動向の実情 ／ 2 事件動向の分析 ／ 3 実務上の活用類型 ／ 4 今後の展望

## 第49章 履行の確保 ————————————————佐々木公

### 第1 概 説

### 第2 義務の履行状況の調査及び履行の勧告
1 意 義 ／ 2 対 象 ／ 3 手 続

### 第3 義務履行の命令
1 意 義 ／ 2 対 象 ／ 3 手 続

# 第1章

# 訴訟と非訟

山 本 和 彦

## 第1 はじめに——問題の設定

　本稿のテーマである「訴訟と非訟」は，伝統的な論点であり，既に論じ尽くされている感もある。ただ，それらの議論は，当然のことであるが，従来の家事審判法を含む非訟法制を前提に展開されてきたものである。これに対し，家事事件手続法の制定を含む近時の新たな非訟法制の整備により，従来の議論の展開に何らかの影響が生じるかが問題となる。この点が本稿の主たる問題関心である。

　本稿は，訴訟との関係（非訟化）が問題になる事件類型として，当事者対立構造をもつ事件（相手方がある事件），家事事件でいえば別表第2の事件を中心に取り扱うが，別表第1の事件も対象には含む。また新たな法制として，非訟事件手続法及び家事事件手続法を中心に考えるが，その後に制定された新たな非訟事件である「国際的な子の奪取の民事上の側面に関する条約の実施に関する法律」の子の返還手続なども視野に入れる[1]。なお，民事訴訟法が準用される決定手続（倒産手続等）にも（実質的な非訟事件として）同様の問題があるが，本稿では，これらは一応射程外とする[2]。

---

　1）さらに，労働審判事件その他近時整備された個別の非訟事件についてもふれる。
　2）ただし，これらの事件類型についても，本稿の議論が妥当する部分はあり得よう。特に，ハイブリッド型手続との関係では，民事訴訟法が準用される決定手続の後に訴訟手

1

第1章　訴訟と非訟

　以下では，まず従来の議論（判例・学説）を簡単に整理し，その中で近時の判例に見られる新たな胎動も指摘する（第2参照）。次に，いわゆる訴訟・非訟2分論の実質的・現代的な意義に基づき，本稿の総括的な問題関心を提示する（第3参照）。その後，それを受ける形での具体的展開として，非訟手続[3]を訴訟手続の前に前置するハイブリッド型手続の意義と課題（第4参照），および，秘密保護・迅速化など非訟化のニーズとそれを前提とした非訟化の際に受け皿となるべき非訟手続のあり方（第5参照）について検討し，最後に，今後の展望について付言する（第6参照）。

# 第2　従来の議論の整理
## ——判例法理の意義，学説の批判，新たな胎動

## 1　伝統的判例法理の意義

### ⑴　訴訟事件・非訟事件2分論

　この問題に関する判例法理の中核は，「終局的に事実を確定し当事者の主張する権利義務の存否を確定するような裁判」を純然たる訴訟事件とし，「既存の債務関係について形成的に変更することに関するもの」を性質上の非訟事件とする2分法である。最初にこの点を明確化したのは，強制調停に関する最大決昭和35年7月6日（民集14巻9号1657頁）であったが，その後の判例は基本的にその判断を踏襲している。

　ただ，判例は中途から，非訟事件の区分に関するもう一つの方向性として，夫婦同居の審判に関する最大決昭和40年6月30日（民集19巻4号1089頁）[4]のように，手続の後見性，合目的性，裁量性が非訟事件として扱う理由付けとして付加されるようになった。さらに，遺産分割審判に関する最大決昭和41

---

続を実施する形態が実際には多い（第4参照）。
3）非訟手続と訴訟手続の区分（及び非訟事件と訴訟事件の区分）については，高田裕成「訴訟と非訟」伊藤眞＝山本和彦編『民事訴訟法の争点』（有斐閣，2009年）12頁以下参照。
4）「後見的立場から，合目的の見地に立って，裁量権を行使して，その具体的分担額を決定するもので，その性質は非訟事件の裁判であり，純然たる訴訟事件の裁判ではない」との理由を述べる。

2

年3月2日（民集20巻3号360頁）のように，本質的に非訟事件である根拠として，後見性，合目的性，裁量性のみを述べるものも出来している。これらは，非訟裁判の判断の前提となる実体上の権利が（明確な形では）存在しない類型では，「権利の具体的内容の形成」という説明が困難であることを反映したものと思われる。

　結局，判例法理の集大成として，例えば，株式買取価格決定に関する最決昭和48年3月1日（民集27巻2号161頁）は次のように述べる。すなわち，「当事者の意思いかんにかかわらず終局的に事実を確定し当事者の主張する実体的権利義務の存否を確定することを目的とする裁判が憲法32条にいう裁判，すなわち，固有の司法権の作用に属するところの訴訟事件であって，これについては憲法82条の『公開の対審・判決』が要求されるが，他方，基本的な法律関係はこれを変更せずに，裁判所が後見的立場から合目的の見地に立ち裁量権を行使してその具体的内容を形成する裁判は，固有の司法権の作用に属しない非訟事件の裁判であって，これは憲法32条，82条にいう裁判ではないと解すべく，したがって，非訟事件の手続および裁判に関する法律の規定について憲法32条，82条違反の問題を生じない」として，その詳細なあてはめに基づき理由付けをし，また迅速性も非訟事件性の根拠に加えている。そして，このような説明がその後の判例のスタンダードとなっている[5]。

　ただ，以上のような枠組みの判例準則による説明が実質的に困難となっているようにみえる事件類型もなくはない。例えば，推定相続人の廃除について，判例は，実体法の態度として，請求権の付与ではなく，裁判所の後見的・総合的な判断に委ねている点を重視するが[6]，そこでは，前提となる権利義務関係は存在せず，権利の具体的内容というよりも権利（相続権）そのものを形成（剥奪）する側面があり，またその要件も比較的明確であり，伝統的準則に基づく判例の理由付けが十分な説明になり得ているか，批判も多いところである[7]。

---

5）激しい議論を受けて新たに非訟化された借地非訟事件でも，以上のような伝統的説明が踏襲され，合憲性が確認されている。最決昭和49年9月26日集民112号735頁（借地増改築許可決定），最決昭和56年3月26日集民132号363頁（借地権譲渡許可決定）など参照。
6）最決昭和55年7月10日判タ425号77頁，最決昭和59年3月22日判タ524号203頁参照。
7）今回の家事事件手続法の立案時の議論につき，第3の1参照。

第1章　訴訟と非訟

　また，スタンダードな説明とはやや異質な説明が試みられている例も見られないではない。例えば，最大決昭和41年12月27日（民集20巻10号2279頁）は，過料の裁判の非訟性について「行政作用」として説明するし，最大決昭和45年12月16日（民集24巻13号2099頁）も，更生計画認否の決定について，後見的民事監督作用という説明を試みる[8]。これらは，実体権を前提とした形成作用でも判断の裁量性でも説明はやや困難であるところ，行政作用との類似性からアプローチしたものと思われる。

　なお，これとの関係で興味深い点として，判例の形成に影響を与えたとされる[9]兼子説においては，非訟＝行政という観点から，前提問題について訴訟手続による可能性を強調し，実体的な権利の確定は，（非訟ではなく）むしろ行政処分として訴訟手続の機会を与える必要性が指摘されている点がある[10]。すなわち，「非訟裁判所が裁判の前提として実体的要件を一応審査する場合でも（中略）これによって訴訟裁判権を代行したものと認めることはできない。例えば罹災都市借地借家臨時処理法第15条による裁判は，当事者の協議に代わり賃貸借の条件を形成するものであるが，借地権等のそのものの実体的要件は確定されないから，その裁判後でもその前提となる借地権等の存否の確認は別に訴訟で請求できるものと解しなければならない。訴訟か非訟かは単なる立法上の便宜の問題ではなく，当事者の実体的権利の確定はあくまで訴訟手続によるべきで，これを回避するため非訟手続を認めることは，行政処分として更に，訴訟手続による出訴の途を拓かない以上，国民の裁判を受ける権利の剥奪となるものだからである」とされる[11]。

　以上のような判例の態度は，誰が見ても訴訟事件として扱われるべきもの以外については（場合によっては，相続人廃除などそのようなものについても），様々な理由付けで非訟化を許し，立法者に広いフリーハンドを承認するものと評価することが可能である（その意義については，第3の1も参照）。

---

8)「国家のいわゆる後見的民事監督の作用に属し，固有の司法権の作用に属しないことが明らか」とする。
9) このような評価については，高田・前掲注3）13頁参照。
10) ここには，見方によっては，後述の「行政処分の非訟化」といった問題意識（後掲注60）参照）が既に見てとれる。
11) 兼子一「行政処分の取消判決の効力」同『民事法研究Ⅱ』（酒井書店，1954年）109頁注2参照。

## 第2　従来の議論の整理——判例法理の意義，学説の批判，新たな胎動

### (2)　憲法82条と32条の対象の同一性

　以上のような訴訟・非訟2分論は，憲法82条と憲法32条の適用対象を限定することを目的に定立されてきたが，伝統的にこの両者の規律対象は同一であるとされてきた。この点につき，既に前掲最大決昭和35年7月6日は，32条の適用範囲と82条のそれを黙示的に一致させていたが，前掲最判昭和48年3月1日はその点を明示した。そこでは，「当事者の意思いかんにかかわらず終局的に事実を確定し当事者の主張する実体的権利義務の存否を確定することを目的とする裁判が憲法32条にいう裁判，すなわち，固有の司法権の作用に属するところの訴訟事件であって，これについては憲法82条の『公開の対審・判決』が要求されるが，他方，基本的な法律関係はこれを変更せずに，裁判所が後見的立場から合目的の見地に立ち裁量権を行使してその具体的内容を形成する裁判は，固有の司法権の作用に属しない非訟事件の裁判であって，これは憲法32条，82条にいう裁判ではないと解すべく，したがって，非訟事件の手続および裁判に関する法律の規定について憲法32条，82条違反の問題を生じない」として，憲法32条及び82条の対象を全く同列に論じ，これが判例法理であると明言している。強制執行停止申立てに係る最決昭和59年2月10日（判タ523号155頁）も，「憲法82条にいう裁判とは，終局的に当事者の主張する実体的権利義務の存否を確定することを目的とする純然たる訴訟事件についての裁判のみを指すものである」とし，「したがってまた，憲法32条の違反をいう論旨のうち右違憲を前提とする部分も，理由がない」と判示して，両者の同一性を当然の前提とする。

　後述のように（2(2)参照），学説は，比較的早くからこの両者の適用対象を区別する議論を展開していたが，判例は，基本的に一貫して憲法82条と32条でその適用対象は区別しないとの立場を堅持してきたものと言える。この点は，見方によっては，訴訟・非訟2分論それ自体よりも，判例と学説との乖離を体現しているものともいえる。ただ，後述の平成20年決定（最決平成20年5月8日）の少数意見において，このような状況にも変化の胎動を見ることができる。

### (3)　憲法32条の意義 —— 広範な「立法政策論」

　次に，憲法32条が保障している内容についての判例法理である。既に刑事

第1章　訴訟と非訟

事件に関する最大判昭和25年2月1日（刑集4巻2号88頁）は，これを文字どおり裁判所で裁判を受ける機会を保障すれば足り，そこでの手続等については全て立法政策と割り切る旨の判断を示していた。すなわち，「憲法第32条は，何人も裁判所において裁判を受ける権利あることを規定したに過ぎないもので，如何なる裁判所において，裁判を受くべきかの裁判所の組織，権限等については，すべて法律において諸般の事情を勘案して決定すべき立法政策の問題であって，憲法には第81条を除くの外特にこれを制限する何等の規定も存しない」と判示する。

　同様に，前掲最大決昭和35年7月6日も，憲法32条の趣旨として「憲法は一方において，基本的人権として裁判請求権を認め，何人も裁判所に対し裁判を請求して司法権による権利，利益の救済を求めることができることとする」として，裁判所による権利救済，換言すれば原告側の利益のみを問題としており，それをいかなる手続によって解決するかは立法政策である旨を前提とする。その後の判例でも，この点は，より明確化して維持されている。例えば，前掲最大決昭和45年12月16日は，更生計画認否の決定について，「憲法32条は，かかる裁判の請求権を保障しているものにほかならず，その本質において固有の司法権の作用に属しない非訟事件は，憲法32条の定める事項ではなく，したがって，非訟事件の手続および裁判に関する法律の規定について，憲法32条違反の問題は生じない」として，やはり「裁判請求権」のみを保障するようにみえる。

　最近の最決平成20年5月8日（判時2011号116頁）でも，「憲法32条所定の裁判を受ける権利が性質上固有の司法作用の対象となるべき純然たる訴訟事件につき裁判所の判断を求めることができる権利をいうものであることは，当裁判所の判例の趣旨とするところである」として，「本質的に非訟事件である婚姻費用の分担に関する処分の審判に対する抗告審において手続にかかわる機会を失う不利益は，同条所定の『裁判を受ける権利』とは直接の関係がないというべきであるから，原審が，抗告人（原審における相手方）に対し抗告状及び抗告理由書の副本を送達せず，反論の機会を与えることなく不利益な判断をしたことが同条所定の『裁判を受ける権利』を侵害したものであるということはできず，本件抗告理由のうち憲法32条違反の主張には理由

がない」として，同旨を確認する。[12]

　結局，半世紀以上を閲した判例法理は，まさに裁判を受ける機会が与えられていればそれで足り，公開原則を除いては，手続の内容に憲法上の規制はないという理解に受け取ることができる。しかし，後述の非訟事件に関する近時の動向からは，疑問が呈されるところであるし，そもそも本当に訴訟事件についても全く憲法上の規制はないのか，疑わしい部分もある。例えば，当事者に全く通知もせずに判決をしてしまっても，それが憲法32条に違反しないと考えられてきたか，言い換えればそれでも「裁判を受けた」と言えるのかという点は，必ずしも従来真剣に論じられていたわけではないように思われる。そして，この点についても，非訟事件における手続保障に関する平成20年決定の少数意見において，判例に変化の胎動が窺われるところである。

### (4)　判例法理の総括

　以上のように，判例法理は，当事者の権利義務の存否を確定する場面を純然たる訴訟事件として，それを憲法82条と32条で同じ意味内容のものと理解し，そのような事件のみが憲法的保障の対象になり得るとする。そして，そのような事件については，非公開手続により，あるいは，裁判所の判断を受けずに，それを確定してしまうことを認めることは憲法違反となり得ると論じる。

　他方，そのような意味での訴訟事件でないものについては，一律に憲法上の保障は及ばないものと理解する。判例は，実体権を前提とした形成的裁判や合目的・裁量性のある裁判等を性質上の非訟事件と措呈するが，実質的な行政事件とか民事監督作用とか様々な理由付けを試みる判例法理の全体を見れば，それらは非訟事件の典型例を示すものであり，当事者の権利義務の存否を確定するもの（純然たる訴訟事件）でなければ，それは非訟事件と位置付けられているものとみられる。結局，一種の控除説的な非訟事件の位置づけがあり，「裁判所に来る全ての事件－純然たる訴訟事件＝非訟事件」という定式で，判例法理は理解されるべきであろう。

---

12) ただ，引用部分の後段からは，「手続にかかわる機会を失う不利益」について，それが非訟事件であるから否定しているのか，そもそも反論の機会等が憲法32条の射程外の問題であるのか，必ずしも明確ではない叙述になっている。

第 1 章　訴訟と非訟

いずれにしても，このような意味での非訟事件については一切憲法上の保障は及ばず，どのような手続によっても（あるいは裁判所の手続すら保障しなくても）憲法上は問題とならず，憲法違反となるのは，純然たる訴訟事件が非公開で審理される場合（憲法82条）又は裁判所で判断を受ける機会が奪われる場合（憲法32条）に限られる。また，憲法32条の内容としては，対審や攻撃防御の機会の保障は含まれていないと理解されるので，訴訟事件か非訟事件かを問わず，このような点が保障されていないことは憲法問題を生じさせないことになる。このような憲法32条の理解は，判例法理のもう一つのキーポイントと言えよう。

## 2　学説の批判

### ⑴　事件の多様性 ── 個別アプローチによる適切な手続の模索

以上のような判例法理による訴訟と非訟に関する憲法準則に対しては，学説上，肯定的な見解と否定的な見解が分かれる。代表的な肯定説として三ケ月説がある。三ケ月博士は，訴訟の非訟化現象は「歴史的必然」であり，それに対する積極的評価を述べられる[13]その内容は，判例準則による緩やかな規律＝非訟化の広範な許容と整合的な方向性をもつものと思われる。すなわち，「現在，訴訟の非訟化といわれるものも，このような訴訟制度の歴史的脱皮の一つの現象形態にすぎぬとみるべきであるし，このような歴史的必然性がその背後に横たわる限り，われわれとしては，この傾向をかなり肯定的に受容することが必要であるというべきである」と評価される[14]

これに対し，否定的見解としては，新堂説が一つの典型であろう[15] 新堂教授は，判例の訴訟・非訟2分説を厳しく批判される。すなわち，「確認的裁

---

13)　三ケ月章「訴訟事件の非訟化とその限界」同『民事訴訟法研究　第5巻』（有斐閣，1972年）92頁以下参照。
14)　三ケ月・前掲注13）93頁参照。そして，裁判の公開や裁判を受ける権利という「憲法上の保障形式は，かなり古典的な裁判像に対応するところの保障形式というべきであり，（中略）これをあまりにも固定的に考えることは，大きな歴史的な流れに不当に棹さすことになるおそれがあるということを戒心しなければならぬ」と論じられる（同96頁）。そして「憲法上の要請も亦，定型的・外面的な保障から，個別的・実質的な保障へと進むべきものである」（同97頁）として，その問題関心において，新堂説など判例法理を否定的に捉える見解とも共通の面を有されていると見られることにも注意を要する。
15)　新堂幸司『新民事訴訟法〔第5版〕』（弘文堂，2011年）27頁以下参照。

8

判となるか裁量的形成的裁判となるかは，実体法の規定の仕方に依存する。すなわち，ある一定の要件事実が発生すれば一定の法的効果が発生するという規定の仕方をすれば，裁判はすでに存在する法的効果を確認するという形態になるし，要件事実を抽象化しその存在を裁判所が判断したときに一定の法的効果が生じるという規定の仕方をすれば，裁判は裁量的かつ形成的になる（中略）。したがって，最高裁の立てた基準は，どんな実体的利益について，裁量的かつ形成的な裁判形態になるような実体法規を作ることが許されるかという実体法の規制の問題に帰着し，むしろ憲法29条の財産権の保障に抵触しないかという問題に移行することにもなろう」として，「判例の基準は，到底われわれを納得させるものとはいえない」とする[16]。そして，むしろ個別的アプローチによる適切な手続を模索する方向を示唆され，「対審構造をとらないことの理由，公開しないことの理由，判決の形式をとらないことの理由をそれぞれ検討すべきであり，その理由いかんによっては，事件の類型的性質に対応して，判決の形式はとらないが公開したり，また双方に対する審問を義務づけ，相手方に対する審問に立ち会う権利を認める（中略）等の手続保障を加味することによって憲法の要請に答えるというような，手続面での中間形態を工夫する途が開かれるし，また開いていくべきである」と指摘される[17]。

　そして，学説の趨勢としては，新堂説のような方向で，判例を批判する見方が学説の多数を占めていくことになる。

### (2)　憲法32条の非訟事件への適用

　上記のように，新堂説のような個別的アプローチは，学界においては比較的古くから主張されてきたものである。特に，判例とは異なり，憲法82条とは区別して，憲法32条の適用範囲を広く捉える理解が一般的であった。例えば，山木戸博士は，この問題が論じられるようになった初期の段階で，非訟

---

16）このような新堂説は，後述の立法者のフリーハンドの実態を見るとき，極めて優れた洞察と思われる。しかも，実体権の内容は財産権だけではなく，例えば身分権（子の引渡しの権利等）の場合もあり得ることをも考慮すると，憲法29条の射程は及ばず更に立法者のフリーハンドは広がる結果になろう（ただ，このような場合は，憲法13条など他の人権が問題になるかもしれない）。

17）新堂・前掲注15）32頁参照。

第1章　訴訟と非訟

事件の関係人にも審尋を求める権利が認められるとの理解を示されていた。[18)]
同様に，小島教授も，早い段階で憲法32条の重要性を指摘し，非訟事件にも
その保障が及ぶ旨を論証している。[19)]すなわち，「憲法上の保障の核心をなす
のは，〔憲法82条よりも：筆者補充〕むしろ憲法32条ではなかろうか。憲法
32条は国民に対し『裁判を受ける権利』をみとめているが，この目的は国民
にその紛争の解決にふさわしい適正かつ公平な審理並びに裁判を保障するこ
とにあると考えられる」として，「憲法32条の要請は，非訟事件にはそれに
相応しい手続を，訴訟事件にはそれに相応しい手続を定め，各々その事件類
型に適合した審理方式による裁判を求める権利を国民に保障することにあ
る」と評価される。[20)]

　以上のように，学説は，どちらかというと公開問題（憲法82条の問題）に
ついてはそれほど強い関心を示さず，むしろ当事者の手続保障のあり方を憲
法32条の問題として把握し，その適用範囲を憲法82条よりも広くとって，
それが非訟事件にも適用されるべき旨の方向を示してきたものと言えよう。

### (3)　憲法32条の実質化：審尋請求権論

　以上のような学説の展開の背後には，憲法32条について，やはり判例とは
異なり，実質的な内容を見出す試みが前提として存在する。代表的見解とし
て，中野教授の見解がある。[21)]そこでは，基本的な問題意識として，「純然た
る訴訟事件についてのみ公開対審原則が及ぶというのでは，それ以外の事件
の裁判は憲法の埒外におかれ，国民は，その範囲で裁判を受ける権利の保障
を享受しえないという結論になりかねない。公開対審を要しない性質の事件
についても，公平な裁判所による公正な審理・裁判の保障を欠いてよいはず
はない」とし，そこから，「『裁判所において裁判を受ける権利』（憲法32条）
は，裁判にさいして審尋を受ける権利を伴う。裁判を受ける者は，裁判事項
につき予め自己の見解を表明しかつ聴取される機会が与えられることを要求

---

18)　山木戸克己『民事訴訟理論の基礎的研究』（有斐閣，1961年）65頁参照。
19)　小島武司「非訟化の限界について」橋本公旦編『中央大学80周年記念論文集』（1965
　　年）309頁参照。
20)　小島・前掲注19）310頁参照。
21)　中野貞一郎『民事手続の現在問題』（判例タイムズ社，1989年）10頁参照。

する権利（審尋請求権）を憲法上保障されている」と評価し[22]単に裁判所の審判を受けられるというだけではなく，自己の見解の表明・聴取の権利をそこに包含すべきものとされる。その結果，「憲法における審尋請求権の保障は，国の裁判所の権限に属するすべての裁判手続に及ぶ。訴訟手続と非訟手続とをとわ」ないものと結論付ける。[23]

中野説における「裁判事項につき予め自己の見解を表明しかつ聴取される機会が与えられることを要求する権利（審尋請求権）」が憲法32条の保障の下にあり，非訟事件についても妥当する旨の言明は，判例法理とは大きく乖離するものであるが，多くの学説の支持を得てきた。現在では，この点については相当広いコンセンサスが見出されるように思われる。例えば，福永教授は，「裁判所において裁判を受ける権利は，裁判に際して審尋を受ける権利を伴う。裁判を受ける者は，裁判事項につき予め自己の見解を表明し，かつ聴取される機会が与えられることを要求する権利（審尋請求権。「法的審問権」ともいわれる）は，これを認める明文規定は憲法には存しないが，解釈上当然に認められるものと解される」とされる。[24]

### (4) 非訟事件に関する憲法的保障のコンセンサス

以上のような検討から，現在の学説の水準を整理すると，①訴訟・非訟2分論の克服（非訟事件についても様々な種別の存在を前提に，争訟的非訟事件について訴訟と同様の憲法的保障の必要を説く），②憲法82条と32条の適用対象の相違の認識，③裁判を受ける権利（憲法32条）の非訟事件についての適用可能性，④審尋請求権を憲法32条の枠内で捉える理解ということになろう。

例えば，確立した現在の学説の水準を示すものとして，伊藤教授の体系書では，「争訟的非訟事件においては，係争利益にかかわる利害関係人が対立するわけであり，裁判所が判断を下す前提として，利害関係人に対して主張・立証の機会を与える必要は，訴訟事件と同じく存在する。ただし，その手続保障の必要が，訴訟事件における弁論主義のように，厳格な形をとらず，

---

22) 中野・前掲注21) 13頁参照。
23) 中野・前掲注21) 15頁参照。
24) 福永有利「民事訴訟における憲法的保障」伊藤眞＝山本和彦編『民事訴訟法の争点』9頁参照。

実質的に主張・立証の機会を保障すれば足りるという形で現れるところに，非訟事件の特徴がある」と論じられる[25]これが前述のような現在の判例準則と乖離していることは明らかであろう。

また，このような理解は，民事訴訟法学界に限定されず，広く憲法学説などにおいても同様の傾向が見て取れる。例えば，芦部教授は，「憲法32条の『裁判』は，広く非訟事件の裁判をも含み，82条の原則を『指導原理』としてそれぞれの事件の性質・内容に相応した適正な手続の保障を伴うものでなければならない」とされていたし[26]この問題について近時詳細な研究をされる笹田教授も，「最高裁判例のように，憲法32条と82条の『裁判』を直列に結びつけるのではなく，憲法32条『裁判』は憲法82条『裁判』よりも広い概念と捉える方向を検討すべきである。すなわち，他の権力から独立した中立的な裁判官が，手続的公正に則って審理を行うのであれば，それは司法作用と言うべきであり，その際，手続的公正の核心として，法的聴聞，武器平等があげられる。憲法32条が規定する『裁判』は，公開・対審・判決を"標準装備"した訴訟＝判決手続に限定されず，右のような司法としての性質を有する『裁判』を含むと考えられるのである。（決定手続で行われる）非訟事件（中略）が右の意味の司法作用であるなら，憲法32条の『裁判』に含まれる」と結論付けられる[27]

このように，憲法32条を中核とする審尋請求権を非訟事件についても保障しようとする理解は，もはや通説といってもよい地位を学説上占めていると評価できよう。

# 3 判例の流動化の胎動

以上のような学説の動向は，外観上，判例法理と大きく乖離し，それには全く影響を与えていないようにも見える。ただ，子細に見れば，決してそのようなことはなく，学説に影響を受けた判例法理の変化の胎動は見逃されるべきではない。

---

25) 伊藤眞『民事訴訟法〔第4版〕』（有斐閣，2011年）10頁参照。
26) 芦部信喜「裁判を受ける権利」同編『憲法Ⅲ人権(2)』（有斐閣，1981年）316頁参照。
27) 笹田栄司『司法の変容と憲法』（有斐閣，2008年）252頁参照。

第2　従来の議論の整理——判例法理の意義，学説の批判，新たな胎動

## (1)　外国裁判の承認

　まず，やや遠いところではあるが，外国裁判の承認との関係で，判例上も訴訟・非訟2分論は必ずしも貫かれていない点に気づく。例えば，最判平成10年4月28日（民集52巻3号853頁）は，「民事執行法24条所定の『外国裁判所の判決』とは，外国の裁判所が，その裁判の名称，手続，形式のいかんを問わず，私法上の法律関係について当事者双方の手続的保障の下に終局的にした裁判をいうものであり，決定，命令等と称されるものであっても，右の性質を有するものは，同条にいう『外国裁判所の判決』に当たる」とする。同旨の判断として，最決平成19年3月23日（民集61巻2号619頁）は，前記一般論を継承し，具体的には，「ネバダ州裁判所による相手方らを法律上の実父母と確認する旨の本件裁判は，親子関係の確定を内容とし，我が国の裁判類型としては，人事訴訟の判決又は家事審判法23条の審判に類似するものであり，外国裁判所の確定判決に該当する」とする。結局，この問題については，当事者対立型の事件は，（日本的にいえば）非訟事件であっても，訴訟手続と基本的に同様の手続保障が付与されなければ，手続的公序（民訴118条3号）に反して，日本においては裁判の効力が認められないという理解がされていることになる。

　そして，このような帰結は，必然的に，国内の非訟手続に対する反省をももたらすことになる。けだし，外国の裁判であれば，手続保障が十分でないものは手続的公序違反として日本での効力を認められないのに，日本の裁判には何ら憲法上の制約が及ばず，全てが立法政策に放置されてよいのか，という疑義を生じるからである。例えば，同じ種類の裁判で，相手方に知らせずに相手方の権利内容を形成する場合，外国で行われれば手続的公序に反するとして日本では効力を認められないのに，日本の裁判所が行う場合には，憲法違反にならず効力が認められるという結論は，合理的に説明し難いように思われる。その意味で，訴訟・非訟2分論は，立法裁量を超えた公序的限界は内国の非訟手続にもあるのではないかという内在的批判にさらされることになる。

## (2)　平成20年決定の少数意見の議論

　そのような反省が直截に現れたものとして，平成20年決定が指摘できる。

*13*

第1章　訴訟と非訟

同決定の法廷意見は，前述のように（1⑶参照），従来の判例法理の枠内での判示をしている。しかし，そこで示された補足意見や反対意見は，上記のような学説の動向を受けて，興味深い議論を展開している。

　まず，田原睦夫裁判官の補足意見は，憲法32条について，手続の内容は全て立法政策というものではなく，憲法31条が一定の枠をはめているとの理解を示される。すなわち，「憲法31条の定める適正手続の保障は，同条が直接規定する生命若しくは自由に対する規制の場面だけではなく，国又は国家機関が，国民に対して一定の強制力を行使する場合に守られるべき基本原則というべきものであり，刑事手続だけでなく，民事手続や行政手続においても同条は類推適用されるべきものである。また，憲法32条の定める裁判を受ける権利は，憲法31条の定める適正手続の保障の下での裁判を受ける権利を定めたものであって，裁判手続において適正手続が保障されていないときには，憲法違反の問題が生じ得る」（下線筆者。以下も同じ）とされる。すなわち，非訟事件にも憲法32条の適用があるという理解を前提に，そこでは「適正手続の保障の下での裁判を受ける権利」が保障されなければならないとする。これは，（結論は法廷意見と同じものであるとしても）非訟事件を憲法的保障の埒外としてきた判例法理との絶縁を宣言するものと評価できよう。

　さらに，那須弘平裁判官の反対意見は，より直截に非訟事件にも憲法32条の保障の下で審問請求権が妥当すると論じる。すなわち，「家事審判法9条の定める乙類審判事件の中にも強い争訟性を有する類型のものがあり，本件で問題となっている婚姻費用分担を定める審判もこれに属する。私は，少なくとも，この類型の審判に関しては，憲法32条の趣旨に照らし即時抗告により不利益な変更を受ける当事者が即時抗告の抗告状等の送付を受けるなどして反論の機会を与えられるべき相当の理由があると考える。このような当事者の利益はいわゆる審問請求権（当事者が裁判所に対して自己の見解を表明し，かつ，聴取される機会を与えられることを要求することができる権利）の核心部分を成すものであり，純然たる訴訟事件でない非訟事件についても憲法32条による『裁判を受ける権利』の保障の対象になる場合があると解する」とし，「憲法82条が要求する公開の対象となる事件の範囲を区切る基準（同条2項では，裁判官の全員一致で非公開とする例外的処理の途も認められている）と憲法32条が要求する審問請求権ないし手続保障の適用範囲を区切る基準と

は同一とは限らない。それゆえ，昭和35年最高裁決定及び昭和40年最高裁決定を根拠にして，本件が『裁判を受ける権利』と無関係と切捨てる考え方には賛同できない」とされる。そして，「昭和35年最高裁決定は，（中略）憲法32条の適用範囲を『純然たる訴訟事件』に限定するかのごとく判示した点については学説を中心にして強い批判があることも周知のとおりである。『純然たる訴訟事件』以外にも乙類審判事件を中心にして憲法32条の審問請求権ないし手続保障の対象となるべき類型のものが存在することは否定しがたく，この点に関するかぎり，昭和35年最高裁決定はいずれ当審において変更されるべきものであると考える」と論じる。これは，訴訟・非訟2分論，憲法82条と32条の対象の同一性，憲法32条の手続内容への不介入という判例準則の全てを否定する方向の意見と言え，憲法32条との関係では，判例法理の転換を正面から要求するものである。[28]

# 第3 訴訟・非訟2分論
## ——立法者のフリーハンドの容認と評価

　以上のような訴訟と非訟に関する判例法理及び学説の展開を前提に，以下では，近時の立法の動向などをも踏まえて，若干の論点について検討していきたい。

　まず，判例法理の大前提となっている，いわゆる「訴訟・非訟2分論」の実質的意義について確認し，筆者なりにこの問題の総括的な検討を試みたい。憲法とは，言うまでもなく立法者の手足を縛る機能を有するものである。ただ，筆者は，訴訟と非訟の問題について見れば，判例法理は，現実には必ずしもそのような役割を果たしていないのではないかという仮説を有している。以下では，筆者の関与した近時の実例も踏まえながら，それを検証していくこととする。

---

28) 新堂・前掲注15) 33頁注1は，この那須裁判官の反対意見について，「遠慮がちながら（憲法違反と明言しないまでも），先例の射程距離を的確に制限して，筆者のいう『個別的アプローチ』のための手掛かりを着実に打ち込んだこと，かつ救済方法をも明言しているところは，この種の問題に対する判例の将来に影響するところ大と高く評価したい」として，極めて高い評価を与えられる。

*15*

第1章　訴訟と非訟

# 1　立法者のフリーハンドの現実

　最近の立法からこの点を見てみると，まずハーグ条約実施法の子の返還手続の規律が興味深い。これは，最終的に非訟事件として扱うこととされたものであり（同法91条参照），判例準則を前提にすれば，子の返還請求権という実体的権利は存在せず，具体的事件の裁判において請求権が形成される旨の理解をとったものとみられる。しかし，立法過程において，これが必然的なものであったかというと，疑問もある。同法27条（子の返還事由）や28条（子の返還拒否事由）といった，請求原因・抗弁といった構成に近接した要件に基づき，これを実体上の請求権として観念することも十分にあり得たと思われるからである。しかし，その場合には，憲法上，訴訟事件として構成する必要があることになり，必要的口頭弁論の手続とならざるを得ない。しかるに，この類型の事件については，プライバシーの要請等から公開審理は適合的ではなく，また子の福祉のためには特に迅速な審理の要請があるところ，訴訟事件とすることはそのようなニーズの障害になるという実質的考慮がむしろ大きかったのではないかと思われる。すなわち，この例は，立法者は，実質的な非訟化の要請に鑑み，（その気になれば）自由に法律構成を選択し，そのニーズに応えることができる（少なくとも広範な裁量権を有する）ことを示唆しているともいえよう。

　次に，家事事件手続法の制定過程における相続人廃除事件の扱いも示唆に富む。判例は従来，この事件類型について非訟事件とすることの合憲性を認めていたが，かねて学説の批判が強かった（第2の1(1)参照）。今回の立案過程でも，このような事件について訴訟手続によるべき旨の極めて有力な主張がされていた。すなわち，竹下教授は，「民法892条を虚心坦懐に読めば，同条の定める具体的要件（中略）があれば，被相続人が推定相続人を実体法上の権利として廃除することができるとの趣旨と解されるのではあるまいか」とし，「実質的に考えても，推定相続人の廃除は，被相続人の側からいえば，法定の要件の下での自己の財産の処分の自由の問題であり，推定相続人の側からいえば，期待権とはいっても条件付の財産取得権の喪失の問題である。民法892条が，このように内容が具体的に確定し市民法上確立した被相続人の財産処分の自由を，裁判所の裁量によって制限することを許容したのだと

したら，それでも憲法29条１項に違反しないかは，著しく疑わしいように思う。そう考えると，相続人廃除事件は，従来の最高裁大法廷の定立した基準から言えば，『純然たる訴訟事件』と見るべきように思われる」と論じておられた[29]。筆者自身も，竹下教授の見方に基本的に賛成で，前述のような判例によるこの点の正統化は極めて疑わしいと感じていた。しかし，今回の改正でも，この点は正面から取り上げられることはなかった[30]。この例は，一度非訟化され，最高裁判所等でそれが正統化されれば，再び訴訟事件に戻すことは実際の立法プロセスでは極めて困難であることを示唆している。その意味で，立法者の正統化の説明は比較的容易であり，その行動範囲は広く，逆に言えば，非訟化の際には慎重な考慮が必要であることを示唆しているともいえようか[31]。

　最後に，遺留分減殺請求事件の非訟化の可能性という問題である。この点は，法制審議会において現在，審議中の論点の一つである[32]。現状の遺留分減殺事件は，訴訟事件として，遺産分割とは手続上切り離され，寄与分の考慮ができないなど実質的に衡平な相続問題の解決に障害となっている面があるとされる。仮にこれを非訟事件とすることができれば，遺産分割と同時の解決も可能となり，衡平な判断も認められやすくなる。そこで，遺留分減殺請求権という実体上の権利を前提とする現在の法律構成では訴訟事件とならざるを得ないところ，実体上の遺留分権を一応の前提としながら，それに基づき裁判所が諸般の事情を考慮して遺留分を形成的に付与する裁判をするという立て付けをとれば，非訟事件としても構成可能になる。その意味で，ここ

---

29) 竹下守夫「家事審判法改正の課題」家月61巻１号52頁以下参照。

30) 筆者は，法制審議会部会の席上で若干の問題提起を試みたが，その点については余り問題とはされなかった。ただ，当該事件における手続保障については，別表第２と同等のものが保障される形になり（法188条３項，４項など参照），各論的には異質な取扱いがされていることは，訴訟・非訟２分論の立法過程における限界を示すものとも言え，興味深い。

31) このことは，訴訟から非訟への一方的な流れの存在を示しているようにもみえる。この点は，まさに三ケ月博士がこのような流れを「歴史の必然」とした点（第２の２(1)参照）を裏書きするものともいえようか。

32) 法制審議会民法（相続関係）部会資料４第２の１の乙案参照。ただし，中間試案の段階ではこのような方向は放棄され（民法（相続関係）等の改正に関する中間試案（平成28年６月21日）第４の１参照），裁判所の裁量は形式的形成訴訟的な構成で訴訟手続の中に吸収されている。その背景には，非訟化による遺留分権利者の既得権の弱体化への懸念があったものとみられる。

第1章　訴訟と非訟

でも要は法律構成及び説明の問題であり，立法者のフリーハンドが現出しているようにみえる。[33]

　以上のように，実際の立法のいくつかの局面でも，立法者のフリーハンドは広く，判例がそのようなフリーハンドを容認しているのではないかという前述の仮説が妥当しているように見受けられる。

## 2　学説の無関心の理由

　以上のような判例や立法の動向に関連して，この2分論そのものについての学説の関心は，それほど高くないのが現状のようにみえる。その点には，いくつかの理由が考えられるかもしれないが，筆者は以下のような見方をしている。

　すなわち，訴訟・非訟2分論によって決定的な違い（1か0かの違い）が出るのは，公開問題だけである。それ以外の手続保障の問題については，憲法32条が適用されても，判例法理を前提にすれば，ほとんど保障されるものはないことになる。これに対し，学説の主たる関心は，判例法理のうち，憲法32条と憲法82条の対象の同一性の問題及び憲法32条の保障内容の問題であり，この点について厳しく判例法理を批判する。その意味で，2分論の論点について，両者はやや「すれ違い」の観を呈しているが，これは，公開問題に関する学説の関心の低さを反映している可能性がある。すなわち，学説は，そもそも全ての事件（訴訟事件を含めて）について，必ず審理を公開しなければならないとは考えていないのではないかと思われるからである。

　この点について興味深い論述を展開するのは，過料の決定に関する最大決昭和41年12月27日（民集20巻10号2279頁）における田中二郎裁判官の補足意見である。すなわち，「秘密・暗黒裁判が恐怖の的とされた時代における裁判と現代における裁判との間には，裁判の対象や裁判のもつ意義も著しく変り，裁判所が積極的に個人の生活関係に介入すべき範囲およびその態様もかなり変ってきている。（中略）このような事情のもとに，裁判の公開・対審

---

33）前述のように，新堂教授は「どんな実体的利益について，裁量的かつ形成的な裁判形態になるような実体法規を作ることが許されるかという実体法の規制の問題に帰着し」，手続上の規制は存在しないのではないかという疑問を呈されていたが（第2の2⑴参照），その議論の妥当性を如実に表す例ではないかと思われる。

の原則が常にあらゆる裁判に妥当し，何らの例外を許さない絶対の原則であるとまではいえない。（中略）裁判所の積極的関与を広範に認めるに至り，非訟事件又はこれに類する事件の多くなった近時の裁判においては，事件の性質上，その性質に応じた裁判の公正・妥当を保障する途を講ずる必要はあっても，事件そのものとして，公開・対審の原則になじまない事件も決してないわけではないのであって，人民の権利・自由に関するすべての裁判について，裁判の公正を保障する見地から歴史的に生まれた公開・対審の原則を採用しないからといって，直ちに違憲と断ずることはできないように思う。要は，そうした例外を認めることが，公開・対審の原則を保障した憲法の趣旨に反しないだけの合理的根拠があるかどうか，また，それに代る裁判の公正を保障するための手続的保障が与えられているかどうかにかかっている」とされる。

このような田中補足意見は，結局，手続保障については，公開だけではなく多様な方途があり得ることを示唆し，むしろ憲法32条の展開可能性を内包する議論と言える。その意味で，このような理解は学説から好意的に受けとめられ，学説の関心と整合的なもののようにみえる。いわゆる訴訟・非訟2分論は，学説からみれば，その中身は相当ではないかもしれないが，（憲法82条に関する限り）学説の議論の決定的障害になるわけでもなく，むしろ憲法32条の実質的内容を主戦場にするというのが学説の基本的スタンスということになろうか。

## 3 「訴訟と非訟」論に関する小括

以上のように，判例法理の下では立法者の政策判断の裁量は広い。しかし，判例上「純然たる訴訟事件」とされるものの中核（例えば，貸金返還請求，損害賠償請求など）は，いかなる法律構成や説明をとったとしても，直接の非訟化は不可能であると考えられる。その意味で，立法に対する最低限の憲法上の縛りはなお存在する。ただ，このような場合であっても，秘密保護や迅速化など非訟化のニーズが顕現する事件類型はあり得る。そこで，その場合の対応策として，近時クローズアップされている方途として，非訟前置による対応，すなわちハイブリッド型手続の可能性が隆盛をみている。その当否の評価は，「訴訟と非訟」論の現代的課題と言えよう（第4参照）。

第1章　訴訟と非訟

他方で，「訴訟・非訟2分論」の実質的相対化も始まっている。すなわち，個別事件の特性に応じたオーダーメイド的な手続を用意する余地，換言すれば非訟事件の多様化という現象である。上記2分論の下で，基本的には立法者にフリーハンドが与えられ，その手続の構成について立法者の踏み越えられない限界はないとすると（そして，そのような判例法理の変更が現実には困難であるとすると），次の主戦場は，立法プロセスにおける手続保障の確保という問題になろう。その結果，学説の関心は，立法過程においてセイフティネットとしての非訟手続自体の充実に向かうことになる（第5参照）[34]。

以下では，そのそれぞれの論点について筆者の若干のコメントを付したい。

# 第4 ハイブリッド型手続の隆盛
## ——純然たる訴訟事件の非訟化のテクニック

## 1　ハイブリッド型手続の意義

従来，訴訟と非訟の枠内では論じられることが少なかったが，近時の極めて重要な動向として，ハイブリッド型手続の隆盛という論点がある。

「ハイブリッド型手続」とは，まず非訟手続を前置し，それに異議等が出ない場合にはそのまま確定し，異議等が出た場合には訴訟手続において再審理するような手続を指す。これは，非訟手続と訴訟手続を連続させることで，純粋の訴訟事件を非訟手続で取り扱う可能性を開く試みということができる。訴訟事件を後ろに置き，最終的には訴訟手続の可能性を開いておくことで，「訴訟・非訟2分論」による判例準則を満足させる一方，実際には多くの事件が非訟手続段階で解決されることになれば，非訟手続による処理のメリット（簡易迅速性，秘密保護性等）を享受することができるものといえ，極めて巧妙な立法テクニックと評価することが可能である。

---

34）なお，ハイブリッド型手続も，訴訟による再審査の可能性を開くことで，同様のセイフティネットとしての機能を有し得ると見られる。

## 2 ハイブリッド型手続の歴史

　ハイブリッド型形成の歴史として，広い意味での非訟手続（決定手続）をも含めれば，まず倒産法上の附随手続から制度が始まったといえる[35]。具体的には，昭和13年の商法改正（同年法律第72号）による会社整理手続における役員責任査定手続が最初のものかと思われる。その後，会社更生法において，同様の制度を採用するとともにそれが否認請求手続に拡大され，更に倒産法抜本改正によって，それらが破産・民事再生にも拡大するとともに，倒産債権査定手続の創設がされた。現行倒産法では，以上のような三つの類型のハイブリッド型手続が各倒産手続に存在する形になっている。

　さらに，近時の重要な展開としては，司法制度改革における労働審判の創設及びその成功がある。労働審判では，対象事件は純然たる訴訟事件であるが，調停による解決が模索され，その後労働審判がされる（ここまでが非訟手続となる）。その後，異議があれば審判が失効して訴訟手続による。その意味で，典型的なハイブリッド型手続である。そして，迅速性など大きなメリットが得られ，異議による訴訟移行事件の少なさから実質的非訟化の目的が達成され[36]，利用者の満足度の高さが注目される[37]。

　以上のような労働審判制度の成功の結果，労働審判に準じた手続の隆盛がもたらされた。例えば，犯罪被害者による損害賠償命令手続（犯被保護23条

---

35) 同様の手続として，督促手続もあるが，これは前段階で全く内容的審理をしないもので，ここでの問題関心からは異質である。また，訴訟＋訴訟での同様の試みとして，手形小切手訴訟や少額訴訟などの簡易訴訟もあるが，これは非訟化の問題ではない。ただ，これらを含めた簡易手続の可能性については，山本和彦「民事訴訟法10年—その成果と課題」判タ1261号100頁（同『民事訴訟法の現代的課題』（有斐閣，2016年）72頁以下所収）参照。

36) 労働審判事件の概況については，最高裁判所事務総局『裁判の迅速化に係る検証に関する報告書平成27年7月』62頁以下参照。それによれば，事件数は，2009年以降3,300件から3,700件程度で推移し，68％の事件で調停が成立し，審判が確定したものや取下げ等でも手続外での和解等で解決したものを含めれば，8割前後の事件が非訟段階で解決しているものと推測されている。また，平均審理期間も79.5日であり，約3分の2の事件が3月以内に解決しており，訴訟に比して格段の迅速性を実現している。

37) 利用者調査とその分析に係る研究として，菅野和夫ほか編著『労働審判制度の利用者調査』（有斐閣，2013年）参照。

第1章　訴訟と非訟

以下），[38] 消費者裁判手続における簡易確定手続（消費者裁判手続12条以下）[39] などであり，これらは訴訟事件としての決定手続＋判決手続という構成ではあるが，憲法32条及び82条の問題が生じることは非訟手続の場合と同じであり，いずれも純然たる訴訟事件について，訴訟手続への移行可能性を担保することで，第1次的な決定手続による対応を可能としているもので，ハイブリッド型の活用例と言える。その結果，実質として，秘密保護・簡易迅速という非訟手続のメリットの享受が目論まれているといえよう。[40]

# **3**　ハイブリッド型手続の限界

　以上のように，ハイブリッド型の手続は，判例法理の枠内で実質的に非訟化の要請を満たすものとして，極めて実効的な手法である。しかし，それでは，このようなハイブリッド型の構成に限界はないのかというと，必ずしもそうではない。まず，何よりも，この制度が判例法理の前提の下で成立するためには，訴訟手続への任意の移行の可能性が前提となる。そのような移行を法律上制限することは，無論憲法違反となるが，それだけではなく，訴訟移行に事実上の制限がないのかも憲法上やはり問題となろう。つまり，利用者が任意に訴訟手続への移行を選択できる基盤の構築が制度として重要になると解される。この点で，例えば，倒産法上のハイブリッド型手続について，訴訟手続で判断する裁判所が前置決定手続と同じであれば，仮に訴訟移行を認めても，前置された判断が覆る可能性は実際上低いことになる。そうなれば，当事者は移行自体を諦め，実質上裁判を受ける権利が侵害されるおそれも否定できないことになる。[41] ハイブリッド型の手続を制度構成する際には，そのような点にも十分な配慮をする必要があろう。

---

38）この制度については，山本和彦「犯罪被害者の保護」伊藤眞＝山本和彦編『民事訴訟法の争点』37頁及びそこに掲記の文献参照。
39）この制度については，山本和彦『解説消費者裁判手続特例法』（弘文堂，2015年）173頁以下など参照。
40）立法論としては，更なる拡大の可能性が論じられている。例えば，弁護士会などから提案されている民事審判などの構想である。このような問題については，山本・前掲注35）100頁など参照。
41）このような観点から倒産法上のハイブリッド型手続（特に否認請求制度等）の立法論的問題を指摘するものとして，山本和彦「倒産事件における各種訴訟の立法論的課題」島岡大雄ほか編『倒産と訴訟』（商事法務，2013年）477頁注3参照。

第4　ハイブリッド型手続の隆盛——純然たる訴訟事件の非訟化のテクニック

　また，前置される非訟事件や非訟手続に全く制限がないのかも問題となる。例えば，立法論として議論されている民事審判（前掲注40）参照）のようなものについて，あらゆる事件をこのような枠組みの手続にすることが憲法上できるのかといった疑問である。確かに判例法理は，基礎となっている法律関係（純粋の訴訟事件の部分）については，判決手続におけるレビュー可能性があれば，非訟手続で一次的に判断できるとしている。[42] そうであるとすれば，同一の法律関係でも理論的には同じこと（むしろ当然との理解）になるはずであろう。しかし，実質的に考えれば，このような手続は，非訟手続によって迅速に解決できること，換言すれば（大部分の事件では）異議等により訴訟手続に移行しないことを期待する制度と言える。極論すれば，全ての事件でもし異議等が出るようであれば，このような手続を作るのは無意味になるからである。したがって，異議等が出ずに非訟手続限りで終結する事件が相当数あることを前提にすれば，前置手続についても一定の規制は必要であるとの理解も生じ得る。具体的には，このような手続を採用する実質的な理由（迅速性の要請など）による対象事件の限定とともに，前置非訟手続のあり方（前置手続における手続保障の程度）についても，一定の歯止めは必要ではないかという問題意識である。訴訟が後ろに控えてさえいれば，前の手続がどのようなものであってもよい，ということになるかは疑問もあるところであろう。これらの問題について，今後の理論的な解明が期待される。

---

42）最大決昭和41年3月2日前掲は，「家庭裁判所は，かかる前提たる法律関係〔筆者注：相続権，相続財産等〕につき当事者間に争があるときは，常に民事訴訟による判決の確定をまってはじめて遺産分割の審判をなすべきものであるというのではなく，審判手続において右前提事項の存否を審理判断したうえで分割の処分を行うことは少しも差支えないというべきである。けだし，審判手続においてした右前提事項に関する判断には既判力が生じないから，これを争う当事者は，別に民事訴訟を提起して右前提たる権利関係の確定を求めることをなんら妨げられるものではなく，そして，その結果，判決によって右前提たる権利の存在が否定されれば，分割の審判もその限度において効力を失うに至るものと解されるからである。このように，右前提事項の存否を審判手続によって決定しても，そのことは民事訴訟による通常の裁判を受ける途を閉すことを意味しないから，憲法32条，82条に違反するのではない」とする。

第1章　訴訟と非訟

# 第5 非訟化のニーズと受け皿となるべき非訟手続

## 1 非訟化のニーズの所在と対応の可能性

　ここでは，まず非訟化のニーズの所在を確認し，訴訟手続と非訟手続の違いから，それぞれの手続に適合した事件を分類していく機能的アプローチをとる。[43] 非訟化のニーズとしては，大きく，秘密保護（公開制限）の要請と迅速性の要請があると思われるので，[44] これらにつき順次検討する。

　まず，公開性（秘密保護）の問題である。家事事件に代表されるように，訴訟手続における公開審理を避けるために，非訟化のニーズが存在する事件類型は，近時のプライバシー・個人情報の保護や企業秘密の保護の潮流に鑑み，相当数あるとみられる。この場合には，判例法理を前提とする限り，ほぼ唯一の実効的な解決策が非訟化ということになる。そして，仮に秘密保護だけが非訟化の理由であるとすれば，非訟事件にするとしても，その手続については，非公開以外の部分は訴訟手続とパラレルなものとしておく可能性はあろう。[45] 他方，判例の枠組みを前提としても非訟化がなお困難な類型に関しては，訴訟事件に残しながら，憲法82条2項但書の例外を利用するほかはないことになる。[46] しかし，そのハードルはかなり高く，[47] 例えば，離婚訴訟については非訟化の余地もあり得るとしても，[48] 親子関係訴訟や知財訴訟などは

---

43) これは，三ケ月・前掲注13) 52頁以下において述べられる方法論（「訴訟の本質」「非訟の本質」という議論を先行させるのではなく，「訴訟の非訟化」といわれる流動現象のニーズを出発点とする考え方）と基本的に同じものであろう。

44) そのほかにも，簡易性・柔軟性などもあるが，これらは迅速性の一つの系として扱えば足りよう。また，裁量性という点もあるが，これが非訟化を真に要請するものか，疑問を否めないこと（形式的形成訴訟や一般条項という，訴訟手続を前提にした制度構成も存在する）に加え，手続への反映は結局，迅速性の要請のある事件とパラレルになると思われるので，やはり独立に検討することはしない。

45) ただ，通常は，秘密保護だけではなく，迅速性その他の要請も同時に認められるので，訴訟手続と完全に同じ手続にはならないことが多いであろう。

46) ハイブリッド型の可能性はあるが，異議等が出ることを考えれば完全な解決策でないことは明らかであろう。

47) 人事訴訟（人訴22条）や知財訴訟（特許法105条の7）における当事者尋問等の公開停止の取組みがあるが，その要件を一瞥すれば，そのハードルの高さが実感できよう。

48) 離婚請求権を前提にせず，裁判所の合目的的裁量に基づき離婚を認める手続にしていけば，非訟事件として再構成する可能性は（その当否を別にすれば）理論的にはあり得よう。

第5　非訟化のニーズと受け皿となるべき非訟手続

そうはいかない。その意味で，この問題の（解決がもし真に必要であるとするならば）抜本的な解決策は憲法改正によるほかないことになる[49]。

　他方，迅速性の要請のある事件については，そのニーズを満たす手続としては，いくつかの方向性がある。一つは，やはり非訟化（決定手続化）の方向である。必要的口頭弁論を外すことによって書面手続等インフォーマルな手続を可能にすることは，手続の迅速化の最も端的な方途であり，憲法上の要請をクリアできるのであれば，非訟化が考えられる。その場合の具体的手続としては，迅速性の要請と手続保障の要請とを具体的事件類型に適合した形で調和させることが模索され，手続係属の通知規定，審尋（意見聴取）手続の規定，攻撃防御機会を付与する規定等を伴う非訟手続が迅速性の要請の強さに応じて考えられることになろう（このような受け皿手続のあり方については，2参照）。他方，端的な非訟化と並ぶ選択肢としては，ハイブリッド型手続の方向がある。これは，非訟化に対する憲法上の要請のクリアが困難な事件類型では，簡易迅速な非訟手続を前置し，当事者に不服がある場合には異議等による訴訟手続への移行を認めることとし，多くの事件が非訟手続の中で解決できれば，結果として迅速性を確保できることで満足するものである。異議等が頻発すれば，かえって手続が長くなるおそれはあるものの，労働審判のように，それが成功すれば，実質的な非訟化のメリットは享受できる[50]。さらには，訴訟手続の中で，迅速訴訟手続を設ける方向も考えられる。やはり憲法上の要請のクリアが困難な場合には，訴訟手続の中で迅速化を図らざるを得ないからである。これについては，事件の対象について憲法上の限界はなくなるが，必要的口頭弁論等の縛りの中で，ファースト・トラック手続等の可能性を模索することになろう[51]。

# 2　受け皿となる非訟手続のあり方——争訟的非訟事件

　以上のように，非訟化のニーズに基づく多様な選択肢を考えるとすれば，

---

49)　なお，憲法改正による場合も，立法者に対する白紙委任にはなお懸念が残るとすれば，現在の憲法82条2項但書を緩めていくアプローチが相当ということになろうか。

50)　限界は全くないのかなどその問題点については，第4参照。

51)　このような訴訟手続の特則の可能性については，山本・前掲注35）100頁，山本和彦「手続保障再考」井上治典先生追悼『民事紛争と手続理論の現在』（法律文化社，2008年）159頁以下（同・前掲注35）『民事訴訟法の現代的課題』120頁以下所収）など参照。

25

第1章　訴訟と非訟

受け皿となる非訟手続としても多様な手続が必要となる[52]。すなわち，訴訟事件に近接した非訟事件から，訴訟事件とは全く異なる非訟事件まで，多様な事件類型が存在するとすれば，求められる非訟手続についても，訴訟に近接する非訟手続から，それとは全く異なる（行政手続に接する）非訟手続まで，多様な受け皿手続が想定されるべきことになる。そこで，以下では，争訟的非訟事件に係る非訟手続に求められる要素と非争訟的非訟事件に係るそれとを対比しながら，非訟手続のあり方について，若干の考察を加えてみる。

　まず，争訟的非訟事件に係る非訟手続に求められる要素としては[53]，訴訟手続と基本的に同等の手続が要求されることになる（非公開性のみが異なるものとなる）。しかし，現実にはそのような手続は考え難く，むしろ実質的な意味での手続保障を確保しながら[54]，形式的手続保障を訴訟手続からマイナスしていくようなイメージの手続になることが予想される。その場合の訴訟手続との相違点としては，公開（憲法82条の問題）のほか，期日（口頭弁論ではなくても対審＝審問への当事者立会権を認めるかどうか），主張（相手方の主張を知って対応できる権利を付与すべきか），立証（自由な証明を許容するものとしても証拠申立権などを保障すべきか），不服申立て（控訴・上告と抗告の手続の相違をどう考えるか）など，訴訟手続と相違する実質的な理由を細かくチェックしていく必要があろう[55]。

　その意味で，この問題を考えるについては，家事事件手続法の別表第2事件手続が一つの「標準型」モデルとなり得ると思われる。そこで与えられる手続保障（法67条～72条）は，争訟性を有する非訟手続の一種のデフォルト

---

52)　なお，この点は訴訟手続についても全く同様である。訴訟におけるハイブリッド化や訴訟手続のダブルトラック化など訴訟手続の多様化も現下の民事訴訟制度の課題と思われる。

53)　前述のように，これは外国で行われれば，「外国判決」として評価されるようなものである（第2の3(1)参照）。

54)　実質的手続保障の概念については，山本・前掲注51) 150頁以下参照。このような手続イメージについては，仮処分の本案代替化の議論などとも関係するが，これについては，山本和彦「仮の地位を定める仮処分の特別訴訟化について」判タ1172号22頁以下参照。

55)　このような手続保障のうち，どのようなものが憲法32条（審尋請求権）の保護対象になるかは，十分な検討を要する。現時点では，相手方がない事件も含め，主張立証ができる機会が付与されることは当然に保護対象に含まれると解するが，相手方のある事件については，さらに（相手方として）事件の係属を知られる権利や相手方の主張を知ってそれに対して対応できる権利などは，憲法上も保護に値すると解するが，この点は今後さらに考えてみたい。

第5　非訟化のニーズと受け皿となるべき非訟手続

ルールになると考えられるからである。ただ，それにプラスαをすることも考えられるし，[56] 別表第2事件－αという手続のイメージもあり得よう。[57] いずれにしても，標準モデルから乖離する場合には，その実質的根拠の検討・説明が必要となり，[58] それが標準モデルの大きな機能となり得よう。

## 3　非訟手続の「下限」── 憲法上の要請と行政事件との均衡

　他方，非訟手続に要求される「下限」，すなわち争訟性のない非訟事件についての手続であっても，必ず求められる手続保障のレベルである。従来は，必ずしもこのような意味での下限は観念されないと理解されていたようにも思われるが，それは相当ではない。

　まず，憲法上の「下限」が観念できる。前述のように，憲法32条の「裁判を受ける権利」の要請は，純然たる訴訟事件にも性質上の非訟事件にも妥当するものとして再定義される必要があり，その内容についても，単に裁判所に申立てができる（裁判所の判断を受ける機会）だけではなく，争点について主張立証の機会が付与されること，中野説の言われる審尋請求権も憲法上の要請と理解すべきである。具体的には，主張立証の機会が与えられることは，憲法上も要求され，最低限の攻撃防御の機会の付与は，非争訟的な非訟事件においても，裁判を受ける権利として憲法32条により保障されているものと解される。したがって，そのような「下限」を実現しない手続は憲法違反となる。

　また，行政事件と比較した「下限」も観念されるべきである。争訟性のない非訟事件は，実質的には行政事件であるとの理解を前提にすれば，[59] 行政事件における手続保障の水準は，非訟事件についても適用にならなければおかしい。そして，これが行政処分として一種の不利益処分となるのであれば，行政手続法の手続保障のレベル感が重要な意味をもつことになる。この点で，

---

56）別表第2事件＋αの手続として，例えば，借地非訟事件手続などが考えられる。

57）別表第2事件－αの手続として，例えば，会社非訟事件手続などが考えられる。

58）高田・前掲注3）14頁は，「非訟手続規制のベイスライン（準拠軸）を想定しつつ，そこから離脱することに合理的理由があるかどうかを，個別事件類型ごとに検討するというアプローチ」を提言されるが，全面的に賛同する。

59）過料に関する判例の非訟化の正統化の議論（第2の1(1)）を参照。また，兼子説の理解（第2の1(1)参照）もこの点において興味深い。

27

第1章　訴訟と非訟

非訟事件に関する議論が始まった兼子説の時代とは，行政事件における実定法上の手続保障のレベル感が全く異なっていることに注意を要する。行政手続法等の制定を前提にするとき，そこでの書面提出権，弁明付与の通知などの手続権のレベルは，非訟手続の「下限」として重要な意義をもつことになろう。[60]

# 第6　おわりに──新たな理論的地平を求めて

以上述べてきたとおり，判例の憲法解釈は，実質的には立法者に広い裁量を付与するものであり，そのこと自体は必ずしも不当ではない。しかし，より実質的な観点から合憲性審査の可能性があってよいのではないかという点が学説に共通する問題意識であり，本稿もそれを共有している。少なくとも，現行判例法理のように，形式的な合憲性審査基準を突破すれば，全て政策的裁量の世界に入ることが適当とは思われない。対象となっている法律関係の性質のほか，非訟化の実質的な必要性，非訟化後の手続のあり方等も憲法論としてなお考慮されてよいであろう。

本稿の見方は，憲法82条という形式性の呪縛から抜け出し，[61] 憲法32条の実質的解釈の必要性への視座の移動を説くものであり，これはまさに学説がこれまで積み重ねてきた議論と視点を同じくし，その点で特に新味はない。憲法82条を根拠にするとき，秘密保護の要請からむしろ憲法上の保障の例外が拡大する（適用対象が限定される）おそれがあり，手続の全てを憲法の外に投げてしまうことへの懸念が高まる。それを避けるためには，上記のような

---

60) このような問題意識については，山本和彦「家事事件手続における職権主義，裁量統制，手続保障」判タ1394号69頁以下（同・前掲注35）『民事訴訟法の現代的課題』357頁以下所収），同「法の実現と司法手続」佐伯仁志ほか編集委員『現代法の動態2　法の実現手法』（岩波書店，2014年）316頁以下（同・前掲注35）『民事訴訟法の現代的課題』178頁以下所収）なども参照。さらに，不服申立ての段階までを考慮した「行政処分の非訟化の限界」の議論も，この文脈において重要な意義を持つ。このような議論については特に，中川丈久「行政上の義務の強制執行は，お嫌いですか？」論究ジュリ3号62頁以下参照。

61) そこでは，憲法82条の意義は相対的に弱まることが前提になる。迅速性・秘密性を求める世論を前提にすれば，将来の方向性としては，この点についてむしろ憲法改正の可能性も視野に入ろう。前掲注49）も参照。

比較衡量を組み込んだ新たな憲法ルールの定立の必要性があろう[62]

　具体的な対応として，ハイブリッド型手続は，純然たる訴訟事件についても非訟手続の要素を取り込む試みであり，貴重なテクニックとして汎用性があるものである。ただ，なおその対象事件や前置手続のあり方について限界がないのかなど理論的探求の必要は否定し難い。また，非訟化後の受け皿としての手続のあり方について，争訟的な非訟事件に関する「標準手続」を観念し[63]標準手続からの乖離の際に立法者の説明責任を求めること，また非争訟的非訟手続についても，最低限の手続保障として，憲法32条の審尋請求権や行政手続との比較の視点の重要性を説いてみた。

　本稿において訴訟と非訟に関する従来の議論に付け加えられた点は，さほど多くはないが，筆者が新法立案等に加わる際等に感じた疑問点その他今まで折に触れて考えてきたことを形にしてみた。極めて不十分なものであることは自覚しているが，ある時期から新たな議論の展開が止まっているようにすら見える「訴訟と非訟」の問題について，家事事件手続法の立法等を契機として新たな視点からの議論が再開・展開されることを期待し，今後の検討の何がしかの参考になれば幸甚である。

---

62) その意味で，平成20年決定における申立書送付に係る那須反対意見（第2の3(2)参照）の視点は重要なインプリケーションを有する。
63) この点で，前述のように，家事事件手続法の別表第2事件の手続は今後，そのような「標準手続」として機能する可能性があろう。ただ，その「標準手続」のどの範囲までが憲法上の保障の対象になるかは，なお検討を要する。

# 第2章
# 家事事件手続法の意義と課題

## 金　子　　修

## 第1　本稿の目的

　家事事件手続法（平成23年法律第52号）が平成25年1月1日に施行された。本稿は，施行後5年を迎えるこの機会に改めて家事事件手続法のもつ意義と課題を考察するものである。各条文の趣旨の解説などは，すでに，立案担当者が関与した他の文献があり,[1]　また，個別のトピックから見た同法の意義と課題は本書における他の執筆者による多くの優れた論考があるので，本稿では，別の視点からの検討を試みる。

　前半（第2）では，家事事件手続法の内容上の意義ではなく，家事事件手続法が制定されたことの社会的，学究的，実務的な意義についての私の理解するところを記し，今後も不断の検討が必要な分野であることを示す。後半（第3）では，家事事件の特徴とも言われる「後見性」について，従来，一括りにされてきた内容を説明し，だれがその役割を担うべきかについて検討を加える。

　なお，本稿における意見は，筆者の個人的なものである。

---

1) 例えば，金子修編著『一問一答家事事件手続法』（商事法務，2012年），金子修編著『逐条解説家事事件手続法』（商事法務，2013年）。

第2章　家事事件手続法の意義と課題

# 第**2** 家事事件手続法制定の意義

　ここでは，家事事件手続法が制定されたことの意義を手続法改正の歴史，他の手続法との関係，研究対象等の観点から考察する。

## **1**　手続法改正の流れから

　家事事件手続法は，家庭や家族をめぐる問題を解決するための手続法である。この分野の規律としては，戦後まもなく制定された家事審判法（昭和22年法律第152号）が長らく存在したが，平成23年に至ってようやく同法の廃止と家事事件手続法の制定という形で本格的な見直しが実現したことになる。手続法の見直しという視点でみた場合には，昭和54年の民事執行法（昭和54年法律第4号，昭和55年10月1日施行）の制定から始まる一連の手続法の全面的な見直しの流れの最終盤に実現したということができる[2]。家事事件手続法は非訟事件手続法（平成23年法律第51号）とともに，平成23年5月25日に公布され，平成25年1月1日に施行されたが，これで一連の大きな手続法の改正が一巡したことになる[3]。

---

2）手続法の改正の経過は次のとおりである。民事保全法（平成元年法律第91号，平成3年1月1日施行），民事訴訟法（平成8年法律第109号，平成10年1月1日施行），民事再生法（平成11年法律第225号，平成12年4月1日施行），会社更生法（平成14年法律第154号，平成15年4月1日施行），人事訴訟法（平成15年法律第109号，平成16年4月1日施行），仲裁法（平成15年法律第138号，平成16年3月1日施行），破産法（平成16年法律第75号，平成17年1月1日施行）。

3）このほかにも，個人再生手続制度の導入（平成12年法律第128号，平成13年4月1日施行），労働審判法の制定（平成16年法律第45号，平成18年4月1日施行），行政事件手続法の大幅見直し（平成16年法律第84号，平成17年4月1日施行），会社法制定による特別清算手続の改正（平成17年法律第86号，平成18年5月1日施行），国際裁判管轄の規定に関する民事訴訟法等の改正（平成23年法律第36号，平成24年4月1日施行）等があるほか，手続法関係のいくつかの法律に随所に重要な改正が加えられている。また，国際的な子の奪取の民事上の側面に関する条約の実施に関する法律（平成25年法律第48号，平成26年4月1日施行）が制定された。さらに，国際的な要素を有する人事訴訟及び家事事件についての国際裁判管轄を定める人事訴訟法等の一部を改正する法律案が国会に提出される見込みである（平成28年2月26日に閣法第33号として提出されたが，平成29年9月の衆議院解散により廃案となった。同内容の法案が近い将来提出されることが見込まれる）。

## 2 他の手続法との比較検討の可能性

　家事事件手続法下においては，家事審判法下に比して，裁判所の手続上の裁量の幅は相対的に減少し，これにより，基本的には，当事者及び手続代理人がルールにのっとり，裁判所の判断のための資料を提出していくという枠組みが調った。この点で，他の多くの手続法と同様の基盤に立つこととなり，解釈論，立法論のいずれについても，比較検討の対象とされやすくなったといえよう。今後，先行する手続法の背中を追いかけながら，あるいは，事項によっては他の手続法に先行しながら，相互に将来の発展につなげていくための土壌が形成されたといってもよいであろう。民事訴訟法と人事訴訟法，非訟事件手続法，他の非訟事件を処理する手続法との横断的な比較がされ，手続保障のあり方などが検討されることにより[4] 手続法全体の発展の足がかりとなることを期待することができよう。例えば，家事事件手続法において文書提出命令違反の効果として，真実擬制が認められないのはなぜか[5] 裁判記録の閲覧謄写の例外の範囲が違うのはなぜかといった点について，合理的な説明が必要になった。今後の解釈運用や理論的検討の深まりを経て，制度の違いについて解消する方向で法改正をすることも考えられるし，逆により違いを強調する方向への発展もあるかもしれない。

## 3 非訟事件の性質論への影響

　家事事件手続法は，また，性質上の非訟事件として位置付けられる家事事件を処理するための手続法である。非訟事件を処理するための総則的手続規律を規定するものに，非訟事件手続法があるが，同法の制定とともに，性質上の非訟事件のための本格的な法整備がされたことの意義は大きい[6] 特に，

---

　4）高田裕成編著『家事事件手続法』（有斐閣，2014年）には，このような視点が既に多く表れている。
　5）例えば，国際的な子の奪取の民事上の側面に関する条約の実施に関する法律（平成25年法律第48号）の子の返還のための裁判手続は，基本的に家事事件手続法において定める審判手続の規律を活用しているが，文書提出命令違反に対しては家事事件手続法においては認められていない真実擬制が認められていること（ハーグ条約実施法86条1項）も，比較対象の見地から重要であろう。
　6）なお，性質上の非訟事件の全てに，非訟事件手続法が適用又は準用されるわけではない。家事事件は，性質上の非訟事件であるが，家事事件には非訟事件手続法は適用されない。

第2章　家事事件手続法の意義と課題

家事審判法を廃止し，新法制定の形をとったことは，法律の基底をなす考え方に大きな転換があったことを象徴的に示している。すなわち，裁判所の裁量性が認められる手続においても，当事者や裁判の結果により影響を受ける者がその手続に関与する機会を保障することの意義を重視する方向への転換である。

　また，非訟事件といっても，いろいろな要素を含んでいる。現行制度の下では，非公開，職権探知，自由な証明，裁判所の後見的裁量的判断，決定手続，事情変更による裁判変更の許容，職権開始事件の存在といった要素があり，このような手続が非訟事件にとって必然的なものかどうか，逆に言えば，非訟事件の本質的な要素は何かといった議論が展開されることも期待される[7]。手続当事者ではない第三者が，裁判を受ける者となる事件があるため，その者の利益をどのように図るのかという発想も必要になるが，これらが上記に列記した諸要素とどのような関係にあるのかという点についても興味ある課題である。職権探知の対象とするということのみならず，上記のとおり手続保障を及ぼすという発想への転換が図られることになり，その中で，裁判所による第三者の陳述の聴取が，裁判所にとって必要な事実の調査という側面を超えて当該第三者への意見を開陳する機会としての意味が明確にされていくことになろう。

　さらに，非訟事件手続法に，いわゆる相手方のある事件についての規律が設けられなかったこと，家事事件手続法において，相手方のある家事審判事件については特則により対応することとされていること（法第2編第1章第1節第6款）から，非訟事件の典型は相手方のない事件又は争訟性のない事件であり，相手方のある事件又は争訟性のある事件の方が例外という見方も可能である一方，これまで非訟事件手続法を「準用」してきた借地非訟事件の手続については「適用」と整理したこと[8]により，対立当事者型のものも歴とした非訟事件であるということがより鮮明になったともいえる。このこ

---

7) 畑瑞穂ほか「研究会非訟事件手続法Number 6」論究ジュリ16号（有斐閣，2016年）172頁以下。
8) 非訟事件手続法及び家事事件手続法の施行に伴う関係法律の整備等に関する法律（平成23年法律第53号）による改正前の借地借家法42条及び改正後の同条の規定を比較されたい。

とは，非訟事件の本質論を改めて問うことになると思われる。そして，非訟
事件手続法には規定のない，相手方のある事件についての手続の規律を比較
的豊富に有する家事事件手続法は，今後，相手方のある非訟事件における手
続保障の在り方という観点から，しばしば参照されていくことになるかもし
れない。

　さらに，家事事件手続法の制定により，調停をすることのできる事項につ
いての審判の審理手続が争訟性のある非訟事件処理の一つのモデルを提供す
るものとなるならば，今後の訴訟の非訟化の流れを促進する方向に作用する
ことも考えられようか。

# 4　決定手続の規律論又は解釈論への影響

　家事事件手続法（及び非訟事件手続法）は，決定手続についての本格的な
手続法という位置づけも可能かもしれない。民事訴訟の判決手続にも決定手
続[9]はあるし，民事訴訟法の規定を基本的に準用するものとされている倒産
法（破産法13条，民事再生法18条，会社更生法13条）や民事執行法（民執20条）
の中にも多くの決定手続がある。このような決定手続の手続規律が必ずしも
明確でないときは，家事事件手続法（性質上，基本的には非訟事件手続法であ
ろうが，相手方のある事件については，非訟事件手続法に規定がないので，家事
事件手続法の別表第2に掲げる事項についての審判事件の手続）の規律の中にヒ
ントがあるかもしれない[10]。また，家事事件手続法を含めた，非訟事件の手続
の検討は訴訟手続を裏から検討することでもあり，民事訴訟法や民事訴訟法
を準用する他の手続法の検討の深まりに寄与するところがあろう。

---

　9)　例えば，最決平成23年4月13日民集65巻3号1290頁は，文書提出命令に対する即時抗
　　告の申立書を文書提出命令の申立人である即時抗告の相手方に送付するなどして相手方
　　の攻撃防御の機会を与えることなく，文書提出命令を取り消し，文書提出命令の申立て
　　を却下した抗告裁判所の審理手続に裁量の範囲を逸脱した違法があるとした。もちろん，
　　訴訟における付随的手続であるから，訴訟の審理手続に準じて考えるというのも一つの
　　アプローチであるが，決定手続の審理の在り方という捉え方もできるように思われる。
　10)　家事事件手続法の審判や非訟事件手続事件の本案に対する判断は，判決ではないとい
　　う意味では決定であるが，本案についての判断という重要性に着目した手続とし，それ
　　以外の付随的派生的手続については，より簡易な手続を用意している。その意味では，
　　決定手続ではありながら，当事者等の利害に重大な影響を与えるような，本案に準ずる
　　扱いとするのが相当な各種手続の解釈に当たって，参考になるのではなかろうか。

35

第2章　家事事件手続法の意義と課題

## 5　社会的影響

　次に，家族や家庭をめぐる事件について裁判所が解決をするための手続という面では，家事事件手続法の規律は，裁判所が家庭の問題にどのように向き合うかということでもある。より大きな視点から見ると，国家と家庭との関わりの問題でもある。もちろん，規範そのものの多くは民法を始めとする実体法に根拠を有するのであるが，その実現に当たって，当事者の手続活動に委ねるのか，裁判所が積極的に介入していくのかという点は，手続法の規定の仕方により相当違いが生ずる。裁判所の関わり方は，家事事件手続法の制定により，家事審判法に比して明確になった部分も大きい。関わり方に透明性とルールを与え，当事者や利害関係を有する者との関係を鮮明にしたという評価が相当であろう。

　家事事件といえば，何といっても，件数の多さと増加傾向が注目される。家事事件の新受件数の総数は平成元年には35万件ほどであったのが，平成11年には52万件を超え，平成21年に約80万件，平成27年は約97万件となり，平成28年（速報値）はついに約102万件[11]と家事事件100万件時代を迎えた。このような増加傾向の背景には，権利意識の高まりや家庭の問題について司法による救済を求める傾向の強まりがあると考えられる。紛争性の高い事件の典型例である遺産の分割や子の監護に関する処分の事件は，調停事件，審判事件ともに増加していることからもそのことが看取できる。また，家事抗告事件は，絶対数こそ少ないものの，新受は，平成22年が2,702件だったのが，平成26年が3,354件，平成27年が3,422件とその増加の割合が新受事件全体の増加率を上回っていることからも，このような傾向が窺えるように思われる[12]。

　そのような中にあって，家事事件の手続を整備することは，国民の権利実

---

11）最高裁判所事務総局司法統計年報「3　家事編」による。家事事件には，家事審判事件，家事調停事件，人事訴訟事件，家事抗告事件等が含まれる。なお，家事事件の新受事件の総数は，平成2年から平成25年まで一貫して増加していたが，平成26年は，わずかながら平成25年の件数（約91万6,000件）から減少したものの，平成27年には再び増加に転じた。なお，主な事件別の傾向と分析については，東京家事事件研究会編『家事事件・人事訴訟事件の実務』（法曹会，2015年），最高裁判所事務総局家庭局「家庭裁判所事件の概況(1)—家事事件—」曹時67巻12号105頁以下に詳しい。

12）データは，最高裁判所事務総局司法統計年報「3　家事編」による。

現のための基礎的な司法インフラの整備に他ならない。そのために，手続の簡略化ではなく，関係者の手続保障を手厚くする見直しをしたことは意義深い。当事者が十分な情報提供を受けながら，自ら主体的に行動し，その上で裁判所が判断することの重要性が認識されたということができよう。

# **6** 研究対象として

　家事事件手続法は，日常的に生起する家庭をめぐる問題を大量に処理するための手続であり，また，国民にもっとも身近であるはずの手続であるが，それをきちんと学ぶ制度は必ずしも充実していない。「民事司法の表通りの手続」[13] として，訴訟の手続は多くの関係者が，大学，法科大学院において教育を受けることを通じて身につけているが，数の上で絶対的な多数を占める非訟事件については，必ずしも手続への理解が十分ではない。研究者による文献の数も少なく，研究を深める機会が少ない一方で，裁判所がその広い裁量によって処理してきたために，特に問題として認識されてこなかったという面もあろう。もちろん，多くの先駆的業績があるが，訴訟手続についての研究の厚さとは比べようもない。

　今回の改正により，これまで裁量の範囲内として手続違反とならなかった処理が，手続違反となる可能性が増すことになる。また，原則に対して，一定の場合に例外を認めるという規律もかなり採用されているが，例外に当たるかどうかについて解釈や事案ごとの認定が重要になる。また，不服申立方法も整備されたから，上級審での判断がこれまで以上にされれば，その判断の蓄積が期待されよう。この点では，訴訟手続に近いレベルの「やりがい」と研究の必要性の認識を関係者に与えるものになったともいえる。

　また，非訟事件には極めて多様な紛争類型が存在することが一層意識されて，個別の手続ごとの特徴にも目が向けられることになろう。家事事件についてのエキスパートがより増えてくることも期待される。

---

13) 三ケ月章「訴訟事件の非訟化とその限界」同『民事訴訟法研究第5巻』（有斐閣，1972年）61頁。

第2章　家事事件手続法の意義と課題

## 7　家庭をめぐる紛争処理のための包括的な規律として

　民法以外に実体法の根拠を置く家事審判事項（一般に「特別家事審判事項」と呼ばれていた）に関する手続については，前提となる実体法を定める法律の中に手続を取り込んでいくという改正の方法もあり得たが，家事事件手続法の制定に当たっては，そのようにはせず，基本的には家事審判事項は全て家事事件手続法に規定するという態度決定をした。すなわち家事事件を処理するための一般法としての位置づけを明確にしたということができる。今後，実体法部分の改正に伴って手続を改正する場合や，時代の要請に応じて新たに家事審判事項を補完していく場合には，家事事件手続法の改正という形を取ることになることを意味する。

　これにより，家事事件手続法に具現している諸価値や，手続保障のレベル感を俯瞰しながら，事件処理に取り組むことができることとなり，家事事件の手続全体の安定につながるというメリットは大きい。

　また，今後も，家庭裁判所が家庭や家族をめぐる様々な場面において関与することが期待され，家事審判事項が増加していくことも予想される。[14]

# 第3　家事事件の処理における後見性

## 1　後見性の意義

　ここでは，家事事件手続法の全体像を俯瞰する視点として，「後見性」を

---

14）近年も，家事審判事項は増加している。もっとも，従前は，事件類型毎の個別の規律は最高裁判所規則に定められており，根拠となる実体法が民法かそれ以外の法律かにより，前者は家事審判規則（昭和22年最高裁判所規則第15号），後者は，特別家事審判規則（昭和22年最高裁判所規則第16号）に規定されていた。比較的新しく家事審判事項とされたものとしては，親権停止の審判，任意後見契約に関する法律に規定する事件，性同一性障害者の性別の取扱いの特例に関する法律に規定する事件，中小企業における経営の承継の円滑化に関する法律に規定する事件がある。また，家事事件手続法制定後のものとして，成年被後見人に宛てた郵便物等の配達の嘱託及びその嘱託の取消し又は変更の審判（別表第1の12の2），成年被後見人の死亡後の死体の火葬又は埋葬に関する契約の締結その他相続財産の保存に必要な行為についての許可の審判（別表第1の16の2）がある。

38

取り上げたい。後見性の意義についてはいろいろな考え方があろうが，本稿においては，裁判所が，国家の一機関として，特定の目的の実現のために，その審理及び判断において，与えられた裁量権を行使するという性質又は傾向と位置づける。そのように考えると，裁判所の判断は，目的達成のための国家意思の発現という面を有するから，一般的には，その判断は社会に対して通用する（対世的な効力を有する）ことが予定されているものといえる。

## (1) 後見性の現れ方

　後見性を上記のように捉えた場合，後見性の現れ方は様々であることが判明する。大きくいえば，実体法上の後見性と手続法上の後見性があるが，後者は，裁判所が判断する場合に前者を担保するために裁判所に与えられているものといえる。

　実体法上の後見性は，実体法上の要件を抽象的なものにとどめ，家庭裁判所に広い裁量を認めるという態度決定をすることにより現れる[15]。すなわち，一定の法律要件を明確に定め，その充足がされる場合のみ予定された効果が発生するとしたのでは，また，一定の法律要件が備わった場合には常に同じ効果が発生するとしたのでは，個別具体の事案において適正妥当な解決を図ることはできず，予定する目的を達成することができないから，具体的な事案において，あるいは具体的な事案の解決を通じて，法の予定する利益を実現するため，家庭に関する法規範については，実体法が，幅のある要件を定めて一定の効果を発生させる場合を裁判所の判断に委ねたり，同じ要件充足がある場合でも個別具体の事情に応じて柔軟な解決を可能とするように発生する効果の内容に幅を認めたりしている[16]。もちろん，実体法の規定の抽象度

---

15) 実体法の規定が抽象的な定め方をしているものの中には，裁判の規範又は基準としてのみならず，当事者が協議で定める場合の規範又は基準でもあるものがある（子の監護に関する事項の定めに関する民766条1項，遺産分割に関する民906条等）。しかし，これらの規定は，当事者間で協議が調わない場合に裁判所が決定する場合には裁判の規範または基準となると解されるので，以下では，裁判所が判断する場合を前提にして論ずる。

16) 例えば，実体法の要件が厳格に定められている場合には，攻撃防御の対象はその要件事実の存否に集約されるとともに，その明示されている要件以外の要件があってそれに基づいて所定の効果が認められるということはないことが保障されていることになる。これに対して，要件が抽象的である場合には，攻撃防御の対象が定まっていないから，

第2章　家事事件手続法の意義と課題

にも差がある。比較的要件が書き込まれているものとしては，特別養子縁組の成立要件としての「父母による養子となる者の監護が著しく困難又は不適当であることその他特別の事情がある場合において，子の利益のため特に必要があると認めるとき」（民817条の7）や推定相続人の廃除の要件としての「被相続人に対して虐待をし，若しくはこれに重大な侮辱を加えたとき，又は推定相続人にその他の著しい非行があったとき」（民892条）がある。極めて抽象的な規定としては，後見監督人を選任する場合や，後見人がある場合にさらに後見人を選任する場合の「必要があると認めるとき」（民849条，843条3項，840条2項）等がある。また，効果を決めるに当たっての裁量について，考慮事情として規定しているものがあるが，抽象的な規定の仕方をしているものとしては，子の監護に関する事項の定めをするには「子の利益を最も優先して考慮しなければならない」（民766条1項後段）がある。家庭裁判所が，財産の分与をすべきかどうか，その額及び方法を定めるには「当事者双方がその協力によって得た財産の額その他一切の事情を考慮して」する（民768条3項）も，比較的抽象的な定め方である。未成年後見人を選任するには「未成年被後見人の年齢，心身の状態並びに生活及び財産の状況，未成年後見人となる者の職業及び経歴並びに未成年被後見人との利害関係の有無（中略），未成年被後見人の意見その他一切の事情を考慮しなければならない」（民840条3項）や，「遺産の分割は，遺産に属する物又は権利の種類及び性質，各相続人の年齢，職業，心身の状態及び生活の状況その他一切の事情を考慮してこれをする」（民906条）などは考慮事情がかなり詳細に規定されている例であろう。未成年養子縁組の家庭裁判所の許可については，要件も考慮要

---

不意打ちの可能性が避けられない。そこで，一方において，要件の明確化やせめて抽象的な要件を充足するか否かの判断に当たって考慮すべき事情の明示などが可能かつ適切かを検証し，それが可能かつ適切な事件類型においてはそれを実現していき，それが困難なものは，例えば，裁判所が事実認定に当り，当事者の意見の聴取の規定を個別に設ける（人訴20条後段参照）といった制度上の工夫をするなど，実体法と手続法の一体的な制度の見直しも考えられるところである。なお，かつて，紛争の非定型的・個別的処理への進化の要請が，実体法上は，一般条項の増加をもたらしたことが指摘されている（三ケ月・前掲注13）94頁）。時代がめぐり，手続保障に対する意識の高まりの中で，実体法上の要件の明確化とのバランスをいかにとっていくかが問われていくことになろうか。

40

素も一切明示されていない（民798条）。[17] 要件が「必要と認める場合」や要件を一切明示していないものなどは，家庭裁判所に関与させることそのものが後見性の現れとも評価することができよう（もちろん，家庭裁判所がどのような事情を考慮して判断するかは，実体法上の解釈によって補われることになる[18]）。

　そして，そのような後見的役割の発揮を付託されているのが家庭裁判所であり，かつ，家庭裁判所は，その付託に応えるにふさわしい組織や知見（事件処理のために必要な専門性）を備えていることが想定されている。[19]

### (2) 手続上の担保

　手続法上の後見性は，家庭裁判所が実体法上委ねられた後見性を発揮するために，ある場合には職権で事件を開始することができることとされていることや[20]申立てに基づいて開始された手続においても必要な審理や手続を進める上で裁量性があるという形で現れ，また，手続当事者の手続追行が不十分である場合にそれを補うという形でも現れる。いずれの側面においても，職権により事実を探知することが許容されるとともにそれが義務付けられる

---

17）広い裁量性と手続保障，裁判所の役割，特に，家事事件手続法において制度化された諸手続を通じた当事者と裁判所の当該事案における重要な事実に関する情報の共有化の問題は，本稿とも密接に関わる問題である。裁判所の役割や情報の問題と具体的な事案における裁判所の役割については，伊藤滋夫編『家事事件の要件事実』（日本評論社，2013年）において研究されている。特に，その中の山本和彦「家事事件における裁量とその統制のあり方雑考―裁量統制の手法としての『要件事実』論の意義」（同書103頁以下），垣内秀介「家事事件における要件事実の機能―手続保障の観点から」（同書122頁以下）を参照。また，山本和彦「家事事件手続における職権主義，裁量統制，手続保障」松原正明＝道垣内弘人編『家事事件の理論と実務第3巻』（勁草書房，2016年）103頁以下がある。本稿もこれらの研究から大きな示唆を受けた。

18）例えば，父母が裁判上の離婚をする場合には，裁判所は子の親権者を父母のいずれかと定めなければならないが（民819条2項），その基準については，何ら明示的な規定がない。しかし，民法766条1項の趣旨からして，子の利益を優先して定めるべきことに異論はないであろう。

19）家庭裁判所調査官制度がその典型である。同制度は，裁判官が判断するに当たっての専門性を補うために事案ごとに専門家に鑑定してもらうということでは賄うことのできない，組織としての専門性を支えている。他方で，手続利用者からすると，その活用が権利としては認められているわけではないという問題がある。この点については，5(1)においても取り上げる。

20）家事審判事件が職権で開始され得るものかは，民法その他の実体法に規定されていることが多い。その規律には，裁判所が自ら主体となって実現すべきであるという趣旨が表れているといえ，実体法的な側面と手続法的な側面が交錯していると考えるが，ここでは，便宜，手続法上の後見性の問題として扱う。

こと（職権探知主義の採用）[21) によって支えられている。

　職権開始事件は，成年後見，保佐，補助に関するものに多く見られる。例えば，成年後見関係では，成年後見人の選任（民843条1項）や解任（民846条），後見監督人の選任（民849条），後見の事務の監督（民863条）等がある。これらが職権開始事件とされているのは，裁判所が後見開始の審判をしながら本人に後見人がないままに放置しておくことはできないので，自ら後見人を選任し，次いで，裁判所は自ら選んだ後見人の後見事務について裁判所が自ら監督し，必要があれば，解任し，本人の財産を保護することが裁判所の役割と責務として位置づけられていることの反映である。保佐，補助についても，同様の対応がされている。いずれも，手続開始をするのに必要な事情

---

21) 後見性にもいくつかの側面があるから，職権探知を採用する事件は後見性があるということはいえない（実体法上の要件が厳格に定まっていてもその認定のために職権探知主義を採用することは理論上あり得るが，その場合には，職権探知主義を採用していても後見性は低いといえそうである）が，抽象的要件しか定まっておらず，その補充が裁判所に委ねられている後見性の高い事件においては，職権探知主義の採用に傾く面があるように思われる。もちろん，弁論主義が妥当する手続により処理されているものの中にも，実体法の要件として，一般条項が用いられていたり，包括的な要件を規定したりしているものもあるから，一概にはいえないかもしれないが，そのような事件においては，裁判所の求釈明の活用など，弁論主義と整合させつつも，ある種「職権探知的」要素が相対的に強くなることも想定されているように思われる。
　なお，後見性と公益性は，一般に一括りのものとして説明されてきたように思われる。いずれも，手続当事者の利益にのみ還元できない目的又は利益があるがゆえに，裁判の結果について国家として無関心ではいられないことから，その手続に関しても積極的に関与することの根拠として位置づけられる。もっとも，公益性は，主として国家的関心から見た概念であり，後見性は，影響が及ぶ者への配慮という視点に力点が置かれた概念といえよう。それゆえに，目的達成の手段としては，公益性が職権探知主義の採用や実体的真実の発見の重視ということと親和性があり，後見性が裁判の結果によって影響を受ける者が十分に自己の権利や利益を主張することができない場合に，国家（ここでは裁判所）がそれらを代弁すべく関与するということと親和性がある。もっとも，国家の関与によって守られる利益（例えば，子の利益）が公益であると捉えるならば，説明の仕方の違いにすぎない。私は，かつて職権探知主義の根拠として公益性を挙げ，公益性を根拠づける理由として，①司法判断であること，②審判の結果により影響を及ぶ者が一般的多数であることがあること，③対象自体が社会的な目的達成の手段であること，④直接関与していないが審判の結果の影響が及ぶ第三者の利益を考慮する必要があること，⑤多種多様な保護利益の調整を図る必要があることを示したことがあるが（金子修「家事事件手続法下の家事審判事件における職権探知と手続保障」松原正明＝道垣内弘人編『家事事件の理論と実務第3巻』3頁以下），このうち，④と⑤については，上記の意味の後見性という用語にふさわしいかもしれない。なお，上記文献においては，⑤の中に，実体法の抽象的な要件を補充する役割を含めていたが，それが，本注の冒頭に記載した，抽象的要件の下での職権探知の必要性の議論につながる。

が裁判所に明らかになっている場合である。

　職権開始事件は，このような事件に限定的に見られるにすぎない。このことは，裁判所が，一般的に後見的な視点で家族をめぐる個別の問題に目を光らせていることが求められているわけではないことを意味している。

　そうすると，手続法上の後見性は，申立てによって開始された家事事件において，裁判所がどのように手続進行し，判断の基礎となる資料を収集し，どのように判断していくかという問題が中心になるが，そこには，少なくとも申立人の存在があり，事件によっては，当然に相手方が想定される。そこで，このような手続当事者と裁判所の関係や役割分担の視点が必要になってくる。また，後見性は，裁判所の審理手続と判断に広汎な裁量を許容する根拠となる一方で，透明性，予測可能性及び検証可能性の阻害要因ともなり，裁判の結果によって影響を受ける者が，自らその手続において主張し資料を提出する機会の確保とのバランスが重要になってくる。さらに，実際の運用においては，裁判所による後見性の発揮といっても，そのために必要な前提となる情報については，それにより影響を受ける者の協力の下に得られることが多く，そのような者の意見を踏まえなければ判断の正当性が確保されないのではないか，そのような者の協力があってこそ適切な判断が可能になるのではないかといった指摘もされているところである。もっとも，裁判所による後見性の発揮と裁判の結果により影響を受ける者の手続関与との関係を整理するためには，それぞれの趣旨目的や事件類型にも目を配りながら，もう少し踏み込んだ分析が必要になるように思われる。

# 2　手続保障と後見性の関係

## (1)　家事事件手続法における手続保障の内容

　家事事件手続法制定の目的の一つに，裁判所の審理判断によって影響を受ける者に対する手続保障を充実させ，このような者に自ら手続に関与する機会を与え，自らの認識や意見を述べる機会をできる限り保障することがある。

　手続保障の具体的な内容としては，裁判によって影響を受ける者による参加（強制参加を含む）や裁判の記録化と記録の閲覧謄写の規定の整備（法46条，47条），証拠調べの申立権の付与（法64条1項），申立書の写しの送付（法67条），必要的陳述聴取（法68条，164条3項，169条等），事実の調査の通知（法

第2章　家事事件手続法の意義と課題

63条，70条），審問の期日の申出権と立会権（法68条2項，69条），審理の終結
制度の導入（法71条），抗告状の写しの送付（法88条），抗告審のおける原審
判取消しの場合の陳述の聴取（法89条1項）等のほか，意思能力があれば自
ら手続行為をすることができる場合を明文化したこと（法118条，151条，161
条2項，164条2項，168条，177条，188条2項等）が挙げられる。

### (2)　手続保障と後見性の交錯
#### ア　手続関与者の行動原理
　以上のような手続保障のための制度は，多くは，既に手続当事者となってい
る者（参加した者を含む）に対し，十全の手続追行の機会を与えるという
意味を有するが，それ以外にも，手続当事者となっていなくとも類型的に裁
判所の判断の結果により不利益が及ぶ者について，手続に参加する機会を与
えるとともに，必要的に陳述聴取をすることでその者の意思や意見を裁判所
の判断の基礎として提供する機会を与えるという意味もある。
　ここで，この後，手続関与者と裁判所の後見性発揮の上での役割分担を検
討していく前提として確認しておく必要があるのが，手続関与者像，すなわ
ち手続関与者として想定される者の行動原理である[22](1)に記載したような規
律が手続保障としての意味を有するのは，手続関与は，基本的には，自立し
た主体として，自らの利益のために行動するということを前提にしているから
である[23]基本的に自らの利害が絡めば自らの利益を守るために行動するこ
とが見込まれるからこそ，手続に参加する機会が与えられたり，陳述聴取の
機会が保障されたり，手続当事者として手続追行をすることが裁判所の判断
の正当化理由になるのである[24]
　もっとも，多少の留保が必要であろう。すなわち，一定の別表第1の事件

---

22）手続関与者が，自らの利益を主張する主体なのか，実体法の指向する後見性のために
　行動する主体であるのかによって，手続関与者と裁判所の関係が異なってき得るからで
　ある。
23）家事事件における手続代理人の役割については，本人と同列に論じてよいかという問
　題があると感じているが，ここでは言及しない。
24）このような考え方は，家事審判法の下では当然と考えられてきたわけではない。家事
　事件は，裁判所が後見性の立場から最終的に責任をもって判断をするのであり，手続当
　事者はそのための手続の客体であるという立場の下では手続保障としての意味もないこ
　とになる。

*44*

においては，申立てが申立人自らの利益のためにされるというよりも，第三者のためにされるということが想定されているといえるからである。例えば，成年後見開始の審判の申立てや，親権喪失・停止の申立てなどは，前者について後見人となることを希望している者，後者について子がする申立てであれば，自らの利益のための申立てともいえそうであるが，それ以外にも相当広い範囲の者が申立権者として規定されている（民7条，834条）。また，別表第2の事件は，基本的に自らの利益のための手続追行という側面が顕著であるが，それでも，子の監護に関する事項の定めをするには，子の利益を最も優先して考慮しなければならないとの規定（民766条1項後段）は，子の監護に関する定めをする父母を名宛人としているから，父母は自らの利益よりも子の利益を優先すべきと命じていることになる。また，遺産の分割の方法についての民法906条も共同相続人に対し，自らの利益はともかく，同条に列挙された事情を考慮することを求めているといえる。しかし，具体的事案において，実際には，それを期待することが困難な場合があることから，それへの対応は別途検討されなければならない。

　イ　後見性と手続保障との関係

　さて，以上の検討を踏まえて，裁判所の発揮する後見性と手続保障との関係を整理すると次のようになろう。

　(ア)　まず，多くの別表第1の事件における申立人については，裁判所による後見性の発揮を始動させるにふさわしい者が申立人とされ，その者には自己の利益の実現ということを超えて行動することが求められている。そのため，手続保障の意味も若干変容し，自らが求めた内容の裁判がされないことについての不意打ち防止機能が大きい（法63条参照）。別表第1の事件においては，裁判所の後見性発揮の要請が強いものが多く，そのような事件における申立人の役割は，裁判所と協働して申立人が求めた裁判をするための要件の存在を明らかにする（裁判所は要件が充足していれば求められた裁判をする）ことにあるといえよう。したがって，申立人が求める審判をするためには，裁判所が，申立人に対し，資料が足りないので補充する必要があるといった示唆を積極的にしていくことが

*45*

第2章　家事事件手続法の意義と課題

許容される[25]一方で，そのような協働に反する手続行為が制限されることがあるであろう[26]。

(イ)　次に，別表第2の事件は，一般的に言えば，後見性がさほど高くないため，手続保障をされた手続当事者が十全に手続追行をすることに第一次的には委ねられることになろう。しかし，それでも，あるべき法律関係の形成という裁判所の役割が後退するわけではないので，手続当事者が自らの利益のために手続追行をするのに任せていたのではそれを実現することができない場合，例えば，一方の手続当事者の手続追行能力が不十分である場合にはそれを補うべく関与したり，手続当事者が自らの利益を超えて考慮すべきとされている事情（上記アを参照）について十分な主張や資料の提出をしない場合には裁判所が積極的に資料を収集すべく関与したりしていくことになろう。別表第1の事件で，申立人が自らの利益のために申立てをしている場合（典型的には，特別養子縁組の成立の審判の申立てをした養親となるべき者，親権喪失の申立てをする子）も基本的に同様に考えられよう。

(ウ)　裁判所の審理判断によりその利益に影響が及ぶと考えられるがゆえに手続保障を及ぼし，利害関係参加や陳述聴取の対象としている者についてはどうか。

このような者についての手続保障は，後見性の発揮の方向性と相反する場合もあれば一致する場合もある。相反する場合としては，後見人の解任の審判事件における後見人，親権喪失・停止事件における親権者，推定相続人の廃除の審判事件における廃除を求められている相続人などに対する利害関係参加や陳述聴取の機会の保障（法120条1項4号，178条1項2号，169条1項1号，188条3項）がある。これは，不適切な後見

---

25) 別表第1事件の中でも，推定相続人の廃除の申立てにおける申立人と廃除を求められる相続人のように，当事者間の対立が顕著に認められる類型の事件の場合には，裁判所の立場やより中立的であるべきともいえるから，別表第1事件一般に当てはまるというと異論があろう。

26) 申立人が，自らが後見人に指定されないことが予想されるや成年後見開始の審判を取り下げようとする場合において，裁判所が被後見人となるべき者について後見開始が必要と考えれば，そのような申立ての取下げは認めないといった対応が制度上想定されている（法121条1号）のもその表れといえよう。

人を解任したり，不適切な親権者の親権を喪失又は停止させたりすることが，成年被後見人，未成年被後見人，未成年である子の利益を守るために必要であるという場面において，解任される後見人や親権を喪失又は停止される親の手続保障を図るものである。すなわち，不利益を受ける者への手続保障は，後見性発揮に対するある種の制約要素として機能する。もっとも，手続保障と後見性発揮の方向性が相反することがあるのは，事件類型によって決まる場合のほか，個別の事案における具体的事情によることもある。例えば，子の利益を重視すべき事件において，親が子の法定代理人として手続追行することは，基本的に子の利益を図るための後見性と手続追行上の手続保障は同方向であるが，個別具体的な事案においては，実際には親が子の利益のために手続追行することを期待することが無理であり，むしろ，親の関与のみに委ねていては子の利益が害される場合もある。そのような場合の対応については裁判所が積極的に後見性を発揮しなければならないことになろう。

　手続保障と後見性の方向性が一致している場合（典型的には，子の利益を図るための事件類型において，子が手続に関与する場合である。なお，事件類型としてそのような関係にある場合も具体的な事案においてそのように評価される場合も含む），手続保障によって，自らが自己の利益のためにする手続追行の機会を与えることが，後見性の発揮によって実現しようとすることに資するという意味で，両者は協働関係にある。その場合の両者の役割分担はどのようにあるべきかが次の検討課題である。同じ方向性であるとして，双方が果たす役割は一致するのか，一方が前面に立ち他方は後方支援に回るのが望ましいのか，それと関係して，手続保障の在り方は必要的陳述聴取でよいのか，それとも，積極的に利害関係参加をさせるのが望ましいのかといったことが問題になる。

# 3　裁判所と関係者の役割分担

　裁判所と裁判による影響を受ける者との関係を踏まえ，両者の役割分担を検討すると二つの異なるアプローチが考えられる。一つは，裁判所が積極的に特定の者の利益の代弁者として主体的に活動する方法であり，裁判所が必要に応じて陳述聴取や家庭裁判所調査官の調査によって，判断に必要な資料

第2章　家事事件手続法の意義と課題

を得ることに重点が置かれる。もう一つは、裁判の結果により影響が及ぶ者
に手続に主体的な関与をさせた上で、まずは、その者の手続追行に委ね、裁
判所は、必要に応じて補充していくという方法で、裁判所としては利害関係
参加を基本に考えることになる（利害関係参加を促した上で、それでも参加し
ようとしない場合には、職権により参加させることも検討する）。陳述聴取の位
置づけと具体的な方法にもよるが、[27] 一般的に言えば、後者の方が、裁判所の
判断により影響の及ぶ者の手続保障としては手厚く、また、より主観的な意
向が反映させやすいといえよう。裁判の結果に対して影響の及ぶ者について
主体的な関与の機会を与えるという家事事件手続法の趣旨からすれば、後者
の方法を基本とすることが筋のように思われる。裁判所の考える後見性とい
う枠組みの外で、自らの利益を主張し資料を提出することで、裁判所とは同
じ方向でありながら、しかし、裁判所の考える、あるいは、ひとりよがりに
すぎないかもしれない後見性（後見性によって保護しようとする利益は何なのか、
真にその者の利益になっているのかは、裁判所のみが専断的に判断するものなの
かについて疑念が残るという意味で）を、当の本人の立場からチェックすると
いう役割も期待することができよう。

　しかし、問題は、さほど単純ではない。後者の方法については、①家庭裁
判所は、本人の意向を把握してこれを踏まえつつ、本人にとって何が最善か
を判断するだけの専門性を有している一方、手続に利害関係参加させること
が本人の利益になるとは限らない、②利害関係参加をさせるとしても、実際
には本人自ら手続追行をすることが困難な場合があり、そのような場合には
結局はそれを補う者が必要になるが、そのような補助者の活動は、裁判所が
本人の利益を代弁するためにする行動とどう違うのか、③仮に、本人自ら手
続追行をすることに問題がないか、手続追行の補助者を活用することができ
たとして、本人や補助者の手続追行に全てを任せきることは困難であってそ
れを補足する裁判所の後見的関与が残るのであれば、利害関係参加をさせず、

---

27）例えば、陳述聴取を手続保障の一環と捉え、審問の方法で、かつ、裁判官に対し、事
　件について自由に述べる機会が与えられるならば、陳述聴取をされる者は、利害関係参
　加をした場合と近い状況になる。他方、裁判所が判断のために必要な事項を書面で質問
　し、その回答の限度でしか陳述する機会が与えられないとすれば、陳述聴取をされる者
　は裁判所の考える後見性の枠組みの中でしか関与することができない。

*48*

裁判所が本人の利益に配慮した審理をすることの方が迅速性の要請に資するのではないかといった疑問が生ずるからである。

　これらの問題について，最も問題が凝縮している未成年の子の利益の実現に関する規律を素材に，項を改めて検討してみたい。[28]

## 4　子の利益の実現

### (1)　家事事件手続法における子の利益の確保の手法

　家事事件手続法に認められる，未成年である子の利益の確保の方法を概観すると次のとおりである。まずは，日常生活を通じて子の利益を最も知る立場にある子の法定代理人（親権者又は未成年後見人は，子の身上監護権を有する（民820条，857条））に，家事事件における代理人として子のための手続追行をすることを期待している。このことは，子が自ら手続追行をすることができる場合であっても，法定代理人も手続追行ができるようにしていること（法18条）に現れている。しかし，法定代理人が，子の代弁者の役割を果たせないような場合，又は，子の利益を十分に代弁するのにふさわしくない状況にある場合がある。したがって，子自らが可能な限り手続行為をすることができるようにするため，意思能力がある限り，自ら手続追行者となることができる場合を明確化している。そして，必要に応じて子の意向を踏まえた活動をすべく子の手続代理人の制度を設け，職権によっても選任することができるようにしている（法23条）。さらに，一定の年齢に達した子から必ず陳述を聴取することとし，[29]意思能力を有しないような年少者については家庭裁判所調査官の役割に期待している。子の意思の考慮についての一般的規定を設けるほか（法65条），子の利益に配慮して，審判の告知を子にすべきか，子を即時抗告権者とするか，子の参加を許可すべきかについて，肌理細かい

---

28) 子以外で，後見的関与の必要のある者に関しては，子に対するほど制度的な対応はされていないものの，解釈運用上は以下の議論が参考になるであろう。

29) 旧法に比して，15歳以上の子の必要的陳述聴取の場面を拡張している。新たに必要的陳述聴取の対象となったものとして，親権喪失，管理権喪失，親権停止の審判及びこれらの審判の取消しの審判（法169条1項1号・2号），親権又は管理権を辞するについての許可の審判（同項3号），親権又は管理権を回復するについての許可の審判（同項4号）における子，未成年後見人又は未成年後見監督人の選任の審判（法178条1号1号）における未成年被後見人がある。

*49*

第2章　家事事件手続法の意義と課題

規定を設けている。例えば，特別養子縁組の成立の審判は，養子となるべき者に告知することを要しないこととし（法164条6項），親権喪失等の審判の告知に関し，子に対しては，子の年齢及び発達の程度その他一切の事情を考慮して子の利益を害すると認める場合は，この限りでない（法170条ただし書）としている。また，児童福祉法に規定する都道府県の措置についての承認の審判に対して子（児童）には即時抗告権を認めないこととし（法238条参照）[30]，子の年齢や発達の程度等を考慮して利害関係参加を認めない（法42条5項[31]等）ことなどがこれに当たる。

　このように子の利益の確保を特定の者に全面的に委ねるのではなく，子自身，子の法定代理人，子の手続代理人，家庭裁判所等多くの者が多角的に，また，適材適所で役割分担をしながら，子の利益を実現しようという複雑な構造になったと位置付けることができよう。


### (2)　子の手続代理人と家庭裁判所の役割

　次に，上記のような複雑，多層的な構造になった理由を改めて検討し，そこから，今後のあるべき運用を探ってみたい。

　　ア　問題の特徴

　この問題の検討に当たっては，未成年の子の利益を取り扱うに当たって見過ごすことのできない特徴を踏まえる必要がある。

　それは，未成年の子といっても乳幼児から成人間近の子まで様々な年齢，発達段階があって，一括りに扱うことはできないこと，そのこととも関係するが特定の者に子の利益を代弁することを全面的に委ねることが困難であると考えられたことである。

---

30）児童の利益の観点から児童の親権者等の意に反してでも児童を施設に入所させる等の措置が相当であるとした家庭裁判所の判断は，家庭裁判所が子の利益を考慮し後見的な立場からしたものであって，児童に不服申立てをさせるのは相当ではないという説明がされる（金子・前掲注1）逐条解説710頁）。
31）法42条5項の趣旨は，手続に参加することで子が親同士の対立に巻き込まれて親への忠誠葛藤が増幅するおそれがある場合や，親の一方との関係を修復不可能な程度にまで損なったりする場合など，子の参加を認めることが子の利益の観点から相当でない場合があることを踏まえた規定である（金子・前掲注1）逐条解説141頁）。

50

### イ　子の利益を確保する主体

　子の利益を重視する方法として，思考の便宜上，両極の制度設計を示すならば，一方の極には，子に影響がある家事事件については，子を義務的に参加させ，子自身による手続追行に不安がある場合には必ず子のための手続代理人を選任するという制度設計があり，[32] 他方の極には，子の利益は，基本的に家庭裁判所による後見的関与によって確保するという制度設計があろう。

　現行の家事事件手続法の制度は，最終的には，両者の間に落ち着いたことになる。[33] 検討に際しては，①代弁すべき子の利益とは，子の客観的利益なのか，主観的利益なのか，子の意思はどのように把握するのか，それを実践することのできる人材はどのように確保するのか，特に，子が年少の場合の対応が容易ではないのではないか，②子の意向や状況の把握は，家庭裁判所調査官の最も得意とする分野であり，子の年齢や発達に応じた対応が可能な専門性を備えているから，それに優る制度構築は困難ではないか，③事件限りで関与する者が子の利益を追求するにはどのような方法によっても限界があって，本来は実体法上の対応をすべきではないか，④子の利益は最終的には裁判所が担う必要があり，子の利益を代弁するための制度を別途設けてもそこに多くを委ねることできないのではないか，⑤子を参加させて子の手続代理人の活動を待つことは，事案の解決のための期間が長期化するデメリットの方が大きいのではないかといった疑問，懸念が作用したと考えられる。これらの問題は，家事事件手続法が採用した制度においても一定程度当てはまるものであり，運用上は考慮されることになろう。また，運用実績を踏まえ，将来的な立法論的課題として今後も検討されるべきであるといってよかろう。

---

32) 高田・前掲注4）93頁以下〔山本克己発言〕。なお，家事審判法の見直しに関する中間試案（平成22年7月取りまとめ）の第2部家事審判法の見直しの第1の15の③では，「子が影響を受ける事件において，裁判所が，子のために，子の意思を代弁する者又は子の客観的利益を主張する者を選任することができるものとすることについては，なお検討するものとする」とされていた。なお，その（注2）に，検討の視点の提示があり，補足説明（平成22年8月17日）においては，「子の立場に立ってその意思等を手続に反映させるための独立した手続主体を選任することができる制度の導入について，なお検討するものとしている」として，ドイツにおける議論が紹介されている。
33) 現行制度の内容については，金子・前掲注1）一問一答76頁以下等を参照。

第2章　家事事件手続法の意義と課題

　　ウ　子の利益の実現のための運用のあり方

　ある程度の年齢，発達程度の子については，手続代理人を付すことができる場合と，家庭裁判所調査官による調査の対象が重複する。その場合の役割分担をどのように考えるべきであろうか。

　私が個人的に懸念しているのは，「子の利益」が抽象的な概念であるだけに，後見性の下にされる裁判所による子の利益の認定が，ともすれば批判の対象になりづらく，意図しないままにひとりよがりのものになってしまわないかという点である。家庭裁判所調査官による調査報告書も基本的には開示の対象になり，その内容について手続に参加している者はチャレンジすることが可能であるが，この方法では第三者の視点をいれることはできない。また，家庭裁判所調査官が常に新しい行動科学の知識の習得に努めていることも承知しているが，子の利益を考える立場にある者が別途裁判所の外にあって，家庭裁判所と協働しながらも相互にチェックするという運用になれば，双方にとってメリットが大きい。迅速性という面では問題はあるが，ある程度慎重な対応が必要と考えられる事件においては，子を手続に参加させて手続代理人を付する運用を検討してもよいのではないであろうか[34]。

　今後の活用の在り方が注目される[35]。

# 5　後見性の発揮と当事者の意向

　最後に，家庭裁判所による後見性発揮の場面についての手続当事者の意向と運用の問題を取り上げる。後見性によって守るべき利益は，手続当事者の意向とは別の価値であるが，当事者の手続主体性を重視していく立場からは，

---

34) 家庭裁判所調査官による調査の限界論から，子の手続代理人の活用を唱える見解もある。高田・前掲注4）87頁以下，特に増田勝久発言等を参照。

35) 日本弁護士連合会は，平成27年7月に「子どもの手続代理人の役割と同制度の利用が有用な事案の類型」をまとめた。それによると，このような事件類型として，①事件を申し立て，又は手続に参加した子どもが，自ら手続行為をすることが実質的に困難であり，その手続追行上の利益を実効的なものとする必要がある事案，②子どもの言動が対応者や場面によって異なると思われる事案，③家庭裁判所による調査の実施ができない事案，④子どもの意思に反した結論が見込まれるなど，子どもに対する踏み込んだ情報提供や相談に乗ることが必要と思われる事案，⑤子どもの利益に適う合意による解決を促進するために，子どもの立場からの提案が有益であると思われる事案，⑥その他子どもの手続代理人を選任しなければ手続に関連した子どもの利益が十分確保されないおそれがある事案が挙げられている。

手続当事者が希望した場合にはそれを尊重すべきであるとも考えられる。そうすると，後見性を発揮する裁判所の手続進行と当事者の意向とは緊張関係に立つことも生ずる。申立人による申立ての取下げの制限[36]は，その一例であるが，以下では，当事者が家庭裁判所調査官による子の調査を希望した場合の対応と当事者の手続選択の問題を取り上げたい。

## (1) 手続当事者による専門性へのアクセス

　今回の改正においては，家庭事件の解決には，一定の専門性が必要であるという家事審判法下と変わりのない認識を前提としている。そのことは，既に記載の内容からも明らかであろう。しかも，その専門性は，当事者の申出によって外部の有識者から意見を聴くことによって得られるのではなく，裁判所が職権で，裁判所内部にスタッフとして擁する家庭裁判所調査官の調査の結果によってもたらされるのである[37]。特に，子の親権や子の監護をめぐる問題などでは，子の監護状況を含む生活環境の調査や子の意思・意向の把握が必要になるが，このためには，子の両親と面接し（その間，両親の気持ちに寄り添って調整的に関わったり，子の調査に協力を求めたりすることが伴う[38]），子と接触して観察したりすることが含まれてくる。面接室などの一定の物的設備が必要になることもあるが，家庭裁判所はそのような設備も備えている。関係機関との連絡も制度的に予定されているが（法59条3項），その場合も日常的に接点のある機関同士であるから，円滑にすることができるという面がある。このような組織的な専門性を上回る知見を別の手段で裁判所に提供することはなかなか困難であろう。その意味で，家庭裁判所は専門性を独占しているともいえるのである。家庭裁判所調査官が調査結果をまとめた報告書は，基本的には審判手続における開示の対象となり，当事者はその内容を知りチャレンジする機会が与えられていることが明文の規定（法63条，47条）により確保されるに至ったことは，家事事件手続法における重要な改正点で

---

36) 前掲注26) 参照。
37) 家庭裁判所調査官の採用，養成，任官後の研修，人事・配置等について，司法機関が自ら行っている。この点が，民事訴訟や非訟事件における専門委員や借地非訟事件における鑑定委員会と異なる大きな特徴であり，他の代替を許さない事情ともなっている。
38) 当事者は，家庭裁判所調査官のする事実の調査に協力するものとされている（法56条2項参照）。

第2章　家事事件手続法の意義と課題

あるが，しかし，そもそも，家庭裁判所調査官の調査など，専門性の活用を
手続当事者のイニシアティブですることはできない。事実の調査であるから，
職権でされるものであり，当事者には申立権がない。家事事件手続法は，当
事者の手続主体性を明確にした法整備をしつつ，事実の調査については申立
権を認めなかった背景には，証拠調べの申立権が認められたこと（法56条1
項）がある。しかし，家庭裁判所調査官による調査を証拠調べによって申し
立てることはできず，また，現実には他に証拠による代替が困難であり，し
かも，家庭裁判所調査官の調査の結果はその専門性ゆえに裁判所の判断に大
きな影響を及ぼす。また，専門性の活用は裁判所の後見的な役割の発揮とい
う責務の一場面とも捉えることができる[39]。

　このような事情を踏まえると，手続当事者にもこの専門性へのアクセスを
認め，例えば，手続当事者が家庭裁判所調査官の調査を希望した場合には，
それに配慮するなどの運用が検討されてもよいように思われる。


## (2)　手続選択と当事者の関与

　家族関係の事件を解決する手続として，家事調停，家事審判，人事訴訟が
あるが，事件の性質に応じて，利用可能な手続とそうでない手続が決まる。
事件によっては複数の選択肢があるが，そのような場合でも，当事者に申立
権があるものの，必ずしも手続の選択が自由に認められているとはいえない。
　例えば，人事訴訟事項については調停前置主義が設けられていて，調停の
手続を経ない訴えの提起の場合は原則として職権で調停に付される（法257
条）。また，人事訴訟及び家事審判の手続においては，当事者の意思に反し
ても調停に付することができ（法274条1項。なお，家事審判法においては，そ
のことについての意見聴取の規定すらなかったが，家事事件手続法においては当
事者の意見聴取が義務づけられた），別表第2の事件については，調停前置主
義は採用されていないものの，調停を経ずに審判の申立てがされた場合には，
調停に付して，まずは，調停手続における解決を目指すことが多い[40]。

---

39)　個人的には，前述のとおり，子の手続代理人の協働と相互チェックという運用も検討
　　に値すると考えているが，いずれにしても，後見性発揮の上で家庭裁判所の専門性，特
　　に家庭裁判所調査官の役割はゆるがないであろうことを前提とした問題提起である。
40)　なお，「子の監護者指定・引渡事件については，他の別表第2事件と比べると，まずは

54

第3 家事事件の処理における後見性

　これらは，後見性の一徴表であると考えられる。家事事件についての当事者の申立てを，言わば，当該事件について裁判所の関与による解決を求める意思の表明と抽象化して受け取り，それにふさわしい手続は，制度により又は裁判所の判断によって定められるということが想定されているともいえる。「この手続によって解決してほしい」という当事者の要求があったとしても，手続を限定する部分には申立権はないといってもよかろう[41]。しかも，調停に付する時期についても，制約がない[42]。上記の制度及び運用に認められるのは，話合いによる解決が可能な事件であれば，できる限り調停によって解決した方がよいという発想である。民事訴訟においても訴訟係属中に裁判所の判断で和解を試みることがあるが，当事者が拒否すれば結局は和解による解決はできないから，話合いを強制されるという意味はかなり希薄であるが，家事調停の場合には，人事訴訟について調停前置主義があることから，調停による解決が望ましいということが一定程度制度化されており，それゆえにそのような意識がより裁判所関係者に浸透しているといえよう。また，家事審判手続に和解がないのは，調停委員が関与し，かつ，当事者以外の者への影響にも配慮した上での合意を目指すものとしてフォーマル化していることと関係している。

　このような調停重視の制度及び運用は，当事者の手続選択という視点から見れば，大きな制約要因といえる。

　実際の運用の在り方は，当事者の手続選択についての意向をどの程度重視するか，裁判所の後見性を優先するかによっても異なる余地がある。当事者の手続選択を重視する立場からは，具体的な運用としては，調停を経ない訴

---

　　審判手続を先行させ，紛争の事実経緯等について争点整理をし，実情を把握した上で，審判手続としての進行を続けるか，付調停として話合いによる解決を図るかどうかの見極めをしていることも少なくない」と思われるとの指摘もある。石垣智子＝重髙啓「第7回子の監護者指定・引渡調停・審判」東京家事事件研究会編『家事事件・人事訴訟事件の実務』239頁以下。

41）もっとも，調停手続から始めたいと考えた者が調停の申立てをした場合には，それが調停による解決が許容される申立てである限り，拒絶されることは想定されていないから，その限度では申立権があると言える。

42）民事調停においては調停に付する時期について制約があり，事件について争点及び証拠の整理が完了した後においては，当事者の合意がなければ調停に付すことはできない（民調20条）。

第２章　家事事件手続法の意義と課題

え提起であっても，当事者の意見聴取は必要的ではないものの任意に当事者
双方の意見を聴取し，双方が調停による解決を望まない場合には，「事件を
調停に付することが相当でないと認めるとき」に当たると解釈し，調停に付
さないという運用が考えられる。また，調停前置主義違反ではない場合に調
停に付するについても，当事者の必要的意見聴取の結果を尊重し（法274条
1項），当事者の意見に沿った運用をすることも考えられる[43]。

　しかしながら，一般的に，訴訟と比較した場合の調停手続の利点とされて
いる非公開（家庭の平和），円満な解決への指向，社会的弱者の利益への配慮
など[44]は，当事者のみの意向によって決められるものでもないと考えられる
し，また，審判による解決と比較しても，家族関係は，事件後も継続するか
ら，できるだけ当事者による自主的解決によることが（より，理想的には，
調停手続を通じて当事者が自ら解決する力を付けることが）望ましいという点で，
調停による解決が優れている点は否定することができないように思われる。

　もちろん，事件類型によっても，上記の要素は随分異なるから，家事事件
においては調停手続を重視すべきであるというようなおおざっぱな考え方で
はなく，より肌理細かく検討していくことが必要になってこよう。制度とし
ても，ハーグ条約実施法に基づく子の返還申立事件においては，調停前置主
義は採用していないし，また，調停に付す場合にも当事者の同意を要件とし
ている（ハーグ条約実施法144条）。ハーグ条約も子の連れ去り事案の友好的
な解決を目指しているから（条約7条2項ｃ），話合いによる解決に親しむと
考えられるが，調停を強制していない。それは，長期にわたる話合いが早期
に結論を出すという条約の基本的な考え方と矛盾しかねないからであるが，
しかし，当事者の同意があればよいと考えているということは，手続選択を
当事者の意思に委ねており，迅速処理等の意義や子の早期返還の要請をもっ
て，当事者の意思を上回る利益とは考えていないという整理になろう。この
ような例があることは，今後の調停前置主義の意義や運用を検討するに当

---

43) 山本和彦＝山田文『ADR仲裁法〔第2版〕』（日本評論社，2015年）231頁は，「調停に
　付する裁量権行使の運用としては，少なくとも当事者が明示的な異議を述べているにも
　かかわらず付調停とする取扱いには疑問があることは否定できない。また，調停期間に
　ついても一定の期限を設定することも考えてよかろう」とする。
44) 斎藤秀夫＝菊池信男編『注解家事審判法〔改訂〕』（青林書院，1992年）710頁以下〔石
　田敏明〕。

56

たっても参考になろう。

# 第4 まとめに代えて

　本来，本稿に期待されるのは，家事事件手続法全般についての評価や将来に向けた問題提起であると思われるが，そのような期待にはきちんと応えられていないかもしれない。第2においては，自身の浅学を顧みず，また，先人の努力に対する礼儀を失する内容になってしまったかもしれないが，家事事件手続法は，ようやくスタートラインに立ったばかりであり，今後の発展への歩みを着実なものとしていただきたいという強い思いからであることをご理解いただき，ご海容を請いたい。第3においては，「後見性」の名の下に説明されてきた内容を少しでも解きほぐし，運用面での方向性を示唆したいと考えて取り組んだものであるが，思いのほか複雑な要素が絡み合っており，運用論においても明確な方向性を打ち出すには至っていない。読者の皆さんのご批判を賜ることができれば幸いである。

# 第3章

# 家事事件手続法の意義と課題

本 間 靖 規

## 第1 はじめに

　本稿は，2011年5月19日に成立し，2013年1月1日から施行されている家事事件手続法の意義と課題を主として手続法理論の側面から考察するものである。すなわち家事事件手続法施行以前の家事審判法，家事審判規則，その背後にある旧非訟事件手続法と比較して，何がどのように改められることを狙いとして法の全面改定が行われたのか，そしてその理念的な改変は実務にどのような変化をもたらすことを目指すものであったのかを考察し，施行から5年ほど経った現時点での筆者の見解を述べるものである。

　家事非訟事件に関する手続法を新たに制定する必要が生じたのは，たんに手続を現代社会に適合するものに作り替えるというだけではなく，それまで後見的な手続運営という裁判所の役割の背後に隠されがちであった当事者の手続主体性の確保という理念的な変革が要請されたからであったと考えることができる。日本の家事事件に関する手続法の母法国[1]であるドイツにおい

---

1) 家事事件に関する手続のうち，人事訴訟に関する，1890（明治23）年法律第104号「婚姻事件養子縁組事件及ヒ禁治産事件ニ関スル訴訟規則」は，1877（明治10）年CPO中の「婚姻事件及び禁治産事件」を模したものである。岡垣學『人事訴訟の研究』（第一法規出版，1980年）400頁参照。また1898（明治31）年法律第14号「非訟事件手続法」もドイツ非訟事件手続法（1898年）の草案を参考にしたとされている。伊東乾＝三井哲夫『注解非訟事件手続法〔改訂〕』（青林書院，1995年）105頁〔栗田陸雄〕参照。なお，

第3章　家事事件手続法の意義と課題

ては，基本法（GG）103条1項で審尋請求権が規定され，これを同1条の人間の尊厳条項と結びつけて当事者の手続主体性が憲法上保障されたことを受けて，非訟事件手続においてもこれが貫徹されることが目指されてきた[2]。このような議論の状況は，日本にも伝わってきていたが[3]，これが明確に家事非訟手続の立法に反映されたのは，今回の家事事件手続法の制定においてであった。この当事者の手続保障は，家事非訟手続において一体何を保障するものなのか。またそれは誰に保障されるものなのか。手続保障の整備された手続において，裁判所と当事者の役割分担はどのようになるのか。特に，財産事件をめぐる訴訟において通用する弁論主義下の審理とは異なり，職権探知主義が妥当する家事非訟事件においては，当事者の果たすべき役割の法律的な根拠をどこに求めるべきかが問われる。これは従来事案解明義務ないし手続協力義務として取り扱われてきたものである。

# 第2　当事者の手続主体性

　当事者が家事非訟手続において手続の客体に止まらず，その主体となることの意味が問われる。日本においてこの議論は，まず非訟手続における当事者権の保障という形で現れた[4]。これによれば，当事者権とは，当事者が訴訟の主体たる地位においてその手続上認められる諸権利をいうとされる。この

---

日本の家事審判制度は，日本古来の醇風美俗に沿った民法の改正審議の過程で，訴訟によらず，温情を本とし，道義の観念に基づいて手続を行う家庭審判所を設置することにより人事に関する事項を審判調停するとの方針の下に構想されたものであり，比較法的背景をもたないものと考えられる。堀内節編著『家事審判制度の研究』（中央大学出版部，1970年）18頁，斎藤秀夫＝菊池信男編『注解家事審判法〔改訂〕』（青林書院，1992年）6頁〔斎藤〕，安倍嘉人「家事事件解決手続の変遷と今後の課題」法の支配165号97頁など参照。

2) Jansen, Wandlungen im Verfahren der freiwilligen Gerichtsbarkeit, 1964, S.14ff., Keidel, Der Grundsatz des rechtlichen Gehörs im Verfahren der freiwilligen Gerichtsbarkeit, 1964, S.1ff., Kollhosser, Zur Stellung und zum Begriff der Verfahrensbeteiligten im Erkenntnisverfahren der freiwilligen Gerichtsbarkeit, 1970, S.80ff.

3) 鈴木忠一「非訟事件に於ける正当な手続の保障」同『非訟・家事事件の研究』（有斐閣，1971年，初出1969年）259頁に代表される。

4) 山木戸克己「訴訟における当事者権―訴訟と非訟の手続構造の差異に関する一考察」『民事訴訟理論の基礎的研究』（有斐閣，1961年，初出1959年）59頁。

権利は，当事者対立構造を前提とする訴訟においては，審理手続上保障される仕組みとなっているが，これを構造的前提とせず，裁判所が裁判資料を収集する義務を負う職権探知主義下の審理では当事者の手続主体性が著しく希薄になりかねない。しかし非訟手続においても当事者（関係人）が手続の主体たる地位を有することは否定できない。当事者権の中でも，立会権と記録閲覧権に裏付けられた弁論権と異議権（不服申立権）が最も主要なものである。弁論権は，当事者が裁判資料を提出する機会を保障するものである。

　家事事件手続法は，当事者の主張段階と証拠調べ段階を明確に区別していない。当事者の裁判資料提出に関しては，一般的には，職権による事実の調査及び職権又は申立てによる証拠調べによるものと規定し（法56条），別表第2事件においては，陳述の聴取と聴取方法として当事者の申出による審問の期日を規定している（法68条2項）。このような家事事件手続法の規定に関しては，当事者の手続主体性すなわち手続保障の観点からいくつか指摘する必要があるように思われる。第一に，職権での事実の調査による裁判資料の提出という場合，当事者は職権探知の一手段＝手続の客体として位置付けられるという側面を持ちうる点である。事実の調査は，いわば無方式の審理方法であるため，弁論権の行使という手続主体的意味合いが希薄になるおそれが生じる。この点，ドイツは，職権探知規定（FamFG26条）と審尋請求権の行使のための審問規定（同34条）とを意識的に区別して規定することにより後者の点を不明確にすることを許さない態度を示していることを参考とすべきもののように思われる[5]。たしかに家事非訟手続においては，手続の迅速性や機動性，効率性といった価値も否定しがたい。しかし当事者の手続主体性は，家事事件手続法が保障しようとした重要な価値であることはつねに念頭に置く必要がある。前述のように，別表第2の事項に関する審判手続においては，陳述の聴取を，原則必要的として，当事者の申出によりこれを審問の期日で行うと規定した[6]。ドイツと比較すると同じく手続保障重視の手続を前

---

5）FamFG34条1項は，「裁判所は，関係人の審尋を保障するために必要であるとき，関係人を審問しなければならない」という一般原則を規定している。これにより，関係人による積極的情報提供の機会を保障しているのである（関係人の手続主体性保障としての審問）。

6）陳述聴取が当事者としての主体性（攻撃防御の提出）と客体性（情報収集手段）のいずれを狙ったものか，日本の規定は曖昧な面を残している。その分，前者を含むもので

第3章　家事事件手続法の意義と課題

提としながら，日本は，その価値を相対化して裁判所の柔軟な対応に委ねる部分を多く残したものと評価することができる。このことが当事者の手続主体性軽視につながらないかの懸念をいだきつつ，当面は，実務の動向を注視する必要がある。第二に，事実の調査と証拠調べの使い分けが問題となる。証拠調べを行うときは，一定の規定（自白や真実擬制等に関するもの）を除く，民事訴訟法第2編第4章第1節から第6節までの規定が準用される（法64条）。事実の調査がいわゆる自由な証明によることを許容するのに対し，証拠調べは厳格な証明が要求される。手続の透明性を重視するドイツの議論は，厳格な証明を原則とする方向に向かい，その延長線上で現行法（FamFG29条，30条）ができたことを考えると[7]，これもできる限り柔軟な手続が適切であるかは検討を要するように思われる。第三に，当事者には，証拠調べの申立権があるが，事実の調査に関する申立権は規定されていない[8]。当事者が自らの意見表明をする機会を求めているときに，これを裁判所の裁量によって事実の調査をするか否かに掛けることがはたして妥当かが問題である。特にFamFG34条1項1文が審尋請求権を保障するために関係人の審問が必要である場合，これを裁判所に義務づける規定を置いていることと比較して，これを原則的に裁判所の裁量に委ねることにしたことについては，当事者権の

---

あることは，実務においてつねに念頭に置かなければならないことになるが，このように運用に委せることでいいのかの問題がある。高田裕成編著『家事事件手続法』（有斐閣，2014年）65頁以下参照。なお実務における運用の一端を表すものとして，小田正二「第1回家事事件手続法の趣旨と新しい運用の概要（家事審判事件を中心に）」東京家事事件研究会編『家事事件・人事訴訟事件の実務』（法曹会，2015年）16頁参照。

7) 髙田昌宏「非訟事件手続における『自由な証明』研究序説—ドイツ法を中心として—」石川明先生古稀祝賀『現代社会における民事手続法の展開（上）』（商事法務，2002年）121頁（145頁）。FamFG30条は，裁判上重要な事実を民事訴訟法による証拠調べによって行うか否かを義務的裁量によって判断するとし（1項），本法に規定があるときは，厳格な証明によらなければならないとする（2項）。また，事実主張の正当性に関して，裁判所が裁判をその事実の認定に基づいて行おうとする場合で，その正当性が関係人によって明確に争われているときは，厳格な証拠調べが行われるべきであるとする（3項）。1項は，自由な証明で満足するか厳格な証明を要するかの判断を裁判所の義務的裁量に委ねているが，いずれにするかの裁量権を行使するに際しては，特定の手続状況においては，厳格な証明をする義務を負うとする一定の基準（Richtlinie）が斟酌されなければならないとされている。また，厳格な証明を要すると規定されている事例のほか，FGGに関して判例が展開してきた諸原則が適用になるとされている。一般的には，関係人の基本権に重大な侵害が加えられる場合には，厳格な証明を要するとされる。Keidel/Sternal, FamFG, 19.Aufl., 2017, S.453f.

8) 高田・前掲注6）220頁〔山本克己発言〕参照。

保障がこれで十分かの懸念を生じさせる。必要的陳述聴取を個別に規定することで，陳述聴取（審問）の二義性の一面である当事者権保障の目的が漏れなく達成できるのか，実務の検証を要するところである。

　弁論権を実質的に支える立会権については，別表第２事件で審問が行われるときの立会権が保障される（法69条本文，期日の通知について，規則48条）。ただし，他の当事者の立会いにより事実の調査に支障が生じるおそれがある場合は，立会権が制限される（法69条ただし書）。DVがらみの事件においてはその必要がある場合も考えられる[9]。しかしこの場合でも，立会いを制限された当事者が審問の結果を知り，これに反論する機会は保障されなければならない。期日の調書の閲覧謄写によることになるが，これが制限される場合でも，その本質的な内容の伝達が必要であろう。次に，証拠調べにおける立会権については，かつては職権探知主義を理由にこれを否定する見解があったが[10]，特段の事情がない限り，立会権を否定する理由はないであろう。記録閲覧権については，旧法時において，審判手続と調停手続を区別することなく裁判所の裁量許可に係らせていた[11]。この点現行法では，手続保障の根幹をなすものとして，記録閲覧制度の拡充が特徴になっている（法47条）[12]。特に家事審判手続の期日における調書の作成が義務づけられていることが，手続保障上重要な役割を果たすことになる（法46条）。もっともただし書で，証拠調べ期日以外の期日については，調書の作成に代えて経過の要領を用いることができることになっている。家事審判手続において誰によって何が行われたのかを明らかにすることは事実の調査による場合でも変わることはないことから，これを念頭に置いた記録内容であることを要する。さらに期日外で（あるいは期日までに）行われた当事者・裁判所間ないしは当事者間の行為（やりとり）が審判に一定の意味を持つことが起こりうる。その記録化もつねに考慮しなければならない[13]。家事調停に関しては，現行法でもなお，記

---

9）山本和彦ほか座談会「家事事件手続法施行後３年の現状と今後の展望」家判４号45頁。
10）大決昭和３年６月29日大民集７巻592頁（598頁），1950年代の議論については，山木戸・前掲注４）69頁参照。
11）旧法下における議論について，本間靖規「家事審判と手続保障」同『手続保障論集』（信山社，2015年）451頁参照。
12）金子修編著『一問一答家事事件手続法』（商事法務，2012年）26頁。
13）金子・前掲注12）100頁。

第3章　家事事件手続法の意義と課題

録の閲覧等を裁判所の許可に係らせているが（法254条3項），情報共有の観点から相手方への開示を原則とする運用がなされていることが報告されている。[14)]

　手続保障の重要な機能である不意打ち防止のための装置として，別表第2事件では，審理の終結日を定めなければならないと規定されている（法71条）。これにより，当事者に，いつまで裁判資料を提出できるかの見通しを立てることを可能にする。しかし裁判資料の提出終期を当事者が知る必要がある事件は，別表第2事件以外でも考えられる。当事者が弁論権の行使を十分に行う機会が保障されるよう，裁判所には，常に手続運営上配慮することが要請されていると考える。

　異議権（不服申立権）についても，これが手続保障の重要な柱であることは間違いない。[15)] 家事事件手続法は，家事審判に関して，[16)] 原則として告知によって効力を生じるが，即時抗告をすることができるものについては，確定しなければ効力が生じないと規定している（法74条2項）。したがって不服申立ては，法定の場合に即時抗告によってのみ認められるということになる（法85条）。抗告審の判断に対する不服申立て方法としては，許可抗告と特別抗告がある。また即時抗告が認められない審判に対しても特別抗告は認められる。もっとも許可抗告，特別抗告の申立てには確定遮断効はない。[17)] ところで手続保障は，審級ごとに必要であることからすると，抗告審においてもそれなりの手当てを要する。周知のように，最決平成20年5月8日（判時2011号116頁）は，審判によって婚姻費用の分担額が決定されたところ，認容額に不服のある申立人が即時抗告をしたが，相手方には抗告状及び抗告理由書（の副本）が送付されなかったため，抗告審において反論の機会なしに不利益な決定を受けたことに対する特別抗告（憲法31条，32条違反）を取り扱うものであった。最高裁は，原審において，抗告状及び抗告理由書の写しが送付されず，相手方に攻撃防御方法を提出する機会が与えられなかったことを

---

14）山本ほか・前掲注9）19頁参照。
15）山木戸・前掲注4）70頁。
16）審判以外の裁判は，本稿の対象からはずしている。これについては，金子・前掲注12）129頁参照。
17）金子・前掲注12）133頁参照。

*64*

第2 当事者の手続主体性

問題としながらも，憲法違反の主張を退けた。この事件においては，抗告審の存在を知らされなかった相手方の手続権侵害があったことは疑いない。これを憲法違反として特別抗告に載せることを認めるかについては議論がある[18]。ここではこれに立ち入らず，家事事件手続法で旧法の手続保障上の不備がどのように改善されたかを述べる。抗告審における当事者の手続保障に関しては，審判に対して即時抗告があったときは，原審における当事者に対して，原則として，抗告状の写しを送付しなければならないものとし（法88条1項本文），原審判を取り消すときには，原審における当事者の陳述聴取を義務づけた（法89条1項）。また利害関係人についても原審の利害関係参加人には抗告状の写しの送付を要し（法88条1項），原審判を取り消す場合，利害関係参加人が審判を受ける者であるときは，当事者と同様に，陳述の聴取を必要的とした（法89条1項）。審判を受ける者でない利害関係参加人については，陳述聴取を必要的とせず，裁判所の裁量に委ねている[19]。このように，当事者，利害関係参加人には，抗告審においても原審と同様の手続保障が施されている。

　以上が山木戸説の提起した問題に即した当事者権をめぐる家事事件手続法の現状である。ところで家事事件手続法は，別表第1の事件と第2の事件を区別し，特に当事者の処分性のある事件（調停に親しむ事件）における当事者の手続保障を別途講じる規定を置いている（法66条〜72条）。多様な非訟事件の類型をこのように大まかに区別し，当事者間に対立性のある事件における手続保障に注意を払うことは必要である。したがってこのような立法のあり方は正しい方向と考える。しかし別表第1のように当事者処分性を持たないとされる事件類型においても，例えば成年後見人の選任（別表第1の3）のように，後の相続の前哨戦の様相を呈するものもあって，申立人以外の利害関係人の手続保障にも配慮を要するものが含まれていることからすると，このような区別が別表第1事件の手続保障の希薄化につながることが許されないことは当然のことであろう[20]。

---

18) 本間靖規「判批」リマークス38号126頁参照。
19) 金子・前掲注12）150頁。
20) 金子修「家事事件手続法下の家事審判事件における職権探知と手続保障」判タ1394号
　　12頁は，別表第1に掲げられる事件における手続保障につき個別の配慮がなされている

第3章　家事事件手続法の意義と課題

## 第**3** 当事者権と審尋請求権

　ドイツの憲法が保障する審尋請求権（基本法103条1項）は，山木戸説の当事者権論よりもやや広い概念として用いられている。そこで保障される内容としては，①当事者が事件に関して自己の意見を表明する権利（意見表明権，ほぼ弁論権にあたる）のほか，②当事者が事件に関する自己の態度を決定するための資料となる情報にアクセスする権利（情報要求権，日本に比していえば，立会権に止まらず，職権によって収集した資料を知ることや当該資料に関する裁判所の評価を知ること，裁判所との間で資料に関する認識を共有すること），③当事者の主張を裁判所が斟酌することを求めること等を含むものである（斟酌要求権）[21]。家事非訟事件では，当事者の提出に係る資料の他，事実の調査の下に職権によって資料の収集が行われうる。このうち当事者提出に係る資料に意味を持たせるのが，当事者主体性の確保の思想であるとすると，裁判所がたとえ後者のみで判断資料として十分であると考えたとしても当事者に意見陳述の機会を保障することは不可欠なのではあるまいか[22]。ドイツのように裁判所が法的見解を示しながら当事者と法的討論をするというところまで一足飛びに行くのは尚早としても[23]，裁判所が手続指揮を上手に行いながら，当事者が主体性を発揮して手続に関与する権利を行使する（手続協力権），その反面として迅速公正な手続を形成する義務を負う（手続協力義務）という姿が理想であろう（両者の関係については後述する）。家事調停においては，情報の共有化の重要性が説かれるが[24]，それは，基本的に審判手続においても変わらない。その意味において，後に述べるように，事実の調査による裁判

---

　ことを指摘する。また同13頁は，別表第1と第2の違いを手続保障の規律の重点の置き方の違いとする。金子・前掲注12）51頁も参照。

21) BVerfGE 6,12; 89,381等によって確立された判例法理である。Brehm, Freiwillige gerichtsbarkeit, 4.Aufl. S.149f., 本間靖規「手続保障侵害の救済について」同・前掲注11）353頁，本間靖規「上告理由と手続保障」松嶋英機ほか『新しい時代の民事司法』（商事法務，2011年）616頁，本間・前掲注11）621頁参照。家事事件手続における斟酌義務については，高田・前掲注6）103頁以下参照。

22) 当事者に審尋請求権を認めることからすると，当事者の主体的な関与なしに裁判することは適切さを欠くことになる。

23) Brehm, a.a.O.Fn,21.S.149.

24) 金子修「家事事件手続法施行後満3年を迎えて」家判4号59頁参照。

66

所の職権探知の下，手続保障を理念とする家事非訟手続において，当事者の主張や裁判資料の提出がどのように斟酌されたかが不明確なまま裁判がなされることは，適切ではない。

# 第4 手続保障の及ぶ人的範囲

## 1 一 般

　家事非訟事件手続において誰に手続権が保障されるか，手続保障の人的範囲が問題である。家事事件手続法は，申立人及び相手方を当事者と呼び（形式的な当事者概念），そのほかの実質的な利害関係人を「審判を受ける者となるべき者」と「審判の結果により直接の影響を受ける者」に分け，前者は当然に家事審判の手続に参加することができ（権利参加，法42条1項），後者は家庭裁判所の許可を得て参加することができるとしている（許可参加，法42条2項）。また家庭裁判所が，相当と認めるときは，両者を職権で家事審判手続に参加させることができる（職権参加，法42条3項）[25]。この利害関係参加の制度は，手続保障の装置として重要であることは間違いないが[26]，同時に，事件と関係の深い関係人が参加することにより，適正な裁判に向けての資料を収集する機能をも有する。その両者の観点から利害関係人の範囲が適正であるかの検討が必要である。

　まず，「審判を受ける者となるべき者」の概念に属するのは，自己の法律関係がこれにより形成される者[27]，例えば後見開始事件における成年被後見人

---

25) その他，当事者の資格を持つ者については，当事者として家事審判手続に参加することができる（法41条1項）。また，家庭裁判所は，申立てにより又は職権で当事者の資格を有する者のうち，審判を受ける者となるべき者を当事者として家事審判の手続に参加させることができる（法42条2項）。当事者の資格は，通常，実体法の規定するところによる。最判平成26年2月14日（民集68巻2号113頁）は，相続分を他の共同相続人に全部譲渡した共同相続人は，遺産確認の訴えの当事者適格を有しないと解したが，このような者は，積極財産と消極財産とを包括した遺産全体に対する割合的な持分を全て失うことになり，遺産分割審判の手続等において遺産に属する財産につきその分割を求めることができないことを理由としている。

26) 金子修編著『逐条解説家事事件手続法』（商事法務，2013年）136頁。

27) FamFG7条2項1文は，「その権利が手続により直接関わりを持つ者」をMuss-Beteiligteとしていることに対応するように思われる。もっともドイツの場合は，この

---

*67*

となる者，親権喪失，親権停止，管理権喪失の審判事件にける親権者等がこ
れにあたるとされるが，これらの者は，手続の結果についてもっとも強い利
害関係を持つがゆえに権利参加が認められる。次に，「審判の結果により直
接の影響を受ける者」に属するのは，当事者又は審判を受ける者に準じ，審
判の結果により自己の法的地位や権利関係に直接の影響を受ける者をいうと
される。例えば，成年後見人の選任の審判事件又は解任の審判事件における
成年被後見人や親権者の指定又は変更の審判事件，子の監護に関する処分の
審判事件や親権喪失等における子，戸籍の訂正についての許可の審判事件に
おける当該戸籍を管掌する市区町村長などがこれにあたる。これに対して，
推定相続人廃除の審判事件における廃除を求められている者以外の相続人は，
廃除の結果により自己の相続分に影響を受けるが，その影響は間接的なもの
であるからこの概念には該当しないとされる[28]。

　このように権利参加の人的範囲を審判の名宛人に限定し，それ以外の者の
参加を影響の直接性という解釈の幅のある基準を設定して[29]その判断を家庭
裁判所に委ねるという制度にした。ドイツと比較すると，利害関係人の手続
関与について裁判所の裁量的判断に任せる部分が大きいのが特徴といえる。
参加制度が手続保障の要であることに鑑みると裁量的判断といっても，最適
判断がなされる必要がある（「相当と認めるとき」をドイツでいう義務的裁量
pflichtgemäßes Ermessenと考えるべきである）[30]。

　当事者以外の者が開始された手続に参加をするためには，手続の存在を知
ることが前提となる。しかし利害関係人に手続の存在を通知するという方法
は設けず，個別規定によって陳述聴取の機会を与えることをもってこれに代

---

者の引き込みが義務づけられるが，日本では権利参加の対象とされ，職権参加の対象に
もなるが，これは「家庭裁判所が相当と認めるときは」として裁量に委ねられている点
で制度の建て付けに違いがある。
28）　金子・前掲注26）138頁。
29）　高田・前掲注6）70頁以下参照。親権や子の監護に関する処分の審判と子の関係をこ
の概念で規律することの可否が問題となりそうであるが，子の処遇については別途の検
討を要するので後述する。
30）　筆者の考える義務的裁量とは，存在するいくつかの選択肢のうち最適のものを選ぶ義
務を負うことを指す。家事事件手続における裁判所の裁量はこれに属すると考える。金
子・前掲注26）138頁は，「参加が相当でないとして許可されないということは，第5項
において想定している場面を除けば少ないものと思われる」とするが，義務的裁量とす
ることによって法的根拠が得られるのではないかと考える。

えている。[31] 利害関係人が陳述聴取の期日の通知で初めて自己の法律関係に係わる手続の存在を知るという制度がはたして妥当かが問われるが，陳述聴取に手続の存在を通知する機能を代替させるとすると手続の早い段階で期日（ないしは聴取の予定）が決められてその通知が行われなければならないことになる。[32]

# 2　子の代理人

　家事非訟手続において子の利益はどのように保護されるのかは，子の手続保障と関連して重要な問題である。すなわち子の利益が関わる事件において子が一個の手続主体であることを認識することが出発点となる。周知のように児童の権利条約12条は，児童の意見表明権の確保を規定している（児童の権利条約12条1項）。[33] また児童は，自己に影響を及ぼすあらゆる司法上及び行政上の手続において，国内の手続規則に合致する方法により直接に又は代理人若しくは適当な団体を通じて聴取される機会を与えられるとされる（児童の権利条約12条2項）。[34] その具体化は各国の法制に委ねられるが，家事事件手

---

31）金子・前掲注12）31頁によれば，利害関係人に対する通知規定を設けなかった理由は，「審判を受ける者となるべき者や審判の結果により直接の影響を受ける者と事件との関係にもさまざまなものがあり得ることを考慮すれば，簡易迅速な処理の要請が高い家事事件の手続において事件係属の通知をこのような者に対してすることを一律に義務付けることは必ずしも相当ではなく，事件類型ごとの個別の規定において事件の性質や審判を受ける者となるべき者等の属性を考慮して対応するほか（第162条第3項など），裁判所の適正な裁量に委ねるのが相当であると考えた」ことにある。そして「多くの場合，このような者は陳述の聴取の対象とされていますので，遅くとも陳述の聴取の機会に家事事件が係属していることを知り，陳述の聴取を受けるのみではなく，自ら主体的に手続に関与したいと考えれば，利害関係参加の申出または利害関係参加の許可の申立てをすることができます」とする。なお，ドイツにおいては，関係人として引き込まれるべき者ないしは引き込まれうる者に，裁判所にその存在が知られている限りにおいて，通知がなされなければならないとする（FamFG7条4項）。また台湾も同様に通知を義務づけている（家事事件法40条1項）。何佳芳「台湾家事事件法の理論と今後の理論的な課題」新・アジア家族法三国会議編『家事事件処理手続の改革』（日本加除出版，2015年）146頁参照。

32）高田・前掲注6）67頁以下参照。

33）本条約は1990年に発効，日本は，1994年に批准している。同条約3条は，「児童の最善の利益の考慮」を規定しているが，12条は，その手続的側面を具体化したものと見ることができる。

34）本条文の文言の解釈並びに日本における手続への具体的適用については，波多野里望『児童の権利条約（改訂版）』（有斐閣，2005年）80頁以下，若林昌子「親権者・監護者の判断基準と子の意見表明権」野田愛子＝梶村太市総編集『新家族法実務大系第2巻』

第3章　家事事件手続法の意義と課題

　続法はその重要な一端を担うものである。また家事事件手続は，未成年子に影響が及ぶことが多く，その健全な発育や精神の可及的安定を図る必要から手続の進行や裁判に際して細心の配慮を要する。

　未成年子の手続関与について，子は一定の類型の事件において，意思能力がある限り，手続行為能力を有する（法151条2号，168条，177条，252条等）。これにより，子は申立人になる場合（民834条〜835条）の他，利害関係参加や即時抗告をすることができる。もっとも実際上，子が自ら手続遂行の主体となることが難しい場合には，法定代理人が子の手続遂行能力を補充することになる（法18条）。法定代理人がない場合や代理権を行うことができない場合，これにより家事事件の手続が遅滞することにより損害が生じるおそれがあるときは，裁判長は，利害関係人の申立て又は職権により，特別代理人を選任することができる（法19条）。法定代理人が，自己の主張の補強に子の参加を利用しようとするなど，子が家事審判手続に参加することが子の利益を害すると認めるときは，家庭裁判所は，子の利害関係参加の許可の申立てを却下しなければならない（法42条5項）。それでも子の参加が相当であるときは，職権により子を参加させることができるが（法42条3項），その場合，裁判長は職権で弁護士を子の手続代理人に選任する方法をとることができる（法23条，なお人訴13条3項に類似の制度が既に存在している）。この手続代理人の制度が，いわゆる子の代理人の制度の日本版といえるものであるが，これをどの程度使っていくかが，今後の問題として注目される[35]。子の手続代理人の制度は，子が意思能力を有することを前提にした制度であって，これを有しない，したがって子が手続行為能力を有しない場合に子の客観的な利益を代弁する制度は導入に至らなかった[36]。法定代理人と子の利益が対立関係にあるため，法定代理制度が機能しない場合，子の利益特に手続保障をどのよう

---

　（新日本法規出版，2008年）383頁参照。

35）さしあたりの議論として，高田・前掲注6）86頁以下参照。なお法施行後3年経った時点までの件数や使われ方について，池田清貴「親の離婚紛争における子どもの最善の利益」家判5号14頁。これによれば選任数がその時点まで約20件という状況であるが，子の手続保障と深く関係する問題であることからすると，埋もれている事件についての対処が必要である。佐々木健「子の利益に即した手続代理人の活動と家事紛争解決」立命館法学2016年5・6号上巻211頁もドイツとの対比でこの制度の活性化の必要を論じている。

36）金子・前掲注12）77頁。

第4　手続保障の及ぶ人的範囲

にはかるかは，様々に考えられ，また当然のことながら国によって異なる仕
組みが採用されている。家庭裁判所に科学的調査機構（とりわけ家事調査官）
が整備されている日本においては，子の意思の把握は専門家である家庭裁判
所調査官に委ねられることになる[37]。しかし子の意思の把握は，子の利益を図
る際の中心的問題であることが多いと思われるが，家庭裁判所調査官は，事
実の調査として子の状態を把握するのであって子の利益全般の代弁者ではな
い。手続代理人がどの程度その役割を果たすかが問われるが，子の意思把握
の専門家とはいえない代理人（弁護士）と家庭裁判所調査官の調査とをつな
いでその連携を図る制度が工夫されてしかるべきであろう[38]。なお，意思能力
のない子の利益保護をどのように図るかは今後の課題である。

　家事事件手続法は，子の意思の把握の一般的な手段として，子の陳述の聴
取，家庭裁判所調査官による調査その他の適切な方法を講じることを規定し
ている（法65条）。さらに親権喪失又は停止等や未成年後見人の選任などの
審判手続においては，15歳以上の子の必要的陳述聴取を定めている（法169条，
178条1項1号）。

---

37）日本のような家庭裁判所調査官の制度を持たないドイツにおいては，手続補佐人
　（Verfahrensbeistand）がその役割を果たす（FamFG 158条）。手続補佐人は，児童の権
　利条約12条を受けて，子の利益を確定してこれを主張するための制度で家庭裁判所調査
　官とは異なる役割を果たすが，子の利益の確定にとって重要なことは，子の意思の把握
　とされ，事案に合わせて適任者が選任されるが，ソーシャルワーカーや社会教育学，児
　童心理学を修めた者が適任と考えられ，当該手続の主要な問題が法律問題である場合に
　は弁護士が選任される。なお，ドイツの家事事件手続には，手続補佐人の他，監護人
　（Pflegeperson）の関与（同161条），少年局（Jugendamt）の関与（同162条），鑑定人
　の選任（同163条）が用意されている。このうち鑑定については，鑑定人の専門を銘記
　する（心理学，精神病学，児童精神病学，精神病学，医学，教育学，社会教育学の職業
　資格を持つ専門家）改正が2016年になされた（同1項）。本間靖規「家事事件手続法の
　理論と今後の理論的な課題」新・アジア家族法三国会議編・前掲注31）42頁参照。
38）家庭裁判所調査官と子の手続代理人とは，役割が異なることが制度の前提となる。家
　庭裁判所調査官の科学的な調査の結果を受けて，子の手続代理人は子の全般的な利益を
　図る代弁者としての役割を果たすことになる。子と常に寄り添う手続代理人は，手続の
　進行に伴う子の意思の変化等をも把握できる立場から，これを汲んだ上で家庭裁判所調
　査官と連携しながら子の最善の利益を代弁することが重要であるように思われる。

第 3 章　家事事件手続法の意義と課題

# 第5 当事者と裁判所の役割分担（職権探知主義と手続協力義務の関係）

## 1 当事者の手続主体性と職権探知主義の関係

　まず，最初に確認しておかなければならないのは，当事者権の行使は，およそ全ての手続で当事者に与えられる手続基本権（審尋請求権）の問題であって，弁論主義，職権探知主義にかかわらず通用するものであるため，これらの審理原則の枠の中に収まる問題ではないことである[39]。とはいえ，当事者権とこれらの審理原則とは，密接な関係を有することからこれを理論的に解明する必要がある。

　非訟事件手続において手続保障が理念として謳われ，手続規定の中に具体化される以前においては（家事審判法，同規則，旧非訟事件手続法），当事者（利害関係人を含む）の手続上の権利（審尋請求権，手続関与権＝手続協力権，ドイツ法でいうMitwirkungsrecht）は希薄化され，事実の調査としてこれが行使される場合でも，資料収集の一環として位置付けられていた。しかし現行法では，同じく事実の調査という場合でも思想的な転換がはたされて，当事者の手続主体性が正面から認められたことから，以前とは異なる手続のあり方が要請されるに至っている。これが家事非訟事件における職権探知を論じる際の出発点である。

## 2 職権探知の根拠

　職権探知主義は，「裁判所が当事者の主張を待たずにあるいはこれに拘束されずに，積極的に職権で証拠調べをなして事実を探知し裁判する主義」で

---

39) 金子・前掲注20) 15頁は，当事者の提出書類の閲読，当事者の陳述聴取を受動的職権探知，裁判所が自ら問いを発し，あるいは家庭裁判所調査官に命じて調査させる活動を能動的職権探知とするが，前者が審尋請求権の行使として行われる場合は，職権探知を越える部分を含むものであるから，たんに職権探知の一環に収まりきらない性格を有する。したがって両者の間の相補性（同頁）もミスリーディングとなる可能性がある。この点はドイツでは審問の二義性として旧法の時代から強調されている事柄であり，FamFGでは規定を別にしてこれを明確にしている。本間靖規「非訟事件手続における職権探知主義に関する覚書」同・前掲注11) 561頁参照。

第5 当事者と裁判所の役割分担（職権探知主義と手続協力義務の関係）

ある。[40] これが裁判所の権限であるのか義務であるのか議論がある。[41] いずれか
といえば義務というべきであろう。しかし裁判所の権限であるとしても，職
権で探知するかしないかが裁判所の完全な裁量に委ねられていると考えるわ
けではない。職権探知主義と弁論主義が対概念をなすといっても，それは理
念型に過ぎず，実際の立法にあたっては，これを組み合わせて用いることが
できないわけではないとの指摘が示唆的である。[42] 家事非訟事件における職権
探知主義についても，その事件類型や事案の多様性に鑑みると，同じく職権
探知主義といってもその発現の仕方も類型や事案に応じて多様にならざるを
得ない。これを理論的にどのように説明すべきかについては後述する。とこ
ろで家事非訟事件における職権探知の根拠は，一般に，事件の公益性と真実
発見の必要性に基づくと説明される。[43] 職権で手続が開始するもの（別表第1
の14，81，民863条2項，別表第1の94，民936条1項）や検察官の申立てによ
るもの（法48条）[44] などがあることを見ても，当事者の処分利益を超えた事
件類型が存在することは間違いない。また一見当事者の財産的利益に関わる

40）末川博編集代表『民事法学辞典（上）』（有斐閣，1974年）1017頁〔村松俊夫〕。
41）笠井正俊「当事者主義と職権主義」門口正人編集代表『民事証拠法大系1』（青林書院，2007年）20頁。
42）Sodan/Ziekow, Verwaltungsgerichtsordnung, 2.Aufl. 2006, S.1576は，職権主義と当事者主義をめぐる「以上の，86条によって規定された行政訴訟の訴訟原則体系上の位置づけは，決して『原理ドグマ（Maximen-Dogmatismus）』を擁護するものではない。原則を類型化することの意味は，分析的，体系的な方向付け機能（Orientierungsfunktion）にある。しかしながら常に気をつけなければならないのは，手続原則が，決して，それが例外なく従うべき命令として一定の訴訟法規を「モノカルチャー（Reinkultur）」に型押しするという意味で直接的な法準則をなすものではないという点である。すでに『弁論主義と職権探知主義』の対概念の定式化，抽象化の創始者であるタデウス・フォン・ゲンナーが手続諸原則の交錯の可能性を指摘していたのである。手続諸原則はとりわけ立法者の『武器庫の中の材料』であり，立法者は個別の手続規定を作成するにあたり，これを組み合わせて用いることもできるのである。このことは手続法の継続的発展ならびに裁判所によるその具体的な適用によって確かめられることである」とする。本間靖規「職権探知主義について」同・前掲注11）543頁参照。もっともこの問題と職権探知主義と手続協力義務の関係の問題とを混同すべきではない。
43）ただし公益の説明の仕方については，見解が分かれている。金子・前掲注20）8頁は，①司法判断であること，②審判の結果により影響の及ぶものが一般的多数であること，③対象自体が社会的な目的達成の手段であること，④直接関与していないが審判の結果が及ぶ第三者の利益を考慮する必要があること，⑤多種多様な保護利益の調整を図る必要があることを挙げる。また，山田文「職権探知主義における手続規律・序論」法学論叢157巻3号16頁は，①第三者に対する影響，②当事者対等化の要請，③弱者保護の要請を挙げる。
44）具体例については，金子・前掲注26）168頁以下参照。

73

事件（例えば財産分与や遺産分割など）においても，具体的な分与方法や分割方法については裁判所の介入が必要となるから，当事者の主張がない要素を含む裁判をする可能性を残しておくことを要する。家事非訟事件においても弁論主義で審理すべき場合があるとの見解があるが[45]，基本を職権探知主義に置きながらその枠の中での柔軟性で処理すべきものと考える。もっとも前述のように，概念としての弁論主義と職権探知主義の違いではなく，実際の規律の仕方の違いは相対的であることから，どちらを基本に据えることが柔軟な対応を容易にするかの問題である。その意味で，事案によっては，実際の審理において当事者の処分可能性を認める余地を残しつつ，当事者の主張しない事実を基礎にして裁判すべき場合がある以上，職権探知主義を基本とすべきである。なお，真実発見のための装置が裁判により自己の身分関係や権利領域に不利益な影響を受ける第三者への効力を正当化するかは問題である。逆に裁判により影響を受ける者全てに参加の途を開いておけば，職権探知主義を採用する意義は薄れる。しかしこれら全ての第三者に利害関係参加を認めるというのも現実的ではない[46]。したがって参加の道は開かれなかったが裁判により影響を受ける者の存在はつねに想定しておかなければならない。第三者への影響はなお職権探知主義の根拠といえるであろう。

## **3** 職権探知主義と主張責任・証明責任

　主張責任は当事者の主張がない場合，これを裁判の基礎とすることができないことから当事者が負う客観的責任である。この責任を認めることは職権で資料を収集する責任を裁判所が負う職権探知主義と整合しない。したがって職権探知主義下の手続において主張責任はない。ところで当事者が事実を主張しないという場合には，主張しようにもこれを認識できる状況にない場合と認識している（その情報が当事者の支配下にある）にもかかわらず，その情報提供をしない場合がある。前者の場合，これが直ちに裁判所の職権探知の解放へとつながるわけではなく，裁判所は実体法上の要件事実や既に収集

---

45）畑瑞穂「弁論主義，職権探知主義（等）」民訴雑誌57号99頁，高田・前掲注6）216頁〔畑瑞穂発言〕。

46）ドイツでもMuss-BeteiligteとKann-Beteiligteを区別して後者の参加は裁判所の判断に委ねられている。FamFG7条3項。

第5　当事者と裁判所の役割分担（職権探知主義と手続協力義務の関係）

した資料を手がかりにして探知義務を負う。これに対して，当事者に情報提供を期待することが許されるにもかかわらず，当事者がこれに応じない場合には，後述するように，裁判所は職権探知から解放される場合がある。これは主張責任の存否とは切り離される，手続協力義務ないしは事案解明義務の問題である（これらが真の法律上の義務であるかについて議論があるが後述する）。客観的責任としての証拠提出責任についても同様である。

　結局，職権探知の範囲は，法律要件と個別事件における事情に基づいて，裁判所の義務的裁量によって決まることになる。

　これに対して，職権探知主義下の手続においても証明責任は存在するとするのが一般的である。職権による資料収集が功を奏さず，要件事実の認定ができない場合の処理は，この場合でも定められていなければならないからである。[47] この点に関して，日本では，事実と証拠の関係が曖昧であること，不明確性の指摘[48] について検討が必要である。これは事実主張も証拠提出も事実の調査で区別を明確にしないまま行われることに起因する。[49] また実体法上，要件がいわゆる白地で規定されていることから，民事訴訟のような要件事実の存在も明確ではない。そのため，家事非訟事件における裁判所の後見的介入の必要を強調し，民事訴訟におけるような要件事実的審理に対する批判もある。[50] しかし議論の方向としては，これを曖昧なままに放置して審理することは手続保障の充実という理念と合致しないように思われる。その意味で，民事訴訟とは異なるとしても，家事事件における要件事実の探求の必要があるのではないかと考える。[51] その実体法上の要件がいわゆる規範的要件（評価

---

47) Bumiller/Harders, FamFG, 10.Aufl.2011, S.125は，客観的証明責任の存在を認め，民事訴訟法と同様に，事実を権利根拠事実，権利障害事実，権利消滅事実に区分する。

48) 山田文「非訟事件における審理原則」ジュリ1407号27頁，主張と証拠，主要事実と間接事実の区別の不明確を指摘する。髙田昌宏「非訟手続における職権探知の審理構造」曹時63巻11号44頁も参照。

49) 金子・前掲注20）6頁。

50) 梶村太市「家事審判・家事調停の改革についての評価と課題」法時83巻11号37頁，同『家族法学と家庭裁判所』（日本加除出版，2008年）63頁，263頁。

51) 伊藤滋夫編『家事事件の要件事実』（日本評論社，2013年）86頁で伊藤教授が「家事事件も最終的には，法的判断によって解決されるべきであり，法的判断の根拠となる事実……は何かを検討し，その内容を確定する必要がある」と指摘している点に共感を覚える。また山本和彦報告，垣内秀介報告も手続の明確化，透明化を図るための裁量統制や要件事実論を探る方向で議論している。ドイツと比べて当事者の手続保障を裁判所の裁量に委ねる局面の多い日本の家事実務において，どのような方向でこれを透明

第3章　家事事件手続法の意義と課題

的要件）に属するものであるとしても，あたかも民事訴訟におけるそれについて要件事実の分析や分類が行われていることを参考に，個別事件における個別的作業とその集積として，民事訴訟における規範的要件の取り扱いを参考にした要件事実の抽出は行われるべきである。裁判所の後見的介入と裁量的判断の中に当事者の主体性が埋没することは，家事事件手続法の理念に悖るというべきである。

## 4　手続協力義務

　家事事件手続法56条2項は，「当事者は，適切かつ迅速な審理及び審判の実現のため，事実の調査及び証拠調べに協力するものとする」と規定している。文言からはこれを義務規定と読むことは難しく，現に，立案担当者の解説によれば，この規定は裁判所の職権探知主義に基づく職責と対をなす当事者の責務を定めたものであり，当事者に具体的な義務を課すものではないとされている[52]他方で，当事者に事実の調査の通知や記録の閲覧等，当事者権を保障する規定が整備され，裁判所の判断の基礎となる資料の提出や収集に自ら関与する権能が与えられていることからして，当事者がこの権能を行使して自ら資料を提出することが容易な状況にありながら，これを行使しないことにより事実上不利益を受ける根拠にはなり得るとする[53]ここでいわれている事実上の不利益とは，上記の場合，裁判所は職権探知を行うことをやめ，資料が収集されない事態が生じることから当事者に不利な判断がなされることを意味すると理解することができる。しかしこれは事実上の不利益ではなく，場合によっては証明責任を負うという法的不利益に結びつくものである。このような説明は成功しているといえるであろうか。ドイツの議論と比較してみよう。FamFG27条1項は，「関係人は事実関係の探知に際して協力すべきである（sollen）」と規定している。そしてこれは責務規定（Mitwirkungslast）を定めたものなのか，義務規定（Mitwirkungspflicht）を定めたものなのか議論がある[54]Muss規定ではなく，Soll規定になっていることから，例えば関係

---

　化するかは，日本の実務の課題である。
52)　金子・前掲注26）198頁。
53)　金子・前掲注26）198頁以下。
54)　Haußleiter/Gomille, FamFG, 2011, S.97., 髙田・前掲注48）29頁参照。

第5　当事者と裁判所の役割分担（職権探知主義と手続協力義務の関係）

人に資料提出などの行為を強制することはできない。しかしこれを責務規定
とすると，ここから法的効果を引き出すことができない。ここで考えられて
いる重要な法的効果は，裁判所を職権探知義務から解放することである。す
なわち当事者の手続協力義務違反によって裁判所の職権探知義務が限界付け
られると考えている。これは義務規定とする見解に共通する根拠付けである[55]
もちろんこの義務違反は，義務を履行できるにもかかわらず，これを怠った
ことに有責性があることと，裁判所に他の手がかりが欠如しているためそれ
以上の探知方法がないことを前提として生じるものである[56]　なお，ドイツで
は，同条2項で真実義務（自己の主張が真実に反すると知って主張することや
相手方の主張が正当であると知りながらこれを争うことを禁じる），完全陳述義
務（例えば相手方の主張に対して包括的に自己の見解を表明することを含む）が
規定され，当事者に手厚い手続保障が与えられる反面，手続への公正かつ積
極的関与を求めている。

　翻って日本においても，当事者の協力が得られず職権探知の手がかりがな
い場合には，裁判所の職権探知義務は停止するとの効果を引き出す必要があ
るとするとき，最終的には，それを協力義務違反の効果として捉える方が事
実上の不利益の問題として処理するより明快な解釈といえるのではないであ
ろうか[57]　もちろんドイツ法においても議論があるように，裁判所の職権探知

---

55）Keidel/Sternal, a.a.O.（Fn.7）SS.392.417., Haußleiter/Gomille, a.a.O.（Fn.55）S.97.
Ulrici, in Münch.Kommentar zum FamFG, 2.Aufl. 2013.S.187.
56）Prütting/Helms, FamFG, 2.Aufl. 2011. S.261は，まず，協力義務に関する困難かつ中
心的な問題として，義務の履行と制裁の可能性の問題を挙げる。主観的証明責任や擬制
自白を導入することによって関係人に，手続を支えることに関与させることはできない
し，27条には義務を強制する手段が規定されていない。それどころか関係人に手続への
協力を強制することは，憲法によって保護されている意思の自由（Willensfreiheit）に
合致しない。しかしそれにもかかわらず，協力行為は，真の義務であって単なる責務で
はないことが認められるべきである。ただそれを強調して，協力が拒絶されたことを理
由に，以後裁判所が事案解明の可能性を追求する必要はないと簡単に結論づけることは，
職権探知義務に反する。未解明な点が公的利益に係わるものであることや手続関係人の
ための裁判所の監護義務が要請されるところでは，協力義務違反の制裁を課すことは不
適法である。結局のところ，協力義務違反が，個別事例において，裁判官の探知を切り
詰めることはあり得るとしても，常にそうしなければならないわけではない。裁判官の
行為の切り詰めの前に，義務違反の程度や関係人による協力行為の期待可能性と裁判所
による探知義務との比例関係などが考慮されるべきであるとする。この点は，重要な指
摘であるように思われる。
57）有紀新「非訟事件における手続関係人の手続協力義務（事案解明義務）」青山法学論集

第3章　家事事件手続法の意義と課題

主義を停止させるには，当事者からの情報提供が正当化され，またそれを当事者に期待することが許されるのにこれを怠るなど，義務違反の判断には裁判所の調査能力や実体法上の要件，申立ての内容から得られる情報や手がかり，さらには既に職権探知によって取得した資料を端緒とした更なる探知の可能性などとの衡量がなされることになって微妙な判断を要することになるが，そのことは協力義務の存在自体を否定することにならない。その意味で56条2項を義務規定と読むことは可能と考える（この規定の背後には2条に規定する公正・迅速な審理に努めることや信義則，またそこから引き出される手続促進義務などがある）[58]。さらに義務違反の効果として，手続の遅延に起因する手続費用の負担（法29条1項）や事件の関係人が出頭しない場合の過料（法51条3項），文書提出命令に従わない場合や証明妨害の過料（法64条3項，4項，258条1項）なども含めることができる（もちろん第三者が義務を負う場合とその性格づけが区別されることを前提とする）。もっとも手続協力義務は，自己に不利益な結果を招来することが明らかな情報の提供を求めるものではない。あくまでも当事者に協力を求めることが正当な場合に限定されることはいうまでもない。

　日本では完全陳述義務までを認める規定はないが，適切かつ迅速な審理及び審判への協力を義務とする場合，当事者に期待することができる情報提供を早期に行うことを求めることは許されよう。

## 5　いわゆる当事者主義的運用と手続協力義務との関係

　家事事件手続法の制定以前から，家事審判事件なかでも調停に親しむ事件

---

14巻4号1頁において協力義務違反の効果について指摘されていた。高田裕成「家事審判手続における手続保障論の輪郭」判タ1237号40頁特に注39参照。
58）手続協力権は，当事者の手続関与を求める権利であるから，審尋請求権に根拠を見いだすことができる。しかし手続協力義務については，憲法に碇を下ろすものとみることが難しい。この義務は，自己に不利な情報を提供することを求めるものではなく，あくまでも当該当事者からの提供が期待できる資料を前提とする。その根拠は，信義則，手続促進義務などにあるものと考える。高田・前掲注48）31頁参照。なお，有紀・前掲注57）10頁は，その根拠を，①自己責任の思想又は司法的関与及び救済の二次性，補充性の原則，②合目的的・政策的・実際的見地に基づくものとしての訴訟経済及び国家制度の能率性，機動性の考慮に求める。

において当事者主義的運用が行われてきた[59]。そしてその際，手続協力義務（ないし事案解明義務）がその背景にあることが指摘されてきた。実務では遺産分割事件を典型例として当事者主義的運用（弁論主義的運用と呼ばれることもある）はかなり浸透しているといえる状況にある[60]。他方でこの運用に対する職権探知主義との理論的関係の不明確性や当事者主義的といいながら十分な手続保障を背景としない当事者の客体化につながる可能性があることに対して批判があった[61]。そこで手続保障が理念として明確化された現行法において当事者主義的運用はどのように評価されるべきかが問われる。職権探知主義下の審理においては，裁判所が職権で資料を収集する義務を負うといっても，それには限界があることは明確である。他方，自己の権利領域や身分に関する手続が行われている場合，当事者は，申立てに関する具体的な陳述，主張や裁判資料の提供などを行う権利（当事者権）が保障されており，その積極的な行使が期待される。それによって裁判所には，更なる資料を職権で探知する必要性を察知したり，職権探知の方向付けなどが可能となる。これは当事者が手続関与権（協力権）を行使する形の手続進行である。手続保障の下での審理はこのようになされることが期待される（特に当事者対立型では一方の主張や証拠の提出が他方に不利益に働くことが多いことから，手続関与権の行使を促すことになるため，一層そのようにいえる）。他方で当事者主義的運用は，前述のように，手続協力義務（ないしは事案解明義務）を根拠として論じられることが多かった。その際，当事者の役割分担としては，その主体性に配慮がなされながらも，裁判所の裁量での手続運営の問題とされ，手続協力権との関係が明確ではなかったことから，職権探知主義下での資料収集の手段（手続の客体）の側面のみが目立ち，これが批判の対象となっていた。前述のように，手続協力権と手続協力義務とは根拠を異にすることから

---

59）井上哲男「乙類審判事件における職権探知と適正手続の具体的運用」岡垣學＝野田愛子編『講座・実務家事審判法 1 』127頁（日本評論社，1989年），渡瀬勲「乙類審判手続の模索―遺産分割審判手続を中心として―」家月28巻 5 号 1 頁，小田正二「乙類審判事件における当事者主義的運用」判タ1100号564頁など参照。
60）古谷健二郎「実務の視点からの整理及び実感」判タ1237号 7 頁。
61）本間・前掲注11）450頁，平田厚「乙類審判事件における当事者主義的運用の意義と問題点」判タ1237号 6 頁，山田・前掲注48） 28頁，髙田・前掲注48） 11頁，高田・前掲注 6 ） 194頁以下など参照。

第 3 章　家事事件手続法の意義と課題

して，協力権が与えられたからといって，その盾の半面として直ちに協力義務があるとはいえない。しかしだからといって当事者が協力権（当事者権）を行使しようとしない場合，事案解明（適用条文の要件にあたる事実関係の解明）が裁判所にのみ課せられるということになるのであろうか。既に論じたように当事者権の付与が当事者に手続への積極的な関与を促すことを含むものであることからすると，事案解明のための協力義務は，これを当事者が果たさない場合，たんに消極的な効果（職権探知の停止）のみに止まるものではないと考えるべきである。現に，当事者を含む事件の関係人の出頭命令，文書提出命令や証明妨害に対する制裁規定（法51条，64条）などは，事案解明のための当事者の手続協力義務を前提にしているとも解することができる[62]。裁判所の職権探知を尽くした結果，なお解明すべき事実関係が残っていて，これに当事者が寄与することができることが容易に推測できる場合，当事者がこれに協力する義務を負うとすることがむしろ手続上の原則として考えやすい。これを単に事実上のレベルの問題にとどめることなく，法的な規整の問題とすることが適切ではないかと考える。もっとも家事非訟事件の多様な類型や事案に鑑みて，裁判所と当事者の役割分担において重点の置き方が，事件類型や事案ごとに変わってくることは見易い道理である[63]。以上，従来，当事者主義的運用ないしは弁論主義的運用といわれてきた実務は，理論的には，当事者権の保障，職権探知主義と手続協力義務の組み合わせの問題であったと捉えることができる。結局，まずは家事事件手続法で導入された当事者の主体性確保のための当事者権が十全に行使されることが期待され，当事者の権利行使の不十分な場合には釈明権の行使で対応する[64]。それにも応じ

---

62)　FamFG 235条は，扶養事件に関して，申立人と相手方に収入，財産，人的・経済的な諸関係の情報提供を命ずることができると規定している（制裁は費用負担）。もっともこの規定は，もともと訴訟事件（民877条2項を含む）とされていたものであること（旧ZPO 643条）は注意を要する。

63)　杉山悦子「家事事件手続法における裁判所と当事者の役割」徳田和幸先生古稀祝賀『民事手続法の現代的課題と理論的解明』（弘文堂，2017年）525頁（特に534頁以下）参照。

64)　釈明権については，立法過程でこれを定めるかについて議論があり，あえて規定しなくても職権探知主義の手続の中で解消できるとの判断で，規定が見送られた。金子・前掲注12) 119頁参照。しかし手続保障を謳う以上，当事者権の行使（攻撃防御方法の提出）の局面と情報提供（証拠調べ）の局面の区別を付けておく必要がある。主張レベルの突き合わせにおいての発問は釈明権と捉えるべきではないかと思う。高田・前掲注

ない場合には，職権探知が行われ（もちろん事案によっては，当事者権の行使と並行して事実の調査を行うこと場合があることは，公益性の高低や裁判所の後見的介入の必要性の度合いからいって当然のことである），それでも事実関係の解明が残る場合には，当事者に事案解明のため手続への協力を求める。それにもかかわらず事実関係の解明ができないときは証明責任で処理する（その場合でも裁判所は結果を予測しながらなお当事者に解明への働きかけをする）という手続経過になるというのが理論的な筋であろう（現実にはその順序が入れ替わることはあり得る）。また手続保障の目的が不意打ち防止にあることに鑑みて，裁判所と当事者間で重要と考える事実や証拠について共通認識をもつべく，裁判所からの収集された資料の評価や心証などについて丁寧な説明が行われる必要がある。

# 第**6** おわりに

　家事事件手続法の制定に際しては，手続保障が理念として謳われ，実際にこれに配慮した制度（参加制度，記録の閲覧謄写，家事調停をすることができる手続についての家事審判の手続の特則，必要的陳述聴取など）や規定が設けられた。これらにより，旧法に比べて，当事者の主体性確保へと大きく踏み出したことは間違いない。しかし他方で，当事者権特に弁論権の行使が事実の調査の中で行われるなど，当事者の主体性と客体性が同一の手続で行われ，いずれともつかない手続として仕組まれていることは，ドイツで以前から指摘があった審問の二義性に関し，FamFGを制定するに際して，別条文（26条と34条）として使い分けていることと比較して，なお理念の鮮明化に欠ける部分を残してしまった感を否めない。法治国家原則の下，できる限り条文に落とし込んで明確化を図るドイツとは異なり，裁判所の裁量に委ねる部分を多く残したのは，立法として道半ばで一度様子見を図ったと評価することができる。あるいは輪郭を明確に描かないことが手続の融通性，機動性ひいては迅速性を達成する手段として有効と考えられたのかもしれないが，その妥

---

　6）199頁以下参照。FamFGは手続指揮の規定（28条）で釈明権といわゆる法的観点指摘義務を定めているが，規定を持たない日本においても同様の規律ないしは配慮が必要である。

第3章　家事事件手続法の意義と課題

当性は手続利用者の評価を待って判断される。近時，婚姻や性，家族をめぐ
る社会の価値観の変化にはめまぐるしいものがあり，実体法的な対応に迫ら
れている。これに対して，変化する家事実体法に即応する手続自体への関心
も高まることが予想される。法律施行から5年ほど経った今，手続保障理念
の達成状況を検証しながら，手続法の継続的形成を図ることが必要であるよ
うに思われる。

# 第4章

# 渉外家事事件と家事事件手続法

## 水 野 有 子

## 第1 渉外家事事件の意義

　渉外家事事件とは，当事者の国籍，住所，常居所，居所，婚姻挙行地等の行為地，出生地等の事実の発生地，相続財産所在地等の財産所在地などの法律関係を構成する諸要素が複数の国に関係する家事事件をいう。国際化が進む中，日本や日本人と外国や外国人との関係が深まり，渉外的な身分関係が増加している。

　渉外家事事件は，複数の国が関係するから，その法律関係を適正に解決し，その円滑及び安全を図るためには，当該事件を日本において行うことができるか（国際裁判管轄等の問題，下記第2の2(1)参照。），日本で行う場合の手続（国際民事手続法の問題），外国でされた裁判の効果を日本で認めることができるか（外国裁判の承認の問題）等の手続的な点や，当該事件を日本で行うに際し，どの国の実体法を適用すべきか（準拠法の選択）という実体的な点が問題とされている。また，特に，家事調停事件について，人事訴訟事件及び家事審判事件と同様に上記の各点を考えることができるかも問題とされている。

第4章　渉外家事事件と家事事件手続法

# 第2　渉外家事事件の審理——総論

## 1　概　要

　渉外家事事件については，日本に国際裁判管轄等が存するかを判断し，認められれば，日本の手続法（家事事件手続法など）に従って，日本の家庭裁判所において，日本の国際私法（主なものとしては，法の適用に関する通則法など）に従って適用される国の法（「準拠法」といわれている。）を選択し，選択された法を適用するという手順で審理される。その詳細を述べる。

## 2　国際裁判管轄等の存否の確認

### ⑴　国際裁判管轄等の意義等

　日本の裁判所において当該事件について裁判をすることができる権限を国際裁判管轄（直接管轄）という。国際裁判管轄の有無は対象とする単位事件類型ごとに判断される。家事調停事件は，当事者の合意によって成立するものであるから典型的な裁判ではないが，裁判と共通する性質も有するから，家事審判事件及び人事訴訟事件などの裁判と同様日本で行う権限があるかが問題となる。この権限を法制審議会国際裁判管轄法制部会（人事訴訟事件及び家事事件関係部会）（意義は，下記⑵記載のとおり。）の用語に倣い国際的な管轄と呼び，国際裁判管轄と共に国際裁判管轄等と呼ぶ。

　日本の裁判所に，国際裁判管轄等がない家事事件が申し立てられたときは，その申立ては違法であるから，却下されるべきこととなる。国際裁判管轄等が認められたときには，下記3の手順に従って，実質的な審理，判断がされる。

### ⑵　国際裁判管轄等の規律・判断

　かつては，民事訴訟事件，人事訴訟事件及び家事事件のいずれについても国際裁判管轄等の一般的な規定がなく，解釈によっていた。しかし，国際裁判管轄等は，裁判等の入口の問題で，当事者に予測可能性を持たせることが必要であるから，明文化が望ましく，財産事件について平成23年法律第36号（民事訴訟法及び民事保全法の一部を改正する法律）によって明文化され，身分

*84*

事件に関しても立法化が目指されている。すなわち，身分事件について，法制審議会国際裁判管轄法制部会（人事訴訟事件及び家事事件関係部会）において審議が進み，平成27年9月18日開催の同部会において，「人事訴訟事件及び家事事件の国際裁判管轄法制の整備に関する要綱案」がまとめられ，それを踏まえた人事訴訟法等の一部を改正する法律案（以下「改正法案」という。）が作成され，平成28年2月26日，第190回国会に提出された。改正法案は，平成29年9月の衆議院解散により廃案となったが，改めて同内容の法案の提出が見込まれている。以下で，現行法下の解釈及び改正法案を紹介する。

### (3) 国際裁判管轄等の解釈

　　ア　離婚訴訟事件を中心とした訴訟事件における学説，裁判例及び実務

　家事事件の国際裁判管轄等を判断するには，訴訟事件における議論を踏まえることが有用である。一般に，国際裁判管轄の存否の解釈について，国内の土地管轄規定から国際裁判管轄の有無を推測するとする説（逆推知説）といずれの国の裁判所で裁判をすることが裁判の適正，公平，迅速等の手続理念に合致し，渉外的な生活関係の安定や安全に資する結果になるかという観点から国際的規模で裁判権の場所的配分を合理的に行うことが必要であるとする説（管轄配分説）の基本的な対立がある。この点に関し，財産事件に関する最高裁判決は，「当事者間の公平，裁判の適正・迅速を期するという理念により条理にしたがって決定するのが相当であ」ると管轄配分説的な理念を示し，現実には逆推知的な考慮を踏まえ国際裁判管轄を判断した（最判昭和56年10月16日民集35巻7号1224頁，最判平成9年11月11日民集51巻10号4055頁）が，そのような考え方は，人事訴訟及び家事事件の国際裁判管轄等の判断においても妥当すると解される。そして，離婚訴訟事件について最高裁判決は，被告の手続保障の観点から被告の住所が日本にあれば日本の国際裁判管轄を認め，被告の住所が日本になくとも一定の事情がある場合にも日本の国際裁判管轄を認めると判断した（最判昭和39年3月25日民集18巻3号486頁，最判平成8年6月24日民集50巻7号1451頁）。これらの判決以降，学説及び裁判例の多数は，離婚訴訟を中心とした人事訴訟の国際裁判管轄について被告主義を原則とした上で，他にどのような場合に日本に国際裁判管轄を認めるべきかを問題としている。なお，これらの判決は，一般的には国内裁判管轄につい

第4章　渉外家事事件と家事事件手続法

て両当事者主義を採用した人事訴訟法の施行後も妥当すると解されている。離婚事件についての下級審の裁判例では，次のような事案で，被告の住所が日本にないときに日本に国際裁判管轄を認めた[1]。

①　被告の住所地が外国であるが，原告と被告の国籍及び原告の住所地が日本で，被告が応訴している事案

②　被告の住所地及び国籍が外国であるが，原告の住所地及び国籍並びに婚姻共同生活地が日本である事案

③　被告の住所地及び原告と被告の国籍が外国であるが，原告の住所地及び婚姻共同生活地が日本で，原告と被告が日本で夫婦関係調整調停事件をしたことがある事案

　イ　別表第2審判事件（旧乙類審判事件）

相手方の手続保障のため，相手方住所地に国際裁判管轄が認められることが原則であるが，単位事件類型によっては，問題とされる法律関係が特に関連の強い地（例えば，子の監護に関する処分事件における子の住所地）に選択的な，又は，専属的な国際裁判管轄を認めるべきかが議論されている。

　ウ　別表第1審判事件（旧甲類審判事件）

相手方がないことから，問題とされる法律関係の関連が強い地に国際裁判管轄が認められることが原則であるが，実質的に手続保障をすべき関係人がある事件類型については，その住所地に選択的又は専属的な国際裁判管轄を認めるべきかが議論されている。

　エ　家事調停事件

当事者の主体的な合意による手続であることを強調し，国際的な管轄を考慮する必要がないとの見解もある。しかし，家事調停事件も国家機関である家庭裁判所が関与する手続で，その結論の相当性について調停委員会の判断を経ており（法272条1項本文），調停が成立した際に作成される調停調書には，確定判決又は確定審判と同一の効力がある（法268条1項）ものであること，特に，277条事件は，家事事件手続法の構造上家事調停事件に分類されるが簡易な人事訴訟事件というべき性質を有していることなどから，家事調停事件についても，訴訟や審判と同様，日本に国際的な管轄の有無が検討される

---

1）司法研修所編「渉外家事・人事訴訟事件の審理に関する研究」（法曹会，2010年）93頁。

べきであって，一般にもそのように解されている。

そこで，その国際的な管轄をどのように考えるべきであるかであるが，まず，家事調停事件の性質や効力に鑑みると，対象とする単位事件類型について，人事訴訟事件又は家事審判事件について国際裁判管轄が認められるときには，家事調停事件の国際的な管轄も認められるべきである。更に，277条事件以外の家事調停事件は，当事者の合意によって成立するものであることからすると，対象が当事者に処分可能なものについては，日本に関連を有する事案については，合意管轄も肯定すべきであると解される。

なお，家裁実務においては，家事調停の成立には本人出頭主義が原則であるから，当事者の出頭が確保でき，合意できる事案については，国際的な裁判管轄を深く検討することなく成立させ，不出頭で合意ができないときは不成立として扱う例もないではない。しかし，今後は，国際化の進展によりローショッピングの危険があること，外国への申立書の送付や期日通知が適法か，適当かなども問題となってくる可能性もあることからすると，家事調停事件においても，国際的な管轄を検討した上での運用が望ましいと考える。

### (4) 改正法案

改正法案の骨子は，次のとおりである。概ね，従前の実務を追認する内容となっている。

#### ア 人事訴訟事件

(ア) 離婚訴訟など，身分関係の当事者同士の訴えについては，①被告の住所が日本にあるとき，②原告及び被告の国籍が日本であるとき，③原告の住所が日本にあり，最後の共通住所が日本にあったとき，④原告の住所が日本にあり，かつ，被告が行方不明であるとき，被告の住所がある国においてされた当該訴えにかかる身分関係と同一の身分関係についての訴えに係る確定した判決が日本国で効力を有しないときその他の日本の裁判所が審理及び裁判をすることが当事者間の衡平を図り，又は適正かつ迅速な審理の実現を確保することとなる特別の事情があると認められるときは，日本の裁判所に国際裁判管轄を認めることとされた（改正法案に基づいて改正されたときの人事訴訟法（以下「改正人訴法」という。）3条の2）。

第4章　渉外家事事件と家事事件手続法

(イ)　関連請求の併合による国際裁判管轄を認めた（改正人訴法3条の3）。

(ウ)　日本の裁判所に国際裁判管轄が認められる事件について，特別の事情による訴えの却下を認めた（改正人訴法3条の5）。

(エ)　本訴事件について，日本に国際裁判管轄が認められるとき，一定の場合に反訴事件について日本の国際裁判管轄を認めた（改正人訴法18条3項）。

(オ)　合意管轄及び応訴管轄は認められていない。

　イ　家事審判事件

(ア)　事件類型ごとに，日本に国際裁判管轄が認められる場合を定めている（改正法案によって改正された家事事件手続法（以下「改正家事法」という。）3条の2～3条の12）。その内容については，各論において必要な限度で言及する。

(イ)　一般的には，合意管轄を認めていないが，遺産分割審判事件については，合意管轄を認めた（改正家事法3条の11第4項）。

(ウ)　特別の事情による申立ての却下を認めた（改正家事法3条の14）。

　ウ　家事調停事件

(ア)　当該調停を求める事項についての訴訟事件又は家事審判事件について日本に国際裁判管轄等があるとき，相手方の住所が日本にあるとき（277条調停事件は除く。），又は，合意をしたとき（277条調停事件は除く。）は，日本の裁判所に国際的な管轄を認めた（改正家事法3条の13）。

(イ)　特別の事情による申立ての却下を認めた（改正家事法3条の14）。

　エ　外国裁判の承認

外国裁判所の家事事件についての確定した裁判（これに準ずる公的機関の判断を含む。）については，その性質に反しない限り，民事訴訟法118条の規定を準用することとされた（改正家事法79条の2）。

# 3　準拠法の決定

## (1)　国際私法の意義

　国際私法は，当該渉外的な私法関係に対して，世界に地域的に併存する私法秩序のうち，どの法秩序を適用するかを決定する法である。ここで，単一の法秩序が形成されている領域を法域という。法域は，国際法上の国の概念

第2　渉外家事事件の審理——総論

と一致するものではない。

　渉外的な私法関係について裁判がされる際には，国際私法によって定まった法秩序に基づいて要件効果が判断されなければならない。これは，訴訟事件のみならず，家事審判事件についても同様である。ここで，家事調停事件は，当事者の合意に基づくものであるから，国際私法によって定まった法秩序に基づいて要件効果を判断する必要がないかのようである。しかし，上記2(3)エ記載の国際裁判管轄等に関する議論と同様の理由で，国際私法の適用があると解するのが一般的である。むしろ，渉外的私法関係において，合意の効力を議論するに際し，当該法律関係が合意に馴染むものか，合意に馴染まないとした場合どのような要件効果で認めるべきかは，日本の法律である日本国際私法によって判断されるべきことは当然であるから，国際私法の適用があることは当然であろう。

## (2)　準拠法決定のプロセス

　渉外的法律問題について適用する準拠法を定めるには，次のようなプロセスを経る。日本に居住する大陸出身の中国人夫婦の離婚調停事件において，その間の子の15歳の子の監護権者が問題となっている事案を例に考える（以下「本例」という。）。

### ア　法律関係の性質決定

　準拠法決定となる法的概念のことを単位法律関係という。渉外的な法律問題については，まず，どの単位法律関係に性質付けられるかを決定する。ここで，中国人夫婦の離婚については，通則法27条記載の離婚の実質的成立要件と性質付けられ，未成年子の監護権者の帰属については，通則法32条記載の親子間の法律関係と性質付けられる（中華人民共和国民法においては離婚後も共同親権であるから，未成年子の親権者でなく，監護者を定めることとなる。）。監護権を定める前提として，中国人夫がその間の子とされている者の法律上の父であるかが問題となる。ここで，ある法律問題（「本問題」といわれる。）を解決するため，まず決めなければならない不可欠の前提問題（「先決問題」といわれる。）の準拠法をどのように決定すべきが問題となる。従前，学説及び裁判例では争いがあったが，最高裁は，法廷地である日本国際私法によって定まる（法廷地国際私法説）と判示し（最判平成12年1月27日民集54巻1号1

*89*

第4章　渉外家事事件と家事事件手続法

頁），その後の裁判例は同旨である。したがって，中国人夫と当該子の親子関係の成立は，日本国際私法が，親子関係の成立について定める通則法28条，29条によることとなる。

　イ　連結点の確定

　単位法律関係に結びつけられている連結点がどの法域を指し示すかを決定することをいう。連結点の種類及び連結点の組み合わせ方によって定まる。連結点の種類としては，国籍，常居所地などの当事者の属性を基準とするもの，行為地といった事案と関係のある一定の場所を基準とするものや当事者の意思を基準とするものもある。連結点の組み合わせ方には，単純連結（通則法36条など，一つの単位法律関係に対して一つの連結点が定められるもの。），重畳的連結（同法29条1項など，ある法律関係等の発生について，複数の法秩序が要求する要件を充足しなければ，それを認めないとするもの。），選択的連結（同法28条1項など，ある法律関係等の発生について，複数の法秩序のいずれか一つの法秩序が定める要件を充足すれば，それを認めるとするもの。），配分的連結（同法24条1項など，ある法律関係について，当事者ごとに対応した法秩序が要求する準拠法を適用すること。）及び段階的連結（同法25条など，ある一つの法律関係について，複数の連結点を，優先順位をつけて設定するもの。）がある。

　離婚については，同法27条，25条によって，複数の連結点について優先順位が設定されているから，段階的連結である。本例では，夫婦がいずれも大陸出身の中国人ということで，その本国がいずれも中華人民共和国となるから，「夫婦の本国法が同一であるときはその法」である中華人民共和国法ということになる。ここで，本国とはその者が国籍を有する国のことをいう。国籍は，それを付与する国の法律によって存否が判断される。その関係で，ある人について，複数の国家が国籍を付与する重国籍や，いずれの国も国籍を付与しない無国籍も生じうる。その場合は，それぞれ通則法38条1項，同条2項によって規律される。なお，通則法で用いられている連結点の種類のうち，他に重要なものとしては，常居所地がある。ここで，常居所地とは，一般的には通常の居所を指すものであって，国際私法上の概念であるから各人に複数あることは想定されていない。

　ウ　準拠法の特定

　連結点の確定によって準拠法を定める法秩序が特定されるが，次の各点が

問題となる。

### (ア) 不統一法国

一国内に複数の異なる法秩序が形成されている場合（このような国を「不統一法国」という。これには，下記a，bの2種類がある。）に，本国法が準拠法として指定されたとき，そのうちのどの法秩序の法律を準拠法とするかが問題となる。

#### a 地域的不統一国

国内に複数の法域が存在する国のことをいう。例えば，州ごとに異なる私法秩序を持つ米国がこれに当たる。地域的不統一国が本国法として指定された場合には，通則法38条3項によって，「その国の規則に従い指定される法」による，すなわち，地域的不統一国の内部的規則によることとされているが，そのような規則がない場合には，「当事者に最も密接な関係がある地域の法」とされている。なお，関係人2人以上の共通本国法が問題となる場面で，不統一国が本国法として指定されたものの，その中で地域が異なることとなった場合は（例えば，ハワイ州とカリフォルニア州），共通本国法は存在しないこととなる。

#### b 人的不統一国

一国内に宗教団体ごとなど人的集団ごとに異なる私法秩序が形成されている国のことをいう。例えば，宗教団体ごとに異なる法秩序が形成されているインドがこれに当たるとされる。人的不統一国が本国法として指定された場合には，通則法40条1項によって「その国の規則に従い指定される法」によるとされているが，そのような規則がない場合には「当事者に最も密接な関係がある法」とされているが，それらの意義には争いもある。

### (イ) 未承認国及び分裂国家

国際私法上の準拠法の選択は，私法関係における問題であって，その法律を公布した国家又は政府に対して外交上の承認をするかとは次元が異なるから，通説・判例は，未承認国家の法律も準拠法として当然適用できるとしている。関連して分裂国家の国籍を有する者の本国法をいずれの国家の法律とすべきかが問題となる。日本においては，中華人民共和国と台湾，大韓民国と朝鮮民主主義人民共和国の関係において多く問題とされている。通説・判例は，本国法の決定と外交上の承認とは次元の異なる問題であることを前提

第4章　渉外家事事件と家事事件手続法

に，いずれの法域の法を適用すべきかを判断している（最判昭和59年7月6
日家月37巻5号53頁）。具体的には，旅券，戸籍簿など，本人が提出する書類
によるのが適当との指摘があり，合理的である[2]。

　例えば，本例において，妻が台湾の旅券を有する台湾系中国人であったと
すると，妻の本国法は台湾法となり，夫婦の共通本国法はないこととなるか
ら，離婚の準拠法は，上記通則法27条，25条により，共通常居所地法である
日本法ということになる。また，子について中華人民共和国と台湾の二重国
籍が認められたときは，同法38条1項について最密接関連法によってその本
国法を定め，親子関係の効力については，同法32条によって父母の一方との
共通本国法によるべきこととなる。

　　(ウ)　反　致

　反致とは，狭義には，A国においてA国の国際私法が指定する準拠法所属
国B国の国際私法によればA国の法律が準拠法として指定される場合に，準
拠法指定を修正して，A国の準拠法を指定することをいう。反致の趣旨には
争いがあるが，現在日本では一定の場合に国際的判決の調和をもたらすこと
にあるとされている。通則法41条本文は，反致規定を適用する場面を日本の
国際私法において本国法として準拠法を指定した場合に限定しており，同条
ただし書において段階的連結の場合（通則法25条，26条1項，27条，32条）に
は適用がないとしている。したがって，本例の離婚及び親子関係の効力は，
同法27条，25条，32条のとおり段階的連結なので，反致の適用がないことに
なる。

### (3)　準拠法の適用

　　ア　外国法の適用

　準拠法として適用される外国法は，それが当該外国において解釈・適用さ
れるように日本においても解釈・適用されるべきとされている。

　　イ　公　序

　渉外的私法関係においては，国際私法によって特定された準拠法を，内容

---

2) 渉外戸籍実務研究会『改訂設題解説渉外戸籍実務の処理I総論・通則編』（日本加除出
　版，2013年）106頁。

いかんにかかわらずそのまま適用することが原則である。しかし，その適用の結果が日本の法秩序の観点から受け入れ難いことがある。そのような場合，通則法42条は，当該準拠法の適用を排除することとしている。このとき，代わりに適用される法規が問題となるが，日本法を適用するとの裁判例が有力である（最判昭和59年7月20日民集38巻8号1051頁参照）。

　公序を理由として外国法の適用を排除した裁判例としては，当時適用されるべきであった大韓民国民法の，離婚に伴う親権者を自動的に父親とする規定の適用を，当時適用されていた改正前法例30条に基づき，公序に反するとして排除し，日本民法819条1項を適用し，母親を親権者に指定したものがある（最判昭和52年3月31日民集31巻2号365頁）。他方，公序則の適用を否定した裁判例としては，当時適用されるべきであった大韓民国民法の，認知の出訴期間を1年とする規定に関するものがある（最判昭和50年6月27日家月28巻4号83頁）。

# 4　適用される手続法

　渉外家事事件が日本で審理される場合は，国際私法上の「手続は法廷地による」との原則から，その手続は家事事件手続法など日本の手続法によるべきこととなる。もっとも，日本の手続法は，日本の実体法の適用を前提とし，外国の実体法を視野に入れて定められたものではないから，外国の実体法を準拠法として適用する場合にそれに完全する合致する手続がないことがある（手続法と実体法の適応問題）。このようなときは，法廷地たる日本の手続法を可能な限り準拠法である外国実体法が予定する手続に適応させ，外国実体法が予定する手続を日本で代行すべきであると考えられている。例えば，フィリピン法上の養子縁組の成立に必要とされる裁判所の決定は，日本の家庭裁判所における許可審判で代行することができるというのが裁判実務である。したがって，本例においても，日本の家事事件手続法に従って家事調停事件が実施される。

# 5　外国裁判の承認

## (1)　外国裁判の承認の意義

　外国裁判について日本国内でも効力を認めることを外国裁判の承認という。

第4章　渉外家事事件と家事事件手続法

これには，①執行力を付与するための前提としての一定の手続的効力を与えるという意義，②外国における形成的効力を有する裁判について，それによって形成された法律関係を日本においても認めるという意義の，二つの意義がある。

### (2) 外国裁判を承認する要件

民事訴訟法118条各号は，外国判決を承認する要件を定めている。現行法上，家事事件においても，この規定が基本的に類推適用されると考えられているが，要件によっては，類推適用があるかに争いがある。以下で，要件ごとに検討する。なお，改正法案も，「その性質に反しない限り，民事訴訟法第118条の規定を準用する」（改正家事法79条の2）としており，現在の実務と同様，どこまでが準用されるかが解釈に委ねられていると考えられる。

ア　間接管轄要件（民訴118条1号）

当該外国判決が，日本の国際民事訴訟法の観点から，裁判を行う国際裁判管轄を有する適切な裁判所によってなされたかを判断する要件である。直接管轄と同様の基準とすべきか，より広いものとすべきかについて，争いがある。この点，最高裁は，財産事件についての民事訴訟法118条1号の適用に関して，直接管轄を基本としながら，個々の事案における具体的事情の考慮を想定している（最判平成26年4月24日民集68巻4号329頁）。家事事件においても，間接管轄要件は必要と解すべきである。

イ　敗訴の被告に対する送達要件（民訴118条2号）

訴訟の開始を知らせる送達を行うことによって，被告の手続的保障を確保する趣旨の要件である。送達がなされなくとも，被告が応訴（最判平成10年4月28日民集52巻3号853頁は，本案答弁のみならず，管轄違いの抗弁の提出等を含むとする。）することで足りる。この要件は，家事事件のうち相手方が存しない事件類型では問題とならないが，相手方が存する事件類型ではその手続保障のため，必要である。なお，家事事件においては，申立書の送達は必要でなく，その送付や申立てがあったことの通知で足りるとされていることから，相手方の手続保障としてはそれらの手続がされれば足りると解される。

ウ　公序要件（民訴118条3号）

外国判決の内容及びその成立手続が日本の公序に反しないかを審査する要

件である。家事事件においても，当然必要な要件と解されている。

エ　相互保証要件（民訴118条４号）

当該判決を下した外国裁判所の属する国において，日本の裁判所が下した当該判決と同趣旨の判決が民事訴訟法118条各号の条件と重要な点で異ならない条件の下に効力を有するものとされていることを必要とする要件である。家事事件においてこの要件が必要かは，学説・裁判例上争いがある。

# 第3 渉外家事事件の審理——各論

問題となることが多い類型の事件について，概略を述べる。

## 1 離婚調停事件

### (1) はじめに

離婚調停事件は一般調停事件であって，その対象とする事項は人事訴訟事件である離婚訴訟事件の対象事項でもある。離婚訴訟事件において，離婚を認める場合には，①夫婦の間に未成年の子があるときはその親権者を定める必要があるとされており（民819条２項，人訴32条３項），②離婚に関する慰謝料請求も併せて併合審理することができ（人訴８条，17条），③子の監護に関する処分，財産分与及びいわゆる年金分割事件の同一手続での審理が認められている（民771条，766条１項，768条，人訴32条１項～３項参照）。家事調停事件においても，①については合意をする必要があり，②，③についても合意ができる。紛争の抜本的解決との関係で，②，③も併せて合意がされることが望ましく，現実にもその例が多い。

### (2) 国際的な管轄

#### ア　離婚自体

現行法における解釈及び改正法案の原則は，総論に譲る。

#### イ　離婚等に伴う親権の指定・変更

現行法の解釈論として，日本に子の住所地があるときに限られるとの説もあるが，通説や多数の裁判例は離婚訴訟事件，離婚調停事件の国際裁判管轄等に従うとしている。改正法案においては，離婚調停と併合管轄が認められ

第4章　渉外家事事件と家事事件手続法

ている（改正家事法3条の13，改正人訴法3条の4第1項）。

　ウ　離婚等に伴う子の監護に関する処分，財産分与，慰謝料請求及び年金分割

　それぞれの事件類型ごとの家事調停事件及び家事審判事件の国際裁判管轄等については，必要に応じて2以下で指摘する。離婚等に伴う場合のこれらについての国際裁判管轄等については，現行法において，解釈において様々な見解があるが，少なくとも離婚調停事件において両当事者が合意管轄を認めるときに，子の監護に関する処分以外について，管轄を否定する見解は見あたらない。子の監護に関する処分については，学説や実務においては肯定する見解と本来の管轄である子の住所地のみに認める見解に分かれている。改正法案においては，当然日本に管轄があると解されている年金分割を除き，離婚調停と併合管轄が認められている（改正家事法3条の13第1項1号，改正人訴法3条の3，3条の4）。

### (3)　準拠法

　ア　離　婚

　上記第2の3(1)で述べたとおり，離婚調停事件においても，離婚訴訟事件と同様，日本国際私法によって定められた準拠法によって要件効果が考えられる必要がある。

　離婚が許されるか，離婚の原因及び離婚の方法等については，離婚の問題として，通則法27条，25条によって，①夫婦の同一本国法，それがないときは②夫婦の同一常居所地法，それもないときは③夫婦の最密接関連地法とされている。ただし，④夫婦の一方が日本に常居所地を有する日本人であるときは，日本法が準拠法とされている。

　準拠法が段階的連結によって定められており，反致の適用はない（通則法41条ただし書）。離婚を禁止する外国法が準拠法となった場合には，同法の適用により離婚が認められないことが原則であるが，その適用の結果が日本の公序に反するときは通則法42条によって当該外国法の適用が排除され，離婚が認められる。

　上記第2の3(1)で述べたとおり，外国法が準拠法となるべき場合で当該外国法が裁判離婚しか認めていないときにも，調停離婚や審判離婚が認められ

96

第3　渉外家事事件の審理──各論

る。もっとも，離婚する旨の結論を導き出すためには，当事者の合意のみならず，当該外国法上離婚の要件を満たす必要があり，それを満たしていないときは，家事事件手続法272条1項にいう「成立した合意が相当でないと認める場合」として不成立となる。また，当該外国法が協議離婚や調停離婚を認めているものの，それに要件を課しているときも同様である。

　実務においては，離婚調停において，国際的な管轄の存在や準拠法上離婚の要件を満たすかの判断がされているが，その過程が調停調書や審判書に記載されるとは限らない。もっとも，関係国での承認を容易にするため，必要に応じて，調停調書の末尾に確定判決と同一の効力を有する旨を付記する例，判断の過程の要旨を記載する例がある。

　　イ　離婚等に伴う親権の指定・変更及び子の監護に関する処分（養育費を除く）

　離婚等に伴う場合でも，親子間の発生する身分上，財産上の権利義務関係であるとして，通則法32条によるとするのが通説及び裁判例である。詳細は，下記3に譲る。

　　ウ　離婚等に伴う財産分与事件及び養育費

　それぞれ，下記2，4に譲る。

## 2　財産分与事件

　財産分与調停・審判事件（民768条，771条，法別表第2の4の項）であり，別表第2事件である。財産分与のうち慰謝料は国際私法上財産分与と別個の法律関係とされており，離婚等後の扶養は国際私法上扶養と考えられている（扶養義務の準拠法に関する法律（以下「扶養準拠法」という。）4条1項）。そこで，ここでは国際私法上財産分与とされている夫婦の財産の精算について述べる。

　国際裁判管轄等は，通説，裁判例及び家裁実務のいずれも離婚事件と同様としている。改正法案も同旨である（改正家事法3条の12）。準拠法については離婚の効力の問題として通則法27条，25条によるとの見解が通説，裁判例及び家裁実務である。もっとも，財産分与の前提として，ある財産が夫婦の一方に属するか夫婦共有財産に属するかの決定は夫婦財産制についての同法26条によるとする見解も有力である。

97

第4章　渉外家事事件と家事事件手続法

## 3　子の監護に関する処分事件（養育費を除く）

　親権者・監護権者の指定・変更，子の引渡し及び面会交流調停・審判事件等（民766条，771条，別表第2の3の項）があり，これらは，別表第2事件である。

　国際裁判管轄等については，子の福祉の観点から子と最も密接な関係を有する地である子の住所地とする見解が通説，裁判例及び家裁実務である。改正法案も同旨である（改正家事法3条の8。もっとも，上記第2の2(4)ウのとおり，家事調停事件については合意管轄が認められている。）。なお，住所地の意義に関し，外国でされた裁判に違反し父母の一方が子を日本に連れ帰った場合に日本に住所地があると解してよいかについては，裁判例が分かれている（否定例として，東京高決平成20年9月16日家月61巻11号63頁）。

　準拠法については，親子間の法律関係として，通則法32条により，①父母子の本国法が共通の場合，共通本国法としてその法律により，それがない場合，②父母のいずれか一方と子の本国法が共通の場合，共通本国法とみなしその法律により，それもない場合，③親子間に共通常居所地法がある場合はその法律により，それもない場合，④親子間の法律関係についての密接関連地法として子の常居所地法によるとされている。同条は，段階的連結を採用しており，反致の適用はない（通則法41条ただし書）。また，公序に関しては，上記第2の3(3)イ記載の例がある。

## 4　婚姻費用分担事件及び子の養育費請求事件

　いずれも，調停・審判事件（民760条，法別表第2の2の項及び民766条，法別表第2の3の項）であり，別表第2事件である。

　婚姻費用分担事件及び子の養育費請求事件はいずれも扶養関係事件として国際裁判管轄等が判断され，法律関係の性質決定も扶養とされている。

　国際裁判管轄等は，現行法の解釈上，離婚事件と同様相手方住所地主義と両当事者住所地主義の対立があり，いずれの見解も裁判例・学説上有力である。改正法案は，扶養義務者等であって申立人でないもの又は扶養権利者（子の監護費用分担事件については，子の監護者又は子）の住所地に国際管轄権等を認めている（改正家事法3条の10。もっとも，上記第2の2(4)ウのとおり，

*98*

第3 渉外家事事件の審理——各論

家事調停事件については合意管轄が認められている。）。

　準拠法は，扶養準拠法2条により，扶養義務は，①扶養権利者の常居所地法，それによれば扶養権利者が扶養義務者から扶養を受けることができないときは，②当事者の共通本国法，それらによって扶養権利者が扶養義務者から扶養を受けることができないときは，③日本法によって定めるとされている。なお，扶養義務の前提となる身分関係の存否については，争いはあるが，学説・裁判例とも，他の分野と同様，日本国際私法によるべきとの見解が有力である。扶養準拠法においては独自の総則規定が定められているから，通則法の総則の適用はないところ，扶養準拠法には反致の定めはない。公序に関しては，同法8条1項が通則法42条と同旨の規定を定めるほか，同条2項は扶養の程度について扶養権利者の需要と扶養義務者の資力を考慮して定められるとしており，これと矛盾する外国法の別段の定めは適用されないとしていて，実質的判断についてもこれによることとなる。

# 5　実親子関係事件

## (1)　実親子関係事件全体について

　嫡出否認（民775条），認知（民787条）及びその無効・取消し，親子関係存否確認及び父の確定（民773条）277条事件がある。

　実親子関係事件全般の国際裁判管轄等については，離婚調停事件と同様，学説，裁判例上，相手方住所地主義と両当事者住所地主義の対立があるほか，子の福祉の観点から子の住所地国を管轄とすべきとする学説や子の住所地を例外的又は追加的に認めるべきとの学説もある。改正法案においては，争訟性のある事件類型であることから，離婚に関する訴えと同様の案が提案されている（改正家事法3条の13，改正人訴法3条の2。なお，上記第2の2(4)ウ記載のとおり，合意管轄は否定されている。）。

　適用される外国法が，実親子関係の存否については裁判によるとしているときも，上記第2の3(1)記載のとおり，日本において277条事件として扱うことが出来る。

　日本は，法律上の婚姻関係から生まれた子を嫡出子とし，嫡出でない子と異なる法的地位を与え，嫡出親子関係を否定するための嫡出否認の訴えを認め，親子関係を創設するための認知制度を認めている（認知主義）。他方，

99

諸外国においては，嫡出親子関係と嫡出でない親子関係を区別しない法制，嫡出否認の訴えを認めず，扶養や相続といった個々の事案において証拠において嫡出性が争われる法制や親子関係の創設に認知という概念を用いず，生物学的に判断する法制もある（事実主義）。

### (2) 嫡出否認事件の準拠法

　嫡出親子関係の成立について規定する通則法28条が適用される。同条１項は，子ができるだけ嫡出子とされ易いよう，子の出生当時における夫婦の本国法の選択的適用としており，同条２項は子の出生前に夫が死亡しているときはその死亡当時における夫の本国法を同条１項の夫の本国法とみなしている。したがって，嫡出否認が認められるためには，夫婦の本国法のいずれにおいても嫡出性が否認されなければならない。

　選択的適用がある同法28条について，同法41条の反致の適用があるかが問題となり，選択的適用を採用した立法趣旨から否定する見解もあるが，通説・裁判例は，文言を根拠に，反致の適用があるとしている。

### (3) 認知事件（同無効・取消事件）の準拠法

　強制認知及び嫡出でない親子関係の確定の実質的成立要件は，通則法29条による。

　出生による嫡出でない親子関係の成立に関し，同条１項は，父との関係については子の出生当時の父の本国法，母との関係についてはその当時の母の本国法によるとした上で，子の認知による親子関係の成立については，認知の当時における本国法によればその子又は第三者の承諾又は同意があることが認知の要件であるときは，その要件も備えなければならないとしている（子の利益を保護するためのもので，「セーフガード条項」という。）。また，同条２項は，認知の準拠法は，同条１項に加え，認知当時における認知者又は子の本国法にもより得るとした。さらに，同条３項は，父が子の出生前に死亡したときは，その死亡の当時の父の本国法を同条１項の本国法とし，認知者又は子が認知前に死亡したときは，その死亡当時の本国法をその者の本国法とみなすとした。セーフガード条項は重畳的適用であるが，他は，選択的適用となる。

第3　渉外家事事件の審理──各論

認知の方式は，親族関係についての法律行為の方式に関する同法34条によって認知の成立の準拠法である父，母又は子の本国法若しくは行為地法の選択的適用となる。

認知無効・取消事件において，認知の実質的成立要件及び方式を判断する準拠法も前者については同法29条，後者については同法34条によることとなる。

嫡出親子関係の成立で述べたと同様，同法29条のうち選択的適用の部分については反致が認められるとするのが通説，裁判例であるが，セーフガード条項については，それが子の福祉のためのものであることから，反致は認められないとする見解が有力である。公序に関しては，上記第2の3(3)イ記載の最高裁判例がある。

### (4)　親子関係存否確認事件の準拠法

親子関係の存否確認事件には様々な類型があり，日本の国際私法が嫡出親子関係の成立と嫡出でない親子関係の成立を区別していることなどもあって，かつては適用されるべき規定などが問題とされていた。これについて，最判平成12年1月27日（民集54巻1号1頁）が「まず嫡出親子関係の成立についての準拠法により嫡出親子関係が成立するかどうかを見た上，そこで嫡出親子関係が否定された場合には，右嫡出とされなかった子について嫡出以外の親子関係の成立の準拠法を別途見いだし，その準拠法を適用して親子関係の成立を判断すべきである。」と判示し，これ以降，裁判実務は，親子関係存否確認事件全般について，この判示に従った判断がされるのが一般的となった。

## 6　養親子関係の成立を目的とする審判事件

### (1)　はじめに

未成年養子縁組許可事件（民798条，法別表第1の61の項）及び特別養子縁組事件（民817条の2以下，法別表第1の63の項）などがこれに該当する。いずれも別表第1事件である。

日本においては，実方の血族との親族関係を存続させる非断絶型の普通養子縁組は，当事者の意思の合致によって成立することが原則とされ，養子と

*101*

第4章　渉外家事事件と家事事件手続法

なるべきものが未成年者のときは，特にその利益を保護するため後見的に縁組の事前審査が必要とされている。他方，実方の血族との親族関係を終了させる断絶型である特別養子縁組については，子の利益のため家庭裁判所の形成審判によって成立するとされている。諸外国の養子縁組も，非断絶型のものと断絶型のもの，当事者の合意によって成立する契約型のものと裁判所の裁判によって成立する決定型のものに分類される。

### (2)　国際裁判管轄

　現行法において，学説，裁判例の多くは，非断絶型養子縁組については養親となるべき者の住所地又は養子となるべき者の住所地に国際裁判管轄を認め，断絶型養子縁組については養親となるべき者の住所地に国際裁判管轄を認める。養親となるべき者の住所地に国際裁判管轄を認める根拠は縁組後養親子共に養親の住所地に居住することが多く，そこでは養親の適格性の判断を適切に行えることである。養子となるべき者の住所地に国際裁判管轄を認める根拠はその利益保護である。そして，断絶型養子縁組について前者のみに国際裁判管轄を認める見解は，養親の適格性や養親子の適合性についてより慎重な判断が要求されることを根拠とする。もっとも，改正法案は，養子縁組の成立を目的とする審判事件では，基本的に養親及び養子の利害が対立することはないとして，非断絶型，断絶型のいずれについても養親となるべき者又は養子となるべき者の住所地に国際裁判管轄を認めている（改正家事法3条の5）。

### (3)　準拠法

　養親子関係の実質的成立要件は，通則法31条1項によって，縁組当時の養親の本国法によるものとされているが，養子となるべき者の本国法によればその者若しくは第三者の承諾若しくは同意又は公的機関の許可その他の処分があることが養子縁組の成立の要件であるときは，その要件をも備えなければならない（セーフガード条項）。すなわち，養親となるべき者との単独縁組の場合は，養親となるべき者の本国法を準拠法とし，養子となるべき者の本国法上の保護要件を累積的適用することとなり，共同縁組で父母となるべき者の国籍が異なるときは，父となるべき者との関係ではその本国法を準拠法

とし，養子となるべき者の本国法上の保護要件を累積的適用し，母となるべき者との関係ではその本国法を準拠法とし，養子となるべき者の本国法上の保護要件を累積的適用することとなる。

なお，準拠法国において，決定型の養子縁組制度を採用している場合（フィリピンなど），日本の家事事件手続法には具体的にそれに該当する手続はないが，上記第2の4で述べたとおり，手続法と実体法の適応問題として，日本の家庭裁判所が代行している。

# 第5章

# 渉外家事事件と家事事件手続法

大谷美紀子

## 第1 はじめに

　家庭裁判所が扱う事件が全般的に複雑化・多様化していると言われるが，その一類型として，渉外家事事件がある。最高裁判所司法統計によれば，家事事件手続法が施行された平成25年の調停事件の新受件数総数13万9,593件のうち渉外事件は3,548件（約2.5％），審判事件の新受件数総数73万4228件のうち渉外事件は4,118件（約0.6％），平成26年の調停事件の新受件数総数13万7,214件のうち渉外事件は3,641件（約2.7％），審判事件の新受件数総数73万610件のうち渉外事件は4,800件（約0.7％），平成27年の調停事件の新受件数総数14万830件のうち渉外事件は3,811件（約2.7％），審判事件の新受件数総数78万4,112件のうち渉外事件は4,530件（約0.6％）と，渉外家事事件の件数も，家庭裁判所の新受申立件数に占める割合も横ばいで，それほど多い訳ではないものの，渉外家事事件の手続には，国内家事事件とは異なる複雑な側面があり，処理に困難が生じる場合も少なくない。

　例えば，司法統計では，家事渉外事件を，「家事審判，調停事件のうち，申立人，相手方，事件本人，参加人，被相続人，遺言者などの全部又は一部が外国人である事件」と定義しているが，そのような事件では，例えば，通訳の問題一つとっても，国内事件の手続とは異なる配慮が必要となることは想像に難くない。

第5章　渉外家事事件と家事事件手続法

　しかしながら，実際に，家事事件手続において，特別の問題が生じたり，配慮が必要となる渉外事件とは，司法統計において用いられる定義，すなわち，当事者等に外国籍の者を含む事件に限られない。実務上，渉外事件とは，より広く，当該事件の法律関係のいずれかの要素，すなわち，当事者の国籍，住所（居所），法律行為地，財産所在地等に外国を含む事件と捉えるのが適切である。なぜなら，例えば，日本に住所を有する日本人同士の夫婦が日本で離婚する場合でも，財産分与の対象となる当事者の財産が外国に所在し，その調査が必要であったり，さらには，後述のとおり，外国に住所を有する日本人同士の夫婦の離婚調停事件を日本の家庭裁判所が扱うことも可能だからである。

　家庭裁判所が，このように広義に定義された渉外家事事件として扱う場合，通常，現れる手続上の問題としては，国際裁判管轄，送達，準拠法が外国法になる場合における外国法の調査・証明，事実の調査，翻訳・通訳，外国に居住する当事者の期日への出席等が挙げられる。

　そこで，以下，本稿においては，これらの渉外家事事件手続に特有の問題点や配慮の必要性，今後の検討課題等について論じることとする。

# 第2　国際裁判管轄

　渉外家事事件の裁判所における手続においては，当該事件の法律関係のいずれかの要素，すなわち，当事者の国籍，住所（居所），法律行為地，財産所在地等に外国を含むことから，そもそも，日本の裁判所が当該事件を扱うことができるかという国際裁判管轄の問題が常に発生する。この点，これまでは，いかなる場合に日本の裁判所が渉外家事事件について裁判管轄を有するかを定める法律の規定はなかった。渉外家事事件のうちでも，離婚訴訟については，最判昭和39年3月25日（民集18巻3号486頁），及び，最判平成8年6月24日（民集50巻7号1451頁）によって示された国際裁判管轄の基準が，実務に指針を与えてきたが，特に，渉外家事審判事件及び渉外家事調停事件の国際裁判管轄については，多様な事件類型ごとに明確に基準が確立されていたとは言えず，実務において，統一的な処理や予測可能性の確保に困難が存したというのが実情である。しかしながら，財産関係事件に続いて，家事

事件についても国際裁判管轄の法制化が図られることになり，平成28年の通常国会に，日本の裁判所が人事訴訟事件・家事審判事件及び家事調停事件について管轄を持つべき場合について定めた人事訴訟事件等の一部改正法が提出された。同法案は，基本的に，離婚事件の国際裁判管轄について被告の住所地基準を採用した昭和39年の最高裁大法廷判決を踏襲しながら，被告の住所が日本になくても例外的に日本に国際裁判管轄を認めるべき例外事由を明文化したほか，新たに，当事者双方が日本国籍である場合にいずれの当事者の住所が日本になくても日本の裁判所の管轄を認める，いわゆる本国管轄を導入した。また，人事訴訟事件の場合に比べて，手続が非公開であることも影響してか，より国際裁判管轄についての裁判所の判断基準が明確でなく，情報も得られなかった審判事件についての国際裁判管轄の基準が基本的に人事訴訟事件の国際裁判管轄と同じであることや，従来から，渉外事件であっても，調停については，合意による国際裁判管轄が認められてきた実務を踏襲して，改正法案においてもこの点が明文で規定されたことの意味は大きい。

# 第3 送 達

## 1 調停・審判事件の外国にいる相手方への送達・送付

　渉外家事事件においては，外国に居住する相手方等に対し，審判・調停の申立書や期日呼出状等の裁判文書の送達や送付を行う場合がある。家事事件手続において，送達を行う場合は，民事訴訟法の送達に関する規定が準用されるが（法36条），被告に対する訴状の送達が必要とされる人事訴訟手続と異なり，家事事件手続においては，審判申立書や調停申立書の相手方に対する送達は，法律上，必要とはされていない。審判の告知も「相当と認める方法」によれば足り（法74条1項），民事訴訟法の送達の方法によることは，法律上の要件ではない。しかしながら，外国に居住する相手方に対する審判事件の場合は，非訟事件とはいえ，親権者変更，婚姻費用分担請求，子の監護に関する処分（養育費，面会交流）の審判等，子に対する相手方の親としての権利義務に重大な決定・変更を行い，あるいは，財産給付の債務名義を創出することになるため，相手方の手続保障の観点から，送達の方法によるこ

第５章　渉外家事事件と家事事件手続法

とが適切と考えられる場合がある。実際，実務では，一般に，これらの審判事件の場合は，申立書の送付は，外国送達の方法によることを指示されるのが通例であるように見受けられる。送達を行うか否かは，裁判所の判断によるが，申立人の代理人としても，審判の効力について相手方から争われることを防ぐため，とりわけ，外国における審判の効力の承認や審判に基づく強制執行手続が必要となるような場合には，裁判所に対し，積極的に送達するよう求めることが適切である。

　これに対し，家事事件手続法では，原則として，調停申立書の写しを相手方に送付することになったが（法256条１項），この場合は「送付」であるから，民事訴訟法上の送達による必要はない。実務上，外国に居住する相手方に対する送付の方法としては，国際郵便等の方法が用いられているようである。

　なお，相手方に対する審判期日や調停期日への呼出しは，呼出状の送達その他相当と認める方法により行われるが（法34条４項，民訴94条１項），調停の相手方が外国に居住している場合は，そもそも，相手方が調停に出席する意向がなければ調停手続が成り立たないことから，申立人において相手方が調停に出席する意向があるか否かを確認するよう，裁判所から求められることもある。そして，申立人（申立人代理人弁護士）が相手方と直接連絡をとって調停期日への出席の意思を確認し，調停期日の日時も連絡したことをもって，「相当と認める方法」により呼び出したという扱いがされた例がある。

　また，後述のとおり，送達の場合は，外国送達となるから，外国語の翻訳を添付しなければならないが，送付の場合に，外国語の翻訳を添付することは，法律上の要請ではない。しかしながら，相手方の手続保障のために，送付の場合にも外国語の翻訳を添付するのが適切な運用であると言えよう。

# 2　外国送達

　渉外家事事件において，外国に居住する相手方等に対し送達を行う場合は，外国においてすべき送達として行うこととなる（民訴108条）。
　裁判文書の送達は，国家の裁判権の行使という国家主権に関わる手続であるため，日本の裁判所における手続のための送達を外国で日本法に基づいて行うことは，当該外国の国家主権との関係という問題が出てくる。このこと

は，送達を受けるべき者の国籍から生ずる問題ではなく，送達を受けるべき者が外国の主権が及んでいる外国の領土内にいることから生ずる問題であることから，外国において送達を受けるべき者が外国人である場合だけでなく日本人であっても，同様の問題が生ずる。

　外国送達の実施には，日本及び外国との間の要請と応諾が必要であるが，相互に外国送達を確実かつ容易な手続で行うことができるよう，多数国間条約や二国間協定が締結されている。日本は，ハーグ国際私法会議において，送達を含む渉外的民事訴訟手続に関する国際司法共助条約として1954年に採択された「民事訴訟手続に関する条約」（以下，「民訴条約」という），及び，民訴条約が定める送達手続をさらに簡素化する目的で1965年に採択された「民事又は商事に関する裁判上及び裁判外の文書の外国における送達及び告知に関する条約」（以下，「送達条約」という。）を，いずれも1970年に締結して加盟している。これらの条約の締約国と日本との間における送達の要請及び実施は，条約の定める手続・方法によるが，民訴条約が一般法，送達条約が特別法の関係にあるため，両方の条約を締結している国との間では送達条約が優先的に適用される。また，日本は，アメリカ及びイギリスとの間で，日米領事条約と日英領事条約を締結しているため，この二国との間では，領事条約に基づく領事送達という送達方法を用いることができる。これらの多数国間条約及び二国間条約を締結していない国との間の外国送達は，外国送達に関し二国間の取決め・協定があればそれにより，そうした取決めも協定もない国との間では，具体的な事件で送達の必要が生じた時に，個別の要請を行い応諾を得て送達を行うことになる。

　外国送達には，いくつかの種類がある。領事送達は，民訴条約，送達条約，日米領事条約・日英領事条約の締約国との間で，これらの条約を根拠として，又は，それ以外の国との間では，個別の応諾を根拠として行われる送達方法であり，実務上，最も多く利用されている。民訴条約・送達条約を根拠とする領事送達の場合は，受託国（送達の相手方が所在する外国）は，日本の領事官等が外国人に対し送達を行うことを拒否することができる。日米領事条約・日英領事条約に基づく領事送達の場合は，送達の相手方が日本人か外国人かを問わず送達が可能である。これらの条約の締約国以外の国において，個別の応諾により領事送達を行う場合は，一般に送達の相手方が日本人であ

*109*

第 5 章　渉外家事事件と家事事件手続法

る場合に限って送達が可能と言われている。領事送達においては，裁判の文
書が，受訴裁判所（家庭裁判所等）から最高裁判所，外務省を経て，外国に
駐在する日本の領事官等に転達され，領事官等が自ら送達実施機関となり，
外国国内において送達の相手方に対する送達を実施する。領事送達は，他の
送達方法による場合よりも送達が速く確実であり，かつ，送達の相手方が日
本語を解する場合は翻訳文の添付の必要がない。しかし，任意の送達しかで
きないため，送達の相手方が受領を拒んだ場合は，改めて，強制的な送達の
手続をやり直さければならないというリスクがある。

　指定当局送達は，民訴条約に基づく送達方法であり，受訴裁判所から最高
裁判所，外務省，外国に駐在する日本の領事官等，受託国の指定当局を経て，
受託当局に文書が転達され，受託当局が受託国国内における送達を実施する。
中央当局送達は，送達条約に基づく送達方法であり，受訴裁判所から，最高
裁判所，受託国の中央当局を経て，送達実施当局に文書が転達され，送達実
施当局が受託国国内における送達を実施する。日本国内における送達ルート
は，民訴条約に基づく指定当局送達と変わらないが，最高裁判所から受託国
の中央当局に対して直接転達できる点で，転達のルートが省略され手続が簡
易化されている。指定当局送達も中央当局送達も，いずれも，領事送達に比
べれば時間がかかり，送達の相手方が日本語を解する場合でも翻訳文の添付
が必要とされる，他方，送達の相手方が外国人である場合でも，また，送達
の相手方が受領を拒んだ場合でも送達が可能であるというメリットがある。

　その他の送達方法として，二国間共助取決めや個別の応諾に基づき，受訴
裁判所から最高裁判所，外交上の経路を通じて，受託国の管轄裁判所に送達
を嘱託し，管轄裁判所が送達を実施する管轄裁判所送達がある。また，民訴
条約の締約国で，外交上の経路を通じて送達の要請がされることを希望する
旨の宣言をしている国に対して用いられる送達方法で，受訴裁判所から，最
高裁判所，外務省，在外大使等，受託国の外務省という外交上の経路を通じ
て，受託当局に文書が転達され，受託当局が送達を実施する送達方法もある。

　領事送達の場合，実務上，送達の相手方が日本語を解することが明らかな
場合を除き，送達すべき地の公用語又は送達を受けるべき者が解する言語に
よる翻訳文を添付しなければならないとされている。指定当局送達の場合，
民訴条約上，受託当局の用いる言語又は両関係国で合意する言語による翻訳

文と，嘱託国の外交官若しくは領事館，又は受託国の宣誓した翻訳者による翻訳が正確である旨の証明が必要とされている。日本から外国への送達をこの方法で行う場合，当事者の費用負担により，受託国に在る日本大使館がこの証明を行っている。中央当局送達の場合，送達条約上は，翻訳文の添付は義務付けられていないが，日本では，実務上，受託国の公用語又は受託国との間で取り決められた言語による翻訳文を添付するものとされている。ただし，民訴条約と異なり，添付する翻訳文について翻訳が正確である旨の証明は不要である。

## 3 外国公示送達

### (1) 外国公示送達の要件

渉外家事審判事件の手続において，裁判所が，外国に居住する相手方に対し送達を行うと判断した場合，送達すべき住所が判明しない等の理由により，公示送達によらざるを得ない場合がある。

外国送達をすべき場合において，下記の①〜⑤のいずれかの要件を満たす場合には，公示送達が認められる。公示送達は，原則として当事者の申立てにより行われるが，①〜③の要件による公示送達の場合は，2回目以降の公示送達は職権で行われるため，当事者による申立ては不要である。

① 相手方の住所，居所その他送達すべき場所が知れない場合（民訴110条1項1号）

相手方が日本国内にいるが送達すべき場所が知れない場合と外国にいて送達すべき場所が知れない場合とでは，日本の裁判所に国際裁判管轄が認められるかどうかの判断や，後述のとおり，公示送達によるとしても効力の発生時期が異なるから，実務では，相手方の出入国記録を照会する等の方法により，相手方が日本国内にいるか否かを明確にすることが求められることが多い。

相手方が日本国内にいないことが確認できた場合，本要件による外国公示送達を行うために，申立人がどの程度の所在調査を尽くす必要があるかは，当該事件の事情により，また，事件を担当する裁判官の判断によっても異なる。外国における知れている最後の住所に配達の有無が確認できる国際郵便による手紙の送付や，メール等の方法により，また，当事者間で連絡が取れ

第5章　渉外家事事件と家事事件手続法

る場合には，相手方に対し住所を尋ねる等のことが求められることが多い。

　なお，前述のとおり，外国に居住する相手方が日本人であっても，送達は外国送達となるが，日本人の場合は，海外に3か月以上滞在する場合，在外日本領事館に在留届を行うことが義務付けられており，また，外務省に対し，在外邦人の所在調査を依頼することができる。なお，外務省は，親族からの調査依頼の場合には，調査対象者本人の同意の有無を確認し，同意がない場合には回答を行わないことがあるが，弁護士照会による調査依頼に対する回答には，調査対象者本人の同意を要件としていない[1]。

　②　民事訴訟法108条の規定による外国送達ができない場合（民訴110条
　　　1項3号前段）

　送達先の外国と日本との間に国際司法共助の取決めがなく，当該外国の管轄官庁が日本からの送達の嘱託に応じない場合や，当該外国に日本の大使等が駐在していない場合等がこの要件にあたる。ただし，国際司法共助の取決めがなく過去に送達の実施例がない外国における送達の場合でも，当該事件について外交上の経路を通じて送達のための国際司法共助の要請を行い，個別の応諾により送達が実施される可能性があるため，このような方法を試みても送達ができない場合に初めて公示送達の要件を満たすことになる。

　この点，中華民国（台湾），及び，朝鮮民主主義人民共和国の場合は，日本と国交がないことから，外交上の経路を通じて国際司法共助を要請することができない。したがって，実務では，これらの国において送達すべき場合は，公示送達によらざるを得ないとされている。

　なお，領事送達の方法で外国送達を試みたが，被告が受領を拒否したため送達ができなかった場合でも，受託国が民訴条約や送達条約の締約国で，送達の相手方が受領を拒否する場合でも送達が認められる指定当局送達や中央当局送達の方法による送達が可能な場合には，再度，そのような方法による送達を要請することができる。したがって，このような場合は，直ちに民事訴訟法110条1項3号前段の公示送達の要件を満たすことにはならない（福岡高那覇支決平成21年5月29日判タ1307号302頁）。

---

1）http://www.mofa.go.jp/mofaj/toko/todoke/shozai/

*112*

第3 送達

③ 民事訴訟法108条の規定によっても送達ができないと認めるべき場合（民訴110条１項３号後段）

この要件は，前段と異なり，外国における送達の嘱託は可能であるが，当該外国における天変地異や戦乱，革命等の状態により嘱託しても送達不能が見込まれる場合や，外国に送達の嘱託をしたが，何らかの理由で送達できず，再度の送達嘱託をしても送達できる見込みがない場合等に認められる。

④ 民事訴訟法108条の規定により外国の管轄官庁に嘱託を発した後６ヶ月を経過しても送達証明書の送付がない場合（民訴110条１項４号）

これは，管轄裁判所送達の方法により外国送達がなされた場合の規定である。

⑤ 送達条約15条２項の要件が満たされた場合（民事訴訟手続に関する条約等の実施に伴う民事訴訟手続の特例等に関する法律28条）

送達条約は，訴訟手続を開始する文書又はこれに類する文書を送達すべき場合において，(i)送達条約上の方法によって文書が転達され，(ii)文書の発送から６ヶ月以上の期間が経過し，かつ，(iii)全ての妥当な努力にもかかわらず，受託国の権限ある当局から送達証明書の入手ができない場合は，裁判を進めることができることを宣言することができると規定しており（送達条約15条２項），日本はこの宣言を行っている。そこで，これを受けて，民事訴訟手続に関する条約等の実施に伴う民事訴訟手続の特例等に関する法律28条は，送達条約15条２項の要件を満たした場合には，公示送達ができると規定している。

(2) 外国公示送達の方法及び効力発生の時期

外国送達を公示送達で行う場合には，訴状等の翻訳は不要である。

また，国内の公示送達は，公示送達の掲示を始めた日から２週間の経過により送達の効力が生じるが，外国公示送達の場合は６週間の経過により送達の効力が生じる（民訴112条２項）。ただし，外国公示送達についても，２回目以降の公示送達は民事訴訟法112条１項ただし書の適用により，掲示の翌日に送達の効力が生じるというのが実務上一般的な見解とされている。

第5章　渉外家事事件と家事事件手続法

# 4　外国送達による場合の手続の進行

　外国送達により手続を開始する審判事件の場合，相手方の欠席が予測されるときは，一回目の審判期日で審理を終結し，審判を言い渡すことができるようにするために，裁判所は，調査対象とする資料を全て申立人に提出させたうえで，まとめて申立書と一緒に送達するという方法が採られることがある。しかしながら，裁判所が，事案によっては，相手方が答弁するか否かやその内容を見たうえで，その後の審理の方針を立てるという場合がある。また，申立人としても，相手方の意向がわからないため，調停ではなく審判を申し立ててはいるが，できれば相手方が審判手続に参加して，話合いによる解決ができることを希望する場合もある。このような場合，裁判所は，最初は，審判申立書及び添付資料と期日呼出状のみをまず送達して，相手方が審判期日に出席し，又は，何らかの応答を行うかという反応を見たうえで，相手方が欠席する場合は，審判を行うために必要な事実の調査や証拠調べへと手続を進めていく。裁判所は，個々の事件の事情に応じた具体的な手続の進行，審理の方針を判断する。

　なお，特に，審判手続が外国公示送達により開始した場合，日本においても，外国裁判所の判決が公示送達による手続の開始の場合には効力が承認されない（民訴118条2項）のと同様に，公示送達で手続が開始されたという点で，外国裁判所の判決の承認要件を欠き，外国において効力が承認されない場合があり得る。申立人としては，そのような事態を避けたいために，外国に居住する相手方の住所・居所が知れないために，裁判所が外国公示送達を行った場合でも，相手方のEメールアドレスが判っていたり，電話やフェイス・ブックによる連絡や，家族を介した連絡を取ることが可能であるといった場合には，相手方に対し，公示送達により手続が開始したことを知らせて，むしろ，積極的に，相手方が手続に応じることを促すこともある。その結果，相手方が，日本の弁護士を手続代理人に選任し，手続代理人がその事務所を送達場所として届け出を行い，あるいは，相手方が日本に住む知人を送達受取人として，その住所を送達場所として届け出た場合は（民訴104条1項），当該送達場所に対し通常の国内送達を行えば足りることになる。また，相手方が，審判期日に出席した場合は，裁判所において送達すべき書類を交付す

*114*

れば，出会送達として，有効な送達ができたことになる（民訴105条）。

## 5　日本国内における日本語を理解しない相手方に対する送達・送付

　審判や調停の相手方が，日本国内に住所がある場合は，送達を行う場合でも通常の国内送達であり，法律上の要請としては，相手方が理解する言語による翻訳文の添付は必要ではない。また，申立書や期日の呼出状等を送付する場合も，翻訳文の添付は，法律上，要求される訳ではない。

　しかしながら，実務では，家庭裁判所によっては，日本語を解さない相手方に対する調停期日の呼出状の漢字に平仮名でふりがなを振る等の配慮を行っていることがある。日本国内に居住する日本語を解さない相手方に対する送達や送付の際に，翻訳文を添付したり，ひらがなを振るといった配慮は，家庭裁判所や，担当の裁判官の裁量による運用であり，日本語を解さない相手方にとっての手続保障としては好ましい一方で，申立人が相手方に送付するための翻訳文の提出を求められるとすれば，申立人にとっての負担は無視できない。

# 第4　準拠法

　渉外家事事件の場合，法律関係のいずれかの要素，すなわち，当事者の国籍，住所（居所），法律行為地，財産所在地等に外国を含んでおり，その結果，複数の法域が関連してくることから，そのうちどの法域の法が当該事件に適用されるかという準拠法の選択の問題が生じる。

　準拠法の選択は，審判・調停の対象とされる法律関係ごとに，その性質に応じて，法の適用に関する通則法により決定される。外国法が準拠法となる場合，適用すべき外国法の内容は裁判所が職権で探知するものとされているが，実際には，外国法の適用の効果を主張して判決・審判を求める当事者において主張立証するよう裁判所から求められることが多い。外国法の主張は事実と同様の扱いであり，当事者は外国法を証拠として提出し，日本語訳の提出も求められる。

　事件によっては，準拠法の決定自体が争いになり，あるいは，適用される

第 5 章　渉外家事事件と家事事件手続法

準拠法自体には争いはないが，当該事件に適用される具体的な規定の解釈や適用が争われ，当事者がその主張立証のために，当該外国準拠法の解釈に関する文献や判例，当該外国の研究者や弁護士が作成した意見書を資料として提出することもある。

　なお，裁判所は，準拠法として適用すべき外国法の内容が不明であるとか，外国法の規定の解釈について当事者間に争いがあり，審理のために外国法の規定の内容を明らかにする必要があるといった場合，当該外国の官庁，公署その他適当と認める者に調査を嘱託することが可能であるが（法62条），実際に，外国法の規定の内容や解釈の調査のために，嘱託がなされることはほとんどないようである。

# 第5　事実の調査

　家庭裁判所が，当該渉外家事事件について，国際裁判管轄を有する以上，外国にある財産や相手方の収入等についての調査や，外国に居住・所在する子の監護状況や意向の調査等が必要となることがある。この点，家庭裁判所の実務としては，外国にある銀行や相手方の勤務先等に対して報告を求める調査嘱託を行うこと（法62条）や，家庭裁判所調査官が子に直接面接して調査を行うこと（法58条）は，裁判権という日本国の主権を外国の領土内において行使することになるため，認められないという考え方に立っているようである。

　しかしながら，とりわけ，子の監護に関する審判事件においては，日本に国際裁判管轄があるにもかかわらず，子が外国にいるため子の監護状況や子の意向等の調査ができないまま，審判がなされることは好ましくない。実務上は，調査官による子との直接面談を行うかわりに，外国で子と同居している親が作成した子の監護に関する陳述書，子の学校の先生の手紙や出席状況・成績等に関する資料，子の様子や生活状況を示す写真やビデオ，子の年齢によっては子自身が書いた手紙等を資料とする調査が行われるなどしている。

　この点，外国の裁判所において，日本にいる子の監護に関する事件において，子の監護状況についての調査が必要になった際，日本国際社会事業団

*116*

（International Social Service Japan：ISSJ）のソーシャル・ワーカーが子を訪問して直接面談し，監護状況報告書を作成し提出するという協力を行った例があるという。日本国際社会事業団は，ジュネーブに本部を置く世界的な社会福祉機関で国連の諮問機関でもあるInternational Social Service（ISS）の日本支部である。今後，日本の家庭裁判所が，外国にいる子の監護に関する審判事件や調停事件において，子の監護状況や意向について調査の必要がある場合，子が所在する外国にISSの支部がある場合には，ISSのネットワークを通じてISSのソーシャル・ワーカーによる子の直接の調査の可能性を模索したり，ISSの支援が得られない場合には，当該外国において利用可能な，児童心理士やソーシャル・ワーカーによる子との直接面談による監護状況や子の意向に関する調査を行い，報告書を提出する等の手段を手続代理人弁護士において工夫することが考えられる。ただし，国によっては，そうした専門職による子の監護状況に関する報告書作成には，相当高額の費用がかかる場合もあり，当事者の負担が大きいことに留意する必要がある。

# 第6 外国にいる当事者の期日への参加

　渉外家事事件の場合，当事者が外国に居住することも少なくない。家事事件の期日には，調停事件も審判事件も，当事者の出席が求められる。これは，手続代理人が就いている場合も，原則として同じである（法51条2項，258条1項）。外国に居住する当事者が審判期日や調停期日への出席のために来日するには，旅費・宿泊費の負担はもちろんのこと，移動日を含めて数日間仕事を休まなければならないことも多く，実際にはかなりの負担になる。

　この点，家事事件手続法においては，新たに，遠隔地に居住する当事者は，テレビ会議や電話会議等音声の送受信の方法による審判期日・調停期日への参加が可能とされた（法54条，258条1項）。しかしながら，本規定は，当事者が日本国内にいることを前提としており，当事者が外国に居住する場合は，テレビ会議や電話会議等音声の送受信の方法による期日への出席はできないとされている。その理由は，外国にいる当事者がテレビや電話で日本の裁判所に接続された回線を使って日本の裁判所の手続に参加することは，日本の裁判権を外国の領土において行使することになり，当事者が所在する外国の

第5章　渉外家事事件と家事事件手続法

主権を侵害することになるからであると説明されている。そうであるとすれば，当該外国の同意が得られれば，主権侵害の問題は生じないこととなり，外国にいる当事者が音声の送受信の方法により日本の家庭裁判所の審判期日・調停期日に参加することも問題がないように思われる。しかし，実際には，当事者が所在する外国政府の同意書を提出する等の方法によって，外国にいる当事者が音声の送受信の方法による期日への参加が認められた例は見あたらない。

　特に，外国に居住する当事者の期日への出席については，手続代理人が就いていれば，実務では，通常，離婚調停の成立の期日のように，必ず当事者本人が直接裁判所で出席することが必要とされているような場合（法268条3項）を除けば，代理人の出席をもって本人の出席に替えることが認められる（法51条2項）。しかし，代理人が事前に本人と打ち合わせをしていても，期日の中で本人から事情を聴いたり，本人の意向を確認する必要がある場合は少なくない。そこで，代理人としては，期日が開かれる時間に，本人とすぐに電話やスカイプ，Eメール等ですぐに連絡が取れるようにしておいて，その場で本人に確認する必要が生じた場合は，代理人自身が本人との間で音声の送受信等やEメール等の電子的な方法を取ることにより，本人が代理人との連絡を通して，間接的ではあるが，期日に事実上参加するような工夫をすることが行われている。

　この点，外国の裁判所においては，自国の領域外にいる当事者や証人のテレビ会議，電話会議，スカイプによる期日への参加や尋問が認められる制度・実務が発展してきている。国際化時代における渉外家事事件手続のあり方として，諸外国の実務との対比，日本の裁判所・司法制度の国際化，外国に居住する当事者の手続保障・アクセスの向上等の観点から，今後，日本の裁判所においても，外国にいる当事者が音声の送受信等電子的な方法により期日に参加することの法的・技術的，あるいは，運用上の課題について本格的な検討が開始されることが望まれる[2]。

---

　2) 本文に述べた問題の理論的な検討や外国の裁判所の実務については，『自由と正義』67巻5号9頁から34頁の特集1「国際化時代における日本の裁判手続」所収の，池田綾子「国際化時代における日本の裁判手続の課題と展望」，土方恭子「当事者や証拠が外国に存在する場合の送達及び証拠調べ」，ヴィクトリア・ベネット「グローバル化時代の裁

# 第7 翻 訳

　渉外家事事件の実務では，事実の調査のために裁判所に提出する資料が外国語で作成されたものであることが少なくない。外国語で作成された資料を裁判所に提出し，事実の調査の対象とするには，日本語の翻訳を提出することが求められる。諸外国では，裁判に提出する証拠の翻訳は，法廷通訳人の資格者による翻訳であることを必要とするというところもあるが，日本ではそのような制限はなく，翻訳業者による翻訳はもちろん，当事者本人や手続代理人，当事者の知人や友人，支援団体等，誰が行った翻訳でも問題はない。また，翻訳を提出する際，翻訳者の氏名や翻訳が正確であることを示す翻訳証明等も，通常，要求されていない。

　紛争性の高い事件では，翻訳の正確性について，他方当事者から異議と共に別の翻訳が出されることも珍しくない。


# 第8 通 訳

　渉外家事事件においては，日本語を解さない当事者が期日に出席する場合や，調査のために調査官と面接する場合など，通訳人の立会いが必要となることがある（法55条，民訴154条）。調査の対象となる子が日本語を解さない，あるいは，外国語の方がより良いコミュニケーションが可能となるため，通訳を用いる場合もある。実務においては，裁判所が有する通訳人リストの中から裁判所が通訳人を選任することもあるが，そのような扱いは，当事者の審問や子の意向調査等，通訳の専門性・中立性がかなり厳格に求められる場合に限られるようである。裁判所が通訳人を選任する場合，その費用は，当事者が予納する。通訳人は，かならず裁判所が有する通訳人リストの中から選任されるとは限らず，当事者が推薦した通訳人が選任されることもある。また，調停期日や審判期日においては，代理人弁護士が事実上，通訳を行うこともある。他方，代理人が就いていない外国人当事者は，調停期日に知人

---

判手続―オーストラリア家庭裁判所の経験と国際的ハーグネットワーク裁判官」，竹下啓介「国境を越える裁判手続の実施と国際法」の各論稿を参照されたい。

第 5 章　渉外家事事件と家事事件手続法

や支援者，NGOの関係者等を通訳として同行することがあるが，裁判所によっては，通訳者としての同席を簡単には認めないこともある。さらには，裁判所によっては，調停委員が外国語で調停を行うこともある。

　特に，調停事件の場合は，代理人を選任しない外国人当事者も多いと思われるが，調停も離婚や子の親権・監護権等，身分関係の重要な事項を扱い，また，成立すれば確定判決と同一の効力を有するのであるから（法268条１項），日本語を解さない外国人が当事者として含まれる渉外家事事件における通訳の問題については，全国の家庭裁判所の運用の違いによって外国人当事者に不利益が生じないよう，なるべく統一的で適切な対応が望まれる。また，外国人当事者を含む調停事件においては，可能な限り，外国語を理解し，外国の文化や事情に通じた調停委員が選任されることが望ましい。

　なお，裁判所が有する通訳人リストの通訳人は，普段，刑事裁判の通訳を行っていることが多い。家事事件においては，子の監護に関する当事者の審問や，子の調査に立ち会い，通訳をすることが求められることがあり，刑事裁判とは手続の性質も流れも，用いられる用語もかなり異なるため，今後は，通訳人に対する渉外家事事件についての研修が行われることが望ましい。

## 第9　渉外家事事件手続におけるその他の特別の要請や配慮

　以上のとおり，渉外家事事件の手続において，共通して生ずる手続上の問題のほかに，特に，離婚や子の監護に関する日本と諸外国との法制や実務の違いから，特別の要請が生じたり，配慮が必要となる場合がある。

　そのような例の一つに，調停離婚の効力が外国において承認されない可能性についての配慮がある。一般に，実務では，当事者の一方又は双方に外国人を含む離婚調停が成立した場合，外国において効力が承認されるための配慮として，調停調書に，成立した調停は家事事件手続法268条により，確定判決と同一の効力を有することを示す文言を記載するという扱いがなされているが，実際に，日本の家庭裁判所で成立した調停離婚の効力が外国で認められなかった例が報告されている。そのため，外国における離婚の承認を確実にするために，離婚の合意が成立していても審判離婚にしたり，日本人配偶者が申立人となる形で調停離婚を成立させることが適当である場合がある。

第9　渉外家事事件手続におけるその他の特別の要請や配慮

　また，特に，日本が，平成26年に国際的な子の奪取の民事上の側面に関する条約を批准したことに関連して，近時，家庭裁判所に持ち込まれる子の監護に関する渉外事件の中には，子の外国への転居の許可を求めたり，逆に，子の日本からの出国の禁止を求めたり，子の旅券の申請・受領・保管に関する紛争について裁判所の決定を求める審判事件等，これまで日本の家庭裁判所で扱った経験が少ない類型の事件が含まれるようになってきている。

　冒頭に述べたように，渉外家事事件の件数や，新受事件数総数に占める割合自体には，目立った変化はないものの，事件の中身としては，このように複雑で，かつ，緊急性の高いものが含まれるようになってきており，今後もそうした事件の増加が予測される。このため，渉外家事事件の手続について，全国の家庭裁判所の裁判官，書記官，家庭裁判所調査官，調停委員と弁護士とが協議や研修を行ったり，諸外国の家事事件手続の法制度や実務について情報収集したり見聞を広めることが，より一層求められるものと思われる。

# 第6章

# 管轄と移送

## 脇 村 真 治

## 第1 家事事件における管轄の意義等

### 1 管轄の意義と当事者等の手続上の権能の便宜

　管轄は，いずれの裁判所が裁判権を行使するのかを定めるものであるが，家事事件の手続に関与する者や家事事件の結果に影響を受ける者の視点からみると，管轄は，これらの者に対して特定の裁判所において裁判を受ける権利を保障することを意味することになる[1]。

　もっとも，従前の家事審判法及び家事審判規則の下においては，管轄違いを理由とする移送について家事事件の手続に関与する者等に申立権が認められていない（家審規4条）など，特定の裁判所において裁判を受ける権利を家事事件の手続に関与する者等に対して保障するという側面は，それほど重視されていなかったと思われる。また，従前の家事審判法及び家事審判規則においては，資料の収集は裁判所の責任において行うものとされ（家審規7

---

[1] 民事訴訟における管轄に関し，梅本吉彦『民事訴訟法〔第4版〕』（信山社，2009年）41頁は，「訴訟当事者の側からみると，特定の裁判所で個別事件に即して自己の主張とそれに伴う攻撃防御を十分に尽くし，裁判を受ける権利を保障される利益を意味するので，管轄の利益ということができる。」と述べている。

第6章　管轄と移送

条），当事者等には証拠調べの申立権等はなく[2]，家事事件の手続に関与する者等が主体的に手続上の権能を行使することは予定されていなかったため，特定の裁判所において裁判を受ける権利を保障するといっても，それは，（職権で）資料の収集を適切に行い，適切な裁判をすることができる裁判所で裁判を受ける権利を保障することを意味するにすぎず，手続上の権能を行使し，十分な主張・立証を尽くすことができる裁判所で裁判を受ける権利を家事事件の手続に関与する者等に対して保障するということは，それほど重視されていなかったと思われる。

　他方で，家事事件手続法は，管轄権を有していないことを理由とする移送について申立権を認めている（法9条1項）とおり，特定の裁判所において裁判を受ける権利を家事事件の手続に関与する者等に対して保障することを重視している。また，家事事件手続法においては，裁判所が職権で家事事件における資料の収集を行うことができ，一定の場合には資料の収集を行う責任（義務）を負う[3]が，他方で，当事者等に証拠調べの申立権が付与されている（法56条）など，当事者等が主体的に手続上の権能を行使することも予定されているため，家事事件の手続に関与する者等に対してその権能を行使し，十分な主張・立証を尽くすことができる裁判所で裁判を受ける権利を保障するということも重視せざるを得ない。

　そのため，家事事件手続法においては，移送など管轄に関連する問題を処理する際には，裁判所における資料収集の便宜だけでなく，家事事件の手続に関与する者等の手続上の権能の行使の便宜という観点も考慮して検討する必要がある。もっとも，家事事件には様々なものがあり，家事事件の手続に関与する者等が手続上の権能の行使をすることが期待又は予定されている類型の事件もあれば，そうでないものもあるから，家事事件の手続に関与する者等の手続上の権能の行使の便宜という観点を考慮するとしても，そのような事件類型の違いも踏まえなければならないと思われる。

---

2）斎藤秀夫＝菊池信男編『注解家事審判法〔改訂〕』（青林書院，1992年）55頁〔山田博〕，佐上善和『家事審判法』（信山社，2007年）221頁。
3）松川正毅ほか編『新基本法コンメンタール人事訴訟法・家事事件手続法』（日本評論社，2013年）233頁〔垣内秀介〕。

*124*

## 2 家事事件における管轄裁判所の特徴（管轄の集中と移送，自庁処理による柔軟な対応）

　家事事件手続法は，従前の家事審判法及び家事審判規則と同様，基本的に，家事事件の管轄を一つの家庭裁判所に集中させ，管轄裁判所の数は抑制しつつ[4] 他方で，管轄権を有する家庭裁判所以外の家庭裁判所への移送や管轄権を有する家庭裁判所以外の家庭裁判所による自庁処理を認めている（下記第5，第6参照）。これは，裁判所による資料の収集や家事事件の手続に関与する者等の手続上の権能の便宜の観点などから，最適な裁判所を管轄裁判所として定めることとしつつ，具体的な事案の処理の観点から，柔軟な対応もとることができるものとするものであり，家事事件における管轄裁判所の定めの特徴であると考えられる（これに対し，民事訴訟においては，管轄の集中を抑制し，又は緩やかな集中にとどめつつ，原則として管轄裁判所以外の裁判所への移送などを認めていない。）。

## 第2 家事審判事件の管轄裁判所

　家事事件手続法は，被告の普通裁判籍の所在地を管轄する裁判所を原則的な管轄裁判所とする民事訴訟（民訴4条1項参照）とは異なり，家事審判事件の管轄裁判所は，個別の家事審判事件ごとに定めることとし，全ての家事審判事件に共通する管轄裁判所は定めていない。家事審判事件においては，その結果に最も影響を受ける者が当事者（申立人又は相手方）であるとは限らず（例えば，後見開始の審判事件の結果に最も影響を受けるのは，成年被後見人となるべき者であり，申立人ではない。），当事者を基準として管轄裁判所を定めることができないし，資料の収集は家事事件の手続に関与する者等において行うのが通常である事件がある一方で，後見的な役割を果たすため裁判所が職権により積極的に資料の収集を行うべき事件もあるなど家事審判事件の中には多様なものがあるからである。そのため，家事審判事件の管轄裁判

---

4) 家事事件手続法においても，夫婦間の協力扶助に関する処分の審判事件（法150条1号）など複数の裁判所が管轄権を有する家事事件があるが，多くの家事事件においては管轄権を有する家庭裁判所は一つである。

第6章　管轄と移送

所がどのように定まっているのかは個別の家事審判事件ごとに見ることになる。以下，家事審判事件の管轄裁判所のうち特徴的なものについて見てみることとする。

# 1　成年後見に関する審判事件

　家事事件手続法は，成年後見に関する審判事件のうち後見開始の審判事件は成年被後見人となるべき者の住所地を管轄する家庭裁判所の管轄に属することとしている（法117条1項）。これは，後見開始の審判事件においては，成年被後見人となるべき者の精神状況に関する鑑定（法119条1項）や，成年被後見人となるべき者の陳述聴取（法120条1項1号）などの方法により審判の資料を収集することが想定されるため，成年被後見人となるべき者の住所地を管轄する家庭裁判所において審理等をすることにより，事件を処理するための審判の資料が得やすくなり，また，成年被後見人となるべき者の負担も小さくなることを考慮したものである[5]。

　また，家事事件手続法は，後見開始の審判事件は後見開始の審判をした家庭裁判所（抗告裁判所が後見開始の審判をした場合にあっては，その第一審裁判所である家庭裁判所）の管轄に属することとしている（法117条2項本文）。これは，成年後見に関する審判事件は，相互に関連しており，判断のために必要な資料も共通することが多く，適切な判断をするためには，できる限り一元的に同一の家庭裁判所で処理することが望ましいからである[6]。実務上も，後見開始の審判をした家庭裁判所は，成年後見人等から後見事務に関し適宜報告や相談等を受け，又は適切な時期に後見監督の事件を立件するなどして監督などを行い，後見開始の審判をした成年被後見人に関する事務を一元的に取り扱っている。ただし，後見開始の審判事件が係属しているときは，後見開始の審判事件以外の成年後見に関する審判事件であっても，その後見開始の審判事件が係属している家庭裁判所の管轄に属することとなる（法117条2項ただし書）。

---

5）金子修編著『逐条解説家事事件手続法』（商事法務，2013年）374頁参照。
6）金子・前掲注5）374頁参照。

*126*

## 2 子に関連する審判事件

### (1) 子の監護，親権及び未成年後見に関する審判事件

　子の監護に関する処分の審判事件，親権に関する審判事件及び未成年後見に関する審判事件などは，子又は未成年被後見人の住所地を管轄する家庭裁判所の管轄に属することとしている（法150条4号，167条，176条等）。これは，子又は未成年被後見人の利益の確保が重要となる審判事件においては，子又は未成年被後見人の現状の調査やその意思の把握等を踏まえて判断すべきであり，そのような資料の収集のためには，子又は未成年被後見人の住所地を管轄する家庭裁判所の管轄とするのが妥当であるし，関連する事件（例えば，親権停止の審判事件と未成年後見人の選任の審判事件）は同一の裁判所で判断を行うべきであるからである[7]。

### (2) 特別養子縁組に関する審判事件

　特別養子縁組の成立の審判事件は，養親となるべき者の住所地を管轄する家庭裁判所の管轄に属することとされ（法164条1項），上記(1)に記載した各家事審判事件とは異なり，子又は未成年被後見人の住所地を管轄する家庭裁判所の管轄に属することとはされていない。これは，特別養子縁組の成立は，養親となるべき者が養子となるべき者を6か月以上の期間監護した状況を考慮して判断しなければならず，その間，家庭裁判所調査官等によって養子となるべき者や養親となるべき者の継続的な調査や養育状況の観察が行われるが，その監護は養親となるべき者の住所地で行われるのが一般的である（その意味では，養親となるべき者の住所地と養子となるべき者の住所地は一致するのが一般であると思われる。）ことを考慮したものである[8]。

　また，特別養子縁組の離縁の審判事件は，養親の住所地を管轄する家庭裁判所の管轄に属する（法165条1項）。これは，特別養子縁組の離縁の要件である養親による虐待，悪意の遺棄等の離縁事由の審理のためには，養親による養子の養育状況の調査が必要であることに加え，特別養子縁組の成立の審

---

7) 金子・前掲注5）488頁，167頁，574頁参照。
8) 金子・前掲注5）527頁参照。

第6章　管轄と移送

判事件においては養親となるべき者の住所地を管轄する家庭裁判所の管轄に属すること，親権の停止等とは異なり，特別養子縁組の離縁の審判をする際には未成年後見人を選任する必要は通常ないこと（特別養子縁組の離縁は，実父母が相当の監護をすることができることが要件の一つである（民817条の10第1項2号）。）等を考慮したものである。

## 3　別表第2の審判事件と合意管轄

　家事事件手続法は，別表第2の審判事件といっても，その審判の内容などは一律ではないから，別表第2の審判事件の管轄裁判所は，個別の事件類型ごとに定めることとしている。例えば，親権者の指定や変更の審判事件等は子の住所地を管轄する家庭裁判所の管轄に属する（法167条）し，遺産の分割の審判事件等は相続開始地を管轄する家庭裁判所の管轄に属する（法191条）こととしている。

　しかし，他方で，家事事件手続法は，別表第2の審判事件については，個別の管轄裁判所に付加して，合意により管轄裁判所を定めることを認めている（法66条）[9)10)]。これは，①別表第2の審判事件は，家事調停をすることができる事項についての審判事件であり，その審判の対象となる事項は，一定の範囲で当事者の処分に委ねられていることや，②別表第2の審判事件は，紛争性の高い事件であり，当事者に主張と資料の提出を尽くしてもらい，その上で，裁判所が判断をするため，他の家事審判の手続に比べて，当事者に対して手厚い手続保障が図られている（法67条～72条参照）ことなどを踏まえると，当事者の権能の行使の便宜という観点から，当事者の合意により管轄裁判所を定めることを認めることに一定の合理性があるからである。[11) 12)]

---

　9）管轄裁判所を定める合意は，書面又は電磁的記録によってされなければならない（法66条2項において準用する民訴11条2項及び3項）。また，民事訴訟法における合意と同様，管轄裁判所を定める合意は，一定の法律関係に基づく事件に関してされなければならず，将来の当事者間に起こる紛争についての一切の事件などというように，管轄の合意の効力を受ける事件が不特定であってはならないと解される（秋山幹男ほか『コンメンタール民事訴訟法Ⅰ〔第2版追補版〕』（日本評論社，2014年）178頁）。

10）合意により管轄裁判所を定めることは認めているが，合意により管轄裁判所を排斥すること（いわゆる専属的合意管轄）は認められていない（金子・前掲注5）227頁）。

11）金子・前掲注5）226頁参照。

12）なお，民事訴訟法の応訴管轄（民訴12条）に相当する制度は認められていない。期日

ただし，合意により管轄裁判所が定められている場合において，本来の管轄裁判所への移送等が問題となるときに，裁判所がその当事者の合意をどこまで尊重するのかは，個別の審判事件ごとに異なり得ると考えられる[13]。中でも，特に問題となるのは，当事者の住所地ではなく，子の住所地を管轄する家庭裁判所が管轄裁判所とされている子の監護に関する処分の審判事件と親権者の指定・変更の審判事件である。子の監護に関する処分の審判事件等においては，その審判の結果は当事者だけでなく，その対象となる子にも大きく影響することとなることから，子の利益を確保するため，家庭裁判所調査官によって子の心情や生育状況等の調査などが行われるのが通常であり，家庭裁判所が後見的な役割を果たすことが強く期待されている。そのため，当事者が合意により定めた家庭裁判所に家事審判の申立てがされたが，その家庭裁判所において審理等をすることが，そのような調査などを行うことを困難とし，裁判所が後見的な役割を果たすことを困難なものとするときは，家事審判の申立てを受けた裁判所は，本来の管轄裁判所である子の住所地を管轄する家庭裁判所に移送等をすべきである[14]。他方で，例えば，遺産の分割の審判事件など，その審判の結果により大きく影響されるのが当事者に限られ，資料の収集等も基本的には当事者に委ねられており，家庭裁判所が後見的な役割を果たすことがそれほど期待されていない事件においては，その当事者全員が合意をしている以上，基本的に，その合意を尊重すべきであり，本来の管轄裁判所に移送などをすべきではないと考えられる。

を開くか，開くとしていつ開くかが裁判所の裁量に委ねられている家事審判事件において，相手方のどのような態度をもって応訴が認められるかを定めるのが容易でないこと等が理由に挙げられている（金子・前掲注5）227頁参照）。

13) この問題については，高田裕成編著『家事事件手続法』（有斐閣，2014年）49頁以下に詳しい議論がある。

14) 家事事件手続法について審議していた法制審議会非訟事件手続法・家事審判法部会においては，合意管轄を認めることは，子の監護に関する処分の審判事件の管轄裁判所を子の住所地を管轄する家庭裁判所としていることと矛盾するのではないかとの意見もあった。しかし，当事者が子の福祉を全く無視して合意をするとは限らないし，不都合があれば移送等で対応することは可能であること等を理由に，最終的に子の監護に関する処分の審判事件においても合意管轄が認められた（同部会第27回（平成22年10月29日）議事録38頁〜39頁参照）。

第6章　管轄と移送

# 第**3** 家事調停事件の管轄裁判所と家事審判事件との関係

## **1**　家事調停事件の管轄裁判所

　家事事件手続法は，家事調停事件については，相手方の住所地を管轄する家庭裁判所と当事者が合意で定める家庭裁判所を管轄裁判所としている（法245条）。このように相手方の住所地を管轄する家庭裁判所を管轄裁判所としている理由としては，相手方は手続に関与させられるのであるから，その相手方の負担を減らす方が公平の理念に合致することや，相手方の負担が大きくなるよりは，その負担が小さくなる方が話合いもまとまりやすいことなどが挙げられている。また，合意で定める家庭裁判所を管轄裁判所としている理由としては，家事調停事件は当事者間の合意により円満な紛争解決を目指す手続であるから，手続を行う家庭裁判所を当事者が合意によって選択することができるものとするのが合理的であることが挙げられている。[15]

　なお，家事事件手続法は，別表第2の事件であっても，家事調停事件と家事審判事件は別個の事件であることを前提に，家事調停事件の管轄裁判所は，家事審判事件の管轄裁判所とは別に定めることとしている。これは，家事調停事件には，家事審判事件とは異なる固有の役割（裁判所の適切な関与の下，当事者同士の話合いによって，紛争を解決するという役割）があることを重視しているからである。もっとも，実際上，家事調停事件と家事審判事件の管轄裁判所が異なることによって不都合が生じることもあるが，それは，別途対処することとしている（以下2，3等参照）。

## **2**　審判移行と家事審判事件の管轄裁判所

　別表第2の事件は，家事調停事件の終了後にそのまま家事審判事件が開始し（いわゆる審判移行。法272条4項等），家事調停事件が係属していた裁判所（調停裁判所）が所属する家庭裁判所に家事審判事件が係属することとなる。しかし，別表第2の事件においても，家事調停事件と家事審判事件の管轄裁判所は必ずしも一致していないし，家事調停事件が係属していたことを理由

---

15) 金子・前掲注5）738頁参照。

に家事調停事件が係属していた裁判所（調停裁判所）が所属する家庭裁判所に家事審判事件の管轄権が生じるものでもない。このように，家事調停事件が係属していたことを理由に家事審判事件の管轄権が生じないのは，家事調停事件においては話合いを円滑に進めるという観点などから管轄裁判所が定められているのに対し，家事審判事件は当事者等の手続上の権能の行使や裁判所による事実の調査の便宜等を考慮し，適切な審判を行うという観点から管轄裁判所が定められているから，家事調停事件が係属していたことのみを理由として管轄権が生ずるものとすることはできないからである。

　したがって，審判の移行後，家事調停事件が係属していた裁判所（調停裁判所）が所属する家庭裁判所に家事審判事件の管轄権がない場合は，その家庭裁判所は，原則として，管轄裁判所に事件を移送しなければならない（法9条1項本文）。

　もっとも，家事調停の手続の中で，家事審判の手続においても有用な資料等が既に収集されており，当事者の手続上の権能の行使や裁判所による事実の調査の便宜等の観点からも，家事調停事件が係属していた裁判所（調停裁判所）が所属する家庭裁判所において家事審判の手続を行うべき場合には，家庭裁判所は，自庁処理の裁判をして，そのまま家事審判の手続を行うことができる（法9条1項ただし書）。

## 3　付調停と家事調停事件の管轄裁判所

　人事に関する訴訟事件その他家庭に関する事件（法244条）は，当事者間の合意によって解決をすることができれば，判決又は家事審判によって解決するよりも適切な場合がある。そのため，家事事件手続法は，家事調停を行うことができる事件についての訴訟又は家事審判事件が係属する裁判所は，いつでも，事件を調停に付することができるとしている（法274条1項）。この場合には，訴訟又は家事審判事件が係属する裁判所は，家事調停事件の管轄権を有する家庭裁判所にその家事調停事件を処理させなければならないが，事件を処理するために特に必要があると認めるときは，管轄権を有する家庭裁判所以外の家庭裁判所に処理させることができる（同条2項）[16]。さらに，訴

---

16）理論的には，訴訟又は家事審判事件が係属する裁判所は，事件を調停に付する決定を

第6章　管轄と移送

訟又は家事審判事件が係属している裁判所が自ら処理する（いわゆる自庁調停）こともできる（同条3項）。[17] このように，家事調停事件の管轄権の有無に関係なく，訴訟又は家事審判事件が係属している裁判所による自庁調停を認めているのは，訴訟手続又は家事審判の手続で得た資料，さらには心証を踏まえてその係属裁判所が調停のあっせんをすることは，当事者にとっても便宜であるし，適切な解決を図ることにもつながるからである。なお，家事事件手続法における自庁調停とは，あくまでも訴訟又は家事審判事件が係属している裁判体（裁判官）が自ら家事調停を処理することを意味するのであり，例えば，同一の裁判所で訴訟又は家事審判事件が係属している裁判体とは違う裁判体（裁判官）が家事調停を処理することは，自庁調停ではない（家事調停事件の管轄権を有しない裁判所で訴訟又は家事審判事件が係属している裁判体とは違う裁判体（裁判官）が家事調停を処理するには，法274条2項ただし書の規定によることになる。）。

　ところで，申立人は，相手方との話合いも模索しているが，家事調停事件の管轄裁判所が相手方の住所地にあることから，その管轄裁判所において審

---

する際に，事件を処理する裁判所を定める決定もしなければならない（このことは，家事調停事件の管轄権を有する家庭裁判所で処理する場合であっても変わりがなく，その旨を決定する必要があると思われる。）。事件を処理する裁判所を定める決定の効力には，その定められた裁判所に家事調停事件を係属させる効力があると考えられるが，家事調停事件の管轄権を有する家庭裁判所以外の家庭裁判所を事件を処理する裁判所と定める決定に関しては，その家庭裁判所に管轄権をも生じさせる効力があるのかがさらに問題となる。事件を処理する裁判所を管轄権を有する家庭裁判所以外の家庭裁判所と定める決定は実質において管轄権を有する家庭裁判所以外の家庭裁判所への移送と変わりがないし，仮に管轄権が生じないとすると，家事調停事件の処理を委ねられた家庭裁判所は改めて自庁処理の裁判（法9条1項ただし書）をしなければならなくなるが，そのような処理は迂遠であるようにも思われるから，移送と同様，管轄権を生じさせる効力を認めるべきであると考えられる（金子・前掲注5）826頁）。もっとも，そのように考える以上は，法律又は規則において明文の規定はないが，裁判所は，管轄権を有する家庭裁判所以外の家庭裁判所に処理させることにつき当事者の意見を聴くのが相当である。また，明文にはないが，理論的には，家事調停事件の管轄権を有する家庭裁判所以外の家庭裁判所に移送する裁判に対する即時抗告（法9条3項）と同様，管轄権を有する家庭裁判所以外の家庭裁判所を事件を処理する裁判所と定める決定に対する即時抗告の可否も問題となり得るようにも思われる（なお，このことは，事件を調停に付する決定に対する即時抗告の可否とは別の問題である。事件を調停に付する決定自体に即時抗告をすることができないことについては，金子・前掲注5）826頁参照）。

17）特に規則などで義務付けられているものではないが，自庁調停をする際には，自庁処理をする場合（規則8条1項）と同様，そのことにつき当事者の意見を聴くべきであると考えられる（金子・前掲注5）827頁）。

第3 家事調停事件の管轄裁判所と家事審判事件との関係

理等をすることを回避するため，家事調停の申立てではなく，家事審判の申立てをするというケースが実務上見受けられる。具体的には，夫婦が別居している場合における婚姻費用の分担に関する処分の事件や，子の監護に関する処分の事件などで，相手方である夫の住所地ではなく，申立人である妻や，妻と同居している子の住所地を管轄する家庭裁判所において審理等をするため，家事調停の申立てではなく，家事審判の申立てを選択するようなケースである。[18] このようなケースでは，そのまま家事審判の手続を進めることも考えられる（そもそも，訴訟と違って，家事審判をすることができる事項に関する事件については，調停前置主義がとられていない。法257条1項）が，話合いの余地もあるから，家事審判の手続を進めずに，申立てがあった段階で直ちに事件を家事調停に付し，家事調停の手続を先行させることが考えられる。もっとも，その際に，どの裁判所で手続を進めるのかが問題となる。理論的には，家事審判の手続が進んでおらず，資料も収集されていないのであれば自庁調停（法274条3項）を利用するのは相当でない[19]し，申立人が相手方の住所地を管轄する家庭裁判所において審理することを希望していないことをもって家事審判事件を処理するために特に必要がある（法274条2項ただし書）とは直ちに認められないから，家事調停事件の管轄権を有する家庭裁判所において処理すべきと考えられる。もっとも，家事審判の申立人の意向に反して，家事審判の申立てをした家庭裁判所以外の家庭裁判所において家事調停事件を処理することとしても，実際上，円滑な話合いは難しいとも思われるから，相手方の意見を踏まえつつ，自庁調停により家事審判事件が係属している裁判所が家事調停事件を処理し，又は家事事件手続法274条2項ただし書の規定により家事審判事件が係属している裁判所が所属する家庭裁判所で

---

18）そのような事案があることについて,（松谷佳樹「第3回婚姻費用・養育費の調停・審判事件の実務」東京家事事件研究会編『家事事件・人事訴訟事件の実務』（法曹会，2015年）95頁参照。

19）家事事件手続法においては自庁調停を認めるための要件は定められておらず，自庁調停を行うかどうかは，訴訟又は家事審判事件が係属する裁判所（裁判官）の裁量に委ねられている。もっとも，本文にもあるとおり，自庁調停が認められているのは，家事審判の手続で得た資料，さらには心証を踏まえてその係属裁判所が調停のあっせんをすることが適切であるからであり，家事審判の申立てがされた直後であり，資料も収集されず，心証が形成されていないような段階で，自庁調停を行うことはその趣旨に反するおそれがある。

*133*

第6章　管轄と移送

処理することとなってもやむを得ないケースもあると思われる。

# 第4 優先管轄等

## 1 優先管轄の意義

　家事事件の中には，二つ以上の家庭裁判所が管轄権を有する場合があるが，家事事件手続法は，このような場合には，管轄権を有する家庭裁判所のうち先に申立てを受け，又は職権で手続が開始した家庭裁判所のみが管轄権を有し，そのほかの家庭裁判所は管轄権を喪失することとしている（法5条）。これは，二つ以上の家庭裁判所が管轄権を有する場合であっても，具体的な家事事件の審理等を行う裁判所を一つに限定し，管轄権を有する二つ以上の家庭裁判所においてそれぞれ審理等が行われ，異なった判断が示されることを防止するためである[20]。

　そのため，A裁判所とB裁判所が管轄権を有する家事事件について，A裁判所が先に申立てを受け，又は職権で手続が開始し，その後，B裁判所が同一の家事事件について新たに申立てを受けた場合は，B裁判所は，その申立てに係る事件をA裁判所に移送しなければならない（法9条1項本文）。もっとも，A裁判所ではなく，管轄権を有しないこととなったB裁判所において審理等を行うのが適切であることもあるが，そのようなときは，逆にB裁判所への移送によって対応することとなる（法9条2項1号）。

## 2 手続の併合

　同一の家事事件について複数の事件が同一の裁判所に係属している場合に，その複数の事件の手続を併合（法35条1項）するかどうかは，法律上特に定められておらず，裁判所の適切な裁量に委ねられている。裁判所としては，基本的にはその手続を併合すべきであると考えられるが，先行する事件の進行の程度等によっては，手続を併合せずに，先行する事件の手続を進め，そ

---

20）金子・前掲注5）11頁参照。

の事件の結果を踏まえて，後行する事件を処理することも許容される[21]。例えば，同一の者につき後見開始の審判事件が複数係属していた場合において，先行の事件において後見開始の審判がされ，その審判が確定したときは，同一の者につき複数の後見開始の審判をすることは許されないから，後行する事件においては，申立てが却下されることになる。

# 第5 移 送

## 1 移送の種類

　家事事件手続法は，移送に関し，大きく二つの類型を設けている。すなわち，①管轄権を有しない裁判所による移送（法9条1項）と②管轄権を有する裁判所による移送である（同条2項）。さらに，前者には，ⅰ）管轄権を有する家庭裁判所への移送（同条1項本文）[22]と，ⅱ）管轄権を有する家庭裁判所以外の家庭裁判所への移送（同項ただし書）があり，後者には，ⅲ）本

---

21）高田・前掲注13）41頁〔畑瑞穂発言〕参照。
22）管轄権を有しない裁判所による管轄権を有する裁判所への移送には，例えば，後見開始の審判事件の申立てが地方裁判所にあった場合において，その地方裁判所が，管轄権を有する家庭裁判所に移送することも含まれる（金子・前掲注5）20頁）。
　なお，従前から，家事審判の対象である事項を家事審判事件としてではなく，訴訟として地方裁判所等に訴えを提起した場合において，その地方裁判所等が，その訴えに係る事件を訴訟ではなく，家事審判事件として家庭裁判所に移送することができるかが議論されていた（判例は，これを否定している。最判昭和44年2月20日民集23巻2号399頁，最判昭和38年11月15日民集17巻11号1364頁参照）。この問題は，本来的には，移送そのものの問題ではなく，当事者の手続選択の誤りを救済するために，裁判所において当事者が求めている事件の性質を「訴訟」から「家事審判事件」に変更できる（手続を変更できる）のかという問題であり（通常の移送とは違う問題であると指摘するものとして，「判解」昭和38年度315頁〔奈良次郎〕，竹下守夫「家事審判法改正の課題」家月61巻1号43頁がある。），移送が問題にならないケース（例えば，後見開始の「判決」を求めて，成年被後見人となるべき者の住所地を管轄する家庭裁判所に訴えを提起したケース）にも生じ得る。家事事件手続法は，当事者の手続選択の誤りは，申立てを受理する前の段階で適切に手続の案内等をするなどの裁判所の適切な運用により対応することとし，裁判所においてそのような事件の性質の変更（手続の変更）を行うことはできないことを前提としている（仮に，手続の案内等にもかかわらず，当事者がその性質上判決をすることができない事項について判決を求める（訴えを提起する）場合には，裁判所は，訴えを却下することとなる。金子・前掲注5）21頁。ただし，家事調停の手続と民事調停の手続との間の変更・移送については，注23）参照）。

第6章　管轄と移送

来は管轄権を有していたが，優先管轄の規定によって管轄権を有しないこととされた家庭裁判所への移送（同条2項1号）と，iv）管轄権を全く有していなかった家庭裁判所（優先管轄の規定によって管轄権を有しないこととされた家庭裁判所以外の家庭裁判所）への移送（同項2号）がある[23]。

---

23) 本文の四つの移送のほか，調停事件に関しては，家庭裁判所と地方・簡易裁判所間の移送がある。具体的には，法律上，次の三つの類型がある。なお，裁判所（地方・簡易裁判所）が，民事調停をすることができるが，家事調停もすることができる事件について民事調停の申立てを受けた場合に，家事調停事件としてその事件を家庭裁判所に移送することができるのかは，解釈に委ねられている（金子修編著『逐条解説非訟事件手続法』（商事法務，2015年）439頁）。
① 家庭裁判所は，家事調停を行うことができる事件以外の事件について家事調停の申立てを受けた場合は，民事調停事件の管轄権を有する地方・簡易裁判所に事件を移送する（法246条1項）。ただし，事件を処理するために特に必要があると認めるときは，管轄権を有する地方・簡易裁判所以外の地方・簡易裁判所（事物管轄権を有するものに限る。）に移送することもできる（同条3項）。
② 家庭裁判所は，家事調停を行うことができる事件について家事調停の申立てを受けた場合において，事件を処理するために必要があると認めるときは，民事調停事件の管轄権を有する地方・簡易裁判所に事件を移送することができる（法246条2項）。ただし，事件を処理するために特に必要があると認めるときは，管轄権を有する地方・簡易裁判所以外の地方・簡易裁判所（事物管轄権を有するものに限る。）に移送することもできる（同条3項）。
③ 裁判所（地方・簡易裁判所）は，民事調停をすることができないが，家事調停をすることができる事件について民事調停の申立てを受けた場合には，家事調停事件の管轄権のある家庭裁判所に移送しなければならない。ただし，事件を処理するために特に必要があると認めるときは，土地管轄の規定にかかわらず，管轄権を有する家庭裁判所以外の家庭裁判所に移送することができる。（民調4条2項）。
　これらの移送は，事件の性質（手続）の変更を伴うものであるが，家事調停の手続と民事調停の手続については，その対象事項がいずれも厳格ではなく，両者には重複する部分があるなどその境界は必ずしも一般的に明確であるとはいえないことや，いずれも基本的には話合いによる解決を目指す手続である点で共通していること等が考慮されて特別に認められているものである（金子・前掲注5）21頁等参照）。いずれの裁判についても，当事者には申立権がなく，裁判所が職権で移送の裁判をする。移送の裁判をする際には当事者及び利害関係参加人（民事調停では，参加人）から意見を聴くことができる（規則上は，法246条2項及び3項により移送する際の当事者及び利害関係参加人からの意見聴取（規則124条）と，管轄権を有する家庭裁判所以外の家庭裁判所に移送する際の当事者からの意見聴取（民調規2条）しか定めがないが，そのほかの移送の裁判でも可能であると解するし，民事調停においても参加人（民調11条）から意見聴取をすることは可能であると解する。本文3参照）が，手続が変更されることに鑑みると，裁判所としてはできる限り意見を聴くべきであると思われる。また，いずれの移送の裁判にも，即時抗告が認められる（上記①，②の裁判については，法246条4項において準用する法9条3項。上記③の裁判については，民調22条において準用する非訟10条1項が準用する民訴21条）。

136

第5 移送

## **2 申立権**

　家事事件手続法は，四つの移送のうち管轄権を有しない裁判所による管轄権を有する裁判所への移送（管轄違いを理由とする移送）にのみ申立権を認め，その余の移送には申立権を認めていない。この申立権は，当事者のほか，利害関係参加人にも認められる。

　なお，移送の申立ては，申立ての理由を明らかにして，期日においてする場合を除き，書面でしなければならない（規則7条）。

## **3 意見聴取**

　家事事件手続規則は，管轄権を有しない裁判所による管轄権を有する裁判所への移送以外の移送の裁判をするときは，当事者及び利害関係参加人の意見を聴くことができるとする（規則8条2項）。もっとも，管轄権を有しない裁判所による管轄権を有する裁判所への移送の裁判をするときに当事者及び利害関係参加人の意見を聴くことは，これを否定する理由はなく，当然に許されると考えられる。

　また，移送の申立てを却下するときに当事者及び利害関係参加人の意見を聴くことも差し支えないと考えられる。特に，その後に自庁処理をすることを理由として移送の申立てを却下するときには，自庁処理をする際に陳述を聴かなければならない者（規則8条1項）からあらかじめ陳述を聴取しておくべきであろう。

## **4 移送の要件と移送の申立ての却下**

### ⑴ **管轄権を有しない裁判所による管轄権を有する裁判所への移送（法9条1項本文）**

　この移送の要件は，①家事事件が係属する裁判所に管轄権がないことと，②移送先の裁判所に管轄権があることである。また，管轄権を有する家庭裁判所以外の家庭裁判所に移送すべきであるとはいえないことや，家事事件が係属する裁判所が自庁処理をすべきであるとはいえないことのほか，管轄権を有する裁判所が複数ある場合には，移送先以外の管轄権を有する裁判所に移送すべきであるとはいえないことも消極的な要件であると考えられる。

*137*

第6章　管轄と移送

(2) **管轄権を有しない裁判所による管轄権を有する家庭裁判所以外の家庭
裁判所への移送（法9条1項ただし書）**

　この移送の要件は，①家事事件が係属する家庭裁判所に管轄権がないこと
と，②管轄権を有する家庭裁判所以外の家庭裁判所に移送することが事件を
処理するために特に必要であることである。また，家事事件が係属する裁判
所が自庁処理をすべきであるとはいえないことも消極的な要件であると考え
られる。

(3) **管轄権を有する裁判所による優先管轄の規定によって管轄権を有しな
いこととされた家庭裁判所への移送（法9条2項1号）**

　この移送の要件は，①家事事件が係属する家庭裁判所に管轄権があること，
②移送先の裁判所が，優先管轄の規定によって管轄権を有しないこととされ
た家庭裁判所（本来は，管轄権を有する家庭裁判所）であること，③その家庭
裁判所に移送することが家事事件の手続が遅滞することを避けるため必要で
あると認めるときその他相当と認めるときであることである。また，優先管
轄の規定によって管轄権を有しないこととされた家庭裁判所以外の家庭裁判
所に移送すべきでないことも消極的な要件であると考えられるし，管轄権を
有しないこととされた家庭裁判所が複数ある場合には，移送先以外の管轄権
を有しないこととされた家庭裁判所に移送すべきであるとはいえないことも
消極的な要件であると考えられる。

(4) **管轄権を有する裁判所による管轄権を全く有していなかった家庭裁判
所（優先管轄の規定によって管轄権を有しないこととされた家庭裁判所以外
の家庭裁判所）への移送（法9条2項2号）**

　この移送の要件は，①家事事件が係属する家庭裁判所に管轄権があること
と，②移送先の家庭裁判所に移送することが事件を処理するために特に必要
であることである。また，上記(3)の管轄権を有する裁判所による優先管轄の
規定によって管轄権を有しないこととされた家庭裁判所へ移送すべきである
とはいえないことや，移送先以外の管轄権を有しないこととされた家庭裁判
所以外の家庭裁判所に移送すべきであるとはいえないことも消極的な要件で
あると考えられる。

第5 移 送

### (5) 移送の申立てを却下する裁判

裁判所は，管轄権を有しない裁判所による管轄権を有する裁判所への移送の申立てに理由がない場合は，その申立てを却下する裁判をすることとなる。

なお，家事事件が係属する裁判所において自庁処理をすることが事件を処理するために特に必要であると認め，自庁処理をすべきと判断した場合には，移送の申立てを却下する裁判のみをし，自庁処理の裁判は，その移送の申立てを却下する裁判の確定後にすべきである。自庁処理の裁判をしてしまうと，その裁判をした裁判所に管轄権が生じ，移送の申立てを却下する裁判に対する即時抗告の中で自庁処理の是非について争うことができなくなるからである。他方で，管轄権を有する家庭裁判所以外の家庭裁判所に移送することが事件を処理するために特に必要であると判断した場合には，移送の申立てを却下する裁判と同時に，管轄権を有する家庭裁判所以外の家庭裁判所への移送の裁判をするべきである。いずれの裁判に対しても即時抗告をすることができるが，それらの裁判に対し別々に即時抗告がされると，審理の重複又は判断の矛盾等が生ずるおそれがあるからである。[24]

## 5 即時抗告

### (1) 即時抗告の対象

移送の裁判と移送の申立てを却下する裁判のいずれにも，即時抗告をすることができる（法9条3項）。

### (2) 即時抗告権者

移送の裁判の即時抗告権者は，当事者及び利害関係人である。また，移送の申立てを却下する裁判の即時抗告権者は，移送の申立てをした者である。

### (3) 即時抗告の理由

移送の裁判に対する即時抗告の理由は，上記4(1)から(4)までの要件を欠いていること（消極的な要件は，そのような事情があること）である。[25] また，移

---

24) 金子・前掲注5) 20頁。
25) 管轄権を有しない裁判所による管轄権を有する裁判所への移送にのみ当事者の申立権が認められ，管轄権を有する家庭裁判所以外の家庭裁判所への移送及び自庁処理に対し

第6章　管轄と移送

送の申立てを却下する裁判に対する即時抗告の理由は，上記4(1)の要件を充足していること（消極的な要件は，そのような事情がないこと）である。

### ⑷　抗告審の裁判

抗告審は，即時抗告に理由があれば，その理由に応じて，原審を取り消すことになる。その際に，他の家庭裁判所等に移送すべき場合には，その旨を決定することとなる[26]。

なお，原裁判所が採用した理由は採用できないが，他の理由によれば移送の裁判又は移送の申立てを却下する裁判の結論自体を採用することができる場合には，抗告審は，即時抗告を棄却すべきであると考えられる[27]。

## 6　即時抗告の執行停止効

移送の裁判に対する即時抗告は，執行停止の効力を有する（法9条4項）。したがって，即時抗告がされ，抗告審の判断が出るまでは，移送先の裁判所において，審理及び裁判をすることはできない。

## 7　移送の裁判の効力

確定した移送の裁判は移送を受けた裁判所を拘束し，移送を受けた裁判所は，さらに事件を他の裁判所に移送することができない（法9条5項において準用する民訴22条1項，2項）。もっとも，移送の裁判の確定後に生じた新事由に基づいて再移送することや，移送された事由とは別個の事由によって

---

ては申立権が認められていないこととの関係で，移送の裁判に対し，管轄権を有する家庭裁判所以外の家庭裁判所へ移送すべきこと，又は自庁処理をすべきことを理由に即時抗告をすることができるのかが問題とされている。両論あり得ると思われるが，裁判所は移送の裁判をする際には，管轄権を有する家庭裁判所以外の家庭裁判所への移送や自庁処理をするかどうかを考慮しているし，自庁処理をすべきであるとして移送の申立てを却下する裁判に対しては自庁処理をすべきでないことを理由に即時抗告が認められるべきであることとの均衡などを考慮すると肯定すべきである（詳細については，金子・前掲注5）25頁等参照）。

26)　自庁処理をすべきことを理由に，管轄権を有しない裁判所による移送の裁判を取り消す際に，抗告審が自庁処理の裁判をすべきかどうかも問題になると思われるが，自庁処理の裁判は家事事件が係属している裁判所がすべきであるので，抗告審は移送の裁判を取り消すにとどめ，自庁処理の裁判自体は，家事事件が係属している家庭裁判所が行うこととすべきではないかと考える。

27)　金子・前掲注5）25頁以下参照。

再移送することは許される。

　また，移送の裁判が確定したときは，家事事件は，初めから移送を受けた裁判所に係属していたものとみなされることとなる（法9条5項において準用する民訴22条3項）。

## 第6　自庁処理

### 1　要件等

　家庭裁判所は，管轄権を有していなくとも，事件を処理するために特に必要があると認められるときは，自ら処理することができる（法9条1項ただし書）。

### 2　意見聴取

　家庭裁判所は，自庁処理の裁判をするときは，当事者及び利害関係参加人の意見を聴かなければならない（規則8条1項）。このように陳述聴取を義務付けているのは，自庁処理の裁判がされると，管轄違いを理由とする移送の申立てができなくなることから，自庁処理に不服がある者に移送の申立ての機会を保障するためである[28]。

　なお，規則上は，特に例外が設けられていないから，例えば，管轄権がないことを認識しながら管轄権を有する家庭裁判所以外の家庭裁判所に家事審判の申立てをした申立人や，既に管轄違いの移送の申立てをした当事者又は利害関係参加人からも，陳述の聴取をしなければならない。もっとも，申立人からは家事審判の申立ての段階などで，移送の申立てをした当事者又は利害関係参加人からはその申立てに係る裁判をする段階などで，それぞれ自庁処理に関し陳述を聴いているケースも多いと思われ，そのようなケースでは，それとは別に改めて陳述を聴取する必要はないと思われる。

---

28）最高裁判所事務総局家庭局監修『条解家事事件手続規則』（法曹会，2013年）24頁。

第 6 章　管轄と移送

## 3　自庁処理の裁判

　家庭裁判所は，自庁処理をする際には，自庁処理の裁判をしなければならない。自庁処理の裁判により，管轄権を有しない家庭裁判所以外の家庭裁判所に管轄権が生ずることとなるが，他方で，自庁処理の裁判がされた後は，他の管轄権を有する裁判所は管轄権を喪失することとなると解される（法5条）。したがって，自庁処理の裁判後は，管轄違いの移送の申立てがされても，その申立ては，却下されることになる[29]。

　また，移送における再移送禁止の趣旨からすると，自庁処理の裁判をした後は，事情の変更がない限り，家事事件手続法9条2項の規定により他の家庭裁判所に移送することはできないと解されるが，事情の変更があれば，同法9条2項の規定により他の家庭裁判所に移送することは許されると解される[30]。

　なお，法律又は規則上，自庁処理の裁判をすべき時期に関しては，特に定めを置いていない。しかし，管轄権を有する家庭裁判所以外の家庭裁判所が自庁処理の裁判をしないまま手続を進めるのは相当ではなく，管轄権の問題は手続の初期の段階で処理すべきであるから，管轄権を有する家庭裁判所以外の家庭裁判所は，手続が開始した早期の段階で自庁処理の裁判をするか，管轄権を有する他の家庭裁判所に移送する裁判をすべきである。

## 4　不服申立て

　自庁処理の裁判に対しては，即時抗告は認められていない。自庁処理をすることに反対の当事者又は利害関係人には，管轄違いを理由とする移送の申立権を認め，その申立ての中で自庁処理の当否についても主張する機会を与えることで足りると考えられたからである[31]。

---

29）金子・前掲注5）19頁参照。
30）金子・前掲注5）23頁参照。
31）金子・前掲注5）24頁以下参照。

# 第7章

# 家事審判における手続保障

垣 内 秀 介

---

## 第1 はじめに

　家事事件手続における手続保障は，家事事件手続法の制定にあたって中心的な課題とされた点であり，同法が手続保障に関する諸規定を旧法と比較して大幅に拡充したことは，周知の通りである[1]。本稿は，そうした家事事件手続における手続保障について，①手続保障を受けるべき主体，②講じられるべき手続保障の内容の二つの面から概観し，そこに含まれる問題点について若干の整理を試みようとするものである。

　なお，家事事件には家事調停に関する事件も含まれ（法1条参照），理論上は調停手続における手続保障も問題となり得るが[2]，本稿においては，家事審

---

[1] 金子修編著『一問一答家事事件手続法』（商事法務，2012年）25頁は，家事事件手続法制定にあたっての旧法からの見直しの要点として，第一に，「当事者等の手続保障を図るための制度（審判等によって影響を受ける子の利益への配慮のための制度を含む）の拡充」を挙げる。また，高田裕成編著『家事事件手続法』（有斐閣，2014年）17頁以下も参照。

[2] ここでいう調停手続における手続保障とは，事件が調停成立によって終了するような場合でも問題となるような調停手続内在的な手続保障の問題を指す。したがって，調停不調により審判手続に移行する場合に，審判手続との関係で問題となる手続保障については，別論である。調停における手続保障の問題に関しては，山本和彦「家事事件手続における職権主義，裁量統制，手続保障」同『民事訴訟法の現代的課題』（有斐閣，2016年，初出2014年）355頁注40，梶村太市＝徳田和幸編著『家事事件手続法〔第3版〕』（有斐閣，2016年）51頁〜54頁〔山田文〕も参照。

判手続における手続保障に焦点を当てることとし，家事調停手続における手続保障については取り扱わない。

以下では，まず，手続保障という概念の理論上の意義について確認した上で（第2），手続保障に関連する家事事件手続法の諸規定の内容を概観し（第3），次いで，上記①及び②の観点からなお残されている課題について，問題状況を確認することとしたい（第4）。

# 第2 手続保障の意義

## 1 手続保障の必要性

「手続保障」という概念は実定法上の概念ではなく，その定義は必ずしも一義的に明らかであるとはいえないが，一般的には，審理の中で当事者に対して主張・立証の機会を保障することを意味するものとされる[3]。したがって，これを当事者の権能という視点からみれば，主張・立証を行う権利，言い換えれば，裁判の基礎となる資料を提出する権利（いわゆる弁論権[4]）の保障がその中核と解されることになる。こうした手続保障の必要性は，民事訴訟の判決手続に関しては特段の異論なく受け入れられてきたものといえ，そこでは，とりわけ判決効によって不利な影響を被る主体に対して，そうした不利益を正当化するための条件として，手続保障の必要性が説かれてきた[5]。判決手続に関しては，双方審尋主義や必要的口頭弁論の原則といった形で，伝統

---

3) 伊藤眞『民事訴訟法〔第5版〕』（有斐閣，2016年）21頁参照。
4) 内容的には，いわゆる審尋請求権（審問請求権）と重なり合うものといえる。家事事件の文脈において審尋請求権概念がもち得る意義に関しては，高田裕成「家事審判手続における手続保障論の輪郭」松原正明＝道垣内弘人編『家事事件の理論と実務第1巻』（勁草書房，2016年，初出2007年）71頁以下に詳しい。
5) 新堂幸司『民事訴訟法〔第5版〕』（弘文堂，2011年）683頁参照。なお，いわゆる「手続保障の第三の波」に属する論者からは，むしろ手続保障こそが訴訟の目的と考えるべきだとの問題提起がされたことは，周知の通りである。井上治典「民事訴訟の役割」同『民事手続論』（有斐閣，1993年，初出1983年）1頁以下，同前29頁以下（初出1983年）参照。この見解に対する代表的な批判的検討として，山本克己「いわゆる『第三の波』理論について」山下正男編『法的思考の研究』（京都大学人文科学研究所，1993年）505頁以下，また，筆者による若干のコメントとして，垣内秀介「〔書評〕加藤新太郎編『民事司法展望』」判タ1126号94頁，95頁も参照。

的に慎重な手続保障の仕組みが組み込まれてきたことから，手続保障論は，そうした既存の諸観念や諸制度の自覚的な理論化ないし再構成という側面を含むものではあったものの，基本的には受け入れられやすい素地があったものとみられる[6]。

これに対して，家事事件を含む非訟事件の手続に関しては従来同様の前提は存在せず，手続保障に関する実定法上の手がかりは乏しい状況にあった[7]。そのため，そこでの手続保障の必要性は必ずしも自明のものとは考えられてこなかったといえる[8]。しかし，学説上は，むしろ非訟事件手続に対する関心が手続保障論の発展の重要な契機を提供したという経緯もあり[9]，近年では，程度や内容の違いはあれ，狭い意味での訴訟手続にとどまらず，非訟事件手続を含むあらゆる裁判上の手続において一定の手続保障が要求されることについて，大方の一致が形成されていたものと考えられる[10]。その背景には，家事事件を含む非訟事件の手続においても，手続の結果としてされる裁判によってその法的地位に影響を受ける主体は当然に存在するところであり，とりわけそうした影響が不利益なものである場合には，そうした不利益を当該

---

6）民事訴訟法学説の展開の経緯については，伊藤眞「学説史からみた手続保障」新堂幸司編著『特別講義民事訴訟法』（有斐閣，1988年，初出1982年）51頁以下を参照。

7）手続保障に関連する規律にかかる旧法及び家事事件手続法の諸規定の比較表として，金子修「家事事件手続法下の家事審判事件における職権探知と手続保障」松原正明＝道垣内弘人編『家事事件の理論と実務第1巻』29頁がある。

8）手続保障の必要性の認識に関しては，学説と実務との間に乖離がある，とも指摘されてきたところである。本間靖規「非訟事件手続・家事事件手続における裁判所の役割」法時83巻11号18頁参照。

9）非訟事件手続における手続保障に関する先駆的な業績として，山木戸克己「訴訟における当事者権」同『民事訴訟理論の基礎的研究』59頁以下（有斐閣，1961年，初出1959年），鈴木忠一「非訟事件に於ける正当な手続の保障」同『非訟・家事事件の研究』259頁以下（有斐閣，1971年，初出1969年）があるが，とりわけ前者は，「当事者権」概念の析出という点で，判決手続におけるそれを含む手続保障論全体との関係で，重要な理論的画期をなすものであった。当事者権の概念の展開については，山本克己「当事者権」鈴木正裕先生古稀祝賀『民事訴訟法の史的展開』（有斐閣，2002年）61頁以下を参照。

10）伊藤・前掲注3）10頁は，非争訟的非訟事件においても裁判を受ける者に対する手続保障は重要であるし，争訟的非訟事件においては利害関係人に対して主張・立証の機会を与える必要は訴訟事件と同様に存在する，としており，今日における一般的な見方を示すものといえよう。家事事件における手続保障に関する学説の展開の概観として，本間靖規「家事審判と手続保障」吉村徳重先生古稀記念『弁論と証拠調べの理論と実践』（法律文化社，2002年）112頁以下も参照。

主体との関係で正当化する条件として，手続保障が問題となり得ることには変わりがない，という事情があったものとみられる[11]。そうした観点からは，そうした要請を挙げて実務運用に委ねる旧法の規定ぶりには問題があり[12]，必要な規律の実定的なルール化が課題と考えられたところである[13]。今般の家事事件手続法制定に際して手続保障に関する規定が大幅に拡充されたのも，理論的には，こうした流れの一つの到達点として位置づけることができよう[14]。

## 2　手続保障に関する諸規律

　1で述べたように，家事事件においても一定の手続保障が必要であるとしても，その実現，言い換えれば，裁判によって自己の法的地位に不利な影響を受ける者に対して意見陳述の機会を保障するための手続規律としては，多様なものが想定できる。したがって，その具体的な内容もまた，必ずしも一義的なものとはいえないが，それらについて整理を試みるとすれば，差し当たり以下のように整理することができよう。

---

11）もっとも，そのさらなる根拠としては，ドイツにおいては憲法上の価値としての人間の尊厳の不可侵が援用されるのに対して，日本においても同様に考えることができるかどうかについては，なお検討すべき点があると指摘される。高田・前掲注4）90頁本文及び注55参照。なお，山本・前掲注2）355頁は，この観点（「根元的手続保障論」と呼ばれる）に加えて，実体的に正しい裁判を導くための手段として手続保障を理解する可能性を論じ，法69条ただし書や71条の規律は，同法における手続保障の手段的性格を示唆する，という。
　　原理的な探求は将来に委ねざるを得ないものの，本稿では，基本的には，手続保障の要請は，当事者の主体性尊重の必要から導かれるとの立場（山本和彦教授のいう根元的手続保障論に対応する）を前提としている。なお，こうした手続保障の必要性の実定法的な根拠を憲法の諸規定（とりわけ憲法32条）に求めることができるかどうかについても議論があるが，本稿では，その点には立ち入らない。
12）そうした問題を改めて顕在化させた裁判例として，最決平成20年5月8日判時2011号116頁が挙げられる。同決定が法制審議会非訟事件手続法・家事事件手続法部会における議論に対して大きな意味をもったことにつき，金子・前掲注7）19頁注26参照。また，旧法の規定の不備から起こり得た事態を明快に指摘するものとして，金子・同前18頁，19頁の設例を参照。
13）こうした観点から改正を要する事項について包括的に検討した文献として，竹下守夫「家事審判法改正の課題」家月61巻1号43頁以下，特に68頁以下が挙げられる。
14）家事事件手続法制定前夜における理論の到達点を示す文献として，高田・前掲注4）67頁以下が示唆に富む。また，家事事件手続における手続保障論の受容の経緯について，家庭裁判所創設以来の実務の変遷という観点から包括的に検討する文献として，二本松利忠「家事事件手続における手続保障の流れ」田原睦夫先生古稀・最高裁判事退官記念『現代民事法の実務と理論（下）』（金融財政事情研究会，2013年）1126頁も参照。

第 2　手続保障の意義

すなわち，手続保障の核心を弁論権の保障[15]，言い換えれば，攻撃防御方法の提出機会の保障にみるという理解を前提とすれば，まず出発点となるのは，(1)およそ当事者[16]に攻撃防御方法の提出を可能ならしめるための規律である。具体的には，①当事者による攻撃防御方法の提出が可能な裁判手続が実施されることを大前提としつつ，②当事者に当該手続が係属しており，そこで攻撃防御方法の提出が可能であることを知らせるための規律[17]，③当該手続における攻撃防御方法提出の方法ないし態様に関する規律がこれに含まれる。次に，(2)当事者に攻撃防御の対象を知らせるための規律が問題となる。これには，④当該手続における係争物を知らせるための規律，⑤当該手続において裁判の基礎となるべき資料を知らせるための規律，⑥自己に有利な裁判を得るために必要となるべき資料を知らせるための規律が含まれる。総じて，(1)は，攻撃防御方法の提出機会の確保そのものに関するものであるのに対して，(2)は，当事者がどのような攻撃防御方法を提出する必要があるかを判断するために必要な情報を獲得することに関するものといえる[18]。一般に，「不意打ち防止」と呼ばれる要請に十分に応えるためには，(1)のみでは不十分であり，その程度については幅があり得るものの，(2)に属する規律があわせて必要になるものと考えられる。

　なお，近年では，以上のような内容の手続保障に加えて，文書提出命令の

---

15) これは，ドイツ法の文脈でいえば，憲法上の要請としての審尋請求権の保障に相当し，その主たる内容は，裁判によって不利益を受ける者に対して防御の機会が保障されなかった資料は，その裁判の基礎とすることはできない，という法命題によって表現される。高田・前掲注4）76頁参照。この法命題は，ドイツにおいては，明文の規定によって定められているところである。ドイツ家事・非訟事件手続法（FamFG）37条2項参照。

16) 手続保障をどのような主体に対して付与すべきか，という問題については，別途検討を要するが，これについては後述第3で述べることとし，ここでは差し当たり，手続上「当事者」とされた者に対する手続保障を前提として検討を進める。

17) これには，そうした告知が，攻撃防御方法の提出機会を当事者が利用するために十分な程度に，時間的な余裕をもってされるべきことが含まれる。

18) 従来の議論でいえば，(1)は，山本和彦教授の提唱にかかる「枠組的手続保障」に，また，(2)は，「内容的手続保障」に概ね対応するものといえる。これらについては，山本和彦「決定内容における合意の問題」同『民事訴訟法の現代的課題』（初出1997年）327頁以下を参照。また，加藤新太郎「釈明」大江忠ほか編『手続裁量とその規律』（有斐閣，2005年）135頁は，「実質的手続保障の内実は，インフォームド・シチュエーションを形成し，不意打ち防止又は実質的当事者平等を確保すること」にある，とするのも，本文の(2)に対応するものといえよう。

第7章　家事審判における手続保障

制度など，十分な証拠収集を確保するための規律をも手続保障の一内容として位置づける議論がみられる。この見解は，手続保障の内容を，攻撃防御の形式的な機会の保障にとどまる「形式的手続保障」と，実質的に十分な攻撃防御を現実に可能とするものとしての「実質的手続保障」とに区別し，後者の内容として，(a)当事者の攻撃防御のあり方を決定するような情報の取得に関する規律に加えて，(b)必要な証拠の認識・取得に関する規律，(c)実質的な討論の機会の保障に関する規律が含まれる，とするものである。[19]　この見解は，一方で，裁判の適法性や効力を維持するために最低限必要とされる程度の手続保障と，それを超えて，民事訴訟手続の正統性を可及的に高めるために追求されるより高度の手続保障との区別を主張するとともに，[20] 他方で，少なくとも後者に関する限り，手続の性質や事件類型に応じた規律の多様化を志向する点で，[21] 示唆に富むものである。もっとも，「形式的」・「実質的」の区別と，必要最低限の手続保障とそれを超える手続保障とを一対一で対応させることが適切かどうかについては，なお検討を要するように思われる。[22] また，証拠収集の問題が民事訴訟手続の正統性を保障する点で極めて重要であることは論を俟たないが，この点を手続保障概念に取り込むことは，かえって議論の対象の拡散を招くおそれがあるようにも思われる。そのため，本稿においては，当事者による証拠収集の問題については，検討の直接の対象とはしないこととしたい。[23]

　このように考えると，手続保障に関する具体的な規律としては，判決手続を例としていえば，以下のようなものが挙げられることとなる。すなわち，

---

19) 山本和彦「手続保障再考——実質的手続保障と迅速訴訟手続」同『民事訴訟法の現代的課題』111頁〜120頁（初出2008年）参照。
20) 山本・前掲注19) 111頁，113頁参照。
21) 山本・前掲注19) 120頁，123頁参照。なお，同115頁は，「個別の訴訟事件に適合的な「小文字のルール」の余地を拡げていくことが相当」だとする。
22) なお，同じく山本和彦教授の提唱にかかる枠組的手続保障・内容的手続保障の区別と形式的ないし実質的手続保障の区別もまた，一対一で対応するものではないが，両者には相当程度重なり合う部分もあるといえる。この点については，山本・前掲注2) 354頁，355頁参照。
23) このことは，広い意味における「手続保障」のうち，差し当たりは，ドイツのFamFG37条2項（前掲注15) 参照）によって表現されるような「最小要求」の部分を具体化するための諸規律に焦点を当てることを意味する。鈴木・前掲注9) 303頁，高田・前掲注4) 76頁参照。

148

第2　手続保障の意義

　口頭弁論の手続が必要的に実施されることを大前提としつつ（上記(1)①），訴状等の送達や，口頭弁論期日への呼出しにより，当事者としては手続の係属と攻撃防御方法提出機会の存在を知ることとなり（上記(1)②），口頭弁論に妥当する双方審尋主義，口頭主義等の諸原則や，証拠調べ手続に関する諸規律により，攻撃防御方法の提出方法が示されることになる（上記(1)③）。[24] また，手続の中断に関する規律により，当事者が攻撃防御不可能な状況に置かれている場合には，手続の進行が停止される（上記(1)①）。その上で，訴状において訴訟物を特定すべきものとする規律，またその被告への送達を要求する規律により，当事者に審判対象たる訴訟物が知らされることとなり（上記(2)④），口頭弁論における対席の保障，弁論主義の妥当，期日調書の作成，事件記録の作成・閲覧に関する規律などを通じて，裁判の基礎となる資料が当事者に対して示されることとなる（上記(2)⑤）。加えて，さらなる攻撃防御の必要性についての認識の共有を図るため，一定の場合には釈明権の行使が義務とされる（上記(2)⑥）。

　もっとも，判決手続に妥当するこうした諸規律は，手続保障のあり方のいわば一典型を示すものにすぎず，判決手続以外の各種手続を視野に入れた場合には，規律の具体的な内容は，多様なものであり得る。すなわち，攻撃防御方法の提出機会をどのような態様で保障するかについては，審理の方式や事件類型なども関係して，様々な方法が考えられるし，攻撃防御の機会の存在やその対象について，誰がどのような方法で情報を提供するかについても，やはり様々なものが考えられるからである。したがって，手続保障に関する具体的な規律内容は，手続の種類や事件の類型に応じて検討される必要がある。

　また，手続保障に関する規律ないし措置の中には，常に実施されるべきもの，原則として実施されるべきもの，具体的事情に応じて実施の要否を判断すべきものなど，その必要性の程度には様々なものが含まれる。しかも，例えば釈明義務の範囲について様々な立場が主張されることに典型的に示されるように，必要性の程度そのものについて見方が分かれる規律も存在する。

---

24）訴訟上の代理の許容も，攻撃防御を行う手段の拡充という意味では，ここに分類することが可能である。

*149*

第 7 章　家事審判における手続保障

そうした事情を考えれば，手続保障に関する規律の全てについて，法律の規定でその内容を一義的に定めることは困難であり，一部の規律については，個別の事件の具体的な事情に応じた処理を認めざるを得ない。その場合，基本的には，問題となる措置の実施の要否を当事者の意思に委ねる方法と，裁判所による裁量権の行使に委ねる方法とが考えられることになるが，そうした規律の振り分けは，当該措置にかかる当事者側の利益や第三者の利益，そして当該措置の実施に要する時間や労力といった点を含む制度設営者側の利益とを勘案して行うことになろう[25]。

## 3　家事事件ないし家事事件手続の特殊性

2で述べたように，手続保障に関する諸規律の具体的内容は，手続の方式や事件類型に応じて多様なものであり得ることから，家事事件手続における手続保障を考えるにあたっては，家事事件ないし家事事件手続の有する特殊性を考慮に入れる必要がある。この関係で問題となる点としては，差し当たり，①裁判の資料収集に関する原則として，弁論主義ではなく，職権探知主義が採用されていること（法56条1項），②審理方式として，口頭弁論の方式が要求されていないこと，③争いのある事実の認定について，厳格な証拠調べが必ずしも要求されず，方式に限定がなく，しかも職権で実施することができる事実の調査が広範に許容されていること（法56条1項，58条，61条），④裁判の前提となる法的判断の要件及び効果について，しばしば裁判所に広範な裁量が認められていること，⑤二当事者対立構造が大前提となる民事訴訟手続と異なり，直接の相手方が観念されない事件が含まれること，⑥それにもかかわらず，裁判が形成的な内容を含むことが多く，形式的に当事者とはされていない者に対しても，その形成力を通じて広範に影響を与える場合が少なくないこと，を挙げることができよう。そして，これらの諸点が家事事件手続における手続保障のあり方に与える影響としては，以下のような点を指摘することができる。

---

25)　手続の規律手法に関しては，手続裁量論，要因規範論，審理契約論といった各種のアプローチが提唱されているが，これらに関する筆者の観点からの整理としては，垣内秀介「和解手続論」新堂幸司監修『実務民事訴訟講座　第3期　第3巻』（日本評論社，2013年）182頁，184頁参照。

第2　手続保障の意義

　すなわち，上記①から③は，いずれも手続の方式に関わるものであって，相互に密接に関連するが，まず，①の職権探知主義の採用の帰結として，家事事件においては，通常の民事訴訟におけるような主張責任の規律は妥当しない。したがって，狭義における裁判資料（主張事実）と証拠資料との峻別は妥当しないこととなる[26]。このことは，当事者の視点からみれば，もっぱら他の当事者から主張があった事実のみに攻撃防御の対象を限定することはできないことを意味する[27]。さらに，②の口頭弁論の不採用は，口頭主義の不採用，言い換えれば，書面のみから顕出される事実であっても裁判資料となり得ることを意味する。加えて，③の事実の調査の広範な許容の結果，厳格な証拠調べに伴う期日の実施やそこでの当事者の立会権といった規律も妥当しないし，厳格な証拠調べを経由しない資料収集については，主張としての陳述とそれ以外の陳述や資料提出を区別することなく，全てを事実の調査の問題として整理することも可能になる[28]。結果として，家事事件においては，もっぱら期日における相手方の口頭での主張だけに注意していれば足りるという前提が存在しない上，そもそも当事者の手続行為としても，主張と立証の区別は，実際問題としては大きな意味をもたない。以上を要約すれば，家事事件手続においては，裁判所の情報収集過程が，当事者からみて全般的に不透明となる傾向が存在する，ということになろう[29]。

　また，④の裁量性もまた，こうした不透明性を助長する側面を有する。すなわち，家族法の分野における民法の規定には，「一切の事情」の考慮を認め（例えば，財産分与に関する民法768条3項，離婚請求の棄却に関する同770条2項など），あるいは，裁判所に「相当な処分」の権限を与えるといった形

---

26)　さらには，職権探知主義の下では，そもそも当事者が提出した資料か，裁判所が自ら収集した資料か，という区別もまた，本質的には大きな意味をもたない，との理解も生じ得る。金子・前掲注7）7頁注7参照。

27)　同じく職権探知主義をが妥当する人事訴訟の場合に，この問題に対応するのが人事訴訟法20条の規律であるが，本文で後述するように，家事事件の場合には，人事訴訟と異なりそもそも口頭弁論の方式を前提としないことから，問題はさらに深刻なものとなる。高田・前掲注4）79頁，80頁参照。

28)　金子・前掲注7）6頁，7頁が，家事事件手続においては，当事者による陳述や資料の提出は，原則としてすべて事実の調査の問題として把握され，それは「主張」についてであっても「主張を裏づける資料」であっても変わりがない，とするのは，こうした事情を反映したものである。

29)　高田・前掲注4）79頁が明快に指摘するところである。

第7章　家事審判における手続保障

で（例えば，子の監護に関する民法766条3項），要件効果を厳密に特定せず，裁判所の裁量を広範に認めるものが多い。その結果，当事者の視点からみれば，どのような具体的事実が認められればどのような具体的な法律効果が認められるのかが，一義的に明確とはいえないことになる。言い換えれば，通常の民事訴訟において要件事実が有している攻撃防御の対象の明確化という機能が，家事事件の場合には十分に働かない可能性があるのである。[30]

　他方で，上記の⑤及び⑥は手続に関係する主体のあり方に関わるものであるが，⑤の相手方のない事件の存在は，例えば対席の保障といった相手方の存在を前提とする規律を不要とするという点で，規律の簡略化を促す面がある。その反面，⑥の広範な利害関係人の存在は，差し当たり形式的意義における当事者の手続保障に着目すれば原則として問題が生じない民事訴訟の場合と異なり，手続外の利害関係人に対する手続保障の問題を顕在させる契機となろう。そして，こうした面での家事事件の特殊性は，とりわけ，手続上相手方が観念されない別表第1事件の場合に顕著になるものといえる。[31]

# 第3 手続保障をめぐる家事事件手続法の規律の枠組み

　それでは，手続保障に関する規律を大幅に拡充した家事事件手続法の諸規定は，以上で述べたような家事事件ないし家事事件手続の特色に対して，どのような形で応答しているのであろうか。第2の3でみたように，家事事件においては，当事者として現に手続に関与している者のほか，現に手続に関与しているわけではないが，事件について一定の利害関係を有する者の処遇も重要な問題となる。そこで，以下では，両者を区別しながら，家事事件手続法における手続保障関係の規律の枠組みを確認するとともに，関係する諸

---

30）家事事件における要件事実に関する先駆的な研究として，伊藤滋夫「民事訴訟における事実認定に関する若干の考察——家事事件における調査実務との関連を念頭に置いて——」調研紀要54号1頁以下を参照。また，家事事件における裁量性と手続保障との関係につき，高田・前掲注4）78頁注32，垣内秀介「家事事件における要件事実の機能——手続保障の観点から」伊藤滋夫編『家事事件の要件事実』（日本評論社，2013年）130頁参照。

31）逆に，別表第2事件においては，基本的に，当事者間において処分できる事項が問題とされるため，通常の民事訴訟との類似性が強いといえる。例えば，第3の2(2)エで後述する即時抗告権者に関する規律などにおいて，この点は顕著である。

152

規定を概観しておくことにしたい。

# 1 当事者の手続保障に関する諸規定

　家事事件手続法は，「当事者」の概念を家事事件において正面から導入しており（例えば，法2条，49条2項，56条2項など参照），そこでの当事者とは，基本的に申立人を指すとともに，相手方のある事件においては，申立ての相手方をも含むとされる[32]。そして，こうした当事者の手続保障に関する規律に関しては，まず，家事審判事件全般を通じて適用される規律と，別表第2事件に限って適用される規律とが区別される点が，家事事件手続法の大きな特色となっている。また，内容的には，いずれに関しても，第一審の手続を対象とする規律と，即時抗告審の手続を対象とする規律とが区別される[33]。もっとも，前者に関する規定の多くは後者についても準用されることから，抗告審固有の規定は，数としては少数にとどまる。

## (1) 家事審判事件全般に適用のある規律

　当事者の手続保障に関する規定のうち，家事審判事件全般に適用のあるものとしては，まず，第一審の手続に関するものとして，期日調書の原則的作成（法46条本文），記録の閲覧・謄写（法47条），証拠調べの申立権（法56条），一定の場合における事実の調査の通知（法63条），事実の調査の要旨の記録化（規則44条2項），審判の告知（法74条），審判の取消し・変更の際の必要的陳述聴取（法78条3項）といったものが挙げられる[34]。なお，期日が実施される場合には，当事者に対して期日の呼出しが行われることになる（法34条4項，民訴94条1項）。

　また，即時抗告審の手続に関するものとしては，抗告状の写しの送付（法88条），原審判取消しに際しての抗告人以外の当事者の必要的な陳述聴取（法

---

32) この点に関しては，高田・前掲注1）63頁〔高田裕成発言〕も参照。また，従来の関係人概念をめぐる議論等との関係については，後述第3の2(1)ア参照。

33) 規定の分類に関しては，①全ての事件類型に妥当する一般規定，②別表第2事件にのみ妥当する規定，③上訴（即時抗告）の段階で妥当する規定に分ける山本・前掲注2）352頁，353頁も参照。

34) なお，これらのほか，保全処分の手続に関する規定として，仮の地位を定める仮処分発令時における必要的陳述聴取を定める家事事件手続法107条が挙げられる。

第7章　家事審判における手続保障

89条1項）が挙げられる[35]。

　これらの規定は，いずれも，旧法下におけるよりも当事者の手続保障を明確化または強化したものであり[36]内容的には，とりわけ手続記録の充実とその閲覧等の権能の強化，事実の調査の通知制度の新設により，当事者に攻撃防御の対象及び必要性を認識させるための規律（第2の2で述べた(2)⑤に関わる規律）が整備され，不意打ち的な処理の防止が図られているものといえよう。すなわち，当事者としては，ここでは主として申立人が想定されるが，その申立てについて裁判所が行った事実の調査の結果を原則として知ることができることとなるし，それが予期しないようなものであってさらなる攻撃防御を要するような場合には，裁判所からの通知を受けることにより，その機会が付与されることになる。また，抗告審における規律も，当事者がいわば不意打ち的に自己に不利益な変更を受けることを防止するものといえる。

　その反面，判決手続の場合と比較すると，期日の実施が原則とはされていない点が異なるほか，裁判資料の収集過程が全体として裁判所による事実の調査に吸収されているようにもみえ，当事者の主体的な資料提出の権能という側面は，必ずしも規定上明確にされているわけではない[37]といった違いが見られる。

### (2)　別表第2事件の特則

　次に，別表第2事件，言い換えれば，調停をすることができる事件に関する特則としては，まず，第一審の手続に関するものとして，申立書の写しの原則的な送付（法67条），当事者の陳述聴取の原則的な実施（法68条1項），当事者の審問期日実施申出権（法68条2項），当事者の陳述を聴取する審問期

---

35) 即時抗告審における当事者は，別表第1事件の場合には，第一審の申立人が即時抗告をした場合には，申立人，それ以外の者が即時抗告をした場合には，抗告人及び第一審の申立人とされる。金子修編著『逐条解説家事事件手続法』（商事法務，2013年）279頁。なお，別表第2事件の場合については，後掲注38) を参照。

36) 調書の作成，記録の閲覧等については，旧法下の規律の強化（それぞれ，家審規10条，12条参照），審判の告知については，旧法下の規律の明確化（家審13条参照）と評価することができる。その他の規律は，家事事件手続法によって新たに創設されたものである。

37) もっとも，2条が当事者の手続追行主体としての地位を前提としていることは，この関係で注目に値する。当事者の資料提出権の問題に関しては，後述第4の1(2)も参照。

日への他の当事者の立会権（法69条），当事者の審問期日についての通知（規則48条），事実の調査の原則的な通知（法70条），審理終結日の原則的な指定（法71条），審判日の指定（法72条）が挙げられる。

また，即時抗告審の手続に関するものとして，抗告人以外の当事者の陳述聴取の必要的な陳述聴取（法89条2項）が挙げられる[38]。なお，第一審の手続に関する特則の適用関係はやや複雑であるが，これらの規定は，特別の定めがある場合を除き，抗告審に関しても準用すべきものとされる（法93条1項）[39]。そして，上記各規定との関係では，特別の定めとして，抗告状の写しの送付等に関する88条の規定（法67条の準用を排除），[40] 当事者の陳述聴取に関する89条2項の規定（法68条の準用を排除）[41] が挙げられる。また，審理終結日の指定（法71条）については，即時抗告が不適法であるとき又は理由がないことが明らかなときは，不要とされ（法93条2項），その場合，審判日の指定も不要となる[42]。これに対して，これら以外の規定については，抗告審の手続にも準用されるから，当事者としては，他の当事者の審問期日が実施される場合には，立会権が認められるし（法69条の準用），抗告審において事実の調査が実施された場合には，原則としてその通知を受ける（法70条の準用）。また，即時抗告が不適法であるとき又は理由がないことが明らかであるときを除き，審理終結日及び審判日の指定に関する規律が妥当することになる（法71条，72条の準用）。

このように，別表第2事件においては，二当事者対立的な手続となることに伴い，相手方当事者の存在を前提とした申立書の写しの送付といった規律が付け加わることに加え，当事者の必要的陳述聴取，審問期日の実施や当該期日への立会権，審理終結の予告といった形で当事者の攻撃防御の機会がより手厚く保障されるとともに，事実の調査の原則的な通知により，攻撃防御

---

38）別表第2事件における即時抗告審の当事者は，第一審における申立人又は相手方が即時抗告をした場合には，引き続きこれらの者であり，それ以外の者が即時抗告をした場合には，抗告人と第一審における当事者であるとされる。金子・前掲注35）278頁。

39）なお，67条4項の規定については，明文で準用の対象から除外されているが，同項は申立書却下命令に対する即時抗告を認める旨の規定であるから，抗告審にその準用がないのは当然である。

40）金子・前掲注35）298頁。

41）金子・前掲注35）290頁，291頁注，高田・前掲注1）299頁〔金子修発言〕。

42）金子・前掲注35）301頁。

第7章　家事審判における手続保障

の内容及び必要性を当事者に認識させるための規律も，より充実したものとなっている。

もっとも，手続保障の程度に関してこうした差異を設ける上で，別表第2事件該当性という基準が適切なものといえるかどうかについては，後述第4の1(1)のように議論があり得るところである。

また，この点とも関係するが，家事事件手続法においては，旧法下で乙類審判事項とされていた事件のうち，夫婦財産契約による財産管理者の変更等（別表第1の58），扶養義務の設定及び設定取消し（別表第1の84，85），推定相続人の廃除及びその取消し（別表第1の86，87）が別表第1事件とされ[43]結果として，これらの事件については，別表第2事件にかかる特則の適用はないこととなった。これらの事件に関しては，各則において一定の手当てがなされており，[44]特に推定相続人廃除事件については，実質的に別表第2事件と同等の規律が設けられているが，[45]そうした整理の当否も，問題となり得るところであろう。

## 2　当事者以外の利害関係人の手続保障に関する諸規定

1で述べたように，家事事件手続法上，「当事者」としては，申立人及び申立てに相手方がいる場合にはその相手方が想定されるが，第2の3で述べたように，こうした形式的な意味における当事者以外にも，家事審判によって影響を受ける者は少なからず存在する。そのため，そうした当事者以外の関係人に対して，どのような形で手続保障を与えるかが，重要な問題となる

---

43) いずれも，対象となる事項が当事者による処分が許されない性質のものと解されることによるものである。金子・前掲注1) 52頁，53頁参照。

44) そうした手当てとしては，夫婦財産契約による財産管理者の変更等について，夫婦のうち申立人でないものの陳述聴取を必要的なものとする規定（法152条1項），扶養義務の設定等について，義務の設定の場合には扶養義務者となるべき者の，また設定取消しの場合には扶養権利者の陳述聴取を必要的なものとする規定（法184条）が挙げられる。なお，推定相続人の廃除については，次注を参照。

45) 原則として，排除を求められた推定相続人の審問期日における陳述聴取を実施すべきものとされるとともに（法188条3項），申立人及び排除を求められた推定相続人を当事者とみなした上で，別表第2事件の規律の一部，具体的には，申立書の写しの送付等（法67条），審問期日への立会権（法69条），事実の調査の原則的通知（法70条），審理終結日の予告（法71条）及び審判の指定（法72条）に関する規定を準用すべきものとされている（法188条4項）。

156

第3　手続保障をめぐる家事事件手続法の規律の枠組み

ところであり，家事事件手続法においては，この点についても規定の整備が
図られている。以下では，まず，関係する概念ないし用語について整理した
上で，具体的な規律内容を概観しておく。

### (1)　各種の利害関係人をめぐる家事事件手続法上の諸概念

#### ア　「当事者」概念の採用

　旧法下においては，家事事件においてそもそも「当事者」の概念を承認す
るかどうかについて，議論が存在し，当事者概念を肯定する見解[46]と，これ
を否定し，関連するドイツ法上の議論を参照しつつ，[47]より包括的な「関係
人」の概念を用いるべきだとする見解[48]とが対立する状況にあった。こうし
た議論が生じた背景には，当事者概念が，ある主体が手続に関与している，
という手続上の地位に着目したものであるのに対して，[49]家事事件においては
従来手続に関与する者の主体的な地位が明確でなかったことから，これを
「当事者」として位置づけて他の利害関係人と区別する必要性が乏しいと考
えられたこと，[50]例えば後見開始の審判のように，申立人として形式的に手続
に関与する者が，審判によって最も直接的な形でその権利義務に影響を受け
る者とは一致しないような場合も多く，[51]手続関与者たる地位よりも，むしろ
実質的な法的利害関係の主体を中心として理論を構築することが適切と考え
られたこと，といった事情が存在する。

---

46)　非訟事件全般における当事者概念についての詳細な検討として，鈴木忠一「非訟事件
　　に於ける当事者」同『非訟事件の裁判の既判力』（弘文堂，1961年，初出1960年）187頁
　　以下がある。このほか，当事者概念を前提とし，又はその必要性を正面から承認する文
　　献として，例えば，綿引末男「家事審判法総論」加藤令造編『家事審判法講座第1巻』
　　（判例タイムズ社，1966年）29頁，山口幸雄「当事者」岡垣學＝野田愛子編『講座・実
　　務家事審判法1』（日本評論社，1989年）85頁，86頁参照。
47)　今日のドイツにおける関係人概念については，後述(3)を参照。
48)　家事事件手続における関係人概念の妥当を前提とし，又はその必要性を正面から主張
　　する見解として，例えば，山木戸克己『家事審判法』（有斐閣，1958年）29頁，佐上善
　　和『家事審判法』（信山社，2007年）69頁，70頁参照。
49)　もちろん，これは，今日一般に受け入れられている形式的当事者概念を前提としたも
　　のである。
50)　山木戸・前掲注48)29頁参照。また，非訟事件全般における背景事情に関して，鈴
　　木・前掲注46)191頁，195頁参照。
51)　この点については，例えば綿引・前掲注46)29頁参照。また，同様の事例について，
　　申立人と裁判の名宛人との不一致を指摘する鈴木・前掲注46)206頁，207頁も参照。

157

第7章　家事審判における手続保障

　もっとも，こうした議論は，多分に概念の定義や用語の整理に関わる面が
強く，当事者概念を用いるか，関係人概念を用いるかによって，議論の実質
に大きな違いが存在したとは必ずしもいえない。すなわち，当事者概念を用
いる論者においても，その内容としては，裁判の内容上の名宛人に対応する
実質上の当事者を広く含めて考える理解が存在する一方[52]，関係人概念を前提
としつつ，その内容については，手続への関与を出発点として定義する見
解[53]も存在したところであるし，広い意味での利害関係人の中に，手続に直
接関与する者（形式的な意味での当事者ないし関係人）と，それ以外の者（実
質的な意味での当事者ないし関係人）が存在し，それぞれの地位に応じた規律
を要する，という整理そのものについては，大きな異論のないところだった
からである[54]。とはいえ，こうした様々な利害関係人の中から，一部の者を手
続上「当事者」として扱うことは，一定以上の手続保障を要する主体を抽出
し，それ以外の者との対比において手続上特段の扱いをすべきことを明確に
示すという意味では，象徴的な意義を有するともいえよう[55]。

　こうした中，家事事件手続法は，申立人及び相手方を指すものとしての当
事者概念を採用したが[56]，これは，従来の議論との関係でいえば，手続に直接
関与する者としての形式的関係人ないし当事者に対応するものといえる[57]。1
で挙げた諸規定は，基本的にこうした当事者を対象とするものである。

　　イ　当事者以外の利害関係人に関する諸概念

　以上のように，家事事件手続法は，当事者とそれ以外の利害関係人とを規
律上区別しているが，その際，当事者以外の利害関係人については，いくつ

---

52)　鈴木・前掲注46) 208頁，209頁参照。ここでは，一般に「関係人」と訳される
　　Beteiligteが「当事者」と訳されていることが象徴的である。
53)　山木戸・前掲注48) 29頁は，手続法上の意義を重視する立場から，関係人を「必ずし
　　も主体的にではなしにその名において手続に関与する者」と定義する。
54)　当事者概念を用いる鈴木・前掲注46) における各種の当事者の分類と，関係人概念を
　　用いる佐上・前掲注48) における各種の関係人の分類とが，結果としてほぼ一致するの
　　は，このことを示すものといえる。
55)　こうした意義については，山口・前掲注46) 86頁のほか，竹下・前掲注13) 60頁，67
　　頁参照。
56)　その趣旨としては，①審判の結果により影響を受ける者であっても，手続への参加を
　　望まないことも考えられること，②当事者の用語が一般に定着していること，③当事者
　　以外の者に主張の機会を与えるためには，必要的陳述聴取の規定を個別に設ければ足り
　　ることが挙げられる。金子・前掲注1) 28頁，29頁参照。
57)　このことの指摘として，高田・前掲注1) 63頁，64頁〔畑瑞穂発言〕参照。

158

かの異なる概念ないし用語を用意している。具体的には，①「当事者となる資格を有する者」，②「審判を受ける者となるべき者」，③「審判の結果により直接の影響を受ける者」，④「利害関係人」，⑤「利害関係を疎明した第三者」，⑥「事件の関係人」といったものが挙げられるが，これらは，利害関係の濃淡などのほか，問題となる規律に応じた使い分けがされており，その相互関係は，やや複雑なものとなっている。そこで，これらの相互関係について，整理をしておく必要があろう[58]。

　まず，①「当事者となる資格を有する者」，②「審判を受ける者となるべき者」，及び③「審判の結果により直接の影響を受ける者」の三つの用語は，いずれも，主として手続参加の要件との関係で用いられる概念であるが，当事者以外の利害関係人に関する規律を考える上で，基本的な骨格を提供するものといえる。

　立案担当者の説明によれば，これらの概念の内容は，以下のようなものと理解される。まず，①「当事者となる資格を有する者」とは，事件について当事者適格を有する者，具体的には，その事件についての申立権を有する者及び相手方となる資格を有する者を指す[59]。次に，②「審判を受ける者となるべき者」については，規定上，「審判（申立てを却下する審判を除く。）がされた場合において，その審判を受ける者となる者」をいうとされる（法10条1項1号）。内容的には，積極的内容の審判がされた場合に，当該審判によってその者の法律関係が形成されることとなる者を指し，例えば，後見開始の審判事件における成年被後見人となるべき者や，親権喪失の審判事件における親権者などがこれにあたるが[60]，別表第2事件においては，定型的に当事者と一致することになる[61]。最後に，③「審判の結果により直接の影響を受ける者」とは，審判の結果により自己の法的地位や権利関係に直接の影響を受ける者をいい，成年後見人選任の審判事件における成年被後見人となるべき者，親権喪失や親権の指定・変更の審判事件における子，戸籍訂正許可の審判事

---

58) 主要な概念の簡潔な整理として，梶村＝徳田・前掲注2）175頁，177頁〔大橋眞弓〕も参照。

59) 金子・前掲注35）129頁参照。

60) 金子・前掲注35）137頁参照。なお，各事件類型について誰が審判を受ける者となるべき者に該当するかについては，金子・前掲注1）260頁以下に一覧表がある。

61) 金子・前掲注1）110頁，269頁，271頁参照。

第 7 章　家事審判における手続保障

件における当該戸籍を管掌する市区町村長などがこれにあたるものとされる[62]。

　参加の規律については(2)アで述べるが，基本的には，参加に関する限り，①が手続上最も強力な保護の対象となるのに対し，②，③の順でその保護は弱いものとなる。利害関係人に対する手続保障が基本的には手続への関与を内容とするとすれば，これらの概念は，家事事件手続法における当事者以外の者に対する手続保障をめぐる規律に対して基本的な指標を提供するものといえ，とりわけ③の「審判の結果により直接の影響を受ける者」がその外延を画する機能を有することになろう。

　次に，④「利害関係人」は，それ自体としてはごく一般的な用語であるが，家事事件手続法においては，(a)手続に付随する各種の申立権の主体，とりわけ，(b)即時抗告権の主体に関して用いられるほか，(c)保全処分における保全の必要性の根拠として用いられることがある。具体的には，(a)の例として，特別代理人選任の申立権（法19条1項），財産管理者選任取消しの審判の申立権（法125条7項），合意に相当する審判に対する異議の申立権（法279条1項）などが，(b)の例として，失踪宣告の審判（法148条5項1号），離婚等の場合における祭具等の所有権の承継者指定の審判（法156条6号），死後離縁許可の審判（法162条4項1号），遺言の確認の審判（法214条1項），氏の変更許可の審判（法231条1号）に対する即時抗告権などが，また，(c)の例として，婚姻等に関する審判事件を本案とする保全処分（「子その他の利害関係人の急迫の危険を防止するため必要があるとき」）（法157条1項），親権者の指定又は変更の審判を本案とする保全処分（「子その他の利害関係人の急迫の危険を防止するため必要があるとき」）（法175条1項）が挙げられる。

　これらの規定における「利害関係人」は，一般的には，申立てにかかる裁判について法律上の利害関係を有する者を意味する[63]。どのような者がそれに該当するかは，当該裁判の内容ごとに判断されるが，即時抗告権との関係では，もともと民法上「利害関係人」ないし「関係人」が申立権者とされてい

---

62) 金子・前掲注35) 138頁参照。これに対して，推定相続人廃除事件において排除を求められている者以外の推定相続人は，間接的に影響を受けるものにすぎず，これに該当しない，というのが立案担当者の理解であるが（同前138頁），この点については議論がある。後述第4の2(1)参照。

63) 例えば，特別代理人選任の申立権につき，金子・前掲注35) 63頁参照。

160

る場合に，即時抗告権者についても利害関係人とされることがあり，[64] その場合には，利害関係人の範囲は，民法における解釈と一致することになろう。[65] なお，同じく即時抗告権に関しては，非訟事件における通則的な規律として，裁判によって「権利又は法律上保護される利益を害された者」（非訟66条1項参照）に認められるものとされることから，これと「利害関係人」との関係も問題となる。[66] ここでの「権利又は法律上保護される利益を害された者」は，③の「審判の結果により直接の影響を受ける者」のうち，結果として不利益な影響を被った者と重なり合うものと考えられ，[67]「利害関係人」の範囲も，基本的にはこれと一致することになろう。また，上記(c)の保全処分との関係では，「利害関係人」は，⑥の「事件の関係人」よりも限定された概念であり，[68] 求める保全処分の内容についての法的な利害関係に着目した用語であるとされる。[69]

　⑤の「利害関係を疎明した第三者」は，表現上「利害関係人」と類似するが，事件記録の閲覧等との関係で用いられる用語である（法47条1項）。内容的には，旧家事審判法12条1項における「事件の関係人」から当事者及び利害関係参加人を除いたものに相当し，記録の閲覧等について正当な利害関係を有する者がこれに含まれるものと解される。[70] その範囲は，基本的には④の「利害関係人」と同様と考えられるが，閲覧等の許否がもっぱら裁判所の相当性判断に委ねられており（法42条5項），閲覧等によって不都合が生じる事

---

64）例えば，「利害関係人」とするものとして，失踪宣告に関する民法30条1項，遺言の確認に関する同法976条4項・979条3項，「関係人」とするものとして，祭具等の承継に関する同法769条が挙げられる。

65）遺言確認の審判の場合につき，金子・前掲注35）663頁参照。

66）非訟事件手続法66条1項を，家事事件を含む個別の諸規定の背後にある一般法理として位置づける視角については，高田・前掲注1）291頁，292頁〔高田裕成発言〕参照。

67）一般に，「権利又は法律上保護される利益を害された者」には，間接的に不利益を受けるものは含まれないものと解されている。金子修編著『逐条解説非訟事件手続法』（商事法務，2015年）254頁注3参照。また，同前78頁は，非訟事件手続法22条2項にいう「裁判の結果により直接の影響を受ける」者については，「即時抗告権者となるのが通常」だとする。

68）家事事件手続法157条1項及び175条1項は，そうした趣旨から，旧法の「事件の関係人」との文言が改められたものである。金子・前掲注35）506頁参照。

69）金子・前掲注35）506頁参照。

70）旧法下の解釈については，斎藤秀夫＝菊池信男編『注解家事審判規則・特別家事審判規則〔改訂〕』（青林書院，1992年）127頁〔中島常好〕参照。

*161*

第 7 章　家事審判における手続保障

態はそれによって回避できるとすれば，その外延についてはある程度柔軟に解する余地があるともいえよう。[71]

　最後に，⑥の「事件の関係人」は，(a)事件に関する各種の措置の対象，具体的には，期日への呼出しの対象者（法51条1項）や，家庭裁判所調査官による調査・調整の対象（法59条3項），裁判所技官による診断の対象（法60条1項）などについて用いられるほか，(b)記録の閲覧等の制限の根拠（「事件の関係人である未成年者の利益を害するおそれ」）（法47条4項）として，また，(c)保全処分における保全の必要性の根拠として用いられることがある（法158条2項など）。

　内容的には，手続に現に関与している当事者及び利害関係参加人のほか，審判の結果について一定の関係を有する者を広く包括する概念として用いられるものであるが，その外延は，問題となる規律に応じて異なる。すなわち，記録の閲覧等の制限や裁判所技官による診断との関係では，基本的には審判の結果により直接の影響を受ける者であることを要する，との比較的厳格な理解[72]が説かれる一方，呼出しの対象者や保全処分との関係では，「事件の関係人」には審判の結果について事実上の利害関係を有するにとどまる者や，保全処分の内容そのものについて法的な利害関係があるとまではいえないが，処分の内容に関し一定の関係を有する者をも含む，といった広い理解[73]がとられるのである。このように，この概念の外延を一義的に画することは困難であるが，傾向としては，とりわけ保全処分との関係で顕著であるように，「事件の関係人」は，④の「利害関係人」よりも外延が広いものとして用い

---

71)　民事訴訟法91条の関係では，「利害を疎明した第三者」の解釈として，訴訟の結果にかかる法律上の利害関係であれば，間接的なものでも足りるとか（秋山幹男ほか『コンメンタール民事訴訟法Ⅱ〔第2版〕』（日本評論社，2006年）224頁），文書の記載がその者の法律的地位に関係する場合であれば足りる（兼子一ほか『条解民事訴訟法〔第2版〕』（弘文堂，2011年）376頁〔新堂幸司＝高橋宏志＝高田裕成〕）といった緩やかな解釈が主張されるところである。もっとも，こうした緩やかな解釈は，訴訟記録については閲覧に関する限り何人も許されることを背景とする面があるため，家事事件の場合に当然に及ぶというわけではない。

72)　記録の閲覧等の制限につき金子・前掲注35) 165頁，技官による診断につき，同前206頁参照。

73)　呼出しの対象者につき，金子・前掲注35) 186頁，保全処分との関係につき，同前510頁，598頁参照。

られるものといえよう。[74]

　　ウ　小　括

　以上をまとめれば，当事者以外の関係人としては，当事者に準じるものとして，まず①「当事者となる資格を有する者」があり，次いで，順次，②「審判を受ける者となるべき者」，③「審判の結果により直接の影響を受ける者」とが観念される。もっとも，審判についての利害関係の濃淡という観点からいえば，①の「当事者となる資格を有する者」の内実は一様ではなく，その中には，②に該当する者もあればそうでない者もあり，場合によっては，②の「審判を受ける者となるべき者」の方が強い保護の対象とされる点には，注意を要する。[75]他方で，④「利害関係人」の外延は概ね③と一致するのに対して，⑥「事件の関係人」は，これよりもより広く，審判の結果についての事実上の利害を有する者などを含むことがある。また，⑤「利害関係を疎明した第三者」は，基本的には④「利害関係人」と一致するが，より広く解する余地も残されている，ということになろう。

　なお，以上に加えて，家事事件においては，未成年者の利益に特に配慮すべき場合が多く，未成年者である子についての特則も数多く設けられているところである。

### (2)　当事者以外の利害関係人に対する手続保障の内容

　当事者と異なり，当事者以外の利害関係人は，問題となる手続に当然に関与しているというわけではない。したがって，第2の2でみたように，およそ手続保障というものの核心を攻撃防御方法の提出機会の保障に見出すとすれば，当事者以外の利害関係人の手続保障に関しては，どの範囲の利害関係人を，どのような形で手続に関与させ，または関与の機会を付与するかが問題になるとともに，これらの者が実際に手続に関与するに至った場合には，その手続上の処遇があわせて問題となる。

　家事事件手続法の規定に則していえば，手続への関与の方法としては，ま

---

74)「事件の関係人」が「利害関係人」よりも広い概念であることにつき，金子・前掲注
　35) 597頁，598頁参照。
75) 例えば，除斥原因との関係では，審判を受ける者となるべき者は，当事者と同等の考
　慮対象とされる。家事事件手続法10条1項参照。

# 第7章　家事審判における手続保障

ず，①参加が挙げられるが，裁判所ないし既存当事者側のイニシアティブによって行われる職権参加を除けば，その有無は手続外の関係人のイニシアティブに委ねられている。そして，この場合，対象となる事件の存在及び内容を認識できない限り，関係人が実際にそうした権能を行使することは不可能であるから，どのようにしてそうした認識を可能とし，手続関与の機会を付与するか，という問題が生じる。この点に関する規律としては，②記録の閲覧等のほか，③必要的陳述聴取が問題となる[76]。なお，人事訴訟においては，利害関係人に対する訴訟係属の通知の制度が存在するが（人訴28条，人訴規16条，17条），これに相当する手続係属そのものの通知の制度は，家事事件手続法上は，一部の審判事件（法162条3項，228条参照）を除いて存在せず，必要的陳述聴取が同様の機能を担うこととなる[77]。

　他方で，いったんなされた審判によって自己の地位に影響を受ける者が手続に関与する手段としては，④審判に対する即時抗告が挙げられるが，これに関しても，当該審判の存在を知らせ，即時抗告の機会を保障するための規律として，⑤審判の告知の規律が存在する。

　そこで，以下では，これらに関する家事事件手続法の規律を概観するとともに，未成年の子に関する特則についても，確認しておく。

### ア　参　加

　家事事件手続法は，手続参加に関して，①当事者参加（法41条），②利害関係参加（法42条）の2つの制度を用意する。両者の区別は，同法が家事事件において当事者概念を採用し，当事者とそれ以外の関係人とを規律上区別していることを反映したものである。

　一般に，手続参加の規律に関しては，(a)参加が参加人の申出によるものか（任意参加），よらないものか（強制参加）が区別される。さらに，(b)これらのうち前者の任意参加については，参加の申出が一般的な要件を満たす限り，参加が当然に認められるか（権利参加），別途，裁判所の許可にかからしめられるか（許可参加）が区別され，(c)後者の強制参加については，参加が必要的なものとされるか（必要的参加），裁判所の裁量に委ねられるものか（裁

---

76) 必要的陳述聴取を対象者に対する攻撃防御の機会の付与として位置づけるべきかどうかは，一つの論点である。この点については，後述第4の2(2)参照。
77) この点に関しては，高田・前掲注1）68頁〔畑瑞穂発言〕も参照。

量的参加）が区別される[78]。家事事件手続法上の両参加に関していえば，具体的な規律は，以下の通りである。

まず，当事者参加の場合には，参加人として想定されるのは当事者となる資格を有する者[79]であり，このような者に対しては，権利参加が認められる（法41条1項）。また，参加の申出を却下する裁判に対しては，即時抗告が認められる（同条4項）。それに対して，強制参加の対象となるのは，当事者となる資格を有する者のうち審判を受ける者となるべき者に限定される（同条2項）[80]。強制参加は，既存当事者の申立て又は職権により，裁判所が相当と認める場合に命じられる（同条2項）。このように，強制参加の有無は裁判所の相当性判断に委ねられており，条文上は，必要的参加となる場面は規定されていないが，その者を当事者として参加させない限り有効な審判ができない場合には，既存当事者から強制参加の申立てがあれば，それを却下する余地はないものと解されている[81]。参加が認められた場合，参加人は，当該手続における当事者として扱われることとなる[82]。

次に，利害関係参加の場合には，任意参加が認められるのは，①審判を受ける者となるべき者に加えて，②これには当たらないが審判の結果により直接の影響を受ける者，及び③同じく①には当たらないが当事者となる資格を有する者である（法42条1項，2項）[83]。もっとも，これらのうち①と②及び③とでは取扱いが異なり，①の審判を受ける者となるべき者には権利参加が認

---

78) 括弧内の用語は，整理の便宜のために筆者において付したものであり，用語法は論者によって異なり得る。

79) その意義については，前述(1)イ参照。

80) これに対して，当事者となる資格を有するが，審判を受ける者となるべき者でない者，具体的には，申立権者が複数いる事件における他の申立権者は，当事者参加における強制参加の対象とならない。これは，当事者参加の場合には，そうした者を強制参加の対象とすることは，申立てを強制することに等しく相当でないと考えられることによる。金子・前掲注35) 132頁参照。これに対し，利害関係参加の場合には，参加人が当事者の地位につくわけではなく，状況を異にするため，強制参加の対象者についてそうした限定は課せられていない。

81) 金子・前掲注35) 133頁参照。

82) 金子・前掲注35) 128頁参照。

83) これらの概念の意義については，前述(1)イ参照。
　　なお，当事者となる資格を有する者については，当事者参加と利害関係参加の双方をすることができる場合があり得ることになるが，利害関係参加をすることが想定されるのは，当事者となっていない申立権者が申立てを争う立場で参加する場合である。金子・前掲注35) 139頁参照。

第7章　家事審判における手続保障

められるのに対して（同条1項），②や③のようにこれにはあたらず，単に当事者となる資格を有するか，審判の結果により直接の影響を受けるにとどまる者の場合には，許可参加が認められるに過ぎず（同条2項），参加の可否は裁判所の相当性判断に委ねられる[84]。また，①の審判を受ける者となるべき者の参加の申出を却下する裁判に対しては，即時抗告が認められるのに対して（法42条6項），②及び③の者による参加の許可の申立てを却下する裁判に対しては，不服申立てが許されない。立案担当者によれば，こうした区別の根拠は，審判の結果により直接の影響を受ける者であっても，事案によっては，直接自ら反論したり，資料を提出したりするのを認めるのに相当な立場にあるとは限らないと考えられるという点に求められる[85]。他方で，利害関係参加としての強制参加は，上記①，②，③のいずれも対象となり得，裁判所が相当と認める場合に，職権で命じられることとなる（法42条3項）。

　任意参加，強制参加いずれの場合でも，利害関係参加をした参加人は，「利害関係参加人」の地位につくこととなる（法42条7項参照）。利害関係参加人は，原則として，当事者と同様に手続行為をすることができるが，当事者がした申立ての取下げや，裁判に対する不服申立てなど，一定の行為についてはすることができないものとされる（法42条7項）。したがって，とりわけ審判に対する即時抗告については，後記エで述べるように，即時抗告権に関する個別の規定によって抗告権が認められる場合に限って，抗告が認められることになる。

　以上の規律を関係人の視点からみると，当事者となる資格を有する者と審判を受ける者となるべき者とが権利参加を認められるのに対して，審判の結果により直接の影響を受ける者は，許可参加が認められるにとどまる。また，およそ参加が認められ得るかどうかという点に関しては，少なくとも審判の結果により直接の影響を受ける者に該当するかどうかが分岐点となるから，この点の解釈が重要な意義を有することになろう。

---

84）金子・前掲注35）141頁参照。
85）金子・前掲注35）138頁参照。もっとも，審判の結果により直接の影響を受ける者でありながら参加が不許可となるのは，家事事件手続法42条5項で想定している場面を除けば少ないものとされる。同前参照。

166

## 第3 手続保障をめぐる家事事件手続法の規律の枠組み

### イ　必要的陳述聴取

　家事事件手続法は，とりわけ別表第1事件において，審判を受ける者となるべき者や審判の結果により直接の影響を受ける者の陳述聴取を必要的なものとする旨の特則規定を多数設けている。これは，対象となる者について，その手続保障の見地から，自らの主張を述べる機会を与える趣旨に出たものであり[86]，関係人の手続保障との関係で重要な意義を有する。

　具体的には，まず，審判を受ける者となるべき者の必要的陳述聴取の例として，後見開始の審判における成年被後見人となるべき者（法120条1項1号），親権喪失の審判における親権者（法169条1項1号），推定相続人廃除の審判における廃除を求められた推定相続人（法188条3項）などが挙げられる。また，審判の結果により直接の影響を受ける者の必要的陳述聴取の例としては，後見開始の審判取消しの審判における成年後見人（法120条1項2号），親権喪失の審判における15歳以上の子（法169条1項1号），氏の変更許可の審判における同一戸籍内にある15歳以上の者（法229条1項）などが挙げられる。さらに，より一般的な規律として，即時抗告審において原審判を取り消す場合においても，審判を受ける者の陳述聴取が必要とされるほか（法89条1項），仮の地位を定める仮処分を命じる場合にも，審判を受ける者となるべき者の陳述聴取が必要とされる（法107条）。

　これに対して，別表第2事件の場合には，当事者については一般的に必要的陳述聴取が定められているものの（法68条），それ以外の者の陳述聴取を必要的とする旨の規定は少数にとどまる。これは，別表第2事件においては，当事者間で処分できる事項が対象となっており，審判を受ける者となるべき者も当事者と一致するものと考えられていることから，当事者以外の者でありながら必要的陳述聴取の対象とするほどに強度の利害関係を有する者は，通常は想定しにくい，という事情によるものと考えられる。

　もっとも，別表第2事件の中でも，子の監護や親権に関するものの場合に

---

86）金子・前掲注1）28頁参照。
　　なお，類似の規律として，関係者の「意見」の聴取を必要的なものとする旨の規定も散見されるが（法210条2項，220条2項，3項など），陳述の聴取は，手続保障の見地から裁判所に認識等を述べる機会を与えるところに主眼があるのに対して，意見の聴取は，裁判所が判断の参考となる情報を得るために行うところに主眼がある，とされる。同19頁参照。

*167*

第7章　家事審判における手続保障

は，15歳以上の子の陳述聴取が必要的なものとされる。子の監護に関する処分の審判（法152条2項），親権者の指定・変更の審判（法169条2項）などである。これは，これらの審判が子に与える影響が重大なことによるものである[87]。

### ウ　記録の閲覧等

　関係人が何らかの形で自らが当事者となっていない事件の係属を知った場合，当該事件に主体的に関与して手続上の権能を行使しようとするのであれば，アで述べた参加の申出といった手段を講じることが考えられる。しかし，そうした判断のためには，事件の内容についての十分な情報が必要であり，当事者以外の関係人に記録の閲覧等の可能性を認めることは，そのための有力な手段の一つといえる。

　この点に関して，家事事件手続法においては，利害関係を疎明した第三者は，家庭裁判所の許可を得て，家事審判事件の記録の閲覧等[88]を請求することができ（法47条1項。なお，録音テープ等の複製につき，同条2項参照），家庭裁判所は，相当と認めるときは，これを許可することができるとされる（同条5項）。当事者及び利害関係参加人[89]と比較すると，これらの者が閲覧等の請求をした場合には，原則としてこれを許可しなければならないのに対して（同条3項，4項参照），第三者の場合，裁判所が相当と認める場合に限って許可がされるにとどまること，また，当事者等は許可の申立てを却下する裁判に対して即時抗告をすることができるのに対し（同条8項），第三者の場合には許されない，という違いがある。これは，第三者の場合には手続上の権能を行使する機会の保障という要請はなお妥当せず，また，個人のプライバシーの侵害等に伴う弊害も懸念されることによるものとされる[90]。

---

87)　金子・前掲注35）492頁，554頁参照。
88)　「記録の閲覧等」とは，記録の閲覧若しくは謄写，記録の正本，謄本若しくは抄本の交付又は事件に関する事項の証明書の交付を指す。家事事件手続法47条1項括弧書参照。
89)　利害関係参加人は，当事者がすることができる手続行為をすることができることから（法42条7項），記録の閲覧等の関係では当事者と同視される。金子・前掲注35）164頁参照。
90)　金子・前掲注35）166頁参照。なお，同箇所では，ドイツにおいても関係人と関係人以外とでは閲覧の要件が区別されていることを指摘するが，(3)で述べるように，ドイツにおいては，手続により直接の影響を受ける者は一般に必要的関係人とされるので，日本とは前提となる事情がやや異なる。

第3 手続保障をめぐる家事事件手続法の規律の枠組み

　審判の結果により直接の影響を受ける者の場合，参加そのものについても裁判所の相当性判断に委ねられている関係上，その前段階としての記録の閲覧等も同様の規律に服することは，その限りでは一貫するものといえる。これに対して，権利参加が認められる者，とりわけ審判を受ける者となるべき者に関しても同等の規律でよいかどうかについては，議論の余地があるところであろう[91]。

　　エ　即時抗告権及び審判の告知

　家事事件手続法は，即時抗告権者については，旧家事審判規則の立法政策を踏襲し，個別の事件類型ごとに詳細な各則規定を設けているが，こうした諸規定は，基本的には，非訟事件手続法が，申立却下の裁判の場合には申立人に，それ以外の裁判の場合には裁判により権利又は法律上保護される利益を害された者に認められる旨を一般的に規定していること（非訟66条1項，2項）を前提としつつ[92]，必要に応じて事件の内容に即した修正を加えたものと理解される。また，審判の告知については，当事者，利害関係参加人，それら以外の審判を受ける者に告知をすべき旨の通則的な規定（法74条1項）があるほか，やはり個別の事件類型について必要に応じて特則が設けられている。もっとも，具体的な規律の内容は，必要的陳述聴取の場合と同様，別表第1事件と別表第2事件とで，若干の差異が見られる。

　すなわち，まず，別表第1事件の場合，第一審手続における当事者以外の者にも広く即時抗告権が認められることが多い。例えば，親権喪失の審判の場合，即時抗告権が認められるのは，親権を喪失する者と，その親族であって申立人でないものであり（法172条1項1号），子自身も，「親族」の1人として即時抗告権を有する[93]。これらの者のうち，親権を喪失する者は審判を受ける者にあたり，また，子は審判の結果により直接の影響を受ける者にあたる。親権喪失の審判事件における申立権者は子，子の親族，未成年後見人，未成年後見監督人，検察官（以上民834条）及び児童相談所長（児福33条の7）

---

91）なお，審判書その他の裁判書の正本等については，審判を受ける者が当該審判後に請求する場合には，裁判所の許可を要しないものとされる（法47条6項）。審判を受ける者に対しては審判の告知も必要的とされるので（法74条1項），当然の規律といえよう。

92）この点に関しては，前述(1)イも参照。

93）ここでの「親族」が子を含むことについては，金子・前掲注35）559頁参照。

*169*

第 7 章　家事審判における手続保障

であるが，これらの者のうち，未成年後見人，未成年後見監督人，検察官及び児童相談所長には，即時抗告権は与えられていない[94]。これは，親権喪失の審判により，これらの者の権利等が害されるとはいえない，という観点から理解することができよう[95]。他方で，親権を喪失する者の親族は即時抗告権を認められるが，これは，親権喪失が子に与える影響の大きさに鑑み，当該審判が不当な場合にはそれらの者による即時抗告を通じた是正機会を確保するのが相当であることによるものとされる[96]。

　また，審判の告知については，通則規定によって告知の対象となる当事者，利害関係参加人，審判を受ける者である親権を喪失する者のほか，審判の結果により直接の影響を受ける者にあたる子についても，原則として告知の対象とされる（法170条 1 号）[97]。結果として，即時抗告権者のうち，親権を喪失する者と，その親族の 1 人である子については審判の告知が予定されており，審判の結果により直接の影響を受ける者に当たるとはいえないその他の親族については，即時抗告権は認められるものの，審判の告知では必要とされていない，ということになる。

　以上に対して，別表第 2 事件の場合には，審判の告知の対象者については，通則的規律がそのまま適用され，個別事件類型ごとの特則は設けられていない。これは，即時抗告権を有するのが，多くの場合第一審手続において当事者であった者とされていることと関係する。例えば，婚姻費用分担に関する処分の審判の場合には，夫及び妻（法156条 3 号），また，遺産分割審判の場合には，相続人（法198条 1 項 1 号）に即時抗告権が認められる。これは，必要的陳述聴取との関係でも述べた通り，別表第 2 事件の場合，当事者以外の者でありながら類型的に即時抗告権を認めるべきほどに強度の利害関係を有

---

94）申立権者のうち子の親族については，親権を喪失する者の親族と概ね重なることになるものと考えられる。

95）これに対して，親権喪失の申立てを却下する審判に対しては，申立人のほか，子及びその親族，未成年後見人，未成年後見監督人に即時抗告権が認められるが（法172条 1 項 4 号），検察官及び児童相談所長には即時抗告権が認められていない。自ら申立てをしていない児童相談所長等に即時抗告を期待するのは相当でないとの考慮によるものである。金子・前掲注35）561頁参照。

96）金子・前掲注35）559頁参照。

97）ただし，子の利益の観点から，一定の場合には告知が不要とされる。170条ただし書参照。

170

する者は，通常は想定しにくい，という事情によるものと考えられる。

　もっとも，別表第2事件の中でも，子の監護や親権に関するもの，また，離婚又は離縁に伴う祭具等の承継者指定に関するものについては，当事者以外の者に即時抗告権を認める旨の規定がある。例えば，子の監護に関する処分の審判や，親権者の指定・変更の審判の場合には，子の父母及び子の監護者に（法156条4号，172条1項10号），祭具等の承継者指定の審判の場合には，婚姻又は離縁の当事者その他の利害関係人に（法156条6号，163条3項），即時抗告権が認められる。これらのうち，子の監護者に即時抗告権が認められるのは，子の監護について実質的な利害関係が認められることや[98] 監護者として子の状況をよく知っていると考えられること，子の親族であることも多く，親権者の指定について実質的な利害関係を有すること[99] を考慮したものとされる。また，祭具等の承継者指定の場合に利害関係人に即時抗告権が認められるのは，もともと承継者の指定は当事者その他の関係人の協議によるものとされていること（民769条1項，817条）を背景としたものと考えられる。このように，別表第2事件であっても，子や他の親族のような当事者以外の利害関係人の利益を特に尊重すべき場合には，それらの者に即時抗告権が付与される場合がある，ということになる[100] とはいえ，前述のように，別表第2事件においては，審判の告知の対象者についての特則は設けられていないから，これらの即時抗告権者に対しては，審判の告知がされるわけではない。

### オ　未成年者である子に関する特則

　家事事件においては，子の監護や親権に関する事件をはじめとして，その結果により子が影響を受けるものが数多くみられるが，そうした事件において，子が必ずしも当事者となるわけではない。そのため，そうした子の福祉について，手続上いかなる形で考慮するかという問題がある。とりわけ未成

---

98）金子・前掲注35）503頁注1参照。
99）金子・前掲注35）562頁参照。
100）もっとも，子自身については，即時抗告権は認められない。その趣旨については，金子・前掲注35）503頁参照。また，子の監護者についても，祭具等の承継者指定の場合における利害関係人についても，審判の告知がされるわけではない。ただし，子が15歳以上である場合には，必要的陳述聴取の対象となるため（法152条2項，169条2項），子を通じて監護者が手続について知らされることは考えられよう。

*171*

第 7 章　家事審判における手続保障

年の子の場合，自ら各種の手続上の権能を行使して自己の利益を十分に主張
するということは必ずしも期待できないから，成年者と同様な形で参加の機
会等を認めるというだけでは不十分であり，家事事件手続法は，未成年者で
ある子に関して，種々の特則を設けている。[101]

　もっとも，こうした規律は，上述のような事情から，子が主体的に手続に
関与するというよりは，裁判所による後見的な配慮という側面が相当に強い
ものとなっており，その意味では，それらを純然たる手続保障のための規律
として位置づけることには，若干の留保が必要である。具体的には，裁判所
が子の陳述の聴取，家庭裁判所調査官による調査その他の適切な方法により，
手続の結果により影響を受ける子の意思の把握に努め，子の年齢及び発達の
程度に応じてその意思を考慮しなければならないものとする規定（法65条）
は，そうした後見的配慮の必要性を一般的な形で示したものといえる。また，
子の監護や親権に関する事件において，15歳以上の子の必要的陳述聴取が定
められているのも（法152条 2 項，169条 1 項 1 号，2 項など），[102] 一面では，そ
うした後見的配慮の一環とみることができる。

　これに対して，子に関する特則の中には，子がその手続上の権能を行使す
ることに関わる規律もみられる。こうした規律は，通常の意味における手続
保障とより直接的に関わるものといえるが，その中には，さらに，子がその
手続上の権能を行使することを容易にし，支援するための規律と，逆に，子
にそうした権能を行使させることがかえって子の福祉に反するおそれがある
との観点から，これを制限するものとが含まれる。

　前者に属するものとしては，[103] 子の監護や親権，あるいは未成年後見に関
する事件などにおいて，意思能力が認められる限り，[104] 未成年の子に手続行
為能力を認める旨の規律や（法151条 2 号，168条 3 号・ 7 号，177条 2 号等によ
る118条の準用），この規律により子に手続行為能力が認められる場合であっ

---

101）児童の意見表明権の保障は，児童の権利に関する条約12条が要請するところでもある。
　　家事事件手続法と同規定との関係については，金子・前掲注 1 ）34頁参照。
102）同様の規定については，金子・前掲注 1 ）35頁，36頁注 2 に一覧がある。
103）以下で述べるもののほか，前述の必要的陳述聴取に関する規律も，子に自身の意見の
　　表明の機会を与えるという意味では，同様の側面を有する。
104）有効な手続行為のためには意思能力の存在が必要となることについては，金子・前掲
　　注35）377頁など参照。

172

第3 手続保障をめぐる家事事件手続法の規律の枠組み

ても，法定代理人が子を代理して手続行為をすることができるものとする規律（法18条），また，この規律に基づいて手続行為をしようとする子のために，[105] 裁判長が職権で弁護士を手続代理人に選任できるものとする規律（法23条２項）が挙げられる。[106] これらの規律の結果として，子としては，意思能力が認められる限り，[107] 係属中の手続に当事者参加[108] 又は利害関係参加をし，当事者ないし利害関係参加人として手続に関与することが可能となる。また，裁判所が職権で子を参加させるとともに，弁護士を手続代理人として選任することも可能である。[109] こうした諸規律については，裁判所がいわゆる子ども代理人を選任することを一部可能にした，との評価がある。[110]

また，後者に属するものとしては，必要的陳述聴取の対象となる子を15歳以上の子に限っていることのほか，子が利害関係参加の一般的な要件を満たす場合であっても，年齢，発達の程度等の事情を考慮して参加が子の利益を害すると認める場合には，参加の許可の申立てを却下しなければならないとする規律（法42条５項），同様に，年齢，発達の程度等の事情を考慮して子の利益を害すると認める場合には，子に対して審判の告知を不要とする旨の規律（特別養子縁組離縁の審判につき法165条６項，親権喪失・停止の審判等につき法170条ただし書），子の監護者や親権者の指定に関する事件において，審判の結果により直接の影響を受ける者にあたる子の即時抗告権を認めないものとする規律（法156条４号，172条１項８号～10号参照）が挙げられる。

以上のように，家事事件手続法は，未成年者である子全般について，その意思を把握し，適切に考慮すべきものとするとともに，意思能力のある子については，自ら手続に関与して手続行為をする機会を与え，かつ，そうした

---

105) 手続代理人の選任に関しても子に意思能力があることが前提となることについては，金子・前掲注35）77頁参照。

106) 後２者は，未成年者だけでなく，成年被後見人にも適用がある。

107) もっとも，子に意思能力がない場合であっても，法定代理人によって参加をすることは可能であり（高田・前掲注１）94頁〔増田勝久発言〕参照），逆に，子に意思能力がある場合に，親が子の法定代理人として利害関係参加をするということは想定されない（同前〔金子修発言〕参照）。

108) 子自身が申立権を有し，当事者となり得る事件の例としては，親権の喪失・停止の審判が挙げられる（民法834条，834条の２参照）

109) 高田・前掲注１）94頁〔金子修発言〕参照。

110) 高田・前掲注１）87頁〔増田勝久発言〕参照。

*173*

第7章　家事審判における手続保障

手続追行を支援するための規律を用意しているが，一定の場合には，子の利益に対する後見的な配慮から，子自身による手続上の権能の行使を制限している，ということができる。

　　カ　小　括

　以上によれば，家事事件手続法における当事者以外の利害関係人の手続保障の内容は，次のようにまとめることができよう。

　まず，別表第1事件の場合，第一に，審判を受ける者となるべき者は，権利参加としての利害関係参加を認められるとともに，強制参加の対象ともなり得，参加した場合には利害関係参加人（又は場合により当事者）として，原則として当事者と同様の手続上の地位が保障され，申立てを認容する審判がされた場合には，その告知を受けるとともに即時抗告権が認められる。また，特則によって必要的陳述聴取の対象とされることが少なくない。第二に，申立人以外の申立権者であって，審判を受ける者となるべき者に該当しないものは，当事者となる資格を有する者として当事者参加が当然に認められるとともに，利害関係参加としての強制参加の対象となり得，参加をすれば当事者としての手続権が保障されるが，参加をしない限り，当然に即時抗告権が認められたり，審判の告知を受けるものではないし，必要的陳述聴取の対象となるわけでもない。第三に，審判の結果により直接の影響を受ける者は，許可参加としての利害関係参加，利害関係参加としての強制参加の対象となるほか，原則として即時抗告権が認められるとともに，特則によって審判の告知の対象とされることがある。また，同じく特則によって必要的陳述聴取の対象とされることがある。

　次に，別表第2事件の場合には，第一に，審判を受ける者となるべき者は，手続上の当事者と定型的に一致する関係にあることから，1で述べた当事者としての手続保障を受けることとなる。第二に，審判の結果により直接の影響を受ける者としては，子の監護に関する処分や親権者の指定・変更の審判事件における子が典型的には想定されるが，子の場合には，利害関係参加が原則として可能であるほか，必要的陳述聴取その他の特則が設けられていることは，オで述べた通りである。

174

### (3) ドイツ法上の「関係人」概念との比較

2の(1)アでも述べたように，家事事件を含む非訟事件における各種利害関係人の手続保障のあり方については，従来，関係人概念をめぐるドイツの議論がしばしば参照されてきた。そのドイツにおいては，2008年に家事事件及び非訟事件の手続に関する法律（FamFGと略称される）が成立し，関係人の手続保障に関する規定が包括的な形で整備されたが，同法の諸規定もまた，家事事件手続法の制定過程における参照の対象となったところである。[111] そこで，以下では，(2)で述べたような家事事件手続法における利害関係人の手続保障に関する規律について，ドイツ法との若干の比較を試みておくこととしたい。

ドイツの現行法においては，その第7条において関係人の概念について規定しており，[112] それによれば，①申立てによって開始される手続[113] において

---

111) 法制審議会非訟事件手続法・家事審判法部会においては，その第1回会議において同法第1編の翻訳が，また第2回会議において同法第2編以下の翻訳が参考資料として配付されたところである。http://www.moj.go.jp/shingi1/shingikai_hishoujiken.html参照。なお，同法の簡単な紹介として，垣内秀介「ドイツにおける新たな家事事件・非訟事件手続法の制定」法の支配155号35頁がある。

112) 同条の内容は，以下の通りである（訳は，東京大学・非訟事件手続法研究会『「家庭事件及び非訟事件の手続に関する法律」仮訳』（http://www.moj.go.jp/content/000012230.pdf）による）。
　第7条　関係人
(1) 申立てにより開始される手続においては，申立人は，関係人となる。
(2) 次の者は，関係人として参加させられなければならない。
　　1　手続によりその者の権利が直接影響を受ける者
　　2　この法律又は他の法律に従い，職権で，又は申立てにより参加させることが必要な者
(3) 裁判所は，この法律又は他の法律に定めるときは，職権で，又は申立てにより，前項に掲げる者以外の者を関係人として参加させることができる。
(4) その申立てにより関係人として手続に参加させなければならない者又は参加させられることができる者は，その者が裁判所により知られている場合には，手続の開始について通知を受けなければならない。これらの者は，申立権について，教示を受けなければならない。
(5) 裁判所は，第2項又は第3項による参加の申立てを認めない場合には，決定で，裁判しなければならない。この決定に対しては，即時抗告をすることができる。この場合においては，民事訴訟法第567条から第572条までの規定を準用する。
(6) 第2項又は第3項に掲げる者以外の者は，審尋されるべき者又は情報を提供すべき者であっても，関係人となることはない。

113) なお，職権で開始することができる場合における開始の要件は，「申請」（Anregung）と称されて開始の申立て（Antrag）とは区別される（FamFG24条）。したがって，職権で開始できる事件における申請人は，当然に本条にいう「関係人」とな

---

*175*

第 7 章　家事審判における手続保障

は，申立人が当然に「関係人」（Beteiligter）となること（FamFG 7 条 1 項），②当該手続によってその権利に直接の影響を受ける者は，関係人として参加させなければならないこと（FamFG 7 条 2 項 1 号），③法律の規定により職権もしくは申立てにより参加が必要とされる者については，関係人として参加させなければならないこと（FamFG 7 条 2 項 2 号），④それ以外の者であっても，新法その他の法律にその旨の規定があるときは，職権で又は申立てにより関係人として参加させることができること（FamFG 7 条 3 項）[114] が，それぞれ定められている。これらのうち，①の申立人が法律上当然に関係人となるのに対して，②，③及び④は，職権又は申立てによる参加（Hinzuziehung）によって初めて関係人の地位を得ることから，前者は，「法律による関係人」（Beteiligter kraft Gesetzes），後者は，「参加による関係人」（Beteiligte kraft Hinzuziehung）と呼ばれて区別される。そして，後者に属する②，③及び④のうち，②及び③は，関係人としての参加が必要的とされるのに対して，④は，参加が必要的ではないことから，前者は，「必要的関係人」（*Muss*-Beteiligte），後者は，「任意的関係人」（*Kann*-Beteiligte）と呼ばれてさらに区別される。[115]

---

るわけではない。

114) 3 項に定める参加が可能な者に関しては，参事官草案では「手続の結果によりその者の権利が直接影響を受ける可能性があるもの」という一般的基準を示していたが（同草案 8 条 3 項 1 号），政府草案及び新法では，そうした一般的な定義は放棄されている。

115) もっとも，理由書の説明によれば，必要的関係人と任意的関係人の区別は，必ずしも固定的なものとは考えられていないようである。すなわち，任意的関係人の中には，①例えば遺言証書事件における法定相続人及び遺言相続人のように（FamFG 345 条 1 項），申立てがあれば，裁判所としては裁量の余地なく参加を認めるべきものと，②世話事件等における近親者のように（FamFG 274 条 4 項 1 号，315 条 4 項 1 号），申立てがあっても，裁判所が参加の相当性や手続促進の観点を考慮してその可否を決すべきものとがあるが，①に該当する者については，申立てがあった段階で 7 条 2 項 2 号によって（つまり必要的関係人として）参加を認めるべきことになる。しかし，申立てがない限りは関係人として参加させる必要がないという意味では，これも 3 項の任意的関係人に該当する，という（BT-Drucks. 16/6308, S. 179）。

なお，これらのうち，①の類型のものは，本来 7 条 2 項 1 号の必要的関係人に該当する実質的関係人であるが，これがあえて任意的関係人とされているのは，これらの者の場合には，手続開始についての教示さえあれば，自ら申立てをして手続に参加することが期待できるし，不利益を受ける潜在的な可能性があるというだけでこれらの者を全て当然に参加させるのは合理的でないからであるとされる（BT-Drucks. 16/6308, S. 179）。この例からもわかるように，7 条 2 項 1 号の規定はいわば補充的なものであり，同規定によれば必要的関係人とされる者であっても，特則規定により別途の規律が設けられて

176

第 3　手続保障をめぐる家事事件手続法の規律の枠組み

以上を整理すれば，以下の通りである。

　　法律による関係人……申立人（上記①）（FamFG 7 条 1 項）

　　参加による関係人

　　　　必要的関係人……手続によってその権利に直接の影響を受ける者
　　　　　　　　　　　　（上記②）（FamFG 7 条 2 項 1 号）

　　　　　　法律上の特則規定に基づく必要的関係人（上記
　　　　　　③）（FamFG 7 条 2 項 2 号）

　　　　任意的関係人……法律上の特則規定に基づく任意的関係人（上記
　　　　　　④）（FamFG 7 条 3 項）

　これらのうち，参加による関係人となる資格を有する者であって，裁判所に知られているものに対しては，参加の機会を保障するため，裁判所は，手続の開始及び申立権の存在について教示しなければならないものとされる（FamFG 7 条 4 項）[116]。

　なお，以上に対して，単に審尋を受けるべき者など，情報提供者としての意義を有するにとどまる者については，上記①〜④に該当しない限り，当然に関係人となるわけではない（FamFG 7 条 6 項）。

　こうした関係人に対して保障される手続上の地位としては，事件記録の閲覧（FamFG 13 条），[117] 期間に関する告知（FamFG 15 条），裁判の告知（FamFG 41 条）などがあるほか，憲法上の法的審尋請求権を保障するために，裁判所は，関係人の権利を害する裁判をするためには，裁判の基礎となる事実及び証拠調べの結果に対する意見陳述の機会を保障しなければならず，その保障を欠いた事実関係を裁判の基礎とすることはできないものとされる（FamFG 30 条 4 項，37 条 2 項）[118]。また，裁判所は，関係人とは異なる法的観点に基づい

---

　　いる場合には，そちらが優先することになる。Rauscher(Hrsg.), Münchener Kommentar zum FamFG, 2. Aufl., § 7, Rn. 8 (Pabst) 参照。

116) 手続によってその権利に直接の影響を受ける者との関係では，この教示は憲法上の要請とされる。Bork/Jacoby/Schwab, FamFG Kommentar, 2. Aufl., 2013, § 7. Rn. 15 (Jacoby) 参照。

117) 関係人については，関係人又は第三者の重大な利益に反する場合を例外として，当然に記録の閲覧権が認められるのに対して（FamFG 13 条 1 項），関係人以外の者は，正当な利益の疎明があり，かつ関係人又は第三者の利益を害することがない場合に限り，記録の閲覧が許可される（同条 2 項）。

118) 意見陳述は，一般的には書面の形でも可能であるが，それでは十分な陳述が期待でき

177

第7章　家事審判における手続保障

て裁判をしようとする場合には，関係人にその法的観点を指摘しなければならない（FamFG28条1項後段）。さらに，法的審尋請求権の侵害が生じた場合には，上訴の可能性がない場合であっても，その是正を求めるための異議申立てが可能とされる（FamFG44条）。

　このように，ドイツ法においては，関係人（Beteiligte）概念そのものは，申立てまたは参加という手続行為（職権によるものを含む）によって画され，それに応じて各種の手続規律が及ぼされるという構成をとっている。これは，いわゆる形式的関係人概念を採用したものであり，その点では，日本法と共通するものといえよう。

　もっとも，ドイツ法の特色として，まず，必要的関係人の範囲はかなり広範なものであり，「手続によってその権利に直接の影響を受ける者」は一般的に必要的関係人とされ，申立てがなければ裁判所の職権で参加させなければならないものとされている点があげられる。一見して明らかなように，この基準は，日本法における「審判の結果により直接影響を受ける者」に文言上対応するものであり，内容的にも，これとほぼ一致する。すなわち，政府草案の理由書によれば，手続対象が，その性質上，その者の公法又は私法により保護された実体的地位に直接影響を生じる場合であればこれに該当する[119]。したがって，例えば，親権（親の配慮）剥奪事件（ドイツ民法1666条）においては，当該親のほか，子，他方の親がいずれも「その権利に直接影響を受ける者」として必要的関係人とされる[120]。このように，ドイツ法は，申立て又は参加の有無と関係人の地位とを結びつける形式的関係人概念を採用してはいるものの，従来実質的関係人とされてきた者を一般的に必要的関係人とし

---

　　ない場合には，関係人本人に対する審問が裁判所に義務付けられている（FamFG34条1項1号）。

119) BT-Drucks. 16/6308, S 178参照。この概念は，抗告権の要件である「決定によってその権利を害された者」（FamFG59条）ともその内容上連動するが，手続開始時において判断する必要がある関係上，手続対象の性質に照らしてその者の権利が害される可能性があれば足りる点が異なる。Bork/Jacoby/Schwab, aaO（Fn. 116），§7. Rn. 13.1（Jacoby）参照。

120) Brehm, Freiwillige Gerichtsbakeit, 4. Aufl., 2009, S. 114, Rn. 11; Bork/Jacoby/Schwab, aaO（Fn. 116），§7. Rn. 13.2（Jacoby）; Rauscher（Hrsg.）, aaO（Fn. 115），§7. Rn. 10（Pabst）など参照。その他の具体例についても，これらの文献に詳しい。

て取り込むことによって[121] 日本法と比較してより広い範囲の利害関係人に，形式的関係人としての手続保障を与えようとしているものといえよう[122]

また，必要的関係人，任意的関係人のいずれについても，その資格を有する者に対する裁判所の教示義務が一般的に認められている点（FamFG 7 条 4 項）[123] 参加申立て却下の決定に対しては，一般に即時抗告が認められている点（FamFG 7 条 5 項）も，注目される。

こうしたドイツ法の規律は，裁判によって直接影響を受ける者全般に必要的関係人として広く網をかぶせ，各種の手続的規律を関係人の地位に結びつけている点で，明快であるとともに，利害関係人に対して手続保障を付与するかどうかに関して，裁判所の裁量に委ねられる範囲が極めて限定されている点に，特色がある。また，参加の有無が申立てにかからしめられている場合については申立権について裁判所に教示義務が課せられているという点でも，手続保障が徹底されているといえよう。これに対して，日本法は，参加に関してはドイツ法よりも相当に制限的であり，また，参加の可否について裁判所の裁量に委ねられる範囲が広い。結果として，手続に関与する利害関係人の範囲は，ドイツ法よりも限定されることになるが，必要的陳述聴取，審判の告知といった規律が，利害関係人に対する手続保障を一部代替しているといえる。こうした日本法の規律は，総じて簡易迅速な事件処理の方向に一層傾斜したものであり，手続に主体的に関与する者の範囲を柔軟に調整できるといった利点がある一方で，手続関与への経路が参加，陳述聴取など複線的であること，また，例えば必要的陳述聴取の規律の性格ないし機能が複層的なものとなるといった点で[124] やや複雑な面を有するともいえよう。

---

121）FamFG 7 条 2 項 1 号の要件が従来の実質的関係人概念に対応する点については，Bork/Jacoby/Schwab, aaO（Fn. 116），§ 7. Rn. 13.1（Jacoby）参照。

122）なお，必要的関係人の範囲がこれだけ広範なものになると，任意的関係人として想定されるのはどのような者なのか，という疑問が生じるところであるが，この点については，前掲注115）参照。

123）教示義務の対象が全ての関係人類型に及ぶことについては，BT-Drucks. 16/9733, S. 287参照。

124）この点については，後述第 4 の 2(2)を参照。

第7章　家事審判における手続保障

# 第4　手続保障をめぐる今後の課題

　冒頭にも述べた通り，現行家事事件手続法の制定により，家事事件手続における手続保障に関する規定が大幅に拡充され，利害関係人の手続保障は格段に充実したものとなったといえる。とはいえ，第3の2(3)でも示唆した通り，その運用については，裁判所の裁量に委ねられた部分が多い。したがって，個々の事件において過不足のない手続保障が実現されていくかどうかについては，今後の運用を注視していくとともに，多様な事件類型に応じた各論的な検討をいっそう進める必要があろう。

　また，そうした運用面の課題に加えて，理論的には，根本的な問題として，そもそも裁判上の手続を訴訟手続と非訟手続とに二分し，後者については当然に前者とは異なる規律が妥当する，という枠組みの合理性自体がなお問われなければならないし，[125] その点を措くとしても，家事事件手続法における各種規律の意義やその合理性をめぐって，なお理論面での研究が深化されるべき問題は少なくない。そのそれぞれについて立ち入った検討を行うことは，主として筆者の能力の限界から断念せざるを得ないが，以下では，そのうち主要と思われるものに限り，当事者の手続保障と，当事者以外の関係人の手続保障とに分けて，問題状況の概略を述べておくこととしたい。

## 1　当事者の手続保障をめぐる問題点

### (1)　別表第1事件と第2事件との区別の合理性

　当事者の手続保障に関しては，第3の1で見たように，別表第1事件と別表第2事件とで異なる規律が設けられており，後者においてはより充実した手続保障が図られているが，まず，そうした区別に合理性があるかどうか，という問題がある。この問題は，別表第2事件に結びつけられるいかなる属性が手続保障の強化という要請をもたらすのか，という問題と表裏一体のも

---

125)　この問題は，近年，行政手続や行政処分の場合との対比，すなわち，行政手続における不利益処分については，当事者の既存の地位や利益を奪う場合には聴聞として口頭陳述の機会が保障されることや，行政処分に対する不服申立ての場合には訴訟手続が保障されることとの関係で，改めて脚光を浴びるに至っている。こうした角度からの検討として，山本・前掲注2）357頁以下参照。

*180*

第4　手続保障をめぐる今後の課題

のである。

　この点について，立案担当者の関係する文献においては，別表第2事件は，基本的に当事者が自らの意思で処分することのできる権利・利益に関する事件であって，一般に申立人と相手方の間に利害対立があるのが通常である[126]，あるいは，相手方があり紛争性の高い事件である[127]，といった説明が見られる。これらは，別表第2事件の法技術的な属性としての調停可能性の背後に，処分可能性，相手方の存在，紛争性といった属性を見出し，それらのうち，とりわけ紛争性の高さに着目するものといえる。もっとも，調停可能性そのものは，紛争性の高さと一対一で対応するものではないが，そのことは立案担当者においても前提とされており，別表第1事件と第2事件との区別の直接の基準としては，紛争性ではなくむしろ処分性の有無が採用されたのであり，処分性はないが紛争性の高い事件については，手続保障との関係では別途特則を設けることによって対応したものとされる[128]。言い換えれば，手続保障の必要性そのもののメルクマールとしては，紛争性の強弱が本質的なものであるが，事件類型ごとの判定がより容易ないわば近似値として，処分性の有無という指標が採用された，ということであろう。

　こうした理解に対しては，紛争性を有する事件類型については手続保障についての配慮が重要である，と考えること自体は正当であるとする指摘もみられるものの[129]，両者の関係についてはなお理論的検討を要するとして留保を付する見解も有力である[130]。たしかに，同一の事件類型の内部において，紛争性のある事案とない事案とを比較するのであれば，前者の方がより手続保障への配慮の必要性が高いといえるように思われるが[131]，事案類型ごとに

126）　金子・前掲注1）119頁参照。
127）　金子・前掲注35）226頁参照。
128）　高田・前掲注1）125頁〔金子修発言〕参照。
129）　例えば，畑瑞穂「相手方がある非訟・家事審判事件における当事者対立構造と手続規
　　律」ジュリ1407号35頁参照。もっとも，畑教授も，本来的にはむしろ「事件類型を問わ
　　ず，自己の利害に重大な影響を受ける者については手続保障に関する配慮が重要であ
　　る」とする（同前）。
130）　山本・前掲注2）360頁参照。
　　なお，問題の位相をやや異にするが，争訟性のある事件においては，処分可能性がな
　　いとしても，問題となる地位の主体を当事者として遇する必要があったのではないか，
　　という問題提起として，高田・前掲注1）128頁，129頁〔山本克己発言〕参照。
131）　紛争性の有無を非訟事件性そのもののメルクマールの一つとする法制としてフラン

181

第7章　家事審判における手続保障

紛争性の有無ないし強弱を判定し，手続保障の内容に段階を設けることが合理的かどうかについては，疑問の余地があろう。より具体的には，別表第1事件ではあるが，申立人と審判を受ける者となるべきものとの間の対立関係が深刻であるような場合の取扱いが問題となろう。そこでは，後者についての必要的陳述聴取や参加機会の付与で十分とみるか，審問期日の実施申出権[132]や事実の調査の原則的通知といった別表第2事件における規律が及ばないことを問題と考えるか，議論の余地はなお残されているように思われる。その際には，こうした規律のもつ意義を明確化することが求められるとともに，それとの関係で，手続保障の最低限の要請をどこに見出すかを検討する必要があろう。例えば，必要的陳述聴取といった規律によって手続保障の最低限の要請は満たしている，と考えるのであれば，その余の部分については，迅速性の要請や裁判所の後見的な役割の大小など，紛争性の強弱以外の諸要素をも考慮に入れた裁判所の適切な裁量権行使に委ねる，という方向も，あり得る選択肢となるからである。[133]

(2)　**裁判資料収集における当事者の主体性**

　当事者の手続保障をめぐる第二の問題点として，現行法の用意する各種の規律，とりわけ裁判資料の収集との関係で，当事者[134]の主体性という観点をどのように位置づけるか，という点がある。第2の3において述べたように，職権探知主義を採用するとともに無方式の事実の調査を広範に認めるという前提の下では，主張と立証との区別の意義は自明なものではないし，当事者からの裁判資料の提出をすべて事実の調査の問題として整理することも

---

ス法の立場が挙げられるが，フランス法においては，同一の事件であっても，参加や不服申立てによって申立人と第三者との争いが顕在化した場合には，当該事件は非訟事件としての性格を喪失し，訴訟事件の規律に服するものとされる。垣内秀介「フランスにおける非訟事件と非訟事件手続」（http://www.moj.go.jp/content/000012233.pdf）4頁以下参照。

132)　期日を実施することの積極的な意義については，例えば山田文「非訟事件における審理原則」ジュリ1407号28頁参照。

133)　このような視角からは，紛争性の強弱よりも，むしろ他の諸要素の重みの差異が，現行法における規律の合理性を支えている，と論じる余地も，残されていることになろう。

134)　同様の問題は，利害関係参加人についても存在するから，以下で述べることは，基本的に利害関係参加人との関係でも妥当することになる。

可能となる。この理解を前提とすれば，当事者が何らかの資料を裁判所に提出しても，それは当該資料を職権で事実の調査の対象とするよう裁判所に促しているにすぎず，[135] 裁判所がそうした職権行使をしない限り，当該資料は当然に裁判の基礎となるものではない。[136] 言い換えれば，当事者が提出した資料が裁判の基礎となるかどうかは，挙げて裁判所の裁量に委ねられている，ということになる。[137] そして，こうした観点を徹底すれば，真実発見のための裁判資料収集という見地からみる限り，当事者には何ら特権的な地位が認められるわけではなく，訴訟であれば証人等として位置づけられる第三者と本質的には同等の情報源の一つに過ぎない，という理解すら導かれ得るところである。

　これに対して，これも第2の1及び2において述べたように，家事事件においても手続保障の要請は妥当する，という出発点に立つとすれば，その核心は当事者権としての弁論権，言い換えれば攻撃防御方法の提出権の保障に見出される以上，その行使としての裁判資料の提出行為と，そうした権能を有しない第三者に由来する資料とを全面的に同視することは許されないこととなろう。こうした観点からは，少なくとも狭義の弁論（主張）に対応する当事者の陳述については，当然に裁判資料となるのであり，事実の調査はむしろ基本的には証拠資料の収集のレベルに関わる手続であるとする整理が考えられることになる。[138]

　この問題は，当事者の陳述や資料提出において理論上狭義の弁論（及びその提出行為としての主張）と証拠資料（及びその提出行為としての立証）とを区

---

135) 当事者には事実の調査の申立権はなく，裁判所には当事者による事実の調査実施の求めに対する応答義務すらないことにつき，家事事件手続法56条2項参照。
136) 金子・前掲注35) 197頁，金子・前掲注7) 6頁，7頁参照。
137) もっとも，金子・前掲注7) は，「当事者や利害関係参加人の提出した資料について事実の調査をしない方向への裁判所の裁量の幅は，家事審判法下よりも縮減した」，として（9頁），「基本的には職権で裁判資料としなければならない」，とする（8頁）。
138) 高田・前掲注1) 65頁，66頁〔山本克己発言〕は，事実の調査の性質につき，このような理解を前提とするものと解される。また，同書66頁〔増田勝久発言，高田裕成発言〕も，当事者及び利害関係参加人の陳述聴取については，事実の調査の問題ではないと理解するようである。
　これに対して，高田昌宏「非訟事件手続における職権探知の審理構造」曹時63巻11号2615頁は，逆に，事実の調査を狭義の手続資料の収集手段として位置づけ，疑義や争いのある事実の確定については，正規の証拠調べによるものとする可能性を示唆する。

*183*

第 7 章　家事審判における手続保障

別するか,[139]裁判所からの資料提出の促しを釈明権の行使として位置づける
か[140],それとも事実の調査の一環として位置づけるか,[141]といった問題にも関
わる。これらの問題は，理論的な性格の強いものであり，説明方法の違いに
帰着する面もあるが，当事者権の保障という側面を重視する立場からは，そ
れぞれ，主張と立証とを区別しつつ,[142]事実の調査の一環としての発問や資
料提出の促しに，攻撃防御方法の提出機会を実質的に保障する手段としての
釈明権の行使を見出す，ということになりそうである。[143]筆者としては後者
の方向に魅力を感じるが，こうした議論の実践的な意義についてなお吟味す
る必要があるとともに，現行家事事件手続法の制定を踏まえて，解釈・運用
のレベルで対応可能な問題と，立法による対応を要する問題とを改めて整理
する作業も必要となろう。

---

139) 両者の区別の必要性を指摘するものとして，例えば高田・前掲注 1 ) 205頁，206頁
〔山本克己発言〕参照。
　　この見解が指摘するように，少なくとも理論上は，裁判の基礎となる事実とその認定
資料とは区別されるはずであり，その区別に対応して，前者を提出する行為と後者を提
出する行為とを区別することは可能であろう。なお，前者は，要件事実ないし主要事実
に対応するものであるが（家事事件における要件事実をめぐる議論に関しては，伊藤滋
夫「家事事件と要件事実論との関係についての問題提起」同編『家事事件の要件事実』
84頁以下に詳しい），間接事実や補助事実に関しては，通常の民事訴訟であればその提
出行為は主張とされるものの，ここでも同様に解する必然性があるかどうかについては,
なお検討の余地があるように思われる。
140) 釈明に関する規定の必要性を指摘するものとして，畑・前掲注129) 38頁，高田・前
掲注 1 ) 209頁，210頁〔畑瑞穂発言〕参照。なお，家事事件における裁判所の判断の裁
量性との関係につき，垣内・前掲注30) 135頁以下，松川正毅ほか編『新基本法コンメ
ンタール人事訴訟法・家事事件手続法』（日本評論社，2013年）234頁〔垣内秀介〕参照。
141) そうした整理を説くものとして，高田・前掲注 1 ) 204頁，205頁〔金子修発言〕，金
子・前掲注 7 ) 11頁注16参照。もっとも，金子・前掲注 1 ) 113頁は，釈明権に関する
規定がなくても，釈明義務や法的観点指摘義務を認めることの妨げにはならない，とす
る。
142) この関係では，ドイツ法が，裁判の基礎とすべき事実の陳述と，その確定のための証
拠調べとを区別していることも（前者に関する規定として，FamFG 27条 2 項，28条 1
項，後者に関する規定として，29条，30条がある），参照に値しよう。この点について
は，Brehm, aaO（Fn. 120），p. 154, Rn. 1-2のほか，高田・前掲注138) 2614頁も参照。
143) この問題に関する最近の文献として，杉山悦子「家事事件手続法における裁判所と当
事者の役割」徳田和幸先生古稀祝賀『民事手続法の現代的課題と理論的解明』543頁，
544頁（弘文堂，2017年）がある。

*184*

## 2　当事者以外の利害関係人の手続保障をめぐる問題点

### (1)　手続保障を与えるべき者の範囲

　以上に対して，当事者以外の利害関係人の手続保障をめぐっては，まず，そもそもどの範囲の者に対して手続保障を与えるべきか，という問題がある。第3の2(1)で述べた通り，当事者以外の利害関係人については各種の概念が用いられ，その中では，特に「審判の結果により直接影響を受ける者」が，手続に参加できる者の外延を画する点で重要であるが，その範囲については議論がある。

　すなわち，一方で，ある者が「審判の結果により直接影響を受ける者」にあたるか，それとも当該審判によってその者自身の法律関係が形成される者，言い換えれば，「審判を受ける者となるべき者」にあたるかは，実体法の解釈に依存し，流動的である，との指摘がある。[144] 例えば，親権喪失の審判の場合，一般には子は直接の影響を受ける者とされるが，[145] 親権を監護等に関する特定の親子間の権利義務関係とみれば，子はその主体そのものなのではないか，というのである。[146] この問題は，参加の文脈でいえば，その者が権利参加の対象となるのか，許可参加の対象となるにとどまるのか，という問題に関わることになる。[147]

　他方で，「審判の結果により直接影響を受ける者」という概念は，その文言上，影響の直接性を基本的なメルクマールとするものであるが，影響が直接的か間接的かという基準の合理性も問題とされる。例えば，立案担当者の説明によれば，親権喪失審判の取消しの審判事件においては，取消しによって当然にその地位を失う未成年後見人は「直接の」影響を受ける者にあたるのに対し，[148] 推定相続人廃除の審判事件における他の推定相続人は，廃除に

---

144）高田・前掲注1）70頁，71頁〔窪田充見発言〕。
145）金子・前掲注1）94頁注参照。
146）高田・前掲注1）71頁〔窪田充見発言〕。なお，窪田教授は，子は，親権の存否について「そもそも当事者なのではないか」と述べるが，ここでの「当事者」とは，権利義務の主体を指す趣旨と思われる。
147）したがって，裁判によって直接影響を受ける者を一般に必要的関係人として処遇する現在のドイツ法の下では，これに対応する問題は存在しないことになる。
148）高田・前掲注1）70頁〔金子修発言〕参照。

第7章　家事審判における手続保障

より相続分に影響を受けるものの，その影響は間接的であるから，これにあたらないとされる。[149] しかし，こうした説明に対しては，前者については間接的な影響と解する余地があるとともに，[150] 後者についても直接的な影響と解する余地があるのではないか，[151] という疑問が呈される。この問題は，やはり参加の文脈でいえば，その者がそもそも参加する余地があるかどうか，という問題に関わることになる。[152]

　これらの問題は，基本的には，審判の対象となる法律関係の実体法上の性質に関する理解を前提としつつ，問題となる者のどのような地位がどのような態様で影響を受けるのかの吟味を通じて判断されるほかないと思われる。すでに指摘されているように，その判断は，その者の要保護性に関する実質的な価値判断を含まざるを得ず，[153] 一義的な基準を定立することは困難であるが，その際に考慮されるべき事情，また，考慮すべきでない事情についての類型化などを通じて，判断を透明化する努力が求められよう。[154]

---

149）高田・前掲注1）69頁〔金子修発言〕参照。

150）高田・前掲注1）70頁〔窪田充見発言〕，72頁〔山本克己発言〕参照。親権の回復が直接の影響であり，未成年後見の仕組みが不要となるのは間接的な影響だともいえる，とする。また，同書72頁〔古谷恭一郎発言〕は，両様の説明があり得るとする。

151）高田・前掲注1）71頁〔山本克己発言〕参照。人事訴訟において死後認知請求が認容されると他の相続人の相続権が害される，というのが直接的な影響だとするなら，相続人廃除の場合の他の相続人の相続分についての影響も，直接的だということになる，とする。

152）ドイツ法でいえば，この問題は，必要的関係人の範囲に関わることになる。この関係では，ドイツにおいて，例えば，後見取消し事件における後見人について，後見は後見人ではなく被後見人の利益のためのものであるから，手続によってその権利に直接の影響を受ける者にはあたらないとする見解や（Rauscher（Hrsg.），aaO（Fn. 115），§ 7, Rn. 10（Pabst）），養子縁組事件における養親となる者の実子について，この者は必要的審問の対象とはなるものの（FamFG 193条），扶養義務履行のための資力や将来の相続分の減少という不利益は間接的なものにとどまるから，必要的関係人にはあたらないとされていることが（Ibid., Rn. 12（Pabst）のほか，同書所掲の裁判例参照），参照に値するように思われる。

153）高田・前掲注1）72頁，73頁〔窪田充見発言〕参照。

154）なお，審判の結果により直接の影響を受ける者による利害関係参加が裁判所の許可にかからしめられていることは，個別事件の実情に即した許可・不許可の判断を通じて，直接か間接か，といった形式的な基準の当てはめよりも，むしろ本文に述べたような実質的な価値判断を柔軟に行う方向に作用する可能性もあろう。反面，とりわけその判断について不服申立ての可能性が存在しないことは，判断の透明化の観点からみても，問題をはらむものといえる。

第4　手続保障をめぐる今後の課題

### (2)　手続保障を与えるべき者に対する処遇の内容

　各種の利害関係人に対する手続保障をめぐる諸規律は，第3の2において見た通りであるが，根本的な問題として，審判を受ける者となるべき者や審判の結果により直接影響を受ける者をドイツ法のように必要的関係人とせず，参加の可能性を認めるにとどめる，という基本的な枠組みが合理的かどうか，とりわけ，審判の結果により直接影響を受ける者について，参加を裁判所の許可にかからしめることが相当かどうか，といった問題が引き続き存在する。

　また，現行法が用意する参加以外の規律，とりわけ必要的陳述聴取に関しては，その性格ないし機能の理解について，1(2)でみたのと類似の議論がある。すなわち，第3の2(2)イでもみたように，立案担当者においても，この規律が対象者に対する手続保障を図る機能を有することは前提とされているが，その性質は，あくまで事実の調査としての陳述聴取であるとされる[155]。しかし，これに対しては，事実の調査の対象としてではなく，主体的な攻撃防御の機会として理解するのでなければ，この規律を関係者の手続保障を図るものとして位置づけることはできないとの批判がある[156]。訴訟において証人尋問を受けた者について，手続保障があったとはされないのと同断とされるのである[157]。もっとも，立案担当者の見解を前提としても，陳述聴取の機会に陳述者が事件についての認識や主張を述べることは妨げられない，とされているほか[158]，陳述聴取の機会を保障することは，事件係属の通知に代替

---

155)　高田・前掲注1）65頁〔金子修発言〕参照。
156)　高田・前掲注1）65頁，66頁〔山本克己発言〕参照。第3の2(3)でみたように，ドイツ法では，手続保障の対象となるべき関係人と，単なる情報提供者としての審尋対象者とは峻別されており（FamFG7条6項参照），そこには，本文の指摘と同様の発想を見出すことができよう。
　　なお，1(2)で述べたように，立案担当者においては，そもそも，当事者からの資料提出そのものが事実の調査の問題として整理されるから，そうした理解を前提とする限り，陳述聴取の性質を事実の調査として理解することと，同規律を手続保障の手段として捉えることとは，何ら矛盾しないということになろう。
157)　高田・前掲注1）66頁〔山本克己発言〕参照。
　　なお，一般の民事訴訟においては，弁論主義が妥当する結果として，証人として尋問される第三者が事実主張をすることはできないのに対して，家事事件手続においては前提が異なるため，同列には論じ得ない面もある。しかし，職権探知主義が採用される人事訴訟においても，やはり証人尋問を手続保障の手段としていて位置づけることは一般的でないことを考えれば，本文に述べたような証人尋問との対比は，なお成り立ち得るものであろう。
158)　高田・前掲注1）67頁〔金子修発言〕参照。

*187*

第 7 章　家事審判における手続保障

する機能を有し，利害関係参加の機会を保障することを意味することについ
ては，理解が共有されているものといえる。[159] そうした状況の下では，この
問題は理論的説明の差異にとどまる面もあるが，手続に関与する者の主体性
の意義や手続保障の要請の本質に関わる問題でもあり，1(2)で述べた当事者
の地位の問題とも連動するものとして，引き続き，検討が深められるべきで
あろう。

# 第5　おわりに

　家事事件は多様な事件類型を含んでおり，そこでの手続保障の全体像を描
き出すことは，必ずしも容易でない。本稿における検討は，決して網羅的な
ものではなく，とりわけ各事件類型の内容に応じた各論的な検討をなし得て
いない点で，不十分なものにとどまる。また，総論的な問題についても，若
干の整理を試みたにとどまり，本来であれば取り上げるべき問題のうち，立
ち入った検討を断念せざるを得なかったものも少なくない。[160] それらの点に
ついては，将来の課題とせざるを得ないが，そうした不完全さにもかかわら
ず，本稿が，家事事件における手続保障をめぐる今後の議論に際して，なに
がしかでも参照に値するものを含んでいるとすれば，筆者としては幸いであ
る。

---

159) 金子・前掲注1）31頁注のほか，高田・前掲注1）66頁〔高田裕成発言〕，66頁，67
　　頁〔金子修発言〕，67頁〔山本克己発言〕参照。また，こうした観点からは陳述聴取が
　　適時に実施されることが重要となることにつき，同書67頁〔高田裕成発言〕，68頁〔窪
　　田充見発言〕参照。
160) 例えば，子の手続保障のあり方などであるが，これらについては，本書の関連項目に
　　委ねざるを得ない。

## 第8章

# 当事者の役割と裁判所の役割

近藤ルミ子

## 第1 はじめに

　家事事件手続法の施行によって，家事事件手続においても，当事者等の手続保障が拡充し，その内容が明文で規律されることとなった。

　家事事件における手続保障の問題は，非訟事件である家事事件手続においても，弁論権を中心とする当事者権が実質的に確保されるべきであるとの視点から議論されてきた[1]。

　当事者権とは「当事者が訴訟の主体たる地位において認められている諸権利」と定義される[2]が，家事事件における当事者権として主に論じられてきたのは，①審問請求権，証拠申出権（裁判資料提出権）を中心とした弁論権，②証人尋問その他の審理手続への立会権及び③記録閲覧権である。実務上もこのような当事者権の実質的保障に配慮した手続運営上の様々な工夫がされてきた[3]ところであり，家事事件の多種多様な事件類型に応じて手続保障が

---

1) 家事審判と手続保障の関係に関する学説について，本間靖規「家事審判と手続保障」同『手続保障論集』（信山社，2015年）440頁。
2) 佐上善和「当事者権という概念の効用」三ケ月章＝青山善充編『民事訴訟法の争点』（有斐閣，1979年）66頁。
3) 司法研修所編『遺産分割手続運営の手引き（上）』（法曹会，1983年）17頁，石川明「家事調停及び家事審判（特に乙類審判事件）の非訟性と当事者権の保障」家月31巻6号1頁，井上哲男「乙類審判事件における職権探知と適正手続の具体的運用」岡垣學＝

第8章　当事者の役割と裁判所の役割

確保されるべきであることについては，特段異論のないところであった。

　家事事件手続法施行前の当事者の手続保障については，家事審判法における明確な規律が不十分であったことから，上記のとおり，多くが実務における手続運営上の工夫によって確保されてきた。しかし，家事事件手続が，裁判所の広範な裁量の下に進められ，裁判官によって手続運営の在り方に関する考えがまちまちであることなどの事情から，時として，裁判資料提出の機会を十分に与えられることなく裁判がされる事案を生む結果にもなっていた。その一例として，最決平成20年５月８日（判時2011号116頁）がある。同決定は，判断の中で「……原審においては十分な審理が尽くされていない疑いが強いし，そもそも本件において原々審の審判を即時抗告の相手方である抗告人に不利益なものに変更するのであれば，家事審判手続の特質を損なわない範囲でできる限り抗告人にも攻撃防御の機会を与えるべきであり，少なくとも実務上一般に行われているように即時抗告の抗告状及び抗告理由書の写しを抗告人に送付するという配慮が必要であったというべきである。」と述べ，原審が抗告の相手方に反論の機会を与えずに原々審の審判を不利益に変更したことについての手続上の問題点を指摘している。なお，この決定は，法制審議会非訟事件手続法・家事事件手続法部会の議論において大きな意味を持ったとされている[4]。

　家事事件手続法の制定目的は，上記のような状況下で家事事件の手続を国民にとって利用し易く，現代社会に適合した内容の手続法とするところにあり，その中心は，当事者等の手続保障を制度的に整備するところにあった[5]。

　以下は，家事事件手続法の中で当事者等の手続保障を図るための制度がどのように整備されているかを概観することにより，家事事件の手続における当事者の役割と裁判所の役割を検討するものである。

---

　野田愛子編『講座・実務家事審判法１』（日本評論社，1989年）127頁以下。
　4）　金子修「家事事件手続法下の家事審判事件における職権探知と手続保障」松原正明＝道垣内弘人編『家事事件の理論と実務第３巻』（勁草書房，2016年）19頁。
　5）　金子修編著『一問一答家事事件手続法』（商事法務，2012年）３頁，25頁。

# 第2 家事事件における当事者概念 〜家事事件手続法における「当事者」概念の導入〜

　職権主義の下に手続が進められる家事事件の手続においても，従前から，当事者に主体的な地位を与え，手続保障を図ることが論議され，実務上，そのような手続運営がされてきたことは前記のとおりである。しかし，家事審判法においては，手続主体としての当事者概念そのものが不明確であった。そこで，家事事件手続法は，家事事件手続においても当事者という手続主体を明確に認めた上で，その手続保障のために，これまで家事事件手続における当事者権として論議されてきた権能について規定を設けた（法47条，68条2項，69条等）。家事事件手続法の下での「当事者」とは，申立人及び相手方を意味する（形式的当事者概念。なお，家事事件手続法下の「当事者」概念は，上記のように，申立人及び相手方を指し，その他の審判の結果により影響を受ける者と区別されるが，条文上，「当事者」には，「当事者参加人」（法41条）が含まれ，手続主体として「当事者」とあるときは，「利害関係参加人」（法42条）が含まれることに注意を要する（後記1(4)参照））。

　ところで，家事事件における当事者概念については，これを否定する見解がある。これは，家事事件の類型が多様であり，申立人と相手方が全ての手続において主体的に手続に関与するものではなく，職権で開始される事件もあること，民事訴訟と異なり，形式的意味の当事者以外に，審判告知の名宛人となる者や審判の結果により直接の影響を受ける者の存在があり，これらの者の手続保障にも配慮すべきであることなどから，申立人及び相手方に加え，審判の結果により影響を受ける者のうち一定の範囲の者を実質的意味の当事者と考えて，その全てに当然に手続保障を及ぼすべきであるとする考えである。そこで，この見解では，家事事件の多様な類型に対応して，様々な形で手続に関与する者を「関係人」と総称し（ここには，形式的意味の当事者概念のほかに，実質的意味の当事者概念が含まれることになる。），「関係人」の全てについて，当然に手続主体としての手続保障を図ろうとする[6]。

　家事事件手続法は，従前の実務において，申立人と相手方を「当事者」と

---

6）佐上善和『家事審判法』（信山社，2007年）69頁以下。

第8章　当事者の役割と裁判所の役割

する手続が定着していたことに基づき，形式的当事者概念を採用することとして，上記のような「関係人」概念を採っていない。[7]

　しかし，多様な類型を持つ家事事件に対応して，審判の結果により影響を受ける者のうち一定の範囲の者には，手続に関与する機会を与える必要があり，それらの者が手続に関与する以上は，当事者と同様の手続上の権限を与えるべきであることは当然である。そこで，形式的当事者概念を採用した結果として，その枠組みから外れる実質的当事者の手続保障をどのように構成すべきかが問題となる。この点について，家事事件手続法は，参加人の権限等が不明確であるとの批判があった家事審判法下の参加制度の拡充を図り，申立人と相手方以外の審判の結果によって影響を受ける者について，参加の制度によって手続に利害関係参加できることとした（法42条）上で，参加することによって，手続主体として主張し，資料を提出するなど，当事者と同等の手続保障が確保されるものとした。また，当事者及び利害関係参加人並びに審判を受ける者には審判を告知しなければならない（法74条）とし，審判により影響を受ける者については，個別規定により必要に応じて即時抗告ができるとしているほか，審判を受ける者等を必要的陳述聴取の対象とすることを規定して，審判の結果により影響を受ける者の手続保障を図っている。当事者以外の実質的当事者に対して手続保障を図る制度は，具体的には，以下のような内容となっている。

# 1　利害関係参加の制度

## ⑴　「審判を受ける者となるべき者」及び「審判の結果により直接の影響を受ける者」の利害関係参加

　「審判を受ける者となるべき者」は，家庭裁判所の許可等を必要とせず，当然に家事審判の手続に利害関係参加することができ（法42条1項），それ以外の「審判の結果により直接の影響を受ける者」も，家庭裁判所の許可を得ることにより，審判の手続に利害関係参加することができる（法42条2項）。

　「審判を受ける者となるべき者」とは，申立てが積極的に認められ，一定

---

7）金子・前掲注5）28頁，高田裕成編著『家事事件手続法』（有斐閣，2014年）63頁〔高田克己発言〕。

第2　家事事件における当事者概念〜家事事件手続法における「当事者」概念の導入〜

の法律関係が形成される場合に、当該法律関係の当事者となる者を指す（親権喪失、親権停止及び管理権喪失審判事件における親権者、後見開始審判事件における成年被後見人、保佐開始審判事件における被保佐人等）。この「審判を受ける者となるべき者」は、審判の結果に最も利害を強く有する者であり、手続に参加することによって、自らの主張を展開し、それに沿った資料を提出する機会を保障することが必要であり、どのような者がそれに該当するかは、事件類型によって自ずと定まるため、家庭裁判所の許可を必要とすることなく利害参加をすることができるとされている。

　家庭裁判所の許可により利害関係参加ができるとされる、「審判を受ける者となるべき者」以外の「審判の結果により直接の影響を受ける者」とは、審判の結果によって、自己の権利関係に直接の影響を受ける者を指す（親権喪失、親権停止及び管理権喪失審判事件並びに親権者の指定・変更審判事件、子の監護に関する処分審判事件等における子、成年後見人や保佐人の選任審判事件、これらの解任審判事件における成年後見人や保佐人等。なお、家事審判法下では、利害関係参加ができる「審判の結果について利害関係を有する者」（家審12条、家審規14条）の中に、遺言執行者申立ての推定相続人廃除審判事件における廃除対象者以外の推定相続人が含まれると解されていた（最決平成14年7月12日判タ1109号138頁））が、家事事件手続法下では、「審判の結果により直接の影響を受ける者」には該当しないと解されている[8]。この「審判の結果により直接の影響を受ける者」は、この者に該当するかどうか、あるいは、手続において主張し、資料を提出することを相当とする立場の者といえるかどうかについて、事案ごとに家庭裁判所の判断を必要とするため、参加について家庭裁判所の許可が必要とされている。

　なお、家庭裁判所の許可により利害関係参加ができる他の者として「当事者となる資格を有する者」があげられている（法42条2項）。当事者となる資格を有する以上、当事者参加（法41条）が可能であるが、申立てを否定する立場で参加をする場合に当事者参加をすることは相当ではないとして、申立てが認容されない方向に利害関係がある場合に利害関係参加をする意味があ

---

8) 金子修編著『逐条解説家事事件手続法』（商事法務、2013年）138頁。

第 8 章　当事者の役割と裁判所の役割

るとされる[9]。

### (2)　職権による利害関係参加

　上記のように，利害関係参加ができる「審判を受ける者となるべき者」及び「審判の結果により直接の影響を受ける者」については，家庭裁判所が相当と認めるときは，職権で審判の手続に利害関係参加させることができる（法42条3項）。職権による手続参加の制度は，これらの者が手続に参加して自ら主張し，資料を提出することが相当であるにもかかわらず参加しない場合，これを放置しておくことは，その利益が害される結果となることから，これらの者を職権で手続に引き込み，必要な手続保障を与えるためのものであり，当事者以外の実質的当事者について手続保障を貫徹させる意味を持つ。このような制度趣旨からすると，家庭裁判所は，手続運営上の必要性の視点からこれらの者の手続への引き込みを判断するのではなく，手続保障の観点からこれらの者の存在を事案ごとに判断して，積極的に手続に参加させることが必要である（なお，法42条3項は，「相当と認めるとき」に職権による利害関係参加が認められるとしている。ここでいう「相当と認めるとき」とは，「当該審判を受ける者等を当該家事審判の手続に参加させ，その手続保障を図るのが相当であるときを意味する」と解されている）[10]。

### (3)　未成年者の利害関係参加

　未成年者であっても，意思能力があって，手続行為能力を有する（法118条を準用する法151条2号，160条2項，168条等のほか，調停事件についての法252条1項2号・4号等参照）限り，自らの判断で利害関係参加をすることができ，家庭裁判所が職権で未成年者の「審判を受ける者となるべき者」等を利害関係参加させることもできる。

　その結果，家事事件手続法下では，より子の意向が手続に反映され易くなり，子の福祉に適った紛争解決への道筋が期待できるようになったといえる。しかし，他方，未成年者の子が，激しく対立する父母の（子をめぐる）紛争

---

9)　金子・前掲注8）138頁〜139頁。
10)　金子・前掲注8）140頁。

第2　家事事件における当事者概念～家事事件手続法における「当事者」概念の導入～

手続に参加することによって，子と父母の一方との関係が悪化するなど，かえって子の福祉を害する結果が生ずることも考え得る。そこで，家庭裁判所は，利害関係参加しようとする者が未成年者である場合，その者の年齢，発達の程度その他一切の事情を考慮して，その者が審判の手続に利害関係参加することが，その者の利益を害すると認めるときは，参加の申出又は参加の許可の申立てを却下しなければならない（法42条5項）とされている。

### (4)　利害関係参加人の手続保障

利害関係参加人は，原則として，当事者がすることができる手続行為をすることができる（法42条7項本文）。

これにより，利害関係参加人は，当事者と同等の手続上の地位を得ることになり，「当事者」として記録の閲覧謄写をし（法47条1項），別表第2審判事件における審問期日に「当事者」として立ち会うことができる（法69条）ほか，証拠調べへの申立て（法56条1項，64条1項）ができる。

家事事件手続法における利害関係参加の制度は，手続保障の拡充の一環として，手続保障を与えることが妥当と思われる者について，手続に関与することにより自らの主張を展開して資料を提出する機会を保障する制度と捉えることができる。これは，家事審判法上，手続に参加した者の権能についての規定がなく，参加の制度が，実務の運用として，資料収集の必要性を中心とした裁判所主導の制度として捉えられていたことと大きく異なっている。[11]

## 2　審判の告知・即時抗告権の付与

当事者や利害関係参加人のように，主体的に審判の手続に関与した者に対しては，成立した審判の内容を知らせることが相当であるため，審判の告知の対象は，「当事者及び利害関係参加人並びにこれらの者以外の審判を受ける者」とされている（法74条1項）。

家事審判法下では，「審判は，これを受ける者に告知」しなければならないとされ（家審13条），「審判を受ける者」のみが審判告知の対象となっていた。審判の名宛人である「審判を受ける者」に対する審判の告知は当然であ

---

11）高田・前掲注7）64頁～65頁，137頁以下。

第8章　当事者の役割と裁判所の役割

り，家事審判法と家事事件手続法にこの点差異はない[12]。家事事件手続法は，さらに，当事者や利害関係参加人を審判告知の対象として明示することによって，積極的に審判の手続に関与した者を審判告知の対象としている。また，審判を受ける者（当事者及び利害関係参加人を含む）以外の者であっても，個別の規定によって，審判の告知を受けることが相当と考えられる者が明らかにされている（法122条2項，213条参照）。

審判の告知は，審判の効力発生時期（法74条2項，3項）と即時抗告権に繋がる。そして，審判の結果により影響を受ける者の多くは，即時抗告権が付与され（法123条，132条，141条，156条，172条，179条，186条，198条，214条，223条，231条，238条等参照），不服申立ての機会が確保されている。

## 3　必要的陳述聴取

審判の結果によって影響を受ける者は，事件類型に応じて個別に必要的陳述聴取の対象とされている（法120条，130条，139条，152条，164条3項，165条3項，169条，178条，184条，188条3項，220条，229条，236条等）。さらに，この陳述の聴取は，事案によって，審問の期日においてしなければならない（法164条3項柱書後段，165条3項柱書後段，169条1項柱書後段，188条3項後段等）。

また，家庭裁判所が審判の取消し又は変更をするときは，審判を受ける者の陳述を聴かなければならない（法78条3項）。さらに，審判について，即時抗告等がされた場合，抗告裁判所が，審判を取り消すときは，審判を受ける者の陳述を聴かなければならず，別表第2審判事件については，即時抗告等が不適法であるとき又は即時抗告等に理由がないことが明らかであるときを除き，原審における当事者及びその他の審判を受ける者（抗告人を除く）の陳述を聴かなければならない（法89条1項，96条1項，98条1項）。

このように，家事事件手続法89条は，本来，当事者の反論の機会を保障する必要性が高い対立型の別表第2審判事件のみならず，非対立型とされる別表第1審判事件についても，背景に紛争性をはらむ事案の多くが即時抗告さ

---

12)「審判を受ける者」の意義については，金子・前掲注8) 243頁，斎藤秀夫＝菊池信男編『注解家事審判法〔改訂〕』（青林書院，1992年）556頁〔石田敏明〕。

れている状況からすると，原審判が取り消される場合には，審判を受ける者に反論の機会を確保して手続保障を図ることが相当であるとの考えに基づいている。

　必要的陳述聴取は，意見陳述の機会を与えられるという意味で手続保障の一環であることはいうまでもない。加えて，家事事件手続法が審判の結果により影響を受ける者に対する事件係属の通知制度を採用していないことから，これらの者が，陳述聴取をきっかけとして，事件係属の事実を知ることができ，その結果，自らの判断で利害関係参加の申出又は利害関係参加の許可の申立てをし，手続主体としての地位を確保することができるいう意義を有している[13]。なお，必要的陳述聴取の制度に審判係属の通知制度の代替機能を認めることはできるとしても，手続保障のための制度と捉えることは問題であるとする見解もある[14]。しかし，各自の判断を前提として手続主体としての地位確保の機会を与えることは，参加制度の趣旨やその効力を併せ考えることにより，手続保障の一環と捉えることが十分可能であり，問題となるのは，上記のような必要的陳述聴取の制度趣旨を踏まえた手続運用が成るかどうか，すなわち，裁判官の手続指揮が，的確な制度趣旨の把握の下に行われるかどうかであろう。

# 第3 家事事件における職権探知主義の意義と実際 ～家事事件における要件事実論を踏まえて～

## 1 家事事件手続法下での職権探知主義の意義

### (1) 職権探知主義の意義

　本質的に非訟事件とされる（最大決昭和40年6月30日民集19巻4号1089頁）家事事件の手続においては，その公益性や後見性に資する制度として，職権探知主義が採用されるべきとされる。職権探知主義の定義は，必ずしも一義的ではないが，家事事件手続法56条1項は，「家庭裁判所は，職権で事実の

---

13) 金子・前掲注5）31頁（Q14），110頁～111頁（Q54）。
14) 高田・前掲注7）66頁～68頁参照。

調査をし，かつ，申立てにより又は職権で，必要と認める証拠調べをしなければならない。」と規定し，裁判所が裁判の基礎となる資料収集を職権で行い，また，その義務を負うという意味での職権探知主義を採用していることを明らかにしている（家事調停手続における事実の調査及び証拠調べについても本条が準用されている（法258条1項)。)。家事事件の手続においては職権探知主義が採用されるべきであるとの考えは，家事審判法の下でも同様に採用されていたのであり，家事審判規則7条1項は「家庭裁判所は，職権で，事実の調査及び必要があると認める証拠調をしなければならない。」と規定していた。したがって，職権探知主義の採用とその意義は，家事事件手続法の制定によっても特段の変化はなかったといえる。

　非訟事件における当事者等の手続主体としての地位には，憲法上の保障が及ばないとするのが判例の立場である（前掲最決平成20年5月8日，前掲最大決昭和40年6月30日，最大決昭和35年7月6日民集14巻9号1657頁等)。しかし，裁判の結果により自己の権利や法的地位に影響を受けるべき者は，一般的，抽象的に，手続上その主体としての地位を最大限尊重されなければならず，このことは訴訟事件と非訟事件との間に程度の差なく本来的に認められるべきであろう。そして，この本来的な手続主体としての地位の尊重を基本として，職権探知主義が採用される手続において当事者の手続保障をどのように具体化すべきか，又は具体化されているかを検討，理解することが必要である。このような視点からすると，家事事件手続法において，当事者概念が導入され，手続保障に関する規定が設けられたことをもって，職権探知主義の後退と理解することは正しくない。むしろ，職権探知主義の下での当事者等の手続保障について，これまでの実務において検討され，実践されてきたことがより充実した形で制度化されたことにより，家事事件手続における職権探知主義の意義が明確になったとの積極的評価をすることが正しい理解であろう。

### (2)　職権探知主義の下での手続保障

　家事事件手続法によって，上記のような趣旨で整備・強化された手続保障に関する規定は，当事者の非対立（紛争性がない）を基本構造とし，調停になじまない事件を別表第1審判事件とし，当事者の対立（紛争性がある）を

基本構造とし，調停になじむ事件を別表第2審判事件として区別して，別表第1，第2審判事件に共通する手続保障の規定と，別表第2審判事件についての特則とに分けられている。

　別表第1審判事件は，審判の対象自体に高い公益性が認められ，成年後見関係事件のように，実質的には高い紛争性を孕むとしても，事件の類型としては紛争性がないため，申立人と裁判所の間で要件の共通認識が得られれば，それを基として申立人に主張させ，資料の提出をする機会を与えることが手続保障の中心となる。また，申立て却下の審判がされる場合は，裁判所が判断内容を開示することによって申立人に反論の機会を与えることが手続保障の中心となろう。

　このような別表第1審判事件を含む全ての審判事件に共通する手続保障に関する規定としては，手続の期日についての調書の原則的作成（法46条），証拠調べの申立権（法56条1項），一定の場合の事実の調査の通知（法63条），記録の閲覧謄写等の原則許可（法47条）（事実の調査の通知は，当事者や利害関係参加人に記録の閲覧謄写等の機会を与え，これにより，当事者等に必要な主張をし，資料提供をする機会を与えることができる。），審判の告知（法74条1項），抗告状の写しの送付（法88条）等が設けられている。加えて，審判の結果により影響を受ける者が存在する事件では，このような者に手続主体として主張し，資料の提出をする機会を与える趣旨で利害関係参加の制度が設けられている（法42条）。

　対立当事者の存在が前提となる別表第2審判事件では，この事件類型の特質として公益性が低く，紛争性があることから，当事者相互の間で攻撃防御を尽くさせることと，裁判所が収集した資料について，これを開示した上で手続に関わる当事者に反論の機会を与えることが手続保障として必要である。このような別表第2審判事件の手続の特則としては，申立書の写しの原則送付（法67条），必要的陳述聴取（法68条1項，当事者以外の者についての個別規定として法169条2項等），当事者の申出によってする審問による陳述聴取（法68条2項），審問立会権（法69条，93条1項），原則的事実の調査の通知（法70条），審理終結日の設定（法71条）等が設けられている。

　以上のように，家事事件手続法は，当事者概念の導入や参加制度の拡充をし，職権探知主義の下での裁判資料収集に関連して，記録閲覧等の権利，証

第8章　当事者の役割と裁判所の役割

拠申出権，事実の調査の通知，必要的陳述聴取，審問立会権等の手続保障に関する規定を設けて，家事事件の手続の基本的構造に関わる制度整備をした。このような手続保障に係る規定は，各事案において，当事者と裁判所の間で争点や重要な資料に関する情報の共有がなされて初めて実質的な意味合いを持つことはいうまでもない。

## 2　家事事件において職権探知主義が採用される根拠

　様々な事件類型を擁する家事事件の特徴としては，一般的に，公益性・後見性，簡易迅速処理の要請，密行性などが挙げられている。そして，このような特徴を持つ家事事件の手続において形成される法律関係は，当事者の処分を許さない公益性や対世的効力を有することから，実体的真実発見の要請が働き，そのため，裁判所が後見的な立場から裁量的に判断に必要とされる事実の調査や証拠調べをすることが求められ，職権探知主義が採用されている。家事事件において職権探知主義が採用されることの意義としては，実体的真実発見の根拠となる公益性が重要とされる。[15]公益性の内容をどのように捉えるかについては，必ずしも定説があるわけではないが，いずれにしても，多種多様な事件類型に対応して，公益性の内容が様々に理解できることや，家事事件は実体法上の要件が抽象的であるために，同じ事件類型の中でも事案ごとに具体的事情を見極めて解決していかなければならないため，手続進行過程における裁判所の適切な裁量権行使（後見的な関わり）による要件設定が重要となることが，職権探知主義の機能する理由となっているといえるであろう。[16]

　裁判所の裁量権行使による要件設定とは，以下のようなことを意味する。家事事件においては，同じ事件類型に属する事件であっても，その事件の基礎をなす実体法の構造上，事件ごとに判断の根拠となる重要な事実が異なる上に，事件の進行に連れてその内容が変化することもある。このため，要件

---

15)　金子・前掲注8）196頁～197頁，佐上・前掲注6）203頁。
16)　手続進行過程における裁判所による要件設定については，金子・前掲注4）9頁～12頁が「公益性」の内容の一つと捉えるのに対し，山本和彦「家事事件手続法における職権主義，裁量統制，手続保障」松原正明＝道垣内弘人編『家事事件の理論と実務第3巻』103頁～108頁は「公益性」とは別の根拠として捉えているが，いずれの考えも，これを職権探知主義が妥当する根拠としていることに変わりはない。

事実に沿って手続進行を図ることができる訴訟事件と異なり，家事事件では，当事者と裁判所が当該事案における要件となる事実について審理の当初から共通した認識を持って主張整理や資料収集を行うことが難しく，手続進行における裁判所の後見的な関わりが重要となる。すなわち，裁判所が手続進行過程において積極的に事案における要件となる事実を明確にして争点整理を行い，必要に応じて争点に対する判断を開示して，資料を収集することにより，事案ごとに異なる要件となる事実について十分な審理を尽くした適切な判断が可能となるのである。

## 3 家事事件手続における職権探知主義の実際

### ⑴ 事件類型に応じた職権探知主義の機能

家事事件手続法56条１項は，全ての家事審判事件について，例外なく職権探知主義が妥当することを前提としている。しかし，家事事件の類型は多様であり，それぞれが持つ公益性の内容や程度が異なることに対応して，職権探知が機能する程度にも差異が生ずることになる。

別表第１審判事件と別表第２審判事件の特徴を踏まえて，職権探知主義が機能する程度について概観すると，以下のようになるであろう。

別表第１審判事件は，基本的に紛争性がなく，公益性が高いため，裁判所の裁量的，後見的な判断の必要性や，手続の迅速性が求められることから，職権探知の要請が高いといえるし，別表第２審判事件の中でも面会交流事件のように，子の利益を最優先させなければならない事件では，事案ごとに何が子の利益であるかを検討し，確認する過程で，当事者相互間，当事者と裁判所間で子の利益に係る重要な事実についての共通認識を図ることが必要である。ここでは裁判所の後見的な関わりが重要となり，手続の全体を通じて職権探知主義が機能することになる。

また，別表第２審判事件のうち，経済的な紛争であり，当事者の処分が可能な事件とされる遺産分割，財産分与，婚姻費用分担，養育費等の事件は，一般的に公益性が低いといえる。これらの事件は，判断の基礎となる事実が比較的明確であるため，申立て当初から，審理の対象となる事実について当事者と裁判所が共通認識を持って手続進行を図ることが可能であり，職権探知の機能する場面は少なく，それに対応して事案解明における当事者の役割

第8章　当事者の役割と裁判所の役割

が増すことになる。

## (2)　別表第2審判事件における要件設定と職権探知主義

　上記のように，一般的に紛争性があるとされる別表第2審判事件にあっても，経済事件と言われる遺産分割や養育費等の事件と子の利益に関わる事件とでは，職権探知主義の機能する場面が異なっている。

　　ア　遺言分割等のいわゆる経済事件について

　別表第2審判事件の中でも経済的な紛争の代表格である遺産分割事件についてみると，判断事項のうち，遺産の範囲，特別受益，寄与分については，最も利害関係を有する当事者の協力によって事案の解明を図ることが適正な手続きの実現に繋がるとの考えの下に，当事者を事案解明の主体として扱い，実質上，立証責任の分配が働き，当事者の合意を尊重して手続進行が図られている。ここでは裁判所の後見的関与が補充的なものとなっていると言える[17]。しかし，このように手続の多くの場面で職権探知が後退している遺産分割の手続においても，相続人・遺産の範囲の確定や特別受益・寄与分の判断を前提として具体的相続分に基づく遺産の分割方法を決定する場面では，裁判所が後見的な立場から合目的的に裁量権を行使することが必要となる（最大決昭和41年3月2日民集20巻3号360頁参照）。裁判所は，遺産の種類・内容，遺産と相続人の関係，相続人の代償金支払能力，相続人の遺産管理に関する協力関係の有無等の具体的事情を事案ごとに検討し，現物分割，代償分割，換価分割，共有分割のいずれかの分割方法を決定することになる。分割方法の決定においては，裁判所が分割方法を選択する上で重要となる事実について，当事者と共通の認識を持って審理ができるよう積極的に事実の調査をする必要性があり，職権探知の機能の要請が高くなる。

　また，いわゆる算定表による簡易な算定方法が定着している養育費，婚姻費用分担事件においても，算定表の範囲を超える「特別事情」の判断を根拠

---

17）このようないわゆる「当事者主義的運用」については，井上・前掲注3）128頁，司法研修所・前掲注3）16頁〜20頁，古谷健二郎「家事審判手続における職権主義と手続保障」判タ1237号23頁，小田正二「乙類審判における当事者主義的運用」判タ1100号564頁等参照。なお，家事事件手続法下の遺産分割事件の処理の実態については，高橋信幸「第5回遺産分割調停・審判事件の実務」東京家事事件研究会編『家事事件・人事訴訟事件の実務』（法曹会，2015年）146頁〜186頁参照。

第3　家事事件における職権探知主義の意義と実際～家事事件における要件事実論を踏まえて～

づける事実については，事案ごとの検討が必要であり，職権探知の要請と無縁ではないし，財産分与事件では，分与の適否，分与の額及び方法を定めるにあたり，事案ごとに重要な事実を確定し，争点について当事者との間に共通認識を持つ過程で，裁判所が後見的に関与する必要性は高い。

　このように，当事者主義的運用が定着しているといわれる事件類型にあっても，程度の違いはあるにしろ職権探知主義が機能する場面が認められる。

　　イ　面会交流事件について

　子の利益に関わる事件のうち，近時，その必要性やあり方について活発に議論されている面会交流事件は，別表第2審判事件の中で最も職権探知主義が機能する事件類型の一つと考えられる。面会交流については，それが子の監護に関する事項であることは条文上明示された（民766条1項）ものの，実体法上の要件に該当するものは抽象的なものとしても存在していない。面会交流事件は，子の利益を最大限に考慮して，非監護親と子の面会について，必要性の有無や条件を検討・判断する手続であり，面会交流が認められるべき事案では，手続が進行していく過程で，当事者が子の利益に沿った面会交流の必要性を共に認識し，実施に向けて互いの立場を尊重した上での協力関係が生み出される必要がある。しかし，当事者が離婚紛争等の他の争点で激しく対立している場合は，何が子の利益であるかについて認識するに至っていないことが多く，このような段階で当事者に面会交流に関する重要な争点について有効な主張や証拠資料の提出を期待することはできない。また，子の利益に関しては，考慮すべき事情がある程度定型化されてはいるものの，事案ごとに当事者や子の資質，背景事情等が異なるため，判断の基礎となる重要な事実の中には，子の意思の把握，直接的な面会の試行，監護親及び非監護親に対する面会交流実施に向けての心理的サポート等の科学的見地からの事実の探知がされて初めて認識されるものも含まれ，このような事実は手続の進行に連れて変化していく可能性すら有している。したがって，ここでは裁判所主導の要件設定が重要である。面会交流事件に特有なこれらの場面では，裁判所の後見的関与が求められ，裁判所が事件に係る背景事情を最も知る当事者との間で争点についての共通認識を持った上で手続進行を図ることが，当該事案において設定された要件となる事実に沿った判断を可能にする。特に，面会交流の実施が認められる場合は，審判後の円滑な実施を視野

203

第8章　当事者の役割と裁判所の役割

に入れて，当事者に対して，子の利益について冷静に考え，面会交流のための協力関係構築に向けて主体的に問題を解決しようとする意識を持たせる働きかけをすることも必要となる。面会交流事件は，職権探知主義が最も典型的な形で機能する場面といえよう。[18]

　面会交流事件において，上記のような要件設定や働き掛けの重要性を意識しない手続指揮の下に手続が進行して結論に至った場合，家庭裁判所の手続を離れた後の面会交流実施場面で深刻な問題を生む可能性がある。面会交流に関する論議の中に，現在の家庭裁判所の実務が「面会交流原則実施」としていることの是非を問うものがあるが，このような「面会交流原則実施」の家庭裁判所の実務に対する批判の多くは，具体的には，上記のような場面での裁判官の手続指揮と家庭裁判所調査官の調整能力に対する批判であり，面会交流の実施が新たな紛争の種になっている事案が想定されていることが多い。

　面会交流は原則実施されるべきとする考えは，家庭裁判所の実務において一貫している（このことは，初めて「面接交渉」のために必要な事項を民法766条1項による監護について必要な事項と解されるとした東京家審昭和39年12月14日判タ185号195頁においても「……この権利は，未成熟子の福祉を害することがない限り，制限されまたは奪われることはない」としていることからも明らかである。）が，何をもって子の最善の利益とするかについての考え方の変遷は認められる。その結果，家庭裁判所の実務が面会交流実施に慎重な姿勢から積極的姿勢へと変化してきたことも事実であろう。このような変遷の理由は，少子化，共働き世帯の増加，男性の育児参加，子育て支援施策の整備等に表れる社会の変容や家族の在り方に関する考え方の変化や，心理学や行動科学等に関する知見の変化が実務に反映した結果と捉えることができる。したがって，面会交流実施を原則とする考え方そのものの是非を論ずることは適当ではない。

　面会交流実施を積極的に考える場合，問題とすべきことの一つは，家庭裁判所の手続において，当該事案の適切な要件設定がなされ，これに基づく有

---

18）家事事件手続法下の面会交流事件の処理の実態については，水野有子＝中野晴行「第6回面会交流の調停・審判事件の審理」東京家事事件研究会編『家事事件・人事訴訟事件の実務』（法曹会，2015年）187頁～227頁参照。

*204*

効な当事者への働きかけや心理調整がされているかであり，もう一つは，家庭裁判所の手続を離れた後の面会交流実施のための支援態勢が充実しているかであろう。面会交流実施について間接強制を認めた最決平成25年3月28日（民集67巻3号864頁）においても，監護親と非監護親との間で面会交流について定める場合は，「子の利益が最も優先して考慮されるべきであり（民法766条1項参照），面会交流は，柔軟に対応することができる条項に基づき，監護親と非監護親の協力の下で実施されることが望ましい。」としており，このような面会交流についての最高裁判所の基本的な考え方は，家庭裁判所の従来の実務のあり方と一致し，上記の決定がされたことによって，間接強制を視野に入れた審判が増加する関係にはないとされている[19]。面会交流における間接強制の位置づけが上記のようなものであるならば，面会交流の実施に向けた監護親と非監護親の協力態勢の構築に対する裁判所の後見的な関わりは極めて重要であるといえる。

# 第4 家事事件の手続における裁判所と当事者それぞれの役割

## 1 職権探知主義と手続保障の関係

　家事事件の全てについて，程度の差や内容の違いは認められるにしろ，職権探知主義が妥当していること，また，職権探知が機能する根拠が，事件類型によって異なり，公益性や処分可能性に深く関連していることは先述のとおりである。

　職権探知主義が妥当する手続においても，それが司法判断のための手続である以上，弁論主義が機能する民事訴訟手続と同様に，当事者等の手続主体としての地位が最大限尊重されなければならないと考えられるが，家事事件手続法が，当事者概念を導入し，手続保障の制度的担保を図っていることと職権探知主義との関係は，弁論主義と手続保障の関係とは意味合いが異なるように考えられる。

　弁論主義は，いうまでもなく，裁判に必要な事実に関する資料の収集を当

---

19) 水野＝中野・前掲注18) 220頁。

事者の権能であり，かつ，責任であるとする原則である。当事者が資料収集の責任を負う以上，手続保障が確保されなければならないことは当然のことであり，手続保障は弁論主義の概念そのものと一体化しているといえる。

しかし，弁論主義の対概念である職権探知主義にあっては，裁判所が裁判の基礎となる資料収集を職権で行い，また，その義務を負うのであるから，その概念から当然に当事者の役割が導き出せるわけではない。しかし，そうであるからこそ，当事者の手続主体としての地位を確保し保護する必要があると考えることもできる。すなわち，公益性を根拠として裁判所の広範な裁量の下に手続進行が図られる職権探知主義の下では，そのような手続を正当化するためにも，当事者に判断の基礎となる資料を開示し，手続の透明化を図ることが必要となる。また，手続の透明化を図ることにより，事案に最も強い利害を有する者からの有益な情報収集が可能になり，結果，実体的真実に合致した判断をすることができるという，不当な判断防止の効果が得られることにもなる。

## 2 職権探知主義の下での裁判所の役割と当事者の役割

上記のように考えると，職権探知主義が妥当する手続においては，当事者の手続保障が確保されることにより，手続の正当化が実現しているといえるが，このような枠組みの中では，事案ごとに，重要な事実の確定とこれに関する資料の収集において，裁判所が主となり，当事者が従となって活動する関係が想定できる。面会交流事件を例として先述したとおり，裁判所の裁量権行使による要件設定の場面では，裁判所が事案ごとに異なる判断の基礎となる事実を確定し，これを開示して，資料を収集することにより，適切な判断が可能となるのである。裁判所が開示した重要事実について，事案に最も強い利害関係を有する当事者が積極的に必要な主張をし，資料を提出することが期待できる事案では，裁判所の働きかけに応じた当事者の協力によって，判断のために必要かつ重要な資料の収集が実現し，適切な判断を可能にする。

職権探知が機能する場面であっても，裁判所が積極的に収集した資料のみならず，当事者が提出した資料をも判断の基礎とすることができるのであり，その基本的価値に優劣はないが，一般的には，当事者側に重要な事実に係る資料の多くが存在することが通常であるから，裁判所が主導権を発揮しつつ，

第4　家事事件の手続における裁判所と当事者それぞれの役割

当事者からどのような資料の提出が期待できるか，資料提出を促した場合にどのような反応があるかなどを見極めて，当事者がその権能を十分に駆使できるような手続の進行を図る必要がある。家事事件において，特に裁判官の手続指揮が重要と考えられる理由がここにある。

既に述べたとおり，遺産分割をはじめとする経済的な事件では，判断の基礎となる事実が比較的明確になっており，当事者の主張する事実とほぼ一致し，事案ごとに具体的事実をどのような意味に捉えるかの視点を大きく異にすることがないため，申立ての当初から審理の対象が裁判所と当事者にとって明らかとなっていることが多く，共有化が比較的容易である。また，争点に係る重要な事実を根拠づける資料の大部分が当事者から提出されることも期待できるため，多くの事案において，裁判所の資料収集は補充的である。しかし，このような事案でも，当事者が手続上の権能を適切に行使し，裁判所の働きかけに的確に応じて，資料を提出することが実体的真実に合致した判断の前提となるのであるから，当事者の上記のような手続上の活動が期待できない場合に，裁判所の職権探知義務をどのように考えるべきかが問題となる。

他方，面会交流や子の引渡し等の子の利益を最大限考慮した判断が必要な事案では，当事者が主張する具体的事実と裁判所の判断の直接の根拠となる具体的事実とが一致することはむしろ稀であり，審理の経過とともに根拠事実が変化することもあり得るため，裁判所は，常に法的判断に必要な直接的事実は何かを探求する使命を負って手続進行を図る必要がある。また，この種の事件類型においては，何が法的判断の前提となる具体的事実であるかは，事案によって大きく異なり，一つの事件で判断に重要な事実であったものが，他の事件では判断の根拠となる事実とはいえないことも考えられる。資料の提出についても，過去の監護の状況や現在の監護の状況のように，当事者の資料提出が期待できる場面も考えられるが，多くの場合，子の意思の把握や面会交流の試行等，科学的見地からの資料収集が重要となり，監護状況のように当事者からの資料提出が期待できる事実についても，裁判所が積極的に別途資料を収集することが必要となる場合もある。このような事案では，裁判所主導の手続進行が重要であり，当事者の活動は補充的なものと捉えられる。

*207*

第8章　当事者の役割と裁判所の役割

## 3　事案解明における当事者の役割

　家事事件の手続において，裁判所は，実体的真実に合致した判断のために，広範な裁量権の下，適切な方法により判断に必要な資料を収集して，事案を解明することができ，当事者は，資料収集においても手続主体として関わるための権利として証拠調べ申立権を与えられている（法56条1項）。しかし，一般的には，裁判所の判断に対し最も強い利害を有する当事者側に多くの資料が存在するのであるから，広範な裁量の下，適宜の方法（規則44条）での調査が可能ではあっても，裁判所主導の資料収集による事案解明には限界がある。先述のとおり，職権探知主義は当事者の手続保障に裏打ちされることによって正当化されると考えれば，裁判所主導の事案解明の場においても当事者の協力は当然のことと理解することができる。そのため，家事事件手続法は，適切かつ迅速な審理・審判の実現のため，当事者が事実の調査及び証拠調べに協力することを規定する（法56条2項）。この資料収集の場での当事者の協力を，義務と捉えるべきかどうか，義務とする場合の根拠については，いくつかの議論がある[20]　家事事件手続法56条2項の趣旨は，同法2条に規定する当事者の責務を裁判資料収集という側面で具体化したものと捉えられており，当事者に「義務」を課したものではなく，事案解明における裁判所の負担を軽減するものでもないが，資料が第三者や相手方の利益になり得るものでない限り，容易に提出できる資料を提出しなかった結果として，自己に有利な事実が認定されなかったとしても不当とはいえず，この場合は裁判所が事案解明義務から解放され得るとされている[21]

　事案解明に関する当事者の協力について，上記のような理解をするためには，いくつかの点に留意する必要がある。家事事件，特に別表第2審判事件の手続において，当事者が自己に有利な結論を得るためには，与えられている手続上の権能を行使し，必要な資料を提出しなければならないが，その前提として，裁判所が，個々の事案において判断に必要な事実を当事者に開示し，資料の提出の機会を与えなければならない。この手続過程においては，

---

20）家事審判法下のものとして，佐上・前掲注6）206頁以下，高田裕成「家事審判手続における手続保障論の輪郭」判タ1237号33頁等参照。
21）金子・前掲注8）198頁〜199頁。

当事者と裁判所の間に手続進行に関する信頼関係の構築が必要である。裁判所が主導的に争点を整理し，資料の提出を促すことをしないのであれば，当事者に不利益な判断を下すことができないのが職権探知主義の基本的な考え方である。この枠組みの中で，法律上の義務と解するか事実上の義務と解するかはさておき，当事者に責任を問う以上は，当事者間で何が争点となっているか，考え得る資料としてどのようなものがあるか，また，当事者それぞれにどのような活動が期待されるかなどについて，裁判所と当事者との間に了解し合う関係が成立している必要がある。法律上手続保障の規定が整備されていることに加えて，このような争点の具体化の過程での当事者との間の手続形成に関する了解があってこそ，それに反して与えられた権能を行使しないことを，当事者に責任を負わせる具体的根拠とすることができる。

　民事訴訟では，上記のような裁判所による当事者への働きかけは，裁判長の釈明権（民訴149条）によって対処することができる。しかし，家事事件手続法には，釈明権に関する規定は設けられていない。これについては，職権探知主義が機能する家事事件の手続においては，事実上，法律上の問題事項について，裁判所が事実の調査の一環として，当事者や利害関係参加人に対し問いを発し，資料の提出を促すことができるため，あえて規定を設ける必要がないと説明されている[22]。家事事件の手続では，裁判所が職権探知の義務を負っており，判断に必要な資料を当事者から引き出すことも自ら収集することも可能であり，釈明権の行使という形で実現する必要はないのである[23]。

　当事者の手続協力義務に関する議論は，元来，職権探知主義が機能する手続の中で，当事者が裁判所に過度に依存する状況や非協力を続ける状況がある場合に，判断に必要な資料をどのようにして提出させるかという，極めて実務的な問題に端を発している。しかし，手続保障が制度的整備を遂げた家事事件手続法の下では，当事者の手続協力に関しても，当事者の手続保障との関係で理解がされるべきである。

　事案解明に関する当事者の協力については，参考となる裁判例として以下のものがある。

---

22）　金子・前掲注 5 ）113頁。
23）　高田・前掲注 7 ）204頁～207頁参照。

第8章　当事者の役割と裁判所の役割

> **東京高決昭和53年10月19日判タ375号128頁**
>
> 　遺産分割事件において，土地の遺産帰属性と寄与分が争われたが，原審の手続において，抗告人が期日に欠席しがちであったため，十分な審理を尽くすことができないまま，抗告人の所有権と寄与分を否定する審判がされたところ，抗告審は，「当審において抗告人より初めて主張，立証がなされ，その主張及び立証が直ちに排斥できないものであるときは，抗告人の原審における態度に遺憾なものがあったとしても，事実につき職権探知の原則の支配下にある家事審判手続においてはなお審理を尽くさなければならない」とした。

> **東京高決昭和54年6月6日判時937号42頁**
>
> 　抗告人が相続開始後に相続財産の固定資産税等を支払い，相続財産の一部である建物や畑を管理してその費用を負担した上，被相続人の妻の医療費をも支払ったのに，原審がこの点を何ら考慮していないことを理由に審判の取消しを求めたところ，抗告審は，「家庭裁判所は職権により事実を調査する義務があるが，それには当事者の協力が不可欠である。しかしながら，抗告人は，同人及び亡Ａが右費用を負担したと抽象的に主張するのみで，（中略）何ら証拠を提出しない。従って，原審判において右の点が考慮されなかったのもやむを得ないというべきである。」とした。

> **東京高決平成5年7月28日家月46巻12号37頁**
>
> 　遺産分割事件の手続において，調停期日，審判期日を通じて期日に欠席を続け，家庭裁判所調査官の照会にも応答しなかった抗告人からの抗告に対し，抗告審は，抗告人の一部が遠隔地に居住するなどの事情があるとした上で，「今後はその主張を補充し，必要な資料の提供もし，裁判所の呼出には必ず応ずべきこと，将来各土地の価額の鑑定が必要になった場合には，手続に要する費用を速やかに予納すべきことを約する旨の上申をしている」として，原審に差し戻した。

> **横浜家審平成8年9月11日家月49巻4号64頁**
>
> 　そもそも，家事審判事件のうち乙類事件は当事者の申立てによって初めて手続が開始されるが，これは乙類審判事件の当事者は手続の主体である側面を有することを表しており，当事者は以後の手続において手続

協力義務を負うものと解することができる。本件養育費請求事件は乙類審判事件であり，申立人は手続協力義務を負うものである。申立人の本件手続における協力義務の遂行について検討すると，上記認定のとおり，(1)申立人は住所を変更しながら当裁判所に通知をしない。(2)平成8年4月23日突然の出頭以来，調査官の照会を無視した。(3)同年9月5日午前10時の審判期日にも無断不出頭であったことなどが認められ，これらを総合すると，申立人は手続協力義務を怠ったものということができる。さらに，調査結果によると本件申立てを維持する意思の極めて乏しいものと認めることができる。

　以上の次第であるから，本件申立は申立人において本件を維持遂行する意思が認められず，手続に協力しないので不適法な申立として却下するのが相当である。

### 熊本家審平成10年3月11日家月50巻9号134頁

　「遺産分割事件は，相続財産の分配という私益の優越する手続であり，司法的関与の補充性が要請される性質を有するところ，特に遺産の特定については，家事審判規則104条の趣旨から当事者主義的審理に親しむ事項であり，遺産分割事件の当事者は当事者権の実質的保障を受けて主体としての地位を認められる反面として，手続協力義務ないし事実解明義務を負うものと解することができる。本件申立人らは，上記認定のとおり物件目録の大部分の建物についてその特定に必要な事項を明らかにしないのみならず，本件申立てを維持する意思のないことを表明し，当裁判所の釈明にも協力する意思が認められない状態である。これは申立人らの事案解明義務懈怠であり，結局，本件申立は不適法として却下を免れないものということができる。」

　上記の裁判例は，それぞれ事案に独特の事情を反映して，結論に至っており，事案解明における当事者の役割について，統一的な見解に基づいて判断をしているわけではない。しかし，実務において，当事者の非協力が，手続の遅滞，ひいては事件の長期化に繋がることから，このような事態を避けるために当事者に対し手続協力義務・事案解明義務を課するという発想において共通しているように感じる。

　家事事件手続法は，判断に必要な資料の提出が成らない場合に配慮して，その対応策として，文書提出命令の制度を導入した（法64条1項）。民事訴訟

第 8 章　当事者の役割と裁判所の役割

における文書提出命令は，当事者がこれに従わない場合に真実擬制を認める
（民訴224条）のに対し，家事事件手続法では過料の制裁が課せられるに止ま
る（法64条 3 項）が，当事者の非協力に対する一定の効果は期待できる。

　文書提出命令は，裁判所が職権で発令するほか，当事者の申立てによって
もすることができるのであるから（法56条 1 項），相手方の下に自己に有利な
資料があることを認識している当事者は，この申立てをすることによって，
相手方の非協力に対処することができる。しかし，文書提出命令の申立てが
可能であるにもかかわらず，当事者があえてその権能を行使しない場合で
あっても，裁判所が職権探知の義務から解放されるわけではないため，職権
による文書提出命令の発令や事実の調査などの心証を得るための活動をする
必要がある。文書提出命令が真実に合致した判断の実現に資する制度として
導入されていることからすると，その機能が十分に発揮されるかどうかにつ
いては，今後の実務における実績の検討が必要である。

*212*

# 第9章
# 当事者の役割と裁判所の役割

杉 山 悦 子

## 第1 はじめに

　本稿は，新しい家事事件手続法において，当事者と裁判所の役割がどのように定められ，どのように具体化されているのかについて検討するものである。

　具体的には，「当事者」と「裁判所」の概念が家事事件手続法に導入された経緯，及び，それぞれがどのような意味で用いられているか（第2），当事者及び裁判所が一般的にどのような義務を負うのか，またその義務が民事訴訟法上の一般的な義務とどのような関係にあり，どのような性質を有するものであるのかを説明する（第3）。その上で，この一般的な義務が具体的な場面においてどのように表れているのか，当事者及び裁判所が事実調査や証拠調べの場面においてどのような役割を負うのかを，職権探知主義の原則のもとで，裁判所と当事者が事案解明に向けてどのような権能と責任を有するのか（第4），さらに，主張責任や証明責任，釈明権が適用されるか否か（第5）について検討をする。

第9章　当事者の役割と裁判所の役割

# 第2 当事者及び裁判所の概念の導入

## 1　裁判所概念の導入

　家事事件手続法においては，主体としての「当事者」及び「裁判所」という用語が用いられるようになっている（法2条）。

　このうち，裁判所概念は，家事審判法においても用いられていた。もっとも，家事審判法では，「家庭裁判所において，この法律に定める事項を取り扱う裁判官は，これを家事審判官とする。」との規定があり，手続上は，この家事審判官が，家庭裁判所として事件を処理する審判機関（家審2条）であった。

　これに対して，家事事件手続法においては，この家事審判官の名称を廃止するとともに，裁判所を手続の主宰者として位置付けることとした。その理由は，家事審判法の下においては，家事審判のみならず家事調停手続も扱われたものの，調停事件について家事審判官が主宰するという点に不自然さがあったこと，審判官よりも裁判官という名称の方が，事件関係者に親しみやすさを感じさせること，その他にも，家事審判で合議体が形成された場合の長が，裁判長と呼ばれていたことや（家審規4条4項，7条4項，7条の2），少年審判を行う裁判官が審判官と呼ばれていないこととの均衡に配慮するためなどである[1]。

## 2　当事者概念の導入の経緯

　他方で，当事者概念については，家事事件手続法において新たに導入されたといえるものである。家事審判法においても，調停事件については，当事者という用語は用いられてはいたものの（家審3条3項，21条等），審判手続については，当事者という文言は用いられておらず，当事者は手続主体として明示的に位置付けられてはいなかった。これは，以下のような理由に基づいていた。

---

1)　高田裕成編著『家事事件手続法』（有斐閣，2014年）26頁〔金子修発言〕，金子修編著『一問一答家事事件手続法』（商事法務，2012年）15頁。

*214*

第2　当事者及び裁判所の概念の導入

　まず，二当事者対立構造が存在する民事訴訟法とは異なり，家事審判手続
では必ずしもそれが見られない。また，家事審判では手続に主体的に関与す
る者と審判の名宛人が異なる事件類型がある。さらには，職権で開始される
場合には当事者概念になじまない場合がある。そのため，当事者概念を用い
る代わりに，「関係人」の概念を用いる見解も主張されてきたが，同時にそ
の定義の困難さも指摘されていた[2]。また，乙類審判事件（現別表第2の事件）
では争訟性が高く，二当事者対立構造が存在するので，民事訴訟法の当事者
との類似性は見られ，手続の主体に相応しい手続保障を付与することも重要
であると考えられていた[3]。

　そのため，家事事件手続法制定時においては，当事者概念を導入する代わ
りに，「関係人」の概念を取り入れるべきであるという見解も見られた。す
なわち，当事者以外にも，審判の名宛人となる者や，審判の結果で直接の影
響を受ける者など，利害関係を有する者がいるため，これらの者を実質的意
味の当事者としてとらえるとともに，これらの者を「関係人」と呼んで，形
式的意味の当事者と同等の権能を認めるべきというものである[4]。他方で，申
立人やその相手方には，当事者として手続の主体的地位が認められるべきで
あり，それに応じて当事者権・手続権も保障されるべきであるという見解も
みられた[5]。

　しかしながら，利害関係を有する者が，全て当事者と同様の権能の行使を
望むとは限らない。そのため，関係人概念を導入することに対しては慎重に
なるべきであるものとして，法ではかかる概念は用いないものとされた。そ
の代わりに，申立人や相手方以外の第三者が手続に参加をした場合には，当
事者参加人や利害関係参加人として，当事者と同様の権能が認められるもの
とした（法41条，42条）。そして，審判により影響を受ける利害関係人につい
ては，陳述聴取を義務付けたり（法120条），審判を受ける者に対して審判の
告知をしたり（法74条），即時抗告を認めたりするなど，個別の規定で対処

---

　2）梶村太市＝徳田和幸編『家事事件手続法〔第2版〕』（有斐閣, 2007年）380頁〔大橋眞
　　弓〕，山木戸克己『家事審判法』（有斐閣，1958年）29頁。
　3）梶村・前掲注2）381頁。
　4）佐上善和『家事審判法』（信山社，2007年）69頁以下。
　5）斎藤秀夫＝菊池信男編『注解家事審判法』112頁（青林書院，1987年）〔林屋礼二〕。

*215*

第9章　当事者の役割と裁判所の役割

することとしている[6]。

# 3　家事事件手続法上の当事者の地位

　上記のような経緯もあり，家事事件手続法の「当事者」とは，形式的意味での当事者，すなわち，申立人とその相手方を指すものと解されている[7]。

　条文上「当事者」と表現されている場合には，当事者として家事審判の手続に参加した当事者参加人（法41条参照）が含まれる。さらに，当事者自ら手続追行をする主体として表現されている場合には，利害関係参加人（法42条）が含まれる。もっとも，家事事件手続法42条7項によれば，利害関係参加人は当事者がすることができる手続行為をすることができるので，条文上「当事者」という文言があれば，7項と合わせて利害関係参加人が含まれることは明らかであるので，あえて「当事者及び利害関係参加人」とは書いていないところがある。例えば，記録閲覧謄写権を定めた同法47条1項，審問期日の立会権を定めた同法69条などは，「当事者」とのみ書かれているが，これらは利害関係参加人にも適用され，これらの権利を行使することが認められる[8]。

　他方で，当事者が，陳述の聴取の対象，手続費用の負担者，告知や通知の対象，当事者本人尋問の対象になっている場合には，当事者には利害関係参加人には含まれない。例えば，利害関係参加人を証拠方法としてその陳述を聴取したい場合には，当事者本人尋問ではなく，証人尋問方式による[9]。これらは，当事者でなければすることができないものであるため，利害関係参加人を当事者とは区別して明示している（法28条2項1号，55条，63条，74条1項，88条1項等）。もっとも，そのような場面において「利害関係参加人」が明示されていない場合には，その対象には含まれないものとされる（法64条3項～6項，68条，78条3項，89条等）[10]。

　また，別表第2に掲げられる事項についての審判事件においては，第一審

---

6)　金子・前掲注1）28頁。
7)　金子・前掲注1）13頁，梶村太市＝徳田和幸編『家事事件手続法〔第3版〕』（有斐閣，2016）176頁〔大橋眞弓〕。
8)　金子・前掲注1）14頁。
9)　金子・前掲注1）14頁。
10)　金子・前掲注1）14頁。

の当事者は，抗告審においても当事者になる。別表第1に掲げられる事項についての審判事件は，抗告人が当事者になるとともに，第一審の申立人は自ら抗告をしていない場合であっても，抗告審において当事者としての地位を有する。第一審における利害関係参加人は，自ら即時抗告をした場合には抗告審において当事者になるが，それ以外の場合でも，利害関係参加人として扱われる。[11]

# 第3 当事者と裁判所の責務（法2条）

## 1 家事事件手続法2条と民事訴訟法2条の関係

家事事件手続法では，上記のように当事者と裁判所概念を導入し，当事者を手続の主体，裁判所を手続の主宰者とすることを前提としつつ，その2条において「裁判所は，家事事件の手続が公正かつ迅速に行われるように努め，当事者は，信義に従い誠実に家事事件の手続を追行しなければならない」という一般規定を置き，両者の責務を定めている。家事審判法の下において，手続に非協力的な当事者がいることにより手続遅延などの問題が生じていたことも指摘されていたため，[12]民事訴訟法2条に倣って設けられた規定である。これは，家事事件手続法1条の定める目的規定を実現するための基本的な責務であると理解されている。

もっとも，同条の定める責務が，民事訴訟法2条の定める信義則上の責務と同じものであるのか，また，これが単なる責務にとどまらず，法的義務の性質をも有するものであるのかが問題となる。先に前者の問題から検討してみるが，これが議論されるのは，民事訴訟と家事審判手続との間には，訴訟と非訟という大きな違いをはじめとして様々な相違点があるからである。

一つの考え方は，民事訴訟法が二当事者の対立を前提とした訴訟手続を，家事事件手続法は相手方のいない非訟手続をもその対象として扱うという違いを超えて，基本的には同趣旨の規定であるという理解である。[13]

---

11) 金子・前掲注1）14頁。
12) 秋武憲一編『概説家事事件手続法』（青林書院，2012年）32頁〔髙橋信幸〕。
13) 松川正毅ほか編『新基本法コンメンタール人事訴訟法・家事事件手続法』（日本評論社，

第9章　当事者の役割と裁判所の役割

　しかしながら，上記のような民事訴訟法と家事事件手続法との相違点は看過することができず，当事者と裁判所の責務を考えるにあたっても，さしあたり両者の違いに配慮する必要はあろう。

　例えば，当事者の責務に着目すると，処分権主義と弁論主義が適用される通常の民事訴訟法とは異なり，家事事件手続法では職権探知主義が採用されているので，当事者に信義則上の責務が観念できるかは検討する余地がある。

　このような懸念に対しては，後述する家事事件手続法56条2項に表れているように，同法は職権探知主義の原則を採用しつつも，当事者による主体的な訴訟資料収集権能を否定しておらず，また，当事者が主体的・積極的な資料収集の努力を怠り，裁判所の調査に依存することまでもが許容されているわけではないと反論することができよう。そうであれば，当事者は，職権探知主義の下でも訴訟資料を収集する主導的な役割を担うのであり，手続上信義則を負うとすることは，職権探知主義とは相反するものではなく，民事訴訟法上の信義則と同様に考えれば足りるということになる[14]。

　また，家事事件手続法においては，必ずしも相手方がいる事件ばかりではないため，信義則上の責務を負う相手方が，通常の民事訴訟とは異なり得るという点で，違いが生ずる可能性がある。すなわち，別表第2の事件は相手方が存在するものであるため，当事者が信義則上の責務を負う対象については，二当事者対立構造の民事訴訟法と同様に考えれば足りる。しかしながら，別表第1の事件においては，相手方当事者がいないため，信義則上の責務は，裁判所に対するものとして観念できるに過ぎない。

　このように裁判所に対する信義則上の責務を当事者に負わせる背景には，当事者が訴訟資料の収集と提出を積極的に行わずに，裁判所による職権探知に全面的に委ねる，いわゆるもたれかかりの問題を解消する必要性があったともいわれる[15]。職権探知主義の下でも，当事者は事案解明への協力義務を負い，主体的に資料収集活動を行うべきであるとすると，このようなもたれかかりの状態は縮小されていくことになろう。

　もっとも，裁判所に対する信義則上の責務が想定される手続が，非訟事件

---

　2013年）127頁〔三木浩一〕，秋武・前掲注12）33頁〔髙橋〕。
14）松川ほか・前掲注13）127頁〔三木〕。
15）髙田・前掲注1）28頁〔金子修発言〕。

である家事事件手続法独自のものであるとは限らない。というのも，通常の民事訴訟においても，信義則は相手方当事者との間でのみ機能するのか，あるいは裁判所に対しても機能するのか見解の対立がみられるからである[16]。

すなわち，通常の民事訴訟法では，信義則は相手方当事者に対する責務としてのみ観念できるものであり，裁判所に対する義務を想定していないと考えるのであれば[17]裁判所に対する信義則上の義務を定めた家事事件手続法2条は，民事訴訟の特則であり，独自の存在意義があることになる。もっとも，民事訴訟法2条においても当事者の裁判所に対する責務が観念できるのであれば[18]家事事件手続法2条は，民事訴訟法と基本的に同様の規定であり，当事者に新しい責務を課すものではないことになる。

いずれにせよ，裁判所に対する信義則上の義務は認められ，立法論的な当否はともかくとして，民事訴訟法上は明らかでなかった問題について決め手を打った規定であるといえる[19]。

当事者のみならず，裁判所の責務のあり方についても，通常の民事訴訟とは異なる配慮が必要となる。そもそも，通常の民事訴訟においても，当事者のみならず，裁判所の訴訟行為についても信義則が適用されるというのが通説的な見解である[20]。したがって，家事事件手続法においても，裁判所が信義則上の責務を負うものとすること自体には，特に異論はない。

ところが，通常の民事訴訟においては，処分権主義・弁論主義が妥当し，手続の進行面では職権進行主義が採用されているため，そのもとで裁判所は公正かつ迅速な審理を行う責務を負うことになる。すなわち，裁判所は，手続上当事者を公正に処遇する責務を負うのであり，当事者双方に対して十分

---

16) もっとも，相手方のみならず関係人に対する信義誠実義務も観念できるという指摘もみられる（高田・前掲注1）28頁〔畑瑞穂発言〕）。

17) 兼子一原著『条解民事訴訟法〔第2版〕』（弘文堂，2011年）28頁〔新堂幸司＝高橋宏志＝高田裕成〕。もっとも，改正時には裁判所に対する当事者の協力義務を肯定することに対しては疑義もあり，「裁判所は，審理が公正かつ迅速に行われるように努め，当事者その他の訴訟関係人は，これに協力しなければならない」と定めた旧民事訴訟規則3条を再構成し直したようである。

18) 高田・前掲注1）28頁〔高田裕成〕，賀集唱ほか編『基本法コンメンタール民事訴訟法(1)〔第3版追補版〕』（日本評論社，2012年）16頁〔中野貞一郎〕。

19) 高田・前掲注1）27頁〔山本克己発言〕。

20) 賀集・前掲注18）14頁，16頁〔中野〕，兼子・前掲注17）29頁〔新堂＝高橋＝高田〕。

第9章　当事者の役割と裁判所の役割

な攻撃防御方法の提出あるいは意見陳述の機会を与えるとともに，それらの資料を的確に判断して適切な判断をしなければならない[21]。

これに対して，家事事件手続法においては，民事訴訟と同様に裁判所に手続指揮権を認める規定は新設されているが（法52条1項），裁判所の役割はそれにとどまらない。すなわち，職権開始事件があるのに加えて，職権探知主義が採用されており，裁判所が後見的見地から事実を探知する権能と責任が定められている以上，通常の民事訴訟上の責務よりは内容面にも踏み込んだものと解する余地はある[22]。

実際にも，ある論者によれば，家事事件手続法においては，実体的真実に合致した裁判を行うことも，家事事件手続法2条の定める公正迅速な裁判をする責務の内容に含まれ得る[23]。すなわち，手続的な公正を確保する民事訴訟法上の責務よりは責務の範囲が広くなることになる。

これに対して，裁判所の負う信義則上の責務は，審判の内容の問題に関するものではなく，手続保障を尽くすという意味での責務である点では民事訴訟と同様であるという見解もある[24]。

基本的には，争訟性が高く，二当事者対立構造となる別表第2の事件については，民事訴訟と同様の責務であると解するのが適当であるが，それ以外の事件や，あるいは別表第2の事件においても，一定の範囲では当事者の主張立証を補う事実調査や証拠調べを行う責務を負うのであり，事案に応じた濃淡こそあれ，実体的真実発見に努める責務も含まれると解さざるを得ないであろう。

## 2　家事事件手続法2条の法的性質

民事訴訟法との関係に加えて，家事事件手続法2条の法的性質，特に当事者の協力義務が法的な義務であるか否かをめぐっても，見解の対立が見られる[25]。

---

21) 兼子・前掲注17) 27頁。
22) 高田・前掲注1) 27頁〔金子修発言〕。
23) 高田・前掲注1) 31頁〔金子修発言〕。
24) 高田・前掲注1) 31頁〔山本克己発言〕。ただし，事件類型によって，必ずしも二当事者対立を前提としないものもあるので，公正の意味も異なり得るとする。
25) そもそも，通常の民事訴訟においても，法2条を単なる行為規範としてのみならず，

220

第3 当事者と裁判所の責務（法2条）

　立案担当者の立場は，同条は基本的に，裁判所及び当事者の一般的な責務を定めたものであり，具体的な法的効果を定めたものではないというものである。とはいえ，民事訴訟法2条の違反があった場合と同様に，具体的事案においては，同条を根拠に家事事件手続上の禁反言，権能の失効及び権能の濫用の禁止などを導き出し，これらを通じて具体的な法的効果を生むことも想定されると説明する[26]。例えば，家事事件手続法2条の義務を具体的に表したものといわれる56条2項の当事者の協力義務の効果をめぐって，当事者が訴訟資料の収集に協力的でない場合には，裁判所自身の職権探知義務は解放されると説明をしていることからは[27]，2条やそれを反映する56条2項に示されている当事者の義務を，単なる責務にとどまらず，法的義務としてとらえているとも解しうる。法的義務として捉える見解に対しては，後述するものも含めて一定の支持が見られる[28]。

　そして，家事事件手続法2条が，単なる行為規範としてのみならず，法的規範を有する評価規範としても機能する点を正面から認める見解も見られる[29]。この見解によると，同法56条2項のように，同法2条の理念を具体化する他の規定がある場合には，これらの他の規定を直接適用すれば足りるとしつつも，そのような規定がない場合であっても，同法2条を直接の根拠として法的効果を導く場合もある。民事訴訟法上，当事者の訴訟行為に適用される信義則の諸類型として，訴訟上の権能の濫用の禁止，訴訟上の禁反言，訴訟上の権能の失効，訴訟状態の不当形成の排除，場合によっては相手方の訴訟行

---

裁判規範として機能することを認め，同条の責務を義務として理解する見解も有力である（伊藤眞『民事訴訟法〔第5版〕』（有斐閣，2016年）335頁，賀集・前掲注18）14頁〔中野〕，兼子・前掲注17）27頁）が，反対する見解もある（高田・前掲注1）29頁〔高田裕成発言〕）。

26）金子・前掲注1）60頁，61頁，金子修編著『逐条解説家事事件手続法』（商事法務，2013年）5頁。

27）金子・前掲注1）115頁，金子修「家事事件手続法下の家事審判事件における職権探知と手続保障」判タ1394号16頁（松原正明＝道垣内弘人編『家事事件の理論と実務第3巻』（勁草書房，2016年）27頁）。

28）髙田昌宏「非訟手続における職権探知の審理構造」曹時63巻11号16頁，17頁注41も，当事者に法律上効力が要求され，それ以外の態度が非難される面があることから，法的な義務としての性格を肯定し得るとする。

29）松川ほか・前掲注13）128頁，129頁〔三木〕においては，権利失効，蒸し返し禁止，申立権濫用禁止，手続協力義務違反として処理した下級審裁判例の紹介がある。秋武・前掲注12）25頁〔髙橋〕も同様。

第9章　当事者の役割と裁判所の役割

為の妨害の禁止に分類されるところ,[30] 同様に,家事事件手続法においても,信義則の問題を禁反言の原則,蒸し返しの禁止や,申立権の濫用,手続協力義務違反などに分類して,これらに違反したことを理由とした法的効果も認められることとなる。

同様に民事訴訟法上の信義則の適用場面を参考にしつつも,家事事件手続法が職権探知主義を採用していることから,当事者の権能にはおのずと制限があるとして,民事訴訟法上の信義則と比べて,その機能する場面は制限されるという見解もある。職権探知主義であることから,当事者に権能が認められているとはいえ,信義則が機能する場面は限られるという見方もある。例えば,蒸し返しの禁止は家事事件手続においても機能するが,禁反言の原則や時期に後れた攻撃防御方法の却下などの制裁は制限されるというものである。[31]

これに対して,家事事件手続法2条は法的義務を課したり,違反の場合の具体的な法規範を導き出すものではないという見解もある。すなわち,同条は,当事者らが手続上の権能を行使するに際して信義則に従った行為を責務レベルで要求するものに過ぎず,その限りでは規範的な要求としての性質を認めざるを得ないものの,その違反について具体的な効果を導き出す法的義務を課すものではないという見解である。この論者は,2条においても,また,その現れであるといわれる56条2項においても,法文上は「義務」という用語を用いることを慎重に避けていることに着目する。[32] そのため,例えば,56条に定める職権探知義務から裁判所が解放されるのは,当事者が裁判所による事案解明に対する協力を懈怠したことのみではなく,それに加えて,他に事案解明のための端緒がないことによって初めて生ずるとするなど説明しており,[33] 2条やそれを具体的に体現した規定違反そのものから直接に職権探知の義務の解放という効果は導き出せないとする。

協力義務違反があった場合に当事者に不利益な効果が発生することを認めるのであれば,弁論主義の原則のもとで当事者に裁判資料の提出の責任を課

---

30) 兼子・前掲注17) 30頁。
31) 高田・前掲注1) 29頁〔増田勝久発言〕。
32) 高田・前掲注1) 29頁〔高田発言〕,松川ほか・前掲注13) 236頁〔垣内秀介〕。
33) 高田・前掲注1) 203頁〔山本発言〕。

しているのと同様に，職権探知主義を採用する家事事件手続においても，当事者に裁判資料の提出責任があることを事実上肯定することになるのであり，すべての紛争類型，事例においてそこまでの提出義務を肯定するのはやや行き過ぎの感は否めないであろう。

# 第4 事案解明における職権探知主義の原則と当事者と裁判所の役割

## 1 職権探知主義の導入

　当事者と裁判所の役割が具体的に発現されているのが，家事事件手続法56条である。同条1項は「家庭裁判所は，職権で事実の調査をし，かつ，申立てにより又は職権で，必要と認める証拠調べをしなければならない。」とあり，これは，職権探知主義の原則を定めたものとされる。職権探知主義とは，裁判の基礎となる事実や証拠の収集について，裁判所が権能と責任を負う原則であり，[34] 弁論主義とは対をなす原則である。これは，「家庭裁判所は，職権で，事実の調査及び必要があると認める証拠調をしなければならない。」と定めた家事審判規則7条を引き継いだものである。もっとも，家事事件手続法においては，加えて新たに当事者に証拠調べへの申立権を認めている点が特徴的である。

　さらに，家事事件手続法56条2項においては，「当事者は，適切かつ迅速な審理及び審判の実現のため，事実の調査及び証拠調べに協力するものとする。」と定めているが，これは，家事事件手続法で新たに導入された規定である。

　なお，家事事件手続法56条は，家事調停にも準用がされており（法258条1項），同様の規定は非訟事件手続法にも置かれている（非訟49条）。また，家事事件手続規則44条1項では，「事実の調査は，必要に応じ，事件の関係人の性格，経歴，生活状況，財産状態及び家庭環境その他の環境等について，

---

34）笠井正俊「当事者主義と職権主義」門口正人編集代表『民事証拠法大系1』（青林書院，2007年）20頁，同「弁論主義と職権探知主義の関係」法時88巻8号20頁，佐上・前掲注4）203頁。

*223*

第9章　当事者の役割と裁判所の役割

医学，心理学，社会学，経済学その他の専門的知識を活用して行うように努めなければならない。」として事実調査の方法を定め，同条2項においては，「事実の調査については，裁判所書記官は，その要旨を家事審判事件の記録上明らかにしておかなければならない。」として事実調査の記録化を義務付けている。

　家事事件手続法56条1項において，職権探知主義が採用されている趣旨は，立法者によって，以下のように説明されている。すなわち，家事審判は，裁判所の判断に基づいて身分関係等の法律関係が形成され，その効力が第三者に及ぶといったように，手続に関与する者の私的な権利にかかわる，又は公益性を有することから，裁判所には実体的真実に合致した判断が要請される。そのため，当事者による資料収集のみに任せることはできず，裁判所が，当事者の申立てに左右されることなく，広範な裁量の下で，自ら必要と認める資料の収集をすることができるとするのが相当であり，かつそのような職責を負うことが求められる[35]。

　ところで，職権探知主義の意義については必ずしも見解の一致が見られるわけではない[36]。裁判所は当事者の主張しない事実でも裁判の基礎にすることができ，当事者の申し出ていない証拠を職権で取り調べることができるという形で，裁判所の事案解明権能としてとらえる立場もあるが，それにとどまらず，当事者の主張しない事実であっても必要があれば裁判の基礎にしなければならず，当事者の申し出ていない証拠であっても必要があれば，職権で取り調べなければならないという義務の側面も取り込んで理解する立場もあり，後者を支持すべきであろう[37]。

---

35) 金子・前掲注26) 196頁，197頁，金子・前掲注27) 10頁，髙田・前掲注28) 6頁。山田文「職権探知主義における手続規律・序論」法学論叢157巻3号1頁，16頁以下は，公益保護と職権探知は論理必然ではないとする。
36) その意義についての見解の対立について笠井・前掲注34) 当事者主義21頁注(2)。双方の側面があるとするのは，山本和彦「狭義の一般条項と弁論主義の適用」太田知行＝中村哲也編『民事法秩序の生成と展開』（創文社，1996年) 87頁。
37) 松川ほか・前掲注13) 233頁〔垣内〕，金子・前掲注27) 10頁，笠井・前掲注34) 20頁，髙田・前掲注28) 37頁。

## 2　裁判所による事実調査と証拠調べ（法56条1項）

　家事事件手続法56条1項は，裁判所による事実調査と証拠調べの義務を規定する。文言上は，事実調査については常に，証拠調べについては必要があると認める場合に，裁判所はこれを行う義務があるように読めなくもないが，これは，不要な事実調査についても許容されるという趣旨ではなく，事実調査についても必要なものについてのみ認められるに過ぎない。証拠調べについてのみ，「必要と認める」場合にのみすべきとしているのは，裁判所の証拠調べが事実調査に対して補充的な役割を有することを想定しているためである。すなわち，裁判所による資料収集方法は原則として事実調査の方法によって行われるのであり，証拠調べは必要な場合に限って実施される例外的な資料収集方法であることを確認したものである[38]。

　このような規定の背景には，家事審判における事実調査が，当事者の事実主張と立証とを必ずしも峻別することなく，両者が渾然一体とした形で行われてきたことや[39]，旧法下においてあまり証拠調べが行われなかったことも影響している[40]。もっとも，争訟性の高い事件においては，通常の民事訴訟と同様に，二当事者対立構造が現れてくるのであるから，当事者双方からの事実主張と，その存否を調べるための証拠調べの実施という形で，二段階構造に接近し得るのではないかという指摘もみられる[41]。

　本条の定める事実の調査には，陳述の聴取や審問が含まれる。前者は，書面照会や，家庭裁判所調査官による調査，さらには裁判官が自ら聴取する方法によって行われ，後者は裁判官自ら口頭で関係者から直接陳述を聴取する形で行われる[42]。

　証拠調べは，必要がある場合にのみ認められる。裁判所による証拠調べは，その必要性がない場合にまで義務付けられるものではなく，必要性の判断は，

---

38）金子・前掲注26）196頁，197頁。松川ほか・前掲注13）235頁〔垣内〕，高田・前掲注1）235頁〔金子修発言〕。
39）高田・前掲注1）211頁〔山本克己発言〕は，家事事件手続では自由な証明が採用されているからであると説明する。高田・前掲注28）44頁。
40）高田・前掲注1）235頁〔古谷恭一郎発言〕。
41）髙田・前掲注28）45頁注128。
42）高田・前掲注1）211頁〔金子修発言〕。

第9章　当事者の役割と裁判所の役割

裁判所が裁量に基づいて行うことになる。もっとも，この裁量は無制限のものではなく，例えば，証拠調べの必要があるのにしなくてもよいという方向で働くものではない[43]。

　実務上，証拠調べが必要な場合として考えられているのは，例えば，事案の争訟性等から強度の心証が要求され，宣誓を経ることによって真実性を確保する必要性がある場合，重要な参考人が呼び出しに応じないため，証人尋問の方式により，その出頭を強制する必要がある場合などである[44]。もっとも，学説では，争訟性が高い事件については，証拠調べを原則として行うべきであるという見解も旧法の頃から主張されており[45]，事件の性質，特に争訟性の有無が証拠調べを要するという判断を基礎づける重要な要因の一つになることは否めないであろう。

　後述のように，当事者には証拠調べの申立権は認められてはいるが，当事者が申し立てた場合であっても，必要がなければ取調べは不要である。ただし，証拠調べの申立てについて，裁判所は採否について裁判をしなければならず，申立てが却下された場合でも，当事者には不服申立権は認められていない[46]。

## 3　当事者による申立権

　家事事件手続法56条1項においては，裁判所による職権探知の義務を課しつつも，当事者にも証拠調べの申立権を認めることとしている。このような規定が置かれたのは，当事者は，自ら手続の進行をすることを望む者，あるいは，審判の効力を受ける者である以上，裁判資料の形成においても主体的に活動する手段や方途を与えることが相当であるという配慮に基づくものと説明されている[47]。

---

43）笠井・前掲注34）「当事者主義」23頁注(2)。
44）斎藤秀夫＝菊池信男編『注解家事審判規則』（青林書院，1986年）51頁〔山田博〕。
45）高田・前掲注1）235頁〔高田裕成発言〕。佐上・前掲注4）217頁では成年後見開始も同様とする。厳格な証明を行うべきであるとするものとして，髙田昌宏『自由証明の研究』（有斐閣，2008年）269頁。
46）金子・前掲注26）196頁，197頁，松川・前掲注13）235頁〔垣内〕，髙田・前掲注1）235頁〔金子修発言〕。
47）金子・前掲注26）196頁，197頁。

第4　事案解明における職権探知主義の原則と当事者と裁判所の役割

　これに対して，条文上は，事実の調査については，当事者の申立権は認められていない。職権探知になじまないことや，最終的には証拠調べの申立権は確保されているので，証拠調べと区別して当事者に事実調査の申立権は認める必要はなく，裁判所の職権による事実調査を促せば足りると考えられたからである。[48] この点を問題視して，当事者に申立権を認めるべきであったという指摘も見られるが，[49] 申立権は，単なる申出を超えて裁判所に応答義務を課すものであるので，これを認めると手続が煩雑になる可能性がある。さらに，実際には要望が多いと思われる家庭裁判所調査官調査などの特定の措置を講じない場合に，裁判所にその理由づけを説明させることが困難であることなどに配慮して，申立権は認められていない。[50]

# 4　当事者による協力義務（法56条2項）

　さらに，家事事件手続法56条2項においては，当事者は事実調査と証拠調べに協力するものと明記されている。これは，1項において職権探知主義の原則を定めたにもかかわらず，裁判所の資料収集に限界があり，実際には当事者の協力がなければ真実の解明が困難となる場合もあるので，当事者の協力を期待する方が合理的であるという配慮に基づく。[51]

　この規定は，家事事件手続法2条の信義則上の責務を具体化したものではあるが，[52] 同法2条と同様に，同法56条2項に定められた責務がどのような性質を有するものであるのかについては，理解は分かれる。

　立案担当者の立場は，「協力しなければならない」ではなく，「協力するものとする」という表現を用いており，同条違反から直ちに具体的な効果を導き出すような法的義務を課すものではないというものである。そのため，当事者に資料提出義務を課したり，資料を提出しない自由を否定したりするものでもないとする。[53]

　同時に，立案担当者は，これは証拠調べ手続において当事者の申立てや立

---

48）高田・前掲注1）220頁〔金子発言〕。
49）高田・前掲注1）220頁〔山本発言〕。
50）松川ほか・前掲注13）235頁〔垣内〕。高田・前掲注1）220頁〔畑，高田発言〕。
51）金子・前掲注26）198頁。
52）金子・前掲注1）60頁参照。
53）金子・前掲注26）198頁。

*227*

第9章　当事者の役割と裁判所の役割

会いが認められ（法69条），事実の調査の通知（法63条，70条）や記録の閲覧
謄写（法47条）の規定等が整備されるなど，当事者が裁判資料の提出や収集
に自ら関与する権能が一定程度認められることを前提に設けられたものであ
ることを考慮するならば，当事者がこのような権能の行使を通じて自ら資料
を提出することが容易な状況にありながら，その権能を行使しないことは，
事実上不利益を受ける根拠になり得るとしている。例えば，当事者が自ら容
易に提出することができる裁判資料を提出せず，事件の性質上，裁判資料の
収集ができない結果として，自己に有利な事実が認定されなかったとしても
不当とはいえず，そのような場合には，裁判所が当該当事者のためなお職権
で資料収集をする職責から解放されるとしている[54]。

　このように，当事者による協力は法的義務ではないとしつつも，協力懈怠
があった場合には当該当事者に不利益な効果を導き出すことを肯定するのが
立法者の立場であるが，学説では，2条の責務の表れである以上は，当事者
に具体的な義務を課すものではなく，規範的な要求としての性質を有するに
過ぎないとか[55]，当事者による不協力の事実に加えて，他に事案解明の端緒が
ない場合に限って裁判所の職権探知義務は免除されると解するとして[56]，法的
義務であることを否定する論者も少なくない[57]。いずれと解するかにより，職
権探知主義の下で，当事者が積極的に裁判資料を提出する責務をどの程度負
うのかが変わり得る。

# 5　職権探知主義の下における当事者の地位

　このように，職権探知主義を採用しつつも，当事者には証拠調べの申立権
が認められたり，事実調査への協力義務が認められることにより，当事者に
は手続主体としての地位が明確に認められるようになっている。

　そもそも，家事審判法においては，職権探知主義のもと，裁判所が裁判資
料の収集の権能と責任を負うとされていたが，資料収集の場面における当事

---

54)　金子・前掲注26）198頁，199頁，高田・前掲注1）202頁〔金子修発言〕。
55)　松川ほか・前掲注13）236頁〔垣内〕。
56)　高田・前掲注1）203頁〔山本克己発言〕
57)　高田・前掲注28）41頁。もっとも同書39頁によると，同義務が協力権の裏返しなのか
　それと切り離すかは議論の余地がある。

者の地位は必ずしも明らかではなく，手続の主体というよりは客体として扱われることが多かったといわれる[58]。

しかしながら，家事事件手続法においては，当事者には，審判に立ち会ったり，記録を閲覧するなどして裁判資料について知る機会が与えられ（法47条，63条，69条，70条），また，意見陳述や新たな裁判資料を提出する機会が保障されるなど（法68条，152条2項，169条2項），当事者の手続上の権利が強化されており，それと合わせてこのような協力義務が課されている。これは，当事者に手続上の権利及び義務の双方の点から手続主体性を認めたものと解することが可能である[59]。

このように，当事者に手続主体としての地位を認めることは，職権探知主義と矛盾するものではなく，むしろ，当該手続の裁判結果によって重大な影響を受ける者には自らの実体法上の地位に即して手続主体としての地位が保障されなければならないという積極的な理由付けによっても説明される[60]。

もっとも，手続の主体としての地位を与えられるということは，単に手続保障が与えられるだけではなく，裁判所ではなく当事者に事実調査の過程において主導的役割まで担わせるのか，といった形でも議論し得る。これは，当事者の協力義務の性質をどのように捉えるかと密接に関連する問題でもある。

裁判所が主導的な役割を負うべきであるとすると，当事者が自ら証拠の申出や裁判資料の収集等を行うことなく，裁判所による事実調査に全面的に依存する，すなわちもたれかかりの問題が生じる可能性もある[61]。

ところで，実務では，遺産分割審判のように争訟性が強く，当事者の処分権が認められる紛争類型においては，当事者に可能な限り手続主体としての地位を認め，当事者には事案解明や手続への協力義務があるとして資料の提

---

58) 髙田・前掲注28）7頁，8頁。
59) 髙田・前掲注28）35頁。職権探知主義の下での当事者の主体的地位を論ずる場合，手続権の保障と協力義務の双方が含まれうることにつき，髙田裕成「家事審判手続における手続保障論の輪郭」判タ1237号42頁（松原正明＝道垣内弘人編『家事事件の理論と実務第1巻』（勁草書房，2016年）86頁，87頁）。
60) 髙田・前掲注28）38頁。
61) 髙田・前掲注59）40頁（松原＝道垣内・前掲注59）81頁）では，日本における当事者の協力義務論が，職権探知の下で当事者が裁判所にもたれかかりやすいこと，そうした状況の下で，審判に必要な資料をどのように提出させるかという関心に由来するとする。

第9章　当事者の役割と裁判所の役割

出等を促すとともに，当事者の審問請求権や立会権などの手続権を実質的に
配慮するなど，いわゆる当事者主義的な運用が行われてきた[62]。このような事
件では，公益よりも私益を保護する要請が強く，また，裁判所には十分な調
査手段がないため，当事者からの資料収集の協力がなければ，事実を解明す
ることができないからである。

　このような紛争類型については，そもそも職権探知主義を適用することを
疑問視する見解も見られ[63]，最近では，弁論主義と職権探知主義が必ずしも相
対立する概念ではなく，職権探知主義の原則が，裁判所に事実調査について
全面的な責任を負わせるものではないという認識も見られるようになってき
ている[64]。また，職権探知主義の原則を，裁判所が裁判資料の収集について第
一次的な責任を負うという意味ではなく，裁判資料の収集を当事者の権限と
責任にのみ委ねるのではなく，必要に応じて裁判所が補完しなければならな
いという原則であると理解すれば[65]，当事者には第一次的な資料の提出義務が
あるということになりそうである。

　しかしながら，実際には，当事者の手続保障，協力義務を認めるなどの手
続主体性を与えた上で，職権探知主義が維持されており，裁判所が後見的な
機能を果たすべく積極的に職権探知をする可能性も否定されてはいない[66]。

　当事者の協力義務違反の効果として，裁判所による職権探知義務からの解
放を認める場合には，事実上，当事者に主張や証拠の提出責任を課している
ことになる。裏を返せば，当事者に一次的な提出義務を課す必要のある紛争
類型においては，当事者の協力義務を法的義務として違反の効果を認めるこ
とが必要となり得る。当事者に提出責任を負わせるのが適当な紛争類型は，

---

62)　斎藤＝菊池・前掲注44）50頁〔山田〕，松川ほか・前掲注13）233頁〔垣内〕，髙田・前
　掲注28）10頁。平田厚「乙類審判事件に関する当事者主義的運用の意義と問題点」判タ
　1237号5頁（松原＝道垣内・前掲注59）3頁），井上哲男「乙類審判事件における職権
　探知と適正手続の具体的運用」岡垣學＝野田愛子編『講座・実務家事審判法1』（日本
　評論社，1989年）135頁，佐上・前掲注4）221頁，二本松利忠「家事事件手続における
　手続保障の流れ」田原睦夫先生古稀・最高裁判事退官記念『現代民事法の実務と理論
　（下）』（金融財政事情研究会，2013年）1166頁。
63)　畑瑞穂「弁論主義・職権探知主義（等）」民訴雑誌57号97頁，髙田・前掲注1）200頁
　〔山本克己発言〕。
64)　笠井・前掲注34）当事者主義24頁注(2)。
65)　松川ほか・前掲注13）233頁〔垣内〕。
66)　金子・前掲注27）10頁，松原＝道垣内・前掲注59）13頁，14頁。

紛争性が高い事件であるか否かという点だけではなく，公益性，第三者への影響，資料収集の難易というような他の様々な要素を総合的に考慮して判断せざるを得ないものと思われる[67]。

# 第5 主張責任と証明責任，釈明権の適用について

## 1 主張責任と証明責任

当事者と裁判所の役割分担をめぐって，より具体的に問題となるのは，家事事件手続において主張責任や証明責任が妥当するかである。

職権探知主義の下では，裁判所が当事者の主張しない事実についても調査をする権限と義務を負う以上，結果責任である主張責任は適用されないというのが多数説である[68]。

これに対して，客観的証明責任が適用されるか否かについては見解の対立がみられる。通常の審判事件においても，ある事実の存否について真偽不明が生じる以上は，その存否について利益を有する者の不利益に帰するという意味での挙証責任は存在すると考えられていた[69]。もっとも，審判事件においては，主要事実（要件事実）が不特定な意思であり流動的であるので，証明責任の規律が適用されるか，疑問も示されている[70]。

## 2 釈明権

裁判所による釈明権の存否についても見解が分かれる。というのも，家事

---

67）杉山悦子「家事事件手続法における裁判所と当事者の役割」山本克己ほか編『民事手続法の現代的課題と理論的解明』（弘文堂，2016年）542頁。

68）松川ほか・前掲注13）234頁〔垣内〕，鈴木忠一「民事訴訟に於ける当事者自治の限界と実務上の問題」鈴木忠一＝三ケ月章監修『新・実務民事訴訟講座1』（日本評論社，1981年）103頁，佐上・前掲注4）203頁（不提出は弁論の全趣旨として考慮できるにとどまる）。もっとも，主張責任もある程度は取り入れられるという見解として，伊藤滋夫『家事事件の要件事実』（日本評論社，2013年）94頁。

69）綿引末男「家事審判総論」加藤令造編『家事審判法講座第1巻』（判例タイムズ社，1966年）61頁，62頁，鈴木・前掲注68）103頁，伊藤・前掲注68）94頁。

70）松川ほか・前掲注13）234頁〔垣内〕，佐上・前掲注4）231頁。綿引・前掲注69）62頁〔綿引〕も証明責任の分配は観念できないとする。

第9章　当事者の役割と裁判所の役割

事件手続法には，民事訴訟法149条に対応する釈明権に関する規定は存在しないからである。

改正準備の審議段階で，裁判所の釈明権や釈明義務に関する定めを導入しようという意見も強かったようである。釈明権の明文化を主張する論拠の一つは，別表第2の審判事件のように相手方当事者があり紛争性が想定されている事件では，主要事実の存否をめぐって攻防をするという，通常の民事訴訟と同様の審理形態がとられる以上，家事事件手続においても同様の運用をするのが手続保障の観点からは望ましく，そのためにも，釈明権を明文化する余地があるというものである。さらに，釈明権を明文化することになれば，通常の民事訴訟の場合と同様に，これを行使しないことが違法になるという意味で釈明義務の根拠になり得るために，明文化も検討された。

しかしながら，前者の点については，釈明権を明文化しなくても，裁判所が職権探知のもと直接，当事者らの関係者に尋ねたりして資料を収集することができるので釈明という方法をとる必要はなく，後は当事者の手続権を保障すれば足りるに過ぎないと考えられた。後者の点についても，もともと裁判所は職権探知の義務を負っているので，当事者に必要な資料の提出を促したり，自ら収集すべきことは当然であって，釈明という形で実現する必要はないという理由で明文化には至らなかったようである。[71]

すなわち，立案担当者の立場は，釈明権を行使すべきような事態は，通常は裁判所が職権で事実調査をすることによって対処できるために，釈明権を明文化する必要はないというものである。しかしながら，職権探知主義を採用したからといって，直ちに裁判所による釈明権の行使が不要になるとは限らない。釈明は事実調査の一環として行われるものにとどまらず，申立てや実体権の行使なども対象とするものであり，また，職権探知主義の下での事実調査，事実主張のレベルにおいても，主張が不明瞭であるような場合に行使される消極的釈明というものは観念し得る。[72] そのため，明文上の規定がなかったからといって，裁判所が適切な釈明権の行使をしなかったことが違法と評価されることもあり得よう。[73]

---

71）高田・前掲注1）204頁，205頁〔金子修発言〕，高田・前掲注28）17頁。
72）高田・前掲注1）205頁〔山本克己発言〕。
73）松川ほか・前掲注13）234頁〔垣内〕，杉山・前掲注67）544頁。

# 第10章

# 手続行為能力

西　希代子

## 第1 はじめに

　手続行為能力とは,「家事事件の手続における手続上の行為(手続行為)をすることができる能力」をいい(法17条1項),民事訴訟における訴訟能力に対応する概念である。「手続行為」には,申立て,参加,証拠の申出,審判の告知を受けること,即時抗告の提起等が含まれる[1]。家事審判法には手続行為能力に関する規定はなく,解釈に委ねられていたが,条文数も31条(45か条)から293条に増加した家事事件手続法では,明文規定が置かれることになった。これは,家事事件手続法制定の一つの意義であると評されている[2]。

　家事事件手続法は,総則において,当事者能力,法定代理等とあわせて,手続行為能力についても,民事訴訟法準拠という原則を定める(法17条1項)。その上で,各則において,身分関係の形成や存否が問題となる類型の事件等,例外的に意思能力があれば手続行為能力が認められる事件を個別に規定するという構造になっている(法118条及びそれを準用する条文並びに252条1項)[3]。

---

1) 高田裕成編著『家事事件手続法』(有斐閣,2014年,初出は2012年)79頁〔金子修発言〕。
2) 山本和彦「非訟事件手続法・家事事件手続法の制定の理念と課題」法時83巻11号6頁。
3) 規定内容の詳細については,金子修編著『逐条解説家事事件手続法』(商事法務,2013年)51頁以下,松川正毅ほか編『新基本法コンメンタール人事訴訟法・家事事件手続法』(日本評論社,2013年)151頁以下〔坂田宏〕等参照。

233

第10章　手続行為能力

このような原則・例外の定め方及び具体的な規律内容は，手続の安定と当事者の意思の尊重との調和を図ろうとするものであるが，今なお議論の余地がないわけではない。

　そこで，本稿では，手続行為能力に関する従来の学説を概観したのち（第2），家事事件手続法が選択した民事訴訟法準拠という原則の意義の確認に加えて，その再検討も試みる。成年被後見人・未成年者については，民法上の行為能力をめぐる議論等との関係（第3），被保佐人・被補助人については，民法13条1項4号「訴訟行為」の解釈論との関係等を手がかりとする（第4）。続いて，各則において例外的に民法上の制限行為能力者にも手続行為能力が認められている事件類型を抽出するとともに，手続行為能力が認められていない事件類型との線引きの妥当性について考えたい（第5）。

# 第2　従来の学説

　家事審判法の下では，民法上の制限行為能力者の審判行為能力（手続行為能力）に関して，大きく分けて次の二つの学説が存在した。

　多数説は，一般に民事訴訟法の準用を肯定し，財産関係の事件については手続行為能力の有無を訴訟能力の有無によって判断する一方，身分関係の事件については意思能力があれば訴訟能力を認める人事訴訟法の規定を準用し，制限行為能力者であっても意思能力がある限り手続行為能力を認める[4]。身分関係の事件は，当事者の人格に最も影響の大きい行為であり，本人の意思の尊重という観点から別の考慮が求められるからである。このような考え方は，身分関係の行為は，原則として，制限行為能力者であっても意思能力がある限り本人が単独で行うことができるとする民法上の通説的見解[5]を手続法に

---

　4）綿引末男「家事審判法総論」加藤令造編『家事審判法講座第1巻』（判例タイムズ社，1966年）31頁，山口幸雄「当事者」岡垣學＝野田愛子編『講座・実務家事審判法1』（日本評論社，1989年）92頁以下，裁判所職員総合研修所監修『家事審判法実務講義案〔6訂再訂版〕』（司法協会，2009年）29頁以下等。

　5）梅謙次郎『改訂増補民法要義巻之一総則編〔第24版〕』（法政大学，1905年）17頁～18頁，中川善之助「身分行為における能力と同意」同『身分法の総則的課題』（岩波書店，1941年）103頁，我妻榮『民法講義Ⅰ〔新訂版〕』（岩波書店，1965年）65頁等。なお，成年後見開始の審判等の際に基準となる「事理を弁識する能力」（民法7条，11条，15条）もまた，自己の財産を管理・処分する能力の程度を基に判断されている（最高裁判

第2　従来の学説

反映させたものといえる。判例においても戦前から今日に至るまでこのような立場が前提とされている（大判大正15年 6 月17日大民集 5 巻468頁，最判昭和43年 8 月27日民集22巻 8 号1733頁等）。ただし，この多数説の中には，身分関係の事件についても，被保佐人及び被補助人には完全な手続行為能力を認めるものの，成年被後見人に関しては一度意思能力があると判断されてもそれが継続するとは限らないため，手続安定の見地から手続行為能力を否定する見解[6]，未成年者に関しても意思能力の有無をめぐって紛争が生じることを避けるため，実務上はできる限り法定代理人によって手続を進める方がよいとする見解等が含まれる[7]。特に成年被後見人については，手続行為能力を否定する立場が有力であったと言われている[8]。

　多数説に対しては，①財産関係の事件と身分関係の事件とを明確に区別することができるのか，②一つの申立ての中で財産関係・身分関係に関する事件の手続（審判事項）が併合されている場合（例えば，夫婦の協力扶助義務と婚姻費用分担があわせて求められた場合）にはどのように扱うのか，③身分関係に関する審判手続の際，個別に意思能力の有無を確認することは現実問題としてできないのではないか等の問題点が指摘されていた[9]。

　他方，少数説は，財産関係の事件，身分関係の事件を問わず，制限行為能力者であっても意思能力がある限り手続行為能力を認める。財産関係の事件と身分関係の事件との区別は必ずしも明確ではなく，家事審判手続は可能な限り本人の意思に基づくことが望ましいとして，いずれの事件についても，民事訴訟法ではなく人事訴訟法を準用すべきであるとする。本人の自己決定を最大限尊重するという新しい成年後見制度の趣旨に適合することも理由の一つとなっている[10]。

---

　所事務総局家庭局「新しい成年後見制度における診断書作成の手引き」（2000年）10頁））。
 6)　山口・前掲注 4 ）93頁〜94頁，加藤令造「家事審判手続上の行為能力と私法行為能力との関係」東京家庭裁判所身分法研究会編『家事事件の研究(1)』（有斐閣，1970年）359頁〜360頁。
 7)　山口・前掲注 4 ）93頁。
 8)　裁判所職員総合研究所・前掲注 4 ）30頁。
 9)　梶村太市＝徳田和幸編『家事事件手続法〔第 2 版〕』（有斐閣，2007年）382頁〔大橋眞弓〕，松川ほか・前掲注 3 ）153頁〔坂田〕等。
10)　佐上善和『家事審判法』（信山社，2007年）86頁以下。

235

第10章　手続行為能力

# 第3 成年被後見人・未成年者

## 1 家事事件手続法における手続行為能力の原則的否定

　家事事件手続法によれば，民事訴訟において訴訟能力を有しない成年被後見人・未成年者は手続行為能力を有さず（法17条1項，民訴28条，31条），[11] 各則において定められた事件を除き，法定代理人によらなければ手続行為をすることができない（法17条1項，民訴28条，31条）。民法その他の法令に従うものとすることも考えられるが，性質上，実体法ではなく手続法に平仄を合わせるが相当であるため，民事訴訟法に準ずるものとしたと説明されている[12]。さらに，各則において成年被後見人・未成年者に手続行為能力が認められている場合であっても，法定代理人は，原則として，これらの者を代理して手続行為を行うことができる（法18条）[13]。

## 2 行為能力をめぐる議論等との関係

　家事事件手続法は，基本的に，従来の多数説及び実務の扱いを明文化したものということができるが，このような原則の定め方は妥当であろうか。

　児童の権利に関する条約の批准，新たな成年後見制度の確立等を経た今日，他の選択肢もあり得たようにも思われる。成年後見制度は，本人保護の理念に偏った硬直的な制度であると批判されてきた禁治産・準禁治産制度を改めて，自己決定の尊重，残存能力の活用，障害のある人も家庭や地域で通常の生活をすることができるような社会をつくるノーマライゼーション等の新しい理念を十分考慮し，これらの理念と本人保護の調和を旨して1999年に創設された[14]。例えば，成年被後見人が後見の事務を行うにあたっては本人の意

---

11）ただし，未成年者は，「独立して法律行為をすることができる場合」（民訴31条ただし書），例えば，既婚者である場合（民753条），あるいは，一種又は数種の営業を許されている場合にその営業に関する行為（民6条1項）等については，単独で手続行為をすることができる（法17条1項）。

12）金子修編著『一問一答家事事件手続法』（商事法務，2012年）69頁，70頁（注1）等。

13）ただし，家事審判及び家事調停の申立てについては，民法その他の法令により法定代理人が申立てをすることができる場合に限られる（法18条ただし書）。

14）小林昭彦＝大門匡編著『新成年後見制度の解説』（金融財政事情研究会，2000年）5頁，小林昭彦ほか編『一問一答新しい成年後見制度〔新版〕』（商事法務，2006年）5頁等。

思[15]を尊重しなければならない旨が明記された（民858条）。本人の客観的利益と主観的利益とが常に一致するとは限らず，本人の保護と自己決定の尊重という理念が衝突する場面も考えられるところであり[16]どのレベルでどのように調和を図るかは難しい問題であるが，自己決定の尊重が前面に押し出されたことは大きな意味を持つ。日本が2014年に批准した国連障害者の権利に関する条約も，締約国に，障害者が生活のあらゆる側面において他の者との平等を基礎として法的能力を享有することを認めることを要求している（国連障害者権利条約12条2項）。また，日本が1994年に批准した児童の権利に関する条約が定める児童の司法手続における意見表明権（児童の権利条約12条2項）との関係でも，子に自らの意思による司法へのアクセスを認めることが望ましい。

2013年に制定された人事訴訟法では，成年被後見人・未成年者の訴訟能力を否定する民事訴訟法31条の適用が明示的に排除され，意思能力がある成年被後見人・未成年者に訴訟能力が認められている（人訴13条1項）。これは旧法の規律を受け継いだものであり，民法が身分上の行為について可能な限り本人の意思に沿った法律関係の形成を要請していることなどから説明されている[17]旧法下では，学説上は，手続の安定や相手方の立場を重視して人事訴訟における成年被後見人の訴訟能力を否定する解釈も有力であったが[18]改正によってこの立場は否定されたことになる[19]現実には，訴訟係属中に精神状

---

15) この「意思」は，意思決定能力が備わっている場合に表示される意思だけでなく，希望や意向及び好悪の感情，過去に表明され継続していると推測される意思，家族など本人の生活に深く関わる者から聴き取った本人の希望等まで含まれうると解されている（於保不二雄＝中川淳編『新版注釈民法(25)〔改訂版〕』（有斐閣，2004年）404頁〔吉村朋代〕，新井誠ほか編『成年後見制度〔第2版〕』（有斐閣，2014年）109頁〔赤沼康弘〕等）。

16) 成年後見制度の改正の過程において，成年後見人の広範な代理権が本人に対する侵害となる危険性について十分自覚した議論は相対的に少なかったのではないかとの指摘もなされているところである（水野紀子「成年後見制度」法教218号96頁）。

17) 三ケ月章『民事訴訟法』（有斐閣，1959年）193頁，新堂幸司『新民事訴訟法〔第5版〕』（弘文堂，2011年）157頁，松本博之『人事訴訟法〔第3版〕』（弘文堂，2012年）118頁等。

18) 新堂幸司＝小島武司編『注釈民事訴訟法(1)』（有斐閣，1991年）460頁〔紺谷浩司〕等参照。

19) ただし，現行法の下においても，人事訴訟法13条の明文には反するが，成年被後見人の訴訟能力を全面的に否定する解釈論を示唆するものもある（高橋宏志『重点講義民事訴訟法上〔第2版補訂版〕』（有斐閣，2013年）197頁，202頁注22の2）。

第10章　手続行為能力

態の変動が生じうる成年被後見人の場合には特に，訴訟手続の安定の要請等により訴訟代理人（人訴13条2項，3項）を選任することになると予想されているが[20] 残存能力の活用，自己決定の尊重等を目的とする成年後見制度の趣旨に鑑みると，建前にすぎないとしても，成年被後見人・未成年者の訴訟能力を一律に肯定した象徴的意義は無視できない。

## **3** 原則と例外の逆転の可能性

　人訴訴訟とは異なり，家事事件の中には，身分関係以外の事件や複雑な事件も多い。しかし，家事事件手続法の主な役割は実際の手続の規律にあるとしても，法律は，明示的又は黙示的に理念を示すものでもある。実務の運用はどうなるにせよ，原則として成年被後見人・未成年者の手続行為能力を一律に否定し，一部の事件類型についてのみこれを肯定する特則を設けるのではなく，原則と例外を逆転させ，原則としてこれらの者の手続行為能力を肯定し，特に手続行為能力を否定せざるを得ない事件類型を特則として定める方法もあり得たのではないだろうか[21] そもそも，当事者主義が採用され，本人による稚拙な訴訟追行が決定的な不利益をもたらすおそれがある一般の民事訴訟とは異なり，家事審判では職権探知主義が採用され（法56条1項），裁判所が広い裁量を有し，後見的・公益的見地から関与することが予定されている。もちろん，手続の安定，相手方の保護等の考慮は不可欠であるが，主張責任や自白の拘束力が問題とならないため，その手続行為能力として，必ずしも訴訟能力と同等の能力は必要ではないという見方も可能であろう。

　実際の手続の追行に関しても，法定代理（法18条），手続代理（法23条）等の活用によって，それほど大きな不都合は生じないのではないだろうか。もっとも，法定代理については，成年被後見人・未成年者の手続追行能力の「補充」であり，成年被後見人・未成年者の意思の尊重が制度趣旨であるこ

---

20) 梶村＝徳田・前掲注9）158頁〜159頁〔本間靖規〕，松川ほか・前掲注3）38頁〔髙田昌宏〕。

21) 第5の1に列挙したように，現在の家事事件手続法の下でも，成年被後見人・未成年者に手続行為能力が認められる事件は全事件類型の約半数に及んでおり，たとえ規律内容を変えない場合であっても，原則と例外を反対にして規定することが煩雑化等を招くとは必ずしも言えないように思われる。

とが確認されているとはいえ[22]成年被後見人・未成年者による手続行為と法定代理人による手続行為との抵触は生じ得る。従前から判例は，本人による手続行為が可能な場合であっても法定代理人による手続行為を認めているが（大判昭和12年6月29日新聞4157号14頁，最判昭和43年8月27日民集22巻8号1733頁等），学説上は，本人の意思の尊重を理由にこれを否定する見解も有力である[23]実際，本人の自己決定の保障，本人の客観的利益の保護，手続の安定等，時として相反する要請を同時にみたすことは容易ではないように思われる[24]特に，家事審判・調停の対象となる事件の中には，後述のように（第5の3），利益相反行為（民826条，860条）には当たらないとしても，近親者間で利害が対立し得る非常にデリケートな問題が多く含まれる。近親者が法定代理人である場合等，法定代理人に，常に，成年被後見人・未成年者の真の利益のための行為を期待できるか疑問もある。そうであるとすれば，むしろ，成年被後見人・未成年者に意思能力がある場合には，まずは，手続代理の積極的かつ柔軟な活用による対応が考えられるべきではないだろうか[25]家事事件手続法制定当初から，その専門的人材の養成，費用面で支える法律扶助の必要性が指摘されており[26]今後の課題であろう。

---

22）金子・前掲注3）60頁等。

23）須永醇「判批」家族法判例百選（新版・増補）111頁等参照。

24）もっとも，立法の過程では，抵触が生じた場合には，成年被後見人・未成年者の意思を尊重する等の運用により，本人の利益を害することを避けることは可能であると説明されている（法制審議会非訟事件手続法・家事審判法部会資料8「家事審判手続に関する検討事項(1)」23頁）。法定代理人の行為と本人の行為との矛盾・抵触への対応等については，佐上・前掲注10）87頁～88頁，梶村太市「家事事件手続法規逐条解説(2)」戸籍885号10頁等が，法定代理人よりも本人の意思を尊重する方向で方策を検討している（青森地弘前支判昭和38年6月27日判タ163号208頁も参照）。このような方向性のほか，成年後見監督人等が一定の役割を果たし得るのではないだろうか（民864条，13条1項4号）。

25）山本教授は，本人の意思の尊重とパターナリズムは基本的に相容れないものであるとして，法定代理ではなく手続代理人の選任の方で処理すべきであったとする（高田・前掲注1）83頁〔山本克己発言〕）。

26）山本・前掲注2）9頁～10頁等。

第10章　手続行為能力

# 第4 被保佐人・被補助人

## 1　家事事件手続法における手続行為能力の制限

　家事事件手続法では，被保佐人・被補助人（被補助人のうち訴訟行為について補助人の同意を得なければならない旨の審判がなされている者（法39条，別表第1の37，民17条1項，15条1項4号。以下，同じ）の手続行為能力についても，民事訴訟法に準ずるものとされている。被保佐人・被補助人は，他の者がした家事審判又は家事調停の申立て又は抗告について手続行為をする場合等を除き（法17条2項），原則として，法定代理人の同意を得なければ手続行為をすることができない（法17条1項，民訴28条，民13条1項4号）[27]。意思能力がある限り手続行為能力を認めることも考えられるが，一般的に家事事件の手続を行うことは相当の判断能力を有すると考えられること，家事事件にも複雑な事件があり，民事訴訟に比してその手続が簡易であって判断能力が低い者でも対処することが可能であるとは必ずしも言えないことなどを理由に否定されたという[28]。

## 2　民法13条1項4号「訴訟行為」の解釈論との関係

　このような家事事件手続法における扱いは，従来の多数説及び実務にそったものであるが，実体法との関係では，手続行為が法定代理人の同意が必要な「訴訟行為」（民13条1項4号）に含まれるとの解釈を前提とする[29]。このように解しないと，被補助人について手続行為能力を制限し得る根拠がなくなるからである（民17条1項ただし書参照）。この点，民法13条1項4号が「裁判上の行為」ではなく，「訴訟行為」という限定した表現を用いていることが指摘されているように[30]，「訴訟行為」に手続行為が含まれるという解釈は必然ではない。

---

27) さらに，申立ての取下げなど事件を終了させる行為をするには，すでに同意を得ている場合であっても，特別な同意が必要である（法17条3項）。
28) 金子・前掲注12) 70頁（注2），金子・前掲注3) 53頁。
29) 高田・前掲注1) 78頁〔金子修発言〕，金子・前掲注3) 53頁，54頁（注）。
30) 高田・前掲注1) 78頁〔山本克己発言〕。

*240*

第4　被保佐人・被補助人

　民法13条1項4号の「訴訟行為」とは，民事訴訟において原告となって訴訟を遂行する一切の行為を指すが，[31] 人事訴訟における訴訟行為は含まれず（人訴13条1項参照），非訟事件における非訟行為も含まれないと解されている（大決大正6年1月31日民録23輯177頁）。[32] 他方，家事審判及び家事調停における手続行為が「訴訟行為」に含まれるか否かが論じられたことはほとんどない。わずかに，家事審判は，法律上，非訟的性質を有するが，旧乙類事件は調停の対象にもなることから「和解」（民13条1項5号）に含め，旧甲類事件についてのみ原則として「訴訟行為」に含めるのが妥当とする見解が存在した程度である。[33] 本来，訴訟行為は私法上の法律行為でないにもかかわらず，民法13条1項の列挙事由の中に含まれていること自体，理論上正確ではないとの指摘もつとになされている。[34] 成年後見制度の改正の際にも，訴訟行為については民事訴訟法，刑事訴訟法等がそれぞれの行為の性格に応じて規定をおいていることから，民法中に単に「訴訟行為」と一般的に規定しても意味はないとして削除する提案がなされたが，[35] 結局，見直されることはなく，[36] 特に解釈を明確にすることもないまま現在に至っている。

　家事審判法が制定されたのは1947年，家庭裁判所が設立されて家事審判及び家事調停が家庭裁判所の職分管轄とされたのは1949年であるため，民法典起草及び戦後改正の時点では，訴訟以外の裁判手続は予定されていなかった。しかし，民法典の起草過程を繙くと，財産に関する手続行為は「訴訟行為」に含まれると解するのが素直なように思われる。明治民法では現行法と同一の「訴訟行為」という表現が用いられているが（明民12条1項4号），その前

31）　我妻・前掲注5）85頁，谷口知平編『注釈民法(1)』（有斐閣，1969年）224頁〔篠原弘志〕，遠藤浩＝良永和隆編『基本法コンメンタール民法総則〔第6版〕』（日本評論社，2012年）52頁〔平井一雄＝橋本恭宏〕等。
32）　ただし，非訟事件については，学説上，民事訴訟法の訴訟能力の規定が適用されるとする見解（鈴木忠一「非訟事件に於ける当事者」同『非訟事件の裁判の既判力』（弘文堂，1961年）254頁，伊東乾＝三井哲夫編『注解非訟事件手続法〔改訂〕』（青林書院，1995年）159頁〔三井〕等），非訟行為は訴訟行為ではないから民法の規定が適用されるとする見解（入江一郎ほか『条解非訟事件手続法』（帝国判例規法，1963年）60頁等）がともに存在する。
33）　於保＝中川・前掲注15）444頁〔中川〕参照。
34）　我妻・前掲注5）85頁。
35）　道垣内弘人「成年後見制度私案(4)」ジュリ1077号125頁。
36）　小林＝大門・前掲注14）84頁，小林ほか・前掲注14）80頁等参照。

*241*

の旧民法（ボアソナード民法）では，「動産，不動産ニ係ル訴訟又ハ和解，仲裁ニ関スルコト」という表現であり（旧民人事編233条，219条，194条），「動産，不動産ニ係ル」ものという限定が付されている。フランス法では不動産に関するもののみを対象としているが，近代では動産の重要性は決して不動産に劣らず，ともに権利の喪失を引き起こすことがあるために置かれた規定であると説明されており[37]，財産的価値が高い物の得喪の重要性を根拠とする規定であることが分かる。明治民法では「動産，不動産ニ係ル」が削除されることになるが，特定の意図をもって変更された形跡はない。このような沿革に鑑みれば，重要な財産の得喪につながるものについては，訴訟以外の裁判手続によるものであっても，「訴訟行為」に含まれると解すべきであろう。通説が，民法13条1項の列挙事由は限定列挙ではなく例示であり，制限行為能力者の財産保護の見地からしかるべく拡張，類推解釈を試みるべきであるとしていることも，[38] このような解釈の妥当性を補強する。

# 第5 例外
## ——制限行為能力者に手続行為能力が認められる場合

## 1 手続行為能力が認められる審判事件

各則において，民法上の制限行為能力者にも手続行為能力が認められている事件は，次の25類型である。①成年後見開始の審判事件等，9個の成年後見に関する審判事件（法118条，別表第1の1～3・5・6・8・12・14・15）。②保佐開始の審判事件等，12個の保佐に関する審判事件（法129条，別表第1の17～22・24・26・28・32～34）。③補助開始の審判事件等，12個の補助に関する審判事件（法137条，別表第1の36～41・43・45・47・51～53）。④失踪の宣告の審判事件（法148条2項，別表第1の56）及び失踪の宣告の取消しの審判事件（法149条2項，別表第1の57）。⑤夫婦間の協力扶助に関する処分の審判事件（法151条1号，別表第2の1）及び子の監護に関する処分の審判事件

---

37）「民法草案人事編理由書下巻」明治文化資料叢書刊行会『明治文化資料叢書第3巻法律編上』（風間書房，1959年）215頁～216頁。
38）米倉明「行為能力(5)」法教24号39頁等参照。

（法151条2号，別表第2の3）のうち，財産上の給付を求めるもの以外。⑥嫡出否認の訴えの特別代理人の選任の審判事件（法159条2項，別表第1の59）。⑦子の氏の変更についての許可の審判事件（法160条2項，別表第1の60）。⑧養子縁組をするについての許可の審判事件（法161条2項，別表第1の61）。⑨死後離縁をするについての許可の審判事件（法162条2項，別表第1の62）。⑩特別養子縁組の成立の審判事件（法164条2項，別表第1の63）。⑪特別養子縁組の離縁の審判事件（法165条2項，別表第1の64）。⑫子に関する特別代理人の選任の審判事件等，7個の親権に関する審判事件（法168条，別表第1の65〜69・第2の7・8）。⑬養子の離縁後に未成年後見人となるべき者の選任の審判事件等，8個の未成年後見に関する審判事件（法177条，別表第1の70〜76・79・81・82）。⑭推定相続人の廃除の審判事件及び推定相続人の廃除の取消しの審判事件（法188条2項，別表第1の86・87）。⑮限定承認又は相続の放棄の取消しの申述の受理の審判事件（法201条4項，別表第1の91）。⑯任意後見監督人の選任の審判事件（法218条，別表第1の111）。⑰氏又は名の変更についての許可審判事件等，4個の戸籍法に規定する審判事件（法227条，別表第1の122〜125）。⑱性同一性障害者の性別の取扱いの特例に関する法律に規定する審判事件（法232条2項，別表第1の126）。⑲都道府県の措置についての承認の審判事件及び都道府県の措置の期間の更新についての承認の審判事件（法235条，別表第1の127・128）。⑳施設への入所等についての許可の審判事件（法240条3項，別表第1の129）。㉑夫婦間の協力扶助に関する処分の調停事件（法252条1項1号，別表第2の1）のうち，財産上の給付を求めるもの以外。㉒子の監護に関する処分の調停事件（法252条1項2号，別表第2の3）のうち，財産上の給付を求めるもの以外。㉓養子の離縁後に親権者となるべき者の指定の調停事件（法252条1項3号，別表第2の7）。㉔親権者の指定又は変更の調停事件（法252条1項4号，別表第2の8）。㉕人事訴訟法2条に規定する人事に関する訴えを提起することができる事項についての調停事件（法252条1項5号）。

# 2　線引きの妥当性 ── 民法の伝統的理論との整合性

### ⑴　家事事件手続法における基準

家事事件手続法の立法過程では，例外的に民法上の制限行為能力者にも完

第10章　手続行為能力

全な手続行為能力が認められる事件の基準として，最初に，民法上，意思能力がある限り当該身分関係の当事者が行うことができる行為に係る家事審判事件（⑤⑦⑧⑨⑩⑪⑭㉑），それ以外の事件のうち，民法上，行為能力の制限を受けていても意思能力を有する限り当該家事審判事件の申立てをすることができる者がいることが明記されているもの（①②③⑫の一部），当該家事審判事件が別の手続の付随的な手続である場合に，その本体である別の手続において行為能力の制限を受けていても意思能力を有する限り行為を行うことができる者がいるとされているもの（⑥，⑫⑬の一部）が挙げられた[39]。その後，これらに対応する調停事件のほか，身分関係の行為とみなされる事件が加えられた。

　これらの例外規定は，家事審判法の下での多数説（第2参照）を前提として，不明確であった身分関係の行為にあたる事件類型を明確にしたものと評されている[40]。具体的には，財産処分，取得，管理等に関する事件，例えば，遺言に関する審判事件（法209条，別表第1の102～108），遺留分に関する審判事件（法216条，別表第1の109・110），遺産の分割に関する審判事件（法191条，別表第2の12～14），婚姻費用の分担に関する処分の審判事件（法150条，別表第2の2），財産の分与に関する処分の審判事件（法150条，別表第2の4），離縁等の場合における祭具等の所有権の承継者の指定の審判事件（法150条，別表第2の5）等の婚姻等に関する審判事件等については，原則通り，手続行為能力が認められていない。また，手続行為能力が認められる⑤，㉑及び㉒の事件類型においても，明示的に財産上の給付を求めるものは除外されている。

　既述のように，身分関係の行為と財産関係の行為との区別には曖昧な部分もあり，特に，親子関係の存否に関わる事件等の場合，一見，身分関係の行為であっても，相互の相続権，扶養の権利義務等，財産の得喪に密接に関わる効果が生じることまで考えると線引きは不可能に近くなるが，ここでは，従来の学説等と同様，その効果までは問題とせず，純粋に財産的なものに向けられた事件類型か否かによって判断されていると見ることができる。

---

39）法制審議会非訟事件手続法・前掲注24）22頁以下，「法制審議会非訟事件手続法・家事審判法部会第9回会議会議事録」（PDF版）16頁〔脇村真治発言〕。
40）秋武憲一編『概説家事事件手続法』（青林書院，2012年）61頁〔髙橋信幸〕。

## (2) 中川善之助博士による身分行為の分類

　この家事事件手続法における線引きの是非を論じることは，その基準の設定も含めて難題である。しかし，身分法学の創始者である中川善之助博士の身分行為概念に親和的であり，その意味で，民法学の伝統的通説によっても概ね正当化され得るものであることはたしかである。すなわち，中川博士は，[41]身分関係は「本質社会結合」であり，財産行為における意思が「合理的な打算的な選択的な意思」であるのに対して，身分関係における意思は「非合理的な性情的な決定的な意思」であるため，意思能力者は身分行為能力者（身分関係の行為については行為能力を有する者）であるという命題が導かれるが，多数の例外があるとして，身分行為を「身分への行為」，「身分よりの行為」，「身分のための行為」の三つに分類して小原則を示す。

　中川博士によると，このうち「身分への行為」（形成的身分行為，純粋身分行為）は，行為の目標が直接に身分の得喪・変更に向けられている行為であり，婚姻，嫡出否認，認知，縁組，親権喪失及びその取消し，廃除等がこれに属する。[42]これらは制限行為能力者であっても，意思能力があれば単独で行うことができる。身分法の「統体法的性質」に基づく身分的制約を受け，何人かの同意を要することがあるが，裁判上行われる身分への行為については，身分的統制の任務は国家自らが引き受ける形となるため，同意は不要である。

　「身分よりの行為」（支配的身分行為）は，自己に一定の身分があることを主張し，これに基づいて相手方に対し何らかの身分法的支配をなす行為である。現行法では，日常家事代理行為，親権上の行為，後見上の行為，扶養の請求，相続回復請求，遺留分減殺請求等がこれに属する。前三者は，特定の身分に基づいて相手方に対し何らかの身分法的支配をなす行為であり高い精神的成熟を必要とするため，後三者は，行為の相手方に対し自己の身分を主張する点においてこそ身分法的であるが行為の目的内容は偏に財産上の利益にある行為であるため，いずれも財産行為と同様，制限行為能力者が単独で

---

41）中川・前掲注5）115頁以下。

42）中川博士は，遺言を，特殊の地位を占めるものとして「身分への行為」の範疇に入れることはそれほど無理でもないとするが，そこで想定されている遺言は主に（家長が）家督相続人を指定するためのものであり（中川・前掲注5）119頁），家督相続制度が廃止された現行法の下では，必ずしも同様に考えることはできない。

第10章　手続行為能力

有効に行うことはできない。

　「身分のための行為」（付随的身分行為）は、自己のために発生すべき身分のために予め特殊の取り決めをしようとする行為であるが、細分化され、それぞれ異なる原則に服する。まず、自分の行う「身分への行為」に付随してなす「身分のための行為」であるか、他人の身分行為若しくは行為ではない法律事実に基づいて身分上の変動を生ずるのかによって分けられる。前者の場合は、主たる身分行為の能力に従う。夫婦財産契約、離婚における子の監護に関する協議等がこれに属する。後者はさらに二つに分けられる。相続放棄、単純承認、限定承認等、その内容が財産、特に相続財産を中心とするものについては、財産行為と同様に扱い、認知に対する子の承諾等、その内容が純粋に身分的なものについては、制限行為能力者であっても意思能力があれば足りるとする。

　家事事件手続法における線引きは、このような民法における伝統的な身分行為論から導かれる結論とほぼ一致するものであり、実体法の基礎をも有する安定的なものといえる。

# 3　線引きへの疑問

　そうであるとしても、制限行為能力者に手続行為能力が認められる事件類型に含まれていない事件のなかに、そこに加えられてもよかったのではないかと思われる事件もないわけではない。ここでは、中川博士を始め学説が十分に論じていないが身分関係の行為としての側面も有する事件に加えて、財産関係の行為であっても類型的に法定代理人が本人の利益のために行動することが期待できない事件であるため、自らのイニシアティブによって裁判手続を利用できるようにするという意味で手続行為能力を認める必要性が高い事件、という二つの視点から考えていきたい[43]。

---

43) 反対に、⑮限定承認又は相続の放棄の取消しの申述の受理の審判事件等、制限行為能力者にも手続行為能力を認めていることの妥当性が問題になり得る事件もないわけではないが、基本的には、制限行為能力者に手続行為能力を与える事件をより限定する方向での検討は不要なのではないだろうか。

第5　例外──制限行為能力者に手続行為能力が認められる場合

## (1)　扶養に関する審判事件等

　扶養義務の設定等，扶養に関する審判事件（法182条，別表第1の84・85，別表第2の9・10）は，立法過程においても議論の対象となった。両親が養育費不請求の合意をして離婚した場合に，未成年の子が親権者を通じることなく非親権者に対して扶養料を請求することができるようにすべきことなどを理由として，制限行為能力者にも手続行為能力を与えるべきであるという主張がなされたが,[44]受け入れられなかった。その理由としては，扶養に関する審判事件の多くは財産上の権利に関するものであり，意思能力があれば手続行為能力を与えるとした場合には，民法上の行為能力に関する規定と全面的に齟齬する結果となること，未成年子の扶養料（監護費用）の請求は，専ら親権者又は監護権者がその責任において行うべき性質のものであることなどが挙げられている。[45]これは，子の監護に関する処分の審判事件のうち財産上の給付を求めるものについては手続行為能力が認められない理由としても挙げられている。[46]

　しかし，扶養の方法は，実際にはともかく，法律上は財産的給付に限定されないことから,[47]制限行為能力者に手続行為能力を認めても，民法上の行為能力の規定と全面的に齟齬するとまでは言えないのではないだろうか。扶養請求等は生存に関わる極めて切実な問題であるにもかかわらず，近親者間で問題になることが多く，それゆえにかえって法定代理人による申立てが期待しにくい場面が少なくないと考えられる。現実の手続追行は，手続代理人等が行うことになるとしても，その端緒となる申立ては，意思能力があれば，本人が自ら行うことを認めるべきであろう。

　夫婦間の協力扶助に関する処分の審判事件のうち財産上の給付を求めるもの，請求すべき按分割合に関する処分の審判事件（法233条，別表第2の15）

---

44）法制審議会非訟事件手続法・家事審判法部会資料29「『非訟事件手続法及び家事審判法の見直しに関する中間試案』に対して寄せられた意見の概要（その2─家事事件手続に関するもの）」222頁，増田勝久「家事事件手続における子どもの地位と子どもの代理人」ジュリ1407号50頁等。

45）法制審議会非訟事件手続法・家事審判法部会資料31「家事事件手続に関する検討事項（2）」21頁。

46）法制審議会非訟事件手続法・家事審判法部会資料30「家事事件手続に関する検討事項」41頁～42頁。

47）扶養の方法については，於保＝中川・前掲注15）791頁以下〔松尾知子〕等参照。

*247*

第10章　手続行為能力

等もまた，生存に関わる重要な問題であるにもかかわらず，本人が声を上げない限り他人には気付かれにくいことから，同様に考えることもできるように思われる。

### (2)　相続人の不存在に関する審判事件

相続人の不存在に関する審判事件のうち，特別縁故者に対する相続財産の分与の審判事件（法204条，別表第1の101）についても，再検討の余地があるのではないだろうか。

この事件は，財産の分与を求めるものであり，財産関係の事件ではある。しかし，特別縁故者とされる「被相続人と生計を同じくしていた者，被相続人の療養看護に努めた者その他被相続人と特別の縁故があった者」（民958条の3第1項）の中には，日常的な家事，看護を行った者のほか，精神的支えになっていた者等も含まれる（大阪高決平成4年3月19日家月45巻2号162頁，鳥取家審平成20年10月20日家月61巻6号112頁等参照）[48]制限行為能力者も特別縁故者になり得ると考えられるが，当事者でなければ知り得ない，あるいは主張しにくい縁故もあるだろう。制限行為能力者とその法定代理人がともに特別縁故者になり得る縁故を有することもあり得る。両者がともに申立人である場合，利害が相反するように見えても，それは当事者間の法律関係に基づくものではなく，審判による反射的効果に過ぎないことを理由に，利益相反行為にはあたらないと解されているが[49]，このようなケースで，常に，法定代理人による制限行為能力者のための申立てが期待できるとは思えない。議論されていないところではあるが，制限行為能力者にも意思能力がある限り手続行為能力を認めるべきではないだろうか。

### (3)　祭具等の所有者の承継者の指定の審判事件

離縁等の場合における祭具等の所有権の承継者の指定の審判事件（法163条，

---

48）特別縁故者の範囲については，谷口知平＝久貴忠彦編『新版注釈民法(27)〔補訂版〕』（有斐閣，2013年）728頁以下〔久貴忠彦＝犬伏由子〕等参照。
49）谷口＝久貴・前掲注48）753頁〔久貴＝犬伏〕，梶村太市『裁判例からみた相続人不存在の場合における特別縁故者への相続財産分与審判の実務』（日本加除出版，2017年）28頁等。

248

第5 例外——制限行為能力者に手続行為能力が認められる場合

別表第2の6）及び相続の場合における祭具等の所有権の承継者の指定の審判事件（法190条，別表第2の11）についても，意思能力を有する限り制限行為能力者に手続行為能力を与えることは考えられないだろうか。これらは当初，手続行為能力を肯定する事件の候補に挙げられていたが[50]，審議過程から理由は明らかではないものの，中間試案の段階までに外されている。

　家庭裁判所が祭祀承継者を指定するに当たっては，承継候補者と被相続人との身分関係，生活関係，生活感情の緊密度，推認される被相続人の意思，承継候補者の祭祀主宰の意思，能力，職業，年齢，家業承継の有無，利害関係人の意見等，諸般の事情を総合して判断するのが相当であるとされ（大阪高決昭和59年10月15日判タ541号235頁，大分家審平成18年10月20日判時1980号95頁），実務では，これらの事情のうち，被相続人との血縁の遠近よりも実際の生活感情の濃淡が重視される傾向にあると言われている[51]。成年被後見人が祭祀承継者に指定された審判例もあり（東京家審平成21年8月14日家月62巻3号78頁。ただし，成年後見人が成年被後見人を代理して申し立てた事例），民法学説上も，死者に対する慕情，愛情，感謝の気持ちなどの心情を最も強く持つ者を選ぶべきとの見解が有力である[52]。その承継に財産管理能力が必ずしも要求されない祭祀財産もあり，身分関係の行為としての側面もある。しかも，争われる場合は，近親者間での争いになりやすい。法定代理人が近親者である場合等を念頭におくと特に，法定代理人にのみ手続行為能力を与えたことに対しては否定的な評価もあり得よう。

---

50）法制審議会非訟事件手続法・家事審判法部会資料8・前掲注24）別表1頁。
51）北野俊光＝梶村太市編『家事・人訴事件の理論と実務〔第2版〕』（民事法研究会，2013年）680頁〔北野俊光〕。
52）谷口＝久貴・前掲注48）89頁〔小脇一海＝二宮周平〕等。

# 第11章

# 法定代理と手続代理

坂 田　宏

---

## 第1　はじめに

　家事事件手続法において，当事者能力（家事事件手続における当事者となることのできる一般的な資格）を有する当事者が家事事件手続における手続能力を欠く場合に，その当事者は，法定代理人の代理によってのみ手続行為をすることができる。このようなシステムを「法定代理」と言い，その中核にある概念を「手続行為能力」と呼ぶ。この手続行為能力という概念は，民事訴訟における訴訟能力概念と同様の機能を果たしているものであるが（「訴訟」が対象ではなく，あくまでも「審判」「調停」が対象であるがゆえに，「手続」行為能力と呼ばれている。)，家事事件が対象とする法的紛争のバックグラウンドにあるのが実体法上の身分行為であるがゆえに，一般の民事訴訟とは異なる色彩を帯びてくる。すなわち，民事訴訟における訴訟能力は，民法上，法定代理人の同意を要件として行為能力が認められる場合であっても（民5条1項），手続の安定性の要請から個別の同意に基づく訴訟能力は認められないとされているが（ただし，民訴31条ただし書，民6条，738条），身分行為については，当事者本人の意思を尊重すべき事件の類型ごとに手続行為能力が認められている（法18条，118条，252条1項）。民事訴訟と家事事件手続との間にあるこのような違いを踏まえた上で，家事事件手続法17条1項は，手続行為能力を欠く者（未成年者及び成年被後見人）について民事訴訟法の諸規定

第11章　法定代理と手続代理

を準用した（被保佐人や被補助人についても同様である。）。

　これに対して，家事事件手続法における手続代理は，民事訴訟における訴訟代理に相当するシステムである。しかし，旧家事審判法及び旧家事審判規則の下では，包括的に手続行為を行う代理人の規定を欠いており，また，身分上の行為は代理に親しまず，任意代理は認められないものと考えられていた[1]家事事件手続法22条本文は，「法令により裁判上の行為をすることができる代理人のほか，弁護士でなければ手続代理人となることができない。」と定めて，弁護士代理に限り，手続を追行するための包括的代理権（法24条1項）を認めるに至った。

# 第2　法定代理

## 1　概要（法17条）

　家事事件手続における手続上の行為（手続行為）をすることができる能力のことを手続行為能力という。手続行為能力の判断基準もまた実体法基準であり（法17条1項，民訴28条），未成年者及び成年被後見人は手続行為能力を有しない（民訴31条）。かつての旧家事審判法下においては，財産関係は民事訴訟，身分関係は人事訴訟に準ずるという見解[2]や直接に民法に準ずるという見解[3]が対立していたが，家事事件手続法17条1項は，身分関係事件など当事者本人の意思を尊重すべき事件について事件類型ごとに手続行為能力を認める規定を設けることとした上で（法118条，252条1項等），原則として実体基準を採る民事訴訟法の規定を準用することとした[4]

　当事者が手続行為能力を有しないときは，法定代理人（親権者や後見人）が手続行為を行う（法17条1項，民訴28条）。訴訟行為について代理権を付与

---

1) 梶村太市＝徳田和幸編『家事事件手続法〔第2版〕』（有斐閣，2007年）383頁〔大橋眞弓〕。
2) 山口幸雄「当事者」岡垣學＝野田愛子編『講座・実務家事審判法1』（日本評論社，1988年）92頁，梶村＝徳田・前掲注1）382頁〔大橋〕。
3) 佐上善和『家事審判法』（信山社，2007年）86頁以下。
4) 松川正毅ほか編『新基本法コンメンタール人事訴訟法・家事事件手続法』（日本評論社，2013年）151頁〔坂田宏〕。

252

された保佐人や補助人も同様である（民876条の４，876条の９）。法定代理権の範囲は，親権者については，未成年者を代理して行うあらゆる手続行為をする権限がある（民824条）。後見人についても同様であるが，後見監督人があるときは，訴えや家事審判の申立てなど（民13条１項各号）を提起するについて，後見監督人の同意を必要とする（民864条）。訴訟行為をするにあたり保佐人・補助人の同意その他の授権が必要な被保佐人・被補助人も，家事事件において手続行為をするのに授権が必要となる。この授権を欠く場合には，期間を定めた補正命令や，当事者又は法定代理人の追認の効力について民事訴訟法34条１項，２項が準用される[5]。

また，家事事件手続法17条２項によれば，他の者（第三者）が家事審判又は家事調停を申し立てたり，又は抗告をした場合について，手続行為をするには，被保佐人，被補助人（手続行為をすることにつきその補助人の同意を得ることを要するものに限る。）又は後見人その他の法定代理人は，保佐人若しくは保佐監督人，補助人若しくは補助監督人又は後見監督人の同意その他の授権を要することなく手続行為をすることができる（職権により手続が開始された場合についても同様である。）。これは，相手方が申立て・抗告を提起した場合について応訴的な手続行為が必要となったときに，家事事件手続法17条１項の原則を貫くと相手方の家事事件手続にとって不都合が生じるために認められたものである[6]。

## 2　家事事件における成年被後見人及び未成年者の地位

民事事件及び家事事件において訴訟能力や手続行為能力を欠く当事者について「法定代理」の制度が準備されているが，前述したように，家事事件の場合は，一定の事件において，手続行為能力がないとされる当事者であっても，意思能力を有する限り，当事者の意思を尊重し，当事者本人がした手続行為についても有効とされる場合がある（法18条）[7]。まず，家事事件手続法118条は，成年後見に関する後見開始の審判事件などについて，成年被後見

---

5）松川ほか・前掲注４）152頁〔坂田〕。
6）金子修編著『一問一答家事事件手続法』（商事法務, 2012年）71頁。なお, 佐上・前掲注３）94頁, 松川ほか・前掲注４）152頁以下〔坂田〕。
7）金子・前掲注６）71頁。

第11章　法定代理と手続代理

人（となるべき者）が法定代理人によらないで自ら手続行為をすることができると定めている。また，家事調停に関する家事事件手続法252条1項は，夫婦間の扶助協力，子の監護，離縁された養子の親権者指定，親権者の指定・変更の場合，及び，人事訴訟法13条1項により訴訟能力が否定されない当事者が家事調停手続において手続行為能力を欠く者とされる場合について，当該当事者は，法定代理人によらないで自ら手続行為をすることができると規定される。これらの事件では[8]，当事者である未成年者又は成年被後見人のした手続行為は，意思能力を欠く場合を除いて，それのみで有効となる。これは，身分関係，とりわけ成年後見との関係で，「成年被後見人の自己決定を可及的に保障することを企図する成年後見制度の趣旨」[9]や，未成年者の地位の保障や制限行為能力者の残存能力の活用の観点から重要とされてきた規律に基づいているものと言えよう[10]。

## 3　家事事件手続法18条の趣旨

　家事事件手続法は，未成年者又は成年被後見人が当事者である場合に，手続行為能力を否定して，手続行為をなすには法定代理人によることを原則とし（法17条1項），同時に例外を定め（法118条（同条を準用する場合を含む。），252条1項），未成年者又は成年被後見人が法定代理人によらずして手続行為を有効にすることができるものとした。しかし，同法は，同時に，未成年者または成年被後見人が法定代理人によらずに自ら手続行為をすることができる場合であっても，親権者又は後見人が未成年者又は成年被後見人を代理して手続行為をすることができると規定した（法18条）。

　家事事件手続法118条や252条1項に規定される類型の家事事件においては，手続行為能力を欠く者とされた当事者（未成年者・成年被後見人）が意思能力を有する場合に当事者自ら有効に手続行為をすることができるが，かような場合であっても，現実に自ら手続行為をするには困難を伴うことが少なくない。例えば，まだら認知症のため成年被後見人となった者が手続行為をした

---

8）松川ほか・前掲注4）153頁以下〔坂田〕参照。
9）高田裕成「新人事訴訟法における訴訟能力の規律」家月56巻7号1頁，4頁以下参照。
10）高田裕成編著『家事事件手続法』（有斐閣，2014年）79頁〔高田裕成発言〕。なお，高橋宏志ほか「人事訴訟法の基本構造」ジュリ1259号45頁〔小野瀬厚発言〕参照。

254

として，当該行為が正常な意思能力の下でなされたかどうかを知ることはきわめて困難であり，実際上は不可能であろう。こういった場合に備えて，法定代理人にも，未成年者・成年被後見人を代理して手続行為をすることを認めるのが相当であって，これが同法18条本文の趣旨である（ただし，家事審判及び家事調停の申立ては，民法その他の法令の規定により親権を行う者又は後見人が申立てをすることができる場合に限られる（法18条ただし書）。親権者や後見人が家事審判・家事調停の申立てをすることが許されていない場合にまで，重ねての法定代理を認める必然性がないからである。)。

このように一つの家事事件（家事審判事件・家事調停事件）で手続行為能力を欠く者でありながら意思能力を有する本人（未成年者・成年被後見人）と法定代理人とが手続行為を重畳的にそれぞれ有効にすることができる場面が生じる（立法担当者の想定する手続行為とは，申立て，参加，証拠の提出，審判の告知を受けること，即時抗告の提起等である[11]）。あたかも本人による申立てと法定代理人による申立てとが本人を名宛人としてなされるため，理論的にも実務的にも整理が必要な問題である。しかし，これは「法定代理」という制度を立法的に選んだことの必然的な帰結であるとは言えない。後に述べる人事訴訟法14条1項が採用した訴訟担当構成（職務上の当事者）であっても，同法13条1項との関係で同様の問題が生じるからである。

立法担当者の立場からは，法定代理構成を採用した理由について，以下のように述べられている。[12] まず，本人の意思能力があれば有効に手続行為をなし得るケースでは，法定代理に親しまないようにも思われるが，実際に未成年者・成年被後見人が意思能力を有していたとしても現実に手続行為をする場合に困難を生ずるケースが少なからずあり，親権者や後見人は本人の手続活動に不当に介入する存在ではなく，むしろ本人を補助するものと位置づけることができる。次に，本人が先に申立てをした後に親権者や後見人が申立てをするとき，職務上の当事者とすると家事事件手続法上の当事者参加をしなければならないが，「当事者となる資格を有する者」という要件が実体法規によって定まるという前提が維持できなくなるおそれもあった。その他，

---

11）高田・前掲注10）79頁〔金子修発言〕。
12）金子修編著『逐条解説家事事件手続法』（商事法務，2013年）57頁以下，高田・前掲注10）80頁以下〔金子修発言〕。

第11章　法定代理と手続代理

家事事件手続法において本人に手続遂行させるのが相当でない場合に職務上の当事者を観念しているのではないか，加えて，身分行為は代理に親しまないのではないかという議論について，法定代理構成でない手続担当構成を採ったからといって実質においてクリアできないのではないかという根本的な問題も挙げられている[13]。これに対しては，本人と法定代理人の手続行為が矛盾抵触した場合の処理規程（例えば民訴40条，45条2項，57条など）を置いていないこと，本人の意思の尊重と法定代理人による後見的処理（パターナリズム）は本来的に相容れないものであり，そもそも無理があるのではないかとの指摘がある[14]。

## 4　人事訴訟法13条・14条との整合性

人事訴訟法13条1項は，人事訴訟の訴訟能力につき，通常の民事訴訟では訴訟能力を有しない者でも，意思能力を有する限り，訴訟能力を認めている[15]。

また，人事訴訟法14条1項は，「人事に関する訴えの原告又は被告となるべき者が成年被後見人であるときは，その成年後見人は，成年被後見人のために訴え，又は訴えられることができる。ただし，その成年後見人が当該訴えに係る訴訟の相手方となるときは，この限りでない。」と規定する。成年後見人及び成年後見監督人（人訴14条2項）の地位について，旧人事訴訟手続法のもとで法定代理人と捉える見解と訴訟担当（職務上の当事者）と位置づける見解とが対立していたが，通説・判例は，訴訟担当として位置づけており，人事訴訟法14条1項は，従来の通説・判例の処理を明文化したものと言うことができる[16]。

これに対し，高田裕成「新人事訴訟法における訴訟能力の規律」家月56巻7号15頁以下は，旧人事訴訟手続法下における二つの判例を詳細に検討した

---

13) 高田・前掲注9) 16頁参照。
14) 高田・前掲注10) 82頁以下〔山本克己発言〕参照。
15) 松川ほか・前掲注4) 36頁以下〔髙田昌宏〕参照。ただし，人事訴訟法13条2項ないし4項は，意思能力を有する制限行為能力者について，実際の訴訟追行の困難による不利益からこれらの者を保護するため，裁判長が弁護士を訴訟代理人として選任する場面を規律する。
16) 岡垣學『人事訴訟手続法』（第一法規出版，1981年）116頁。最判昭和33年7月25日民集12巻12号1823頁。

*256*

上で（①当時の禁治産宣告を受けていないものについて訴訟法上の特別代理人の規定が適用されるかどうかの前提問題として，離婚訴訟は代理に親しまないとした前掲最判昭和33年，②法定代理人である母が子を代理して認知の訴えを提起した訴訟について，身分上の行為は法定代理人が代理して行うことができず，未成年の子は意思能力のある場合には法定代理人の同意なしで認知の訴えを提起することができると言うのが原則であるが，民法787条は，この例外として，法定代理人が子を代理して認知の訴えを認めたとする最判昭和43年8月27日民集22巻8号1733頁である。），法定代理人の訴訟上の地位の法的性質について，前掲最判昭和33年7月25日の結論は，旧人事訴訟手続法の立法者の見解と異なり，その理由づけも消去法によって導き出しており，訴訟担当構成の適切さを積極的に基礎づけていないとし，代理に親しまない身分行為について，職務上の当事者である親権者や後見人の訴訟追行がなぜ認められるのかを説明していないと批判する。

　人事訴訟法14条1項については訴訟担当構成を採り，家事事件手続法18条については法定代理構成を採ることは，表面上，形式的に見て全く整合性がとれていないものと評価せざるを得ないが，実質的に見たとき，いずれの構成を採っても実際上問題となる場面を処理する規定が整備されていない。むしろ，通常の財産関係における訴訟能力・手続行為能力に欠ける未成年者・成年被後見人が身分行為について意思能力を有していた場合に，親権者・成年後見人は，本人の手続上の自己決定権に介入する固有の権利（これは，実体法により付与されたものと考えることができよう。）を行使して当該人事訴訟・家事審判事件・家事調停事件に参加することができると構成し，矛盾抵触する行為に関しては，一種の三者間紛争と見て，民事訴訟法47条4項の準用による同法40条で規律するものと考えることはできないであろうか。

# 5　家事事件手続法17条2項・3項

　家事事件手続法17条2項は，手続行為能力に関する特則を定める。すなわち，被保佐人，被補助人又は後見人その他の法定代理人が，他の者がした家事審判又は家事調停の申立て又は抗告について手続行為をするには，保佐人若しくは保佐監督人，補助人若しくは補助監督人又は後見監督人の同意その他の授権を要しない（職権により手続が開始された場合も同様である。）。これは，

第11章　法定代理と手続代理

相手方から家事事件の申立てがされ，あるいは，抗告が申し立てられたとき，いわばこれに応訴して手続行為をすることが必要となったときに，同条1項の原則を貫くと相手方の申し立てた家事事件の手続にとって不都合が生じるために認められたものである。[17]

　また，同条3項は，被保佐人，被補助人又は後見人その他の法定代理人が（被補助人については，手続行為をすることにつきその補助人の同意を得ることを要するものに限られている。なお，被保佐人や後見人についても，民法13条1項4号，864条により，「訴訟行為」をするにはそれぞれ保佐人・後見監督人の同意を要すると規定されている。），①家事審判又は家事調停の申立ての取下げ，②家事調停の合意（法268条1項），合意に相当する審判の合意（法277条1項1号），調停条項案の受諾（法270条1項）又は，調停に代わる審判に服する旨の共同の申出（法286条8項），③審判に対する即時抗告，特別抗告若しくは許可抗告の申立ての取下げ，又は，合意に相当する審判に対する異議の取下げ（法279条1項）若しくは調停に代わる審判に対する異議の取下げ（法286条1項）といった手続行為をするには，特別の授権がなければならないと規定する。ただし，家事調停の申立てその他家事調停の手続の追行について同意その他の授権を得ている場合において，同条2項2号に掲げる手続行為をするときは，この限りでない。

# 6　特別代理人

　家事事件手続における法定代理は，実体法上の法定代理と手続法上の法定代理（法19条の特別代理人）に分類される。

　当事者本人の意思に基づくことなく，法律によって代理権が発生する場合が法定代理とされ，法定代理権を有する者を法定代理人という。[18]家事事件手続法17条1項によれば，手続行為能力を有しないとされた者が手続行為をするには，原則として，法定代理人によることを要する（民訴31条・34条の準用）。実体法上の代理人は，原則として，家事事件手続においても法定代理人となる（法17条1項による民訴28条の準用）。具体的には，未成年者の法定

---

17）　金子・前掲注6）71頁，松川ほか・前掲注4）152頁以下〔坂田〕参照。
18）　松川ほか・前掲注4）155頁〔坂田〕。

代理人は親権者又は後見人であり（民818条，838条1号），成年被後見人の法定代理人は成年後見人である（民8条，838条2号，859条1項）。被保佐人や被補助人のための手続行為について代理権を付与される保佐人・補助人（民876条の4第1項，876条の9第1項）も法定代理人である。[19]

　家事事件手続法における手続法上の法定代理人として，特別代理人（法19条1項）がある。裁判長は，未成年者又は成年被後見人について，法定代理人がない場合又は法定代理人が代理権を行うことができない場合において，家事事件の手続が遅滞することにより損害が生ずるおそれがあるときは，利害関係人の申立てにより又は職権で，特別代理人を選任することができる（同条1項）。

　特別代理人の選任の裁判は，疎明に基づいてする（同条2項）。したがって，法定代理人がないこと，又は，法定代理人が代理権を行うことができないこと，かつ，手続の遅滞による損害が生ずるおそれがあることを証拠によって裁判長に示さなければならない。疎明も広義の証明の一種である。

　裁判所は，いつでも特別代理人を改任することができる（同条3項）。

　特別代理人が手続行為をするには，後見人と同一の授権がなければならない（法19条4項）。これは，後見人が，被後見人に代わって営業若しくは民法13条1項各号（特に4号「訴訟行為」）に掲げる行為をし，又は，未成年被後見人がこれをすることに同意するには，後見監督人があるときは，その同意を得なければならないとする民法864条との関係で重要である（民13条1項は，本来的には，被保佐人の行為についての保佐人の同意を規定しているものである。）。

　特別代理人選任の申立てを却下する裁判に対しては，即時抗告をすることができる（法19条5項）。

# 7　代理権の消滅

　法定代理権の消滅についても，家事事件手続法17条1項により，民法その

---

19）佐上・前掲注3）93頁，松川ほか・前掲注4）154頁〔坂田〕。判例上，家庭裁判所が選任する不在者の財産管理人（民25条1項）は不在者の法定代理人であり，相続財産管理人（民918条3項，926条2項，936条等）は相続人の法定代理人である（最判昭和47年7月6日民集26巻6号1133頁，最判昭和47年11月9日民集26巻9号1566頁）が，遺言執行者については訴訟担当者であるとする（最判昭和43年5月31日民集22巻5号1137頁，最判昭和51年7月19日民集30巻7号706頁。佐上・前掲注3）93頁参照）。

第11章　法定代理と手続代理

他の法令の定めるところによる。①民法111条は，代理権一般の消滅原因として，本人の死亡（民111条1項1号），代理人の死亡，又は，代理人が破産手続開始の決定若しくは後見開始の審判を受けたこと（同条1項2号）を規定する。次に，法定代理権の発生原因が消滅したこととして，②後見開始の審判の取消し（民10条），③親権の喪失（民834条）・管理権の消滅（民835条）・親権又は管理権の辞任（民837条1項），④後見人の辞任（民844条）・解任（民846条。なお民法847条に後見人の欠格事由が規定されている。），⑤保佐人・補助人については，後見人の規定を準用する形で（民876条の2第2項，876条の7第2項）規定されている。手続法上の法定代理人である特別代理人（法19条1項）については，裁判所による改任（法19条3項）も法定代理権の消滅事由であることは先に述べたとおりである[20]。

　家事事件手続法20条は，「別表第2に掲げる事項についての審判事件においては，法定代理権の消滅は，本人又は代理人から他方の当事者に通知しなければ，その効力を生じない。家事調停事件においても，同様とする。」として，法定代理権の消滅の通知について規定を置く。家事事件は，その性質において2類型に分類される。第1類型（別表第1に掲げる事項）は，当事者がその意思によって処分することができない権利や利益に関わる事件（比較的公益性が高い事件）とされ，調停による解決に親しまないものである。これに対して第2類型（別表第2に掲げる事項）は，当事者がその意思によって処分することができる権利や利益に関わる事件（比較的公益性が低い事件）であり，調停による解決に親しむものである。別表第2に掲げる事項については，基本的に当事者の意思による処分が可能な権利や利益に関するもので家事調停に親しむため，家事審判事件にあっても，職権探知主義を採りつつも，裁判の基礎となる資料の収集につき当事者のより主体的な手続追行に委ねるのが合理的であるとされ，また，両当事者間に利害対立関係があり，両当事者が主張（訴訟資料）を述べ，主張を裏づける証拠（証拠資料）を提出する機会を保障することが必要となると解されている[21]。

　このような争訟性の高い手続を当事者主義的に運用するための要請の1つ

---

20）松川ほか・前掲注4）156頁〔坂田〕参照。
21）金子・前掲注6）119頁。

として，家事事件手続法20条前段は，別表第2に掲げる事項についての審判事件において，法定代理権の消滅は，本人又は代理人から他方の当事者に通知しなければ，その効力を生じないと規定する[22]。この規定は，家事調停事件についても同様のものとされている（法20条後段。なお，手続代理人の代理権の消滅の通知も同様の規律とされている（同法25条）。）。こうすることによって，相手方当事者は，知らない間で生じた法定代理権の消滅により不利益を被ることがないように規律されている。

# 第3 手続代理

## 1 概説 —— 弁護士代理の原則

　家事事件手続法22条は，家事事件の手続において手続代理人となり得る者を，原則として弁護士に限る規定を置いた（法22条1項本文）。その趣旨は，手続代理人の資格を弁護士に限定することによって，法律知識に欠ける当事者の利益を保護し，非弁護士でありながら手続行為の代理を業とする者（事件屋）などその他の手続代理人にふさわしくない者の手続関与を防止することにある[23]。

　手続代理人とは，手続を追行するための包括的な代理権（法24条1項）を有する代理人であり，本人の名において，本人のためにすることを示して，自己の意思に基づく手続行為をし，又は手続行為を受ける者である[24]。

　法令により裁判上の行為をすることができる代理人は，家事事件の手続代理人となることができる（法22条1項本文）。法令により裁判上の行為をすることができる代理人とは，支配人（会社法11条1項など），農業協同組合等の参事（農業協同組合法42条3項，会社法11条1項）のように，一定の法律上の地位にあることに基づいて，法令により裁判上の行為について代理権を付与

---

22) 金子・前掲注6）122頁。
23) 金子・前掲注12）71頁以下，松川ほか・前掲注4）157頁〔増田勝久〕。
24) 松川ほか・前掲注4）157頁〔増田〕。なお，法51条2項のいう代理人（出頭代理人）はこれにあたらない。なお，金子・前掲注12）72頁参照。

*261*

第11章　法定代理と手続代理

された者である[25]。

　なお，いわゆる「子どもの代理人」について，ここで言及しておきたい。親権喪失の審判事件，子の監護に関する処分事件や親権者変更の審判事件など，利害関係参加（法42条1項，2項）をすることが事実上困難な子について，すでに存在する事件にあって手続行為をする機会を保障させるため，裁判所は，家事事件手続法42条3項に基づき，当該子を職権で家事審判の手続に参加させることができる。その際，手続代理人として子の代理人を選任することが可能となった。理論的な背景としては，①司法手続における子の意見表明権と意見聴取の機会の保障を定めた児童の権利条約13条，②親権が権利義務の集合体であるため（民820条），義務の処分・移転には権利者の関与が必要であること，③子の生活環境に重大な影響を及ぼす手続においては補助参加の利益（民訴42条）を超える利益が認められることなどが挙げられる。子どもの（ための）代理人とは言っても，手続代理人である以上，子ども本人の主観的利益を代弁することにより本人の法的利益を擁護する立場に立つのが原則であろう。もちろん，子の客観的な最善の利益を主張することもできないわけではないが，手続代理を弁護士に限って認める現行法の制度設計に対しては，臨床心理士など，低年齢の子のような意思無能力者にも対処しうる職種の活用など，立法的には，なお検討されるべき課題が存している[26]。

## 2　許可代理制度

　家事事件手続法22条1項ただし書は，「ただし，家庭裁判所においては，その許可を得て，弁護士でない者を手続代理人とすることができる。」と規定する。このように，弁護士でない者も，家庭裁判所の許可を受けることにより手続代理人となることができる[27]。家庭裁判所は，許可を与えるにあたり，事件の性質，手続代理人になろうとする者と本人との関係，手続代理人の手続追行能力を総合判断して許否を決することになるが，手続代理人の包括的権限に鑑みて，出頭代理人（法51条2項）に比し，より慎重に判断すべきで

---

25）松川ほか・前掲注4）157頁〔増田〕。法人が家事事件の当事者となる具体例として，遺留分減殺調停事件等がある。
26）松川ほか・前掲注4）160頁〔増田〕参照。
27）金子・前掲注12）72頁以下。

262

第3　手続代理

ある。[28] この判断（決定）につき不服を申し立てることはできない。家庭裁判所は，この許可をいつでも取り消すことができる（法22条2項。この決定についても，不服申立ては許されない。）。

# 3　裁判長による手続代理人の選任

　家事事件手続法は，手続行為能力の制限を受けた者（≒制限行為能力者（民20条1項）。具体的には，未成年者，成年被後見人，被保佐人，及び，手続行為をすることにつき補助人の同意を要する被補助人（民17条1項）である。）が家事事件手続法118条又は252条1項により自ら有効に手続行為をすることが認められるとしたことに鑑み，現実に訴訟を追行することが困難な当事者本人の保護を図るため，後見的見地から，裁判長が手続代理人を選任することを認めた（法23条1項，2項）。[29] 本規定は，手続行為能力を有するとされた者につき，事実上，手続能力を補充するためのものであり，手続行為能力を欠く意思無能力者については適用がない。[30]

　これらの規定は，人事訴訟法13条2項，3項における規律とパラレルであり，まず，当事者本人から申立てがあった場合に，「必要があると認められるとき」に弁護士から手続代理人を選任することができるとし（人訴13条2項，法23条1項），次いで，当事者からの申立てがなくとも，裁判長は，当事者に弁護士を手続代理人に選任するよう命じ，あるいは，職権でこれを選任することができると定めている（人訴13条3項，法23条2項）。手続代理人選任の要件としての「必要性」は，手続行為能力に制限を受けた者（当事者本人）の利益保護と手続の安定性の要請とから総合判断すべきである。成年被後見人については，手続行為時の意思能力の有無によって手続行為の有効性が定まるとすると手続として安定性を欠くことになるし，未成年者については，認知能力の未発達，被暗示性などの問題から自己の手続行為の効果を十分に判断する能力に疑いがあることから，原則としてこの「必要性」を認め

---

28）松川ほか・前掲注4）157頁以下〔増田〕。なお，この許可代理制度は，第一審（家庭裁判所）においてのみ認められるものであり，抗告審（高等裁判所）では認められない。
29）金子・前掲注12）74頁。
30）松川ほか・前掲注4）159頁〔増田〕。なお，金子・前掲注12）75頁，山口・前掲注2）109頁，梶村＝徳田・前掲注1）159頁〔本間靖規〕。

*263*

第11章 法定代理と手続代理

るべき場合が多いものと思われる（高年齢の未成年者と言えども，手続行為の原因行為である委任契約が親権者によって取り消され得るものとされていること（民5条2項）を考えられたい。）。[31]

　なお，家事事件手続法23条3項では，「前2項の規定により裁判長が手続代理人に選任した弁護士に対し手続行為につき行為能力の制限を受けた者が支払うべき報酬の額は，裁判所が相当と認める額とする。」と規定する。手続能力を制限された当事者が任意で手続代理人を選任する場合には，選任につき法定代理人と意向が食い違い，結局のところ法定代理人の同意が得られないおそれがあることに鑑み，手続代理人に支払うべき報酬の額は，裁判所が相当と認める額とした。なお，当該報酬の支払義務者は当事者本人であり，これが支払われた場合には手続費用となる（民訴費2条10号）。当事者本人は，申立てにより手続上の救助を受けることができ（法32条1項），救助決定があれば手続代理人の報酬（及び費用）の支払が猶予される（法32条2項，民訴83条1項2号）。手続代理人は，この場合，審判により手続費用を負担することとされた者から直接に取り立て，あるいは，手続費用額確定決定を得た上で強制執行することができる（法32条2項，民訴85条）。[32]

# 4　手続代理人の代理権の範囲

　家事事件手続法24条は，家事事件手続を迅速かつ円滑に進行させるため，民事訴訟法55条と同様，（法令により裁判上の行為をすることができる代理人を除く）手続代理人の代理権の範囲について規定している。

　まず，「手続代理人は，委任を受けた事件について，参加，強制執行及び保全処分に関する行為をし，かつ，弁済を受領することができる。」（法24条1項）とし，委任を受けた手続代理人は，同条2項の場合を除き，基本的に委任の目的を達成するために必要な一切の行為をすることができる。一定の家事事件について委任されれば，付随的・派生的に生ずる手続についても当然に代理権を有する。[33]

---

31）松川ほか・前掲注4）159頁以下〔増田〕。
32）松川ほか・前掲注4）160頁〔増田〕，金子・前掲注12）76頁。
33）金子・前掲注12）79頁。具体例につき，松川ほか・前掲注4）161頁〔増田〕参照。なお，別表第2に掲げる事項にあって，調停事件につき委任を受けた手続代理人が移行し

次に，同条2項は，本人の利害に重大な影響を及ぼす事項につき，特別の委任を要すると規定する。本人の保護を図る規定であって，手続安定性の見地から（同条1項とは異なり）限定列挙と解される。[34] 具体的には，①家事審判又は家事調停の申立ての取下げ，②調停における合意（法268条1項）若しくは合意に相当する審判における合意（同法277条1項1号），調停条項案の書面による受諾（同法270条1項）又は調停に代わる審判に服する旨の共同の申出（同法286条8項），③審判に対する即時抗告（同法85条1項），特別抗告（同法94条1項），許可抗告（同法97条2項）の申立て，又は，合意に相当する審判に対する異議（同法279条1項），調停に代わる審判に対する異議（同法286条1項），④前号の抗告・申立て・異議の取下げ，⑤代理人の選任である。

手続代理人の代理権は，制限することができない（法24条3項本文）。ただし，弁護士でない手続代理人については，この限りでない（同項ただし書）。同条1項ないし3項の規定は，実体法上定まっている法令により裁判上の行為をすることができる代理人の権限を妨げない（同条4項）。

## 5 代理権の消滅

家事事件手続法25条は，手続代理人の代理権の消滅についての通知について規定する。[35] 通知を行う者は，本人又は手続代理人である。通知先については，別表第2に掲げる事項についての家事審判事件及び家事調停事件では相手方当事者に，その他の家事事件（別表第1に掲げる事項についての家事審判事件）では裁判所に通知しなければならない。前者の通知は，相当な方法で行えばよいが，後者の通知（裁判所への通知）は書面で行わなければならない（規則18条4項。なお，相手方に通知したときは，その旨を裁判所に書面で通知しなければならない（規則18条3項））。通知がない場合の効果については，とくに前者の場合が問題となろう。通知がない限り，たとえ委任契約が解除されたとしても（民111条2項），当該手続代理人は，適法な手続代理人とし

---

て開始された家事審判事件について代理権を有するかにつき，金子・前掲注12）79頁参照。

34) 松川ほか・前掲注4）162頁〔増田〕，金子・前掲注12）80頁。

35) 金子・前掲注12）82頁以下。手続代理権の消滅事由については，松川ほか・前掲注4）163頁〔増田〕参照。

第11章　法定代理と手続代理

て手続行為をすることができ，裁判所等もそのものを適法な手続代理人として扱わなければならないのは当然であるが，金子修編著『逐条解説家事事件手続法』83頁は，相手方当事者が代理権の消滅を知っていたとしても，相手方に通知がない限り手続代理人の代理権は消滅しないとしている[36]

## **6**　当事者による更正の意義

　最後に，家事事件手続法26条は，手続代理人及びその代理権につき，民事訴訟法34条，56条ないし58条を準用している。民事訴訟法34条の準用は，手続代理人が代理権を欠く場合について，補正命令・一時的な手続行為・追認を認めるためのものである。同法56条の準用は，手続代理人が数人あるときは，各自が当事者を代理し，本人がこれと異なる定めをしても，その効力を生じないというものである。同法58条の準用は，手続代理人の代理権が消滅する場合を規律するものである。

　ここで，注目したいのは，民事訴訟法57条の準用である。これによれば，手続代理人の事実に関する陳述は，当事者が直ちに取り消し，又は更正したときは，その効力を生じない。この取消・更正権は，事実の陳述にのみ及び，法律上の意見，経験則・論理に関する陳述については及ばないものである[37]家事事件は，通常の民事訴訟と異なり，本案事項について弁論主義を採らず，むしろ職権探知主義を採用しているので（法56条1項，258条1項），手続上の自白は成立せず，そのため主張と証拠の厳しい分離がないため，手続代理人の陳述を取り消しても，裁判所は，手続代理人が陳述したことを裁判資料とすることができるし，見方を変えれば，裁判所の心証形成の問題に過ぎないと捉えることも可能である。しかし，手続代理人の陳述を当事者が更正することは，裁判所の心証形成に一定の影響を与えるとして，民事訴訟法57条の規定が準用されたものである[38]しかし，より理論的には，職権探知主義と言えども，職権証拠調べにおいて顕れた事実について，当事者の意見を聴か

---

36）法定代理権に関する大判昭和16年4月5日大民集20巻427頁を引用する。反対，新堂幸司『新民事訴訟法〔第5版〕』（弘文堂，2011年）177頁，新堂幸司＝小島武司編『注釈民事訴訟法(1)』（有斐閣，1991年）499頁〔松原弘信〕など。
37）松川ほか・前掲注4）164頁〔増田〕。当事者本人は，事実については手続代理人よりも事実を知っているとする。
38）金子・前掲注12）85頁。

なければならないという人事訴訟法20条後段の制約がつくことにより（手続代理人の陳述は取り消したはずにもかかわらず，裁判所が職権によって事実資料・証拠資料とする場合には，当該当事者の意見を聴かなければならない。），裁判所の応答義務が発生すると構成することも可能であろう[39]。

---

39）高田・前掲注10）103頁以下〔山本克己発言・畑瑞穂発言〕参照。

# 第12章

# 子の手続代理人

増 田 勝 久

## 第1 子の手続代理人の意義

　子の手続代理人は，調停・審判等の家事事件手続において，子のために手続を追行する者である。家事事件手続法は，子の職権による利害関係参加と手続代理人選任命令の組み合わせにより，子の手続代理人を裁判所が選任できることを可能にした。

　ここでいう子の手続代理人は，法文上は通常の手続代理人と何ら変わりはない。しかしながら，その運用や活動においては，紛争の渦中にある判断能力が未熟な未成年者の代理人であることを念頭に置く必要がある。

## 第2 子の手続代理人の法律上の根拠

　家事事件手続法は，一定の手続類型において未成年者の手続行為能力を認め，子が自ら手続に参加し，手続代理人を選任することを可能とした。しかしながら，一般的には子が自ら手続の意味を理解し，積極的に手続に参加することは困難であり，子自身の手続参加意思に関わらず，裁判所が子の利益を守るため，子の手続代理人を選任することが必要な場合がある。

　そこで，家事事件手続法は，23条により，手続行為能力を有する未成年者が手続行為をしようとする場合，必要があると認めるときは，申立てにより

269

第12章　子の手続代理人

裁判長が手続代理人を選任することができ，申立てがない場合でも職権により，裁判長が手続代理人の選任を命じ，又は手続代理人を選任することができるものとした。この場合の未成年者の手続上の地位は，当事者であると参加人（当事者参加人，利害関係参加人）であるとを問わない[1]。ここでの必要性は，自己の手続行為の効果について十分に判断する能力を有しない者の能力を補完する必要がある場合と解され，本人が未成年者の場合には原則として必要性を認めるべきである。

　さらに，利害関係参加については，未成年者の場合，係属中の家事手続に参加することにより自らの権利ないし利益を守るべき状況にあるにもかかわらず，判断能力が十分でないために自ら参加申立てをしないことも考えられるので，裁判所が相当と認めるときは，審判の結果により直接の影響を受ける者を職権により手続参加させることができるものとした（法42条3項）[2]。ここでの相当性は，家事手続に参加させることによって主張立証（意見表明）の機会を付与することについての相当性をいう。子が審判の結果により直接の影響を受ける場合としては，面会交流など子の監護に関する審判事件（法別表第2の3項），親権者の変更に関する審判事件（法別表第2の8項）などが考えられる。また，この利害関係参加に関する規定は，法258条により家事調停手続にも準用されているので，子の監護に関する処分の調停事件，親権者変更の調停事件のみならず，夫婦関係調整調停事件への利害関係参加も可能である。

　これらの根拠規定の組合せにより，家事審判手続及び家事調停手続において，裁判所が子の利益を守るため，子自身の積極的な申立てがなくても子の手続代理人を選任することが可能となった[3]。

---

1) 子が当事者ないし当事者参加人となる手続としては，親権喪失，親権停止，管理権喪失の審判（法別表第1の67項）が典型である。
2) 職権による当事者参加を定めた家事事件手続法41条2項は，対象を審判を受けるべき者となるべき者に限っており，子がこれに該当する場面は想定しづらい。
3) 人事訴訟法も同じ枠組みとなっているので，子が親権者の指定や面会交流の可否が問題になっている離婚訴訟に補助参加する場合にも，裁判長による訴訟代理人の選任を定めた人事訴訟法13条が適用されると解される（小田正二「東京家裁における家事事件手続法の運用について」判タ1396号38頁）。ただし，人事訴訟には利害関係人についての職権参加の制度はない。

# 第3 子の手続代理人制度の背景

　子の手続代理人制度は，このように従来の制度の組み合わせにより可能となったものではあるが，唐突に表れたものではなく，制度を必要とする背景を持つものであり，その解釈運用には，その背景の持つ意義を十分に考慮する必要がある。

## 1　子どもの意見表明権

　国際連合が採択し1990年に発効した児童の権利条約は，日本も批准し，1994年に国内的効力も生じているものであるが，同条約は，裁判所を含む公的機関が児童に関する措置をとる場合に主として考慮すべき事項を「児童の最善の利益」として（児童の権利条約3条1項），「子の最善の利益」を優先的に考慮すべき事項とし，児童は，自己に影響を及ぼすあらゆる司法上の手続において，「国内法の手続規則に合致する方法により直接にまたは代理人もしくは適当な団体を通じて聴取される機会を与えられる」（同条約12条2項）として，「子の意思の聴取」の制度的保障を国家機関に義務づけている。[4]

　離婚紛争，親権関係紛争などの家事事件は，子にとっては，その結果次第で生育環境が大きく変化し，新たな環境への適応を余儀なくされるものであるから，大きな利害関係を有している。しかしながら，裁判制度における直接の手続当事者は夫婦ないし夫婦であった者であり，従来の制度では子の意思を裁判所の判断の基礎資料とするために子の意見を聴取することは必ずしも保障されていなかったため，世界各国においても，裁判手続において子の最善の利益を図り，子の意思を何らかの方法で裁判手続に反映することが工夫されてきた。

　家事事件手続法は，児童の権利条約の要請に対応するものとして，[5] 65条を

---

4)「国内法の手続規則に合致する方法により」の文言は，各国の責務を定めたものであって，国内法で意見表明権を制約し得ることを示すものではない（国際連合児童の権利に関する委員会「GENERAL COMMENT NO.12～The right of the child to be heard」Paragraph 38）。

5) 家事事件手続法制定前の2004（平成16）年2月26日段階での国連児童の権利委員会の最終見解は，日本に対し，「条約第12条に鑑み，児童の意見の尊重を促進し，家庭，裁判所，行政組織，施設及び学校において，児童に影響を及ぼす全ての事項や政策策定へ

---

*271*

設け，親子，親権又は未成年後見に関する家事審判その他未成年者がその結果により影響を受ける家事審判手続（法258条により家事調停手続に準用）において，子の意思を把握するように努める義務，及び子の意思を考慮する義務を家庭裁判所に課した。[6] 子の手続代理人制度は，かかる裁判所からのアプローチと一対をなすものであり，子から能動的積極的に意見を表明する場合に必要な手段となる。

## 2 親権の二面性

かつて親権は，家父長制の下で親が子を国家や第三者から保護するとともに支配する権能と考えられていたが，現代においては，権利義務の集合体とされており，実体法的には，むしろ義務的色彩の強いものとされ，子に対する関係では義務的な側面が強調される。平成23（2011）年に改正された民法820条は，「親権を行う者は，子の利益のために子の監護及び教育をする権利を有し，義務を負う。」として，親権が権利義務の集合体であるとともに，子の利益のための権利であることを明文で認めた。

このように親権が子との関係では義務的色彩の強いものである以上，権利者である子の意思と無関係に親が親権を処分することについての疑問が生じる。離婚の際に親権者を父母の協議のみで定めることができるとする民法819条，子の監護に関する事項について父母の協議により定めるとする民法766条，離婚後の親権者の変更を父母の調停合意によりなし得るとする法別表第2の8項などは，今日においては立法的妥当性自体に疑問があり，手続的運用としては，義務の帰属者・履行者や義務履行の態様について，権利者である子の意思の把握が積極的になされるべき類型である。

## 3 手続保障

民事訴訟法上は，当事者適格を有しない者であっても紛争に直接の利害関係を持つ者は，補助参加（民訴42条）の方法により訴訟に参加することがで

---

の児童の参加を円滑にすること，又，児童がこの権利を認識するよう確保すること」を勧告している（外務省ホームページhttp://www.mofa.go.jp/mofaj/gaiko/jido/0402/pdfs/0402_j.pdf）。
6) 金子修編著『逐条解説家事事件手続法』（商事法務，2013年）222頁。

きる。親権や監護権が争われている場合の子は，その裁判の結果に重大な利害関係を持つ者であるから，手続に関与し，その審理過程で意見を述べる機会が制度として保障されるべきである。この場合に，判断能力が不十分な未成年者については，積極的に参加する場合以外でも，実質的な手続保障が必要となる。

したがって，かかる手続法的な見地からも，子の手続参加は積極的に認められるべきである。

# 第4 諸外国の類似の制度

## 1 ドイツ[7]

ドイツは，子の身上に関する手続において子の意思を代弁する者として，1997年の親子関係法改正により手続保護人（Verfahrensfleger）制度を創設し，2008年成立の「家庭事件及び非訟事件の手続に関する法律」（FamFG）においてこれを発展させて手続補佐人（Verfahrensbeistand）とした。手続補佐人は裁判所が選任し，裁判所において報酬が決定されるが，独立の機関であって，誰からも監督を受けない。その役割は子の利益を確認し，裁判手続において主張することにあるが，手続の現状や見通しを子に知らせる義務を負うとされる。手続保護人は，客観的な子の福祉ではなく，子の主観的意思を代弁するのが特徴であるとされていたが，これは，立法の際に青少年局[8]の役割とあえて差別化を図ったものと考えられるところ，現行法の手続補佐人は「代弁者的機能」と「福祉的機能」の双方の機能を有するものとされ，子の法定代理人ではないことが明文化された。[9]

---

7) ドイツの制度についての詳細は，佐々木健「ドイツにおける手続上の子どもの代理人」戸時676号12頁以下。

8) ドイツには日本の家庭裁判所調査官のような制度はなく，裁判所は行政機関である青少年局に調査を嘱託し，報告を受ける。青少年局は，心理学や社会学を学んだ公務員により構成されており，国家機関の立場から子の客観的利益を実現する方向での調査を行う。増田勝久「ドイツ2」財団法人日弁連法務研究財団離婚後の子どもの親権及び監護に関する比較法的研究会編『子どもの福祉と共同親権』（日本加除出版，2007年）159頁。

9) ミヒャエル・ケスター，渡辺惺之訳「ドイツ家事手続法改正案の基本的特徴」立命館法学308号207頁。

*273*

第12章　子の手続代理人

　手続補佐人が選任される場合は，手続保護人当時より拡張された。かつて
は，法定代理人との間に著しい利害相反がある場合，危険回避のため必要な
場合，監護者からの引き離し事件など子の重大な利害に関わる案件を中心に
考えられていたが，現行法では，交流権の排除又は重大な制限が必要な場合
などに拡張され（FamFG158条(2)5等），実務上の利用も増加している。選任
されれば，親のいないところで子と面談し，子の意思についての報告書を作
成するほか，法廷における子の意見聴取のための準備・サポート，意見聴取
への同席，子の立場での主張立証などを行い，独立の上訴権もある。子に対
し，裁判手続の現状を説明し，裁判後はその内容の説明も行う。資格に制限
はなく，実際には，弁護士のほか，心理学・教育学・社会学などを修めた者
で，研修を受けた者から選任される。

　また，手続保護人制度新設当時は予定されていなかったことであるが，手
続保護人が参加することにより和解が促進されるという副次的効果が明らか
になり，現行法では裁判所が手続補佐人に和解に協力することを委任できる
旨明文化された。[10]

# 2　オーストラリア[11]

　オーストラリアにおいては，訴訟手続において「子の最善の利益」[12]の見
地からの主張立証を行う目的で，子ども代理人（Independent children's

---

10）筆者は，日弁連法務研究財団の研究会の一員として，2006年9月にデュッセルドルフ
　　区裁判所家庭部のツィーゲンバイン最上席裁判官にインタビューしたが，「当初自分は
　　手続保護人の選任に消極的だったが，積極的に選任していた同僚の裁判官のところで和
　　解ができるのを見て，考えが変わった。両親が子どもの考えを知り，子どもの利益を真
　　剣に考えることによって和解が成立することが増え，よかったと思う」と語っていたの
　　が印象的であった。前掲注8）162頁。
11）オーストラリアの制度についての詳細は，倉持政勝・本坊憲緯子「オーストラリアに
　　おける子どもの独立弁護士（ICL）について」日本弁護士連合会家事法制委員会編『家
　　事事件における子どもの地位』（日本加除出版，2010年）43頁以下。
12）オーストラリアでは，「子の最善の利益」が明文化されているのが特徴的である。最優
　　先の判断事項は，「父母との有意義な関係を有することによる子の利益」と「子を虐
　　待・ネグレクト・家庭内暴力を受ける，または目撃することによる心身の危険から保護
　　する必要性」であり，付加的な事由として，「子の意見」「子の父母及び祖父母等第三者
　　との関係の実質」「父母における，子と他方親との親密で継続的な関係の支援促進に対
　　する意欲・能力」「同居家族との別離等の環境の変化が子に及ぼし得る影響」等が挙げ
　　られている（Family Law Act 1975，60条CC）。

274

lawyer）が弁護士から選任される。実際には，裁判所が子ども代理人の選任の必要性を認めた場合，リーガル・エイドに推薦を依頼し，リーガル・エイドが，家族法の実務経験につき一定の要件を満たし，かつ所定の研修を受けた弁護士の中から推薦する。ドイツと同じく，誰の監督も受けない独立の機関である。

選任された子ども代理人は，子どもと面会し，自らの役割を説明するとともに，子どもから見た問題点の把握に努める。訴訟手続においては，「子の最善の利益」の見地から，意見書の提出，関係者に対する文書提出請求，教師・医師などの証人尋問など主張立証活動を行うほか，当事者代理人と協議し，和解のサポートを行う。その結果，実際には判決に至るよりも和解で解決する事案が多いとのことである。

# 3  その他

アメリカ[13]では州によって制度が異なるが，各州において裁判所が子どもに訴訟後見人（Guardian ad litem）を選任することが認められている。家族事件においては，弁護士を選任する州が多いようである。その役割は，上記各国と同様，子どもと面会して状況の説明を行い，証拠収集，主張立証などを行う。面会交流など一定の手続の申立権，上訴権もある。また，子の訴訟後見人とは別に子どもの利益の代理人を認める州もある。

イギリスにおいては，児童・家族裁判所諮問・支援サービス（CAFCASS＝Children and Family Court Advisory and Support Service）が，子どもの代理人である訴訟後見人（Guardian ad litem）の業務と裁判所からの要請で報告書を提出する調査官的業務を，それぞれ異なるセクションで行っているようである。[14]

ニュージーランド[15]においても，子の面会交流等の監護紛争において，メディエーションによる解決がなされなかった場合には，裁判所が子どもの代

---

13）アメリカの制度については，山口亮子「アメリカにおける子どもの代理人制度」判タ1208号33頁以下。
14）南方暁「イギリスの家事事件処理手続と担い手の構成」家族〈社会と法〉21号55頁以下。
15）ニュージーランドの制度については，梅澤彩「ニュージーランドにおける子どもの代理人制度」戸時676号20頁以下。

第12章　子の手続代理人

理人（lawyer for the child）を選任し，子どもの代理人は，裁判手続の全行程に参加するとともに，子への手続説明，子の利益と福祉の立場からの主張立証等を行う。

## 第5　子の手続代理人の法的性格

### 1　手続代理人

　子の手続代理人の根拠規定は家事事件手続法23条である。その法的性格は，解釈論としては代理人であり，その権限も通常の手続代理人と異ならない。

　手続代理人は，手続を追行するための包括的代理権を持つ代理人であり（法24条3項），代理権の範囲を制限することはできない。裁判長が選任した手続代理人も，権限の範囲は本人から委任を受けた手続代理人と同一である。したがって，特別委任事項（法24条2項）については，本人から特別の委任を受ける必要がある。

　立法過程においては，「子の代理人」の基本的な性格をどのように設定するか，議論があった。この点は，より根本的には，子の代理人は，子の主観的利益を代弁する者か，子の客観的な最善の利益を主張する者か，という問題に関わる。主観的利益と客観的利益は，多くの場合結論において一致するが，例えば「虐待を受けているにもかかわらず，子はその親の元にいたい」と思う場合があり，一致しない場合もある。

　これを法的な性格づけに引き直すと，主観的利益の代弁者であれば代理人，客観的利益を追求するのであれば法定訴訟担当の一定型である職務上の当事者と親和性がある。資格については，前者であれば弁護士に限られ，後者であれば事案によってそれ以外からの選任もあり得ることとなろう。

　結果的に，法的性格については，代理人とすることで決着を見た。これは，法定訴訟担当とするには，その基礎となる実体的権限が必要であるが，手続法の改正の枠内で実体的権限の創設は困難であったこと，できる限り従来からある法の枠組みの中での手法をとった方が実務として使いやすいこと，というもっぱら技術的な理由による。手続代理人の活動については後述するが，単なる代弁者を超えて，児童の権利条約12条2項の子の意見表明権を実質的

に保障するためにどのように行動すべきかの判断は，解釈と行動指針に委ねられた。

## 2 本人の手続行為能力

手続代理人は，手続行為能力を有する本人の不十分な手続追行能力を補充するものであるから，本人が手続行為能力を欠く場合には適用はない。家事事件手続法は，未成年者の手続行為能力を原則的に否定しつつ（法17条1項，民訴31条），以下の類型について例外を設けており，これらの事件については，意思能力がある限り，手続行為能力が認められ，子の手続代理人の選任が可能となる。意思能力を欠く未成年者については，特別代理人選任（法19条）の問題となる。[16)]

① 子の監護に関する処分の審判事件（財産上の給付を求めるものを除く）及びこれを本案とする保全処分についての審判事件（法151条2号）

② 特別養子縁組の離縁の審判事件及びこれを本案とする保全処分についての審判事件（法165条2項）

③ 親権に関する審判事件（法168条。親権喪失，親権停止又は管理権喪失の審判事件，親権者の指定又は変更の審判事件については，これらを本案とする保全処分についての審判事件を含む）

④ 未成年後見に関する審判事件のうち，(a)養子の離縁後に未成年後見人となるべき者の選任の審判事件，(b)未成年後見人の選任の審判事件，(c)未成年後見人の解任の審判事件（これを本案とする保全処分についての審判事件を含む），(d)未成年後見監督人の選任の審判事件，(e)未成年後見監督人の解任の審判事件（これを本案とする保全処分についての審判事件を含む），(f)未成年後見人に関する特別代理人の選任の審判事件，(g)未成年後見の事務の監督の審判事件，(h)第三者が未成年被後見人に与えた財産の管理に関する処分の審判事件（法177条）

⑤ 児童福祉法に規定する都道府県の措置についての承認の審判事件（これを本案とする保全処分についての審判事件を含む）及び都道府県の措置

---

16) 高田裕成編著『家事事件手続法』（有斐閣，2014年）88頁〔山本克己発言〕は，特別代理人の活用可能性を示唆する。

第12章　子の手続代理人

の期間の更新についての承認の審判事件（法235条）

⑥　調停事件のうち，(a)子の監護に関する処分の調停事件（財産上の給付を求めるものを除く），(b)養子の離縁後に親権者となるべき者の指定の調停事件，(c)親権者の指定又は変更の調停事件，(d)人事訴訟を提起することのできる事項についての調停事件（法252条1項2号～5号）

　なお，親権者又は後見人は，未成年者が手続行為能力を有する場合でも，未成年者を代理して手続行為をすることができる（法18条）。

　この場合に，未成年者と法定代理人の手続行為とが矛盾抵触する場合の効力が問題となるが，原則として手続行為能力を有しない未成年者に特に手続行為能力を付与したのは，当該類型については特に子自身の意思決定ないし意思の尊重が重要であることによるものであること，子の手続代理人が選任される場合の一つとして，法定代理人との実質的な利益相反事例が想定されていること，家事事件手続法42条5項により子の参加申立てを却下すべき場合として親権者が自己の意思に沿った主張をすることを期待して子の参加を促す場合が想定されていることから，未成年者の手続行為の効力を優先すべきであろう。[17)] [18)]

## 3 資　格

　弁護士に限られる（法23条）。手続代理人として主張立証などの手続行為をなすことが予定されているからである。

---

17) 保佐人又は補助人が訴訟行為について法定代理人となる場合に，本人である被保佐人又は被補助人の訴訟行為と矛盾抵触した時，法定代理人たる保佐人等の行為を優先させるべきであるとする考え方がある（伊藤眞『民事訴訟法〔第4版〕』（有斐閣，2011年）141頁）。しかしながら，その理由とされる，法定代理権の付与が本人の請求又は同意に基づいていること（民876条の4第1項，2項，876条の9第1項，2項），本人には十分な訴訟追行能力が期待できないこと，あるいは本人が自ら訴訟行為を行おうとする時には代理権付与審判の取消しを求めることができること（民876条の4第3項，876条の9第2項）などは，いずれも未成年者には妥当しない。もともと保佐や補助において訴訟行為についての法定代理権が付与される場合は，もっぱら本人の訴訟追行能力を補う必要によるものであり，保佐人等と本人との間の利益相反は予定されていないものであるから，親権者と未成年者の場合とは，場面が異なる。
18) 成年被後見人と後見人との間でも同様の問題は起こり得る。成年被後見人は事理弁識能力を欠く常況にある（民7条）ことを考慮すると，後見人の手続行為を優先させるべきであると考えられるが，これも，ひとたび意思能力が認められれば，通常はそれを喪失することのない未成年者の場合とは，場面が異なる。

## 4 裁判所との関係

手続代理人であるから，本人の利益のために手続を追行し，本人に効果が帰属するものであって，裁判長により選任された者であっても，裁判所の監督を受けず，裁判所に対し法律上の責任を負うものではない。

手続代理人の報酬の額は，裁判長が決定する（法23条3項）。報酬は手続費用となるので（民訴費2条10号），原則として各自の負担であるが（法28条1項），もともと未成年者には資力がないのが一般であることから，裁判所は，家事事件手続法28条2項を適用して，当事者である両親等に負担させることが可能である。

# 第6 子の手続参加の制限

家庭裁判所は，未成年者が利害関係参加しようとする場合において，その者の年齢及び発達の程度その他一切の事情を考慮してその者が当該家事審判の手続に参加することがその者の利益を害すると認めるときは，参加の申出又は参加の許可の申立てを却下しなければならない（法42条5項）。

ここで子の利益を害する場合とは，父母の対立が非常に激しいため，手続に参加することで子がその対立に巻き込まれ，親への忠誠葛藤が増幅するおそれがある場合や，親の一方との対立が修復不可能な程度にまで損ないかねないような場合とされる[19]。ただ，子が手続の意味を十分に理解し，自らの判断で意見を表明することを望んで参加の申出ないし参加の申立てをしている以上，原則としてその判断は尊重されるべきであり，特に手続代理人を自ら選任している場合には，子の利益については手続代理人が保護することが期待できるから，却下の判断には慎重であるべきである。これに対し，未成年者が参加の申出等をしているが，明らかにその背後で親権者等が自己の意見を代弁させるために参加の申出等をさせているような場合は，却下すべき場合の典型例とされる[20]。

---

19) 金子・前掲注6）141頁。
20) 高田・前掲注16）95頁。金子・前掲注6）142頁。

第12章　子の手続代理人

　なお，家事事件手続法42条5項で利害関係参加が制限される場合に，同条
3項の職権参加が認められるか否かは，議論がある。この点は，利害関係参
加と子の手続代理人の選任との関係をどのように考えるか，子の手続代理人
の役割いかんなどに関わる問題であるが，職権により参加させた子の手続代
理人を裁判長が選任することによって子の利益を保護することは可能である
から，理論的には必ずしも否定すべきではないと考えられる[21]。

# 第7 子の手続代理人の選任が適切な事件

## 1 家庭裁判所調査官との役割分担

　家事事件手続法は，子の利益のために働く機関として，子の手続代理人と
ともに，家庭裁判所調査官を想定している。子の手続代理人の選任が相当な
事案を検討するにあたっては，子の手続代理人と家庭裁判所調査官との性
格・機能の相違を検討する必要がある。

　立法過程においても，子の代理人の活動と家庭裁判所調査官のそれとの重
複が，制度に対する疑問として提起されていた。ドイツなどとは異なり，家
庭裁判所の中に調査機関があり，裁判所が自ら調査をしつつ後見的考慮をし
ながら手続を進めていく構造を採っている日本では，子の代理人は不要では
ないか，という疑問である。

　ただ，家庭裁判所調査官はあくまで裁判所の機関であり，子の立場ではな
く裁判所という判断者の補助として子の客観的利益についての判断材料を裁
判所に提供する役割であって，その活動には，以下のような内在的な限界を
指摘することができる。

### (1) 司法機関としての限界

　司法作用は提起された具体的な紛争の解決を目的とする作用であり，子の
利益のためにあるべき家庭環境の形成を目的とするものではない。

---

21）金子・前掲注6）142頁は反対。

## (2) 調査目的による限界

家庭裁判所調査官による調査は審判に供する基礎資料の収集を目的とする。当事者が両親である紛争においては，親権者や面会交流などの事件の争点について，両親の間で法的な決着をつけることが調査の目的となり，子の意思はその判断に必要な範囲で調査されることにならざるを得ない。それゆえ当事者である両親の対立の大きさと調査の質及び量は比例するので，対立が表面上それほど深刻でない場合には，子に対する直接の面談などは行われない傾向にある。子どもは調査の客体であり，調査の時点で子どもにどの程度の情報を与えるべきかは，基本的に審判資料の作成のために有益か否か，という見地から判断される。子どもの側から聞きたいことを積極的に聴くことや，積極的に裁判所に対する意思の伝達を求めることもできない。

## (3) 公平性，中立性による限界

裁判所の機関には，紛争当事者に対する中立性，公平性が要求される。このため，家庭裁判所調査官は，調査結果を当事者に示して当事者の合意による解決を促すことはできるが，手続の見通し，結果の見通しを踏まえた判断や助言は，公平中立性を損なうのですることができず，判断権者でもないので，いわゆる心証を開示した調停の勧試もできない。

家庭裁判所は，家事事件手続法65条の要請を受けて，現在，親権，面会交流などが問題になる事案では，早期から家庭裁判所調査官を関与させ，積極的に子に関する情報を収集し，子の最善の利益について当事者である両親に説明する運用を行っている。しかしながら，司法機関としての性格を維持することや，公平中立性を厳守することは，裁判所の使命であり，これに反する調査活動はできない。また，現実にも，子との直接の接触は，裁判所から見た必要最小限にとどまっており，複数回の面談がなされることは稀である。

一方，これに対し，子の手続代理人は，裁判所から独立した地位を有するので，子に手続の現状に関する情報を制約なく与えることができ，子との自由なコミュニケーションの中で意見を聴取することが可能になる。子から質問をしたり，自発的に意思を伝えることが可能である。また，審判の経過，専門家としての見通しを踏まえた助言などができ，監護に関する紛争については，将来の審判を予測した上での和解・調停案の作成や提言も期待できる。

第12章　子の手続代理人

したがって，両者は相対立するものではなく，役割が異なるものとしてとらえるべきであり，個別の事案においていずれが適切であるかを選択的に判断するのではなく，両者がそれぞれの役割を果たすことによって，子の利益に沿った合理的な結果を導くことが可能となる[22]。

## 2 適切な事件類型

子が自ら意思表明をすることが特に必要な事件類型は，親権・監護権に関する事件，及び子の生育環境が変わる可能性のある事件である。親権・監護権に関する事件では，子の養育者の適性が問題となり，現在子を監護している親と子との間に，少なくとも潜在的には利益相反関係が生じている。子の生育環境が変わる可能性のある事件では，住環境のみならず，学校，友人関係など子を取り巻く社会的環境が大きく変化する可能性があり，特に子の利害に重大な影響があるから，子の意見を聴くことが必要不可欠であると考える。少なくとも自分が何も意見を言えないままに引っ越しを強制され，他の親のところへ連れて行かれるようなことは，子の納得がない点でも心理的ダメージを与えるおそれがあり，避けるべきである。

## 3 有用な事案

日弁連では，子の手続代理人を選任することが有用な事案の類型をまとめ，2015（平成27）年7月，これを各地の弁護士会に対して送付した。最高裁判所事務総局家庭局も，これを受けて，これを各家庭裁判所に通知した。そこでは，事件類型ではなく，個別事案の特性による分類がなされている。以下，①～⑥の項目は，日本弁護士連合会「子どもの手続代理人の役割と同制度の利用が有用な事案の類型」を引用する。

① 事件を申し立て，又は手続に参加した子どもが，自ら手続行為をすることが実質的に困難であり，その手続追行上の利益を実効的なものとする必要がある事案

---

22) オーストラリアでは，監護権紛争を含む訴訟において，子どもの代理人である弁護士（ICL）が選任されるのが一般的であり，これとは別に裁判所の機関であるファミリー・コンサルタントが裁判所に調査報告書を提出するが，両者は役割を異にし，相対立するものとはとらえられていない。

282

② 子どもの言動が対応者や場面によって異なると思われる事案

子の忠誠葛藤や意思の変遷が見られるような場合である。

同程度の強さの複数の欲求について，いずれかを選択するのがよいか
わからなくなる状態を葛藤という。子は，紛争状態にある父と母のいず
れかの愛しか得られないと思い込むと，葛藤に陥る。葛藤状態にある子
は，面会交流の際には監護親に対する不満を述べ，一方で帰宅後は監護
親に面会交流の結果を楽しくなかったと伝えたりすることもある[23]。この
ような場合に，両親が葛藤状態にある子の言動を子の意思として主張す
ることが続くと，両親の間の子の意思についての認識の離齬が拡大し，
結果的に面会交流を阻害することが考えられ，子の最善の利益に反する
結果となりうる。

また，面接者によって，あるいは面接者がどのように自分の立場や面
接の目的を子に伝え，どのような話し方をしたかによって，あるいは面
接の場所や子との接し方によっても子の言動は変化する。数週間，数ヶ
月といった短い期間の時的要素においても，変化することがある[24]。

子の手続代理人は，主張立証の準備のため，子と直接接触する機会が
多く，調査面接，試行的面会交流に立ち会う機会もあり，信頼関係の下
で子の言動の変化を継続的に観察することもできることから，そのよう
な事案は子の手続代理人を選任するのが極めて有用な事案である。また，
このような事案では，子の言動が両親それぞれに対するもので異なるた
め，両親が子の意思について共通認識を有していることが少ないであろ
うから，子の手続代理人が両親に子の意思を伝えることによって，和
解・調停の成立を促進することが期待される類型である。

---

23) 東京高決平成25年7月3日判夕1393号233頁の事案では，未成年者は調査官の調査時に
は父親との楽しい思い出を話し，父親が会いたいといったらどうするかとの問いに対し，
「がんばっていく」と答えたのを，その夜になって監護親である母親に対し，会いたい
といったことを取り消したいと伝え，母親にしがみつき，そばにいてほしいとせがんで
泣いたりした，とのことである。
24) 前掲注23) の裁判例の事案では，小学1年生である子が，7月から8月にかけての家
庭裁判所調査官の調査と12月からの調査において，異なる言動を示した。もっとも，こ
の事案では7，8月の調査時には調査官が身分や家庭裁判所の調査であることを告げて
いないため，実験のような条件統制がなされておらず，何が要因であるかは特定できな
い。

第12章　子の手続代理人

③　家庭裁判所調査官による調査の実施ができない事案

　　監護親，あるいは子が面接調査を拒否する場合が典型例である。

　　子が調査を拒否する場合は，家庭裁判所の調査に応じること自体が忠誠葛藤につながっていることがある。子の手続代理人は，家庭裁判所調査官とは異なり，子の意思を伝える代理人としての役割を担っているから，子にその役割を説明することにより面接が可能になる場合もあると考えられる。監護親が調査を拒否する場合には困難な問題もあるが，子の手続代理人が民間人である特性を生かして，何らかの形で子と直接接触する方法を工夫することも必要であろう。

　　直接の面談が不可能な場合にも，子の手続代理人として，子の最善の利益を追求するため，学校など周囲の環境の調査を通じて，子に関する情報を収集し，監護親との認識の共有につなげることも不可能ではないと考えられる。

④　子どもの意思に反した結論が見込まれるなど，子どもに対する踏み込んだ情報提供や相談に乗ることが必要と思われる事案

　　子が面会交流を望んでいないが，客観的には面会交流をすることが望ましいと考えられる事案，あるいは子が望んでいる現在の監護状態の継続が子の最善の利益に適合しないと考えられる事案など，審判になれば結論が子の主観的意思に反する見込みが大きい事案である。

　　このような事案は，予想される結論を事前に子どもに説明し，その後の対応策の検討が可能である点で，まさに家庭裁判所調査官ができないことを可能とする子の手続代理人の選任が適切な事案である。

⑤　子どもの利益に適う合意による解決を促進するために，子どもの立場からの提案が有益であると思われる事案

　　両親に子の最善の利益についての理解が十分でなく，今後の監護についての具体的な構想を示せない事案，子が突発的に非監護親の元へ向かい，帰宅を拒否するなど緊急的に子の意思を確認した上で何らかの方策の立案が必要な事案，調停による解決案につき，子の納得が得られない事案などである。

　　このような事案では，子の側からの積極的な解決策の提案が必要であるから，まさに子の不十分な能力を補完する者としての子の手続代理人

の活動が有用な事案である。子のみならず，父母も離別といった場面は
それほど経験するものではなく，心理的な混乱を来したり，子に対して
まで考えが行き届かないケースが散見される。そのような場合に，今後
の養育計画を具体的に提案し，和解・調停へ向けた説得を行う子の手続
代理人の存在は有用である。

⑥　その他子どもの手続代理人を選任しなければ手続に関連した子どもの
利益が十分確保されないおそれがある事案

　　監護親による虐待がある事案を含め，親権者と子との間に実質的な利
益相反がある事案では，全て子の手続代理人の選任が有益であると考え
られるのであり，つねに子の手続代理人の選任を念頭に置くべきであろ
う。

# 第8 子の手続代理人の活動

## 1 総 説

　子の手続代理人は，基本的には子の主観的利益の実現をめざして行動する
者，ということになる。しかしながら，一方で，子の手続代理人が，児童の
権利条約12条2項の子の意見表明権を実質的に保障するためには，少なくと
も行動指針としては，同条約3条1項が主たる考慮要素とする子の最善の利
益の実現をもめざすことになる。通常の訴訟代理人ないし手続代理人であっ
ても，弁護士が代理する場合には，善管注意義務と職業倫理の観点から，本
人の意思を単に裁判所に伝達するものではなく，本人の客観的利益を考慮し
つつ手続を追行するものであり，まして本人が判断能力の未熟な未成年者で
あるばかりでなく，紛争の渦中にあって多くは矛盾葛藤を抱えているのであ
るから，本人の意思の把握自体にも慎重な手法をとるべきであるし，期日等
においても，本人の主観的意思が「子の最善の利益」，すなわち客観的利益
と合致するのか否か，慎重に判断した上で主張立証をなすべきである。

　このことは，子から選任された手続代理人と裁判長により選任された手続
代理人とで変わるところはない。しかしながら，手続に関わる順序には，選
任方法による差があり，以下ではこの点を考慮しつつ，基本的には裁判長に

第12章　子の手続代理人

より選任された手続代理人の活動を中心に述べる。

## 2　記録の閲覧・謄写

　子がすでに当事者又は参加人として手続に関与している場合には，子の手続代理人は，当事者又は参加人の代理人であるから，家事事件手続法47条4項所定の除外事由がない限り，裁判所の許可の下に記録の閲覧・謄写ができる（法47条1項，3項，41条1項，42条7項）。しかしながら，子が参加する前に子から選任された場合には，利害関係を疎明した第三者の代理人にすぎないから，記録の閲覧・謄写は裁判所が相当と認めるときに，その裁量的許可により，可能となる（法47条5項）。

　記録の閲覧・謄写は，参加の適否を判断するため重要であり，裁判所としても，手続参加の機会の保障の見地から積極的に許可すべきと考える。

## 3　子どもとの面会

　裁判長により選任された手続代理人にとって，子との初回の面会は重要である。両親が紛争状態にある子であるから，内心に葛藤を抱えていることが多く，大人への不信感を抱いている場合も少なくない。手続代理人が子の意思を把握するためには，まず，子の発達状況と能力を把握し，子との信頼関係を形成することからはじめる必要がある。この意味で，最初は受容的な聞き役として，子に語らせることが重要である。

　まず，子に対しては自らの地位と役割をわかりやすく説明することが必要であろう。法律の専門家であること，子の利益のために行動すること，子の気持ちを裁判所に伝える役割ではあるが，あくまで子の立場に立って相談した上で行うこと，などである。

　紛争の現状と裁判所で行われている手続の現況についても，理解できるように伝えなければならない。例えば親権や監護権に関する紛争では，父母が何を争い，どんな主張をしているのか，裁判所はどのように考えているのか，といったことである。

　子の主張の意味と，それが実際にもたらす効果が必ずしも決定的に働くものではないことを説明することが必要である。子を忠誠葛藤から解放し，できる限り妥当な結論を出すためには裁判所にありのままを伝えることが重要

であることを認識させる意味がある。

子との面会の場所は，最初は日常的に子が生活している場所が望ましいが，監護親の影響を排除する必要がある。子の年齢や発達段階にもよるが，信頼関係が形成されてくれば，通常の依頼者と同様，事務所での面会でも差し支えないと考える。

子に対する質問は，性急に回答を求めることは避け，できる限り多くの情報を取得するよう努めるべきである[25]。

手続代理人の場合，家庭裁判所調査官とは異なり，面談が１度ということはむしろ少ないと考えられる。手続係属中は，子からの相談に応じ，手続の進行に応じて随時面談し，終盤になれば，結果の見通しや，今後の生活に関する助言・協議も行うこととなろう。

なお，守秘義務に関しては，困難な問題がある。守秘義務を厳格に解すると，子の客観的利益に反する事実についても，子の承諾を得ない限り手続の中で主張できず，子の利益を守れない結果になることがあり得る。難しい問題であるが，独立の機関でなく，手続代理人としての地位を前提とする限り，子との信頼関係を基礎とすることは否定できないから，粘り強く子を説得するということであろう。

## 4　裁判所・家庭裁判所調査官との面談・協議

手続代理人という立場であれば，本来は手続外での接触は控えるべきとも考えられるが，子の手続代理人が子の最善の利益の擁護者であるとの客観的立場をも併存的に承認するならば，子が当事者でない場合には，事件に関する見方，子の意思の把握，紛争解決の方向性などについて，家庭裁判所調査官との意見交換をすることも有益であろう。ただ，当事者に対する手続保障の見地からは，当事者に意見交換の内容がわかるよう何らかの方法で記録化されることが望ましい。この点は子の手続代理人の役割論を超えて，家事事

---

25) 日本弁護士連合会子どもの権利委員会「子どもの手続代理人マニュアル〔第３版〕」22頁は，子からの聴取における注意点として，①わかりやすい表現を用いる，②事実の確認の場面ではオープンクエスチョンを用いる，③子どもの答えをじっくり待つ，④父母の選択を迫る質問はしない，⑤子どもがすでに語ったことを，殊更にまとめない，⑥「なぜ？」という質問は避ける，⑦性的虐待の告白を受けたときは，詳細は聞かない，とする。

第12章　子の手続代理人

件手続の構造論に関係する問題をも含んでいる。

## 5　学校・医療関係者との面談・協議

子の学校での行動に関する調査，子が何らかの疾患を抱えている場合の医療関係者への調査は，重要な活動の一つである。子の現況を確認するとともに，教員，医師らとの協議によりありうべき解決の方向性を検討し，場合によっては子に対する支援を求める活動が考えられる。これらの関係者には審判手続等に提出する証拠資料の作成を求めることもあり得る。

## 6　当事者との面談・協議

当事者とは手続の中では対立関係にあるが，同時に，それが両親等の場合は，審判手続等の結果にかかわらず，手続終了後も子の養育に責任を負う者であるので，子の手続代理人としては，できる限り友好的な関係を保つべきである。対立当事者であることから，当事者の手続代理人の承諾が必要ではあるが，両親は，通常は現在に至る子の生育歴を最もよく知る者であり，重要な情報源であるから，可能であれば直接面談することが望ましい。

## 7　主張立証

手続代理人としては，子の意思，意見を主張として提出し，審判手続における審問期日，調停期日などの期日に出頭して，子のための手続行為を行うことは，最も基本的な任務である。そのためには，通常の手続代理人と同様に，証拠資料の収集，関係者からの聴取などを行う。子の意思は，主張としてのみならず，子からの聴取報告書を証拠として提出することも考えられる[26]。

子の主観的意思と子の客観的利益とが矛盾抵触する場合に，子の主観的意思を主張することはもちろんであるが，手続代理人が考える子の客観的利益を合わせ主張することは，子の手続代理人制度の趣旨とその背景から見て，何ら差し支えないものと考える。

---

26)　日弁連・前掲注25）25頁は，子どもの意思が誘導によって導き出されたものでないことを父母に示すことができること，面談時には重要とは思っていなかった言葉に後に重要性が見いだされることもあることなどを理由に，逐語的な形の聴取報告書の提出を勧奨している。

288

第8　子の手続代理人の活動

　子本人が陳述聴取において意見を述べる場合（法152条2項，169条1項2項），事実の調査等において陳述する場合には，子と十分に事前にその内容について協議することはもちろん，陳述を行う環境について，裁判所との事前協議をすることが必要となる場合もあり得る。なお，子が当事者でない場合の陳述聴取は，かりに利害関係参加人であったとしても，家事事件手続法68条，69条の適用がないので，必ずしも審問期日において行われる必要はなく，当事者の立会権も保障されていない[27]。これに対し，当事者の陳述聴取には，家事事件手続法69条ただし書に該当しない限り，利害関係人の立会権が保障されている。

## 8　紛争解決へ向けた調整

　子の手続代理人制度と類似の制度をすでに採用している諸外国では，和解等による紛争解決へ向けた関係者間，特に両親との間の調整活動が，制度の実務上の効用として高く評価されている。両親が子の意思や意見を知り，子についての共通認識を形成することは，子に対する考え方を再考する機会となり，将来へ向けた解決を志向する方向に動く契機となる。

　特に子の監護に関する事件は，子が成長するまで長期にわたる生活環境の形成に係わるものであるから，審判での解決よりも，当事者の納得を踏まえた調停での和解的解決が望ましい。子の手続代理人としては，子の意思を両当事者ないしその手続代理人に伝えるとともに，和解的解決へ向けた交渉を行い，子の利益となるような解決をめざすべきである。

## 9　審判後の活動

　審判がなされた後は，審判の結果及びその理由とその結論に至った経過を子にわかりやすく説明し，生活面を含めた対応を協議することになる。

　なお，子の監護に関する審判事件については子に即時抗告権は認められていないが，親権喪失，親権停止，管理権喪失に関する審判事件等については即時抗告権があるので（法172条1項1号～6号等），審判について子に不服がある場合には，その行使の適否についても協議すべきである。

---

27）高田・前掲注16）227頁。

第12章　子の手続代理人

# 第9 実務運用と残された課題

## 1　子の手続代理人の選任件数

　平成25年1月に家事事件手続法が施行され，それなりの年月が経過したが，裁判長による子の手続代理人の選任件数は4年半の間で60件程度とみられる。

　その原因としては，子の手続代理人制度についての理解，特に有用な類型についての理解が家庭裁判所に浸透していないこと，家庭裁判所調査官との違いに関する認識が十分でないことなどが考えられる。日本弁護士連合会では，2015（平成27）年7月，前記の通り，子の手続代理人を選任することが有用な事案の類型をまとめ，この類型については最高裁判所事務総局家庭局も，各家庭裁判所に通知していることから，今後は各地での協議が活発化するものと考えられ，その成果が期待される。

## 2　選任手続

　未成年者が自ら手続代理人を選任する場合には，委任契約を締結しなければならず，それが有償契約であるために実体法上は取り消し得べき行為となる（民5条）。このため，実際上は，選任に際し父母の同意を得ないと手続代理人の地位が不安定となる[28] これを避ける知恵として，事実上は未成年者が選んだ弁護士を裁判長が家事事件手続法23条により選任するという実務運用が行われている。

　この運用は，いかにも変則的であり，後に述べる報酬の問題とともに，本来は総合法律支援法の枠組みの中で解決すべきものであろう。

## 3　手続行為能力

　「子の代理人」について手続代理という枠組みを用いることにはそれなりの意味があったが，このために本人に手続行為能力が必要とされ，その結果として，意思能力という極めて不明確な基準が問題とされることとなった。

---

28) 代理権は原因行為から独立して発生するものではなく，原因行為である委任契約が取り消されると，代理権も消滅する。ただ，手続代理人については，原因行為が遡及的に取り消されたとしても，それまでになした手続行為の効力に影響はないと解される。

290

第9　実務運用と残された課題

このことにより，意思能力の判断のために家庭裁判所調査官の調査を実施するという運用も考えられた。[29] ただ，現実の選任事例では，意思能力を判断するための調査を特に行ったという例は報告されておらず，年齢も9歳（小学4年生）について選任したものが複数あり，現時点ではこれが最年少である。

　一般に意思能力は，行為の結果を弁識する能力であるといわれているが，発達の程度や行為の種類によっても異なり，年齢により画一的に判断することはできないとされる。ただ，家事事件手続法が行為能力のない未成年者に手続行為能力を認めたのは子どもの意思の手続への反映が主たる目的であるから，手続行為は代理人によって行われることを前提としてよいこと，自己の境遇の認識や将来の予測について代理人による適切な情報提供がなされることを前提としてよいことを考慮すると，中学生以上はもちろん，小学校高学年以上は原則として意思能力を有しているとみてよいと解される。[30] 意思能力をあまり厳格に解し，意思能力について原則的に家庭裁判所調査官により調査する運用とすることは，手続が重くなり，裁判所の負担が過大となって，相当ではないと考える。

# 4　費用・報酬

　すでに述べたとおり，裁判長により選任された手続代理人の費用・報酬は，手続費用となるので（民訴費2条10号），原則として各自の負担となる（法28条1項）。もともとは未成年者には資力がないのが一般であることから，法律支援制度の利用が可能であるとの想定の下の立法であったが，償還約束を含む契約が原則である現在の法律支援制度の下では，未成年者は利用できない。

　そこで，裁判長により選任された子の手続代理人の報酬をある程度確保するため，次のような実務運用が考えられた。[31]

　　①　子の手続代理人は，選任後速やかに手続救助（法32条）の申立てを行う。

---

29）小田・前掲注3）38頁。
30）結論において同じ結論を採るものとして，深見玲子「子どもの意見表明権—家事審判手続との関係など—」家族〈社会と法〉10号186頁。
31）小田・前掲注3）39頁。

*291*

② 審判または調停において，手続費用を子以外の者に負担させる（法28条2項）。

③ 裁判所が手続代理人の報酬額を定める（法23条3項）。

④ 手続代理人がその負担者に支払いを求め（法32条2項，民訴85条），任意の支払いがない場合には，費用額確定処分（法31条1項，民訴71条）による。

これにより，手続費用の負担者となった親が民事法律扶助を利用している場合，その枠内で報酬が確保できる。

ただ，これはあくまで便法であり，本来は，未成年者に対する直接の援助として法律支援制度により子の手続代理人の費用・報酬が立替払いされ，両親に資力がある場合には求償する制度とするのが合理的であると考える。

日本弁護士連合会では，2017（平成29）年7月から，子の手続代理人の報酬につき，「子どものための法律援助」制度の対象とすることとした。これは，子の選任によるか，職権による選任かを問わず，子に対し，手続代理人報酬として一定額を援助するものである。この制度では，法律支援制度とは異なり，償還を要しないため，未成年者にもその他の当事者にも負担はない。ただ，これもあくまで子の手続代理人制度の利用を促進するための過渡的なものと見るべきであり，将来的には総合法律支援制度の改正により抜本的に解決すべき問題であろう。

# 5 実際の活用事例

子の手続代理人の実際の活用事例は，親権停止の審判事件における申立代理人，親権変更の審判事件における利害関係参加人代理人が相当の割合を占めている。これは，これらが子と親権者との利益相反事例の典型であるからであろう。近時は，面会交流調停事件，夫婦関係調整（離婚）調停事件での選任事例も出てきている。選任の契機としては子ども自身の希望によるものが多く，子の意見表明権の保障の観点も意識されてきているようである。いずれの事例においても，選任された手続代理人は，子との面接，親権者ほか利害関係人との調整など意欲的な活動を行っていることが，日弁連では報告されている。

# 第10 結 び

　子の手続代理人は，子が意見を表明する機会を保障するだけでなく，当事者を含めて納得のいく解決に導くために有益な制度である。しかしながら，現時点での利用件数は少数にとどまっている。子の手続代理人についての理解が深まり，選任事例が増えることによって，よき実務慣行が確立し，より活動内容も深化するものと考える。制度の発展を心より願う次第である。

# 第13章 電話会議システム・テレビ会議システムの活用

姥迫 浩司

## 第1 制度趣旨

### 1 電話会議等の概要

　家事事件手続法別表第2事件（以下「別表第2事件」という。）においては，付調停（法274条）が実務上の原則的な運用とされていること，家事調停事件は，原則として相手方の住所地を管轄する家庭裁判所の管轄に属するとされていること（法245条1項），家事事件においては，当事者本人の出頭が原則とされていること（法51条2項，258条1項）から，当事者が遠隔地に居住しているなど管轄裁判所へ出頭することが物理的に困難であったり，多額の費用がかかったりする場合，申立人が家事事件の申立てを躊躇したり，迅速な手続の進行が害されたりする可能性がある。
　このような弊害を防止するため，家事事件手続法において，家事審判法には規定のなかった音声の送受信による通話の方法による手続（法54条，258条1項）が新設された。同条にいう音声の送受信による通話の方法には，電話会議システムに限らずテレビ会議システムも含まれると解されている。

第13章　電話会議システム・テレビ会議システムの活用

　家事事件手続法における電話会議及びテレビ会議（以下「電話会議等」という。）に関する規定は，基本的には，民事訴訟法における弁論準備手続に関する規定（民訴170条3項）と同様のものであるが，家事事件手続法には，民事訴訟法の規定と異なり，「当事者の一方がその期日に出頭した場合に限る。」（民訴170条3項ただし書）との規定がないことから，当事者のいずれもが家庭裁判所に出頭しないときでも，電話会議等によって手続を行うことができる[1]という点に特徴があり，家事調停事件及び別表第2事件はもちろん，当事者対立構造を前提としない家事事件手続法別表第1事件（以下「別表第1事件」という。）についても，広く電話会議等によって手続を行うことが可能な制度となっている。

## 2　電話会議等の要件

　電話会議等の手続は，当事者が遠隔の地に居住しているときその他家庭裁判所が相当と認めるときに行うことができる。

### ⑴　当事者が遠隔の地に居住していること

　「当事者が遠隔の地に居住しているとき」とは，電話会議等によって手続を行う相当性が認められる典型例であるが，遠隔の地に該当するか否かは，単に裁判所との距離だけではなく，当事者が裁判所へ出頭するまでの時間及び費用，交通機関の利便性等を考慮して個別具体的に判断されることになる。したがって，裁判所と居住地の距離が同じ場合でも，都市部と地方部とでは「遠隔」の概念が異なり得るということになるし[2]，雪国など地域によっては，

---

1)　もっとも，家事事件の管轄は，原則として一方当事者や子の住所地にある（法150条，167条，182条，245条等）上，申立て後，当事者が転居等により事件の係属する家庭裁判所から遠隔の地に居住することとなった場合には，一方当事者の住所地を管轄する家庭裁判所に移送（法9条2項2号）されることが多いことから，別表第2事件において，当事者のいずれもが裁判所に出頭しないで電話会議等によって手続が行われることは，ほとんどないであろう。

2)　例えば，大阪家庭裁判所に午前の期日に出頭する場合，JR大阪駅までの距離が約90キロメートルの兵庫県姫路市からであればJRの在来線を利用して1時間程度で到着することが可能であることから，「遠隔」とまでいえないが，広島家庭裁判所の午前の期日に出頭する場合，同様の距離である広島県庄原市からはJRの在来線を利用して2時間程度かかることから，「遠隔」ということになるであろう。

季節によっても異なり得るということとなる。

## (2) その他家庭裁判所が相当と認めること

その他家庭裁判所が相当と認めるときとは，例えば，激しいDV被害を受けシェルター等に避難している一方当事者が，家庭裁判所で他方当事者と顔を合わせる可能性を考えるだけで身体的変調を来してしまうような場合や期日後に尾行されることでシェルター等の居住場所が他方当事者に判明してしまうおそれがあるような場合，家庭裁判所において当事者に自傷他害のおそれがある場合などが考えられる。これらのケースについては，従前の調停手続においては，別期日調停（申立人と相手方との調停期日を別の日に指定して行う調停）で対応していたものの，別期日調停では適時適切な調整を行うことが困難である上，迅速な手続進行が困難であるという問題点があったが，これらの問題点については，電話会議等を活用することで改善を図ることが可能となっている。

また，当事者に病気や障がいがあって家庭裁判所へ出頭することが客観的に困難であると認められる場合などについても，相当性が認められると解されている[3]し，当事者の出頭を求めていたのでは次回期日までの間隔が開いてしまい，迅速な手続が行えなくなってしまうような場合[4]や当事者が経済的に困窮していて家庭裁判所へ出頭する費用さえ調達できないような場合についても，手続の内容や具体的な事情によっては，相当性が認められることもあるであろう。

当事者本人は遠隔の地に居住していないが，当事者本人が選任した手続代理人弁護士が遠隔の地に法律事務所を有する場合において，当事者本人のみが事件の係属する家庭裁判所へ出頭し，手続代理人弁護士が自身の法律事務

---

[3] 金子修編著『一問一答家事事件手続法』（商事法務，2012年）38頁参照。

[4] 近時，調停手続においても，当事者双方がそれぞれ手続代理人弁護士を選任しているケースが増加しており，このようなケースでは，次回期日を設定する際，当事者本人の都合に加え，手続代理人弁護士の予定，調停委員2名の予定，裁判所の開廷日の関係で，次回期日の調整に苦労することも多い。特に，一方当事者が遠隔の地に居住している場合，当該当事者が調停期日に出席することを前提として期日を調整しようとすれば，移動時間も考慮し終日予定が開いている場合でなければ期日を調整することができないことから，日程調整がより困難となり，電話会議等の手続によらない場合，3か月以上先の期日しか調整できないというようなケースも存在する。

第13章　電話会議システム・テレビ会議システムの活用

所において電話会議を利用して手続を行うことも，手続の内容や具体的な事情によっては認められるものと考えられる。もっとも，当事者本人は，あえて自己の居住地とは異なる遠隔の地に法律事務所を有する手続代理人弁護士を選任しているのであり，手続代理人弁護士としても事件の係属する家庭裁判所が遠隔の地にあることを認識した上で委任を受けていると考えられることからすれば，手続代理人弁護士が事件の係属する家庭裁判所へ出頭することに伴う負担についてはある程度甘受すべきであると考えることができるし，当事者本人の出頭が原則とされている家事事件において，当事者本人さえ出頭すれば，手続の目的を達成することができる場合が多いと考えられ，手続代理人弁護士のみが「遠隔」にいる場合に相当性が認められるケースは限られるであろう[5]。

### (3)　相当性の判断基準

　電話会議等によって手続を行うことが相当と認められるか否かは，当事者本人が事件の係属する家庭裁判所へ出頭する必要性の高さとの相関関係にあると解される。面会交流，監護者指定や当事者間に合意のない親権者指定のように一般的に当事者間の対立が激しく，紛争の内容にも個別性がある類型の調停事件については，期日に家庭裁判所調査官も出席した上で，調停委員会として，当事者本人と対面した上で，個別具体的な事情を当事者双方から十分聴取し，紛争の調整にあたる必要性が高いといえる。したがって，このような事件類型については，当事者本人が事件の係属する家庭裁判所へ出頭する必要性が高いということになるから，相当性の判断においては，出頭が困難な特別の事情が必要とされることが多いであろう。反対に，婚姻費用，養育費及び財産分与のように，紛争の内容がある程度定型的であって，客観的な資料に基づいてある程度の調整，判断が可能な類型の事件については，調停委員会が行う紛争の調整も客観的な資料等を前提とするものとなり，当

---

5）手続代理人弁護士としても，依頼者である当事者本人と離れた状態で当事者本人に適時適切な法的助言をすることは困難を伴うと考えられる。実務上，当事者本人が手続代理人弁護士に支払う日当等の費用が支払えないとして，手続期日に当事者本人のみが出頭することもある。また，手続代理人弁護士の法律事務所に当事者本人が赴いて，当該事務所において当事者本人と手続代理人弁護士が電話会議を行うこともある。

*298*

事者本人と対面した上で話をしなければ紛争の実情を把握することが困難というような事情があるケースは多くないことから，相当性の判断においては，出頭が困難であると当事者が主張する理由に一応の合理性があれば足りるであろう。

　実務上も，婚姻費用や養育費の調停については，他の類型の事件に比べれば，電話会議による手続が多く行われている。

　また，複数の手続期日が開かれる場合において，各回の手続期日で行われる内容によって出頭の必要性には差があると考えられる。例えば，夫婦関係調整調停事件において，親権者指定に関する調整や面会交流に関する調整を行う期日では，当事者本人が事件の係属する家庭裁判所へ出頭する必要性が高いといえるが，養育費の調整や財産分与に関する調整を行う期日では，その必要性はそれほど高くない場合もあるであろう[6]。

　さらに，調停委員会としては，第1回の調停手続期日において当事者本人と直接対面して話をすることができれば，当事者本人の性格や当事者本人が調停においてどのような解決を目指しているかなど調停に関する当事者本人の要望をある程度把握することができるし，当事者本人との間である程度の信頼関係を構築することもできることから，その後の手続の進行が円滑になると考えられる。したがって，調停における第1回手続期日については，当事者本人が事件の係属する家庭裁判所へ出頭する必要性は，他の期日に比べれば相対的に高いといえる。

　このように，相当性については，事件全体における判断とともに，期日ごとの判断をすべきであり，電話会議等によって手続を行う場合と当事者本人が事件の係属する家庭裁判所へ出頭して手続を行う場合とを柔軟に使い分けることも検討されるべきであろう。

# 3　電話会議等の具体的な方法

## (1)　電話会議の場合

　現在，電話会議システムは，出張所を含む全ての家庭裁判所に整備されて

---

6) 通常の夫婦関係調整調停事件の場合，1回の手続期日で，一つの争点のみの調整を行うケースはまれであるが，当事者の出頭の便宜を考慮して，争点ごとに手続期日を分けて調停を行う方法も検討されるべきである。

第13章　電話会議システム・テレビ会議システムの活用

いる。

　電話会議を行う場合，当事者本人が手続代理人弁護士を選任しているケースでは，原則として，当事者本人に当該手続代理人弁護士の法律事務所への出頭を求め，当該事務所で，当事者本人及び手続代理人弁護士との間で電話会議を行うこととなる。

　他方，当事者本人が手続代理人を選任していないケースでは，本人確認の必要性と手続の非公開性（法33条）の担保の要請から，現状は，当事者本人に住所地の最寄りの家庭裁判所（支部，出張所を含む。）に出頭してもらい，当該裁判所の一室で当事者本人の携帯電話[7]に事件の係属する家庭裁判所から架電する方法で電話会議が行われることが多いようである。このような方法がとられるのは，民事訴訟における電話会議と同様，電話会議においては，なりすまし防止の観点から本人確認の必要性があることに加え，当事者本人の自宅等で電話会議を行うと，手続の非公開性の担保が図れないことによるものである[8]。

## ⑵　テレビ会議の場合

　テレビ会議を行う場合，当事者は，テレビ会議システムが設置されている

---

7) 当事者本人の携帯電話を利用して電話会議が行われているのは，家庭裁判所の電話回線の容量が十分でないことや家庭裁判所で電話会議に利用できる電話機の数が必ずしも十分に用意されているわけではないことに基づくものと考えられるが，当事者本人の携帯電話がいわゆるスマートフォンである場合，スマートフォンのアプリ等を利用することで，簡単に録音ができてしまい，当事者本人が会話を録音していることを家庭裁判所が把握することは困難である。そこで，当事者本人が出頭した家庭裁判所で電話会議を行う場合には，可能な限り家庭裁判所の電話回線を使用すべきであり，やむを得ず当事者本人の携帯電話を使用して手続を行う場合には，当事者本人に対し，録音が禁止されていることを周知・徹底する必要があるであろう。

8) 家事事件においては，当事者本人が家庭裁判所に出頭して行われる手続でさえ，親族等の関係者が立会いを求めてくるケースが多くあり，電話会議等の手続においても，親族等の第三者を立ち会わせたいと思う当事者が多いと推察される。したがって，当事者本人の意思形成に親族等の第三者が不当に関与することを防止するための措置を講ずる必要性が高いといえる。このような観点から，調停手続において，手続代理人弁護士を選任していない当事者本人が家庭裁判所以外の場所で電話会議を行う場合，第三者の影響を受けない静謐な場所を確保して親族等の第三者の立会いを排除する必要があるが，電話会議において第三者が立ち会っていないことを事件の係属する家庭裁判所が確認することは事実上不可能であると考えられることから，実務においては，手続代理人弁護士を選任していない当事者本人の自宅等で電話会議を行われることはほとんどない。

最寄りの裁判所（地方裁判所，地方裁判所支部を含む。）に出頭して手続を行うこととなる。現在，全国に50ある家庭裁判所本庁では，同一建物にある地方裁判所に設置されているテレビ会議システムを利用する方法も含めれば，全てテレビ会議を行うことができるほか，27の家庭裁判所支部についても，同一建物にある地方裁判所支部に設置されているテレビ会議システム（家庭裁判所支部として，独立にテレビ会議システムが設置されているところはない。）を利用することにより，テレビ会議を行うことができる。

【テレビ会議システムが設置されている裁判所一覧】（平成29年10月現在）

| | 家庭裁判所本庁 | 地方裁判所本庁※ | 地方裁判所支部 |
|---|---|---|---|
| 北 海 道 | 札幌家庭裁判所 | 札幌地方裁判所 | ― |
| | ― | 函館地方裁判所 | ― |
| | ― | 旭川地方裁判所 | ― |
| | ― | 釧路地方裁判所 | 釧路地方裁判所帯広支部 |
| 宮 城 県 | 仙台家庭裁判所 | | ― |
| 福 島 県 | 福島家庭裁判所 | | 福島地方裁判所郡山支部 |
| | | | 福島地方裁判所いわき支部 |
| 山 形 県 | ― | 山形地方裁判所 | ― |
| 岩 手 県 | ― | 盛岡地方裁判所 | ― |
| 秋 田 県 | ― | 秋田地方裁判所 | ― |
| 青 森 県 | ― | 青森地方裁判所 | 青森地方裁判所八戸支部 |
| 東 京 都 | 東京家庭裁判所 | 東京地方裁判所 | 東京地方裁判所立川支部 |
| 神奈川県 | 横浜家庭裁判所 | 横浜地方裁判所 | 横浜地方裁判所小田原支部 |
| 埼 玉 県 | さいたま家庭裁判所 | | さいたま地方裁判所熊谷支部 |
| 千 葉 県 | 千葉家庭裁判所 | | 千葉地方裁判所松戸支部 |
| 茨 城 県 | 水戸家庭裁判所 | | 水戸地方裁判所土浦支部 |
| | | | 水戸地方裁判所下妻支部 |
| 栃 木 県 | 宇都宮家庭裁判所 | | 宇都宮地方裁判所足利支部 |
| 群 馬 県 | 前橋家庭裁判所 | | |
| 静 岡 県 | 静岡家庭裁判所 | 静岡地方裁判所 | 静岡地方裁判所沼津支部 |
| | | | 静岡地方裁判所浜松支部 |
| 山 梨 県 | ― | 甲府地方裁判所 | ― |
| 長 野 県 | ― | 長野地方裁判所 | 長野地方裁判所松本支部 |
| 新 潟 県 | 新潟家庭裁判所 | 新潟地方裁判所 | 新潟地方裁判所長岡支部 |
| 愛 知 県 | 名古屋家庭裁判所 | 名古屋地方裁判所 | 名古屋地方裁判所岡崎支部 |

第13章　電話会議システム・テレビ会議システムの活用

| 三 重 県 | — | 津地方裁判所 | 津地方裁判所四日市支部 |
|---|---|---|---|
| 岐 阜 県 | — | 岐阜地方裁判所 | — |
| 福 井 県 | — | 福井地方裁判所 | — |
| 石 川 県 | 金沢家庭裁判所 | | — |
| 富 山 県 | — | 富山地方裁判所 | |
| 大 阪 府 | 大阪家庭裁判所 | 大阪地方裁判所 | 大阪地方裁判所堺支部 |
| 京 都 府 | 京都家庭裁判所 | 京都地方裁判所 | |
| 兵 庫 県 | 神戸家庭裁判所 | 神戸地方裁判所 | 神戸地方裁判所姫路支部 |
| 奈 良 県 | — | 奈良地方裁判所 | 奈良地方裁判所葛城支部 |
| 滋 賀 県 | — | 大津地方裁判所 | |
| 和歌山県 | — | 和歌山地方裁判所 | — |
| 広 島 県 | 広島家庭裁判所 | 広島地方裁判所 | 広島地方裁判所福山支部 |
| 山 口 県 | 山口家庭裁判所 | | — |
| 岡 山 県 | 岡山家庭裁判所 | | 岡山地方裁判所津山支部 |
| 鳥 取 県 | — | 鳥取地方裁判所 | |
| 島 根 県 | — | 松江地方裁判所 | |
| 香 川 県 | 高松家庭裁判所 | 高松地方裁判所 | |
| 徳 島 県 | — | 徳島地方裁判所 | — |
| 高 知 県 | — | 高知地方裁判所 | |
| 愛 媛 県 | 松山家庭裁判所 | 松山地方裁判所 | 松山地方裁判所西条支部 |
| 福 岡 県 | 福岡家庭裁判所 | 福岡地方裁判所 | 福岡地方裁判所久留米支部<br>福岡地方裁判所小倉支部 |
| 佐 賀 県 | — | 佐賀地方裁判所 | — |
| 長 崎 県 | 長崎家庭裁判所 | 長崎地方裁判所 | 長崎地方裁判所佐世保支部 |
| 大 分 県 | | 大分地方裁判所 | — |
| 熊 本 県 | 熊本家庭裁判所 | 熊本地方裁判所 | — |
| 鹿児島県 | — | 鹿児島地方裁判所 | — |
| 宮 崎 県 | — | 宮崎地方裁判所 | 宮崎地方裁判所延岡支部 |
| 沖 縄 県 | 那覇家庭裁判所 | 那覇地方裁判所 | |

※　全ての地方裁判所本庁には，テレビ会議システムが設置されており，地方裁判所のテレビ会議システムで家事手続を行うことも可能である。地方裁判所本庁の欄に地方裁判所名を記載しているのは，同一都道府県内の家庭裁判所にテレビ会議システムが設置されていないか，地方裁判所と家庭裁判所が別の場所に所在する地方裁判所本庁についてのみである。

　なお，平成30年6月までに，刑事訴訟法のビデオリンクによる同一構内尋問の規定（同法157条の6第2項）が施行されることとなっており，それまでに地方裁判所全支部におけるテレビ会議システムの整備が完了する予定である。

## 第2　審判手続における活用

## 1　別表第1事件について

　別表第1事件においては，例えば，推定相続人の廃除や遺言執行者の解任に関する審判事件において，要件事実に関する当事者の主張を整理する必要があるような場合を除いては，当事者審問以外の目的で手続期日が設けられるケースは多くない。また，別表第1事件のうち，当事者の陳述の聴取が家事事件手続法上必要とされている事件については，陳述書の提出を受ける方法や家庭裁判所調査官による調査等の適宜の方法によって当事者の陳述の聴取がなされており，手続期日において当事者審問を行う必要性の高い事件は，成年後見人等の解任（法120条，178条），親権喪失等（法169条），推定相続人の廃除（法188条），遺言執行者の解任，負担付遺贈に係る遺言の取消し（法210条），児童福祉法の規定に基づく都道府県の措置等の承認（法236条）などの事件に限られる。このように，別表第1事件については，手続期日において当事者審問を行う場合は限られるのであり，手続期日において当事者審問が敢えて行われるのは，推定相続人の廃除のように，手続期日における当事者の陳述の聴取が義務づけられている事件を除いては，家庭裁判所として，当事者から直接陳述を聴取し，当事者の陳述態度等を含めた陳述の内容の当否を判断したいと考えていることが多いであろう。したがって，電話会議等の手続によっては，その目的を十分に達成することができないケースが多く（テレビ会議であれば，一定程度上記目的を達成することも可能であるが，テレビ会議システムの画像が鮮明なものとまではいえないことから当事者の表情等を確認することが困難な場合もある。），別表第1事件において，電話会議等の活用に適するケースは限られるということになる。

　実務上も，別表第1事件の電話会議等による当事者審問はあまり行われていないようである。

## 2　別表第2事件について

### (1)　調停事件が先行していない審判事件について

　ア　別表第2事件については，実務上，付調停（法274条）が原則的な

第13章　電話会議システム・テレビ会議システムの活用

運用となっており，調停事件が先行しない審判事件としては，①当事者の主張の対立が激しく，調停を経ても合意を見いだすことが困難と考えられるもの，②事件や事案の性質上，早期に審判をする必要のあるものに限られる。

　　イ　このうち，①の典型的な事件類型としては，婚姻費用や養育費の増減額請求審判事件がある。このような財産関係紛争に関する審判事件においては，当事者にそれぞれの収入関係資料や家計収支に関する資料の提出を求めた上で，当該資料をもとに当事者の主張を把握して争点を整理するという民事訴訟における弁論準備のような手続が行われることが多いことから，必ずしも当事者本人が事件の係属する家庭裁判所へ出頭する必要性が高いとまではいえない。しかも，婚姻費用や養育費の増減額請求審判事件については，当事者の一方が実家に帰るなどして当事者双方の居住地が遠く離れているケースも珍しくない上，権利者が経済的に困窮していることも少なくないことから，当事者本人が管轄裁判所へ出頭することが物理的，経済的に大きな負担となる場合も多い[9]。

　したがって，このような事件類型については，電話会議等を活用するにふさわしい手続ということができる。

　　ウ　また，②の典型的な事件類型としては，早期に監護者指定をしなければ，子の福祉が害される可能性の高い監護者指定審判事件がある。このような監護者指定審判事件においては，実務上，まず，早期に第1回手続期日を開き，当事者双方を審問するなどして紛争の実情を把握し，主張や争点の整理をした上で，期日間に家庭裁判所調査官による子の状況や子の監護状況の調査等の必要な事実の調査を行い，後日手続期日を開いた上で当事者審問を行って審理を終結し，審判をするのが一般的な手続進行である。

　当該事件類型についても，当事者の一方が実家に帰るなどして当事者双方の居住地が遠く離れているケースも珍しくない上，第1回手続期日については，可及的速やかに期日を開く必要があること，当事者の陳述の聴取については，家庭裁判所調査官による調査によって行うことも可能かつ相当である

---

9）当事者本人が手続代理人弁護士を選任しているケースにおいては，手続期日に手続代理人弁護士のみが出頭するケースも多く見られるところであり，そのような手続進行を見越して，当事者は，管轄裁判所の近隣に事務所を有する手続代理人弁護士に委任するケースも散見される。

第2　審判手続における活用

場合が多いことから，当事者本人が事件の係属する家庭裁判所へ出頭する必
要性がそれほど高いとまではいえない。

　したがって，このような事件類型についても，電話会議等を活用するにふ
さわしい手続ということができる。

### (2)　調停事件が先行している審判事件について

　調停事件が不成立となったことにより審判手続に移行した事件について，
手続期日が開かれる場合，更なる争点整理が必要な場合や当事者から提出さ
れた資料の内容を確認する必要がある場合（典型的な例としては，財産分与事
件が考えられる。）を除けば，当事者審問を行うことを目的とする場合が多い
と考えられる[10]。しかも，当事者の陳述聴取は，当事者の申出（法68条2項）
がある場合を除いては，必ずしも審問の期日において行う必要はないことか
らすれば，裁判所が当事者の申出がないにもかかわらず審判手続期日におい
て審問を行う場合，裁判所としては，直接当事者の陳述を聴取し，当事者の
陳述態度等を含めた陳述の内容の当否について判断したいと考えているケー
スが多いであろう。このような直接主義的な要請は，特に，親権者変更，監
護者指定及び面会交流事件において強いといえる。

　そうすると，調停事件が不成立となったことにより審判手続に移行した事
件において，当事者の申出（法68条2項）に基づかず審問が行われる場合，
当事者本人が事件の係属する家庭裁判所へ出頭する必要性が高いといえるで
あろう[11]。

　これに対し，財産分与や遺産分割において更なる争点整理が必要であると
して手続期日が指定される場合や客観的資料について当事者本人から内容を
確認する必要があるとして手続期日が指定される場合には，直接当事者の陳
述を聴取し，当事者の陳述態度等を含めた陳述の内容の当否について判断す

---

10)　全事件について必ず手続期日を開く運用を行っている家庭裁判所においては，この限
　　りではない。
11)　調停事件が不成立となったことにより審判手続に移行した事件について，裁判所が当
　　事者本人の審問を行う場合，当事者本人の申出に基づくか否かにかかわらず，当事者本
　　人が電話会議等の手続を希望するケースは多くない。これは，当事者としても，裁判所
　　が審問を行うのであれば，直接，裁判官の面前で自らの意見を述べることを希望してい
　　ることが多いことに基づくものと思われる。

第13章　電話会議システム・テレビ会議システムの活用

る直接主義的な要請は大きくなく，審判手続期日において行われる手続も，民事訴訟における弁論準備手続と同様，争点整理が主なものとなることから，当事者本人が事件の係属する家庭裁判所へ出頭する必要性は高くないといえる[12]。したがって，このようなケースについては，柔軟に電話会議等を利用することが検討されるべきといえる。

# 第3　調停手続における活用

## 1　活用することができない場面

調停手続において，①夫婦関係調整調停事件又は離縁調停事件に関し，離婚又は離縁を成立させる場合，②合意に相当する審判事件（法277条）に関し，合意に相当する審判を受けることについて当事者が合意をする場合については，電話会議等によって手続を行うことができない（法268条3項，277条2項）。これらの手続は，当事者の身分関係に重大な変更を伴うものであることから，当事者本人の真意を慎重に確認する必要があるからである。

## 2　活用にふさわしい事案や場面

これら以外の調停の場面においては，家庭裁判所が相当と認める場合には，電話会議等によって手続を行うことが法律上可能であり，夫婦関係調整調停事件，離縁調停事件，合意に相当する審判事件において，成立を目指した話合いを電話会議等で行うことも可能である[13]。

そして，調停は，当事者の合意によって成立する手続であって，審判のように，当事者から直接陳述を聴取し，当事者の陳述態度等を含めた陳述の内容の当否を判断した上で事実を認定する手続ではないことから，直接主義的な要請は審判に比べて大きくないといえ，調停委員会として，当事者から直

---

12) 実際に，これらの類型の事件の手続において，手続代理人弁護士が選任されているときは，当事者が一度も手続期日に出席しないまま審理が終結されることさえある。

13) 合意に相当する審判事件については，当事者が合意の上で申立てを行うことが多いことから，調停期日としては，第1回で終わることが多い。したがって，早期に合意に相当する審判を得るためには，第1回期日から当事者が出頭する必要があることに注意が必要である。

第3　調停手続における活用

接話を聞いた上で，当事者の合意に向け適宜適切な調整を図る必要性があること自体は否定できないものの，審判手続よりも，柔軟に電話会議等の活用が可能と考えられる。特に，婚姻費用分担調停事件及び養育費請求調停事件については，いわゆる標準的算定方式（判タ1111号285頁以下）に基づいて婚姻費用分担額・養育費を算定する方式が実務上定着しており，調停委員会が行う調整も，原則として，標準的算定方式の範囲での定型的なものに限られることから，当事者と直接会って話をしなければ，調停手続の円滑な進行に困難を伴うというケースは多くないと考えられ，当事者本人が事件の係属する家庭裁判所へ出頭する必要性が高いケースは限定されるであろう。財産分与調停や遺産分割調停についても，調停委員会の行う調整の主たる対象が財産関係の整理にあることから，同様に，当事者と直接会って話をしなければ，調停手続の円滑な進行に困難を伴うというケースは多くないと考えられる。これに対し，当事者間に争いのある親権者変更事件や監護者指定事件，面会交流事件については，一般に，当事者間の感情的対立が深刻であり，当事者の主張について，当事者本人の真意を慎重に確認しながら子の福祉の観点に立った当事者の心情面を含む細かな調整を行う必要があると考えられることから，当事者本人が事件の係属する家庭裁判所へ出頭する必要性が高く，電話会議等の活用がふさわしいと考えられる場面は限定されるであろう。

　もっとも，調停手続は，簡易迅速な紛争解決手段であることからすれば，特に，調停が不成立となった場合に審判に移行しない一般調停事件については，当事者本人の具体的事情に配慮して，電話会議等の積極的な活用も検討されるべきであろう。

# 第14章
# 申立てをめぐる諸問題

## 古川善敬

## 第1 はじめに

　家事事件手続法制定の経緯については，家事審判法の制定後，家族をめぐる社会状況，国民の法意識は著しく変化し，家族間の事件の中にも関係者の利害の対立が激しく解決の困難な事件が増えてきたことを背景として，手続の透明性を高めるとともに，当事者等が自ら裁判の資料を提出し，反論するなど手続に主体的に関わる機会を制度的に保障することで，裁判の結果について当事者の納得を得られるようにすることが重要となってきたことによるところが大きいとされている[1]。そして，家事審判法からの見直しの要点については，①当事者の手続保障を図るための規定，②国民が家事事件の手続を利用しやすくするための制度の創設・見直し，③管轄・代理・不服申立て等の手続の基本的事項に関する規定の整備が挙げられている[2]。

　以上のような家事事件手続法制定の趣旨は，申立てに関する規律にも現れており，また，家庭裁判所においても，同法の趣旨に配慮した運用上の工夫が導入されているところである。

---

1) 金子修編著『一問一答家事事件手続法』（商事法務，2012年）3頁，金子修「家事事件手続法下の家事審判事件における職権探知と手続保障」判タ1394号5頁。
2) 金子・前掲注1) 25頁。

第14章　申立てをめぐる諸問題

　本稿は，家事事件手続法における申立てに関する規律の概要について，その趣旨を踏まえつつ説明するとともに，同法の趣旨をよりよく活かすための家庭裁判所における運用上の工夫などについて若干の考察を加えるものである。

## 第2　書面による申立て

### 1　審　判

　家事審判法では，「申立その他の申述は，書面又は口頭でこれをすることができる。」（家審規3条1項）として，口頭による申立ても認められていたが，家事事件手続法では，「審判の申立ては，申立書を家庭裁判所に提出してしなければならない。」（法49条1項）とされており，口頭による申立ては認められていない。これは，口頭による申立てを許すと事実が未整理のまま主張されたり，必要な主張が漏れたりして，申立て後の補正や裁判所による求釈明が必要となり，審理が遅延する恐れがあるので，審判の申立ての段階から当事者の求める審判内容を明確にすることによって簡易迅速かつ円滑な手続運営を可能にするための手続的規律である[3]。

　家事審判法下において準口頭申立てといわれていた運用（身体の障害等により書面を作成することが困難な申立人について，裁判所の職員が申立人の意思に基づいて書面を代筆し，申立人が署名・押印をする。）は，家事事件手続法下においても，書面による申立ての一つの方法として許容されると考えられる[4]。これは，国民の家庭裁判所へのアクセスの容易さを確保するための手続案内業務の一つとして位置づけることができるであろう。

### 2　調　停

　家事審判法では，口頭による調停の申立ても認められていたが（家審規3条1項），家事事件手続法では，調停の申立ても，審判と同様，書面によら

---

3）金子修編著『逐条解説家事事件手続法』（商事法務，2012年）171頁。
4）金子・前掲注3）171頁，最高裁判所事務総局家庭局監修『条解家事事件手続規則』（法曹会，2012年）96頁注5。

なければならないとされた（法255条1項）。家事審判法において準口頭申立てといわれていた運用が許容されることは，審判の場合と同様である[5]。

　調停手続は，当事者が手続代理人を選任せずに利用することが多いため，必ずしも法律知識を十分に備えていない者であっても，わかりやすく，適切に手続を利用することができるようにする必要性が特に高い。そこで，家庭裁判所では，申立書の記載事項を的確に整理し，申立人において簡便に適切な申立てを行うことを可能にするため，事件類型ごとにチェック式方式による記入を中心とする定型の書式を用意し，それによる申立てをするように理解を求めている[6]。

# 第3 申立書の記載事項と申立ての特定

## 1 審 判

　審判の申立書の必要的記載事項は，家事事件手続法49条2項により法定されており，さらに，家事事件手続規則37条1項も，補完的に申立書の記載事項について規定している。

### (1) 当事者

　家事審判法では，「申立人の氏名，住所」が必要的記載事項とされていたが（家審7条，旧非訟9条1項），家事事件手続法では，「当事者及び法定代理人」が申立書の必要的記載事項とされ（法49条2項1号），当事者を記載することとされた。これは，別表第2に掲げる事項についての審判事件（以下「別表第2審判事件」という。）の申立てのように相手方のある事件については，申立人のほか相手方も記載しなければならないという趣旨である。相手方の

---

5）金子・前掲注3）766頁。
6）このような定型の書式は，申立書の写しの原則送付（法256条1項）を広く可能にする一方で，過度に詳細な内容の申立書の写しを送付することによって相手方の感情を無用に刺激して調停運営に支障を来すことを防止することに資するものであり，調停の充実及び紛争の迅速な解決にとって有益なものといえるが，詳細については，後述の第3の2を参照されたい。これら書式のうち，全国共通の書式及び各家庭裁判所において用意した書式については，ウェブサイトに登載されているので併せて参照されたい。

第14章　申立てをめぐる諸問題

ある事件の申立てにおいて，誰を相手方とするかを申立人において把握して，特定すべきであり，また，それを要求することは困難とはいえないこと，裁判所としても，申立書を受理した時から，申立人が認識する相手方を覚知した上で審理を進めるのが相当であること等を考慮し，相手方を必要的記載事項とした[7]また，住所については，法律上は必要的記載事項ではないとされたが，規則上は記載することが要求されており（規則1条1号），空欄で申立書を提出することは一般に認められない。もっとも，申立人の現在の住所を秘匿する必要のある事件が相当数あるのも事実であり，このような場合には，申立書には，住民票上の住所，同居中の住所など，相手方に知られても差し支えのない住所を記載することで足りると考えられる。

### (2)　申立ての趣旨及び理由

　家事審判法では，申立ての趣旨及び事件の実情を明らかにすべきとされていたが（家審規2条），家事事件手続法では，「申立ての趣旨及び理由」が申立書の必要的記載事項とされた（法49条2項2号）。これは，「事件の実情」より「申立ての理由」の方が，どのような紛争についてどのような趣旨の調停を求めるのかが明らかになるためである。

　「申立ての趣旨」とは，申立人が求める審判の内容，すなわち審判手続における審理判断の対象を意味する。「申立ての理由」とは，申立てを特定するのに必要な事実をいう（規則37条1項括弧書）。ただし，「申立ての趣旨」と「申立ての理由」とは，必ずしも明確に区別することができないこともあると考えられるので，両者が整然と区別されていなくとも，両者が相まって審判を求める事項が特定されている場合には，申立書の不備にはならない[8]これらの事項が申立書の必要的記載事項とされたのは，家庭裁判所に対して，申立ての段階から申立人が求める審判の内容，すなわち審理判断の対象を明らかにし，当事者に対して，不意打ち的な審理判断をすることを防止するこ

---

7）　金子・前掲注3）172頁。
8）　金子・前掲注1）106頁，金子・前掲注3）172頁。なお，審判を求める事項の特定のためにどの程度の詳細さを求めることができるかは，このような趣旨を踏まえつつ，今後の解釈論に委ねられることとなる。

*312*

とを目的としている[9]。

　なお，審判の申立書には，「申立ての趣旨」及び「申立ての理由」のほか，「申立ての理由」とは区別されたものとして，「事件の実情」[10]を記載することが訓示的に求められている（規則37条1項）。必要的記載事項である「申立ての趣旨」や「申立ての理由」が欠けている場合と異なり，事件の実情の記載がなくても，申立書の不備として補正命令や申立書却下を導くものではないが（法49条4項，5項），紛争の争点を早期に把握して審理の充実を図るという観点からは，記載することが望ましいため，任意的記載的事項として記載が求められている。

## 2 調 停

　調停の申立書の必要的記載事項は，審判と同様の手続的規律となっている（法255条2項）。実務的には，上記のように，定型の申立書の書式を用いて申立てをするように理解を求めており，背景事情等を記載したいという場合には，事情説明書という形で別の書面で提出を求めている（規則127条）。

　調停における申立ての特定についても，審判と同様の観点から検討されることとなるが，調停の申立書の「申立ての趣旨及び理由」の記載が多少曖昧であっても，調停を進行させながら申立てを特定する余地を広く認めるべきであろう[11]。

# 第4 申立書の写しの送付

## 1 審 判

(1) 別表第2に掲げる事項についての審判事件（以下「別表第2審判事件」という。）について

---

9) 金子・前掲注1）106頁。
10) 申立ての基礎となる事実をいい，申立ての動機や紛争の経過等の紛争の実体を知るために有益な事実を含み得る（浅香竜太＝北嶋典子「家事事件手続規則の概要について」判タ1386号11頁）。
11) 金子・前掲注3）767頁。

*313*

第14章　申立てをめぐる諸問題

　　ア　原　則
　家事事件手続法では，別表第2審判事件の申立てがあった場合には，家庭
裁判所は，原則として審判の申立書の写しを相手方に対して送付しなければ
ならないとされている（法67条1項）。家事審判法では，相手方に申立書の写
しを送付する規定はなかったが，本条項は，別表第2審判事件は，相手方の
ある事件に限り，原則として，その写しを送付することを定めたものである。
その趣旨は，相手方に申立ての内容を了知させた上で手続を進めることが，
手続の公平性，透明性を確保し，当事者の手続保障を担保するという重要な
意義を果たすとともに，相手方の適切な手続活動の実現と早期の紛争解決と
いう観点から合理的であると考えられたことによる。[12]

　　イ　例　外
　申立書の写しを送付しなくてもよい場合についても家事事件手続法67条1
項に規律がある。まず，家事事件手続法67条1項本文は，申立てが不適法で
あるとき（国際裁判管轄が日本にない場合や訴訟事項を審判で求めているような
場合等）や申立てに理由がないことが明らかなとき（成人の子の親権者変更を
求めた場合等）は，申立書の写しを相手方に送付してその内容を了知させる
意味がないため，申立書の写しの送付を不要としている。
　また，家事事件手続法67条1項ただし書は，申立書の写しの送付がかえっ
て審判手続の円滑な進行を妨げるおそれがあると認められるときは，申立書
の写しの送付に代えて，申立てがあったことを相手方に通知することで足り
るとしている。これは，申立書の記載内容いかんによっては，申立書の送付
が当事者間に無用の混乱を招いたり，紛争を激化させたりするなど，審判手
続の円滑な進行を阻害する結果になるおそれを考慮したものである。[13]この通
知は，適宜の方法によりすることとされており，事件名，当事者など最低限
の情報を通知すればよいと考えられる。[14]なお，申立書の写しを送付しないと
された場合であっても，申立書は記録の一部であり，記録の閲覧謄写につき
家事事件手続法47条4項が定める不許可事由と通知をもって申立書の写しの

---

12) 金子・前掲注3）229頁，松川正毅ほか編『新基本法コンメンタール・人事訴訟法・家
　　事事件手続法』（日本評論社，2013年）255頁〔稲田龍樹〕。
13) 金子・前掲注3）229頁〔稲田龍樹〕。
14) 高田裕成編著『家事事件手続法』（有斐閣，2014年）177頁〔古谷恭一郎発言〕。

送付に代える場合の要件とが異なる以上，閲覧謄写の対象にはなり得る。

　　ウ　申立書の写しの原則送付と定型書式の利用

　申立書の写しの原則送付の例外については上記イのとおりであるが，後記2「調停」で詳しく述べるとおり，当事者本人が審判の申立書を作成する場合については，家庭裁判所では，チェック式方式による記入を中心とする定型の申立書の書式を作成し，それを用いて申立てをするように当事者に理解を求めている。そのような書式を用いて作成された申立書は，その写しを相手方にそのまま送付するのに適切な内容となっていることが通常である。

## ⑵　別表第1に掲げる事項についての審判事件（以下「別表第1審判事件」という。）について

　家事事件手続法67条1項の規定は，相手方のいる事件を基本的に想定しているため，別表第1審判事件においては，原則として，審判を受けることとなるべき者に対する申立書の写しの送付等は要求されない。ただし，推定相続人廃除の審判においては，実質的には廃除を求める申立人と廃除を求められた推定相続人とが対立する紛争性の高い事件であり，廃除を求められた推定相続人の手続保障を図る必要があることから，廃除を求められた推定相続人を当事者とみなして，本条を準用している（法188条4項）

## ⑶　審判を受ける者となるべき者への手続保障

　家事事件手続法では，審判を受ける者となるべき者の陳述を聴取すべきと考えられる事件類型についても，この者への申立書の写しの送付を原則化することはせず，その者が審判を受けることとなる場合には，その者の陳述の聴取を必要的なものとすることで個別的に手当てをしている（法152条2項，161条3項1号等参照）。家事事件手続法は，このような形で迅速処理の要請と手続保障の要請の調和を図っていると考えられる[15]。

---

15）申立て段階では，審判を受ける者について申立書を送付するに足りる情報を裁判所が把握出来ているとは限らないので，これらの者に対する申立書の写しの送付を原則化すると，迅速処理の要請に反する場合も生じかねない。

第14章　申立てをめぐる諸問題

## 2　調　停

### (1)　原　則

　家事事件手続法では，調停の申立てがあった場合には，家庭裁判所は，原則として調停の申立書の写しを相手方に送付しなければならないとされている（法256条１項）。家事審判法では，申立書の写しを相手方に送付するかどうかについての明文の規定はなく，申立書の写しの送付については家庭裁判所の裁量に委ねられていたが，家事事件手続法では，審判と同様の理由で，調停の申立書の写しを送付することが原則化された[16]。

### (2)　例　外

　申立書の写しを送付しなくてもよい場合についても家事事件手続法256条１項に規律がある。まず，申立てが不適法である場合や，調停の期日を経ないで調停をしない措置（法271条）により調停を終了させる場合は，申立書の写しを送付してその内容を了知させる必要がないから，写しを送付しなくてもよいとされている（法256条１項本文）。もっとも，調停は，審判と異なり，裁判所が申立てに理由があるかどうかを公権的に判断するものではないため，「理由がないことが明らかなとき」（法67条１項参照）であっても，申立書の写しを送付しなければならない。したがって，申立書の記載内容の内容では調停が成立する見込みがなく，不成立になる可能性が高いとしても，他の例外事由がない限り，申立書を送付しなければならないという点には留意が必要である。

　また，家事事件手続法256条１項ただし書は，審判の場合と同様，調停の申立書を送付してその記載内容を相手方に知らせることにより相手方との感情的対立が激しくなるおそれがあったり，申立書に個人の秘密にわたる内容が記載されているような場合は，調停の円滑な進行を妨げるおそれがあるものとして，例外的に調停の申立てがあったことを相手方に通知することをもって調停の申立書の写しの送付に代えることができるとしている。

---

16)　金子・前掲注３）769頁。

第5　申立書の却下

### (3)　申立書の写しの原則送付と定型書式の利用

　調停手続の充実と紛争の早期解決を図るという家事事件手続法255条1項の趣旨は，当事者本人が調停を申し立てる場合には，定型的な書式を用いた申立てがなされることによってよりよく実現されるといえる。すなわち，記載事項が的確に整理された定型の申立書は，相手方にその写しをそのまま送付するのに適切な内容となっていることが通常であるから，このような申立書と併せてそれと整合する書式の答弁書を相手方に送付することにより，相手方の心情を無用に刺激して調停運営に支障が生じるといった事態を回避しつつ，申立書に対応した的確な答弁書の提出を期待することができ，調停委員会においても，第1回調停期日前に，当事者双方の意見の相違や対立点等を早期に的確に把握して進行方針を策定することが期待でき，ひいては充実した調停運営や早期の紛争解決が期待できるのである。

# 第5　申立書の却下

## 1　審　判

　家事事件手続法49条2項は，申立書の必要的記載事項を，「当事者及び法定代理人」と「申立ての趣旨及び理由」として明文化した。裁判長は，申立書が同条項の規定に違反する場合には，相当の期間を定め，その期間内に不備を補正すべきこと命じなくてはならず[17]（法49条4項前段），相当期間を経てもその補正がなされないときには，裁判長は，命令で申立書を却下しなければならないとされている（法49条5項）。これは，手続の円滑かつ迅速な処理を目的としたものである。また，申立ての手数料を納付しない場合にも，同様に予納命令の上，納付がない場合には申立書は却下される（法49条4項後段，5項）。なお，仮に補正期間を徒過しても，裁判長が申立書を却下す

---

17)　裁判長が補正命令を発する前段階として，命令の形式によらずに任意の補正を促すことが相当な場合がある。この点については，家事事件手続規則38条において手当がなされており，裁判長の補正権限を背景として，裁判所書記官において当事者に対して任意の補正を促すことができる旨を定めている。

第14章　申立てをめぐる諸問題

るまでに申立人が申立書を補正すれば，申立書を却下することはできない[18]。

　却下命令に対しては，即時抗告をすることができる（法49条6項）。即時抗告期間は1週間である（法101条1項）。

## 2　調　停

　調停の申立書も，その却下に関して審判と同様の規律に服する（法255条4項）。もっとも，前記のとおり，調停における申立ての趣旨の特定の要請は，審判におけるそれよりも緩やかなものと解すべきであるし，手続の進行を通じた申立ての特定の余地を広く認めるべきであるから，申立ての趣旨や理由に何らの記載がないような場合はともかく，そうでなければ，申立ての特定が不十分であるとして調停の申立書を却下することについては慎重であるべきであろう。

# 第6　申立ての併合

## 1　審　判

### (1)　総　説

　家事事件手続法では，申立ての併合に関する規定が新設され（法49条3項），一つの申立てにより二つ以上の事項について審判を求めることができることとされた。申立ての併合を認めることにより関連性を有する数個の審判事項を同一の手続で審理することができれば手続経済に資するし，当事者の便宜にもなるからである[19]。そこで，同条項は，一定の要件を満たす場合には，申立ての併合を認めることを明文で規定した。

### (2)　要　件

　審判の申立ての併合の要件は，①審判を求める事項についての家事審判の手続が同種であること，②審判を求める事項が同一の事実上及び法律上の原

---

18)　金子・前掲注3）180頁。
19)　金子・前掲注3）176頁，金子・前掲注1）107頁。

*318*

因に基づくことである（法49条3項）。①の要件は，別の手続的規律に服する複数の事件を併合審理することによる混乱を避けるためのものである。例えば，別表第1審判事件と別表第2審判事件は，両事件の手続における事実の調査の通知や審問立会権に関する規律（法68条2項，70条）が大きく異なるので，申立ての併合は認められない。また，②の要件は，審判を求める事項を理由づける事実が主要な部分で同一である場合をいい，子の親権者変更事件と子の引渡し事件は，これに該当するが，離婚後の夫婦間の養育費と財産分与の請求はこれには当たらないと考えられる。

　なお，併合の要件を欠く申立てについては，不適法な申立てとして全体を却下すべきではなく，当該申立てに係る手続を分離して（法35条1項），別々の申立てがなされたものとみなして別々の手続として処理すべきである。

### (3)　管轄との関係

　申立ての併合に関しては，いわゆる併合管轄（民訴7条）という規定は特段設けられていないので，併合して申立てをする場合は，原則として各申立てのいずれについても同一の裁判所に管轄が認められていることが必要であり，そうでない場合には，管轄の認められない事件について自庁処理の決定（法9条1項ただし書）をすることが必要になる[20]。これは，審判事件の管轄が，家事事件の公益性，後見性等を考慮し，事件の解決のために最適地において審理すべきであるという考え方に基づき，原則として専属管轄とされていることによるものである[21]。

# 2　調　停

　調停の申立ての併合は，審判と同様の規律に服する（法255条4項）。家事審判法においても，関連する事項について事実上並行して手続を進める扱いが認められており（並行審理），そのような扱いは，家事事件手続法においても許容される。併合審理と並行審理は，理論的には，手続資料が当然に共用できるかどうかに差があるが，並行審理の場合であっても，事実の調査を

---

20）高田・前掲注14）172頁〔金子修発言〕。
21）金子・前掲注1）62頁。

第14章　申立てをめぐる諸問題

介することで併合審理と同様の目的を達することができる。

# 第7 申立ての変更

## 1 審 判

### ⑴ 総 説

　申立ての変更とは，申立人が，申立書の記載事項である申立ての趣旨又は申立ての理由を変更することによって，その申立てにより審判を求める事項を変更することである[22]。家事審判法では，申立ての変更に関する規定はなかったが，家事事件手続法では，申立ての変更に関する規定が新設された（法50条1項）。この規定は，民事訴訟法143条と同趣旨である。

　申立ての変更の制度は，当初の申立てにより審判の対象とされた事項についてのみ審判をしただけでは申立人の真の目的が達成されない場合に，従前の審理の結果を活用しつつ実態に即した審判対象について審理判断をすることによって紛争を一回的に解決することを可能にしつつ，当事者等への不意打ちを防止するためものであり，申立人，相手方及び家庭裁判所にとって有益なものである[23]。なお，家事事件については，申立ての趣旨に厳格な意味での拘束力はなく，審判の申立てによって特定された審判対象は幅があるものと考えられているため[24]，その幅に収まっている限度では，ここにいう申立ての変更にはならないことに注意を要する[25]。

### ⑵ 要 件

　申立ての変更は，申立ての基礎に変更がない限りすることができるとされている（法50条1項）。申立ての基礎とは，審判事項について権利関係の基礎となる事実をいい，その変更の有無は，①審判を求める事項に係る権利関係

---

22) 金子・前掲注3）181頁。
23) 松川ほか・前掲注12）219頁〔川嶋四郎〕，金子・前掲注3）181頁。
24) もっとも，申立人が求めている事項以外の事項について，裁判所は判断することはできないという限度においては，申立てに拘束力はある。
25) 例えば，養育費の支払を求める審判において，申立書に明示した支払を求める金額を変更することは，申立ての趣旨の変更にはならない。

*320*

の基礎となる事実が共通し，②変更以前の資料の主要部分を変更後もそのまま利用可能な場合をいうと解されている[26]。例えば，子の親権者変更事件を面会交流事件に変更する場合には，権利関係の基礎の変更はないと考えられる。民事訴訟法では，請求の基礎の変更がない場合という要件について，被告の同意で代替できるとされているが[27]，相手方の同意をもって同条項にいう「申立ての基礎に変更がない限り」という要件を不要とすることができるかは，解釈に委ねられている[28]。

### (3) 方 法

申立ての変更は，審判手続の期日においては口頭ですることができ，それ以外は，書面でしなければならない（法50条2項）。申立人が，申立ての趣旨又は理由を変更した場合には，申立ての変更を許さない旨の裁判があった時を除いて，裁判所書記官は，その旨を当事者及び利害関係参加人に通知しなければならない（規則41条）。この変更の通知は，相当の方法により行えば足り，通知対象は，申立ての趣旨又は理由を変更したという事実のみであり，申立ての変更の書面自体は，他の当事者や参加人に送付することを要しないというのが実務の運用である[29]。

### (4) 申立ての変更の不許可の裁判

家庭裁判所は，申立ての変更が不適法であるときは変更を不許可とする裁判をしなければならず（法50条3項），申立ての変更が適法であっても，それにより家事審判の手続が著しく遅滞する場合には，これを不許可とする裁判

---

26) 金子・前掲注1）108頁，金子・前掲注3）183頁。
27) 最判昭和41年1月21日民集20巻1号94頁。
28) 松川ほか・前掲注12）220頁〔川嶋〕。
29) 最高裁判所事務総局家庭局・前掲注4）102頁注3。このような運用に反対するものとして，松川ほか・前掲注12）222頁〔川嶋〕があるが，申立ての趣旨に厳格な拘束力のない家事審判において申立ての変更が必要になるのは，審判を求める事項を変更する場合であり，このような場合には，従前の審理や事実の調査の結果を踏まえてその内容の範囲内で申立ての変更がなされるのが通常であるから，変更後の審判を求める事項に加えて，申立ての変更の書面の内容を知らせる必要は乏しく，また，他の当事者や利害関係参加人は記録の閲覧等によりその記載内容を知ることが可能であるから，実務の運用に問題はないと考えられる。

*321*

第14章　申立てをめぐる諸問題

をすることができる（同条4項）。後者の規定は，民事訴訟法143条1項ただ
し書において「著しく訴訟手続を遅滞させることとなるときは，この限りで
はない。」と規定しているのとは異なり，変更を認めることにより手続が著
しく遅延することとなるときは，変更を許さないことができるとするにとど
めている。これは，手続が著しく遅延する場合には，従前の手続を活用する
よりも別の申立てをする方が相当である場合が多いものの，家事審判事件に
おいては，裁判所が職権により事実の調査をすることができるなど，後見的
な役割を果たすことが期待されていることに鑑み，手続遅延を招いたとして
も，申立ての変更を認めた上で従前の審理の結果を活用することが相当と認
められる場合もあり得るとの考えからである[30]。

## 2　調　停

　調停の申立ての変更は，審判と同様の規律に服する（法255条4項）。ただし，
調停においては，円満な紛争解決のために手続の進行に応じて話合いの対象
を変化させることは当然に許容されるべきであるから，調停の手続に関して
は，審判の手続におけるよりも緩やかな運用とすることが相当であろう[31] [32]。

# 第8　申立ての取下げ

## 1　審　判[33]

### ⑴　総　説

　家事審判法では，審判の申立ての取下げについては，審判確定前までは取
り下げることができるとして運用されてきたが，いかなる場合に，いかなる
要件で取り下げることができるかについての明文規定は存在せず，取下げの
可否や，その要件については，解釈に委ねられており，必ずしも明確ではな

---

30)　金子・前掲注3）184頁。
31)　秋武憲一編著『概説家事事件手続法』（青林書院，2012年）288頁〔髙取真理子〕。
32)　なお，調停の申立てにない事項について当事者間に合意が成立した場合，申立ての変
　　更は不要と解されている。金子・前掲注1）232頁。
33)　審判の取下げに関する規律については，垣内秀介教授が，松川ほか・前掲注12）275頁
　　において，五つの類型に分類して整理されているので，そちらも参照されたい。

322

かった。家事事件手続法では，取下げの可否とその要件について明文の規定を設け，これらを明確にした。なお，審判として申し立てられた事件が調停に付された場合に当該審事件の申立てを取り下げるときは，調停ではなく，審判を取り下げることになる[34]。

## (2) 取下げの要件に関する原則的規律

家事事件手続法は，審判の申立ての取下げを原則的に認める旨の規定を置いている（法82条1項）。これは，家事審判の多くは，申立人の私的な権利又は利益の実現のためになされるものであるとは限らず，その結果が，申立人や相手方のみならず，審判を受ける者，その他広く第三者に及ぶことがあるという意味で公益性を有しつつも，通常は利害関係を有する者からの申立てにより開始されるものが多く，申立人は手続進行を牽引する役目を果たしているものと評価でき，その申立人が取下げを望む場合には，基本的にはその意思を尊重すべきであると考えられ，必要な場合には個別に制約を加えるものとすることが相当であるとの考慮に基づいている[35]。

取下げが許される時期については，家事事件手続法82条1項が別表第1審判事件についての原則的な規律を，同条2項が別表第2審判事件についての原則的な規律を設けている。その規律を概観すると以下のとおりである。

別表第1審判事件の申立ては，原則として，審判がなされるまでは取り下げることができるとされている。これは，家事審判においては，裁判所が公益性を考慮し，実体的真実に合致する判断をするために，必要に応じて職権探知をするなど，後見的な立場から裁量権を行使して審理判断するため，裁判所によって判断が示された後は，申立人の意思によりその効力を失わせるのは相当ではなく，すでになされた審判が無駄になるのを防ぐという公益的な見地から，審判の申立ては，審判があった後は，原則として，取り下げることができないこととした[36]。仮に自由な取下げを認めてしまうと，審判の結果に不服の場合には申立てを取り下げるということが生じるが，審判後に取り下げた申立人に再訴禁止の効力を及ぼすことができない家事事件手続法

---

34) 秋武・前掲注31）308頁〔髙取〕。
35) 金子・前掲注3）267頁。
36) 金子・前掲注3）267頁。

第14章　申立てをめぐる諸問題

においては，特にその弊害が大きいことを考慮したものである。

　別表第２審判事件の申立ては，原則として，審判が確定するまでは取り下げることができるとされている（法82条２項本文）。これは，別表第２審判事件は，当事者が自由に処分することができる事項が対象であり，公益性が相対的に低いため，当事者の意思をより尊重するのが相当であるという考えに基づくものである。ただし，この場合であっても，審判がされた後には，相手方の利益保護も考慮し，その同意を得なければ，申立ての取下げは効力を生じないとされている（同項ただし書）。そして，後述するように，財産分与や遺産分割事件については，相手方の利益により配慮した特別の規定が定められている（法153条，199条）。

### (3)　取下げの要件に関する例外的規律[37]

#### ア　後見等開始の申立て等の取下げについての例外的規律

　後見等開始の申立て等の取下げ（法121条，133条，142条，180条，221条）には，家事事件手続法82条１項にいう「特別の定め」として，取下げが効力を生じるには裁判所からの許可が必要とされている。これは，後見等開始の申立て等については，公益的見地から，審判がされる前であっても申立人の一存で事件を終了させてしまうことが相当ではないからである。裁判所の許可の基準としては，許可に係らしめた趣旨が申立人の恣意により本人の利益が害されるのを回避することにあることに鑑み，本人保護の必要性等が挙げられる。また，取下げの許否の判断との関係で，取下げの理由を明示することが要求されている（規則78条１項等参照）。

　実務上特に重要と思われる後見等開始の申立てについて説明すると，家事事件手続法では，後見開始の申立てについては，審判前であっても，後見的な観点から，家庭裁判所の許可が必要とされている。家事審判法では，取下げについて特段の制限は設けられておらず，争いはあったものの，後見等開始の審判は，公益よりも本人保護に重点が置かれた制度であり，それゆえに，その申立ては，申立権者の判断に委ねられていることなどを理由に，取下げ

---

37）本項で紹介するほか家事事件手続法106条４項及び212条にも，取下げの要件についての例外が規律されている。

第8 申立ての取下げ

を認めるのが実務の一般的な運用であった[38]。しかしながら，申立人が，後見
等開始の申立てをした後，後見等開始の審判の要件が充足されているにもか
かわらず，自分が成年後見人等に選任される見込みがないことを不満として，
申立てを取り下げる場合など，公益的見地や被後見人等となるべき者の利益
保護の観点から，取下げを認めるのが相当ではない場合がある[39]。そこで，家
事事件手続法においては，公益性の観点及び被後見人等となるべき者の利益
に配慮し，後見等開始の申立てについては，裁判所の許可を要件として，取
下げをするときは，その理由を明らかにしなくてはならないとする規定を設
けた（法121条1号，規則78条1項）。例えば，遠方の親族が申立てをしたが，
近くに住む親族が申立てをしたような場合には，先の申立ての取下げを許可
することが実務上の例として認められる。

イ　財産分与事件及び遺産分割事件について例外的規律

家事事件手続法では，別表第2審判事件の申立ては，原則として審判の確
定までは取り下げることできることとされているが，相手方の審判を得る利
益の保護という観点から申立ての取下げに関する特則が置かれている（法
153条，199条）[40]。

財産分与事件は，その申立期間に制限がある（民768条2項）ほか，類型的
に相手方にも審判を得ることについて特に強い利益があると認められること
から，家事事件手続法では，相手方の利益を保護するため，家事事件手続法
82条2項の例外として，相手方が本案について書面を提出し，又は審判の手
続の期日において陳述した後にあっては，相手方の同意を得なければ申立て
の取下げの効力が生じないこととした（法153条）。同様に，遺産分割事件も，
類型的に相手方にも審判を得ることに特に強い利益があると認められるので，
申立ての取下げに関し，財産分与事件と同様の規律がされている（法199条）。

(4)　抗告審における取下げ

抗告審においては，これまでの手続を無駄にするのは相当ではないから，
原則として申立ての取下げは許されず，抗告の取下げが認められるにすぎな

---

38) 東京高決平成16年3月30日判時1861号43頁。
39) 金子・前掲注3）385頁。
40) 金子・前掲注3）269頁。

*325*

第14章　申立てをめぐる諸問題

い（法93条3項，民訴292条）。しかし，別表第2審判事件など審判の確定まで申立ての取下げが許される類型の事件については，当該規定は妥当せず，この規律は別表第1審判事件に限られる。

そして，別表第2審判事件については，抗告審が継続中であっても，相手方の同意があれば申立てを取り下げることができる（法93条1項，82条）。別表第2審判事件の抗告審における取下げの特有の問題としては，即時抗告を第一審の当事者以外の者がした場合に，[41]第一審の申立人が申立てを取り下げようとするときに，第一審の相手方のほか，即時抗告をした者の同意が必要かという問題がある。この点については，明文の規定がなく解釈に委ねられているが，当事者以外で即時抗告権を有する者が即時抗告をした場合には，その者が当該審判事件の抗告審における審理においてイニシアティブをとる立場になったのであり，その者の意思に反して事件が終了してしまって初めから申立てがなかった状態になるということを許容してしまうと，これらの者に即時抗告権を認めた趣旨に反するから，申立ての取下げには，原審の相手方のほか即時抗告人の同意も必要であると解される。[42]

## 2　調　停

調停の申立ての取下げについては，家事審判法では特に規定は置かれていなかったが，家事事件手続法で明文の規定が設けられた（法273条1項）。

申立人は，調停事件が終了するまで，いつでも調停の全部又は一部を取り下げることができる。当事者間の自主的な話合いによる円満な解決を図るという調停の本質に鑑みると，申立人の手続についての意思を尊重すべきであり，申立ての取下げを制限して手続の続行を強要することは相当ではないからである。[43]相手方に調停不成立となって審判移行となることを期待する利益があるのではないかという議論もあり得るが，相手方において申立てをすれば足りるから，このような期待は保護に値する利益ではないと家事事件手続法では整理された。[44]

---

41）家事事件手続法172条10号にいう「子の監護者」等が考えられる。
42）金子・前掲注3）269頁，高田・前掲注14）285頁〔金子修発言〕。
43）秋武・前掲注31）308頁〔髙取〕。
44）実務上は，申立てに期間制限がある財産分与事件については，調停手続の進行中に離

第8　申立ての取下げ

# 3　申立ての取下げの擬制

## (1)　審　判

審判の申立人が連続して2回，呼出しを受けた家事審判の手続の期日に出頭せず，又は，呼出しを受けた家事審判の手続の期日において陳述をしないで退席をしたときは，審判手続を進行させることが困難であり，また，当事者に手続を追行する意思がないと考えられることから，家庭裁判所は，申立ての取下げがあったものとみなすことができる（法83条）。これは，申立人が自ら審判の申立てをしておきながら，手続の遂行に不熱心で，そのために手続の円滑な進行が阻害されて当該事件が終了しないままに長期にわたり裁判所に係属し続けるという事態が生じ得るため，このような事態に対処するための規定である。なお，この呼出しは，正式な呼出しである必要があり，簡易呼出しによる期日等に申立人が欠席等しても申立ての取下げを擬制することはできない（法34条，民訴94条2項）。

なお，審判前であっても取下げに相手方の同意が必要となる財産分与事件（法153条）及び遺産分割事件（法199条）においては，「連続して2回，呼出しを受けた家事審判の手続の期日に出頭せず，又は呼出しを受けた家事審判の手続の期日において陳述をしないで退席をした」という要件が，申立人だけでなく相手方にも要求されている（法83条括弧書）。

## (2)　調　停

調停の申立てについては，家事事件手続法83条に相当する規定は存在しないので，調停手続の不熱心な追行に対しては，調停をしない措置（法271条）や調停不成立（法272条）によって対応することとなる。

---

婚から2年を経過した場合，その後に申立てが取り下げられてしまうと新たに財産分与を求める審判の申立てをすることができなくなるから，調停の相手方において離婚から2年を経過する前に審判の申立てをするなど適宜の手続をとることが相当である。

# 第15章

# 家事審判事件の審判物

## 大橋　眞弓

## 第1　はじめに

### 1　本稿の問題意識

　筆者は，家事審判事件における法的議論を深める目的で，民事訴訟における訴訟物の概念にならって，家事審判法下において，「審判物」概念を導入することを提案し，家事審判手続を考察する必要性を強調した[1]。附言するならば，民事訴訟においては，裁判所の審理判断の対象は「訴訟物」として把握され，伝統的には，当事者の申し立てた範囲（これは「請求の趣旨及び原因」により特定される）と裁判所の審理の範囲，判決主文で示されるべき範囲が訴訟物によって画される，と理解されている。これに対して，従来，非訟手続では，「申立てによる審判の特定」という考え方を採ってこなかったのである。つまり，非訟手続では，手続の特質として職権主義，裁判所の裁量，ないし裁判所の後見性が強調され，当事者の申立てに拘束力を認める「当事者主義」による手続は採用されない，と考えられたため，訴訟物に類

---

1) 梶村太市＝徳田和幸編『家事事件手続法〔第2版〕』（有斐閣, 2007年）414頁〔大橋眞弓〕，大橋眞弓「家事審判手続と『審判物』概念について」青山善充先生古稀祝賀論文集『民事手続法学の新たな地平』（有斐閣, 2009年）21頁。これに対し，「審判物」概念を不要とする見解として，佐上善和『家事審判法』（信山社, 2007年）144頁参照。

第15章　家事審判事件の審判物

似した概念は用いられてこなかったのである（この点については後述する）。しかし，家事審判手続でも，①一定の範囲で，申立てに審理判断の内容を特定させる機能を肯定することが適切ではないか，②仮に，申立てに一定の拘束力を肯定するのであれば，民事訴訟における訴訟物と同様に「審判物」概念を用いることが有用ではないか，と考えたのである。かかる問題意識が，問題の出発点であった。

　家事事件手続法が制定されたことから，同法の適用下において，審判物の概念をどのように考えることができるか，又は，どのように考えるのが有用であるか，を考察することとしたい。この点については，まだ筆者の考え方を示していなかったことから，本稿において，検討を加えることとする。

## 2　本稿における用語法

　本稿では，便宜上，次の用語を用いる。

　家事事件手続法39条は，「家庭裁判所は，この編に定めるところにより，別表第1及び別表第2に掲げる事項並びに同編に定める事項について，審判をする」と定める。同条に相当する形で，本稿においては，別表第1に掲げる事項を「1類審判事項」と呼び，これに対する審判を「1類審判」と命名することとしたい。同様に，別表第2に掲げる事項を「2類審判事項」といい，これに対する審判を「2類審判」という。また，別表第1第○項に定める事項を「1類審判○項」といい，別表第2第△項に定める事項を「2類審判△項」という。以下，この用語法による。

## 3　本稿の基本的構成

　本稿では，以下の第2において，家事審判法下において，判例及び多数説が，①訴訟事項と非訟事項とを異質なものとして把握していたこと，②その結果として，訴訟手続と非訟手続を全く別個のものとして観念し，審判の申立てに一定の拘束力を認めるとの考え方はとられていなかったことの2点を明らかにしたい。ついで，以下の第3においては，家事事件手続法下において，審判物概念をどのように考えるべきか，筆者の考えの基本的枠組みを示すこととしたい。さらに，1類審判事件・2類審判事件に区分した上で，審判物を具体的にどのように把握するか，具体的に検討する。後述のように，

*330*

審判物概念は，主として，審判の申立ての拘束力を念頭に置いていたものである。したがって，第3では家事審判手続が申立てにより開始した場合を前提に検討する。以下の第4では，申立て以外の方法により審判手続が開始した場合を対象として，「審判物」をどのように把握すべきか，及び，上訴審で「審判物」がどのように機能するか，この2点について概略を記すこととしたい。

# 第2 家事審判法下における考え方

## 1 伝統的な考え方 ── 前提として訴訟と非訟の峻別論

伝統的な考え方は，まず，家事審判等の非訟と民事訴訟とを全く異なるものとして理解することから出発した。

最高裁判所も昭和40年6月の大法廷決定以来，一貫して訴訟と非訟を二分する見解（以下，本稿ではこの見解を「訴訟非訟二分論」という）に立っていたところである。以下，これを敷衍して述べることとしよう。最大決昭和40年6月30日[2]は，夫婦の同居その他協力扶助に関する処分についての審判（家審9条1項乙類1号，現行の2類審判1項）について，公開法廷における対審及び判決によらないで処理することができるものとした家事審判法の規定及び本件審判手続について，憲法32条・82条に違反しないとして，次のように説示した。

「権利義務自体を終局的に確定するには公開の法廷における対審及び判決によつて為すべきものと解せられる」。他方で，「これら実体的権利義務の存することを前提として，例えば夫婦の同居についていえば，その同居の時期，場所，態様等について具体的内容を定める処分であり，また必要に応じてこれに基づき給付を命ずる処分であると解するのが相当である。けだし，民法は同居の時期，場所，態様について一定の基準を規定していないのであるから，家庭裁判所が後見的立場から，合目的の見地に立つて，裁量権を行使してその具体的内容を形成することが必要であり，かかる裁判こそは，本質的

---

2) 最大決昭和40年6月30日民集19巻4号1089頁。

第15章　家事審判事件の審判物

に非訟事件の裁判であつて，公開の法廷における対審及び判決によつて為すことを要しないものであるからである」と判示した。

最高裁判所は，同じく昭和40年6月30日，婚姻費用分担の審判（家審9条1項乙類3号，現行の2類審判2項）についても，上記決定と同様の法理を説いた[3]。

さらに，引き続いて，最大決昭和41年3月2日[4] では，遺産分割に関する処分の審判（家審9条1項乙類10号，現行の2類審判12項）に関する裁判例において，ⓐ遺産分割の前提となる権利関係の存否は終局的には訴訟事項として判決手続ですべきであること，ⓑ権利関係の存否は，家事審判の前提として審判中で審理判断することができること，ⓒ遺産分割の審判は憲法32条・82条に反しないことを示した。

その後も同様な見解を示す裁判例が続いている[5]。平成20年にも，最高裁は，「憲法32条所定の裁判を受ける権利」は「性質上固有の司法作用の対象となるべき純然たる訴訟事件につき裁判所の判断を求めることができる権利をいう」ものであり，「本質的に非訟事件である婚姻費用の分担に関する処分の審判に対する抗告審において手続にかかわる機会を失う不利益は，同条所定の『裁判を受ける権利』とは直接の関係がない」と判示した。つまり，基本的に「訴訟非訟二分論」を踏襲することを改めて確認したのである[6]。

以上の裁判例を整理するならば，最高裁判所は，①非訟事件と訴訟事件とが異質なものであり，それに伴い，非訟手続と訴訟手続はそれぞれ異なる規律に従うものである，②権利義務の存否の終局的な判断は訴訟手続において行うべきであること，③非訟事件の審理判断の前提問題となる権利関係の存否については，非訟事件の審判中で審理判断することができること（後日，当該権利関係の存否を訴訟手続で争うことは可能である），④権利義務の存在を前提として，その具体的態様を形成するのは非訟手続であり，非訟事件を審

---

3) 最大決昭和40年6月30日民集19巻4号1114頁。
4) 最大決昭和41年3月2日民集20巻3号360頁。
5) 最決昭和46年7月8日判タ266号170頁（親権者変更の事例），最決昭和55年7月10日判タ425号77頁（相続人廃除の事例），最決昭和59年3月22日判タ524号203頁（相続人廃除の事例），最決昭和60年7月4日判タ570号47頁（寄与分の事例）。
6) 最決平成20年5月8日判時2011号116頁。本件で生じた問題は，家事事件手続法88条，89条で立法的に解決された。

332

理する手続については，憲法32条及び82条に定める保障が及ばないこと，を基礎としていると評価することができよう。

確かに，最高裁判所の下す判断は，家事審判手続が合憲か違憲かを問う上訴に対する裁判であり，その意味で判断枠組みに当初から制約があるということができる。しかし，その点を考慮に入れたとしても，そこで示された見解は，全体として硬直的であるように考える。以下の２では，最高裁判所の採った見解がどのような帰結をもたらすのかについて二つの具体例を例にとって示し，３では，同見解を多面的に検討することとしたい。

# **2　訴訟非訟峻別論の帰結 —— 審判申立ての効果**

かつての判例及び通説は，上記のような訴訟非訟峻別論に立ったうえで，非訟事件（家事審判）については，裁判官の広範な裁量に基づいた合目的的な判断がなされるべきであり，したがって，裁判所は申立人の申立ての趣旨に拘束されないと考えてきた。こうした理解がどのような帰結をもたらすのかについて，若干の具体例に即して，以下では記すこととしたい。

### ⑴　制限行為能力者に関する審判について

行為能力に何らかの制限を加える必要がある場合には，後見開始の審判，保佐開始の審判，補助開始の審判といった３種類の審判（民７条，11条，15条）が考えられる。ここで多数説は，３種類の審判類型は，類型は異にしてもその内容において同質であり差異は程度の差に過ぎず，したがって，申立人の主張に審判の内容が拘束されることはないとしてきた。[7] 例えば，申立人が後見開始を申し立ててきたが，裁判所がそれには該当しないと判断した場合に，裁判所は保佐開始の審判を下してもよいと考えられてきた。こうした判断で問題はないのか，この点については改めて考えてみることとしたい。

### ⑵　子の監護に関する処分について

岡山家庭裁判所は，平成２年に，別居している夫婦間の未成年子について，「申立人と相手方が別居を解消するまで又は離婚するまでの間，事件本人ら

---

7）我妻榮『民法講義Ⅰ新訂版』（岩波書店，1965年）78頁。

第15章　家事審判事件の審判物

の監護者を申立人と定めること，及び相手方に対し事件本人らを申立人に引き渡すことを命じる審判を求める」旨の審判申立てがなされた事案において，「相手方は，申立人との別居解消又は離婚成立に至るまで，事件本人両名の学校の夏期休暇期間中の7日間並びに春季休暇及び冬季休暇期間中の各3日間，事件本人両名を申立人肩書住所地に宿泊させて，申立人と面接させよ。」との審判を下した[8]。岡山家庭裁判所は，その理由中で，「家庭裁判所の定める内容については，家庭裁判所は申立ての趣旨に拘束されることなく，子の福祉のために最も望ましい内容を定めれば足りる」旨を示したのである。

　確かに，子の監護に関する処分は，筆者のように「審判物」概念により申立てに一定の拘束力を認める見解に立ったとしても，審判物をどのように把握すべきかを問題とすべきケースである。しかし，「家庭裁判所は申立ての趣旨に拘束されない」ことを，無条件で認めてよいであろうか。この点に関しては，「審判物」の把握如何を含めて，後述することとしたい。

　家庭裁判所が，申立人の申立ての趣旨に拘束されないとの伝統的な考え方に立脚する場合には，「審判物」概念は用いる必要がないこととなり，果たすべき役割なり機能を持っていないこととなる。

## 3　訴訟非訟峻別論への疑問

　上記のような伝統的「訴訟非訟二分論」に対しては，以下のような四つの疑問を提起することが可能である。

　第一に，訴訟と非訟はそれほど画然と区別ができるものであろうか，という疑問である。この点を，遺産分割事件を例にとって説明することとしたい。遺産分割事件は，共同相続人間の話し合いによって紛争を解決できない場合，家事審判手続により家庭裁判所が判断を下すこととされている（民907条2項）。確かに，遺産を相続人間でどのように分割するかは，個別具体的な事情に応じて柔軟に対応するべき事項であり（民906条），その意味で「非訟事件」とされてきたことは理由のあることであるといえる。しかしながら，遺産分割事件は，相続人がより多くの経済的価値を得ようとして争う「財産をめぐる紛争」としての側面を有するわけであり，それ故に，訴訟事件に近接

---

8）岡山家審平成2年12月3日家月43巻10号38頁。

第2　家事審判法下における考え方

した性質をも持つのである。実際，遺産分割事件は家事審判法制定前には，通常民事訴訟手続によって審理判断されることとされていたものである[9]。このことは，訴訟事件と非訟事件を画然と区別できないのではないか，との疑問を裏付けるものであった。同様の問題は，親族に対する扶養請求事件（家審9条1項乙類8号，現行の2類審判9項，10項）についても生じた。

　家事審判事件以外にも，従来，訴訟事件として処理されていた紛争類型が，非訟手続で解決されるに至ったことが指摘されていた。こうした「訴訟の非訟化」と称すべき立法例[10]は，訴訟と非訟との境界の曖昧さを示していたものといえよう。

　第二に，非訟手続といってもその内容において多種多様なものがあり，一律に考えることはできないという批判が提起されていた。非訟事件の中の家事審判事件に限定して考えた場合であっても，甲類審判事件と乙類審判事件が存在し（家審9条1項，現行の1類審判事件と2類審判事件に概ね相当する），そのうち甲類審判事件（1類審判事件）は，失踪宣告，相続放棄の申述，氏の変更などに見られるように，事件そのものについては争訟性がないものである。これに対して，乙類審判事件（2類審判事件）は，遺産分割事件に見られるように，争訟性が強く訴訟に近接した性質を有する。そして「争訟性の強い事件」については，事件に適した手続保障を考えると考えるのであれば，乙類審判事項に関し利害関係人に対して主張・立証の機会を与えることが必要であることが指摘された[11]。このように考えると，以下の「第四」で述べるように，「非訟事件」を審理判断する手続を一律に考えることは，合理性を欠くものであったと評価することができる。

　第三に，争訟的性格を有する非訟手続における手続保障の問題である。最

---

9）家庭裁判所調査官研修所編『家事審判法総論〔改訂版〕』（法曹会，1984年）20頁。

10）「訴訟事件の非訟化」は，例えば，昭和41年の借地非訟事件の創設（借地借家法42条，借地非訟事件手続規則参照）などの例を挙げることができる。また近年では，公示催告手続における除権判決（非訟148条，かつては除権判決によっていたものである），仲裁判断の取消し・承認・執行事件（仲裁法44条以下）等の例がある。「訴訟事件の非訟化」については，鈴木忠一「非訟事件の裁判の既判力」同『非訟事件の裁判の既判力』（弘文堂，1961年，初出1956年）12頁以下，三ケ月章「訴訟事件の非訟化とその限界」同『民事訴訟法研究第5巻』（有斐閣，1972年，初出1969年）49頁以下等を参照していただきたい。

11）伊藤眞『民事訴訟法〔第3版再訂版〕』（有斐閣，2006年）10頁。

335

第15章　家事審判事件の審判物

高裁判所は，非訟手続には憲法32条・82条の保障が一切及ばないとする立場を採っていた。最高裁判所の見解は，「権利義務の存否については，訴訟手続で争うことができるのであるから，その具体的態様について非訟手続で判断しても当事者の手続保障に大きな問題は生じない」との判断に裏付けられていたものと思われる[12]。しかしながら，例えば，夫婦の同居の審判，婚姻費用分担請求については，「夫婦であること」が直ちに同居義務（民752条）や婚姻費用分担義務（民760条）と結びつけて考えられており，後続の訴訟手続で権利義務の存否を争うことは想定されていないのである。親族に対する扶養請求についても，民法877条所定の「親族」であることがただちに扶養義務の存在に結びつけられることから，同様の問題が生じている。さらに，遺産分割事件を例に挙げるならば，相続権の有無等は訴訟手続で争うことができる（実親子存否確認の訴え，遺産確認の訴え，遺言無効確認の訴え等）が，寄与分の有無（民904条の2第2項，家審9条1項乙類9号の2，現行の2類審判14項）を訴訟事件で争う途は閉ざされているのである。そうだとすると，全ての争訟的性格を有する非訟事件において，訴訟手続で争う方法が残されているわけではなく，そうであるならば，非訟手続においても「手続保障」を尽くすといった考え方が重要な意味を有していたのである。これが第三の問題である。

　第四は，訴訟手続と対比される職権主義的な非訟手続にかかる問題である。従来は，「訴訟非訟二分論」に立ち，訴訟事件は訴訟手続で審理判断され，非訟事件は非訟手続で審理判断されるとの前提に立っていた。その上で，非訟手続の特色として，非公開手続であり対審構造を採らないこと，弁論主義ではなく職権探知主義が採られていること（当事者の主張に拘束されず裁判所が裁量をもって判断をなし得ること，自白に拘束力がないこと，職権による証拠調べがなされること），民事訴訟法に定められた方式によらない「自由な証明」によることができること等が挙げられてきた。すなわち，非訟手続と訴訟手続は対照的なものとして対比され，公開制と非公開制，当事者主義と職権主義と言ったように対立的なものとして把握されてきたのである。しかし，これでは，多様な非訟事件に対応することができないことが指摘されていた。

---

12) 最大決昭和40年6月30日民集19巻4号1089頁はこのように説く。

これが，第四の問題である。

　以上，概観してきたように，「訴訟非訟二分論」は対象とする事件の特質に応じてはおらず，硬直的な対応であり，適正な手続の考察のためには二分論を克服する必要があった。学説においては，早くから，様々な非訟事件の性質ごとに適正な手続を検討すべきではないかとの理論的提案がなされていた。[13] 筆者もその立場に立っていたものである。その理由は，民事訴訟手続と非訟手続は，種々の点で対比されるが，その差は段階的・相対的なものであり，画然と区別できるものではないからである。また，そのように考えることにより，非訟事件手続においても，憲法32条・82条の精神を活かすことができると考えたからである。

　こうした問題意識は，学説上のものではなく，実務においても，乙類審判手続を当事者主義的に運用する等の工夫が見られたところである。[14]

## 4　「審判物」概念の提唱

　3で見てきたように，訴訟と非訟の関係については，二分論を克服するための理論的変革や実務的な取り組みが提唱されていた。筆者も，そうした見直しの一つとして，当事者の申立てと「審判事項」の関係について，民事訴訟法理論の基本的な発想を取り入れることを提案した。

　しかし，「審判物」概念は，民事訴訟手続における訴訟物と全く同じに理解すべきではなく，非訟手続の特性に基づいて異なったものとする必要がある。以下では，「審判物」概念を訴訟物の概念と比較しつつ，これを論ずる意義を指摘することとしたい。

　まず民事訴訟手続を考えると，原告が請求の趣旨及び原因を訴状に記載することにより，「訴訟物」，すなわち審判の対象が特定される（民訴133条2項）。[15]

---

13）例えば，新堂幸司「訴訟と非訟」青山善充＝伊藤眞編『民事訴訟法の争点〔第3版〕』（有斐閣，1998年）12頁。

14）当事者主義的運用に関する文献として次のものがある。「〈家事調停制度研究会〉家事事件の現状と問題点〔第1回〕」法の支配84号94頁〔山﨑恒発言〕，渡瀬勲「乙類審判手続の模索」家月28巻5号1頁。遺産分割事件に関するものとして，井上哲男「乙類審判事件における職権探知と適正手続の具体的運用」岡垣學＝野田愛子編『講座・実務家事審判法1』（日本評論社，1989年）127頁，佐上善和「家事審判における当事者権」鈴木忠一＝三ケ月章監修『新・実務民事訴訟講座8』（日本評論社，1981年）73頁。

15）訴訟物の機能をどのように把握するかについては，見解に相違がある。かつては，訴

第15章　家事審判事件の審判物

　この原告の申立て（訴え）により，裁判所に対して審理の対象を明らかにするとともに，訴訟当事者にとっても攻撃防御の対象が明確に定まることとなる。そして，裁判所の審判は，質量ともに「訴訟物」の範囲にとどまることになる（民訴246条）。

　家事審判手続においても，「審判物」概念を用いて審判内容に一定の枠をはめるという考え方を採用することは，基本的に有用であると考える。ただし「訴訟物」と同様の「審判物」概念を念頭に置いているわけではなく，「非訟事件」の性質に対応した変容を加えるべきものと考えている。具体的な差異としては，次のものを挙げることができる。

　第一に，審判物にあっては，訴訟物と同程度の「特定」を要するわけではない。請求する金額，遺産分割の具体的方法などは特定不要である。最高裁判所[16]は，離婚訴訟に附帯して申し立てられた財産分与に関して，「離婚の訴えにおいてする財産分与の申立については，裁判所は申立人の主張に拘束されることなく自らその正当と認めるところに従って分与の有無，その額及び方法を定めるべきものであって，裁判所が申立人の主張を超えて有利に分与の額等を認定しても民訴法186条（現行民訴246条）の規定に違反するものではない。」と判示した。この判決は，審判物概念を肯定する私見と矛盾するものではない。

　第二に，「審判物」概念を採用するとしても，このことが家事審判に既判力を肯定する見解に結びつくものではない。換言すれば，既判力を有するものではない家事審判について，「審判物」概念を取り入れることは可能であると考える。例えば，扶養を命ずる審判等（家審9条1項乙類8号，現行の2類審判10項）については，審判確定後に新たに，異なる内容の扶養を請求する旨の申立てをすることが可能であり，家庭裁判所も新たな事情に応じた審

え提起時における請求の定立（特定），訴えの客観的併合と見るべきか否か（民訴136条），重複起訴禁止に触れるかどうか（民訴142条），訴えの変更となるかどうか（民訴143条）について統一的に把握されてきた。しかし，近時は問題ごとに検討する考え方が支配的である（中野貞一郎「訴訟物概念の統一性と相対性」判タ846号27頁参照）。
　訴訟物の機能をどのように理解するにせよ，この概念の持つ基本的な発想，つまり審判の対象を特定することの重要性は否定できないところである。この問題を本稿は主題とするものではないことから，訴訟物の機能をどのように把握するかについては，これ以上，立ち入らないこととする。
16）最判平成2年7月20日民集44巻5号975頁。

判をなすことがありうる。不在者の財産管理に関する処分（民25条〜29条，家審9条1項甲類3号，現行の1類審判55項）についても同様である。すなわち，不在者の財産に関してある必要な処分をした後でも，その処分は事情の変化等に応じて修正され得る。家事審判については，伝統的な見解と同様，既判力を有しないものと考える。しかし，審判物の概念を採用することで審判申立ての枠組を考えること，当事者の申立ての枠を超えるのは相当ではないと考えることは，可能であると考える。[17]

第三に，裁判所の釈明の結果，申立てを変更した方が望ましいことが判明した場合には，申立ての変更により対処することは可能であると考える（民事訴訟手続における訴えの変更と同様の取扱いをすれば足り，また変更をしていない以上，裁判所の判断で変更をすることは許されない）。

以上のように考えると，「審判物」概念を用いずとも，当事者は審判の申立ての際に，審判の対象物を特定する責任を負い，かつ，裁判所はその範囲に拘束される，と考えれば足りるのかもしれない。しかしながら，伝統的に審判の対象は裁判所の広範な裁量に属するものとされてきたことからすると，この点の変革を明確にして，当事者等への手続保障を実質的なものとするためには，新しい概念の導入が不可欠であると考えたのである。

# 第3 現行法下における「審判物概念」

## 1 基本的考え方

家事事件手続法においても，明文上は，「審判物」概念は存在せず，また，申立てにより審判事項を特定するとの考え方も示されていない。しかし，家事事件手続法においては，家事審判の申立ての際には，申立ての趣旨及び理由を申立書に記載しなければならないものとされている（法49条2項2号）。

---

17) 遺産分割等—家事審判法9条1項乙類10号，現行の2類審判12項—については，新たな相続人や相続財産が見つかった場合ではないのに，審判で示された遺産分割の方法が納得できないとして後日，争うことは認められないと考える。このことは，既判力の効果ではなく，家事審判の有する「形成力」に基づく効果であると考えるべきであろう。本間靖規「形成訴訟の判決効」吉村徳重＝井上正三『講座民事訴訟6』（弘文堂，1984年）294頁，梶村＝徳田・前掲注1）419頁〔大橋〕。

第15章　家事審判事件の審判物

すなわち，家事事件手続法下においては，特定されていない申立ては不適法なものとなり，裁判長による補正命令や申立書却下命令の対象となるのである（法49条4項，5項）。また，申立ての趣旨・理由の変更には一定の制限があり（法50条），さらに，審判書には主文・理由の要旨を記載しなければならない（法76条2項）。これは申立書の申立ての趣旨・理由に対応したものである。このように新たに設けられた規定により，同法では家事審判法のときよりも一層「申立てによる審判の特定」が求められていると考える[18]。また，「審判物」という語は，家事事件手続法の立法過程やその後の解説においても特段の注釈なく，使用されるに至っている[19]。このことは，家事事件手続法下において，「審判物」概念の有用性が受け入れられたものと言えよう。

それでは，審判物をどのように把握すべきであろうか。基本的な考え方としては，家事事件手続法39条に基づく別表の条項ごとに把握するのが原則となるであろう[20]。しかし，いくつかの例外があり，こうした点に不明確な部分を残している。例外についての具体的検討は，以下の2及び3で行う。

審判物では，第2の4で述べたように，扶養料等の金額の特定，遺産分割の具体的方法などについては，特定をする必要がない。換言すれば，当事者が申立ての中で金額や，遺産分割の具体的方法に言及していたとしても，裁判所はそれに拘束されることはないのである。つまり，裁判所は，扶養料については，扶養権利者・扶養義務者の一切の状況を勘案して扶養の額・方法を定めるべきであるし，また遺産分割についても，民法906条に基づき，「各相続人の一切の事情」を考慮して審判を下すことになる。これらの事項が非訟事件で定められている所以である。

## 2　1類審判事件の審判物

1類審判事件の審判物は，基本的には，家事事件手続法39条に基づく別表第1の各項の事項が基準になるものと考える[21]。例えば，養子縁組の許可（1

---

18）金子修編著『逐条解説家事事件手続法』（商事法務，2013年）173頁参照。
19）法制審議会非訟事件手続法・家事審判法部会第3回会議議事録金子幹事発言，第32回会議議事録11頁川尻関係官発言など。また，高田裕成編著『家事事件手続法』（有斐閣，2014年）159頁〔金子修発言〕，金子・前掲注18）173頁等。
20）高田・前掲注19）159頁〔金子修発言〕。
21）金子・前掲注18）173頁。

*340*

# 第3　現行法下における「審判物概念」

類審判61項）を考えてみることとしよう。許可にかかる判断は，民法794条
または798条に規定された要件にしたがって行われる。したがって，申立て
における枠組みであるとか，申立ての審判段階での変更などは，考慮するま
でもないのである。同様のことは，失踪宣告（1類審判56項）についても妥
当する。失踪宣告が申し立てられた場合，民法30条の要件にしたがって失踪
宣告が出されるか否かが決まり，申立てにおける枠組みや審判での変更を問
題にする余地はない。ゆえに，「審判物」は別表第1の各項の事項であると
の原則が妥当する。

　以下では，(1)～(3)について，問題となる事案を具体的に検討する。


## (1)　制限行為能力者の審判について

　旧法下においては，多数説は，3種類の審判類型（後見開始の審判，保佐
開始の審判，補助開始の審判）は程度の差に過ぎず，したがって，申立人の主
張に審判の内容が拘束されることはないとしていた[22]。また，旧法下の実務は，
「大は小を兼ねる」という考え方を採用していたとも説明されている[23]。すな
わち，例えば，後見開始審判のような能力制限の大きいものから，保佐開始
の審判のように小さいものへの変更は認めるが，その逆は許さないというも
のである。

　しかし，まず，補助開始の審判については，本人以外の者が申立てをする
場合には，本人の同意を要する（民15条2項）ことから，後見開始又は保佐
開始の審判の申立てがある場合に，補助開始の審判を下すことができない。
このように「後見開始 → 補助開始」「保佐開始 → 補助開始」の転用がで
きないばかりでなく，これ以外の「後見開始 → 保佐開始」「保佐開始 →
後見開始」「補助開始 → 後見開始」「補助開始 → 保佐開始」の場合であっ
ても，制限能力者にかかる三制度は，制限能力者本人に対する効果が全く異
なることから（民8条，13条，17条参照），申立ての転用は認めるべきではな
い。つまり，後見開始審判の申立て，保佐開始の申立て，補助開始の申立て
はそれぞれが異なる申立てであり，申立てがあった範囲内でのみ制限能力者

---

22) 我妻・前掲注7）78頁。
23) 裁判所職員総合研修所監修『家事審判法実務講義案〔6訂版〕』（司法協会，2005年）
　　82頁。

*341*

第15章　家事審判事件の審判物

制度の適用の有無を考えるべきである。そうでなければ，後見，保佐，補助
の制度をそれぞれ別の類型にし，それぞれに大きく異なる法律効果を与えた
趣旨が損なわれることとなるからである。また，仮に大は小を兼ねるといっ
た対応をすると，常に「後見開始の審判」を申し立てておけば足りることに
なってしまう。これでは，類型を分けた意義が没却される上，当事者にとっ
て不意打ちになるのではないか，と考えられる。したがって，考え方として
は，後見開始の審判が申し立てられているが，裁判所が保佐開始が適当であ
ると判断したとき（あるいは，その以外のケースにおいても）には，裁判所は，
釈明により，申立ての変更を促すべきである。私見によれば，別表第1の項
目ごとに考えるとの原則を変更する必要はないのである。

　なお，複数人（例えば，夫婦両名）について後見開始の審判が申し立てら
れた場合，審判物はそれぞれの者ごとに異なると解される。これに対して，
1人の未成年者について複数の未成年後見人を選任する場合には，審判物は
一つである[24]。なぜならば，裁判所は，被後見人となるべき者ごとに，審理判
断を行うからである[25]。

### (2)　別表の項の中に，複数の審判物が規定されている場合

　別表の項の中に，複数の審判物が規定されている場合が存在する[26]。例えば，
1類審判13項は，「成年後見人又は成年後見監督人に対する報酬の付与」と，
1類審判67項は，「親権喪失，親権停止又は管理権喪失」と規定されている。
これらは，実定法上の根拠が異なり（13項については，民862条，及び852条に
よる同条の準用が根拠となっている。67項についても，実定法上の根拠条文はそ
れぞれ，民834条，834条の2，835条で異なる），同一の項に定められていると
しても，審理内容が異なり，別の審判物を構成するものである。

---

24)　金子・前掲注18）173頁。
25)　また，複数の未成年子に関して親権停止又は親権喪失（1類審判67項）が問題となっ
　ている場合でも，子ごとに審判物は異なるといえよう。高田・前掲注19）167頁〔窪田
　充見発言〕。
26)　金子・前掲注18）174頁。

342

第3　現行法下における「審判物概念」

### (3)　複数の形成原因がある場合

申立人が法律状態の変更を求める審判を申し立てた場合に，複数の事実関係がその形成原因となり得る場合がある。例えば，後見人解任の申立て（民846条，1類審判5項），推定相続人廃除の申立て（民892条，1類審判86項）においては，複数の具体的事情が形成原因となりうる。この場合に，仮に，具体的な事実関係ごとに審判物が異なるとすると，当事者の主張したもの以外の事実関係を認定して解任・廃除することができなくなり，審理に柔軟性を欠くこととなるほか，公益性の見地からも妥当ではない[27]審判物は，原則通り，「後見人の解任」，「推定相続人の廃除」とすべきであり，形成原因となる具体的事実は，その法律効果をもたらす要件たる事実の主張であると位置づけるべきであろう。

## 3　2類審判事件の審判物

2類審判事件は，争訟性があり，訴訟に類似した側面がある。この点で，事件の申立人・相手方双方にとって，「不意打ち防止」を考慮すべき重要性は，1類審判事件におけるよりも大きいものと言えよう。

2類審判事件についても，「審判物」は別表第2の各項の事項が基準となる[28]ここでも，(1)〜(3)について，例外に該当するか否かを検討することとする。

### (1)　子の監護に関する処分について

2類審判3項として，「子の監護に関する処分」が挙げられている。同項は，民法766条2項，3項に基づき，協議離婚の際に子の監護に必要な事項を定めるものであるが（同項は，民749条，771条，788条で，裁判上の離婚・婚姻取消し等の際にも準用される），その中には，①監護者の指定，②子の引渡し，③養育料の支払い，④面会交流といった内容が含まれている[29]これらは，同じ2類審判3項に規定され，かつ，実定法上の根拠条文も同じであるが，

---

27)　金子・前掲注18) 175頁。ただし，高田・前掲注19) 160頁〔金子修発言〕は，解任事由ごとに審判物が異なるとしている。
28)　金子・前掲注18) 173頁。
29)　梶村＝徳田・前掲注1) 493頁〔岡部喜代子〕。

*343*

第15章　家事審判事件の審判物

性質は全く異なるものである。したがって，審判物は，上記の①〜④でそれぞれ異なるものと考える[30]。なお，家事事件手続法154条3項の規定は，子の監護者の指定・変更等の処分を命ずる審判の際には，子の引渡し，養育料の支払については，申立てがなくても，審理・判断ができる旨を定める。本項は，監護者指定等の審判と，子の引渡し・養育料の支払いを命ずる審判が異なることを前提にした上で，前者の審判を実効あらしめるために，異なった性格の事項を一緒に判断できるとする特別規定と考えることができよう[31]。

## (2)　婚姻継続中の子の養育料について

　父母の婚姻関係が継続している間に，父又は母に対して子の養育料を請求するためには，3つの方法（すなわち，①夫婦間の扶助義務として請求する方法（2類審判1項，民752条），②婚姻費用の分担請求として請求する方法（2類審判2項，民760条），③子から監護していない親に対する扶養請求（2類審判9項，民877条〜880条））のいずれの方法も利用可能である（ただし，①，②は一方配偶者から他方配偶者に対する請求となり，③は子からの請求である）[32]。このことを前提とすると，例えば，婚姻費用の分担請求事件（2類審判2項）が申し立てられた場合，申立ての中に子の養育料も含まれているのか，あるいは子から別途扶養請求の申立てがなされるのか等を釈明権の行使によって明らかにした上で，当事者の意思の枠組みの中で判断するべきである（2類審判1項の申立てがなされた場合も同様である）。すなわち，2類審判1項又は2項の申立てがなされた場合に，子の養育料の支払請求が含まれるケースと含まれないケースがあり，それぞれで審判物が異なることになる。以上の帰結は，養育料が①〜③の異なる法律構成により認められ得るという特殊性に基づくものであると考える。

---

30)　筆者は，旧法下において，①〜④について，審判物が異なるとの見解を示した（大橋・前掲注1）38頁。家事事件手続法においても，審判の対象は別個であるとするものとして，金子・前掲注18）174頁。
31)　複数の未成年子に関して，子の監護に関する処分が申し立てられた場合には，子ごとに審判物は異なる。両親を同一としている兄弟であっても，その子ごとに引渡し，養育料，面会交流の判断が異なり得るからである。
32)　田中昌利「離婚請求を認容するに際し別居後離婚までの間の子の監護費用の支払を命ずることの可否」曹時52巻5号1464頁。

*344*

### (3) 財産分与について

　離婚・婚姻取消しの際に，財産分与の請求をするケースについて，検討する（2類審判4項，民768条2項，749条，771条）。財産分与に，①夫婦の実質共有財産の精算，②離婚後の扶養，③不法行為に基づく損害賠償（慰謝料的要素）のいずれの事項が含まれるかについて，実体法で考え方が分かれる。判例は，①～③のいずれもが含まれるという見解を採りつつ，③については①，②とは別途請求することも認めている[33]。この最高裁判決を前提にすると，申立ての際に，③の慰謝料を含める趣旨かどうかを明らかにし，当事者の意思の枠組みの中で判断するべきである。すなわち，2類審判4項の申立てがなされた場合に，③慰謝料の請求が含まれるケースと含まれないケースがあり，それぞれで審判物が異なることになる（当事者が①と②のみを申し立てている場合には，裁判所は③を含めて審判の対象とすることができない）と考える。

# 第4　審判物概念をめぐる若干の問題

　本項では，「審判物」概念を認めた場合に残された若干の問題を検討することとしたい。

## 1　審判が申立て以外の方法で開始する場合

　上記では，審判が申立ての方法により開始した場合を念頭に置いて，検討してきた。しかし，審判の開始はこれに限定されるものではない。1類審判事件については，審判申立て以外に職権による開始があり，2類審判事件については，審判申立て以外に調停からの移行があり得る。そこで，これらの方法により手続が開始したケースについても言及することとしたい。

　職権による審判の開始は，例えば，次の事件において認められると解されている。後見人又は後見監督人に対する報酬付与（民862条，852条，1類審判13項），後見の事務の監督（民863条，1類審判14項），限定承認した場合における相続財産管理人の選任（民936条，1類審判94項），遺言執行者に対する報酬の付与（民1018条，1類審判105項）等である。これらの事件についても，

---

33）最判昭和46年7月23日民集25巻5号805頁。

第15章　家事審判事件の審判物

申立てによる審判の場合と同様に考えるべきであり，「審判物」の把握を異にする理由はないものと考える。すなわち，基本的には，家事事件手続法39条に基づく別表第1の各項の事項が基準になり，第3の2で記した例外についても同様である。職権による開始の場合には，「申立ての拘束力」を考える余地はないが，裁判所は，開始した手続の審判物を明らかにし，その枠組みの内で判断を下す必要がある。

　2類審判事件については，審判の申立てがなされずに，まず調停が申し立てられ，その後，審判に移行することがある（調停不成立の場合の家事審判の申立ての擬制，法272条4項）。家事事件手続法272条4項の適用を受けるのは，2類審判事件に限定される。申立ての擬制により審判手続が開始した場合であっても，「審判物」概念の把握については，原則として，家事事件手続法39条に基づく別表の条項ごとに把握する。ただし，調停から移行した場合には，どの事項が審判手続の対象となっているか必ずしも明確ではない場合が存在するので，以下に考察する。

### ⑴　2類審判事項のみが調停手続の対象となっていたとき

　2類審判事項のみが調停手続の対象となっていたとき（例えば，調停手続の対象が遺産分割と寄与分の請求であったとき〔2類審判12項及び13項〕，又は財産分与と年金分割の請求であったとき〔2類審判4項と15項〕）には，全ての事項が移行の対象となる。

### ⑵　2類審判事項が調停手続の対象に含まれていなかったとき

　2類審判事項が調停手続の対象に含まれていなかったときには，審判の申立てが擬制されることはない（審判手続に移行することはない）。

### ⑶　2類審判事項と一般調停事項が調停手続の対象となっていたとき

　この問題については，最高裁判所の裁判例（最決平成23年7月27日判タ1357号85頁）[34]が参考になる。本件では，協議離婚後に，X（元妻）がY（元夫）

---

34）最決平成23年7月27日判タ1357号85頁。この裁判例については，以下の評釈・解説がある。小原将照「判批」法学研究（慶應大学）85巻6号94頁，三浦毅「判例研究」法政論集（名古屋大学）244号151頁，大濱しのぶ「家事審判法9条1項乙類事項につき他の

を相手方として，①財産分与，②慰謝料，③子供の所持品の引渡，④年金分割について家事調停を申し立てた（本件は，「離婚後の紛争調整」として1通の申立書で申立てがなされ，全体が1件の一般調停事件として受け付けられていた。）。本件調停事件は不成立となった。その後，Ｘは，本件では，調停不成立により①と④が乙類（現行の2類）審判事項であり，審判手続に移行したとして審判期日の指定を求めた。家庭裁判所は，この調停は一般調停であり移行しないとして，審判期日の指定申立てに応じない旨を書面で回答した。抗告人Ｘは，この回答書が「審判期日指定の申立てに対する却下審判」に当たり，不服であるとして抗告した。同抗告が却下されたところ，Ｘは憲法32条違反を理由として特別抗告を行った。最高裁判所の示した本決定は，民事訴訟法336条1項で認められている特別抗告の理由には該当しないことを理由として，抗告を棄却した。本決定の中で以下に引用する箇所は，傍論ではあるが，家事調停から家事審判に移行する部分を示したものとして意義がある。「抗告人が家庭裁判所に申し立てた調停事件のうち財産分与及び年金分割を求める部分は，家事審判法9条1項乙類（現行の2類審判事件）に掲げる事項に該当し，又は同事項とみなされるのであって，同事項に該当しない他の家庭に関する事項と併せて調停の申立てがされた場合であっても，抗告人が調停不成立のときに審判への移行を求める意思を有していないなど特段の事情がない限り，その事件名にかかわらず，家事審判法26条1項（現行の法272条4項）に基づいて審判に移行するものと解される（この場合に，申立ての手数料に不足があるときは，これを追加して納付することを要する）」旨を判示している。

最高裁判所の示した法理の大要は，(ア)調停手続の対象となっている事項が2類審判事項と他の事項を含む場合には，2類審判事項についてのみ，家事審判手続に移行する，(イ)上の(ア)については特段の事情があれば，例外が認められる，(ウ)2類審判事項に該当するか否かは，調停申立書の記載により形式的に判断するのではなく，申立内容の実質で判断する，(エ)上の(ウ)により申立ての手数料に不足が生ずることとなった場合には，追加して納付しなければ

---

家庭に関する事項と併せて申し立てられた調停が成立しない場合における審判への移行の有無」リマークス45号110頁，佐上善和「家審26条1項による調停不成立の場合の審判への移行」民商146巻2号183頁，川嶋四郎「併合された家事調停不成立と家事審判移行の有無」法学セミナー701号118頁，ジュリ重要判例解説平成23年133頁〔林昭一〕。

第15章　家事審判事件の審判物

ならない（本件では，１件の一般調停事件として，１件分1,200円の印紙が貼付されていた），と示すことができる。なお，本裁判例の示した法理は，家事事件手続法下においても妥当するものと考える。家事事件手続法272条４項は，家事審判法26条１項を踏襲し，また，２類審判事項と他の事項を含む調停事件の審判移行に関して，特別な規定を設けていないことは，家事審判法と同様だからである。[35]

　(イ)の例外に該当するのはいかなる場合であろうか。最高裁は，２類審判事項（乙類審判事項）に該当する場合であっても調停の申立人が「調停不成立のときに審判への移行を求める意思を有していない」場合を例に挙げている。裁判文中では，申立ての段階での意思を問題にしているように読めるが，調停手続は柔軟でかつ流動的なものであり，調停不成立の段階での意思によるのが妥当であろう。[36] 申立人の意思以外に特段の事情については，２類審判事項と一般調停事項との関係に着目して，次のように説かれている。(α) ２類審判事項が，他の事項（訴訟事項）の法律関係の形成を条件としている場合（例えば，離婚の申立てとともに財産分与を申し立てる場合）には，訴訟事項の形成が認められない以上，２類審判事項について審判手続に移行する必要はない。[37] したがって，この場合には「特段の事情」が認められる。[38] (β) ２

---

35）家事事件手続法255条２項，３項により，調停申立書の記載事項が明確化された（金子・前掲注18）231頁）。したがって，調停を申し立てた際に，２類審判事項に該当するか否かは，通常は形式的に判断することができよう。ただし，調停の実質に鑑みて，実質的に判断することは認められうる（大濱・前掲注34）113頁）。

36）大濱・前掲注34）113頁。

37）多数説はこのように説く。佐上・前掲注１）425頁，裁判所職員総合研修所監修『家事審判法実務講義案〔６訂再訂版〕』（司法協会，2009年）243頁。また，同旨の裁判例として，宮崎家裁日南支審昭和44年７月21日判タ252号313頁がある。ただし，斎藤秀夫＝菊池信男編著『注解家事審判法〔改訂〕』（青林書院，1994年）836頁〔石田〕は移行を否定する。

38）斎藤＝菊池・前掲注37）836頁〔石田〕は，離婚の申立てに附帯して親権者指定・財産分与の申立てがなされたケースを (a) とは区別して分類する。設例において，調停手続において離婚についてのみ合意が成立した場合，３通りの処理方法が考えられるとする。第一に，親権者指定・財産分与ともに調停不成立として審判に移行させる処理方法，第二に，親権者指定・財産分与については後日審判で定める旨の合意を調停調書に記載し，事件全体を調停成立とした上で，新たな審判申立てにより判断する処理方法，第三に，親権者指定についてのみ審判に移行し，財産分与については後日の申立てを待つ処理方法である。現行法上離婚と親権者の指定は切り離すことができない（民766条，771条）ので，原則としてこれらの調停申し立てを切り離すべきではないと考える。すなわち，離婚自体の成立を認めず，人事訴訟等での対応を待つべきであろう。仮に，離婚に

類審判事項が，他の事項を前提条件としていない場合には，「特段の事情」
はなく，原則通り２類審判事項のみが移行の対象となる。

　上記のように，家事事件手続法272条４項による審判手続への移行は，単
純化した原則を示すことができず，調停手続の申立人・相手方にも判然とし
ない。したがって，調停不成立の段階では，調停委員会は，審判に移行する
ものを明確にし，それ以外の事項についての爾後の手続を示すことが肝要と
なろう。

## **2** 審判物と上訴との関係

　本項では，審判物と上訴の関係について，概略を記すこととしたい。

　民事訴訟法が「第一審判決の取消し及び変更は，不服申立ての限度におい
てのみ，これをすることができる」と定めていることから（民訴304条），民
事訴訟手続では，不利益変更禁止の原則，利益変更禁止の原則が適用される。
すなわち，①控訴人には（附帯控訴がなされない限り）第一審判決より不利益
な判決がなされないとの保障が与えられ，かつ②不服申立ての範囲を超えて
控訴人に有利に変更されることもない。これらの原則は，私的自治の原則に
基づくものである[39]。

　これに対し，家事法においては，不利益変更禁止原則・利益変更禁止の原
則，及び附帯抗告制度が適用されない（民訴293条，304条が準用されていない
（法93条３項参照））[40]。このように，不利益変更禁止の原則・利益変更禁止の原
則が共に適用されない理由は，以下の二点に求められる[41]。第一に，家事審判
手続においては，裁判所が公益的・後見的見地から適切な裁量権を行使し，
法律関係を形成することが求められている（私的自治の原則は妥当しない）こ
とによる。第二に，１類審判事件はもちろんのこと，２類審判事件について
も，当事者にとっての有利・不利が必ずしも明らかではないこと[42]に基づく。

---

　ついての調停成立を認めるのであれば，第三の方法が望ましいものと考える。財産分与
　については，離婚の成立と切り離すことが認められているからである。
39) 伊藤眞『民事訴訟法〔第５版〕』（有斐閣，2016年）720頁。
40) 家事審判に対する不服申立てについては，大橋眞弓「家事審判に対する不服申立て制
　度—上訴不可分の原則を中心として」民訴雑誌61号26頁を参照されたい。
41) 金子修編著『一問一答家事事件手続法』（商事法務，2012年）148頁。
42) 例えば，財産権に関する争いだといい得る遺産分割事件についても，特定の相続人に

第15章　家事審判事件の審判物

第一の点に関しては，１類審判事件のみならず２類審判事件についても，当事者の利益とは異なる要素が考慮される[43] 不利益変更禁止の原則が適用されないことの帰結として，即時抗告審は，原審よりも抗告人に「不利益な」裁判を下すことも，抗告人の不服の範囲を超えて判断を下すことも可能である[44]例えば，(a)養育費を求める審判（２類審判３項）の申立ての結果，一定額の支払いが相手方に命じられた事案において，申立人が金額に不満があるとして即時抗告した場合に，抗告審では原審判より減額することも可能なのである。また，(b)AよりBに対して財産分与の申立てがなされ（２類審判４項），第一審ではBからAへの給付を命ずる審判が出され，A又はBが即時抗告を行った場合に，抗告審でAからBへの給付を命ずることも可能である（財産分与の審判においては，あるべき分与のあり方が審理判断されるのであり，申立人から相手方に分与を命じることもありうる）。ただし，不利益変更禁止・利益変更禁止の原則は適用されないとしても，当事者の手続保障の観点から，当事者にとって不意打ちにならないよう充分留意すべきであることは当然のこととして認められている。

　ただし，抗告審において判断しうるのは，「審判物」の範囲内であると考える。審判物の範囲を超えて判断を示した場合に当事者にとって不意打ちとなることは，家庭裁判所での審判手続における問題と異なるところがないからである。

# 第5 結びに代えて

　本稿において，以上の考察を通じて個別事例を元に検証してきたところからすると，審判物概念は，新法下においても法解釈において一定の有用性を

---

とって，第一審と抗告審の判断のどちらが有利かは明確ではない。抗告裁判所としては，民法906条に従って分割の判断を示すほかないのである。

43) １類審判については，後見開始の審判等でこのことは明白である。争訟性の強い２類審判事項においても，例えば，親権者の変更（２類審判８項）においては，当該「未成年子の利益」に基づいて判断される（民819条６項）。また，遺産分割（２類審判11項）においては，民法906条より「遺産に属する物又は権利の種類及び性質，各相続人の年齢，職業，心身の状態及び生活の状況その他一切の事情を考慮」して判断される。

44) 以下の具体例については，高田・前掲注19) 305頁〔金子修発言〕による。

持つことが確認できたと考える。確かに，個々の検証に関してはなお今後深めるべき点は存在するものと自認している。家事事件手続法39条に基づく別表の項目ごとに審判物を把握する原則の例外的事例は，本稿に記したもの以外にどのようなものがあるのか，なお精査が必要であろう。また，2類審判事件については，調停に代わる審判（法284条1項）の際にも審判物が問題となる。この点については別稿に譲る。[45]

　本稿が今後の議論のたたき台を提供することができれば，筆者の望外の喜びである。さらなる議論を期待して本稿を閉じることとしたい。

---

45) 大橋眞弓「家事調停手続と『審判物』概念」稲田龍樹編『東アジア家族法における当事者間の合意を考える』（勁草書房，2017年刊行予定）。

# 第16章

# 参加と受継

菱 田 雄 郷

## 第1 参 加

### 1 総 論

#### (1) 当事者概念

　家事審判手続を含む非訟手続における当事者概念については訴訟手続と同列には論じられない，と考えられてきた。すなわち，訴訟手続では，訴え，又は訴えられた者が当事者であるといういわゆる形式的当事者概念が妥当しているが，非訟事件では，職権で手続が開始される場合があること，申立てに基づいて手続が開始される場合であっても，申立人又は相手方とは異なる者の権利関係について審判がなされることがあることから，申し立て，又は申し立てられた者のみを当事者として把握するだけでは不十分であると考えられたのである。そこで，申立人と相手方を形式的当事者とし，審判の結果により直接法律上の影響を受ける者を実質的当事者として把握する思考法がよく用いられた[1]。

---

1) 鈴木忠一「非訟事件に於ける当事者」同『非訟事件の裁判の既判力』（弘文堂, 1961年, 初出1960年）208頁〜211頁, 綿引末男「家事審判法総論」加藤令造編『家事審判法講座 第1巻』（判例タイムズ社, 1966年）29頁, 飯塚重男「非訟事件の当事者」鈴木忠一＝三ケ月章監修『実務民事訴訟講座7』（日本評論社, 1969年）66頁〜68頁, 山口幸雄

第16章 参加と受継

以上のように当事者概念を把握することの意義は，裁判官の除斥の際に除斥原因の有無の基準となる当事者の範囲を確定する，証人尋問と当事者尋問のいずれの規定が適用されるかを仕分けるといった具体的な解釈論的な帰結をもたらす点にも求められるが[2]，より重要なのは，とりわけ実質的当事者に対しても，手続保障を与えるという議論を導くという点にあったと思われる[3]。家事審判の多くは形成的裁判であり，その効果は対世的に及ぶ以上は，形式的当事者以外の者についても，裁判の実体形成の過程に関与させることが必要となる，という問題関心に基づくものである[4]。

以上のような議論状況の中で制定された家事事件手続法は，訴訟手続と同様，形式的当事者概念を採用し，実質的当事者の概念を採用しなかった[5]。審判の結果により一定の影響を受ける者であっても，積極的に手続に関与することを望まないことがあり得る以上は，当然に当事者の地位を与えるのは相当ではなく，別途手続に関与する機会を付与するに止めるのが適切である，という判断に基づくものである。

(2) 当事者参加の意義

当事者参加とは，当事者となる資格を有する者が，当事者として係属中の家事審判の手続に関与し，一定の手続行為をするための参加形態を指す。ここでいう当事者となる資格を有する者は，形式的当事者概念の採用が前提である以上，「正当な当事者」となる資格を有する者，すなわち当事者適格を有する者を指す。そして，かかる資格の有無は，基本的には実体法によって定められる[6]。

---

「当事者」岡垣學＝野田愛子編『講座・実務家事審判法1』（日本評論社，1989年）85頁～87頁，伊東乾＝三井哲夫編『注解非訟事件手続法〔改訂〕』（青林書院，1995年）155頁～159頁〔三井〕，佐上善和『家事審判法』（信山社，2007年）69頁～71頁は関係人という用語を用いる。

2) 鈴木・前掲注1）232頁，233頁，綿引・前掲注1）29頁。
3) 飯塚・前掲注1）75頁，鈴木忠一「非訟事件に於ける正当な手続の保障」同『非訟・家事事件の研究』（有斐閣，1971年，初出1969年）307頁～318頁，斎藤秀夫＝菊池信男編『注解家事審判法』（青林書院，1987年）112頁〔林屋礼二〕，山口・前掲注1）86頁。
4) 山木戸克己『家事審判法』（有斐閣，1958年）29頁。
5) 金子修編著『一問一答家事事件手続法』（商事法務，2012年）28頁～29頁。
6) 金子修編著『逐条解説家事事件手続法』（商事法務，2013年）129頁。

354

第1 参 加

　当事者参加は，当事者適格を有する者の意思に基づく参加と職権又は他の当事者の申立てによる参加に分類される。本稿では，前者を任意参加，後者を強制参加と呼ぶ。強制参加は，その者が当事者として手続に関与しないと適法に審判がなし得ないという場合，又は，その者が当事者として手続に関与していないと適法に審判がなし得ないというわけではないが，その者を当事者として手続に関与させることでより根本的な紛争解決が期待できるという場合に，その者を，その意思にかかわらず当事者として手続に関与させるために用いられることが想定される[7]。他方，任意参加は，審判の対象たる事項について当事者適格を有する者が，係属中の家事審判の手続に当事者として参加し，従前の手続を利用するために用いられることが想定されるが，状況によってはその者が当事者として手続に関与しないと適法な審判又はより根本的な紛争解決がなし得ないという者の参加の申出を待って，適法な審判又はより根本的な紛争解決を可能にするという意義を有することもある[8]。

　以上概観したところによれば，当事者参加の意義は，審理の効率性又は便宜に重点をおいたものとして理解されることになりそうである。

### (3)　利害関係参加の意義

　利害関係参加は，審判の結果に一定の利害関係を有する者が，利害関係参加人という地位において係属中の家事審判の手続に関与するための参加形態を指す。利害関係参加も，参加しようとする者の意思に基づく参加と職権による参加に分類される。本稿では，ここでもそれぞれ任意参加，強制参加という用語をあてることにする。

　審判を受ける者となるべき者や，審判の結果によって直接の影響を受ける者は，常に当事者適格を付与されているわけではなく，これらの者が当事者とされないままに適法に審判がなされ，それによって重大な影響を受けるこ

---

　7）金子・前掲注6）132頁。強制参加の代替手段として，①その者の手続関与が望ましい者による任意参加の申出を待つ，②その者を相手に新たに申立てをし，手続の併合を求めるという二つが考えられるが，①については，任意参加の申出がなされる保障がない，②については，手続の併合は裁判所の裁量であり，併合される保障がない，という問題があり，いずれも強制参加には完全に代替し得ない。

　8）金子・前掲注6）128頁，129頁。

第16章　参加と受継

ともあり得る[9]。したがって，これらの者に対して事前の手続保障を与えることは極めて重要であり，家事審判法の下での実質的当事者概念に関する議論も概ねこのような局面をターゲットにしていたということができる。利害関係参加とは，実質的当事者の議論が狙いとしてきたことを別の形で実現するものとしての意義を有する。

　もっとも，利害関係参加による手続保障という構想は，家事審判の手続の係属が利害関係参加をなし得る者に適時に知らされ，参加の機会が実質的に保障されなければ，貫徹されないものである。そこで，家事事件手続法は，一定の者には事前に陳述の聴取（法120条等）又は事件係属の通知をしなければならない（法162条3項等）旨を定めることで参加の機会の実質化を図るとともに，任意参加が期待できない者については強制参加によって手続保障を図る余地を認めることとしている。

## 2　当事者参加

### (1)　任意参加

#### ア　要　件

#### (ア)　第一審で当事者となる資格を有する者

　当事者参加をするための要件は，参加しようとする家事事件につき当事者となる資格，すなわち当事者適格を有することである。当事者適格を有する者としては，以下の場合が主たる例として想定されている[10]。

　第一は，申立権が複数の者に与えられている場合において，そのうちの一部が申立てをし，又は職権で手続が開始したときに，他の申立権者が参加をするという場合である。例えば，成年被後見人となるべきものの配偶者により後見開始の審判手続が開始したという場合に，他の申立権者は，当事者参加をすることができる。

---

9）例えば，成年後見に関する審判事件における成年被後見人となるべき者・成年被後見人や親権に関する審判事件における子は，当事者適格を付与されていない。純粋に可能性の問題としては，この種の者に当事者適格を付与した上で，この者を当事者としなければ適法な審判はなし得ないという形で手続保障を貫徹するという途もあり得る。しかし，当事者適格は実体法が定めるという建前を維持する以上は，実体法の立法論的検討が必要となる。

10）金子・前掲注6）127頁。

第1　参　加

　第二は，申立人又は相手方の当事者適格を基礎づける法的地位の移転を受けた第三者が参加する場合である。例えば，遺産分割審判手続係属中に相手方から相続分の譲渡を受けた者は当事者参加をすることができる（相手方の死亡により包括承継が生じた場合は，受継の問題となる）。

　第三は，家事審判をするためには，複数の者が申立人となり，又は，複数の者を相手方とすべきであるのに，申立人又は相手方とすべき者の一部を欠いた申立てがなされたところ，申立人又は相手方とすべき者で，当事者とされていなかった者が参加をする場合である。例えば，全相続人が当事者となるべき事件類型である遺産分割審判において，当事者とされなかった相続人は当事者参加をすることができる。

　第四は，家事審判をするために当事者とすることが必要なものはすでに当事者になっているが，より根本的な解決をするためには当事者とするのが望ましい者が参加する場合である。扶養の程度又は方法についての決定の審判事件において，相手方とされた扶養義務者以外に扶養義務者が存在するという場合，その者は，当該事件の手続に当事者参加をすることができる。相手方とされた扶養義務者以外の扶養義務者は自らの分担割合を定める前提として，申立人・相手方間の扶養義務の程度・方法，分担割合の形成を求めて，家事審判の申立てをすることができるという理解が前提とされているものと考えられる[11]。

　以上のうち，第一，第三の例は，判決手続における共同訴訟参加に近く，第二の例は，判決手続でいう参加承継に近いものである。第四の例は，第一の例に吸収させることもできそうであるが，独立当事者参加に類似する側面もあるように思われる。いずれにしても，合一確定が要求されざるを得ないから，手続の進行の統一を図る必要がある。

### ㈠　抗告をなし得る者

　第一審の当事者以外で，抗告を提起することができる者が抗告を提起した場合，その者は正当な当事者となる[12]。そこで，このような意味で当事者適格を有することで家事事件手続法41条1項の要件を満たすといえるか，という

---

11）鈴木忠一「扶養の審判に関する問題」同『非訟・家事事件の研究』（有斐閣，1971年，初出1968年）180頁。
12）金子・前掲注6）279頁。

*357*

第16章　参加と受継

問題を設定することが可能となる。

そこで検討するに，以上のような意味で当事者適格を有する者が第一審で当事者参加をすることを認めることは困難である。第一審においては当事者適格を有していたとはいい難いからである。

他方，抗告審については，抗告期間経過の前後で分ける必要があろう。抗告期間が経過した後は，抗告を提起し得ないのであるから，もはや当事者適格を有しないこととなり，当事者参加はなし得ないと解さざるを得ない[13] 他方，抗告期間経過前であれば，当事者参加を肯定することも可能ではある[14] この場合は独自に即時抗告を提起することも可能であるが，独自に即時抗告が提起された場合に当然に抗告審で手続が併合されるか否かが明らかではないとすれば，当事者参加にも固有の意義があるということになろう。

### イ　手続

#### ㋐　参加の申出

家事事件手続法41条１項による参加の申出は，参加の趣旨及び理由を記載した書面でしなければならない（法41条３項）。参加の趣旨を記載するとは，どの家事審判の手続に，いかなる参加をするか（当事者参加か利害関係参加か）を記載するということであり，参加の理由を記載するとは，どのような資格に基づいて参加をしようとするかを記載する，ということである。また，参加を申し出る際には，参加しようとする家事事件の手続において当事者適格を有するということを明らかにする資料を添付しなければならない（規則27条１項）。

参加の申出には，一定の審判を求める申立てが伴うか。肯定することが自然な事件類型とやや不自然となる事件類型があるようである[15] まず，後見開始の申立てのような，別表第１の事件類型においては，参加の申出には後見開始の申立ても伴うと考えることに違和感は少ない。実際のところ，先行する申立てが取り下げられることもあり，そのような場合に参加申出に申立て

---

13) 法制審議会非訟事件手続法・家事審判法部会（以下，「部会」という。）第２回会議議事録19頁〔脇村真治発言〕は，審判の申立てに期間制限がある場合において，申立権者が申立期間経過後に当事者参加をすることはできない，という。
14) 部会第13回会議議事録６頁〔脇村真治発言〕も参照。
15) 金子・前掲注６）130頁，131頁。

が伴うと考えることに実益がある。他方で，遺産分割手続に相手方として参加するという場合には，申立てをする意思があると考えるのは困難であるし，申立ての取下げには制限があるため（法199条），あえて申立てがあると考える実益にも乏しい。

　説明としての美しさの問題であり，実益がある論点ではないが，当事者の定義として，審判の申立人とその相手方が当事者であるという定義を採用するのであれば，実際に申立ての明示を要求するか否かはともかく，観念上は，当事者参加の申出にも何らかの審判申立てが伴っていると解することになろう。[16] ただ，職権開始の場合や職権による強制参加まで視野に入れた場合には，結局，上記の当事者の定義もある程度修正せざるを得ないことを考えると，ここでのみ，上記の当事者の定義に固執することにも大きな理由はないという議論も可能である。

### (イ)　参加の申出についての裁判

　参加の申出が不適法であるか，理由がない場合には，裁判所は申出を却下する。他方で，申出が適法であり，かつ，理由があるという場合には，特別な裁判は必要なく，申出人を当事者として扱えば足りる。文字通りに裁判が存在しないという趣旨であるのか，黙示の裁判で足りるという趣旨なのかは判然としないが，前者なのであろう。[17]

　家事事件手続法41条1項の要件を充足すれば，裁判所は参加を許すほかはない。当事者適格は実体法の規定によって定まっており明確であるとともに，当事者適格を有する以上は参加を認めるのが当然と考えられたためである。[18]

---

16）松川正毅ほか編『新基本法コンメンタール人事訴訟法・家事事件手続法』（日本評論社，2013年）196頁〔上野泰男〕。
17）家事審判の申立てをしたものが当事者となるのに特別な裁判は必要ではないということとパラレルに理解をするということである。
18）金子・前掲注6）133頁。確かに，その者が当事者とならない限り，申立てが不適法となるという局面においては，当事者参加を認めない方がよいということは考えにくいが，そうでない局面ではより柔軟に処理する余地を認める立法もあり得たように思われる。例えば，後見開始の審判事件で，記録閲覧により財産関係を把握することを目的として，申立権を認められている疎遠な親戚が当事者参加を申し立てるという状況が想定され得るが（部会第9回会議議事録27頁，28頁〔小田正二発言〕），このような参加を常に認めなければならない強い理由はないのではなかろうか。あるいは，優先管轄を定める家事事件手続法5条は，係属中の事件と同一事件に係る申立てがなされた場合には，併合審理に付さなければならないということを前提とするが故に，参加を認めないのは迂遠であるという判断がなされたということも考えられるが，併合審理が常に要求されるとい

第16章　参加と受継

### (ウ)　参加の申出についての裁判に対する不服申立て

家事事件手続法41条1項による参加の申出を却下する裁判に対しては，即時抗告を提起することができる（同条4項）。当事者適格を有する者が手続に参加して手続行為をすることができる利益を保障する趣旨である[19]。

他方，参加の申出を却下する決定がなされないまま，当事者として扱われたという場合，これに対する即時抗告は認められていない（対象となる裁判がそもそもない）。しかし，参加申出人を当事者として扱った後に，要件不充足が判明した場合にどう扱うべきか，という問題は残る。可能性としては，その時点で参加の申出を却下するという扱いと，参加の当否はもはや問題とならず，本案の申立てを却下するという扱いの二つが考えられそうである。後者が簡便そうではあるが，前者のように本案と切り離して処理をすることにも，当事者の私生活上の秘密を保護するという観点から意義を見出すことができるかもしれない。

### (2)　強制参加

#### ア　要件

強制参加の対象となり得るのは，係属中の家事事件で当事者となっていない者の内，当事者適格を有し，かつ，審判を受ける者となるべき者である（法41条2項）。

当事者適格を有することが要件となるのは，当事者として参加させるという制度である以上，当然である。その内実も家事事件手続法41条1項による参加の場合と同様である。

強制参加においては審判を受ける者となるべき者であることも要求される（その定義については後記3(1)ア(ア)を参照）。当事者適格を有し，かつ審判を受ける者となるべき者の例としては，共同相続人の1人が他の共同相続人の一部の者のみを相手方として遺産分割の申立てをした場合における残余の共同相続人が挙げられる[20]。他方，当事者適格を有するが，審判を受ける者となるべき者ではない者として想定されているのは，後見開始に係る事件のように，

---

う前提を疑う余地はあろう。
19)　金子・前掲注6)133頁。
20)　金子・前掲注5)270頁。

360

申立人が複数定められているとともに，申立人が審判を受けることは想定されない事件における申立権者である。このような者については，その者を，その意に反して当事者としなくても家事審判の手続進行上問題がないとともに，強制参加の対象とするならば，申立てを強制することとなり，相当ではないと考えられたのである[21]。

強制参加には，相当性も要求される。その者を当事者としなければ，審判をすることができないという場合には，相当性を認めざるを得ないが[22]，そのような事情がない場合は，その者を当事者とすることがより根本的な紛争の解決に資するかという観点から，相当性の有無を判断することになろう。このような観点から例として挙げられるのは扶養の程度又は方法についての決定の審判事件において，扶養権利者が複数の扶養義務者のうち一部のみを相手方として申立てをしてきた場合に，その余の扶養義務者を強制参加させるという局面である[23]。ただし，参加させられた扶養義務者の扶養義務について審判をするためには，従前の申立人，相手方，参加させられた者のいずれかから審判の申立てが必要であるということを前提とする限りは[24]職権での強制参加が相当である範囲は限定されるように思われる。

### イ　手　続

#### (ア)　申立てによる強制参加

強制参加は，当事者の申立てによっても，職権でもできる。当事者の申立てによる場合，申立人は，参加の趣旨と参加の理由を記載した書面である（法41条3項）。参加の趣旨と参加の理由の具体的な意義及び添付書類は任意参加の場合と同様である。

強制参加の申立てが不適法であり，又は，理由がない場合は却下の裁判をし，申立てが，適法であり，理由があるという場合には，参加を命ずる裁判をする[25]。参加を命ずる裁判が参加させられる者に告知されることにより，そ

---

21）金子・前掲注6）132頁。
22）金子・前掲注6）133頁。
23）金子・前掲注6）132頁。
24）鈴木・前掲注11）170頁は反対。
25）家事事件手続法41条1項の場合と異なり，申出ではなく申立てという概念が用いられているのは，申立てを容れる場合にも，明示的な裁判が必要であることを明らかにする趣旨である。

第16章　参加と受継

の効力が生じ，その者は当事者としての地位を取得することとなる（法81条，74条2項）。

却下の裁判に対して即時抗告をすることは認められない。①自ら積極的に参加しない者に手続保障を与える必要性に乏しいこと，②当事者適格の基礎となる実体法上の地位の有無は判決手続で確定されるべき事柄であり，抗告によって争わせる意義に乏しいことが理由とされる[26]。

参加を命ずる裁判に対しても即時抗告をすることはできない。強制参加の要件である当事者適格の有無を争うのであれば，本案の審判において争うことが可能であり，参加させられた者が事後的に当事者適格を有しないことが判明した場合には，手続からの排除の方法（法43条）も認められるからである[27]。

　(イ)　職権による強制参加

職権による強制参加の場合には，裁判所は，端的に参加させようとする者に対して参加を命ずる裁判をする。この裁判は即時抗告の対象にはならない。

(3)　参加人の地位

当事者参加により手続に参加した者は，任意参加か強制参加かにかかわらず，当事者となる。したがって，当事者として手続行為をなし得ることになるが，性質上従前の申立人しかすることができない申立ての取下げ及びその交換的変更（追加的変更は許容する余地がある。）並びに性質上即時抗告をした者しかすることができない当該即時抗告の取下げは，することができない[28]。

当事者参加をしたということ自体で，本案の審判に対して即時抗告をする権限が当然に認められるということはない。例えば，審判の申立人に即時抗告をする資格が与えられている場合（法123条1項2号等），申立権者が，第一審の審判がなされる前に当事者参加をすれば，それによって申立人としての地位を獲得することになるため，申立人の資格において審判に対して即時抗告をなし得ることになる。他方で，同じ場合において，申立権者が，第一

---

26)　金子・前掲注6）134頁。
27)　金子・前掲注6）134頁。
28)　『非訟事件手続法及び家事審判法の見直しに関する中間試案の補足説明』（以下，「中間試案補足説明」という。）（2010年）21頁。

362

審の審判後，確定前に当事者参加の申出をすることで，本案の審判の申立人の資格において即時抗告をすることは認められない[29]。自ら改めて審判を申し立てることができ，原審の資料を利用することも不可能ではないから，第一審で参加していない者にまで即時抗告を認める必要はないと考えられたことによる[30]。

## 3 利害関係参加

### (1) 任意参加

#### ア 要 件

#### (ア) 審判を受ける者となるべき者

審判を受ける者となるべき者は，家事審判の手続に参加することができる（法42条1項）。審判を受ける者となるべき者とは，申立てを却下する裁判以外の審判，すなわち積極的内容の審判がされた場合に当該審判を受ける者となり，その者の法律関係が形成されることとなる者を指す。例えば，後見開始の審判事件における成年被後見人となるべき者や，特別養子縁組の成立の審判事件における養子となるべき者の父母がこれに当たる。

審判を受ける者となるべき者による利害関係参加は，裁判所の許可を必要としない点に特徴がある。これは，審判を受ける者となるべき者は，参加に係る家事審判事件に最も強い利害関係を有すること，審判を受ける者となるべき者は事件類型ごとに明確に定められており，裁量を入れる余地に乏しいことを理由とするものである[31]。

#### (イ) 審判の結果により直接の影響を受ける者

a 審判を受ける者となるべき者以外の者であって，審判の結果により直接の影響を受けるものは家庭裁判所の許可を得て，家事審判の手続に参加することができる（法42条2項）。

b しかし「審判の結果により直接の影響を受けるもの」という文言に辿りつくまでには立法過程においてかなりの変遷が見られた。当初提案

---

29) 中間試案補足説明61頁。
30) 部会第26回会議『配布資料28非訟事件手続に関する検討事項』24頁。
31) 金子・前掲注6) 137頁。

第16章　参加と受継

された「審判の結果に利害関係を有する者」という文言については[32] 間接的な利害しか有しない者の参加申出により手続の進行に様々な支障が生じる等の指摘があり[33] また，中途で提案された「家事事件の結果について重大な利害を有する者」という文言[34] についても，絞りすぎである[35] 不明確である[36] 等の指摘があった結果，「審判の結果により直接の影響を受ける者」という文言に落ち着いたのである[37] 結果としては，実質的当事者概念とほぼ同じ表現が用いられることになっているが，実質的当事者と同じ範囲で参加を認めるべきである，という強い方向性が立法過程に現れているというわけではない[38]。

　　　　c　他方で，「審判の結果について利害関係を有する者」という家事審判規則の要件よりも厳格にすることについてはかなり明確な方向性が示されていた[39] その意味では大きな政策の転換があったといえる。

　そこで転換の理由が問題となるが，立案過程においては，①手続の進行に様々な障害が生じる[40] ②参加人は独立して手続行為をなし得るという前提である以上，訴訟手続における補助参加よりも厳格な要件とする必要がある[41] といったことが主張されていた。また，立案担当者の解説書においては，③身分関係の当事者の私生活上の秘密を守る要請とのバランスが挙げられている[42]。

　しかし，以上のうち，②は必ずしも十分な説得力を持たない。職権探知主義の妥当する家事審判の手続では，そもそも既存の当事者は，裁判資料につ

---

32）部会第7回会議『配布資料8家事審判手続の検討事項(1)』34頁。
33）部会第9回会議議事録29頁〔長秀之発言〕。
34）『非訟事件手続法及び家事審判法の見直しに関する中間試案』57頁。
35）部会第23回会議議事録4頁，5頁〔増田勝久発言〕。
36）部会第26回会議『配布資料27非訟事件手続法及び家事審判法の見直しに関する中間試案』に対して寄せられた意見の概要（そのⅠ―非訟事件手続に関するもの）』22頁。
37）非訟事件手続及び家事事件手続に関する要綱案39頁。なお，かかる文言へと固まる際の重要な触媒として，利害の重大性ではなく，事案との距離へ着目すべし，とするものとして部会第26回会議議事録6頁〔増田勝久発言〕参照。
38）ただし，部会第18回会議議事録22頁，23頁〔高田裕成発言〕では実質的当事者概念と利害関係参加をリンクさせようという問題意識が見られる。
39）中間試案補足説明22頁。
40）前掲注33）参照。
41）部会第18回会議議事録22頁〔伊藤眞発言〕。
42）金子・前掲注6）121頁。

364

いて強いコントロール権を持たないのであり，参加人の地位が従属的か否かによって，裁判資料の面における既存の当事者の権限が大きく制約されることはないと考えられるからである。次に，③は相応の説得力を持つと思われるが，家事事件特有の秘密保護の重要性とは関係のない非訟事件手続法21条2項も，家事事件手続法42条2項と同様の文言により参加の範囲を絞っていることとの関係をどう説明するか，という問題を指摘できそうである。[43] 最後に，①は，非訟事件手続法と家事事件手続法の双方に妥当する理由としての適格を有すると考えられるが，これのみで上記のような大幅な政策転換を正当化できるか，という疑問はさしはさむ余地があろう。非訟事件手続法も包括した形での参加制度の説明についてはなお検討を要するものと思われる。

　　　　　d　立案担当者の解説によれば，審判の結果により直接の影響を受ける者は，当事者又は審判を受ける者に準じ，審判の結果により自己の法的地位や権利関係に直接の影響を受ける者をいう，と定義され，①親権者の指定または変更の審判における子，②親権喪失の審判における子，③成年後見人の解任の審判における成年被後見人，④親権喪失の審判が取り消された場合の未成年後見人がその例とされる。[44] 他方，審判の結果により直接の影響を受ける者に当たらない例としては，推定相続人の廃除の審判事件において，廃除を求められていない推定相続人が挙げられる。推定相続人は，廃除の審判によりその法定相続分が変動するという点で同審判の影響を受けるが，それは直接的ではないということである。[45]

　もっとも，明確性において優れているということを理由の一つとして選ばれた「審判の結果により直接の影響を受ける者」という要件がそう明確であるか，という点については問題も指摘されている。[46] 例えば，親権喪失審判の取消審判がなされると，未成年者後見人は後見人の地位を失うから，利害関係参加の要件を満たすといわれる。しかし，この例においては，親権の復活が審判による直接の影響であり，未成年者後見人が後見人の地位を喪失する

---

43) 非訟事件手続法は元々参加の規定を有していないのに対して，家事審判規則は参加の規定を有していた（家審規14条）という原状の違いがあるため，統一的な説明は不要である，という理解はあり得なくもない。

44) 金子・前掲注6) 138頁。

45) 金子・前掲注6) 138頁。

46) 高田裕成編著『家事事件手続法』（有斐閣，2014年）70頁〔窪田充見発言〕。

第16章　参加と受継

ことは，その間接的な影響である，と言えなくもない。また，家庭裁判所は，養子の死後に死後離縁をするについての許可の申立てがあった場合には，原則として，養子を代襲して養親の相続人となるべき者に対し，その旨を通知するものとする，とされており（法162条3項），これは通知を受けた者の利害関係参加を認めることを前提とするものと解されるが，相続分への影響という点では上記の推定相続人廃除の場合と同じであり，区別の論理は微妙となり得る。結局のところ，参加を望む者が保護に値する利益を有しているかが問題であって，[47]直接か間接かというのは結論が固まった後のラベルに過ぎないということであろう。

　　　e　審判を受ける者となるべき者以外の者であって，審判の結果により直接の影響を受ける者が参加をするためには家庭裁判所の許可が必要である（法42条2項）。審判の結果により直接の影響を受ける者に当たるかどうかの審査が必要であることと，審判の結果により直接の影響を受ける者に当たる者であっても，なお，利害関関係参加を認めるのに相当ではない場合があることを理由とするものである。[48]相当でない場合の例としては，親権喪失審判取消事件において未成年者後見人から利害関係参加の許可の申立てがなされたところ，当該未成年後見人は，親との接触がなく，有益な資料を提出し得ないという場合が挙げられている。[49]もっとも，未成年者後見人は自らの利害関係がかかっているわけではない点でやや特殊であり，自らの利害関係がかかっている者による参加許可の申立ての場合に審判の結果により直接の影響を受ける者に該当するにもかかわらず，許可しないというのは例外的な局面と解すべきであろう。[50]

　㋒　**当事者となる資格（当事者適格）を有する者**

　当事者適格を有する者は，利害関係参加をすることも許される（法42条2

---

47）高田・前掲注46）72頁〔窪田充見発言〕。
48）金子・前掲注6）138頁。
49）金子・前掲注6）139頁。
50）金子・前掲注6）138頁は，審判の結果により直接の影響を受ける者であることが認められながら，参加を許可されない場合は少ないと述べる。高田・前掲注46）73頁〔高田裕成発言〕も，原則は参加を認める方向に傾くという。利害関係参加の外延がはっきりしない以上は，「遊び」の部分は必要であろうが，利害関係参加が手続保障のシステムの主要な構成要素である以上は，明白に審判の結果により直接の影響を受ける者と言える者の参加を許可しないということは許されないものと思われる。

366

第1 参 加

項)。例えば，後見開始の申立てがなされた場合，後見開始に反対の別の申立権者はこの申立てに係る家事審判の手続に強い利害関係を有すると考えられるが，当事者参加では申立人の地位に就くことになり，相当ではない。そこで，このような者には利害関係参加をし，申立ての却下を求めて手続追行することを認めたのである[51]。

当事者適格を有する者による利害関係参加の場合，家庭裁判所の許可が必要である（法42条2項）。当事者適格を基礎づける権能を行使する方向での参加ではないため，権利としての参加を認めるまでの必要性を欠くという理由である[52]。

### ㈎ 未成年者による任意参加

審判を受ける者となるべき者による任意参加，それ以外の者による任意参加いずれの場合も，家庭裁判所は，参加しようとする者が未成年者である場合において，その者の年齢及び発達の程度その他一切の事情を考慮してその者が当該家事審判の手続に参加することがその者の利益を害すると認めるときは，参加の申出又は参加の許可の申立てを却下しなければならない（法42条5項）。未成年者であっても，手続行為能力が認められる限りは自らの判断で利害関係参加の申出又はその許可の申立てをすることができるが，手続に参加することで子が父母の対立に巻き込まれ，親への忠誠葛藤が増幅するおそれがある場合や親の一方との関係を修復不可能な程度にまで損ないかねないような場合も生じ得ることに配慮した規律である[53]。

もっとも，利害関係参加が許されないとすると，未成年者の意思や状況をどのように手続に反映させるか，という問題が残る。これについては家庭裁判所調査官による調査に多くを期待するということにならざるを得ないが，家庭裁判所調査官による調査で，未成年者による主体的な手続への参加を完全に代替できるとは言いにくい。この点，未成年者が手続代理人により利害関係参加をするというのであれば，未成年者が直接父母の対立に巻き込まれるという懸念は解消される余地があるが，その手続代理人を一方の親が選任しており，結局，当該親の立場が代弁されるのみとなるならば，やはり利害

---

51）金子・前掲注6）138頁，139頁。
52）金子・前掲注6）139頁。
53）金子・前掲注6）141頁，142頁。

*367*

第16章　参加と受継

関係参加は認められないということになりそうである。家事事件手続法23条
は，裁判長が未成年者のために手続代理人を選任する余地を認めているけれ
ども，すでに選任されている手続代理人を排除しないままに同条に基づく手
続代理人を選任するというのも難しい。立法論として手続代理人を排除する
必要性にまで議論が及ぶ所以である。[54]

　　イ　手　続
　　㈠　審判を受ける者となるべき者による参加

　この参加の申出は，参加の趣旨及び理由を記載した書面でしなければなら
ない（法42条4項，41条3項）。申出に理由がなければ，家庭裁判所は申出を
却下する決定をする。他方，申出に理由がある場合には，特段の裁判は必要
なく，申出人を利害関係参加人として扱えば足りる。

　参加の申出を却下する裁判（法42条5項によるものも含む）に対しては，即
時抗告を提起することができる（法42条6項）。手続に参加する利益を保護す
るためである。[55] 他方，参加が認められた場合，独立に即時抗告をすることは
認められていない。審判を受ける者となるべき者とは異なる者が参加してい
るということが事後的に判明することも考えられなくはないが，この場合は
その時点で参加の申出を却下することになろうか。

　　㈡　その他の者による参加

　この参加をしようとする者は，参加の趣旨及び理由を記載した書面により，
参加の許可の申立てをする（法42条4項，41条3項）。その申立てに理由がな
ければ，家庭裁判所は申立てを却下する決定をする。他方，その申立てに理
由があれば，家庭裁判所は参加を許可する旨の決定をする。

　申立てを却下する決定も参加を許可する旨の決定も即時抗告の対象となら
ない。前者については，①審判を受ける者となるべき者に比して，手続保障
の要請が低いこと，②利害関係参加の許否に関する裁判所の判断を尊重する
のが相当であることが理由とされる。[56] 後者についても，②の理由は妥当する

---

54）高田・前掲注46）97頁〔畑瑞穂発言〕。
55）金子・前掲注6）143頁。
56）金子・前掲注6）143頁。実質的には，即時抗告が提起されることで，本案の審理が停
　　滞することへの懸念が大きいようである。部会第9回会議議事録29頁〔長秀之発言〕を
　　参照。

第1　参　加

が，その後に参加の要件を欠くことが判明した場合，裁判所は，職権で，参加を許可する旨の決定を取り消し，申立てを却下することができることも理由となろう（法81条1項，78条1項）。

(2)　**強制参加**
ア　要　件
　家庭裁判所は，相当と認めるときは，職権で，審判を受ける者となるべき者及び審判を受ける者となるべき者以外の者であって，審判の結果により直接の影響を受ける者又は当事者適格を有するものを，家事審判の手続に参加させることができる（法42条3項）。
　審判を受ける者となるべき者，審判の結果により直接の影響を受ける者，当事者適格を有する者の意義については，すでに触れた。「相当と認めるとき」というのが強制参加に特有の要件ということになるが，これは裁判所として積極的に参加させることが，その者の手続保障を図るために望ましい場合を意味する[57]裁判所の後見性に期待する制度であるから，既存の当事者に申立権は与えられていない。
　なお，立法過程ではかなりの間，当事者参加に限定して強制参加は考えられてきた。これが，利害関係参加にも強制参加を導入するという方向に転換したのは，自ら積極的に参加することが期待できない子を参加させるという議論が登場したことによる[58]子が積極的に利害関係参加の手続を踏むという想定が現実的でない中で，家事事件手続法23条の手続代理人を選任するということも組み合わせつつ，子に手続上の地位を保障するために，裁判所が後見的な役割を果たすことに期待する議論である。もっとも，法文上は，子であることが要件とされているわけではないため，より一般的な利用が可能である。
イ　強制参加の手続
　強制参加をする際には，家庭裁判所が職権で，参加を命じる旨の裁判をする。この裁判は，相当な方法で告知されたときに効力を生じ，この裁判に対

---

57)　金子・前掲注6）139頁，140頁。
58)　部会第27回会議議事録25頁，26頁〔増田勝久，杉井静子発言〕。

第16章　参加と受継

して即時抗告をすることは認められない。手続保障が必要であるという家庭裁判所の判断を尊重する趣旨である。[59]

### (3) 参加人の地位

利害関係参加人は，当事者がすることができる手続行為をすることができる（法42条7項）。積極的に当事者の権限として定める規定がある場合に，その権限の行使を認めるという趣旨であり，当事者が受動的に一定の手続行為の対象となる場合に，利害関係参加人も同じ手続行為の対象になるという趣旨ではない。[60] 例えば，記録の閲覧等の請求（法47条），証拠調べの申立て（法56条1項）は，積極的に当事者の権限として定められているため，利害関係参加人にもこれらの手続行為をすることが認められるが，当事者からの陳述の聴取（法68条1項）は，当事者が受動的に事実の調査の対象とされるに止まるため，利害関係参加人が必要的な陳述の聴取を受けることにはならない。[61]

利害関係参加人は，家事審判の申立ての取下げ及び変更，裁判に対する不服申立ての取下げ並びに裁判所書記官の処分に対する異議の取下げをすることができない（法42条7項括弧書）。これらは申立てや裁判に対する不服申立てをした当事者の判断に委ねるべきであると考えられるからである。[62] また，裁判に対する不服申立て及び裁判所書記官の処分に対する異議の申立てについては，利害関係参加人が不服申立て又は異議の申立てに関するこの法律の他の規定によりすることができる場合に限って許される（法42条7項ただし書）。

なお，利害関係参加人は補助参加人と異なり，被参加人に従属するということはなく，当事者の抵触行為によって手続行為を妨げられることはない。[63] したがって，利害関係参加人による証拠調べの申立てがなされた場合，当事者が撤回の意思を表示したとしても，当該申立てが効力を失うことはない。

---

59) 金子・前掲注6) 143頁。
60) 高田・前掲注46) 138頁〔金子修発言〕。
61) ただし，高田・前掲注46) 140頁〔高田裕成発言〕にあるように，家事事件手続法68条を，当事者に攻撃防御方法の提出権限を認めるものと読む余地はあり，そのような理解に立てば，本文で述べたこととは異なる帰結を導くことも可能となる。
62) 中間試案補足説明23頁。
63) 中間試案補足説明22頁，23頁。

*370*

第2　手続からの排除

# 第2 手続からの排除

## 1 意 義

　元々当事者適格を有しない者が当事者となり，又は，審判事件の手続係属中に当事者が当事者適格を喪失することがある。すでに相続分を包括的に第三者に譲渡した者が，遺産分割申立ての相手方とされた場合が前者の例であり，遺産分割事件の手続係属中に当事者が相続分を第三者に包括的に譲渡した場合が後者の例である。

　このような場合，これらの者を当事者として遇し続けるのは相当ではない。家事事件は私人の私生活上の秘密に関わるものであることに鑑みれば，これらの者に記録の閲覧謄写等の権限を認めるのは相当ではないからである。

　しかるに，すでに知られている措置により，この問題に適切に対応できるかは明らかではない。例えば，家庭裁判所が，当事者適格を有しない者の，又は，に対する申立てを却下するという措置が考えられそうであるが，遺産分割においては，各申立人から各相手方に対する申立てがあると考えるのは不自然であり，そうすると，当事者適格を有しない者に係る申立てのみを却下するというのは困難であるとも考え得るからである。そこで，端的に当事者としての地位を喪失させる手続行為として手続からの排除という新たな概念を設けたということである。[64]

　なお，家事審判法の下では，手続係属中の相続分の包括譲渡がなされたような場合には脱退による処理がなされていたようである。[65] しかし，訴訟手続における脱退とは効果が異なること，[66] 当事者適格を失っているという前提であるにもかかわらず，脱退の申出を待って手続から排除するということの合理性に疑問があること[67] 等から，従前の運用を維持することは回避された。

---

[64]　金子・前掲注6）145頁〜147頁。
[65]　部会第9回会議議事録35頁〔長秀之発言〕。
[66]　部会第9回会議議事録36頁〔平山馨発言〕。なお，松川ほか・前掲注16）199頁〔上野〕は，強制脱退とすれば訴訟脱退とは調和しないと述べる。
[67]　部会第27回会議議事録5頁〔三木浩一発言〕。

第16章　参加と受継

## 2　要　件

　すでに当事者としての地位を取得している者が，当事者適格を有しない者であること，又は，当事者適格を喪失した者であることである。利害関係参加人は排除の対象にはならない。参加を許可する旨の決定を取り消すことで対応可能であること，審判を受ける者となるべき者の利害関係参加においてその者がその基礎となる地位を有せず，又は，失った場合には，家事審判手続自体が終了することが多いこと（例えば，後見開始の審判事件において被後見人となるべき者が利害関係参加をした後に死亡したという場合）が理由として指摘される。[68]

　次に，法文上書かれていない要件として，手続からの排除がなされた後も手続自体は別の当事者の手続追行の下で続行される場合であることが要求される。[69] 例えば，後見開始の申立人が1人であり，その者が当事者適格を有しない者であることが判明したという場合，その者を手続から排除してしまえば，手続終了を宣言することになろうが，そもそもこのような場合は申立てを却下すれば足りるということである。

　この観点から，やや問題がありそうなのは，例えば，複数の扶養義務者に対する扶養の程度又は方法についての決定の審判手続において，一部の扶養義務者が離縁等により当事者適格を喪失した場合である。この場合，複数の扶養義務者それぞれに対する申立てを観念することができるから，申立てを却下するという形で処理することは可能であるが，手続からの排除によっても手続が全体として終了するわけではないことを考えれば（併合されていることが前提），手続からの排除による処理もあり得そうである。結局のところ，手続からの排除を，他の手段による処理ができない場合の補充的な仕組みと捉えるか，手続終了宣言という迂遠な措置を要しない限りでは，より広く用いてよい仕組みとして捉えるか，という問題であろう。概念の整理としては前者のように捉えるのが美しいように思われるが，上記の例で排除がなされ

---

68)　金子・前掲注6）147頁。ただし，審判を受ける者となるべき者による利害関係参加でも，要件不充足が認定された時点で申出を却下するという処理があり得るとすれば，この処理で十分であるということも理由になるかもしれない。
69)　金子・前掲注5）92頁。

372

た場合にあえて処理をやり直させる程のこともなさそうである。後者を支持したい。

## 3　手続・効果

　家庭裁判所は，排除の要件が満たされる場合には，職権で，その旨の決定をする。この決定に対しては即時抗告をすることができる（法43条2項）。抗告権者は明定されていないが，排除により影響を受けるのは，それにより当事者たる地位を失う排除された者であるから，その者が抗告権を有する[70]。

　排除の決定に対する即時抗告には執行停止の効力が認められていないため，排除の決定は，相当と認められる方法で排除されるべき者に告知されたときにその効力を生じ，排除されるべき者は当事者たる地位を喪失する。即時抗告に執行停止の効力が認められていないのは，要件が明確であり，即時抗告により覆る可能性が低いこと，確定するまで排除されるべき者を当事者として扱わなければならないとすると排除という制度の意義が大きく減殺されること，即時抗告により排除の決定が覆ったという場合も，排除の決定を受けた者の関与なくなされた審判の効力は別途問題にすることができることを勘案した結果である[71]。

# 第3　手続の受継

## 1　中断の有無

　家事審判の手続では，迅速性が要求されること，職権探知主義であり，当事者の関与なしで審理を進められることが多いこと，中断しないといっても，当事者に対して行うべき行為や当事者の関与なしではなし得ない行為はなし得ないから（例えば，審理の終結や裁判の告知はできない），当事者に対する不利益は限定的であることを理由として，中断を認めないものとされている[72]。立法過程では，中断を認めつつも，当事者の立会権がある手続行為以外はす

---

70）金子・前掲注6）148頁。
71）金子・前掲注6）148頁。
72）金子・前掲注5）95頁。

第16章　参加と受継

ることができるという提案もなされていたが[73]容れられなかった。一定の手続行為を許す中断という概念に違和感があった[74]ことが理由の一つであると考えられる。

　中断を認めない見解と，中断を認めつつ一定の手続行為を許す見解とで差が生じる場合としては，審判の告知後に，当事者が死亡，資格の喪失その他の事由によって家事審判の手続を続行することができなくなった場合がある。中断を認めなければ抗告期間は進行をし，後は追完で処理されるということになるのに対して（法34条4項，民訴97条），中断を認める見解によれば，抗告期間は受継までは進行しないこととなるのである。追完の期間が1週間であることを考えると，この違いは必ずしも小さいものではなく，立法論としてはなお議論の余地があるといえそうである[75]。

## 2　受継の意義

### (1)　受継の二類型

　家事事件手続法は，手続の受継として二つの類型を有している。第一は，法令により手続を続行する資格のある者による受継（以下，「受継Ⅰ」という。）であり，第二は，そのような者が存在しない場合における他の申立権者による受継（以下，「受継Ⅱ」という。）である。

### (2)　受継Ⅰ

　当事者が死亡，資格の喪失その他の事由によって家事審判の手続を続行することができない場合において，法令により手続を続行する資格のある者がある場合，当然に後者が当事者となる。訴訟手続における当然承継の概念は家事審判手続にも妥当するということである[76]。そして，家事審判の手続は中断しないというのも先述のとおりである。

　そうすると，法令により手続を続行する資格のある者が当然に手続を追行するというのが論理的な帰結となりそうである。しかし，誰が承継するか，

---

73)　部会第10回会議議事録4頁，5頁〔増田勝久，畑瑞穂発言〕。
74)　部会第18回会議議事録32頁〔脇村真治発言〕。
75)　部会第3回会議議事録38頁〔増田勝久発言〕も参照。
76)　金子・前掲注6）152頁。

第3 手続の受継

直ちには決まらない場合もあり得ることを考えると（例えば，相続人が相続放棄をするか否かが定まらなければ，誰が承継するか定まらない），裁判所が新たに当事者となった者を確認するという意味の裁判をするというのが相当であろう。法令により手続を続行する資格のある者による受継とは，このような趣旨のものであり，判決手続のように，中断の状態を解消するというような効果はない。したがって，例えば，当事者が手続代理人を選任しており，当事者が死亡した後も，そのことが家事審判の手続において明らかにならないまま，当該手続代理人が手続行為をしたという場合には（法26条，民訴58条），その手続行為は有効であり，法令により手続を続行する資格のある者にその効果は帰属するということになろう[77]。

### (3) 受継Ⅱ

家事審判の申立人が死亡，資格の喪失その他の事由によってその手続を続行することができない場合において，法令により手続を続行する資格のある者がない場合，特段の定めがなければ，手続は終了するということにならざるを得ない。しかし，他に申立権者がおり，その者に手続を引き継がせることができるのであれば，審理等の無駄を回避するためにも適切である。そこで，このような場合に，裁判所が別の申立権者に従前の審判手続の当事者としての地位を付与し，その手続を引き継がせる裁判をすることを認めるのが受継Ⅱである。したがって受継Ⅱの裁判は，受継Ⅰとは異なり，形成的な意味を持つ。言い換えれば，申立人の死亡により，（本来は終了だから）手続を進めることはできなくなっているところ，受継Ⅱは，新たに当事者を創設することにより，そのような状態を解消するものとしての意義を有する。

---

[77] 高田・前掲注46) 144頁〔金子修発言〕。ただし，手続代理人が選任されていない場合に承継人が受継前に手続行為をなし得るわけではない，という理解が前提とされていたようでもある（部会第30回会議議事録11頁〔脇村真治発言〕）。手続代理人によるのであれば，受継前でも手続行為をすることができるが，本人自らはできないということであり，このような法律関係をどう説明するかは工夫を要しよう。

*375*

第16章　参加と受継

# 3　受継 I

## (1)　要　件

### ア　当事者が家事審判の手続を続行することができないこと

　当事者が死亡，資格の喪失その他の事由によって家事審判の手続を続行することができないことが要求される（法44条1項）。ここでいう家事審判の手続を続行することができないとは，当事者が当事者能力を喪失した場合又は当事者適格を喪失した場合を指し，手続行為能力を喪失したが故に手続行為をなし得ない場合や法定代理人が死亡した場合は含まない[78]。後者の場合には，新たに選任された法定代理人を当事者の法定代理人として扱えば足りる。

　家事審判の手続を続行することができなくなることの理由としては，当事者の死亡と資格の喪失が例示されている。当事者の死亡，資格の喪失に該当しなくても，当事者能力や当事者適格の喪失をもたらす事由が生じれば，「その他の事由」という文言に該当することになる。例えば，法人が当事者となっている場合において，当該法人が合併により消滅した場合がこれに当たる。

### イ　法令により手続を続行する資格のある者の存在

　法令により手続を続行する資格のある者となり得るのは，いわゆる包括承継人である。すなわち，当事者が死亡した場合における相続人，当事者たる法人が合併により消滅した場合における合併により設立され，又は，合併後存続する法人，当事者が破産手続開始決定を受けた場合の破産管財人である。

　ただし，これらの者が常に法令により手続を続行する資格のある者となるわけではない。例えば，申立人が死亡し，相続人が存在するという場合でも，申立権が一身専属的なものであれば，当該相続人は法令により手続を続行する資格のある者には該当しない。したがって，相続人等が法令により手続を続行する資格のある者に該当するか否かは，最終的には当事者適格を基礎づけている法的地位の性質により定まるということになる。

---

78)　金子・前掲注6）150頁，151頁。

*376*

第3　手続の受継

### (2) 手 続

　法令により手続を続行する資格のある者が手続を受継するためには，その旨の申立てをすることになる。この申立ては書面でし（規則29条1項），申立人が法令により手続を続行する資格を有することを明らかにする資料を添付する必要がある（同条2項）。裁判所は，申立てに理由があれば受継決定をし，申立てに理由がなければ，申立てを却下する旨の決定をする。却下決定に対しては，申立人は即時抗告をすることができる（法44条2項）。当事者として手続に関与する利益を保障するためである[79]。

　法令により手続を続行する資格のある者が自ら受継を申し立てない場合も想定されるが，そのような場合，家庭裁判所は，他の当事者の申立てにより，または職権で，その者に手続を受け継がせることができる（法44条3項）。法令により手続を続行する資格のある者は，すでに当事者となっているから受継をしなければならない状態にあること，裁判所や相手方としては，受継がないためになし得ない手続行為があることによる手続の停滞から解放される必要があることがその理由である[80]。

　他の当事者による受継の申立ては書面でし，受継すべき者が法令により手続を続行する資格のある者であることを明らかにする資料を添付しなければならない（規則29条1項，2項）。かかる申立てがあった場合，裁判所は，その申立てに理由があれば受継決定をし，なければ却下決定をする。いずれについても即時抗告はなし得ない。申立人自身の手続に関与する利益に関わるものではないこと，法令により手続を続行する資格があるか否かは，実体法上の地位の有無に係ることが多く，そのような地位の有無は終局的には訴訟手続で確定せざるを得ず，即時抗告により争わせる意義に乏しいことがその理由である[81]。

## 4　受継 II

### (1) 要 件

　家事審判の申立人が死亡，資格の喪失その他の事由によってその手続を続

---

79）金子・前掲注6）153頁。
80）金子・前掲注6）153頁。
81）金子・前掲注6）153頁。

*377*

第16章　参加と受継

行することができない場合において，法令により手続を続行する資格のある
者がないときは，当該家事審判の申立てをすることができる者は，その手続
を受け継ぐことができる（法45条１項）。

　家事審判の申立人が死亡，資格の喪失その他の事由によってその手続を続
行することができない場合，及び，法令により手続を続行する資格のある者
の意義についてはすでに見た。当該家事審判の申立てをすることができる者
というのが新たな概念であるが，法令によって当該家事事件の申立権者とさ
れている者を指す。


### (2)　手　続

　他の申立権者が係属中の家事審判の手続の受継を望む場合，自ら受継の申
立てをすることができる。申立ては書面でし，申立人が当該家事審判の申立
てをすることができることを明らかにする資料を添付しなければならない
（規則29条４項，１項，２項）。

　家庭裁判所は，申立てに理由があれば，受継決定をし，なければ申立てを
却下する。いずれに対しても即時抗告はなし得ない。却下の場合，申立人は
改めて自ら家事審判の申立てをすることができること，申立権の基礎となる
実体法的な地位の有無は訴訟手続で確定すべきことであり，即時抗告により
争わせる必要に乏しいことが理由とされる[82]。

　家庭裁判所は，必要があると認めるときは，職権で，当該家事審判の申立
てをすることができる者に，その手続を受け継がせることができる（法45条
２項）。例えば，後見開始の審判をする直前に申立人が死亡し，他の申立権
者が受継の申立てをしない場合において，手続の終了を宣言するのが成年被
後見人となるべき者の利益保護の観点から相当ではない場合に利用すること
が想定される[83]。もっとも，強制的に申立人とすることが当然に許容されると
はいい難く，この規定は微妙な問題をはらむ[84]。

　なお，他の申立権者による受継申立て及び裁判所による受継の裁判は，申
立人の死亡，資格の喪失その他の事由が生じた日から１月以内にしなければ

---

82）金子・前掲注６）157頁。
83）金子・前掲注６）157頁。
84）部会第10回会議議事録７頁，８頁〔畑瑞穂発言〕参照。

第 3 手続の受継

ならない（法45条 3 項）。浮動的な状況がいつまでも続くのは相当ではないこと，受継の申立てがなし得なくなっても，他の申立権者は改めて家事審判の申立てをすれば足りることが理由である[85] この期間が経過すれば，手続は終了する。

---

85) 金子・前掲注 6 ) 157頁。

# 第17章
# 家事事件手続法における資料収集

松 原 正 明

## 第1 はじめに

　家事審判・調停手続は，家庭の平和と健全な親族共同生活の維持を図るため（家審1条参照），[1]家庭裁判所が後見的立場から一定の親族関係にある当事者間の紛争を調整し，合目的見地に立って裁量権を行使して具体的な権利義務関係を形成する手続である。法律上の権利義務関係を所与のものとしてその存否を確定する訴訟手続と異なり，その法的性質は非訟事件手続と解される。そして，家事事件手続法は，原則として職権探知主義を採用し，裁判資料の収集方法として，証拠調べのほか事実の調査という方法を定めている。[2]そのうち証拠調べは民事訴訟法の規律するところであって，問題点や実務の運用等については多数の論考によって議論がなされている。これに対し，事実の調査は家裁実務で多く用いられている資料収集方法であるにもかかわらず，十分に趣旨や問題点が明らかにされていない。

---

1) 金子修編著『一問一答家事事件手続法』（商事法務，2012年）58頁は，家事事件手続法に家事審判法1条の目的規定を置かなかった理由につき，同法がその直前に制定された日本国憲法及び改正民法の趣旨を指導理念としたことを明確にするためであって，現在においてはこのような趣旨を尊重すべきことは規定を置くまでもなく明らかであるからとする。
2) 審判手続は審判を前提にするため，当然に裁判資料の収集方法が不可欠であるが，審判を前提としない調停手続では資料収集方法が持つ意味は異なる。この点は後述する。

第17章　家事事件手続法における資料収集

　事実の調査・証拠調べは職権探知主義の下に置かれているが，一方，家裁
では一部手続が当事者主義的に運営されているという実務がある。また，資
料収集手続がある調停とはどのような性質を有し，どのような運営方法が妥
当であろうか。家裁実務では，家庭裁判所調査官による事実の調査が大きな
効果をあげているが，そのあり方ないし法的構造とはどのようなものか。本
稿では，これらの問題を，第２　職権探知主義，第３　証拠調べ，第４　事
実の調査，第５　資料収集手続における当事者主義的運営，第６　資料収集
手続を有する家事調停の性質及びその運営方法，第７　家庭裁判所調査官に
よる事実の調査として，順次検討する。

# 第2　職権探知主義

　家事事件手続法56条１項は「家庭裁判所は，職権で事実の調査をし，かつ，
申立てにより又は職権で，必要と認める証拠調べをしなければならない」と
規定して，家事審判手続における資料収集は原則として職権探知主義による
ものとした上，資料収集方法としては事実の調査と証拠調べの二つを定めて
いる。家事審判法は，証拠調べについては当事者の申立権を認めなかったが，
家事事件手続法はこれを認める。事実の調査の調査については必要に応じて
適宜行うべきことから，当事者の申立権は認められていない。

　通常の民事訴訟の対象である権利義務関係は私人間の問題として，当事者
の処分に委ねても差し支えないことから，弁論主義が採用される。これに対
し，家事審判の対象事項は手続の当事者以外の第三者の権利義務に影響を及
ぼすなど公益に関することから，実体的真実に合致した判断が要請され，裁
判資料の収集についても，裁判所の後見的な介入が必要であるとして職権探
知主義が採用されたものである。

　職権探知主義を採用する場合でも，職権で必要な事実を収集することがで
きるとするか，職権で収集しなければならないとするかは当然には決まらな
いが，家事事件手続法は「しなければならない」として後者の立場を採用し
た。実体的真実に合致した判断が要請されることからすれば，裁判所が自ら
必要と認める資料の収集をする職責を負っているとしてこの義務が説明され

る。[3]

# 第3 証拠調べ

　職権探知主義からすれば，裁判所は，当事者の主張しない事実であっても職権で探知し裁判の資料とすることができ，職権証拠調べが許容される（法56条1項）ことは当然であるが，そのほか，家事審判手続における証拠調べではどのような規律がなされるかが問題となる。家事審判規則7条6項は「証拠調については，民事訴訟の例による。」としていたため，民事訴訟法の規定が職権探知主義と矛盾しないかを個々に検討する必要があり，解釈上疑義も生じていた。そこで，家事事件手続法では，この点を明確にするべく，民事訴訟法の規定中，準用するものとしないものとが明確に区別された。[4]

　家事事件手続法64条1項は，民事訴訟法の規定のうち準用しないものを掲げる。①当事者の証明責任という概念はないことから，自白の規定（民訴179条）は準用されない，②裁判所は必要に応じて適宜証拠調べをすべきことから，集中証拠調べの規定（民訴182条）は準用されない，③当事者尋問が適切な場合が多いことから，証人尋問を先行させるものとする規定（民訴207条2項）は準用されない，④当事者本人を尋問する場合において，その当事者が，正当な理由なく，出頭せず，又は宣誓若しくは陳述を拒んだときは，裁判所は，尋問事項に関する相手方の主張を真実と認めることができる旨の規定（民訴208条1項）や当事者が文書提出命令に従わないときは，裁判所は，当該文書の記載に関する相手方の主張を真実と認めることができる旨の規定（民訴224条1項）等の真実擬制について定める規定はいずれも適用されない。[5]

　職権探知主義からの要請ではないが，家事事件手続の密行性から，証拠調べは公開されない（法33条）。

---

3）　金子修編著『逐条解説家事事件手続法』（商事法務，2013年）196頁，197頁，松川正毅ほか編『新基本法コンメンタール人事訴訟法・家事事件手続法』（日本評論社，2013年）233頁〔垣内秀介〕も同趣旨の説明をする。
4）　金子・前掲注3）215頁。
5）　真実擬制の規定は準用されないが，その代替措置として，当事者が正当な理由がなく出頭しないとき等について過料の制裁が科せられる。金子・前掲注1）118頁。

第17章　家事事件手続法における資料収集

# 第**4** 事実の調査

## **1** 特　色

　事実の調査[6]と証拠調べは資料収集手続としては同じであるが，証拠調べについては，民事訴訟法でその方式が厳格に定められており（民訴第2編第4章以下），また，強制力がある（民訴192条，193条，194条など）のに対し，事実の調査については，一定の方式による制限がなく，強制力がない点で違いがある。このことから，事実の調査は，自由な証明のための資料収集方法と呼ばれる。家事事件手続法56条1項は，事実の調査については「必要と認める」との文言を用いておらず，証拠調べについては「必要と認める」との文言を用いられていることから，資料収集の方法としては，事実の調査を原則とし，証拠調べを例外としているとされる[7]。家事事件においては，一般の民事訴訟や人事訴訟のように，時間と費用をかけて厳格な証拠調べを行うことはなるべく避け，可能な限り，強制力によらず，方式にとらわれない事実の調査の方法によることとし，必要があると認める場合に限り，厳格な証拠調べによるとする趣旨である。家裁実務では，概ね事実の調査によって資料収集がなされ，証拠調べがなされることは少ない。方式にとらわれない柔軟な手続が家事事件の速やかかつ適切な運営に合致するからであるが，それのみにとどまるものではない。家事事件手続規則44条1項は「事実の調査は，必要に応じ，事件の関係人の性格，経歴，生活状況，財産状態及び家庭環境その他の環境等について，医学，心理学，社会学，経済学その他の専門的知識を活用して行うように努めなければならない。」として，事実の調査が専門的知識を活用して科学的に行われるべきことを定めている。事実の調査に許容される柔軟な方式はこの趣旨に基づくものである。事実の調査の科学性・専門性は家庭裁判所の本質から導かれるものであって，訴訟裁判所と異

---

6）事実の調査という用語はやや不明確なきらいがあり，事実の調査における「事実」とは収集すべき対象そのものをいうと理解されている場合があるが正当でない。事実の調査とは，「事実」を収集する手続ではなく，事実（要件事実）に関する資料を収集するものというべきである。この点は後述する。

7）金子・前掲注3）197頁。

第4 事実の調査

なるところである。

　家裁実務において，証拠調べとして行われるのは，厳格な証明力が要請される場合である。例えば，遺産分割事件や遺留分減殺請求事件等における不動産等の財産の価額の鑑定，親子関係事件ないし認知請求事件等の家事事件手続法277条の合意に相当する審判手続におけるDNAによる親子鑑定などである。

# 2 沿 革

　事実の調査は以上のような特色を有するが，その考察の前に，沿革を検討する。事実の調査制度は家事事件手続のほか非訟事件手続にもあるので併せて検討する。

### (1) 非訟事件

　旧非訟事件手続法（明治31年法律第14号）11条は「裁判所ハ職権ヲ以テ事実ノ探知及ヒ必要ト認ムル証拠調ヲ為スヘシ」として，職権探知主義を宣言するとともに，事実の探知という資料収集手続を定めている。事実の探知とは事実を確定するための資料収集の方法中，証拠調べを除いたものをいい，何らの方式がなく，強制力を伴わないとものと解されていて[8]，現行法上の事実の調査に当たる。なお，同条の証拠調べについては，同法10条が「民事訴訟ニ関スル法令ノ規定中期日，期間，疎明ノ方法，人証及ビ鑑定ニ関スル規定ハ非訟事件ニ之ヲ準用ス」と定めていることから，人証及ビ鑑定以外の証拠調の可否が問題となる。同法10条が「人証及ヒ鑑定ニ関スル」に関する民事訴訟法の規定を準用しているのは，人証及び鑑定についてのみ民事訴訟法の証拠調べの方式を準用し，他の証拠調べの方法（書証，検証，当事者尋問）については民事訴訟法の規定を準用せず，「事実の探知」の方法によって事実上取り調べることとしたものと解されている[9]。その理由について，立法者は，同法11条により裁判所が全て職権で調査しなければならないとしたので，人証及び鑑定以外，例えば書類の取り寄せを命ずる必要がある場合には，手

---

　8) 伊東乾＝三井哲夫編『注解非訟事件手続法［改訂］』（青林書院，1995年）180頁〔栂善夫〕。
　9) 伊東＝三井・前掲注8）175頁〔三井〕。

*385*

第17章　家事事件手続法における資料収集

続は職権で便宜にすればよく，民事訴訟法の証拠調べの方法を準用する必要がないからと説明する[10]。その後改正された現行非訟事件手続法（平成23年法律第51号）49条1項は，「裁判所は，職権で事実の調査をし，かつ，申立てにより又は職権で，必要と認める証拠調べをしなければならない」とされ，家事事件手続法56条1項と同文の規定となっている。現行非訟事件手続法は53条において準用すべき規定を明確にしており，旧非訟事件手続法10条に相当する規定はないから，書証，検証，当事者尋問，人証及び鑑定等全ての民事訴訟法による証拠調べを行うことができ，他方事実の調査を行うこともできる[11]。

### (2)　調　停

　現行調停法は，民事調停法（昭和26年法律第222号）による民事調停と家事事件手続法による家事調停に大別される。しかし，戦前には，①借地借家調停法（大正11年法律第41号），②小作調停法（大正13年法律第18号），③商事調停法（大正15年法律第42号），④金銭債務臨時調停法（昭和7年法律第26号），⑤人事調停法（昭和14年法律第11号）など，紛争の種別に応じて単行法が制定され，それらに基づいて調停手続が実施されていた。すなわち，大正10年第一次世界大戦後の借家紛争の増大に対処するべく，借地借家法が制定されるとともに，同法案の国会審議に際し，「争議調停機関ノ設置」（衆議院），「紛争ヲ簡易ニ解決スルタメニ裁判所ノ外ニ別個ノ機関ヲ設クルコト」（貴族院）という付議がなされ，これに基づいて借地借家調停法が大正11年4月12

---

10）非訟事件手続法第1回法典調査会（明治31年5月12日）における，河村譲三郎委員は，旧非訟事件手続法10条について，人証及び鑑定を除く「其他ノ証拠調ノ方法ハ之ヲ準用致シマセヌ考ヘデアリマスソレハ11条ノ規定ニ依リマシテ裁判所ガ総テ職権ヲ以テ調査ヲシナケレバナラヌコトニ致シタノデアリマス，ソレデ此人証，鑑定外ニ或ハ書類ノ取寄セヲ命ズルト何トカ云フ必要ノアル場合ニハ職権ヲ以テソレダケノ手続ヲスルコトガ出来ルト云フコトニ致シマシタ別ニ他ノ証拠方法ヲ此処ヘ準用スルト云フ必要ハアリマセヌ其手続ハモウ便宜ニヤツテ宜カラウト云フ考ヘデアリマス」と説明する。法務大臣官房司法法制調査部監修『日本近代立法資料叢書23』（商事法務，1986年）7頁。

11）家事審判規則7条6項の「証拠調については，民事訴訟の例による。」との規定があるため，旧非訟事件手続法10条の規定中，「人証及ヒ鑑定ニ関スル規定」の部分は準用されないとするのが通説であった。斎藤秀夫＝菊池信男編『注解家事審判法〔改訂〕』（青林書院，1992年）81頁〔菊池〕。

*386*

日に制定されて同年10月1日施行され，我が国の調停制度の嚆矢となった[12]。借地借家調停法23条1項は「調停委員会ハ当事者又ハ利害関係人ノ陳述ヲ聴キ且必要ト認ムルトキハ証拠調ヲ為スコトヲ得」と定める。同項は裁判所による資料収集手続を職権主義の下に置きつつも任意的としており，これを必要的とする家事事件手続法56条1項（家審規7条1項も同趣旨）とは異なる規律をしている。その理由は，借地借家調停法が調停手続を規律するのに対し，家事事件手続法が裁判手続をも前提にしていることに求められよう[13]。また，借地借家調停法23条1項では明確な資料収集方法としては証拠調べのみが規定されており，事実の探知あるいは事実の調査についての言及はない。もっとも，利害関係人からの陳述の録取は裁判資料の収集にほかならないから，事実の調査の萌芽とみることができよう。

　ところで，借地借家調停法は借地借家についての調停手続を定めているが，調停は裁判ではなく，司法機能を有しないから，事実の認定を前提とする資料収集手続を必要としないと思われる。そこで，同法における証拠調べの意義ないし目的が問題となる。これは，同法23条1項は直後の条文である同法24条との関連で理解すべきであろう。同法24条1項は「期日ニ於テ調停成ラサルトキハ調停委員会ハ争議ノ目的タル事項及手続ノ費用ニ付適当ト認ムル調停条項ヲ定メ其ノ調書ノ正本ヲ当事者ニ送付スルコトヲ要ス」，2項は「当事者カ前項ノ正本ノ送付ヲ受ケタル後1月内ニ調停委員会ニ異議ヲ述ヘサルトキハ調停ニ服シタルモノト看做ス」と定め，調停条項の送付によって，当事者が異議を述べないことを条件に紛争を解決する趣旨の規定であり，「強制調停」[14]と呼ばれており，現行民事調停法17条の「調停に代わる決定」と同趣旨のものである。裁判所が，「争議ノ目的タル事項及手続ノ費用ニ付適当ト認ムル調停条項」を送付するためには，裁判所が当該事案における諸

---

12) 借地借家調停法は，その成立直後においては期待されたほどには利用されなかったが，大正12年9月関東大震災の発生後は借地に関する紛争が一挙に頻発し，その解決のために大いに活用された。小山昇『民事調停法〔新版〕』（有斐閣，1977年）20頁。

13) 裁判手続を規律する旧非訟事件手続法11条も「裁判所ハ職権ヲ以テ事実ノ探知及ヒ必要ト認ムル証拠調ヲ為スヘシ」と規定して，裁判所による資料収集手続を必要的としている。

14) この調停案の送付は仲裁と理解すべきであり，「強制調停」との呼び名は適当ではないと考えるが，ここでは，一応この用語を使用する。後掲注17）掲記の新法令研究会編『人事調停法解説』では，「俗ニ強制調停ト申シテ居リマス」とする。

第17章　家事事件手続法における資料収集

事情を把握する必要があり，そのためには資料収集が不可欠である。借地借家調停法23条１項は，それを目的とする資料収集方法を定めたものと解することができよう。商事調停法２条による借地借家調停法23条（及び24条）の準用，金銭債務臨時調停法４条による借地借家調停法23条（及び24条）の準用など，各調停法においても，同様の資料収集方法が定められているが，いずれも併せて借地借家調停法24条も準用しているので，借地借家調停法と同趣旨の規定すなわち調停条項の送付のための資料収集規定と理解すべきである。小作調停法については，その35条がほぼ借地借家調停法23条と同趣旨の規定であり，[15] 小作調停法36条が借地借家調停法24条とほぼ同一趣旨の規定であって，両規定の趣旨も借地借家法と同趣旨と解される。

　これに対し，人事調停法８条は借地借家調停法23条のみを準用し，強制調停と呼ばれていた同法24条を準用していない。人事調停法が強制調停の制度を採用しなかったのは，この制度があれば調停の成立が容易になるという観点はあるとしても，当事者の真の合意によって調停を運営すべきであり，また，人事調停はおだやかに行うべきであるとして，人事調停には強制調停に適さないと判断されたからとされる。[16][17] そうすると，人事調停法における証

---

15）　小作調停法が借地借家調停法を準用しなかったのは，「総代」という機関があったためであろう。

16）　人事調停に限って，強制調停が採用されなかった理由については，衆議院の第５回（1939年２月６日）人事調停法案委員会において，政府委員大森洪太（司法省民事局長）は，強制調停があるとないのとでは調停の成績に非常に影響するのではないかとの委員からの質問に対し，「強制調停ノ規定ヲ設ケテ置キマスルナラバ，仮令之ヲ実際ニ運用シナイデモ，申立ノ事件ガ調停シ易クナルト云フコトハ，全ク御見解ノ通リト存ズルノデアリマス，併シ私共トシテハ左様ナ背景ナシニ，当事者ノ本当ノ肚ノ心底カラ出テ来マスル合意デ，調停ヲヤリタイ積リデアリマシテ，先ズ人事調停ニ付テハ強制調停ヲ省イタ方ガ宜カラウト考ヘタノデアリマス」，「人事ノ調停ヲ始メテ開キマスル際ニ，ヤハリ何処マデモナダラカニ，穏カニ，即チ素直ニ事ヲ運ビタイト存ジマシテ，殊更ニ強制調停ヲ除イタヤウナ次第デアリマス」と説明する。いわゆる強制調停，現行の調停に代わる審判制度があらわれるのは戦後の旧家事審判法制定からである。

17）　新法令研究会編『人事調停法解説』（立興社，1939年）は，借地借家調停法の各規定を準用する同法８条の解説について，「第二十四条ハ特ニ準用ヲ差控ヘマシタ，御承知ノ此ノ第二十四条調停ガ出来マセヌ場合ニ，調停委員会ガ自己ノ適当ト認ムル案ヲ定メ，サウシテ之ヲ当事者ニ対シテ其ノ採否ヲ決セシメルト云フ規定デアリマスガ，是ハ人事調停ニハ適セザルト認メマシテ之ヲ省イタノデアリマス，尚御承知ノ金銭債務臨時調停法ノ第七条ニ依リマスルト，調停成ラザル場合ニハ裁判所ガ調停ニ代ル裁判ガ出来ルヤウナ規定ニナツテ居リマス，又昨年御協賛ヲ経マシタ農地調停法ノ第百十二条デ，小作ニ付テモ左様ナ規定ガ出来タノデアリマス，之ヲ俗ニ強制調停ト申シテ居リマスルガ，

388

第4 事実の調査

拠調べの存在意義は調停のあり方そのものに求めるべきことになる。事実に争いがある場合であっても、直ちに調停を不成立にせず、争点について証拠調べを行い、得られた証拠資料について当事者双方が主張をしあって合意形成に向けて調停が進行する。証拠調べはそのための手続と考えるべきことになる。

戦後、前記各調停法は旧民事調停法（昭和26年法律第222号）に一本化され、同法12条1項は「調停委員会は、職権で、事実の調査及び必要であると認める証拠調をすることができる」とし、家事事件手続法の制定と同時期に改正された現行民事調停法12条の7は「調停委員会は、職権で事実の調査をし、かつ、申立てにより又は職権で、必要と認める証拠調べをすることができる。」と規定する。

家事審判規則（昭和22年最高裁判所規則第15号）7条は「家庭裁判所は、職権で、事実の調査及び必要であると認める証拠調をしなければならない」と規定し、同条の趣旨は家事事件手続法56条に引き継がれた。

# 3 主 体

## (1) 審判手続

家庭裁判所は自ら事実の調査を行うが（法56条1項）、家庭裁判所調査官にさせることもできる（法58条1項）。家庭裁判所は、医師である裁判所技官に事件関係人の心身の状況について診断させることができるが、これも事実の調査の1つである（法60条1項）。また、家庭裁判所は、他の家庭裁判所又は簡易裁判所に事実の調査を嘱託することができ（法61条2項）、相当と認めるときは、受命裁判官に事実の調査をさせることもできる（同条3項）。

## (2) 調停手続

調停手続においても審判手続と同様に、事実の調査が行われる。調停委員会が事実の調査を行うが（法258条1項による56の準用、260条1項6号）、家庭裁判所調査官にさせ（法258条1項による58条の準用）、医師である裁判所技

強制調停ハ実際ニ於テ其ノ取扱数ガ極メテ少イノデアリマスルシ、而モ人事調停ニ甚ダ適当デナイト認メ、是ハ採用シナイコトニシタノデアリマス」として、実務上強制調停がさほど行われていないことも指摘している。

*389*

官に診断させることができる（法258条1項による60条の準用），また，事実の調査の嘱託や受命裁判官による事実の調査もできる（法258条1項による61条の準用）。

　調停委員会を組織する裁判官も，調停委員会の決議により，事実の調査をすることができ（法261条1項），その場合，家庭裁判所調査官に事実の調査の調査をさせ，医師である裁判所技官に診断をさせ（同条2項），裁判所書記官に事実の調査をさせることもできる（同条4項本文）。もっとも，家庭裁判所調査官に事実の調査をさせることが相当な場合は，裁判所書記官に事実の調査をさせることはできない（同条4項ただし書）。趣旨は，家庭裁判所調査官の専門性を活かした事実の調査が望ましい事項については，家庭裁判所調査官を活用すべきであって，専門性を有しない者が関与することは弊害があることを考慮したものであると説明される。[18]

　調停委員会は，相当と認めるときは，当該調停員会を組織する家事調停委員に事実の調査をさせることができる（法262条本文）。[19] ただし，家庭裁判所調査官に事実の調査をさせることが相当な場合は許されない（同条ただし書）。家庭裁判所調査官の専門性を活用する趣旨である。

# 4　方　法

## (1)　裁判官による事件関係人に対する審問

　裁判官が事件関係人から直接事情を聴取する手続であるが，宣誓を要しないこと，交互尋問方式によることを要しない点で，民事訴訟手続における尋問と異なる。

## (2)　調査の嘱託（法62条前段）

　官庁，公署その他適当であると認める者に対する調査の嘱託である。

---

18）家事事件手続法258条2項ただし書，261条4項ただし書及び262条ただし書と同趣旨である。金子・前掲注3）782頁。

19）遺産分割調停事件において不動産鑑定士である家事調停委員に不動産価格に関する事実の調査の調査をさせる場合や当事者に精神障害が疑われる場合において，精神科医である家事調停委員に事実の調査をさせる場合などがその例とされる。斎藤秀夫＝菊池信男編『注解家事審判規則・特別家事審判規則〔改訂〕』（青林書院，1992年）427頁〔山田博〕，金子・前掲注3）838頁。

*390*

第4　事実の調査

調査の嘱託を受けた者及び報告を求められた者は，これに応ずべき義務があると解されているが，これに応じなくても，強制したり，制裁を課すことはできない。

### (3)　報告の請求（法62条後段）

銀行，信託会社，関係人の使用者その他の者に対して，関係人の預金，信託財産，収入その他の事項に関してする必要な報告の請求である。

この報告の請求と調査の嘱託との違いは，前者は，相手方において調査というほどの手数をかけずとも結果の報告ができる点にあると解されるが，実際には，調査の要否の差は程度問題であって，両者は明確には区別できないであろう。もっとも，家裁実務では，調査の嘱託による場合がほとんどで，報告の請求がされる場合はまれである。

### (4)　関係人や各種団体に対する照会

書記官をして関係人や各種団体に対して書面又は口頭（電話）による照会をして，その回答を求めるものである。前述の調査の嘱託や報告の請求と異なって，相手方に負担をかけるものではないので，特に規定はないが，認められている。

### (5)　検証の方法によることなく，事物の形状を見分すること

遺言の検認手続において行われている。検証と異なって強制力はない。

### (6)　医師である裁判所技官に事件の関係人の心身の状況を診断させること

家庭裁判所は，医師たる裁判所技官に命じて，事件の関係人の心身の状況を診断させることができる。家庭裁判所が調停・審判手続を進行させるにあたり，当事者の意思能力の程度や手続遂行能力の有無が問題となる場合などに，医師の専門的な意見を徴してそれに基づいて事件処理を検討する必要があることによる。

### (7)　家庭裁判所調査官による事実の調査（法58条）

事実の調査の中核をなすもので，最も重要な意義を有する調査方法である。

第17章　家事事件手続法における資料収集

後に述べる。

### (8)　家事審判手続における子の意思の把握（法65条）

　家事事件手続法65条は，家庭裁判所に対し，未成年者である子がその結果により影響を受ける審判事件においては，「子の陳述の聴取，家庭裁判所調査官による調査その他の適切な方法により」，子の意思の把握に努めなければならないとしている。子の福祉に合致する審判のための規定であるが，その方法としては，同条はその文言からして事実の調査を想定していると思われる。(8)は対象事項が限定されており，一般の事実の調査の方法である(1)ないし(7)と異なるが，事実の調査の一態様としてよいであろう。

　事実の調査の方法としては以上が考えられるが，無方式であるから，これらに限定されるものではない。

## 第5　資料収集手続における当事者主義的運営

## 1　問題の所在

　家事事件手続法は，家事審判手続における資料収集は原則として職権探知主義によるものとしている。しかし，近年，遺産分割事件など財産関係事件では，職権主義によると事件の争点を迅速かつ適切に把握して審理判断することが困難であって，事案を最もよく知っている当事者にある程度責任を課して事件を処理するいわゆる当事者主義的な運用がなされるべきであるとの考え方が有力である。これは，主として遺産分割の事件処理において，職権主義に支配される審判・調停手続の限界という観点から当事者主義が考慮されたものである。

## 2　当事者主義の内容

　当事者主義は遺産分割事件の調停・審判手続の限界から家庭裁判所の実務において採用されてきたものであるが，その内容は必ずしも明確ではない。手続の当事者主義的運営という呼び方もややあいまいなものを残している。そこで，まず，当事者主義の意味ないし内容を検討する。遺産分割事件にお

いて，家事事件手続法以前には以下のように説かれていた[20]。

### (1) 当事者権の実質的保障

　家事審判法における解釈としては，当事者に裁判所に対する審問請求権を認めることはできないと解されていた。しかし，職権探知主義のもとでも，手続を当事者主義的に運用することにより，実質的に当事者権を保障すべきであり，争訟的性格の強い遺産分割手続においては当事者権保障の要請が顕著であるとされ，具体的には，当事者の証拠の申出，審問や証拠調べの立会い，記録の閲覧謄写などが，プライバシーの保護等の特別の要請がない限り，保障されるべきであると説く[21]。

### (2) 当事者の手続協力義務ないし事案解明義務

　職権探知主義のもとでも客観的立証責任という概念は必要であるが，裁判所に調査義務があるから，当事者に資料収集の責任や立証活動の負担は課せられておらず，主観的立証責任は認められない。しかし，遺産の存否や寄与分を基礎づける諸事情の有無を当事者の協力なしに裁判所の職権による調査のみで明らかにすることは実務上極めて困難である。このような場合には，当事者に手続協力義務ないし事案解明義務を課し，当事者に事案解明の役割を分担させるべきであるとする。当事者権を実質的に保障するという運用も当事者に手続協力義務ないし事案解明義務を課す前提として理解することができよう。

### (3) 当事者の合意の尊重

　職権探知主義のもとにおいては弁論主義の適用はないから，裁判所は当事者の主張に拘束されることなく，すなわち当事者の合意のあるなしにかかわらず，問題となっている事実の有無を判断すべきということになる。しかし，家庭裁判所の実務においては，ある問題について当事者間に争いのない場合には，それに基づいて，すなわち裁判所がその点について特に事実の有無を

---

20) 司法研修所編『遺産分割事件の処理をめぐる諸問題』（法曹会，1994年）207頁。
21) 田中ほか・前掲注20）209頁。

第17章　家事事件手続法における資料収集

判断することなく，手続を進行させることが少なくない。例えば，遺産である不動産の価額が問題となった場合，当事者が価額の評価方法に合意するか，あるいは価額そのものについて合意がなされた場合，それが特に不相当であると認められない限り，通常はその合意を基礎に審判がなされる。これが，手続の当事者主義的運用の一環として，当事者の合意を尊重するという取扱いである。もっとも，これは弁論主義が適用される場面での自白の拘束力とは異なり，当事者間に争いがないということを一つの資料として裁判所が審理判断するにとどまるという意味である。弁論主義のもとで自白に拘束力が認められるのと異なり，裁判所は合意にとらわれずに事実認定をすることができる。

　家事事件手続法以前の実務では，(1)当事者権の実質的保障及び(2)当事者の合意の尊重は行われているところであるが，条文上の根拠がない以上，(3)当事者に手続協力義務ないし事案解明義務を課することは困難であり，これらを怠った当事者が事実上の不利益を受けることがあるにとどまっていると思われる。したがって，実務の運用は職権主義に対置される当事者主義ではなく，当事者主義的運営といわれる。

　かかる理論及び実務の状況において，家事事件手続法は新たな規律を設け，遺産分割事件以外においても当事者主義を保障することとして[22]手続の当事者主義的運営という家庭裁判所の実務を支持したものと思われる。家事事件手続法2条は「裁判所は，家事事件の手続が公正かつ迅速に行われるように努め，当事者は，信義に従い誠実に家事事件の手続を追行しなければならない。」と規定し，裁判所及び当事者双方の一般的な責務を定めた。同法56条2項（調停については同法258条1項）は，事実の調査及び証拠調べについてこの責務を具体化した規定であって，「当事者は，適切かつ迅速な審理及び審判の実現のため，事実の調査及び証拠調べに協力するものとする。」として，同条1項の裁判所の職権探知主義に基づく職責と対をなすものとして，事実の調査及び証拠調べへの当事者の協力責務を定めている。なお，家事事件手続法56条2項の規定は「協力するものとする」としており，「協力しな

---

22) もっとも，家事事件手続法が当事者に手続協力義務ないし事案解明義務を課したものでないことは後述のとおりである。しかし，実務的にはほぼ同様な効果をあげることとなるように思われる。

ければならない」よりは穏当な表現を用いており，直ちに具体的な義務を課すものではなく，したがって，当事者に積極的な資料提出義務を課したり，資料を提出しない自由を否定するものではない。しかし，同規定は，証拠調べの手続において当事者の申立て（法56条１項，258条１項）や立会い（法64条１項，258条１項による民事訴訟法の準用）が認められ，事実の調査の通知（法63条，70条）が認められたことを前提にするものであるから，当事者がこのような権能の行使を通じて自ら資料を提出することが容易な状況にありながら，その権能を行使しないことにより事実上不利益を受ける根拠にはなり得るものといえよう[23]。

# 第6 資料収集手続を有する家事調停の性質及びその運営方法

## 1 我が国の調停制度の基本構造

### (1) 問題の所在

　事実の調査及び証拠調べは資料収集手続であり，裁判所の判断の前提となるものであるから，家事事件手続法別表第１及び第２の審判手続において事実の調査は不可欠である。同法277条以下の合意に相当する審判[24]及び288条以下の調停に代わる審判[25]において，いずれも審判をなす前提として資料収集が必須であり，そのために事実の調査及び証拠調べが必要であることは疑いがない。これに対し，別表第２に掲げる事項についての調停事件[26]は，調停が不成立となった場合に，当然に審判手続に移行するから，いわば司法判断が予定されている手続であるといってよいが，それ以外の調停事件（以下「一般調停」という。）は調停不成立により事件は終了し，審判手続へ移行することはないのであるから，司法判断機能を有していない。したがって，一

---

23) 金子・前掲注３）198頁，199頁。
24) 家事事件手続法277条１項の「必要な事実を調査した上，……当該合意に相当する審判（以下「合意に相当する審判」という。）をすることができる。」
25) 家事事件手続法284条１項は「当事者双方のために衡平に考慮し，一切の事情を考慮して，職権で，事件の解決のため必要な審判（以下「調停に代わる審判」という。）をすることができる。」とする。
26) 家事審判法における乙類調停事件である。

第17章　家事事件手続法における資料収集

般調停においては，事実の確定が要請されることはなく，資料収集手続が必
須であるとはいい難い。しかし，資料取集手続を有する以上，一般調停の本
質は調停機関による判断にあるとも考えられる。そこで，我が国の調停制度
の基本構造を考えてみたい。

　なお，家事調停手続が資料収集手続を有することは明らかであるが，職権
探知主義のあり方に疑問がないわけではない。すなわち，家事事件手続法
258条1項は56条1項を準用するので，家事調停においても，「職権で事実の
調査をし，かつ，申立てにより又は職権で，必要と認める証拠調べをしなけ
ればならない」とされるため，事実の調査及び証拠調べが義務的とされる。
他方，現行民事調停法12条の7は「調停委員会は，職権で事実の調査をし，
かつ，申立てにより又は職権で，必要と認める証拠調べをすることができ
る。」として，これを任意的とする[27]。この違いは家事事件と民事事件との違
いに由来すると解する余地もないわけではないが，家事事件を扱っていた人
事調停法が証拠調べを任意的としていたことを併せ考えると，それのみで説
明することは難しく，審判手続と調停手続の違いが背景にあるようにも思わ
れる。現行の調停の種類は，①別表第2の審判事項についての調停（旧乙類
調停），②家事事件手続法277条以下の合意に相当する審判，③同法284条以
下の調停に代わる審判，④それ以外の調停（いわゆる一般調停）となるが，
少なくとも④一般調停においては事実の調査及び証拠調べは任意的であると
解釈運用されていると思われる。

#### (2)　調停観の対立

　我が国の調停制度をどのように考えるかについては，家事調停における本
質的契機を調停機関の判断により多く求める説（調停判断説あるいは調停裁判
説）[28]と，これを当事者間の合意により多くを求める説（調停合意説，合意幹

---

27）家事事件手続法は審判手続と調停手続を併せて規定したため，審判手続の規定を調停
　手続に準用したのに対し，民事調停法と非訟事件手続法はそれぞれ単行法として制定さ
　れているという経緯もあろうか。
28）高野耕一「人訴移管後の家事調停」ケース研究296号3頁，若林昌子「変革期における
　離婚調停の制度的課題」鈴木禄弥先生追悼『民事法学への挑戦と新たな構築』（創文社，
　2008年）723頁など。

396

第 6　資料収集手続を有する家事調停の性質及びその運営方法

旋説)[29] とが対立しているとされる。前述のとおり，我が国の調停制度が資料集手続を有していることを重視すれば，事実認定を契機とする調停判断説に傾くことになろう。他方，調停合意説は，当事者自身が自分の紛争を解決することに意義があり，かつ現在の国民の意識ないし能力もこれに答え得るものであるようにも思われる。このように，両説はいずれも自説による紛争解決の妥当性を主張するけれども，実定法上の根拠について論じられることも少ない。のみならず，我が国で調停を論述するものは，調停技法論が中心であって，家事事件手続法等の実定法との関わりに触れるものは少ない。しかし，これらは調停の基本構造に関わる問題である。調停の基本構造を確定した上でなければ，これらの規律を適切に理解することは困難であろう。

　ところで，我が国の調停の本質を考える際，他のADRすなわち代替的紛争解決手段との関係に触れる必要があると思われる。ADRはその機能に着目すれば紛争解決方法の連続体とでも称すべきものであって，あるADRを考える際には他のADRとの関連において理解すべきだからである。訴訟と併せてADRを一般的・概括的に分類すると，以下のようになる。

　　ア　当事者による交渉（negotiation）
　　①　当事者間の直接交渉
　　②　代理人を介在させての間接交渉
　　イ　第三者を介在させてする交渉 —— 調停（mediation）
　　ウ　第三者による裁定 —— 仲裁（arbitration）
　　①　裁定結果に当事者が拘束されない仲裁（nonbinding arbitration）
　　②　裁定結果に当事者が拘束される仲裁（binding arbitration）
　　エ　強制力を有する裁定 —— 訴訟（adjudication）

　紛争の深刻度は，アからエへと順次増大し，これに従って，紛争解決方法の強制の程度も強くなる。当事者間に何らかの紛争がおこると，まず，当事者間で解決に向けての話合い（ア①）をし，その後は順次，弁護士等の代理人を介在させての話合い（ア②），調停委員等の第三者を介在させての話合い（イ），第三者による裁定をし（ウ），これは裁定結果が当事者を拘束しない

---

29)　上原裕之「家事調停の今日的課題」判タ1027号65頁，坂梨喬「現代家事調停論」判タ
　　1237号59頁など。

第17章　家事事件手続法における資料収集

もの（ウ①）と拘束するもの（ウ②）があり，最終的には，裁判所等の強制
力を有する裁定（エ）によって，紛争が解決される。

### (3)　家事事件手続法上のADRの位置付け

　家事事件手続法288条以下の調停に代わる審判[30]は，調停手続が不成立と
なる場合に，裁判官が一定の判断である審判をすることによって，紛争解決
を図るものである。したがって，調停に代わる審判とは，一連のADR手続
においては，調停が成立しない場合になされる仲裁案の提示と考えられる。
調停に代わる審判は異議によって効力を失うのであり，逆にいえば，当事者
双方が，審判の内容を受け入れることにより効力が生ずるのであるから，当
事者を拘束しない仲裁であり，当事者が審判前に異議申立権を放棄している
場合には，当事者を拘束する仲裁と考えるべきであろう。

　調停に代わる審判の存在によって，我が国の調停制度は，仲裁手続の機能
を有することになる。しかし，我が国の調停制度は，この仲裁的機能のみを
有するのではない。なぜなら，調停に代わる審判は，「調停が成立しない場
合において相当と認めるとき」（法284条1項）になされるのであって，調停
の不成立を前提にしているのであるから，調停が不成立に至るまでの間に調
停機関による調停活動の存在が肯定されなければならず，この調停活動は，
調停機関による調停判断の提示を目的とするはずはないからである。調停判
断の提示が調停活動の目的であるならば，調停の不成立を条件とする必要は
ない。この調停活動は，イの調停（mediation）の趣旨，すなわち，当事者間
における合意形成を促進することを目的とするものと解すべきであろう。我
が国の調停制度は，合意形成を促進することを目的とする調停手続と，それ
が尽きたときに行う仲裁手続とが連続した一連の手続をなしているというべ

---

30）家事審判法24条の定めるそれ（同法上では24条審判と呼ばれていた。）とは，次の点で
　異なる。すなわち，①家事審判法24条2項は，いわゆる乙類調停事件については調停に
　代わる審判をなし得ないものとしていたが，家事事件手続法284条はこの制限をなくし，
　②家事事件手続法286条2項において準用する279条4項により，異議申立権の放棄が認
　められ，③家事審判法24条1項は，調停に代わる審判の前提となる家事調停の手続は，
　調停委員会が行うことを想定していた規定であったが，家事事件手続法284条1項は，
　裁判官のみのいわゆる単独調停においても，これを認める規定ぶりとされた。家事事件
　手続法における調停に代わる審判は，適用範囲を広めたことにより，より一層仲裁的色
　彩を強めたと評価できるように思われる。

*398*

きである。したがって，前者の調停手続のみをとらえれば，調停合意説が妥当であろう。

　この調停手続と仲裁手続と連続した一連の手続は，それぞれのADRが併存しているのではなく，それぞれのADRとは別種のADRと理解すべきであろう。これは，アメリカにおける，Med/Arb（ミーダブ）と呼ばれるADRと同様なものと思われる。Med/Arbとは，mediationとarbitrationが連続的に一体となっているADRであって，mediationによって合意が成立しない場合，引き続いて，arbitrationが行われるという特徴を有する。両手続の良さを兼ね備えている上，mediatorとarbitratorと同一人であることから，両手続を別個に行うより，時間的経済的に効率的であるとされている[31]。

　調停に代わる審判が認められている趣旨からして，調停委員会による調停案の提示も同一の機能を有するものとして肯定されよう。すなわち，調停案の提示は，調停に代わる審判と同様に，調停手続による合意成立が見込めないとき，調停手続が尽きた後における紛争解決手段と位置づけることができる。のみならず，調停に代わる審判は裁判官が行うものであるのに対し，調停案の提示は調停委員会が行うものであること，調停案の提示は調停に代わる審判と比較して事案に即したより柔軟な内容を含み得ることなど，調停案の提示には調停に代わる審判とは異なる意義が認められることを考慮すると，独自の存在意義を有するものといえよう。

　我が国の調停制度を，任意の合意形成の促進を趣旨とする調停手続と，仲裁案を提示する趣旨の仲裁手続[32]とが連続したものと理解した場合，以下のような点が考慮されるべきであろう。両手続はその順序で連続するのであり，任意の合意形成が見込めない場合に，仲裁案の提示を行うべきであって，調停委員会による合意形成へ向けての調整活動を軽視すべきではない。家事調停手続の取り扱う紛争は，表面的には金銭的な争いに見えても人間関係に根ざしている場合が少なくなく，また，調停合意が成立してもなお人間関係が継続する場合もあり，当事者の納得を得ることの重要性は否定できないから

---

31）Med/Arbに対する批判としては，当事者が調停において述べた事柄が，後の仲裁において考慮されるのであるから，本来自由であるべき調停における当事者の発言が制約を受けることになるとするものである。
32）調停委員会が行う調停案の提示も含まれる。

*399*

第17章　家事事件手続法における資料収集

である。

　当事者間に任意の合意形成が見込めない段階で仲裁案を提示するのであるが、その際には、当事者に、その旨すなわち任意の合意形成が見込めない状況にあることを認識させるべきであろう。手続の異なる段階に入ったことを認識させる趣旨からである。仲裁案の提示が適切になされるためには、司法裁断的手続と同様に、当事者の主張を相互に伝えあい、反論を尽くさせること、その主張を裏付ける資料の評価を積極的に行うことが必要であろう。これまでの、調停実務において、これらの点は十分なされてきたとは言い難いと思われる。

## 2　調停手続における資料収集手続の意義

　我が国の調停の本質は当事者間の主張の当否を判断することよってではなく、当事者間に任意の合意を形成することによって紛争を解決することにある。我が国の調停委員が当事者の主張の当否を判断することに謙抑的であり、また、調停委員はその価値観を当事者に押し付けてはならないとされていることもこのことを示している。もっとも、実際の調停実務においては、調停委員が当事者に対し、評価的あるいは指示的であることは少なくなく、調停委員の価値観を押しつけることは許されないことは当然であるが、当事者間の公平に配慮してなされる適切な調停活動であれば、紛争解決に資するものであって、調停の制度趣旨に反しない。また、家庭に関する紛争は、過去の一事件の存否を確定することによってではなく、当事者及び関係人の将来の生活のあり方を模索することによって解決されることも少なくない。そのような場合には、調停委員会は、当事者に対し、選択可能な将来の行動ないし生活のあり方を提示することも家事調停制度の趣旨に合致する。

　そこで、かかる調停手続において事実を確定するための資料収集手続が認められる目的はどこにあるのであろうか。ある事実の存否についての当事者の認識が異なっているために主張が対立している場合に、その事実の存否を調査し、その結果を前提に、さらに、合意を形成するための調停活動を行うことを可能にするものと理解すべきであろう。例えば、家事調停の実務において、親権者の指定・変更が争いとなり、子の意向について当事者の認識に食い違いがある場合に、家庭裁判所調査官による子の意向を確認する事実の

調査が行われることは少なくない。その後，実施された調査結果に基づいて調停が続行される。その結果に基づいて調停活動を行うということは，調査の結果収集された資料そのものを当事者に提示することを意味するのであって，調停機関が，収集された資料から認定されると考える事実を当事者に伝えることではない。資料から当然に認められる事実については問題ない。しかし，例えば，親権者の指定・変更の事案において，子の意向が問題となる場合に，家庭裁判所調査官による事実の調査が行われるが，ここにおける事実の調査の結果とは，子が家庭裁判所調査官に話した言葉，そのときの様子，第三者からみた子の言動など，家庭裁判所調査官が収集した資料がそれであって，これを当事者双方に提示して，その資料としての価値についての当事者の意見を聞いて調停を進行させることになる。なお，家庭裁判所調査官は，専門的知識経験を有しているのであるから，事実の調査の結果に基づいて意見を述べることが一般である。調停機関は，この家庭裁判所調査官の意見を受けて，これらの資料から推認される子の意向についての意見を当事者に伝えることもある。

# 第7 家庭裁判所調査官による事実の調査

## 1 家庭裁判所調査官の職務

　家庭裁判所は，事実の調査について，これを家庭裁判所調査官にさせることができる（法58条1項）。以下は，家庭裁判所調査官による事実の調査のうち，実務において実施される主要なものである。

　① 当事者の意向調査
　調停・審判への出席を拒否する当事者に期日への出頭を勧告する[33]とともに，その意向を確認する場合や，調停・審判において，感情的混乱などによって自己の主張を明確に述べることができない者に対し，調停・審判期日

---

33) 出頭勧告は，後述する調整活動であるが，意向調査とともに行われことが多い。実務では，このように事実の調査と調整活動が一体として行われる場合が少なくない。

第17章　家事事件手続法における資料収集

以外の別の日時において，その意向を確認する場合などである。

②　子の監護状況調査

未成年の子の監護をめぐる紛争において，子の監護状況についての当事者の主張が対立して，調停等の手続進行が困難となった場合などに，子の客観的な監護状況を確認するための調査である。調査方法としては，監護親の家庭を訪問して直接子の生活状況を見聞し，あるいは，子が通う幼稚園，学校等に赴いて，子の通園・通学状況を確認する場合がある。

③　子の意向確認調査

親権者・監護者の指定・変更，面接交渉事件などにおいては，未成年の子の意向が事件の帰すうを決する重要の要素をなす場合が少なくない。これを確認する調査である。

④　親権者ないし監護者の適格性についての調査

親権者・監護者の指定・変更事件などにおいて，親権者ないし監護者として，いずれの親が適切であるかという事実を確定させる趣旨の調査である。親権者・監護者の適格性は，子の監護状況，子の意向，子と両親との親和性などの諸事実を前提にした上で，これらを比較考量して総合的に確定すべき事実であり，その確定は困難な問題ではあるが，子の監護状況や子の意向と同様に，事実の調査の対象となるべき事実である。

⑤　成年後見人事件における後見人候補者の適格性についての調査

⑥　遺産分割及び寄与分事件における，寄与分ないし特別受益の有無ないし程度についての調査


なお，家庭裁判所調査官の職務には，これら事実の調査のほか，ア審判又は調停期日の出席及び意見陳述，イ調整活動がある。

　　ア　審判又は調停期日の出席及び意見陳述

家庭裁判所は，必要があると認めるときは，審判又は調停の期日に家庭裁判所調査官を出席させることができ（法59条1項，258条），家庭裁判所調査官に意見を述べさせることができる（同条2項）。実務において，家庭裁判所調査官に期日出席が求められるのは，以下のような場合である。[34] ①事実の

---

34) 石井葉子「附帯処分に関する家裁調査官による事実の調査」野田愛子＝安倍嘉人監修

402

第7　家庭裁判所調査官による事実の調査

調査が予想される事案において，あらかじめその要否や調査事項・調査方法に関し，家庭裁判所調査官の意見を求める必要がある場合，②調停や審判の進行等について家庭裁判所調査官の意見を求める必要がある場合，③家庭裁判所調査官による事実の調査が実施され，その調査の結果を踏まえて，事件の関係人に助言や援助をする必要がある場合などである。

　　イ　調整活動

　家庭裁判所は，事件の関係人の家庭その他の環境を調整するため必要があると認めるときは，家庭裁判所調査官に社会福祉機関との連絡その他の措置をとらせることができる（法59条3項，258条）。この家庭裁判所調査官による調整措置を総称して調整活動と呼び，家事事件手続規則が予定する調整措置とは，①社会福祉機関の援助協力を求めるために行うこれらの機関に対する連絡ないし協力依頼，②当事者をその置かれている人間関係や環境に適応させるために，当事者やその家族らに与える助言援助，③情緒の混乱や葛藤の著しい当事者に対して情緒の緊張を緩和し，感情の葛藤を鎮め，自己洞察力を回復させて理性的な状態で手続に関与できるよう働きかける援助をいう[35]。

# 2　家庭裁判所調査官による事実の調査の結果とその意見

　家庭裁判所調査官の職務は以上のとおりであるが，そのうち家庭裁判所調査官による事実の調査が家庭裁判所の事件処理に大きな役割を果たしている。本来，事実の調査は人間関係諸科学についての専門的知識を活用して行われなければならないが（規則44条1項），家庭裁判所調査官はこれらの知識を有するのであるから，家庭裁判所調査官による事実の調査はこの趣旨に沿うものである。また，平成16年4月1日人事訴訟手続法が改正されて人事訴訟法が施行され，人事訴訟事件及び準人事訴訟事件が家庭裁判所に移管されることとなったが，移管される訴訟のうち婚姻関係訴訟については，これまで家庭裁判所の調停及び審判において行われていた事実の調査手続が許されることになった。これは，家庭裁判所調査官の専門的知見を活かした調査の結果を人事訴訟等の審理・裁判に利用する必要性が強いことが背景にあることを

---

『人事訴訟法概説』（日本加除出版，2004年）246頁。
35）斎藤＝菊池・前掲注19）81頁〔山田〕。

第17章　家事事件手続法における資料収集

示している。ここでは，この家庭裁判所調査官の専門性が，事実の調査の実施においてどのような形で発現されるべきかを分析してみたい。家庭裁判所調査官は，事実の調査の結果を書面又は口頭で家庭裁判所に報告するものとされ（法58条3項），その報告に意見を付することができるとされているので（同条4項），まず，事実の調査の結果，次いで，これに付される家庭裁判所調査官の意見について検討する。調査の結果と家庭裁判所調査官の意見とは性質が異なり，調査報告書の書式でも，調査の結果と調査官の意見を記載すべき欄は明確に区別されている。

⑴　事実の調査の結果

　事実の調査は，事実認定の基礎となる資料収集を目的とするものであるから，いかなる事実に関して資料を収集すべきかの問題が生ずる。調査対象となるべき事実の問題であって，事実の調査における「事実」とはこれを指し，例えば，子の監護状況，あるいは子の意向，成年後見事件における後見人候補者の後見人としての適格性などがこれに該当し，調査事項とも呼ばれることもある。これに関し，この「事実」を，家庭裁判所調査官が収集すべき対象そのものをいうと理解されている場合があるが，正当ではない。家事審判手続は非訟手続であり，抽象的権利義務関係（扶養義務を発生させるべき身分関係例えば親子・夫婦関係）を前提に，具体的権利義務（養育費・婚姻費用分担額）を形成することによって，法的紛争ないし問題を解決する手続であるが，具体的権利義務の有無・程度を決すべき事実として，法規によって規定されている事実を主要事実と呼び，これを推認させる事実を間接事実と呼ぶ。この主要事実及び間接事実が，この「事実」に該当する。裁判官は，家庭裁判所調査官が収集してきた資料を検討して，「事実」の存在を認め，すなわち心証を形成して，当該法規を適用し，具体的権利義務を形成して，当該の法律問題を解決するのである。事実の調査とは，事実を収集するものと理解すべきではなく，事実に関する資料を収集するものというべきであろう。

　調査事項が特定されると，次に，どのような調査方法によるべきかが問題となる。例えば，子の監護状況が調査事項である場合，両親のいずれかあるいは双方から事情を聴取するか，子から意向を確認するか，子の監護されている居宅の現況を見分するかなど，どのような調査方法を採用すべきかの問

題である。

調査事項については，家事事件手続において家庭裁判所調査官に事実の調査が命ぜられる際に，家庭裁判所調査官が有する専門的知見の活用を図る趣旨から，調査事項が包括的になる場合がある。例えば，両親のいずれが親権者にふさわしいかという事実を確定するためには，現在の子の監護状況，過去の監護状況，子と親との親和性，親の経済状況等の諸事実を確定させ，各事実を比較考量して，判断しなければならない。前者が前述の主要事実に当たり，後者がこれを推認させる間接事実に当たる。親権者の適格性の判断において，これらの間接事実のうち，いずれを調査の対象として確定すべきかは事案における具体的事情によることになる。したがって，親権者としていずれがふさわしいかという主要事実が調査事項とされた場合，これらの間接事実を全て調査すべきか，あるいはどの事実を調査すれば足りるかが重要な問題となる。しかし，これを確定しないまま調査命令が発せられると，その判断が家庭裁判所調査官に委ねられることになる。かかる調査命令の必要性・妥当性については，事実の調査が命ぜられる段階において，当該事案における諸事情が明確でない場合が多いこと，家事事件手続において，当事者の主張立証の多くを期待できないこともしばしばであること，家庭裁判所調査官の有する知識経験を活用するという趣旨に合致することに鑑みると，これらを一概に否定することは相当でなかろう。しかし，このように，複数の間接事実の積み重ねによってのみ主要事実を推認すべき事案においては，いかなる事情を間接事実と考えるべきかが，極めて重要な問題であるから，できるだけ，これらを特定して，調査事項とすることが相当であろう。

### (2) 家庭裁判所調査官の意見

家庭裁判所調査官は，事実の調査の報告に，意見を付することができるとされており（法58条4項），この家庭裁判所調査官の意見は，その専門性からして，重要な意義を有する。しかし，この家庭裁判所調査官の意見の位置づけ，調査の結果との関係などについて，必ずしも明確ではない。

家庭裁判所調査官の意見とはどのような内容を含むものが予定されているのであろうか。家庭裁判所調査官が，事実の調査の結果得られた「事実」の分析あるいは評価が，その意見と呼ばれることが少なくないように思われる。

第17章　家事事件手続法における資料収集

これは，「事実」という言葉の社会科学的な用法としては，十分理解できるところである。しかし，この理解は，家庭裁判所調査官による事実の調査が，資料収集手続であることの意味を弱めているように思われる。家庭裁判所調査官が収集したものは，それが，関係人の陳述であれ，監護者宅の現況を家庭裁判所調査官が五感の作用によって認識した結果であれ，いずれも，調査対象となった事実を認定するために必要とされる資料であり，「事実」と呼ぶのは正確性を欠く。子の意向が調査事項である場合，子から事情を聴取したとすると，得た陳述が調査の結果であり，その資料に基づいて，子の意向がどのように認定できるかについての調査官の見解がその意見ということになる。したがって，家庭裁判所調査官の「意見」は事実認定に関する意見（Finding）と解される[36]。

　ところで，少年保護事件における調査報告書に家庭裁判所調査官が付ける意見（少年審判規則13条2項）は，要保護性という事実を認定する意見（Finding）と，それを前提にする処遇に関する意見（Recommendation）とを含むものと解されているが，これは，少年保護事件における調査が原則として事件全般にわたる包括的な調査であるため，調査結果に関する意見から必然的に処遇に関する意見が引き出されるからである。家事審判手続においても，包括的に調査が命ぜられた場合には，事実認定に関する意見から必然的に事件処理に関する意見が導き出させる場合も想定されるので，このような場合には，事件処理全体に対する意見（Recommendation）を付しても差し支えないとされている[37]。例えば，親権者変更の事件において，包括的に事実の調査が命ぜられた場合，いずれが親権者としてふさわしいかという事実の認定に関する意見を付し，それを前提に，さらに，審判をすべきかあるいは調停によるべきかなど事件処理についての意見を付することができると解されているのである。

　調査報告書に意見を付すかどうかは，調査を担当した家庭裁判所調査官の判断に委ねられているものと思われる。少年保護事件においては，家庭裁判所調査官は，調査報告書に意見をつけるよう義務付けられている（少年審判

---

36）事実認定が「Fact Finding」と呼ばれることに基づいている。
37）加藤令造編『家事審判法講座第3巻』（判例タイムズ社，1969年）206頁〔沼邊愛一〕。

規則13条2項）のに対し，家事事件手続法58条4項は，そのような義務付け
をする規定となっていない。これは，家事事件の調査の場合には部分調査が
行われる場合があり，その場合には調査事項が部分調査であるために意見を
付すことができない場合や，調査の結果得られた資料の性質から，当然に事
実が認定できることから，特に意見を付す必要がない場合が考えられるため
である。したがって，それ以外の場合に，家庭裁判所調査官が意見を付さな
いことは相当でなかろう。実務で家庭裁判所調査官が意見を付さないことは
稀である。

# 第18章
# 家庭裁判所調査官の役割

## 金子　隆男

## 第1　はじめに

　近年，社会と家族の有りようや国民意識の変化を背景として，家庭に関する紛争事件における当事者間の感情的な対立がますます先鋭化する傾向があり，当事者本人の意向が強まって，手続代理人による当事者の説得が困難となっているなど，家事事件が複雑・困難化している状況が明らかになっている[1]。こうした事件の複雑・困難化や利用者からの家庭裁判所に対する専門的機能の充実・強化の要請を踏まえ，家庭裁判所調査官による調査の活用についても，行動科学の知見及びそれに基づく面接技法を基盤とする事実の調査や当事者への心理的な働き掛け（調整・援助）など，家庭裁判所調査官の中核的な役割・機能を発揮すべき領域について調査命令が発せられるようになり，特に家事調停事件においては，子の意向や監護状況に関する調査などを中心とした部分調査の命令が発せられることが多くなっている。

　本稿では，家事事件手続法65条が家庭裁判所調査官による調査活動にどの

---

1) 家事調停事件は，平成2年以降は概ね増加傾向にあったが，平成25年以降減少に転じており，平成26年（速報値）は，新受総数が13万7,214件，別表第2以外の調停事件が6万1,241件と漸減傾向を示している。そうした中で，別表第2調停事件は，依然として増加傾向にあり，平成26年（速報値）は，7万5,973件と過去最高になっており，経済状況等を背景として，子の監護に関する処分事件，婚姻費用分担事件及び遺産分割事件等が増加傾向にある。

第18章　家庭裁判所調査官の役割

ような影響を与えたかを，特に家事調停手続を中心に記載する。意見にわたる部分は，執筆者の私見である。

# 第2 家庭裁判所調査官による調査活動

　家庭に関する紛争事件の解決は，多くの面で家庭裁判所の広範な裁量に委ねられているが，家庭に関する紛争事件は，夫婦，親子等の親族間の複雑な人間関係の絡み合い，微妙な感情のもつれ，パーソナリティの相違による個別的な行動特性等が背景にあるため，家庭裁判所がその裁量権を適切に行使するためには，紛争に係る事実関係を正確に把握する必要がある。

　そこで，家庭裁判所調査官が置かれており（裁判所法61条の2，31条の3），家庭裁判所調査官は，心理学，社会学，社会福祉学，教育学等の行動科学に関する知識や技能を活用して，家庭に関する紛争事件の解決に資するための調査活動を行っている。

　調査活動の主な内容は，次のとおりである[2]。

**【家事事件手続法に関わるもの】**

①　事実の調査（法58条1項，65条，224条，258条1項，261条2項）

②　審判又は調停期日への立会い，意見陳述（法59条1項，2項，258条1項）

③　社会福祉機関との連絡等の調整措置（法59条3項，258条1項，261条5項，289条4項）

④　正当な理由がなく出頭しない当事者に対する出頭勧告（法58条，261条）

⑤　履行確保に関する事務（法289条3項，4項）

⑥　後見監督に関する事務（法124条3項，133条，142条）

**【人事訴訟法に関わるもの】**

⑦　事実の調査（人訴34条，人訴規20条2項　ただし，附帯処分等の裁判に限る。）

　事実の調査については，①で，必要に応じて，事件の関係人の性格，経歴，

---

2）裁判所職員総合研修所『家庭事件調査実務入門〔4訂版〕』（2014年）。

生活状況，財産状態及び家庭環境その他の環境等について，医学，心理学，社会学，経済学その他の専門的知識を活用して行うように努めなければならない（規則44条1項）とされ，また，⑦で，審理の経過，証拠調べの結果その他の事情を考慮して必要があると認められるときは，医学，心理学，社会学，経済学その他の専門的知識を活用して行うように努めなければならない（人訴規20条1項）とされ，事件処理における科学性を担保している。

# 第3 子の意思の把握・考慮に向けた調査活動

　家事事件手続法では，家庭に関する紛争事件を解決するに当たり，子の福祉に配慮するため，いくつかの規定が新設された。

　家事事件手続法65条では，「家庭裁判所は，親子，親権又は未成年後見に関する家事審判その他未成年者である子がその結果により影響を受ける家事審判の手続においては，子の陳述の聴取，家庭裁判所調査官による調査その他の適切な方法により，子の意思を把握するように努め，審判をするに当たり，子の年齢及び発達の程度に応じて，その意思を考慮しなければならない。」とされ，この規定が同法258条1項で，家事調停の手続における子の意思の把握等にも準用されている。

　この規定の趣旨は，父母の間で紛争があってその紛争渦中に未成年の子が置かれている場合に，子が事件解決の行方により大きな影響を受けることは避けがたいところ，感情の渦に巻き込まれている父母に子の利益を代弁することが期待できないときがあるため，事件解決の手続の中で，子の意思の把握に努めさせ，子の年齢や発達の程度に応じて，その意思を考慮し，子の立場に配慮した手続運営を行わせ，子の福祉への配慮を実現しようとするものである[3]。その趣旨からすると，「子の意思」には，言語的表現によって表明される意見のみならず，子が自分の置かれている状況に対して示す認識や，子の言動態度等に表れる非言語的表現も含むと解されている[4]。

　家事事件手続法の趣旨を踏まえて，家庭裁判所では，未成年の子がその結

---

3）法制審議会非訟事件手続法・家事審判法部会第9回会議議事録37頁～43頁，部会資料8，40頁～42頁（2009年）。
4）前掲注3）参照。

*411*

第18章　家庭裁判所調査官の役割

果により影響を受ける事件においては，事件解決手続の早期段階から子の意思の把握・考慮に努めている。

　子の意思の把握方法は，家事事件手続法65条に挙げられた①陳述の聴取，②家庭裁判所調査官による調査，③その他適切な方法のうち，事案に最適な方法を採ることが期待されている。一定の事件については，15歳以上の子の陳述聴取が義務づけられ（法152条２項，157条２項，161条３項１号，165条３項１号，169条，175条２項，178条１項１号，236条１項，240条４項），子が自ら家事事件の手続を行ったり，裁判長が子の手続代理人を選任したりすることもできるようになった（法252条１項２号・４号，23条１項，２項）。

　子の意思の把握等の在り方としては，紛争性がそれほど高くなく，かつ，子の年齢が比較的高く，子が自らの意見を言語的表現により十分表明できる場合には，相当と認められる方法で把握した子の意思を家事審判等の判断に反映させることが可能なので，子から陳述書が提出される場合がある。また，その子に十分な手続説明をした上で，書面照会を行うことによって，子の意思を把握しようとする場合もある。

　その一方で，子の年齢が低かったり，父母間の紛争下の不安や混乱等で自らの意見を言語的に表明できなかったりする場合には，家庭裁判所調査官による調査等を活用して子の意思を把握し，子の立場に配慮した手続運営を行うことが必要となる。

　実務上は，子の年齢を問わず，家庭裁判所調査官に対し子の意向や監護状況についての調査命令が出されることが多く，家庭裁判所調査官による調査では，通常，子の言語的表現による意見，認識等の陳述を聴取するだけでなく，子の非言語的な表現等を評価することなども盛り込まれている。

　子の年齢が比較的高く，自分の意見を言語的表現で表明できる場合には，その子が自分の置かれた状況，紛争に関する客観的事実，希望の限界，事件手続の効果をどう理解しているか等を考慮しながら，把握した子の意思を相応の方法によって紛争解決の方向性に反映させることを考える。また，子がまだ幼い場合，離別経過から別居親についての記憶が曖昧な場合，父母の紛争下にある不安や混乱等から自分の気持ちを表現できない場合などには，家庭裁判所調査官が期日立会いをし，さらに，調査で把握した子の言動態度の背景にある心情等を行動科学の知見によって評価し，父母に説明するなどし

412

第4　家事調停手続における調査活動

て，子の立場に配慮した手続運営を行い，父母が子の利益に適う結論を導き出せるように働き掛けることを考える。いずれにしても，調査で明らかになった子の福祉をめぐる課題や子の利益に適う努力の方向性を父母に理解してもらい，離婚後の親子関係の再構築を視野に入れた解決を図ることを目標としている。

　家庭裁判所調査官は，把握した子の意思だけでなく，子と監護親の生活状況，子と非監護親との関係，子の年齢や心身状況等，事件類型に応じた諸事情を総合的に考慮して，子の福祉に適う意見を導き出すように努めている。

# 第4　家事調停手続における調査活動

　家庭裁判所調査官は，行動科学の知見等を基盤とした専門性を発揮することにより，調停当事者の主体的な関与と解決意欲を引き出し，納得性の高い解決が実現するように調停委員会を支援する役割・機能を担っている。

## 1　家庭裁判所調査官の関与の時機や形態

　調査活動の端緒や始期は一様でない。家庭裁判所調査官は，子の年齢，発達の程度，置かれた状況，父母間の紛争の局面[5] 及び調査で明らかにすべき事実の内容等に応じて，関与の時機や形態を変えている。

　例えば，①子に対する虐待や奪い合いなど，子の監護状況にひっ迫した事情がうかがわれる場合には，調停に先立つ調査を実施し，②親権等の帰すうや面会交流をめぐる紛争がうかがわれる場合には，調停期日立会いを行い，③子の監護をめぐる争いがあり，子について父母の状況認識が一致しない場合には，調停期日間の調査を実施するなどである。

　通常の家事調停においては，まずは調停委員会が早期の段階で父母からの陳述聴取によって子の意思を間接的に把握することになる。夫婦関係調整事件を始め，子をめぐる紛争事件については，家庭裁判所調査官が各庁における取決めに従って，事件記録による手続選別（インテーク）を行い，裁判官

---

5）父母が自分たちの離婚を心理的に受け入れる過程は，大切な対象を失う〈対象喪失〉と似た経過をたどると理解されており，〈離婚の過程モデルdivorce process〉といわれている。

*413*

第18章　家庭裁判所調査官の役割

の命令を補佐している。手続選別を行うため，家庭裁判所調査官が初回期日の立会いを行う場合もある。家事事件手続法の施行に伴い，必要な事件に漏れなく家庭裁判所調査官が関与できるよう，初回期日以降にも手続選別を行うなど，できるだけ早期段階から子の意思を把握するための活動が始められるように工夫している。

　ただし，当事者双方が離婚について合意しているだけでなく，子の監護についても概ね合意している場合で，当事者双方の語る子の意思や状況がほぼ一致しており，客観的な視点から見ても妥当と考えられれば，当事者の陳述内容をもって間接的に子の意思を把握，考慮する形で，調停を成立させることが多いものと考えられる。

## 2　家庭裁判所調査官による期日立会いと意見陳述

　家庭裁判所は，必要があると認めるときは，家事審判の手続の期日に調査官を立ち会わせ，また，立ち会わせた調査官に意見を述べさせることができる（法59条1項，2項）とされ，家事調停事件の場合にも準用されている（法258条1項）。既に調停委員会が構成されているときは，この権限は調停委員会に属する（法260条）。

　審判期日への立会いは，子の福祉に関する事件や当事者に精神医学的・心理的な問題が見られる事件等において行われることが多いのに対し，調停期日への立会いは，調停手続と調査活動等との円滑な連携を図ることを目的とするほか，調停の円滑な進行に資するために行われる。特に，調停期日への立会いは，家庭裁判所調査官の専門性を調停に有効適切に活用する方法として，広く実施されている。

　調停委員会が家庭裁判所調査官を期日に立ち会わせる契機としては，調停委員会が調停の進行中に家庭裁判所調査官の期日立会いの必要性を感じた場合，調査を担当した家庭裁判所調査官からの期日立会い相当の意見を採用した場合及び手続選別等における家庭裁判所調査官による期日立会い相当の意見を採用した場合がある。

　家庭裁判所調査官が初回期日から関与するのは，親権等の帰すうや面会交流をめぐる紛争がうかがわれる場合が多いものの，それ以外にも，当事者の主張整理が必要な場合や当事者が精神医学的な問題を抱えている場合などで

414

関与することがある。夫婦関係調整事件において，当初，当事者間に離婚に向けた合意があるかどうか分からない場合には，そうした合意が形成できた時点から関与することもある。そうした事情が期日に判明した場合には，調停委員会の評議が行われ，必要があれば当日待機している当番の家庭裁判所調査官が期日の進行途中から立ち会い，次回期日以降も立会いを続ける場合もあるし，そこで期日間の調査を受命することもある。

実際に家庭裁判所調査官が立ち会うのは，夫婦関係調整事件，別表第2調停事件の親権者（監護者）の指定・変更，子の引渡し，面会交流等の事件が中心である。とりわけ面会交流事件では，子との面会交流が離婚の駆け引きの材料とされることがあり，将来にわたって面会交流を円滑に実施するには当事者双方の協力が不可欠であるため，子の利益に適った形で，話合いによる解決を目指して働き掛けをする必要性が高く，かなり多くの事件で家庭裁判所調査官が関与している実情がある。

家庭裁判所調査官が期日に立ち会う目的は，①事実の調査の準備，②当事者に対する助言・援助，③調査結果の当事者へのフィードバック等である。また，家庭裁判所調査官が調停委員会から調停の進行中に関与を求められるのは，子の調査や試行的面会交流の必要性，その他の特定の事項について専門的な見地から意見を聴取したいと考えられた場合，今後の進行方針について家庭裁判所調査官との協議の必要性を感じる場合等である。

家庭裁判所調査官は，調停委員会の求めに応じて意見を述べるが，意見陳述の要否，時期は調停委員会の判断による。家庭裁判所調査官が意見を求められるのは，調停委員会にとって事案の理解に役立ち，かつ，当事者等を納得させる上でも有効であると認められる場合が多い。意見を述べるに当たっては，在席している当事者の動静，その場の話合いの流れや雰囲気に注意するとともに，秘匿の要否を検討すべき事柄があればそれにも配慮しながら，表現等を工夫している。意見の内容は，調停や調査の過程で明らかになった事実についての理解，当事者の人間関係や言動態度についての将来予測，以後の家庭裁判所調査官の関与の在り方，調停の進行方針に関する意見等である。

第18章　家庭裁判所調査官の役割

# 3 家庭裁判所調査官による期日間の調査

当事者が離婚そのものをめぐって争い，子の監護についての当事者の意向が不明確か，又は主たる争点になっていない場合には，離婚の合意が見えてきた段階まで，子の意思の把握を留保することが多いのではないかと考えられる。その場合，一定期間，調停の進行を見守った上で，子の調査の要否等を検討することになる。

その一方，父母間に親権等の帰すうや面会交流の争いがあり，子の状況等について意見が一致していない場合には，家庭裁判所調査官による調査で子の状況や意思を把握することが考えられる。また，父母双方が子の置かれている状況や気持ちに全く目を向けずに離婚自体の争いを続けているような場合には，父母が子の状況や心情を認識して，子の福祉に配慮しながら話合いを進めることができるようにするため，比較的早い段階で，家庭裁判所調査官の調査により，子の状況や心情を把握することが考えられる[6]。

家庭裁判所調査官による調査は，一般的に，①調停委員会による事情聴取等で子の意思が把握できない場合のほか，②子の監護状況に懸念がある場合，③子の奪い合い等の経過から，紛争が深刻で，解決に難航が予想される場合，④子が意思表明を希望しているなど，裁判所から積極的にアプローチする必要がある場合，⑤面会交流をめぐる問題がある場合，⑥父母に配偶者暴力やアルコール依存等，子の福祉に関わる問題がある場合などに実施することが多い。

家庭裁判所調査官は，調査を受命する場合，調停手続の段階に応じて，当事者の話合いがどのような局面にあるのか，何を明らかにするために調査をするのか，調査結果をどのように紛争解決に結びつけるのかという視点を意識した上で，調査の方法等を十分に吟味している。例えば，夫婦関係調整事件では，当事者双方が離婚に向かっている場合もあれば，離婚の合意ができていない場合もあり，期日立会いをしている家庭裁判所調査官は，婚姻生活の経過，紛争の実情，協議の進捗状況がどのような局面にあるかを見定め，

---

6）父母双方に子の置かれている状況や気持ちに目を向けてもらうため，「親ガイダンス」として，一定の事件の調停手続の中に標準化した手当てを組み込む取組も行われている。

416

当事者のパーソナリティ等を見立て，主張整理を促しながら，紛争解決に資する受命の機会を見極めている。

　調査を実施する場合には，面接により子から意向を聴取するほか，子の言動態度から心情を酌み取ったり，親子の交流場面を観察したり，福祉や医療などの関係機関から第三者的な情報を収集したりと，様々な調査方法によって，子の意思の把握に努めている。

　子の意思に関わる事実を把握すると，できるだけ子の利益を最優先した合意点を見出すため，それを評価して，何が子の利益といえるかを整理し，把握した事実を使って調停委員会に紛争の解決策や当事者への説得方法等を説明している。

### (1)　子の監護状況を把握する調査

　子の監護状況調査は，調停期日や父母との面接等で問題に挙げられた点を踏まえながら，子の状況や親子の関係等を観察したり，子から直接話を聴いたりして，監護の実情を把握し，現状に対する子の認識を明らかにするものである。具体的には，子の発達の程度，住環境，家族との関係性，監護親の養育態度，虐待の有無など，明らかにすべき事項を意識した上で，調査の対象及び方法を設定している。

　子の年齢が低いほど，子が言語的表現で意思表示をすることは困難であるため，子の状況調査の意義が大きくなる。また，当事者が子の心身の発達程度や適応状況等を争点としている場合や，子に対する虐待等が疑われる場合には，子の状況調査により紛争解決へ導く重要な手掛かりを提供できることがある。

　家庭裁判所調査官は，子との面接を実施する場合には，その面接で把握し得る事象は何かを吟味し，子の理解力と言語表現力を見極め，それに合わせた方法で，場面構成上の配慮として，子ができるだけ安心する適切な時期，場所（家庭，裁判所），方法を設定し，子の置かれた状況を踏まえた説明や導入を行い，子の発達の程度等を踏まえた応答に心掛けながら，親に対する心情や将来に対する意向の表現を引き出すように努めている。

　子の監護状況の調査では，前もって父母などから監護状況に関する情報を得た上で，日常の監護環境を把握するため，家庭訪問を実施することが多い。

第18章　家庭裁判所調査官の役割

家庭は，通常，子にとって最も安心できる場所であり，特に子の年齢が低い場合には，家庭裁判所調査官と初めて会う緊張感を和らげるため，親しい家族の中で，日常生活の一部を見聞きすることから面接を始めるようにしている。

　子の発達段階によって養育上配慮すべき事項が変わるので，観察により明らかにすべき事項も異なる。家庭訪問による調査では，その目的に応じて，子が監護親やその他の同居家族と一緒にいる場面を設定し，できるだけ日常的な関係性等を観察する。可能であれば，同居家族の影響を受けない場所で子1人の場面を設定し，子の言動態度を観察したり，言語的なやり取りをしたりして，子の心情の把握に努める。さらに，子の監護を補助している祖父母などと個別に面接することもある。

　また，子の年齢が低い場合などには，家庭訪問などにより関係作りをした上で，家庭裁判所の児童室（家族面接室と呼ぶこともある。）で観察を行うことがある。児童室は，通常，靴を脱いで過ごせるようにフローリングやマット敷きにし，把握しようとする事象を考えた遊具などを用意して，くつろいだ雰囲気の中で観察を行いやすい環境にしている。ワンウェイミラーやモニターカメラ等の設備が整っている場合には，別室からの観察も可能である[7]。家庭裁判所調査官は，こうした設備を使い，親子一緒の交流場面や子の単独場面を構成するなどして，子の言語的表現のみならず，親との関わり行動や非言語的な表現を観察し，時には発達検査や心理テスト等も施行して，子の心情を酌み取り，他の情報と総合し，それらを行動科学の知見をもって評価することで，子の意思を的確に把握しようと努めている。

### (2)　子の意向を把握する調査

　調停委員会は，父母からの事情聴取に加えて更に子の意思の把握が必要か否かについて，子の年齢，発達の程度，紛争の局面や深刻さ，紛争下における子の状況等の個別具体的な事情を踏まえ，必要な場合には家庭裁判所調査

---

7)　親子の交流場面等の観察では，意図した事象を観察するための〈操作的観察〉が行われる（金子隆男ほか「親権（監護権）の帰すうを判断することが求められる家事事件における子どもとの面接の在り方について」家裁調査官研究紀要1号19頁～21頁（1998年））。

第4　家事調停手続における調査活動

官の意見も参考にして，総合的に検討している。

　子の意向調査は，子が父母間の紛争の経過をどのように受け止め，今後の生活についてどのような希望を抱いているかを聴取するものである。子の年齢，発達の程度，理解力，言語表現力等を踏まえて意向調査の対象とすべきかどうかを判断しており，対象とする場合には，子が自分の置かれた状況や家庭裁判所の手続を理解した上で，意向を自由に述べられるように配慮している。対象とする子の年齢は，概ね10歳以上とすることが多い。可能な限り裁判所で面接を行う。子の年齢，置かれた状況等を考慮すると，子の言語的表現をそのまま意向として取り扱うことが不適当と考えられる場合もあることから，現在に至るまでの子の生活状況等を把握し，必要に応じて，子との面接の前に親との面接を改めて行った上で子と会い，子の状況を把握しながら，その発言の意味を文脈の中で慎重に吟味するようにしている。

　子の表現内容は，「親権者は母がいい。」などという手続の帰結についての意見もあれば，「転校して嫌だった。」などという境遇についての意見もある。家事調停の手続や子の置かれた状況についての子自身の理解の程度によって，将来の見通しを踏まえた上で意見を表明できる場合もあれば，置かれた状況についての受け止め方を僅かに表現するだけの場合もあるなど，その意思の表現レベルには幅がある。

　そこで，家庭裁判所調査官は，面接調査による場合，子の年齢に応じて，一般的に，次のような観点から意向聴取を行い，調停運営に反映させている。

　子が学童期前半（おおむね6歳から9歳まで）の場合，社会性が発達し，ルールに従った行動ができ，具体的な事柄であれば抽象的な思考が可能である一方，良い・悪いという両極端な評価をしたり，現実離れした空想を抱いたりするため，父母の問題を子自身の問題と分けて考えることが難しく，父母の不和を自分のせいだという自責感情や父母双方とも裏切れないという忠誠葛藤を抱き，しかもそうした気持ちを内に溜め込みやすい。自分がよい子に振る舞えば，父母が親密な関係に戻るのではないかという，和合ファンタジー（和解幻想）を抱いていることもある[8]。こうした場合，自分の置かれた

---

8）和合ファンタジーは，父母間の紛争や葛藤の狭間に立たされている子が，つらい現実や不安感を避けるために，父母の関係が修復される幻想を抱くことを指すが，こうした子にとって，愛着対象である親との別離は，年齢にかかわらず，大なり小なり受け入れ

419

第18章　家庭裁判所調査官の役割

状況についての認識及び希望として，子の意思の把握を試み，その意思及び背景にある心情を踏まえながら，子の利益に適う結論を当事者が導き出せるよう働き掛けることになる。

　子が学童期後半（12歳くらいまで）の場合，父母と心理的距離を置けるようになり，現実認識力が向上するが，まだ良い・悪いという二分法で物事を見る傾向があり，対処困難な場面では父母に依存しているため，父母間の紛争に巻き込まれやすく，忠誠葛藤を起こしたり，一方の親と強く結びつき，他方の親が全て悪いと考えて，他方の親に対して敵意を示したりすることがある。また，友人関係の重要度が増し，塾やスポーツクラブ等の課外活動が増える時期でもある。こうした場合，手続の帰結に関する意見として，子の意思の把握を試みるとともに，置かれた状況についての子の認識及び希望としての子の意思を把握した上で，その意思及び背景にある心情を踏まえながら，子の利益に適う結論を当事者が導き出せるよう働き掛けることになる。

　子が思春期を迎える12歳から14歳までの場合，具体的な事象を離れ，概念を用いた抽象的，論理的な思考が徐々に可能となり，父母を客体化して捉えだす一方，まだ試行錯誤の最中で，言動が一貫しないことも多い。こうした場合，手続の帰結に関する意見として子の意思の把握に努めた上で，その意思及び背景にある心情を考慮し，子の利益に適う結論を当事者が導き出せるよう働き掛けることになる。

　子が15歳以上の場合は，父母から自立し，親とは別個のアイデンティティが確立していることが期待値とされており，既述のとおり，一部の審判事件及び親権者指定等の裁判においては，その陳述を聴かなければならない。そこで，原則として，手続の帰結に関する意見として子の意思の把握に努めた上で，その意思を十分に考慮し，子の利益に適う結論を当事者が導き出せるよう働き掛けることになる。

　子の意思は，その年齢を問わず，状況とともに移ろっていくものである。子の言語的表現による意思の内容や強固さが，非言語的表現その他の事実関係から見て合理的といえるか，仮に合理的であったとしても，言語的に表現された意思に沿うことが子の福祉に合致するといえるかという観点から，子

---

がたい出来事であり，否認の規制が働きやすい（金子・前掲注6）22頁，27頁，30頁）。

の年齢や置かれた状況等も考慮しながら，総合的に評価するように努めている。

### (3) 子の反応の表れ方

両親の紛争に対する子の反応の表れ方は，発達の程度，パーソナリティ，それまでの親子関係の在りよう等により，様々である。

父母間の紛争の渦中で，幼い子の場合には，いわば肌で感じる強い不安から，情緒的に不安定になったり，赤ちゃん返りする退行現象を見せたり，下痢，夜尿，チック，爪噛み等の身体症状に表わしたりしやすい。学童期の子の場合には，これからどうなるかという将来に対する不安を抱き，一方の親を失う喪失感（対象喪失）を体験して悲しみ，親から見捨てられるのではないかとおびえてしがみ付き，対立する父母の間で板挟みになって忠誠葛藤に苦しみ，父母が不仲になったのは自分のせいではないかという自責感情にさいなまれ，時には子に依存する親の相談に乗るなどしてその親を支えようとする過熱現象さえ見せることがある[9]。その結果，身体的な不調を訴えたり，学校生活等で不適応を生じたり，強情な態度や虚言癖を示したりすることもある。思春期の子の場合には，争い合う父母に対し否定感情を向けたり，不満を爆発させ，衝動的な問題行動を惹き起こしたり，非行に走ったり，逆に引きこもって無気力，無関心な態度を示したり，過剰に"よい子"を演じて適応しようとしたりするなどの行動化の反応を見せることがある。

また，子の意向や心情には多かれ少なかれ監護親の言動態度が影響を与えているため，いわゆる片親疎外（Parental Alienation）[10]がしばしば問題視される。子の監護をめぐる争いが激化している場合には，配偶者による暴力等の主張と並んで，子の言動態度が片親疎外に起因しているという主張がなされることがある。片親疎外とされる現象は，必ずしも監護親の操作のみによるとはいえず，非監護親の言動態度，子の年齢や性格，紛争経過の態様など

---

9) 過熱現象は，父母が親として機能不全に陥ると，特に年長の子が年齢不相応な早熟傾向を示し，同居親や年少のきょうだいに対し，強迫的に世話を焼いたり，保護者的な役割を担ったりする事象を指す（岡本吉生ほか「家事事件における子の調査方法に関する研究」家裁調査官実務研究（指定研究）99頁）。

10) Gardner, R.A. Recent Trends in Divorce and Custody Litigation. Academy Forum, 29(2), 3頁～7頁（1985年）。

*421*

が複雑に絡み合った結果と捉えられる[11] そのため，子が非監護親との面会交流を，年齢，発達の程度，紛争経過中の体験事実等から理解が可能な理由に基づいて拒絶しているのか，それとも，非現実的な空想，根拠のない思い込みや否定感情等により拒絶しているのかを，行動科学の知見を活用した調査等を通じて鑑別した上で，父母間の調整を図っていく必要がある。

　さらに，子が実際に虐待を受けていたり，父母間の暴力を目撃したりしている場合には，その虐待等の事実が親や子に否認されることがあり，また，親自身が根深い問題を抱えていることも少なくないので，調査には多くの困難が伴う。子は，不安性のしがみつきを見せたり，虐待親と同じような激しい感情起伏，衝動性，落ち着きのなさ，乱暴な言動，盗癖，徘徊等の傾向により対人トラブルがあったり，嫌われたり，いじめられたり，厄介者扱いされたり，逆に，萎縮して，抑うつ的で反応の乏しい臆病な態度を示していたり，過食，失禁，緘黙，学習意欲の欠如等が見られたりする。

　家庭裁判所調査官は，あらかじめ調査の構造を考え，面接技法を駆使して子の反応を的確に捉え，科学的な評価ができるように心掛けている。

# 第5 解決すべき紛争に応じた子の調査

## 1 親権（監護権）の帰すうをめぐる紛争

　親権（監護権）の帰すうの判断に当たっては，現在の子の監護状況，過去の監護状況，親子の親和性，親の経済状況など，親子の様々な事情を総合的に比較衡量し，子にとって最も望ましい環境を提供できる親を親権者とすべきと考えられる。

　家庭裁判所調査官は，それまでの監護実績を安易に尊重するだけでなく，把握した事実によって，主たる監護者は誰であるか，その監護が不適切で

---

11) Keiiy, J.B. &Johnston, J.R. The Alienated Child: A Reformulation of Parental Alienation Syndrome, Family Court Review 39⑶ 249頁～266頁（2001年）
　なお，片親疎外が症候群ないし疾患であるとの認識は否定されているが，子が一方の親から別離させられると，同居親から見捨てられる不安感や恐怖心から，同居親の気持ちに同調するようになる傾向があることは，臨床的に認められている。

あったり子の福祉を害したりするものでなかったか，安定した監護の継続性
を確保する必要性がどの程度あるかなどを評価し，親権（監護権）の帰すう
について検討している。これらに関する子の心情や意向が心理的事実として
重要な調査事項となる。子が一方の親と相当期間の離別状態にあり，その親
に親権（監護権）を帰属させる可能性が考えられる場合，別居親との同席場
面の観察をしないと判断材料に不足する場合などには，その親と子の交流場
面を設定し，観察することもある。

また，家庭裁判所調査官は，子の心情や意向を把握するとともに，調停委
員会と役割を分担しながら，父母から上記の事情に係る聴取や資料収集を行
い，併せて，父母に対し，緊張を緩和させ，葛藤を鎮めるなどして，子の立
場からも物事を眺め，理性的に問題解決が図れる心理状態になるような働き
掛けも行っている。

# 2 面会交流をめぐる紛争

面会交流については，一方の親との別離は子にとって最も否定的な感情体
験の一つであり，非監護親との交流を継続することは子が精神的な健康を保
ち，心理的・社会的な適応を改善するために重要であるとの認識に立ち，面
会交流を禁止・制限すべき事由がなければ面会交流を積極的に捉える考え方
が実務の主流となっている。[12]

面会交流をめぐる紛争事件では，①申立ての実情と当事者双方の主張の把
握，確認，②当事者双方の理解の促進，③禁止・制限すべき事由の有無の把
握，④面会交流の実施方法の調整というステップを踏んだ調停運営になるの
が一般的である。禁止・制限すべき事情には，子の連れ去りのおそれ，子に
対する虐待のおそれ，監護親に対する暴力等のおそれ，子による拒絶が挙げ
られている。

面会交流をめぐる調整活動では，調停過程において，監護親の不安や反発
の解消，非監護親の態度等の改善，父母による子の意向・心情の理解等を促
進し，併せて，面会交流に関するリーフレットの配布，DVDビデオの視聴，

---

12) 細矢郁ほか「面会交流が争点となる調停事件の実情及び審理の在り方—民法766条の改
正を踏まえて—」家月64巻7号1頁。

第18章　家庭裁判所調査官の役割

試行的面会交流の実施等を行いながら，子の福祉の観点からの条件調整を進めている。[13]　家庭裁判所調査官は，期日立会いや期日間調査により，父母の主張の整理，面会交流を禁止・制限すべき事情の把握，面会交流を阻害する要因の把握，試行的面会交流実施の援助，調査結果の当事者へのフィードバック等を行う。

　試行的面会交流実施における支援活動は，面会交流の阻害要因の把握や面会交流の円滑な実施に向けた調整を目的としており，父母，子，監護補助者との事前面接，家庭や保育所等への訪問結果を踏まえた上で，安全を期して，調停の期日又は期日間に家庭裁判所の児童室を使って行うことが多い。

　試行的面会交流の経過事実を当事者双方と共有する中で，子の福祉の観点から，阻害要因を克服する方策を考え，面会交流の円滑な実施に向けた実施条件（頻度，方法等）の調整を行う。面会交流の頻度・方法等は，子の年齢，状況，意向及び父母の事情等を総合的に考え，子の心情，生活リズム等を踏まえながら，円滑な親子関係が維持できるように配慮し，子の成長による変化も視野に入れ，履行可能性を見通しながら，取決め内容を考えている。その際，非監護親との面会交流が子の健全な成長にどのように影響するかを常に念頭に置きながら，子が非監護親と良好な関係を維持するということと，監護親の下で安定した生活を送るということを同時に調整している。

　夫婦関係事件の調停においても，面会交流の取決めが重要な鍵になる事案が増えており，その対応が課題となっている。通常，調停運営においては，面会交流についての父母双方の意向を速やかに確認し，早期の段階から面会交流が実施されるように働き掛けることとしているが，面会交流が深刻に争われる事案では，争点の帰すうを見通し，解決順位に関する父母の希望も踏

---

13)　家庭裁判所では，父母らに面会交流についての理解を深めてもらうためのリーフレット〈面会交流のしおり─実りある親子の交流を続けるために─〉，調停導入用〈離婚をめぐる争いから子を守るために〉及び当事者助言用〈子どものいる夫婦が離れて暮らすとき考えなければならないこと〉（改訂版）のDVDビデオ等を備えている。この調停導入用DVDビデオは，最高裁のホームページからストリーミング配信されている。また，家事事件手続法の施行に伴い，夫婦関係調整事件等の調停における話合いがより子の福祉を踏まえたものとなるよう，父母らに対し，紛争の状況下における子の気持ち，親として子のために配慮すべき事項，調停手続での子への配慮等について理解を深めてもらうためのリーフレット〈お子さんのすこやかな成長のために─家事調停を利用されるお父さん・お母さんへ─〉も用意している。

第6　関係機関との連絡

まえて，進行方針が定められる。

# 第6 関係機関との連絡

　家庭裁判所は，事件の関係人の家庭環境その他の環境を調整するため，必要に応じて家庭裁判所調査官に社会福祉機関との連絡その他の措置をとらせることができる（法59条3項，4項，261条5項）。また，家庭裁判所は，調査及び勧告を家庭裁判所調査官にさせることができ（法289条3項），調査及び勧告に関し，環境の調整のために，家事審判に関する手続と同様に，家庭裁判所調査官に社会福祉機関との連絡その他の措置をとらせることができるほか，官庁，公署その他適当であると認める者に対して必要な報告を求めることができる（法289条4項，5項）。

　家庭裁判所調査官は，子の監護状況や環境を把握するために，保育所，幼稚園，小学校，児童相談所，福祉事務所，児童福祉施設，母子生活支援施設，保健所，精神保健福祉センター，医療機関等に対する出張調査又は書面照会によって情報を収集する。

　担当職員との面接では，あらかじめ当事者から調査報告書の閲覧・謄写請求が出される可能性があることを伝えた上で，備え付けられた文書や資料等の記録に基づき，具体的で客観的な事実関係を把握するようにしている。その職員の専門的な立場からの意見を聴取することもある。

　当事者及びその家族等との面接では，社会福祉機関による援助が必要と思われる場合であれば，社会福祉機関の役割，機能等の情報を提供するなどして，具体的なサービスを受けるため，当事者やその家族が自発的に申請をするよう動機付けることがある。当事者のいずれかが精神医学的な問題を抱え，それが紛争の背景事情となって解決を困難にしているような場合であれば，生活指導的な助言援助を行うことがある。また，面会交流の実施に当たって監護親と非監護親が直接会うことができない場合や面会交流において専門的な第三者の立会いが必要となる場合などでは，第三者機関を利用することが考えられるので，特定の団体に偏ることのないよう配慮しながら，情報提供をすることもある。

*425*

第18章　家庭裁判所調査官の役割

# 第**7** 調査報告書の開示と調査実務

　家庭裁判所調査官による調査の結果は，書面又は口頭で報告することになっており，家庭裁判所調査官は，報告に意見を付することができる（法58条3項，4項，258条1項）。法改正や実務の動向等を踏まえて，平成24年11月に，それまでの包括調査を前提とした定型調査報告書の様式が廃止され，新たに非定型の調査報告書の様式が定められている。

　家庭裁判所に対しては，手続の透明性や説明責任への要請の高まりに積極的に対応することが求められており，調査報告書は，家事審判事件及び人事訴訟事件では原則として意見欄を含めて当事者に開示されることになる（法47条3項，人訴35条2項）。また，家事調停事件においても，調査報告書には家庭裁判所調査官の専門的知見を活用した調査結果が記載され，その結果は，調停委員会が調停の方針を検討するに当たり重要な資料となる上，当事者が調停案を検討するなど調停手続に主体的に関与するに際し，重要な判断材料となることから，調査の内容及び結果を当事者と共有することが望ましく，原則として，当事者等に開示することを想定して調査報告書を記載している。家事事件手続法の下，手続の透明性の確保のため，当事者に手続の流れが理解されているか，互いの言い分が正確に把握されているか，争点や証拠についての理解が共有されているか等を意識し，法的な判断枠組みを踏まえて，当事者が主体的に解決を模索する過程を一層重視するような構成としている。

　また，子から聴取したり，第三者機関から情報提供を受けたりした場合には，調査結果がどのように扱われるかについて説明し，併せて，聴取したことを調査報告書に記載してもよいか，どのような表現であれば記載してよいか，記載されては困る情報とその理由は何かなどを，以前にも増して確認する配慮をしている。

　調査報告書では，あくまで受命趣旨を踏まえ，調査の目的に応じて，紛争解決のために必要となる事実及び評価を整理し，意見を記載することになる。子の監護状況調査であれば，子の監護状況，生活状況，親子の愛着関係，親の養育態度，監護補助者による監護等に加え，子の状況を観察した手順，場面構成なども記載するのが一般的である。また，子の意向調査であれば，子の生活状況，父母の紛争に対する子の理解，子の意向等に加え，子の面接

時の様子，家庭裁判所調査官からの説明内容，面接を行った場面構成などを記載し，その文脈に照らして子の意向及びその真意性について検討し，子の福祉に適った解決方法についての意見を付している。意見の内容としては，例えば夫婦関係調整事件であれば，一般的に，①当事者の主張の整理と評価，②紛争の要因及び背景についての分析，③紛争の解決方法とその見通し等を記載している。

　調査報告書が原則として開示されることを念頭に置いて，把握した子の意思の尊重のみならず，家庭裁判所調査官の調査等により明らかになった子や監護親の生活状況，子と非監護親との関係，子の発達の程度や心身の状況など，その事案ごとの諸事情も踏まえて，子の意思をめぐる事実を専門的知見等から分析・評価し，父母に子の福祉に目を向けてもらい，それらを総合的に考慮して，子の福祉に適う解決に資する意見を示していくように努めている。

# 第8 おわりに

　家庭裁判所調査官の調査活動に対しては，実証的で客観性の高い事実把握とそれに基づく分析，効果的な心理的調整や教育的働き掛け，紛争解決に資する論理的で説得力のある意見の提示等が，これまで以上に強く求められるようになっている。家庭裁判所調査官は，家庭裁判所全体の法的な紛争解決機能に貢献し，家庭裁判所を利用する当事者に対してより良い司法サービスを提供するため，最新の行動科学の知見等を絶えず取り入れ，事実の分析，それを踏まえた紛争解決に資する意見を裁判官，書記官，調停委員，当事者，手続代理人などに分かりやすく説明する努力を一層積み重ねていく必要があると考えている。

**【参考文献】**
金子修編著『逐条解説家事事件手続法』（商事法務，2013年）
小澤真嗣「家庭裁判所調査官による『子の福祉』に関する調査—司法心理学の視点から」家月61巻11号１頁
木村耕一郎ほか「離婚調停事件における子の調査の在り方の検討に向けて—子の

第18章　家庭裁判所調査官の役割

　　福祉に資する子の調査を目指して―」家月63巻12号103頁
小峰隆司ほか「子の福祉への配慮の充実を目指す調停と調査官関与の在り方」家
　　月64巻10号53頁
杉岡美幸ほか「離婚調停事件における子の調査の在り方について―『子の意思』
　　の把握・考慮の規定を踏まえて―」家月64巻11号79頁
八木哲也ほか「離婚調停事件における子の調査の活用及びその効果について」家
　　月64巻12号53頁

# 第19章

# 記録の閲覧謄写

西森みゆき

## 第1 記録の閲覧謄写の手続保障上の重要性と許可制の意義（審理非公開との関係）

　家事事件は，その結果が，当事者以外の法律関係や公共の利益に影響を与えることもあるので，その解決には国家が後見的作用を営む必要がある。また，複雑かつ微妙な感情の交錯する人間関係を対象とすることから，非合理的要素が多く，その解決に訴訟的処理はなじまず，非訟的手続により合目的的に処理されることが要請されるほか，個人のプライバシー，家庭の秘密を保護するため，非公開で行う必要があり，かつ，簡易迅速に処理されることが望ましい。

　これら家事事件の特徴から，家事事件手続は，国家が後見的立場に立って私人間の法律関係を形成・変更することなどを目的として裁量的に処理する非訟手続と解され，民事訴訟と異なり，家事事件手続では，家事事件手続法にも規定のあるとおり，一般に非対審構造を採り，職権主義（法56条），非公開主義（法33条）が妥当する。

　その結果，裁判所が公益的見地から後見的立場で実体的真実に合致した判断をするために家庭や家族に関する情報を収集することは避けられず（具体的には，家庭裁判所調査官による調査や，職権による調査嘱託結果によって得られた個人のプライバシーに関わる資料等がある。），収集された資料の中には，

秘匿すべき情報が含まれることも多い。そのようにして収集された裁判資料が一般に公開されるとすれば，手続を非公開とした趣旨に反し，子の利益や保護されるべき個人のプライバシー等を侵害することとなり，ひいては資料や情報の所持者が公開されることを嫌ってその提供を拒むことにより実体的真実に基づく審理が困難になるおそれなど，弊害が生ずることも予想される。

　他方において，家事事件には，家事審判事件，中でも当事者が対立関係に立つことの多い別表第2審判事件等のほかに，家事調停事件，履行の確保の事件等が存在しており，これら事件の種類によって，非公開主義と，各手続における手続保障の要請の程度も異なるほか，個別の事件ごとにプライバシーや家庭の秘密の保持の必要性や，開示を求める者の特性との関係でも，上記各要請の保護の必要性の程度は異なる。

　かつて，昭和22年制定の家事審判法の下では，家事事件の記録について，家事審判事件と家事調停事件とを区別することなく，また，当事者からの閲覧等の請求と利害関係人からの閲覧等の請求とを区別することなく，裁判所が相当であると認めるときに記録の閲覧等の許可をすることができるとされ（家審規12条1項），実際には，裁判所職員が閲覧等の請求のあった都度，開示の可否について提出者に意見を聴取するなどしてきた。

　しかし，その後，我が国の家族をめぐる社会状況や国民の法意識の著しい変化に伴い，家族間の事件の中にも利害の対立が激しく解決の困難な事件が増加し，当事者が自ら資料を提出したり反論をするなど当事者が主体的に手続に関わる機会を保障し，これにより裁判の結果について当事者等の納得を得られるようにすることが重要になりつつあるようになった。そこで，家事事件手続法は，当事者の手続保障としての記録の謄写閲覧（以下，単に「記録の閲覧等」ともいう。）の重要性と，前記の諸事情との調和を考慮し，家事審判事件，家事調停事件，その他の事件における規律等を区別し，さらに家事審判事件については，後述するとおり，当事者からの請求と利害関係を疎明した第三者からの請求とで規律を区別している。

　以下，実務上，別表第2事件については，家事調停事件の申立てが先行し，当該調停が不成立となって家事審判手続に移行することが多いことに鑑み，家事調停事件，家事審判事件における規律について解説し，その後に，その他の家事事件手続における規律（当事者以外の第三者によるものを含む。）につ

いて，解説する。[1]

# 第2 調停における規律

　家事調停事件の記録は，家事調停の手続が当事者の円満かつ自主的な話合いのための手続であることから，裁判所が行う判断作用の基礎となる家事審判事件の記録と比較すれば，当事者であっても閲覧謄写の必要性が同程度に高いということはできない。他方で，家事調停事件の記録には，家庭内の細部にわたる事柄や，高度なプライバシーにわたる事項を記録化したもの，他方当事者に対する感情的な非難を記載した書面等が含まれることが多く，このような記録を当事者であるからといって，原則的に閲覧等をすることができるものとすると，当事者の感情をいたずらに刺激することになり，円満かつ自主的な話合いという家事調停の手続の根幹となる機能を損なうおそれが高い。そのため，裁判所にある程度広い裁量を認め，事案に応じて他方当事者の手続保障や家事調停の手続の公正の確保を図ることができるようにしておくことが望ましい。

　そこで，家事事件手続法254条3項は，家事調停事件の記録の閲覧等の許可について，原則として，利害関係を疎明した第三者のみならず，当事者についても，記録の閲覧等に対しては「相当と認めるとき」に許可することができるものとなっている。許可の請求を却下した決定に対する即時抗告は認められていない（法99条参照）。

　上記のとおり，規律としては，家事審判規則12条1項と同様であるが，実務の運用は，相当異なるものとなっている。すなわち，記録の閲覧等について，家事審判法下の実務では，その都度当事者等に意向聴取を行うなどしていたことは，既述のとおりである。他方，現在，家事事件手続法においては，

---

1) 金子修編著『逐条解説家事事件手続法』（商事法務，2013年），金子修編著『一問一答家事事件手続』（商事法務，2012年）101頁，小田正二「第1回家事事件手続法の趣旨と新しい運用の概要（家事審判事件を中心に）」東京家事事件研究会編『家事事件・人事訴訟事件の実務』（法曹会，2015年）1頁，本多智子「第2回家事調停の一般的な審理～夫婦関係調整（離婚）調停を中心に～」同書29頁，岩田淳之「東京家庭裁判所における家事事件手続法施行を契機とした運用について」判タ1394号18頁，宇田川公輔「成年後見に関する審判事件等における記録の閲覧謄写」ケース研究314号28頁。

第19章　記録の閲覧謄写

申立書の写しの原則送付を除き（法256条1項），当然に提出書面を他方当事者に送付する規律とはなっておらず，頻繁に記録の閲覧等の申立てがなされるのが実情である（ただし，裁判所が当事者に対して書面の写しの提出を求めることができることについて，規則3条2項参照。前任庁の名古屋家庭裁判所及び現任庁のいずれにおいて，手続開始時に当事者に交付する説明文書において写しの提出を依頼しているが，必ずしもその提出が励行されているとはいい難い。）。そこで，東京家庭裁判所の実務では，あらかじめ当事者に対し非開示の希望のある書面については，その理由を付記した非開示申出書の添付を求めており，同書面の提出がない書面は，非開示の希望がなされていないものとして取り扱う旨記載した説明書面を手続初期段階で交付し，非開示申出書の添付のない書面等は，他の当事者が閲覧等をすることに異議がないものとして扱い，他の当事者からの閲覧等の請求がなされた際に，改めて提出者に意向を確認することはしないこととしている旨紹介されており（ただし，個々の事件において，許可の相当性を判断するために，提出者に意見を求めることはあり得る。）[2]　他の家庭裁判所においても，これに類する取扱いがなされるのが一般である。もっとも，当事者が非開示申出書を提出したとしても，家庭裁判所が相当と認める場合には，記録の閲覧等の申出を認めることは各家庭裁判所に共通であるから，当事者は，資料を提出する際には，その提出の必要性及び秘匿とする必要性の程度を考慮して，資料の一部のみ非開示とすれば足りる場合には，あらかじめ資料の一部をマスキングした上で提出するなどの配慮をすることが要請される。

　ただし，家事調停事件であっても，合意に相当する審判の手続における記録の閲覧等の許可について，当事者から閲覧等の請求があった場合には，他の家事調停事件における場合とは異なり，家事審判事件の記録の閲覧等の規律を準用することとしている（法254条6項）。同手続が，簡易な人事訴訟の手続という性質を有し，その記録に基づいて裁判所が審判を通じて判断作用を行い，その審判が異議の対象となるものであるという点を考慮し，家事審判や人事訴訟の手続における記録の閲覧等に近い規律とするのが相当と考え

---

　2）岩田・前掲注1）18頁（非開示の希望に関する申出書の具体的な書式も掲載されている。）及び・前掲注1）29頁以下参照。

られたためである。

# 第3 審判における規律

## 1 原則許可の意義

　家事審判事件の当事者は，事実の調査について，その都度，その内容を直接知らされるとは限らず，家事事件手続法の規律としては，同法63条又は70条の事実の調査の通知を受けたのを契機に，自ら記録を閲覧謄写して，その内容を知ることができるようになっている。それゆえ，記録の閲覧等は，事実の調査の通知と並んで当事者の手続保障の根幹をなすものであり，これらの裁判資料へのアクセスを認めなければ，主体的な手続追行の機会を保障することができない。かかる理解の下，法は，家事審判事件の当事者については，原則として記録の閲覧等を認めるとともに，記録の閲覧等をすることができない場合を明確にし，当事者が記録の閲覧等をすることを容易にした（法47条）。

　ただし，記録の閲覧等は，家事審判事件の記録の保存又は裁判所の執務に支障があるときは，することができない（法47条7項）。また，当事者等が審判書の正本，謄本，抄本，成立調書又は不成立調書の正本，謄本，抄本，家事審判事件，家事調停事件に関する事項の証明書について交付を請求する場合は，許可は不要とされている（法47条6項，254条4項）。戸籍の届出や登記申請等のために審判書等の正本等を必要とすることが多いことや関係人の秘密保持について格別の配慮を必要としないためである。

## 2 各不許可事由と具体例の検討

　もっとも，家事事件の特徴上，家事事件の記録には，私生活上の秘密に関する情報が含まれることが多いことを考慮し，上記例外に当たる不許可事由（法47条4項）を定めている。不許可事由は，人事訴訟法35条2項を参考に，三つの要件を掲げ，後段で法独自の不許可事由を掲げている。

　以下，各不許可事由の具体例を検討する。

第19章　記録の閲覧謄写

(1)　「事件の関係人である未成年者の利益を害するおそれ」

　例えば，親権者の指定の審判事件において，家庭裁判所調査官の調査報告書中，子による父母の選好が記載されている部分で，当事者である父又は母が閲覧すると，父子関係又は母子関係に影響を与え，ひいては子の利益に悪影響を及ぼすおそれがある場合が考えられる。

(2)　「当事者若しくは第三者の私生活若しくは業務の平穏を害するおそれ」

　例えば，当事者が家庭内暴力を理由に別居し，他方の当事者から身を隠している事案において，記録の閲覧等により住所又は居所が知られると他方の当事者が暴力的な行動に訴えることが予想される場合や，幼稚園や病院等から聴取した結果を閲覧等した当事者が逆上して幼稚園等に押し掛け，その業務の平穏を害するようなおそれがある場合，同様に，後見事件で精神鑑定医に対する業務妨害が予想される場合の鑑定医の氏名，住所等の開示不許可が考えられる。

(3)　「当事者若しくは第三者の私生活についての重大な秘密が明らかにされることにより，その者が社会生活を営むのに著しい支障を生じ，若しくはその者の名誉を著しく害するおそれ」

　例えば，当事者が，他の当事者又は第三者の精神分析の結果や犯罪歴，出生や病歴等私生活についての重大な秘密を話した結果が社会的に露呈されることによりその者の社会生活に著しい支障が生じかねないような場合や，その者の名誉を著しく害するおそれがある場合が考えられる。

(4)　「事件の性質，審理の状況，記録の内容等に照らして当該当事者に記録の閲覧等又は記録の複製を許可することを不適当とする特別の事情があると認められるとき」

　例えば，プライバシー保護の要請が高い犯罪歴，病歴等の個人情報や，後見開始の審判事件における被後見人の詳細な財産状況，特別養子縁組の成立の審判事件における実父母及び養親の個人情報等については，上記(1)から(3)までの各おそれがある場合には該当せずとも，審理の状況等に照らし，記録の閲覧等を許可することを不適当とする特別の事情があると認められる場合

があり得る。このような一般的な条項が置かれたのは，家事審判の手続においては様々な事件類型があり，裁判資料も多岐に亘る上，記録の閲覧等を請求できる者も広範に及び，その必要性自体が事案によって異なること，幅広く裁判資料を収集する必要性，合理性と収集された資料の開示による私生活への影響の程度や裁判資料が判断に与える影響の有無・程度は様々であり，これらを事案ごとに総合的に考慮した上で，許可するか否かを決する必要があると考えられたからである。

## 3　不服申立て及び簡易却下制度

　家事審判事件では，原則として当事者の記録の閲覧等を許可すべきものとされている場合において，裁判所が例外事由に該当すると認めて記録の閲覧等の申立てを却下したときには即時抗告を認めることとしている（法47条8項，法254条6項による法47条8項の準用）。他方，当事者以外の利害関係を疎明した第三者からの記録の閲覧等の許可申立てについては，裁判所は，相当と認める場合に許可することができるとされている（法47条5項）。当事者以外の第三者については，当事者と異なり，手続上の権能を行使する機会の保障という要請はないことなどから，従来通り，許否の判断を裁判所の広い裁量に委ねたものである。そのため，記録の閲覧等の申立てを却下した場合であっても当事者以外の第三者は即時抗告することはできない（法99条）。

　もっとも，上記即時抗告が家事審判の手続を不法に遅滞させることを目的としてされたものであると認められるときは，原裁判所はその即時抗告を却下しなければならない（法47条9項。いわゆる「簡易却下制度」）。簡易迅速な処理の要請が強い家事審判の手続においては，濫用的な不服申立てにより手続が遅滞することを防止する必要があるためである。しかし，記録の閲覧等が当事者の手続保障に果たす役割の重要性に鑑みれば，閲覧等の申立てを却下した裁判体とは異なる審級の裁判体による判断を受ける機会を保障する必要があると考えられることから，原裁判所の即時抗告却下の裁判に対しては，さらに即時抗告をすることができる（法47条8項，10項の反対解釈。なお，人訴35条5項，6項，民執10条5項4号及び8項も，同様の趣旨の規律を採用している。）。

第19章　記録の閲覧謄写

## 4　調停提出資料の審判段階における閲覧謄写

　法の下では，直接規定した条文はないが，審判事件と調停事件は別事件であり，調停事件の記録は，当然に審判事件の記録になるものではなく，審判手続における事実の調査（法70条）がなされることにより，審判事件の記録になると解されている。したがって，別表第2調停事件が調停不成立となり審判移行した場合，調停事件の記録のうち審判の資料となるものについては，審判事件の手続において事実の調査が行われ，当事者等に対し相当と認める方法でその通知が行われ（法63条，70条），これを受けて当事者が記録の謄写等をすることによって，これに対する反論や反対証拠を提出する機会を付与するということによって，当事者の手続保障を図ることとなっていることは，上記1のとおりである。ただし，実際には，上記の枠組みを前提としつつ，個々の裁判官や書記官が，審判手続に移行する際に，判断の基礎となり得る資料を当事者が互いに送付するように促したり，裁判官が，審問の期日において，調停事件記録の内，事実の調査の対象となる資料を互いに受領し，あるいは内容を認識しているかを確認するなどの運用をしており，記録の閲覧等を通じてしか，他の当事者が提出した主張書面等の内容を知ることができないという取扱いにはならないものと考えられる。家事審判事件の審理を終結する日は，相当の猶予期間を置いて定めなければならないとされているが，その一方で，当事者双方が立ち会うことができる家事審判手続の期日においては，直ちに審理を終結する旨を宣言することができる（法71条）とされているため，当事者の手続保障と迅速な審理のためには，判断の基礎となる資料については，早期に互いに受領し，攻撃防御を尽くすことが望ましいからである。

# 第4　その他

　なお，ここでその他の家事事件手続等における規律について触れることとする。

第4　その他

## 1　審判前の保全処分

　審判前の保全処分については，審判前の保全処分における審判を受ける者
となるべき者に対し事件係属通知又は保全処分を告知するまでは，相当と認
めるときに限り許可することができる（法108条）が，上記通知又は告知後は，
家事審判事件と同様の規律となる（法47条）。これは，審判前の保全処分は，
その性質上，密行性が要求されるものもあることから，密行性を確保する必
要性がなくなるまでの間は裁判所の裁量を広く認める旨の家事事件手続法47
条3項の特則を設けたものである。家事事件手続法108条は，審判前の保全
処分の記録と本案の家事審判事件の記録とは区別されることを前提としてい
る。

## 2　履行勧告

　履行勧告においては，義務の履行状況の調査及び履行の勧告事件の当事者
について，相当と認めるときは許可することができるとされている（法289
条6項）。同事件は，家事審判や家事調停手続とは異なり，判断作用を伴う
ものではなく，そこで期待されている事実上の効果も権利者及び義務者以外
の者に及ぶことを想定したものではないことに鑑み，当事者に限り，裁判所
が相当と認める場合に閲覧等を許可することができるとしたものである。
　履行命令に関しては，家事審判事件の閲覧等と同じ規律が適用されるとさ
れている（法290条4項）。履行命令の性質は，審判であることから，記録の
閲覧等についても同様の手続によることとされたものである。

## 3　当事者以外の第三者による謄写等

　なお，利害関係を疎明した第三者については，上記のとおり，履行勧告に
関しては閲覧等を認める必要はないため，その規定はないが，審判前の保全
処分について密行性を確保する必要がなくなった場合や履行命令については，
家事審判事件と同様，家庭裁判所が相当と認めるときには許可することがで
きると解される（法47条5項）。

*437*

# 4 国際的な子の奪取の民事上の側面に関する条約の実施に関する法律

　平成26年4月1日から効力を生じている「国際的な子の奪取の民事上の側面に関する条約」を，我が国において実施するために必要な規律を定めるハーグ条約実施法は，子の返還申立事件の手続は，二当事者対立構造の非訟事件であるという点において，法の別表第2審判事件と類似している。そのため，子の返還申立事件の手続についての法及び規則の規定には，同審判事件に関する法及びその規則の規定と同一又は同趣旨の規定が多く設けられている。

　上記子の返還申立事件の記録の閲覧等を当事者が申し立てた場合については，ハーグ条約実施法62条3項は，裁判所の許可を得て，閲覧謄写ができるとされ，かつ，裁判所は，原則として許可をしなければならないとされている。ただし，子の返還申立事件の記録中，裁判所が調査嘱託等により提供された子及び同居者の住所又は居所の記載された書面がある場合，ハーグ条約実施法では「住所等表示部分」と呼ばれている部分（ハーグ条約実施法5条4項の規定によって中央当局たる外務大臣から提供を受けた相手方又は子の住所又は居所が記載され，又は記録された部分）については，原則として許可しないものとされており，この点で，家事事件手続法47条とは規律を異にしている。ただし，①住所等表示部分の閲覧等又はその複製についての相手方の同意があるとき又は②子の返還を命ずる終局決定が確定した後において，子の返還を命ずる終局決定をするために必要があるときには，閲覧等をさせることができるとされている（ハーグ条約実施法62条4項）。なお，上記①及び②に該当することを明らかにする資料は，許可申立てをする当事者が提出するものとされている（ハーグ条約実施法による子の返還に関する事件の手続等に関する規則25条）。

　これは住所等表示部分に係る情報は，重大な個人情報であり，場合によっては，DV被害等にもつながりかねないため，中央当局は，住所等の情報を，子の返還申立事件（あるいは面会交流事件）の係属する裁判所から調査嘱託等の要請があった場合に，裁判所に対してのみ提供することとされており（ハーグ条約実施法5条4項2号），通常の家事事件以上に厳格な情報管理が求

第4 その他

められていることが考慮されたものである。[3]

---

3) 最高裁判所事務総局監修「国際的な子の奪取の民事上の側面に関する条約の実施に関する法律執務資料」（法曹会，2014年），村井壯太郎「国際的な子の奪取の民事上の側面に関する条約の実施に関する法律における子の返還申立事件等の手続と裁判所における運用について」家判2号15頁。

# 第20章
# 子に対する手続保障

窪 田 充 見

# 第1 はじめに

　家事事件手続法においては、以下に説明するように、未成年の子が影響を受ける家事事件について、いくつかの制度が設けられた。これらの制度を「子に対する手続保障」として説明することができるかは、後述のように、これらの制度をどのように理解するのかという点にも関わるものであり、それ自体が議論の対象となり得るところではある。しかし、未成年の子が影響を受ける紛争において、そうした未成年の子について、家事手続の中での扱いについて明文上の規定が設けられたという点では、あらたに制定された家事事件手続法のひとつの重要なポイントだということができる。

　そうした制度のひとつは、「子の意思」を把握し、それを考慮することを求めるものである。こうした「子の意思」の把握は、二段階の形で用意されている。まず、子の年齢を問わず、家庭裁判所には、「子の意思」を把握し、それを考慮することが求められている（法65条）。また、子の監護に関する処分の審判事件（法152条2項）等、個別に規定される事件においては、「子（15歳以上のものに限る。）の陳述を聴かなければならない」と規定され、15歳以上の子についての必要的陳述聴取が定められている。後述するように、これらの規定における「子の意思」が何を意味するのか、また、「考慮する」というのは具体的にどのような形で実現されるのか等、必ずしも明確ではな

第20章　子に対する手続保障

い部分が残されているが，従来の家庭裁判所の実務においても，家庭裁判所調査官によってなされてきたことに実定法上の根拠を与えるものであり[1]，重要な改正であるということは確かだろう。

　もうひとつは，手続代理人の制度の中で，未成年である子を含む行為能力が制限されている者についての一定の手当てが規定されたことである。手続代理人の制度それ自体は，民事訴訟における訴訟代理人に相当するものであり，子の保護に限定されたものではないが，その中では，行為能力が制限された未成年者である子についても，手続代理人について一定の手当てをすることで，その保護の実現が企図されている。

　この両者の関係については，法制審議会非訟事件手続法・家事審判法部会（以下，「法制審議会」という。）においては，かなり議論があったところであるが，家事事件手続法の中では，それぞれ独立したものとして制度設計されている。以下では，これらについて，順次，説明していくことにしよう。

# 第2　「子の意思」の把握と考慮

## 1　家事事件手続法65条の趣旨

　家事事件手続法65条は，「家庭裁判所は，親子，親権又は未成年後見に関する家事審判その他未成年者である子（未成年後見人を含む。以下この条において同じ。）がその結果により影響を受ける家事審判の手続においては，子の陳述の聴取，家庭裁判所調査官による調査その他の適切な方法により，子の意思を把握するように努め，審判をするに当たり，子の年齢及び発達の程度に応じて，その意思を考慮しなければならない」と規定する。これは，「子の意思」を把握し，それを考慮するということについての実定法上の根拠を与えるものであり，あらたに制定された家事事件手続法における大きなトピックのひとつである。

---

1）　上野はるみ「子の意思『把握』して『考慮』するということ～家庭裁判所調査官の立場から」二宮周平＝渡辺惺之編著『離婚紛争の合意による解決と子の意思の尊重』（日本加除出版，2014年）47頁以下。

第2 「子の意思」の把握と考慮

### (1) 家事事件手続法65条の背景

同条の制定に当たっての背景としては，以下の二つの点が指摘されている[2]。

第一に，従前の実務においても，家庭裁判所調査官による調査など，適切な方法によって，子の意思を把握することが行われてきたということである[3]。

第二に，わが国もすでに1994年に批准している「児童の権利に関する条約」が，もうひとつの背景として挙げられる。すなわち，同条約12条1項は，「締約国は，自己の意見を形成する能力のある児童がその児童に影響を及ぼすすべての事項について自由に自己の意見を表明する権利を確保する。この場合において，児童の意見は，その児童の年齢及び成熟度に従って相応に考慮されるものとする」として，児童の意見表明の権利を規定するとともに，同条2項は，「このため，児童は，特に，自己に影響を及ぼすあらゆる司法上及び行政上の手続において，国内法の手続規則に合致する方法により直接に又は代理人若しくは適当な団体を通じて聴取される機会を与えられる」として，児童に聴取の機会が与えられるべきことを規定している。

子どもについても，単に客体とみるのではなく，その考えや感情，気持ちを把握し，尊重するということが大切であるということについては，一般論のレベルであれば，基本的には大きな異論はないだろう。また，従前の実務においても，児童の権利条約を除けば，明確な実定法上の手がかりがない中で，大変な工夫を重ねながら，子の意思を把握するという試みがなされてきたことは，家庭裁判所の実務における感覚としても，そうした作業が重要であるということの証左だと理解することができるだろう。

### (2) 「子の意思」の把握の位置づけと実体法上の根拠

もっとも，家事事件手続法65条の成立過程の議論に照らすと，そうした基本的な方向については了解があるとしても，そこで，「子の意思」とは何なのか，「子の意思」を把握し，考慮するということが具体的に何を意味しているのかという点については，必ずしも明確な一致があったわけではない。

---

2）金子修編著『逐条解説家事事件手続法』（商事法務，2013年）222頁以下。

3）従前の子の意思の把握についての家庭裁判所調査官の工夫等については，上野・前掲注1）48頁以下参照。

*443*

第20章　子に対する手続保障

むしろ，最も基本的なレベルでの見解の対立があり，[4]その点の対立は必ずしも完全には解消されないまま，成立に至ったといわざるを得ないように思われる[5]。この点は，家事事件手続法65条の今後の運用や理解にも関わる問題であるので，やや詳しくみておくことにしたい。

家事事件手続法65条について，「子の意思」を尊重することが大切だという一般論にとどまらず，もう少し掘り下げて考える場合，この規定は，何を目的とする，どのような制度趣旨に立つものとして理解されるのであろうか。冒頭で述べた従来の家庭裁判所における実務の状況，児童の権利条約は，同条の立法の背景を説明するものではあるが，その点に関する説明としては，必ずしも十分なものではないように思われる。

また，「子の意思」を把握し，考慮することが求められるということは，単なる手続法上のルールにとどまるものではなく，具体的な判断に際しての衡量要素を示すという意味では，実体法上の規範や価値判断を示しているようにも思われる。そうだとすると，それはどのような実体法上の基礎づけをふまえて，手続法である家事事件手続法に定められたことになるのであろうか。法制審議会で議論の対象となった「子の意思」とは何か，さらに，「子の意思を考慮する」とはどのような内容を意味しているのかという論点も，家事事件手続法65条の背景に，どのような実体法上の正当性を見出すかという点に，その基本的な対立点があったように思われる。

家事事件手続法65条に定められた規律の実体法上の根拠を考えるとしても，そこにはいくつかの可能性が考えられる。以下では，特に，二つの視点を取り上げておくことにしよう。

### ア　私的自治──判断主体としての「子の意思」の尊重

法制審議会の議論においては，一方で，家事事件手続法の「子の意思」に

---

4) この点が問題の出発点となっているということは，すでに法制審議会第9回において，高田裕成委員から指摘されているところである（議事録42頁以下）。「子の意思の把握」の意味は，特に，法制審議会第20回，第21回，第22回において，かなり激しく議論された。こうした前提となる制度理解の相違は，後述するように，第27回における「子ども代理人」をめぐる議論にも及んでいる。

5) 「子の意思」の意味と家事事件手続法65条の位置づけについては，高田裕成編著『家事事件手続法』（有斐閣，2014年）241頁以下参照。これは家事事件手続法制定後のものであるが，そこでは，法制審議会における議論と共通する問題点が扱われている。

ついて，それを「子の意思決定権」，「子の意見表明権」という観点から，説明しようとする立場が存在した[6]。これは，子を判断主体として位置づけ，そうした判断主体である子の意思を尊重するものとして，家事事件手続法65条を位置づけるという理解である。こうした立場は，児童の権利条約が定める内容とも，一定の親和性があるものと思われる。

　また，自己決定権を含む私的自治の原則は，民法上の基本理念であり，また，未成年であっても，その意思について，判断主体の意思によるものとして，一定の法律効果をもたらすという場面は，民法上も存在している（養子縁組についての民797条1項，遺言についての同法961条）。「子の意見表明権」として「子の意思」を位置づけ，それを尊重するという立場は，基本的に，こうした制度との連続性を有するものと理解することができるかもしれない。

　もっとも，こうした「子の意見表明権」として理解する立場に対しては，法制審議会の議論においては，最後まで，消極的な，あるいは慎重な意見が大勢であったように思われる。

　特に，子に意見表明をさせるということ自体に伴うリスクや問題は，多くの委員から指摘されていたところである。すなわち，親権者の決定において，子に親を選ばせるといったことについては，そうした選択をさせること自体が残酷であり，避けるべきであるということが，繰り返し，多くの委員から指摘されている。

　他方，「子の意見表明権」という観点から，この制度を位置づけようとする委員においても，少なからぬニュアンスの相違がみられ，あくまで私的自治から子の意見表明権を理解しようとする立場をとりつつ，必ずしも現実の子の意思ではなく，あるべき子の意思という観点から説明する見解もみられた[7]。後者の立場は，本来の私的自治という観点から説明をすることは困難であり，実質的には，後述する子の福祉の観点からの説明に連続する性格を有するものであろう。

---

6）法制審議会第13回における杉井静子委員の意見など（議事録41頁以下）。
7）法制審議会第20回において，増田勝久委員は，「子の意見が常に正しいというわけでもないし，子ども手続保護人の立場で，その子の意見はこうだけれども，実際に子の最善の利益は別のところにあるという主張をすることもできる」と発言されているが（議事録20頁），これは子の意見表明権を代行するというより，より後見主義的な色彩の強いものだろう。

第20章　子に対する手続保障

　なお，私的自治が民法の原則であることは確かであるが，そうした私的自治は，例外なくすべての場合に妥当しているわけではない。実際には，判断能力の程度や判断すべき対象に応じて，さまざまな調整がなされている。すなわち，確定的に有効な法律行為をなす能力という意味での行為能力，自らの行為の意味を理解したうえでその行為をする能力という意味での意思能力[8]，さらには，養子縁組における判断能力，自ら単独で遺言を作成する能力等，さまざまなレベルで，こうした調整が制度的にもなされているのである。その意味でも，年齢についてまったく言及されていない家事事件手続法65条の「子の意思」を，こうした私的自治といった観点からのみ説明するということは十分ではなく，また，すでに指摘されている具体的な問題にも照らせば，適当ともいえないだろう。

　　イ　子の福祉 ── 子の利益を実現するための「子の意思」の考慮

　他方で，こうした「子の意見表明権」という私的自治の観点からの基礎づけによらない場合，家事事件手続法65条の「子の意思」の考慮を実体法上，正当化する根拠としては，民法上の各規定においても示され（民766条，817条の７，819条，820条等における「子の利益」），また，民法全体を通じて理念とされていると考えられる「子の福祉」が考えられる。

　この場合，「子の意思」は，そうした子の福祉を実現するための要素として重視されるものであり，今回の改正もそうした観点から実体法上も理解されるものだという説明も考えられるであろう。

　もっとも，その場合，そこで重視される子の意思は，あくまで子の福祉を実現することに向けた判断材料のひとつとして位置づけられるのであり，「子の意見表明権」や「子の意思決定権」という観点から説明されるものではないということになる。むしろ，すでに言及したように，法制審議会の議論においても，子どもに親を決定させるというような意味での意見表明や意思決定については，そうしたことを表明させること自体の不適切さや問題が

---

8）もっとも，後述するように，意思能力がどのようなものであり，どのような年齢で認められるのかという点については，それほどはっきりしているわけではない。なお，2017年に改正された民法３条の２においては，意思能力がなかった場合の法律行為を無効とすることが規定されているが，意思能力の意義や定義について定めることは見送られた。

446

指摘されていたのである（そうした形での意見表明を求めることは，むしろ「子の福祉」や「子の利益」を害するという側面を有することになる）。

以上のような理解に立つのであれば，家事事件手続法65条が規定する「子の意思」の考慮とは，親権者の決定に際して，子に親を選ばせようとするものではないし，また，そうした意見表明については，それをさせること自体を避けるべきものだということを前提として，未成年者である子の意思，気持ちを，実際の判断に際して，可能な限りくみ取り，子の福祉にかなうよう考慮するということを意味しているということになりそうである。

ウ　家事事件手続法65条の意義 ── 同条をめぐる基本的な不透明さ

最終的に，家事事件手続法65条における「子の意思」の把握と考慮については，法制審議会における議論の流れとしては，意思決定権や意見表明権として理解する考え方は主流とはならなかった。また，具体的に指摘されている問題との関係でも，そうした理解は実質的にも適当ではなかったように思われる。

ただ，そのうえで，最終的に実現された家事事件手続法65条については，その文言に照らしても，以下のような問題が残されていると考えられる。

第一に，上記のような基本的なレベルでの対立があったことをふまえて，同条をみた場合，その規定のしかたは，必ずしも明確なものではないのではないかということである。後述する点にも関わるが，家事事件手続法65条は，家庭裁判所の義務を規定したものではなく，また，それを「考慮」することを求めるにすぎないものだとしても，「子の意思」として規定されたことによって，なお，自己決定権や意見表明権としての理解の可能性を残す側面があることは否定できないだろう[9]。

第二に，他方で，子の福祉の観点から基礎づけた場合，そこでの「子の意思」が何であるのか，それを考慮するとはどのようなことなのかという点は，必ずしも明確にはされていないという点である。子の福祉のために考慮されるべき事情には，さまざまなものがあるだろう。一方の親と子との関係，現

---

9) 例えば，池田清貴「子どもの意思の代弁〜家事事件手続法における子どもの手続代理人」二宮周平＝渡辺惺之編著『離婚紛争の合意による解決と子の意思の尊重』（日本加除出版，2014年）65頁は，家事事件手続法に未成年である子の手続代理人を，子どもの意見表明権の実質的保障を実現するための制度として説明する。

第20章　子に対する手続保障

実の子をめぐる家庭環境，兄弟との関係等，さまざまなものが考えられ，そうした事情は，これまでも子に関する問題の判断において考慮されてきたし，また，今後も，そうした事情が考慮され判断がなされていくことが必要であるということについては，ほぼ異論はないだろう。未成年の子の精神的状態や気持ちといったものが，そうした事情のひとつとして，重要な位置を占めるものであり，また，それをできるだけ把握し，可能な限り考慮するということが，明文上規定された積極的意味は小さくはない。しかし，このような枠組みで考えていく場合，それは，そもそも「子の意思」なのかという点が問題となるし，なぜ未成年の子をめぐる多くの事情の中で「子の意思」だけが明文で規定されたのかということも問題とならざるを得ない。

　以上のことをふまえると，家事事件手続法65条の規定によって，子の意思を把握することについて法律上の手がかりが得られたことは，実際の家事事件手続において意義を有するとしても，「子の意思」という言葉は，場合によってはミスリーディングなニュアンスを有するリスクが否定できないように思われる。むしろ，すでに述べたように，ここでは法律上の「意思」とは異質な，子の精神状態や漠然とした希望や気持ちをふまえて[10]，子の福祉にかなうような判断を行うということが期待されていると理解すべきなのではないかと思われる。

## 2　家事事件手続法65条の対象等

### ⑴　親子，親権又は未成年後見等に関する家事審判

　家事事件手続法65条は，上述のように，本条における子の意思の把握の対象となるものとして，親子，親権又は未成年後見に関する家事審判を明示するとともに，「その他未成年者である子がその結果により影響を受ける家事審判」が，その対象となると規定する。後者の具体例としては，未成年者である子を養子とする養子縁組の許可の審判（別表第1の61の項），子の監護に関する処分の審判（別表第2の3の項）等が挙げられるが[11]，それらに限定さ

---

10）なお，上野・前掲注1）54頁においては，子の調査に関する説明の中で，「子から意思（意向や気持ち）を聞くということ」という見出しがつけられているが，この点は，実際に何を調査し，何を調査すべきなのかという点でも，示唆的である。

11）金子・前掲注2）223頁。

第2 「子の意思」の把握と考慮

れるものではなく，その結果が子に影響を与える家事審判は，本条の対象と
なる。

#### (2) 家事調停

家事事件手続法258条1項は，同法65条が家事調停の手続における子の意
思の把握等について準用されることを規定する。したがって，子がその結果
により影響を受ける家事調停事件においては，子の意思の把握と，その尊重
が求められることになる。

ただし，そうした場合の「子の意思」の意味と，その把握や考慮が，どの
ような意味を有するのかという点について，基本的な問題が残されているこ
とについては，すでに述べたとおりである。

## 3 子の意思の聴取のあり方

家事事件手続法65条は，厳密には，「子の意思を把握するように努め」と
規定するだけであり，家庭裁判所に，子の意思の聴取を義務づけているわけ
ではない。同条では年齢要件も明示されておらず，「未成年者である子」を
一般的な対象として適用されることを前提として，年齢の点などから，子の
意思の聴取が困難な場合も予想されること等をふまえて，このように規定さ
れたものだとされる[12]。もっとも，このような前提に立てば，それが可能な場
合には，家庭裁判所に，そうした子の意思の把握が求められることになる。

しかし，すでに言及したように，家事事件手続法65条に規定された「子の
意思」自体が，必ずしも明確ではないものであり，さらに，子の年齢によっ
て，その意味が大きく変化することも当然であろう。

そもそも「意思」という意味での把握が困難な乳幼児の場合には，全体と
しての子の福祉の観点からの判断の枠組みで処理されるべきであり，家事事
件手続法65条の問題にはならないものと思われる。また，意思能力が認めら
れる場合であっても，年少の子については，その子の「意思」というより，
「精神状態」等に主として焦点が当てられ，そうした心の状態のひとつの要
素として，子の意向や希望が考慮されるにとどまるものと考えるべきであろ

---

12) 金子・前掲注2) 223頁。

*449*

第20章　子に対する手続保障

う。[13] さらに，後述の必要的陳述聴取が事件によっては認められる15歳以上の子についても，「親を選択させるということは避けるべきである」といった点は，なお基本的には妥当するのであり，当然に，意見表明権としての「意思」を把握し，それを考慮するという扱いをすべきではないものと考えられる。

## 4　個別的に規定された15歳以上の子の必要的陳述聴取

　家事事件手続法65条が，以上のように，一般的な形で，子の意思の把握と，その意思の考慮を規定するのに対して，子の陳述を必要的に聴取しなければならない場合については，個別的に規定されている。なお，ここでの子の陳述は，裁判所に直接向けられたものである必要はなく，その方法については限定されていないものと説明されている。[14]

　こうした必要的陳述聴取が定められているのは，子の監護に関する処分の審判事件（法152条2項），子の監護に関する処分の審判事件を本案とする保全処分（子の監護に要する費用の分担に関する仮処分を除く）の審判事件（法157条2項），未成年者を養子とする養子縁組の許可の審判事件（法161条3項1号），特別養子縁組の離縁の審判事件（法165条3項1号），親権喪失等の審判事件，親権者の指定又は変更の処分の審判事件（法169条），親権者の指定又は変更の審判事件を本案とする保全処分の審判事件（法175条2項），未成年後見人又は未成年後見監督人の選任の審判事件（法178条1項1号），児童福祉法の規定による都道府県の措置についての承認等の審判事件（法236条1項），生活保護法等の規定による施設への入所等の許可の審判事件（法240条4項）である。

　これらの規定においては，いずれも15歳以上の子について，その必要的陳述聴取が定められている。これは，子の年齢に応じた発育をふまえ，養子縁組について，民法797条1項が，15歳以上の者は自らが養子となる縁組を単独でなすことができることをふまえてのものであるとされる。[15] その他，いわ

---

13) こうした年齢に応じた確認の必要性と家庭裁判所における状況については，法制審議会13回における長秀之委員の発言（42頁以下），上野・前掲注1）54頁以下参照。
14) この点については，法制審議会第27回議事録18頁以下。
15) 金子・前掲注2）224頁。

450

ゆる遺言年齢も15歳とされており，そうした点からも，未成年であっても，15歳以上の者の意思の表明が一定の意味を有するものとして，必要的に聴取され，それが尊重されるべきものであることについて，一応の説明が可能だといえるだろう。

　もっとも，こうした縁組能力や遺言能力と，ここでの必要的陳述聴取を直結させることについては，なお慎重さが求められるように思われる。15歳以上であれば，自らが，積極的に縁組をすることができる，遺言を作成することができるということを認めるということと，自ら望んだのではない紛争に巻きこまれて，そこで意見を表明し，その意見表明に伴うリスクを負担するということとの間には隔絶があるものと考えられるからである。特に，子の監護に関する事件や親権をめぐる事件において，子に積極的な意見表明を求めることについては，こうした観点からも，慎重な対応が求められるべきであろう。その意味で，自らの意思をより有することが期待できる15歳以上の子については，その意思を把握することが，それより年少の子の場合と異なり，必要的に求められるとしても，それは意思を表明させることを当然に意味するものではないし，あくまで子の精神状態や成熟度をふまえてのものだと位置づけられるべきであろう。

# 第3　手続代理人──いわゆる「子ども代理人」の問題を含めて

　冒頭でも説明したように，手続代理人は，民事訴訟における訴訟代理人に相当するものであり，原則として弁護士でなければ手続代理人となることができないが，家庭裁判所の許可を得て，弁護士でない者を手続代理人とすることができる（法22条1項）。こうした手続代理人に関して，未成年者の子についての一定の手当てがなされている。

　以下では，未成年の子についての家事事件手続法の定める手続代理人について説明したうえで，法制審議会の議論の中で扱われた「子ども代理人」についても補足的にみておくことにしよう。

第20章　子に対する手続保障

# 1　家事事件手続における手続代理人[16]

## (1)　前提となる状況

　未成年の子については，行為能力が制限されているが，本人の意思を尊重すべき事件においては，例外的に，完全な手続行為能力を有することが認められている（法118条及び同条を準用する規定並びに252条1項）。

　すなわち，家事事件手続法118条が準用される事件（子に関して法118条を準用する規定としては，151条2号の子の監護に関する処分の審判事件，160条2項の子の氏の変更についての許可の審判事件（ただし，15歳以上の者に限る），161条2項の養子縁組をするについての許可の審判事件（養子となるべき者。ただし15歳以上の子に限る），168条の各号に定められた子に関する特別代理人の選任の審判事件や親権喪失，親権停止又は管理権喪失の審判事件等が挙げられる），家事事件手続法252条に定められた子の監護，養子の離縁後に親権者となるべき者の指定，親権者の指定又は変更等の事件においては，未成年の子であっても，手続行為能力が認められる。

　そして，こうした手続行為能力が認められることによって，利害関係参加が可能となる。ただし，未成年者の利害関係参加については，「その者の年齢及び発達の程度その他一切の事情を考慮してその者が当該家事審判の手続に参加することがその者の利益を害すると認めるときは，第1項の規定による参加の申出又は第2項の規定による参加の許可の申立てを却下しなければならない」（法42条5項）とされ，家庭裁判所の判断で，一定の場合には利害関係参加を認めないことが規定されている。これは，紛争に巻き込まれることによって，未成年である子の利益が害される場合を考慮したものである[17]。

　また，こうした手続行為能力が認められる前提として，未成年の子には，

---

16)　未成年の子に関する制度全体の概要については，池田・前掲注9）65頁以下参照。ただし，すでに言及したように，同論文65頁は，「子どもの手続代理人制度は，家事事件の手続において，子どもの意見表明権（子どもの権利条約12条）の実質的保障を通じて，子どもの最善の利益を実現することを目的とする制度であり」と説明する。そこでは，子どもの意見表明権と未成年の子についての手続代理人を直結させているとの印象を受けるが，必ずしも，そのような理解は適切ではないように思われる。家事事件手続法の中では，あくまで本人に手続行為能力が認められることを前提として，それを補完するものとして，手続代理人が用意されていると理解すべきではないだろうか。

17)　金子・前掲注2）141頁以下。

第3　手続代理人──いわゆる「子ども代理人」の問題を含めて

そもそも意思能力が認められることは当然の前提とされている。[18] もっとも,意思能力は,「自己の行為の結果を判断することのできる精神能力」,[19]「自己の行為の法的な結果を認識・判断することができる能力」,[20]「自らの行為の意味と結果を予測・理解・判断して意思を形成できる精神能力」,[21]「自分のしている行為の法的な意味─そのような行為をすればどうなるか─を理解する能力」[22] などと説明され,必ずしも明確な定義が確立しているわけではない。また,年齢についても,7歳前後の能力が想定されているが,[23] 手続行為能力が認められる場面を考えるのであれば,そうした年少者に,意思能力が認められるから,手続行為能力が認められるということには,当然にはつながらないものと思われる。意思能力が認められないような年少者について,手続行為能力が認められないのは当然としても,実際に手続行為能力を認めるという判断をなすに当たっては,より成熟していることが求められるのではないだろうか。[24]

　以上のように,未成年者であっても,手続行為能力が認められる可能性はあるが,未成年の子が実際に手続行為をなすことは容易ではない。そのため,

---

18)　金子修編『一問一答家事事件手続法』(商事法務,2012年) 76頁以下。
19)　我妻榮『民法講義Ⅰ〔新訂版〕』(岩波書店,1965年) 60頁。
20)　四宮和夫＝能見善久『民法総則〔第7版〕』(弘文堂,2005年) 29頁。
21)　河上正二『民法総則講義』(日本評論社,2007年) 26頁。
22)　山本敬三『民法講義Ⅰ〔第3版〕』(有斐閣,2011年) 38頁以下。
23)　山本・前掲注22) 39頁。四宮＝能見・前掲注20) 29頁においては,「おおよそ7歳から10歳の子どもの判断能力」,河上・前掲注21) 26頁においては,「6,7歳〜10歳程度」といった年齢が挙げられる。もっとも,未成年者の場合,年齢という観点では,行為能力制度によってまず保護されているので,意思能力の有無を直接問題としなければならない状況は考えにくい。その点では,従来の説明はあくまで一般的な講学上の説明にとどまるものであり,そうした違いを細部にわたって強調することには,あまり意味がないだろう。
24)　この点を指摘するものとして,法制審議会第21回における道垣内弘人委員の発言(議事録20頁)。なお,池田・前掲注9) 70頁は,本文で述べたのとは異なり,意思能力が認められれば,手続行為能力が認められるとして,具体的な設例の中で,9歳の子どもについても,そうした手続行為能力が認められるとの説明をしている(同論文86頁以下)。これについては,「発達の途上にある子どもにも敢えて主体的な手続参加を認めた法の趣旨に鑑みれば」として説明されるところであるが(同論文70頁),前提となる「子の意思」の把握と考慮についての理解が,本論文とは異なるものである。家事事件手続法の制定過程においては,そうした見解も主張されていたが,最終的には,「子の意思」を子の意見表明権として理解する立場は採用されず,また,そうした子の意見表明権を前提とする「子ども代理人」も採用されなかったというのが,筆者の理解である。

第20章　子に対する手続保障

別途，法定代理人が本人に代わって家事事件の手続を代理することが認められている（法18条）。

　しかし，法定代理による場合，本人の意思と一致するとは限らないし，また，未成年の子が自ら弁護士に手続代理人を依頼しようとしても，こうした委任契約について法定代理人の同意が必要であり，法定代理人の意向と異なる場合，未成年者である子は，自らの意向を実現できないということになる。

　以上が前提となる状況である。

### (2)　家事事件手続法による対応[25]

　以上のように，一方で未成年の子についても手続行為能力が認められるということ，他方で，法定代理によるとしても，それが適切ではない場合も存在し得ることをふまえて，未成年の子について，手続行為能力が認められる場合において，裁判長は，申立て又は職権で，弁護士を手続代理人に選任することができるものと規定された（法23条1項，2項）。この場合の弁護士に支払うべき報酬額は裁判所によって定められる（同条3項）。

## 2　いわゆる「子ども代理人」について

　法制審議会においては，いわゆる「子ども代理人」をめぐる議論もひとつのトピックであった。最終的には採用されなかったものであるが，家事事件手続法65条等の意義を考えるうえでも，ひとつの手がかりとなるものと思われるので，簡単に触れておくことにしたい。

　中間試案の段階では，「15　子の意思の表明（新設）」の中で，「③　親権に関する事件及び親子に関する事件その他子が影響を受ける事件において，裁判所が，子のために，子の意思を代弁する者又は子の客観的利益を主張する者を選任できるものとすることについては，なお検討するものとする」ことが記載されていた。

　上記の課題設定は，「子ども代理人」の性格をめぐる議論の状況を示唆するものであった。

---

25)　秋武憲一『概説家事事件手続法』（青林書院，2012年）70頁以下〔髙橋信幸〕，高田裕成編著『家事事件手続法』（有斐閣，2014年）80頁以下〔金子修発言〕。

*454*

第3　手続代理人——いわゆる「子ども代理人」の問題を含めて

　すなわち，法制審議会の議論においては，特に弁護士の委員から，比較法的な調査もふまえたうえで[26]，積極的に，「子ども代理人」の制度を導入することが主張されていた。もっとも，「子ども代理人」については，そもそも何を代理するのかということとともに，それをそうした独立のしくみで設定することの必要性等も問題とされた[27]。

　前者については，「子の意思」の聴取の意味とも関係するものであるが，これを積極的に導入しようとする立場の意見においては，「子の意見表明」を前提とし，それを代行するものとして「子ども代理人」が想定されていたように思われる。もっとも，すでに言及したように，「子の意思の把握」を，こうした「子の意見表明権」という観点から位置づけること自体に対して，全体の議論においては，慎重な見解が大勢を占めた[28]。

　このように，「子ども代理人」が最終的に採用されなかったということは，家事事件手続法65条における「子の意思」が，やはり意思決定権（意思表示）や意見表明権という観点から理解することにはなじまないということを示すものであるし，弁護士を想定する「子ども代理人」が，すでに言及した手続代理人とどのような関係に立つのか，そうした手続代理人以外に必要とされるのかという点でも問題があったものと思われる。ただし，子の精神状態を含む「子の意思」を把握するためのしくみという観点からは，比較法的にもいくつかの例があるこうした制度には，参考にすべき側面もあるように思われる。こうした作業を担うのは，現行制度の中では，主として家庭裁判所調査官ということになるが，今後の制度設計のあり方としては，家庭裁判所調査官に求められる資質，その養成のプロセスなどとともに，より子の福祉を実現するのに何が望ましいのかという観点からの検討が引き続きなされてよいものと思われる。

---

26)　野田愛子「欧米の子どもの代理人制度—その機能と運用について」を含む「特集　家事事件における子どもの地位」自由と正義61巻4号41頁以下ほか。

27)　なお，前掲注26）の特集における金澄道子「子ども代理人制度への疑問」自由と正義61巻4号61頁以下では，ここで言及した問題について，子どもの意見表明権と後見主義という観点から要領よく整理されている。

28)　議論の経緯と最終的な制度設計については，金子・前掲注2）76頁以下参照。

*455*

# 第21章
# 別表第1事件と手続保障

## 笠井正俊

## 第1 はじめに

　家事事件手続法は，家事審判の対象となる事項を別表第1に掲げるものと別表第2に掲げるものの2類型に分けている。[1] 前者は家事調停をすることができない事項，後者は家事調停をすることができる事項である（法第2編第1章第1節第6款の款名，66条～71条，244条括弧書参照。以下，別表第1・第2にそれぞれ掲げる事項についての審判事件のうち前者を「別表第1事件」，後者を「別表第2事件」という。また，別表第1の各項を引用する際には「家事事件手続法別表第1」を省略して「1の項」等ということがある）。本稿は，別表第1事件における当事者や関係人の手続保障を検討の対象とする。

　当事者や関係人への手続保障としてどの程度の手段が確保されるべきかという問題は，終局裁判である審判の効力の内容を念頭に置いて検討する必要がある。当事者又は関係人の権利義務に変動をもたらす審判は，そのことをもって形成力があるといえる。[2] そして，形成力のある審判は，対世的に（万

---

1) なお，これらのほかに，家事事件手続法第2編に定める事項が審判の対象となり（法39条），そこには，審判前の保全処分やその取消し（法105条1項，112条1項参照），財産の管理人又は管理者の改任（法125条1項，146条1項等）や財産の管理に関する処分の取消し（法125条7項，147条等）等が含まれる（金子修編著『逐条解説家事事件手続法』（商事法務，2013年）123頁参照）。
2) 申立てを却下する審判には形成力が認められないが，申立ての認容又は職権による積

第21章　別表第1事件と手続保障

人に対して）効力を有すると解される[3]。別表第1事件の審判の効力の中心的なものはこの形成力である[4]。このような形成力を生じさせる審判，又は，そ

極的内容の審判は，形成力を有するものが多い。当事者又は関係人の実体法上の権利義務や法的地位を直接変動させる代表的なものとして，後見・保佐・補助の各開始の審判（1の項・17の項・36の項），これらの審判の取消しの審判（2の項・20の項・39の項），不在者の財産の管理人の選任・改任の審判（55の項），失踪宣告・その取消しの各審判（56の項・57の項），推定相続人廃除・その取消しの審判（86の項・87の項），遺言執行者の選任・その解任の各審判（104の項・106の項）等が挙げられる。また，成年後見人の辞任の許可（4の項），養子縁組の許可（61の項）等の許可の審判も，それによって一定の行為が有効にできる地位を形成するという意味で形成力が認められる（養子縁組の許可について，梶村太市＝徳田和幸編著『家事事件手続法〔第3版〕』（有斐閣，2016年）235頁〔大橋眞弓〕参照）。さらに，限定承認や相続放棄等の申述の受理（91・92・95の各項，民法919条4項，924条，938条），遺言の確認（102の項。民法976条4項参照）は，公証的な意味をもつものではあるが，審判があって初めて一定の実体法上の効果が発生するという意味で形成力を有すると解される。ただし，実体法上の権利変動の効果を有しない審判には形成力がなく，例として，証拠保全的な意味を有するにとどまる遺言書の検認（103の項，民法1004条1項。中川善之助＝加藤永一編『新版注釈民法(28)〔補訂版〕』（有斐閣，2002年）305頁〔泉久雄〕，佐上善和『家事事件手続法II　別表第1の審判事件』（信山社，2014年）369頁参照）が挙げられる。

3) 形成判決の形成力に関し，形成判決は実体法上の権利ないし法律関係に変動を生じさせ，その変動の効果は一般に（万人に）承認されなければならないという意味で対世効を有するとされており（松本博之＝上野泰男『民事訴訟法〔第8版〕』（弘文堂，2015年）604頁，伊藤眞『民事訴訟法〔第5版〕』（有斐閣，2016年）574頁参照），家事審判の形成力についてもこれと同様のことがいえる。なお，別表第2事件のうち財産分与や遺産分割を主に念頭に置いて，形成力を有する審判でも対第三者効がないものがあるとの考え方も示されているが（梶村＝徳田・前掲注2）235頁〔大橋〕参照），審判に形成力がある限り，上記のような意味での対世効を否定すべきではない（対抗要件の欠缺を第三者が主張できるというのは，これとは別の問題である）。

4) なお，別表第1の審判で執行力のあるもの（法75条）として，夫婦財産契約による財産の管理者の変更等の審判（58・131の各項）で給付が命じられた場合（法154条2項2号，242条3項）がある（この審判事件は，家事審判法では乙類事件であったものが家事事件手続法により別表第1事件とされたものの一つである）。執行力を受けるのは，手続保障が制度的に担保されている当事者に基本的に限定されるところ（法154条2項〜4項，163条2項，171条，185条，190条2項，196条参照），この夫婦財産契約による財産の管理者の変更等の審判は別表第1に掲げる事項の審判であるので当事者は申立人しかいないが，夫婦のうち申立人の他の一方を必要的陳述聴取の対象として手続保障を図りつつ（法152条1項），夫又は妻を給付審判の執行力を受ける者としている（法154条2項柱書の括弧書。このことについて，金子・前掲注1）497頁参照）。また，家事審判に既判力が認められるか否かについては議論があるが（山木戸克己『家事審判法』（有斐閣，1958年）56頁，松本博之『人事訴訟法〔第3版〕』（弘文堂，2012年）12頁，越山和広「非訟裁判・家事審判の既判力」大阪市立大学法学雑誌55巻3・4号716頁，梶村＝徳田・前掲注2）236頁〔大橋〕等参照），少なくとも別表第1事件の審判については否定的な見解が多いとみられる。そもそも既判力が生ずる対立当事者（民訴115条1項1号）の関係が存在しないことを前提に，別表第1事件であっても，申立人と審判を受ける者の間，あるいは対世的な形で確定審判に既判力が生じる事件類型があり得な

のための申立てを認めない審判がされる手続において，審判の効果を受ける者やそれによって影響を受ける者が，その利益や地位を反映させる機会を正当に与えられる必要があるというのがここでの手続保障の問題である。また，家事調停ができない事項でも当事者と関係人の間に紛争や利害対立が想定できるものがあり，そのような事項の審判では，対立する双方の立場が手続上正当に扱われなければならない。これらのことから，当事者や関係人の手続保障が必要とされる。

　別表第1事件には多種多様なものがあり，家事事件手続法も，全ての家事審判手続に適用される規定を置いた上で[5] 別表第1の各項の事件ごとに必要とされる手続を分けて規定している。そこで，本稿は，まず関係人の種類と手続への参加について確認し（後記第2），次いで家事事件手続法に定められている手続保障に関する各種の措置を別表第1事件と別表第2事件との違いも踏まえて考察した上で（後記第3），いくつかの特徴的な事件における手続保障の内容について検討する（後記第4）。

# 第2　当事者・関係人の種類と手続への参加等

## 1　概　観

　手続保障を考えるにあたっては，誰の手続保障を図るのかを明らかにしておく必要がある。家事審判手続では，民事訴訟手続のような二当事者対立構造が存在するとは限らず，特に別表第1事件では，二当事者対立構造が想定されていない。一方，家事審判手続では，申立人とは異なる者が審判の効果を受けたり，審判の影響を受けたりすることがある。また，職権で開始され

---

　いか（既判力を認めるとすると，確定審判の内容を争うためにその基礎となった時点以前の事実を主張することが遮断される）につき，家事事件手続法による手続保障を前提に検討する必要はありそうであるが，ここでは詳論する準備がない。

5）家事事件手続法は，第1編（総則）の各章で家事調停も含めた家事事件（法1条参照）の手続に適用される一般的な規定を定めた上，第2編（家事審判に関する手続）の第1章（総則）に家事審判手続一般に適用される規定を置くが，そのうち第1節第6款（家事調停をすることができる事項についての家事審判の手続の特則）は別表第1事件には適用されない。

*459*

第21章　別表第1事件と手続保障

るため当事者が存在しない場合[6]であっても，利害関係人が想定される。

　家事事件手続法は，家事審判やその手続に利害関係のある者として，「当事者」のほか，「審判を受ける者」，「審判を受ける者となるべき者」，「審判の結果により直接の影響を受ける者」という各類型を定めている[7]。そして，まず，これらの者について，手続に参加できることとし（法41条，42条），当事者，手続に参加した者（利害関係参加人），それ以外の審判を受ける者には，原則として審判の告知がされるものとしている（法74条1項）。また，別表第2事件については手続保障のための一般的規定（法66条～72条）を定めているが，別表第1事件についてはこのような一般的規定は置いておらず（この点について，後記第3で検討対象とする），別表第1の各項に掲げる事項ごとに，各則（法第2編第2章各節の各条文）で，一定の手続上の地位を認めるなどして，手続保障を図ろうとしている。すなわち，事件の種類ごとに関係人の範囲や図られるべき手続保障の内容及び程度は様々であることなどを考慮し，利害関係者を「関係人」等の一律の属性で把握してそこから演繹的に手続への関与の内容を定めるという方法は採られていない[8]。

　家事審判の手続への参加には，当事者参加と利害関係参加がある。これらによって参加した者は，当事者として又は利害関係参加人として（法42条7項参照），手続行為をすることができる。当事者参加は，「当事者となる資格を有する者」が家事審判の手続に当事者として参加し（法41条1項），又は参加させられる（同条2項。審判を受ける者となるべき者に限られる）ものである（後記2参照）。利害関係参加については，家事事件手続法42条が規定を置いており，①審判を受ける者となるべき者が自ら参加する場合（同条1項。家庭裁判所の許可は不要），②審判を受ける者となるべき者以外の者であって，審判の結果により直接の影響を受けるもの又は当事者となる資格を有するも

---

6) 後見人や後見監督人の解任（民846条，852条），後見監督人の選任（民849条），後見人又は成年後見監督人の権限の行使の定めやその取消し（民857条の2第3項・4項，859条の2第1項・2項，852条），後見の事務の監督の処分（民863条）等がある。

7) 金子修編著『一問一答家事事件手続法』（商事法務，2012年）18頁～19頁参照。また，梶村＝徳田・前掲注2）175頁～177頁〔大橋〕は，家事審判手続における当事者と関係人に関する概念を簡潔に整理している。

8) 金子・前掲注7）28頁参照。なお，法制審議会非訟事件手続法・家事審判法部会における家事審判事件に関する関係人の概念や利害関係者に対する手続保障の具体的内容に関する審議については，同部会の第2回，第8回の各会議の議事録参照。

460

のが参加する場合（同条2項。家庭裁判所の許可が必要），③家庭裁判所が職権で，審判を受ける者となるべき者，それ以外の者であって，審判の結果により直接の影響を受けるもの又は当事者となる資格を有するものを参加させる場合（同条3項）がある（後記2，3参照）。

なお，家事事件手続における手続行為能力については，民事訴訟における訴訟能力と同じであることを基本としつつ（法17条1項，民訴28条，31条），これによって手続行為能力が制限される者も，意思能力がある限り，その意思を手続に反映できるようにするのが相当な場合があるので，法定代理人によらずに，自ら手続行為ができる審判事件が個別に定められている（法118条とその準用規定。別表第1事件に関して本章末尾の別添「別表第1事件における手続上の措置の一覧表」（以下「別添一覧表」という）の「手続行為能力」欄参照）。

# 2　当事者

まず，家事審判手続における「当事者」（法2条，10条1項1～3号・5号，11条，28条2項，35条3項，44条1項，47条1項，49条2項1号，54条1項，56条2項，63条，74条1項，76条2項3号等）は，民事訴訟における形式的当事者概念と同様に，形式的な意味での当事者であり，申立人と相手方をいう[9]。別表第1事件においては，申立人の対立当事者という意味での相手方は存在しない。ただし，事件の種類によっては審判の結果により法的な影響を受ける者が存在することがあり，その者が実質的な意味では相手方に相当することになる（典型例として，推定相続人の廃除の審判事件における推定相続人があり，当事者とみなされるなどして別表第2事件の相手方と同様の手続保障を受ける。法188条3項，4項参照。後記第4の4で取り上げる）。

家庭裁判所の審判に対しては特別の定めがあれば即時抗告ができるところ（法85条1項），個別の定めによって即時抗告の対象となる審判と即時抗告権者が定められている（別添一覧表の「即時抗告」欄参照）。即時抗告権者には，家事審判の手続での当事者以外の者が含まれる（申立却下の審判以外の審判に対する即時抗告権者は当事者以外の者であることが想定されている）。抗告をし

---

9)　金子・前掲注7)13頁参照。

た者は，抗告人であるので，抗告審において形式的な意味の当事者となる（法87条2項1号で抗告状の必要的記載事項とされる）[10]。

「当事者となる資格を有する者」であって，当事者となっていないものも，当事者参加によって当事者となることがあり（法41条1項，2項），また，利害関係参加人となることもある（法42条2項，3項）。別表第1事件において「当事者となる資格を有する者」は，民法その他の「根拠となる法律の規定」（別表第1・第2参照）において各審判の申立てをすることができるとされている者である。例えば，後見開始の審判については本人（被後見人となる者），配偶者，4親等内の親族，未成年後見人，未成年後見監督人，保佐人，保佐監督人，補助人，補助監督人及び検察官である（民7条）。

# 3 審判を受ける者，審判を受ける者となるべき者等

「審判を受ける者」（法47条6項，74条1項，2項，78条3項，89条1項）は，審判の名宛人となる者である[11]。申立てを却下する審判では申立人がこれに当たり，申立ての認容又は職権により法律関係を形成する審判（積極的内容の審判）では，自己の法律関係が形成される者がこれに当たる。例えば，後見開始の審判においては成年被後見人とされる者であり，特別養子縁組の成立の審判においては養親とされる者，養子とされる者及びその実父母である。

次に，「審判を受ける者となるべき者」（法10条1項1号～3号・5号，28条2項2号，41条2項，42条1項～3項）は，上記のような積極的内容の審判がされた場合にその審判を受ける者（自己の法律関係が形成される者）となる者である（法10条1項1号括弧書参照）。家事審判の手続の進行中には，当事者のほかに，積極的内容の審判がされるとした場合に上記の「審判を受ける者」として自己の法律関係が形成されることになる者が，手続に重大な利害関係をもつといえるので，その者に手続への関与の機会を与える必要がある[12]。

---

10）なお，別表第1に掲げる事項についての審判に対して第一審の申立人が即時抗告をした場合，即時抗告審においても即時抗告人以外には当事者は存在しないが，第一審の申立人以外の者が即時抗告をした場合には，第一審の申立人は抗告審においても第一審申立人として当事者の地位を維持する（金子・前掲注7）14頁，高田裕成編著『家事事件手続法』（有斐閣，2014年）293頁〔金子修発言〕参照）。

11）金子・前掲注7）18頁参照。

12）金子・前掲注7）18頁参照。

そこで，家事事件手続法は，「審判を受ける者となるべき者」に利害関係参加の資格を与える（法42条1項，3項）などの手当てをしている。各審判について，別添一覧表の「審判を受ける者となるべき者」の欄に記載した者がそれに当たる。

　さらに，審判を受ける者となるべき者以外の者であって，「審判の結果により直接の影響を受けるもの」は，家庭裁判所の許可を得て，家事審判の手続に利害関係参加人として参加することができる（法42条2項）。別表第1事件では，例えば，成年後見人の解任の審判（5の項）について成年被後見人，親権の喪失等の審判（67の項）について子である。

　なお，家庭裁判所が家事審判の手続の期日に呼び出すことができる者として「事件の関係人」が定められている（法51条）。この「事件の関係人」は，職権による事実の調査と同様の趣旨から家庭裁判所の職権による呼出しの対象となる者であり，当事者（法定代理人による手続行為をする必要がある場合の法定代理人を含む），利害関係参加人，審判の結果によって法律上又は事実上の利害関係を有する者を含むとされている[13]。

# 第3　手続上の各種の機会の保障

## 1　概　観

　家事事件手続法は，家事審判の手続に関し，職権探知主義を基本とし（法56条1項），当事者の事実の調査等への協力を定めるとともに（同条2項），当事者[14]の手続上の権利の保障を明確化した[15]。例えば，調書の作成等（法46

---

13) 金子・前掲注1）185頁参照。その意味では，法51条自体は，当事者や利害関係人の手続保障を図るためというよりも，それらの者の手続の客体としての面に重きを置く規定と理解すべきであろう。

14) なお，本文前記第2の2のように当事者となる資格を有する者が当事者として手続に参加できることも当事者への手続保障を享受する前提となるものである。また，本文前記第2の1のように利害関係参加人も法42条7項により当事者がすることができる手続行為をすることができる。

15) 家事事件手続法における職権探知主義と手続保障について，金子修「家事事件手続法下の家事審判事件における職権探知と手続保障」松原正明＝道垣内弘人編『家事事件の理論と実務第3巻』（勁草書房，2016年）3頁，山本和彦「家事事件手続における職権

条），記録の閲覧謄写（法47条），[16] 証拠調べの申出権（法56条1項。当事者及び利害関係参加人），当事者の手続の追行に重要な変更を生じ得る場合の事実の調査の通知（法63条。当事者及び利害関係参加人宛），審判の告知（法74条1項。当事者，利害関係参加人及び審判を受ける者宛），抗告状の写しの送付（法88条1項。原審における当事者及び利害関係参加人宛）であり，これらは，別表第1事件・別表第2事件を問わず，適用される。

他方，別表第2事件については，申立書の写しの送付（法67条1項），陳述聴取（法68条），審問期日への立会い（法69条），事実の調査の通知の原則（法70条），相当の猶予期間を置いた審理終結日の定め（法71条），審判日の定め（法72条）がそれぞれ定められているが，これらは，別表第1事件には一般的には適用されず，各則において個別の事件類型ごとに，陳述聴取等に関する定めが置かれている。

以下，いくつかの手続上の措置について，別表第1事件における問題点を検討する。

## 2 事件の係属の通知

これまで見てきたように，審判を受ける者となるべき者や審判の結果により直接の影響を受ける者は家事審判の手続に参加することができ，また，当事者や利害関係参加人は家事審判事件の記録の閲覧，謄写等をすることができるが，事件の係属を知らなければこれらの権利を行使することができない。そこで，事件の係属をこれらの者に通知すべきではないかが問題となる。[17]

---

主義，裁量統制，手続保障」松原正明＝道垣内弘人編『家事事件の理論と実務第3巻』103頁参照。

16) 当事者は，家庭裁判所の許可を得て，裁判所書記官に対し，家事審判事件の記録の閲覧等（閲覧若しくは謄写，その正本，謄本若しくは抄本の交付又は家事審判事件に関する事項の証明書等の交付）を請求することができる（法47条1項）。当事者がその許可を申し立てたときは，家庭裁判所は，原則として（同条4項所定の一定の事由がある場合を除いて），これを許可しなければならない（同条3項）。当事者からの許可申立てを却下した裁判に対しては即時抗告ができる（同条8項）。利害関係参加人も，当事者と同様に，記録の閲覧等の請求権を有する（法42条7項本文にいう手続行為に当たる）。利害関係を疎明した第三者も，裁判所が相当と認めれば，記録の閲覧，謄写等が許可される。

17) 法制審議会非訟事件手続法・家事審判法部会では，第2回・第4回・第10回等の会議で指摘がある。また，高田・前掲注10) 65頁〜68頁，180頁〜181頁で議論がされている。

464

別表第2事件においては，家事審判の申立書が原則として相手方に送付される（法67条1項）。これに対し，別表第1事件では，そのような一般規定はなく，推定相続人の廃除の審判事件において廃除を求められた推定相続人に申立書の写しが送付される（法188条4項による67条1項の準用）ほか，一部の審判事件で一定の者に申立てがされたことの通知がされる[18]にとどまる（別添一覧表の「事件の係属の通知・申立書の写しの送付」欄参照）。

これについての立案担当者の説明では，全ての家事審判事件において事件係属の通知をするものとすると，簡易迅速な事案の処理という家事審判手続の理念に反するおそれがあることが理由とされている[19]。そして，審判を受ける者となるべき者については，多くの場合に必要的陳述聴取の定めがあって，これによって事件の係属を知る機会が与えられること，裁判所の職権による参加（引込み）の仕組みもあること，審判を受ける者は審判の告知を受け，その多くの場合に即時抗告権を有することが挙げられており[20]，これらにより，事件の係属の通知を一律にはしなくても，審判を受ける者となるべき者等の手続保障は図られるとの考え方が採られている。

確かに，別表第1事件について，事件の係属の通知を一律に義務づけると簡易迅速な事案の処理を妨げる面があろう。そして，各則の定めによって陳述聴取がされることにより事件の係属を知ることができ，積極的内容の審判によって権利が制限されたり権限が消滅したりする者は必要的陳述聴取の対象とされているので（後記3参照），それをきっかけとしてそれらの者は記録閲覧や手続参加が可能となるというのは，手続保障の事実上の付与という意味では理解できる。

ただし，陳述の聴取は，通常は事実の調査の一環として位置づけられるものであり，少なくとも制度の趣旨ないし理念としては参加の機会を与えて関係人の主体性を確保するためのものではない[21]（後記3参照）。また，事件の

---

18) 死後離縁をするについての許可の審判事件において養子を代襲して養親の相続人となるべき者への通知（法162条3項。相続権の保護のための手続であるが，訓示規定と解されている。金子・前掲注1）522頁参照），戸籍の訂正についての許可の審判事件において戸籍の届出人又は届出事件の本人（法228条）である。
19) 金子・前掲注7）110頁参照。
20) 金子・前掲注7）110頁参照。
21) 高田・前掲注10）66頁〔山本克己発言〕参照。

第21章　別表第1事件と手続保障

係属の通知が申立て直後にされるのに比べると関係人が事件の係属を知るのが遅くなるので，陳述聴取の時期は問題である[22]。手続が相当程度進んだ段階で陳述聴取がされると，関係人が手続に関与する機会が実質的に確保されなくなるおそれがあるし[23]陳述聴取によって事件の係属を知った関係人が参加申出や資料提出の準備等に時間を要するため事件の進行が遅くなる（しかし，それは関係人の手続保障上必要な事柄である）という問題が生じ得る。陳述聴取の時期は，申立人が提出する資料や他の事実の調査の内容を勘案しながら裁判所が判断するものであろうが，これらの問題に対応するために，各則で必要的陳述聴取の対象となっている者には，できるだけ早い段階で事件の係属を知らせるとか，陳述聴取の時期をできるだけ早くするなどの運用を図る必要があると思われる。

## 3　陳述の聴取・審問

　家事審判事件の審理手続は，職権探知主義の下，家庭裁判所による事実の調査（法56条1項）を中心に進められる。対象者から認識，意見，意向等の表明を受ける事実の調査の方法に審問と陳述の聴取があり，審問は，期日において審問を受ける者が口頭で陳述するのを裁判官が直接聴く手続であり，陳述の聴取は，裁判官の審問によるものも含まれるが，そのほかに，家庭裁判所調査官の調査，書面照会等の方法によることもあり（実際上はこれらの方法が多い），方式に限定のない手続である[24]。

　審問と陳述の聴取は，いずれも手続保障の見地によるものとされているが[25]事実の調査の一環として実施されるものであることからすると，対象者（当事者，関係人等）を手続の客体として扱うものであることは否定できず，少なくとも制度の趣旨ないし理念として対象者を手続の主体として扱うものと

---

22）高田・前掲注10）67頁〔高田裕成発言〕参照。
23）高田・前掲注10）68頁〔窪田充見・古谷恭一郎発言〕参照。
24）金子・前掲注7）19頁参照。なお，陳述の聴取のほかに，裁判所が判断の参考となる情報を得るために行う「意見の聴取」という手続があり，その審判で選任を受ける者等が対象となる（便宜上，別添一覧表の「必要的陳述聴取」の欄に意見の聴取に関する規定も付記した）。
25）金子・前掲注7）19頁，26頁，高田・前掲注10）66頁，67頁〔金子修発言〕参照。

まではいえない[26]。対象の客体性と主体性とが混在し，不分明な様相を呈するのは，非訟事件で口頭弁論が開かれない手続における職権探知主義や自由な証明が前提であって[27]当事者や関係人の主張と証拠とを審判の資料として明確に分別できないことによるところが大きいと思われる。そのような観点からすると，審問や陳述の聴取によって手続保障を図ることを強調するためには，その過程において，裁判官や家庭裁判所調査官が，当事者や関係人が事実の調査の対象であるとともに，手続の主体であって重大な利害関係を有することを意識しつつ，それらの者が，訴訟における主張のように自由かつ遺漏なく意思を表明できるよう十分に配慮する必要があるであろう。

　ところで，別表第２事件の手続においては，家庭裁判所は原則として当事者の陳述を聴かなければならず（法68条１項），抗告裁判所も原則として原審における当事者（抗告人は抗告状と抗告理由書で陳述をしているので除外されている）の陳述を聴かなければならないが（法89条２項），別表第１事件についてこれらのような一般的な規定はなく[28]各則の規定によって，個別に陳述の聴取が必要的とされる場合が定められている（別添一覧表の「必要的陳述聴取」の欄参照）。これらによると，積極的内容の審判によって権利が制限されたり権限が消滅したりするなど，その法的地位に大きな影響を受ける者は必要的陳述聴取の対象とされているものと理解できる[29]。そして，これらの者は，この陳述聴取によって，その意見や意向を手続に出現させることができ（前の段落で述べたような意味で手続保障が図られ得る），また，前記２のように事件の係属を知り，記録閲覧や参加の機会が現実に与えられることになる。

　また，別表第２事件において，当事者の陳述の聴取は，当事者の申出があるときは審問の期日においてしなければならないとされている（法68条２項）。別表第１事件で陳述の聴取を審問の期日でしなければならないのは，特別養

---

26）高田・前掲注10）66頁〔山本克己発言〕参照。
27）家事審判手続における事実の調査と職権探知主義及び自由な証明に関しては，高田・前掲注10）210頁～220頁参照。
28）別表第２事件と異なり，当事者として想定できるのは申立人のみであるので，当事者という枠組みではあえて陳述聴取の対象とする必要はないともいえる。
29）必要的陳述聴取の対象とされるのは，そのように法的地位に影響を受ける者のほか，事件に関する事情をよく把握していることが期待できる者などのこともある（例えば，法120条１項２号により，後見開始の審判の取消しについての成年後見人。金子・前掲注１）383頁参照）。

*467*

子縁組成立の審判をする場合の実父母（法164条3項1号），親権喪失，親権
停止又は管理権喪失の審判をする場合の親権者（法169条1項1号），推定相
続人の廃除の審判事件における廃除を求められた推定相続人（法188条3項）
等である（別添一覧表の「審判を受ける者となるべき者」の欄に◎を付した）。
これらは，これらの審判がそれぞれの者の法的地位に重大な変動を及ぼすの
で，裁判官の面前において直接口頭で陳述する機会を保障する必要があるこ
とや，裁判所が直接心証を取得できるようにするのが相当であることなどを
考慮したものであり[30]，書面による陳述聴取に比べて口頭陳述の方が手続保障
の度合いが高いことを踏まえた適切な制度設計であるといえる。その者の申
出の有無にかかわらず審問の期日で聴取しなければならないとされているの
で，別表第2事件の一般的規律よりも家庭裁判所への審問期日での聴取の義
務付けは強いともいえる[31]。

　これらの者のうち，推定相続人廃除事件における推定相続人は，申立人の
陳述聴取が審問期日に実施される場合には立会権を有する（法188条4項，69
条）。他方，特別養子縁組の成立の審判事件での実父母，親権喪失等の審判
事件での親権者については，申立人の陳述を聴くために審問期日が開かれる
場合を仮に想定すると，その審問期日への立会権が当然にあるわけではない
（実父母，親権者の陳述聴取の審問期日と同一期日であれば出頭の機会は与えられ
るが，当然に立ち会えるかどうかは明確ではない）。しかし，これらの事件にお
いては双方審尋主義の要請[32]が働くとするのが法の趣旨であると考え，家事
事件手続法69条の類推適用により，これらの者に審問の立会権を保障すべき
である（同様に，実父母や親権者の陳述を聴くための審問期日には申立人が立ち
会えると考えることになる）。

　さらに，別表第2事件も含めて，第三者の審問が実施される期日の立会権

---

30）金子・前掲注1）530頁，552頁，602頁参照。
31）なお，山本・前掲注15）124頁は，行政上の不利益処分についての行政手続法の規律を
　　参照しつつ，聴聞レベルの手続保障として口頭の陳述の機会を求める権利の保障が必要
　　となるとし，扶養義務設定等の手続で審問を求める権利がないことを問題として指摘す
　　る。
32）竹下守夫「家事審判法改正の課題」家月61巻1号80頁は，家事審判法の甲類事件に関
　　し，親権又は管理権の喪失宣告事件，後見人等の解任事件，遺言執行者の解任事件を挙
　　げて，これらの事件が改正法の下でも甲類にとどまるのであれば二当事者対立構造的な
　　運用をすべきであるとする。

は明文化されていないが，次に挙げる事実の調査の通知の趣旨からしても，原則として当事者や利害関係参加人の立会権を認めるのが相当であろう。[33] 別表第1事件で審問期日が開かれる場合には重要な事柄の聴取が予定されるものと想定できるところであり，審問に支障が生ずるおそれがある場合を除き，当事者や利害関係参加人の立会権が保障されるべきである。

なお，特別養子縁組成立審判における実父母，親権喪失等審判における親権者，推定相続人廃除審判における当該推定相続人等以外にも，例えば，後見人解任審判における後見人，遺言執行者解任事件における遺言執行者等，審判によって権限を奪われる者がいるところ，これらの者には口頭での審問手続が保障されておらず，陳述聴取がされるにとどまる（別添一覧表の「審判を受ける者となるべき者」欄の◎と○の対比を参照）。これは，これらの者らの権限が，その者のためというよりも，他の者（事件本人等）の利益のために法的・政策的な見地から審判又は法律行為によって与えられたものであることから，親族関係，親権，相続権（遺留分権）のような自己の本来的な権利又は重要な利益を剥奪等する場合に比べて，手続的にも保障の必要性がやや低いと考えられたものと理解できる。そこで，これらの解任手続で口頭での審問をするかどうかは裁判所の裁量にゆだねられるが，申立人とそれらの者との間に言い分の対立が顕著である場合など，口頭での審問が望ましい場合はあり得るので，裁判所の適切な裁量権行使が必要となろう。

## 4 事実の調査の通知

家庭裁判所が事実の調査をした場合には，別表第2事件では，特に必要がないと認めるときを除いて，その旨を当事者及び利害関係参加人に通知しなければならないが（法70条），別表第1事件では，その事実の調査の結果が「当事者による家事審判の手続の追行に重要な変更を生じ得るものと認めるとき」に限り，これを当事者及び利害関係参加人に通知しなければならないとされている（法63条。ただし，法70条が法188条4項で準用される推定相続人廃除事件では別表第2事件と同じである）。

---

33) 高田・前掲注10) 227頁〔高田裕成発言〕（実務上はそれなりの手続的配慮がされると考えるとする），〔古谷恭一郎発言〕（第三者審問の重要性を考慮すれば，多くの場合当事者に通知がされるとする）。

第21章　別表第1事件と手続保障

　事実の調査の通知は，当事者や利害関係人に対する不意打ち防止という意味での手続保障の措置である。そして，別表第2事件と別表第1事件との違いは，立案担当者の説明によると，別表第2事件には定型的に紛争性があり，申立人と相手方の利害が対立する関係にあるので，事実の調査の結果は，申立てが認容される方向に作用するものであれ，逆の方向に作用するものであれ，いずれも当事者にとって重要である[34]のに対し，別表第1事件では，申立てが認容されることが圧倒的に多く，申立てが認容される限り申立人に通知されないことの不利益はさほど問題にならないことなどから，当事者や利害関係参加人が事実の調査を知れば当然に反論や他の資料の提出をすることが予想されるとき等の「手続の追行に重要な変更を生じ得るものと認めるとき」に限って通知をしなければならないものとしたとされる[35]。

　もっとも，この説明は，手続の追行に重要な変更を生じ得るものに限ることの説明にはなっていても，変更を生じ得る対象が当事者の手続の追行に限られており，[36]利害関係参加人の手続の追行（法42条7項参照）に重要な変更を生じ得る場合に通知がされないことの説明にはならない。そこで，利害関係参加人の手続の追行に重要な変更を生じ得るものである場合にも，当事者及び利害関係参加人に通知がされるべき事件類型があるのではないかとの批判がされることになる[37]。この問題については，別表第1事件のうちには，推定相続人廃除事件以外にも申立人と利害関係参加人との対立が想定される類型の事件が多く想定できるので（後見開始等の権利制限に係る事件，各種の

---

34）金子・前掲注1）234頁参照。
35）金子・前掲注1）211頁参照。
36）金子・前掲注1）210頁は，実際上は，申立人に何らの予告なく申立てが却下される事態を防ぐ機能を果たすことになるとする。具体例として，小田正二「第1回家事事件手続法の趣旨と新しい運用の概要（家事審判事件を中心に）」東京家事事件研究会編『家事事件・人事訴訟事件の実務』（法曹会，2015年）17頁は，失踪宣告事件において，調査嘱託の結果本人が行方不明になった後のある時点で生存していた事実が判明した場合，後見等開始事件において，鑑定等の結果本人の判断能力の程度について申立人の考えとは異なるものと判明した場合，相続放棄申述事件において，照会の結果等から法定単純承認事由が明確である場合，氏名の変更許可事件において，申立書その他の提出書類を検討した結果氏名の変更を許可すべき事由には該当しない場合等を挙げている。
37）高田・前掲注10）230頁～232頁〔山本克己発言〕（後見開始事件で，医師の診断書を利害関係参加人（成年被後見人となるべき者）が提出していたところ，事実の調査で別の診断結果が発見され，申立人の主張に沿う内容であった例を挙げる），〔窪田充見発言〕参照。

解任事件，特別養子縁組事件，親権喪失等事件等），批判説に妥当性があると思われる。少なくともこれらの事案では，利害関係参加人の手続の追行に重要な変更を生じ得る事実調査の結果も，当事者及び利害関係参加人に通知する運用をすべきであろう。[38]

　また，手続の追行に重要な変更を生じ得るものであるかどうかの基準は，上記の立案担当者の説明等を参照すると，抽象的には申立てを認容するかどうかに重要な影響を及ぼすかどうかといったものが考えられる。さらに，手続保障という観点からの一つの例として，利害関係参加人が陳述の聴取を受けている場合に，その陳述聴取の前提となった事実とは異なる事実（軽微な違いは除かれる）が認定され得るような場合が挙げられよう。

# 5　審理終結日・審判日

　別表第2事件については審理の終結日（法71条）と審判日（法72条）をそれぞれ定める制度が設けられたが，別表第1事件については推定相続人廃除事件（これらの条文の法188条4項による準用）を除いて明文の規定は置かれなかった。これは，別表第1事件について一般的に審理の終結日を定める制度を置くと手続が重くなりすぎること，[39]迅速に審判がされることが予定されているので審判日の制度まで置く必要がないこと[40]などが理由とされている。

　これらの説明は合理性があり，制度としてこれらを別表第1事件に置く必要はないと考えられるが，当事者と利害関係参加人との間に対立が顕在化している事件では，双方ともに資料を提出する機会が損なわれないよう，実際上，資料提出の期限を示す運用がされるのが望ましいであろう。

---

38) 一定の場合には利害関係参加人の手続追行に重要な変更を生じ得る事実の調査の結果も通知する運用をすべきであるとする見解として，高田・前掲注10）232頁〔増田勝久・高田裕成発言〕，松川正毅ほか編『新基本法コンメンタール人事訴訟法・家事事件手続法』（日本評論社，2013年）246頁〔山本和彦〕参照。また，梶村太市「家事事件手続法規逐条解説(10)」戸籍909号15頁は，「当事者や利害関係参加人が事実の調査の結果を知れば，当然に反論や反対資料の提出が予想され，その結果を通知しなければ当該当事者等が攻撃防御の方法を提出できないこととなって不当であると認められるような場合」が通知を要する場合に当たるとし，利害関係参加人を当然に含む解釈を示す。
39) 高田・前掲注10）257頁〔金子修発言〕参照。
40) 高田・前掲注10）260頁〔畑瑞穂・増田勝久・金子修発言〕参照。

第21章　別表第1事件と手続保障

# 第4 各種の事件についての手続保障

## 1 成年後見開始等の事件

　成年後見・保佐・補助の各開始の審判事件（1の項・17の項・36の項）については，それぞれ成年被後見人となるべき者，被保佐人となるべき者，被補助人となるべき者が「審判を受ける者となるべき者」（法42条1項）であり（これらの者は「事件本人」，「本人」と称されることもある），利害関係参加が可能である。これらの者も意思能力がある限りは手続行為能力を有する（法118条1号，129条1号，137条1号）。成年後見開始と保佐開始の審判をするには，明らかにその必要がないと認められるときを除いて，本人の精神の状況について鑑定をしなければならないとされている（法119条1項，133条）[41] [42]。補助開始の審判をするには，本人の精神の状況について医師その他適当な者の意見を聴かなければならない（法138条）[43]。また，本人の陳述を聴かなければ，後見・保佐・補助の各開始の審判はできない（ただし，成年被後見人となるべき者について心身の障害により陳述を聴くことができないときは別である。法120条1項1号，130条1項1号，139条1項1号）[44]。

　以上のような仕組みは，家庭裁判所の後見的な裁量権行使を前提としつつも，これらの審判が本人の行為能力の制限（民9条，13条，17条）という重

---

41）この定めについて，高田昌宏「非訟手続における職権探知の審理構造」曹時63巻11号2613頁は，裁判所の裁量を制限する厳格な証明に関する規定と位置づける。

42）鑑定をするかどうかに関し，申立人が提出している診断書等から本人が事理を弁識する能力を欠く状況にあることが明らかな場合には「明らかにその必要がない」とされるが（金子・前掲注1）380頁），診断書が得られず，他の資料からも鑑定の要否が不明である場合，診断書が提出されても，その内容から明らかに鑑定の必要がないとは認められない場合，本人又は親族が本人の判断能力を争っている場合などには原則どおり鑑定をすることになるとされる（篠原康治「第9回成年後見事件の審理」東京家事事件研究会編『家事事件・人事訴訟事件の実務』297頁）。また，「明らかにその必要がない」とは，いわゆる植物状態あるいはこれに準じた状態である場合その他鑑定を要しない明白な合理性が認められる場合であるとの指摘がある（梶村＝徳田・前掲注2）277頁〔稲田龍樹〕）。

43）なお，任意後見契約の効力を発生させるための任意後見監督人の選任の審判についても同様の規律がある（法219条）。

44）東京家庭裁判所では，後見開始に関し，家庭裁判所調査官が本人と面談して陳述を聴取しているとのことである（篠原・前掲注42）299頁）。

472

大な効果をもたらすことから，可能な限りで本人の手続保障を図り，特に本人の精神の状況の認定については慎重な手続をとるものと理解できる[45]。

成年後見開始の審判は本人に通知され（法122条1項）[46]，保佐開始・補助開始の各審判は各本人に告知される（法74条1項）。これらの審判に対する即時抗告権は，本人のみならず，開始申立権を有する者（民7条，11条本文，15条1項本文）に認められており（法123条1項1号，132条1項1号，141条1項1号），これは，申立権者らは本人の保護を図ることができる立場にあるものとされて申立権が与えられているので，各開始の審判を争うこともできるようにしたものである[47]。

## 2　特別養子縁組事件

特別養子縁組の成立の審判事件（63の項）は，民法817条の3から817条の7に定める要件があるときに，養親となる者の請求により，実方の血族との親族関係を終了させる効果を有する縁組を成立させるものであり（民817条の2第1項，817条の9），特に，養子となるべき者及びその実父母にとって重大な効果を及ぼすものである。ただし，養子となるべき者は，原則として6歳未満，一定の場合に8歳未満であり（民817条の5），一般に意思能力が欠けるとみられるため，その者の手続行為能力は認められておらず[48]，その者の利益は，申立人，実父母その他の者からの陳述聴取や家庭裁判所調査官の調査等を踏まえた，家庭裁判所の後見的な判断によって保護されるべきこととなる。いわゆる試験養育期間（民817条の8）の要件もこの手続に特徴的なものである。

特別養子縁組の成立の審判の手続において特に手続保障が問題となるのは，実父母の地位であり，特に，父母の同意を要しない事由（民817条の6ただし書），及び，子の利益のための特別の必要性（民817条の7）の要件[49]について，

---

45）なお，記録の閲覧・謄写の実務上の取扱いについて，篠原康治・前掲注42）311頁参照。
46）告知ではなく通知によることとされたのは，本人が精神上の障害により事理を弁識する能力を欠く常況にあるとされた者であることが考慮されたことによる（金子・前掲注1）388頁）。
47）金子・前掲注1）390頁，430頁，457頁参照。
48）金子・前掲注1）529頁参照。
49）これらの重要性について，佐上・前掲注2）210頁参照。

第21章　別表第1事件と手続保障

申立人と実父母の間で争いになることが想定される。このようなことから，特別養子縁組成立の審判をする場合の実父母については，陳述の聴取を審問の期日でしなければならないとされているところであり（法164条3項1号），実質的に二当事者対立構造に近いような双方審尋主義の手続がとられるべきであろう（前記第3の3参照）。

　他方，特別養子縁組の成立の申立てを却下する審判をする場合には，養子となるべき者に対し親権を行う者及び未成年後見人の陳述を聴かなければならないとされている（法164条4項）。これは，養子となるべき者の代弁者の陳述を聴くものであり，[50]養子となるべき者の利益を考慮するためである。ただし，実父母が親権を行う者でない場合に，その陳述を聴かなくてよいこと[51]については，実父母の同意があるなど，縁組成立を関係者が期待していた場合を念頭に置いた疑問が示されている。[52]そのような場合に申立てが却下される事案が実際にどの程度あるのか筆者には分からないが，子の福祉が害されるおそれがある場合が仮にあるとすると，そのようなことがないように，家庭裁判所には，関係者に却下審判に向けて準備をさせる配慮が必要となりそうである。

## 3　親権の喪失等の事件

　親権喪失，親権停止又は管理権喪失の審判事件（67の項）は，子，その親族等の申立てにより（児福33条の7により児童相談所長も申立権を有する），親権喪失（民834条），親権停止（民834条の2），管理権喪失（民835条）の各要件に応じて，父又は母の親権又は管理権について，これらの効果を及ぼす審判をするものであり，親権の喪失等をもたらされる親権者にとって重大な効果を及ぼすものである。そこで，これらの要件の存否について争う親権者の手続保障が特に問題となる。そこで，親権者については，陳述の聴取を審問の期日でしなければならないとされており（法169条1項1号），これらの審判事件では，特別養子縁組成立審判の場合と同様に，実質的に二当事者対立構造に近いような双方審尋主義の手続がとられるべきであろう（前記第3の

---

50）金子・前掲注1）532頁参照。
51）金子・前掲注1）532頁参照。
52）佐上・前掲注2）223頁参照。

第4　各種の事件についての手続保障

3参照)。[53]

　親権喪失等事件においては，審問期日が開かれるので，親権者の呼出しがされることになるが，申立書の写しの送付や事件係属の通知が行われるかどうかは事案によるようであり，これらが行われない場合には，審問期日や調査において，裁判官や家庭裁判所調査官が申立内容等の概要を説明し，これに対する保護者の認否反論を確認する方法をとることになるとされている。[54]感情的な対立や子の福祉への影響が懸念される事案も多いであろうことを考えると，一応，別表第2事件に関する法67条1項の本文とただし書のような区分けがされているものとも推察されるが，迅速性の要請からも，同項と同様に，申立てがあったことの通知は早期にすべきではないかと思われる。

　次に，児童相談所長が親権喪失等審判事件に先立って考慮されるとみられる[55]いわゆる児童福祉法28条事件，すなわち保護者による虐待，監護の怠り等がある場合に，都道府県が児童を児童福祉施設へ入所させる等の措置をすることの承認（児福28条1項1号・2号ただし書），及び，その措置の期間の更新の承認（同条2項ただし書）の各審判事件（127の項・128の項）について触れておく。家事事件手続法上，家庭裁判所は，これらの申立てについての審判をする場合には，原則として，児童を現に監護する者，児童に対し親権を行う者，児童の未成年後見人及び児童（15歳以上の者）の陳述を聴かなければならないとされている（法236条1項，235条）。これらの審判事件が児童

---

53)　松原正明ほか座談会「家事事件の現状と課題」法時81巻3号18頁〔松原正明〕は，家事審判法下の甲類審判事件でも，親権喪失宣告のような事件は対席のような形で進めている旨説明する。

54)　細谷郁「児童福祉法28条事件及び親権喪失等事件の合理的な審理の在り方に関する考察」家月64巻6号53頁参照。親権喪失等事件の多くを占める親族申立事案では，代理人弁護士がつかずに本人が申し立てるものが相当数あり，申立書の内容からして申立書を親権者に送付するのは現実的でないとされる。これに対して，児童相談所長申立事案では，原則として申立書の写しを親権者に送付する扱いをすべきであるとされる。ただし，そのいずれであれ，申立書の写しの送付により，親族や子等に対して攻撃的な態度をとるおそれがある場合や逆に出頭意欲を失わせるおそれがある場合などには申立書の写しを送付しない扱いをするとのことである。また，同論文55頁には，事実の調査の通知の具体例等も示されており，大変参考になる。それによると，事実の調査の結果は，申立人の手続追行に影響するか親権者の手続追行に影響するかで特に区別することなく通知をしているようにみえる（本文前記第3の4の議論参照）。なお，本文後記の児童福祉法28条事件においてされる事実の調査の通知に関する同論文23頁も参照。

55)　細谷・前掲注54)38頁参照。

475

の監護状況が適切か否かを判断するものであり，児童及び児童の監護関係に
直接影響を及ぼすことになることを考慮したものと説明されている[56]。

　そして，実務の運用としては，少なくとも当初の措置の承認の事件（児童
福祉法28条1項1号・2号ただし書，法別表第1の127の項）の審理では，当該
審判の効果の重大性に照らし，保護者に対する手続保障の観点から，迅速に
第1回審判期日を開いて陳述の機会を与えるとの運用を考慮すべきであると
されている[57]。また，その前提として，保護者への申立書の写しの送付もする
とされている[58]。これらの取扱いは，都道府県知事又はその委任を受けた児童
相談所長が申立人であり，申立書の内容における保護者への配慮がある程度
期待できることも考慮されていると思われるが，保護者を実質的に当事者と
同様に取り扱うものということができ，その手続保障という観点からも迅速
な手続進行という意味からも適切な運用であろう。

# 4　推定相続人の廃除の事件

　推定相続人の廃除（民892条）は，家事審判法では乙類審判事項とされて
いたが，家事事件手続法では，民法が廃除事由について当事者の処分を許し
ておらず，審判によって裁判所が判断すべきものであるので，調停をするこ
とができない事項であるとの理解に基づき[59]，別表第1事件（86の項）とされ
た。このことは，推定相続人の廃除の取消し（民894条）についても同様で
ある（87の項）。

　その一方で，家事事件手続法は，推定相続人の廃除の審判事件について，
廃除を求める申立人と廃除を求められる推定相続人とが対立する紛争性の高

---

56）　金子・前掲注1）707頁参照。
57）　細谷・前掲注54）18頁参照。措置の期間の更新の承認の審判事件（同条2項ただし書，
　　法別表第1の128の項）でも，事案に応じて審問期日を開くとされる。
58）　細谷・前掲注54）19頁参照。
59）　金子・前掲（注7）53頁，高田・前掲注10）125頁〔金子修発言〕，篠原淳一「第10回
　　家事事件手続法別表第1に掲げる事項の審判事件の審理」東京家事事件研究会編『家事
　　事件・人事訴訟事件の実務』348頁参照。ただし，推定相続人の非行の存否をめぐる親
　　族間の紛争についての調停のニーズは必ずしも否定されるべきではなく（佐上・前掲注
　　2）285頁参照），家庭に関する紛争の一種として調停を行い（いわゆる一般調停事件），
　　例えば遺留分の放棄（被相続人の生前の場合，110の項の審判による許可が必要。民法
　　1043条1項）を内容とする調停を成立させることも可能（法244条が禁ずるところでは
　　ない）と解すべきである（高田・前掲注10）126頁〔増田勝久発言〕参照）。

第4　各種の事件についての手続保障

い事件であり，推定相続人は廃除の審判が確定すると相続資格ないし遺留分が奪われるという重大な不利益を受けることから，[60]廃除を求められた推定相続人について，別表第2事件と同等かそれ以上に手続への関与の度合いを強くしている。すなわち，まず，別表第2事件に適用される特則（法67条，69条〜72条）が準用される（法188条4項）。また，推定相続人の陳述の聴取を審問の期日においてしなければならないとされていること（同条3項）は，別表第2事件における陳述聴取（法68条）が当事者の申出がなければ審問の期日にする必要まではない（書面聴取で足りる）のと比べて手厚いものといえる。

　そして，実際の運用上も，廃除事由の存否をめぐって主張が対立する争訟性の高い事件であることから，別表第2事件と同様に，原則として申立人と推定相続人双方が立ち会うことのできる審問期日により審理が進められるとのことであり，[61]適切なものと考えられる。

---

60）従来から，また，家事事件手続法制定後も，推定相続人廃除事件は，被相続人の廃除権の行使，あるいは推定相続人の条件付財産取得権の喪失が対象であり，憲法32条・82条との関係で，非訟事件ではなく訴訟事件として処遇されるべきであるとの議論があるところである（竹下・前掲注32）51頁，佐上・前掲注2）286頁，高田・前掲注10）13頁〔山本克己発言〕参照）。

61）東京家庭裁判所の運用について，篠原・前掲注59）350頁参照。

第21章　別表第１事件と手続保障

| 手続上の行為 | | 別表第１事件における |
|---|---|---|
| | | 手続行為能力 |
| 一般的な規定等 | | 成年被後見人，未成年者等が自ら手続行為をすることができる旨の法118条の規定又はその準用規定 |

| 項 | 審判の事項 | 審判を受ける者となるべき者*** | |
|---|---|---|---|
| 成年後見 | | | |
| 1 | 後見開始 | 成年被後見人となるべき者○ | 118条１号 |
| 2 | 後見開始の審判の取消し | 成年被後見人○ | 118条２号 |
| 3 | 成年後見人の選任 | 選任された成年後見人 | 118条３号 |
| 4 | 成年後見人の辞任についての許可 | 成年後見人 | |
| 5 | 成年後見人の解任 | 成年後見人○ | 118条４号 |
| 6 | 成年後見監督人の選任 | 選任された成年後見監督人 | 118条５号 |
| 7 | 成年後見監督人の辞任についての許可 | 成年後見監督人 | |
| 8 | 成年後見監督人の解任 | 成年後見監督人○ | 118条６号 |
| 9 | 成年後見に関する財産の目録の作成の期間の伸長 | 成年後見人 | |
| 10 | 成年後見人又は成年後見監督人の権限の行使についての定め及びその取消し | それぞれ成年後見人又は成年後見監督人 | |
| 11 | 成年被後見人の居住用不動産の処分についての許可 | 成年後見人又は成年後見監督人 | |
| 12 | 成年被後見人に関する特別代理人の選任 | 選任された特別代理人 | 118条７号 |
| 12の2 | 成年被後見人に宛てた郵便物等の配達の嘱託及びその嘱託の取消し又は変更 | 信書の送達の事業を行う者 | 118条８号 |

## 手続上の措置の一覧表

| 事件の係属の通知・申立書の写しの送付 | 必要的陳述聴取* | 審判の告知** | 即時抗告* |
|---|---|---|---|
| 別表第１事件に適用される一般規定はない。以下のとおり若干の個別規定がある。別表第２事件では，原則として相手方に申立書の写しが送付される（法67条１項）。 | 別表第１事件の家事審判の手続に適用される一般規定はない。以下のような特別の規定がある場合に陳述の聴取が必要とされる。なお，選任される者等に対する意見の聴取に関する規定も付記した。なお，家庭裁判所が職権で審判を取り消し又は変更する場合については法78条３項，抗告裁判所が原審判を取り消す場合については法89条１項の定めがある。別表第２事件では，原則として当事者の陳述聴取が必要である（法68条１項。抗告審について89条２項）。 | 原則として当事者，利害関係参加人及び審判を受ける者に告知される（法74条）。以下の規定が特則であり，それらの者であっても告知されない審判，又は，それらの者に当たらない者に告知される審判を定める。また，一定の者に通知がされることが家事事件手続規則に定められているものを「規則」として示した。 | 特別の定めがある場合に限ってできる（法85条１項）。それらの定めは以下のとおりである。 |
| | 120条１項１号 | 122条１項１号（通知），３項１号 | 123条１項１号・２号 |
| | 120条１項２号 | 122条３項２号 | 123条１項３号 |
| | 120条１項３号。意見の聴取につき同条２項１号 | | |
| | 120条１項４号 | | 123条１項４号・５号 |
| | 120条１項３号。意見の聴取につき同条２項２号 | | |
| | 120条１項５号 | | 123条１項６号・７号 |
| | 120条１項６号 | 122条１項２号（通知），２項（通知），３項３号 | 123条１項８号～10号 |

# 第21章　別表第1事件と手続保障

| | | | |
|---|---|---|---|
| 13 | 成年後見人又は成年後見監督人に対する報酬の付与 | それぞれ成年後見人又は成年後見監督人 | |
| 14 | 成年後見の事務の監督 | 成年後見人 | 118条9号 |
| 15 | 第三者が成年被後見人に与えた財産の管理に関する処分 | 管理者の選任の審判については，選任された管理者 | 118条10号 |
| 16 | 成年後見に関する管理の計算の期間の伸長 | 成年後見人又はその相続人 | |
| 16の2 | 成年被後見人の死亡後の死体の火葬又は埋葬に関する契約の締結その他相続財産の保存に必要な行為についての許可 | 成年後見人 | |
| 保　佐 | | | |
| 17 | 保佐開始 | 被保佐人となるべき者○ | 129条1号 |
| 18 | 保佐人の同意を得なければならない行為の定め | 被保佐人又は被保佐人となるべき者○ | 129条2号 |
| 19 | 保佐人の同意に代わる許可 | 被保佐人 | 129条3号 |
| 20 | 保佐開始の審判の取消し | 被保佐人○ | 129条4号 |
| 21 | 保佐人の同意を得なければならない行為の定めの審判の取消し | 被保佐人 | 129条5号 |
| 22 | 保佐人の選任 | 選任された保佐人 | 129条6号 |
| 23 | 保佐人の辞任についての許可 | 保佐人 | |
| 24 | 保佐人の解任 | 保佐人○ | 129条7号 |
| 25 | 臨時保佐人の選任 | 選任された臨時保佐人 | |
| 26 | 保佐監督人の選任 | 選任された保佐監督人 | 129条8号 |
| 27 | 保佐監督人の辞任についての許可 | 保佐監督人 | |
| 28 | 保佐監督人の解任 | 保佐監督人○ | 129条9号 |
| 29 | 保佐人又は保佐監督人の権限の行使についての定め及びその取消し | それぞれ保佐人又は保佐監督人 | |
| 30 | 被保佐人の居住用不動産の処分についての許可 | 保佐人又は保佐監督人 | |
| 31 | 保佐人又は保佐監督人に対する報酬の付与 | それぞれ保佐人又は保佐監督人 | |
| 32 | 保佐人に対する代理権の付与 | 保佐人 | 129条10号 |
| 33 | 保佐人に対する代理権の付与の審判の取消し | 保佐人 | 129条11号 |
| 34 | 保佐の事務の監督 | 保佐人 | 129条12号 |
| 35 | 保佐に関する管理の計算の期間の伸長 | 保佐人又はその相続人 | |
| 補　助 | | | |
| 36 | 補助開始 | 被補助人となるべき者○ | 137条1号 |

別表第1事件における手続上の措置の一覧表

| | | | |
|---|---|---|---|
| | | | |
| | | | |
| | | | |
| | | | 123条1項11号 |
| | | | |
| | 130条1項1号 | 131条1号 | 132条1項1号・2号 |
| | 130条1項2号 | 131条2号 | 132条1項4号 |
| | 130条1項3号 | 131条3号 | 132条1項5号 |
| | 130条1項4号 | 131条4号 | 132条1項3号 |
| | | 131条5号 | |
| | 130条1項5号。意見の聴取につき同条2項1号 | | |
| | 130条1項6号 | | 132条1項6号・7号 |
| | | | |
| | 130条1項5号。意見の聴取につき同条2項2号 | | |
| | 130条1項7号 | | 132条1項8号・9号 |
| | | | |
| | | | |
| | | | |
| | | 131条6号 | |
| | | 131条7号 | |
| | | | |
| | | | |
| | 139条1項1号 | 140条1号 | 141条1項1号・2号 |

第21章　別表第1事件と手続保障

| 37 | 補助人の同意を得なければならない行為の定め | 被補助人又は被補助人となるべき者 | 137条2号 |
|---|---|---|---|
| 38 | 補助人の同意に代わる許可 | 被補助人 | 137条3号 |
| 39 | 補助開始の審判の取消し | 被補助人○ | 137条4号 |
| 40 | 補助人の同意を得なければならない行為の定めの審判の取消し | 被補助人 | 137条5号 |
| 41 | 補助人の選任 | 選任された補助人 | 137条6号 |
| 42 | 補助人の辞任についての許可 | 補助人 | |
| 43 | 補助人の解任 | 補助人○ | 137条7号 |
| 44 | 臨時補助人の選任 | 選任された臨時補助人 | |
| 45 | 補助監督人の選任 | 選任された補助監督人 | 137条8号 |
| 46 | 補助監督人の辞任についての許可 | 補助監督人 | |
| 47 | 補助監督人の解任 | 補助監督人○ | 137条9号 |
| 48 | 補助人又は補助監督人の権限の行使についての定め及びその取消し | それぞれ補助人又は補助監督人 | |
| 49 | 被補助人の居住用不動産の処分についての許可 | 補助人又は補助監督人 | |
| 50 | 補助人又は補助監督人に対する報酬の付与 | それぞれ補助人又は補助監督人 | |
| 51 | 補助人に対する代理権の付与 | 補助人 | 137条10号 |
| 52 | 補助人に対する代理権の付与の審判の取消し | 補助人 | 137条11号 |
| 53 | 補助の事務の監督 | 補助人 | 137条12号 |
| 54 | 補助に関する管理の計算の期間の伸長 | 補助人又はその相続人 | |
| **不在者の財産の管理** | | | |
| 55 | 不在者の財産の管理に関する処分 | 不在者財産管理人の選任の審判については，選任された不在者財産管理人 | |
| **失踪の宣告** | | | |
| 56 | 失踪の宣告 | 不在者 | 148条2項 |
| 57 | 失踪の宣告の取消し | 失踪者 | 149条2項 |
| **婚姻等** | | | |
| 58 | 夫婦財産契約による財産の管理者の変更等 | 夫○及び妻○ | |
| **親　子** | | | |
| 59 | 嫡出否認の訴えの特別代理人の選任 | 選任された特別代理人 | 159条2項 |
| 60 | 子の氏の変更についての許可 | 子又は法定代理人 | 160条2項 |
| 61 | 養子縁組をするについての許可 | 養親 | 161条2項 |

別表第1事件における手続上の措置の一覧表

| | | | |
|---|---|---|---|
| | | 140条2号 | |
| | 139条1項2号 | 140条3号 | 141条1項4号 |
| | 139条1項3号 | 140条4号 | 141条1項3号 |
| | | 140条5号 | |
| | 139条1項4号。意見の聴取につき同条2項1号 | | |
| | 139条1項5号 | | 141条1項5号・6号 |
| | 139条1項4号。意見の聴取につき同条2項2号 | | |
| | 139条1項6号 | | 141条1項7号・8号 |
| | | | |
| | | | |
| | | | |
| | | 140条6号 | |
| | | 140条7号 | |
| | | | |
| | | | |
| | | | |
| | | 148条4項 | 148条5項 |
| | | 149条3項 | 149条4項 |
| | 152条1項 | | 156条2号 |
| | | | 159条3項 |
| | | | 160条3項 |
| | 161条3項 | | 161条4項 |

*483*

第21章　別表第1事件と手続保障

| 62 | 死後離縁をするについての許可 | 養親又は養子 | 162条2項 |
|---|---|---|---|
| 63 | 特別養子縁組の成立 | 養親となるべき者，養子となるべき者及びその実父母◎ | 164条2項 |
| 64 | 特別養子縁組の離縁 | 養親◎，養子◎及びその実父母◎ | 165条2項 |

**親　権**

| 65 | 子に関する特別代理人の選任 | 選任された特別代理人 | 168条1号 |
|---|---|---|---|
| 66 | 第三者が子に与えた財産の管理に関する処分 | 管理者の選任の審判については，選任された管理者 | 168条2号 |
| 67 | 親権喪失，親権停止又は管理権喪失 | 親権を喪失し，若しくは停止され，又は管理権を喪失する親権者◎ | 168条3号 |
| 68 | 親権喪失，親権停止又は管理権喪失の審判の取消し | 親権を喪失し，若しくは停止され，又は管理権を喪失した親権者○ | 168条4号 |
| 69 | 親権又は管理権を辞し，又は回復するについての許可 | 親権又は管理権を辞するについての許可については，親権又は管理権を辞する親権者。親権又は管理権を回復するについての許可については，親権又は管理権を回復する親権者 | 168条5号 |

**未成年後見**

| 70 | 養子の離縁後に未成年後見人となるべき者の選任 | 選任された未成年後見人となるべき者 | 177条1号 |
|---|---|---|---|
| 71 | 未成年後見人の選任 | 選任された未成年後見人 | 177条2号 |
| 72 | 未成年後見人の辞任についての許可 | 未成年後見人 | |
| 73 | 未成年後見人の解任 | 未成年後見人○ | 177条3号 |
| 74 | 未成年後見監督人の選任 | 選任された未成年後見監督人 | 177条4号 |
| 75 | 未成年後見監督人の辞任についての許可 | 未成年後見監督人 | |
| 76 | 未成年後見監督人の解任 | 未成年後見監督人○ | 177条5号 |
| 77 | 未成年後見に関する財産目録の作成の期間の伸長 | 未成年後見人 | |
| 78 | 未成年後見人又は未成年後見監督人の権限の行使についての定め及びその取消し | それぞれ未成年後見人又は未成年後見監督人 | |
| 79 | 未成年被後見人に関する特別代理人の選任 | 選任された特別代理人 | 177条6号 |
| 80 | 未成年後見人又は未成年後見監督人に対する報酬の付与 | それぞれ未成年後見人又は未成年後見監督人 | |
| 81 | 未成年後見の事務の監督 | 未成年後見人 | 177条7号 |
| 82 | 第三者が未成年被後見人に与えた財産の管理に関する処分 | 管理者の選任の審判については，選任された管理者 | 177条8号 |
| 83 | 未成年後見に関する管理の計算の期間の伸長 | 未成年後見人又はその相続人 | |

別表第1事件における手続上の措置の一覧表

| | | | |
|---|---|---|---|
| 162条3項 | | | 162条4項 |
| | 164条3項，4項 | 164条5項〜7項 | 164条8項 |
| | 165条3項，4項 | 165条5項，6項 | 165条7項 |
| | | | |
| | | | |
| | 169条1項1号 | 170条1号 | 172条1項1号〜4号 |
| | 169条1項2号 | 170条2号 | 172条1項5号・6号 |
| | 169条1項3号・4号 | | 172条1項7号 |
| | 意見の聴取につき178条2項1号 | | 179条1号 |
| | 178条1項1号。意見の聴取につき同条2項1号 | | |
| | 178条1項2号 | | 179条2号・3号 |
| | 178条1項1号。意見の聴取につき同条2項2号 | | |
| | 178条1項3号 | | 179条4号・5号 |
| | | | |
| | | | |
| | | | |
| | | | |
| | | | |

第21章　別表第1事件と手続保障

| 扶　養 | | | |
|---|---|---|---|
| 84 | 扶養義務の設定 | 扶養義務の設定を受ける者となるべき者○ | |
| 85 | 扶養義務の設定の取消し | 扶養義務の設定を受けた者 | |
| 推定相続人の廃除 | | | |
| 86 | 推定相続人の廃除 | 廃除を求められた推定相続人◎ | 188条2項 |
| 87 | 推定相続人の廃除の審判の取消し | 廃除された推定相続人 | 188条2項 |
| 88 | 推定相続人の廃除の審判又はその取消しの審判の確定前の遺産の管理に関する処分 | 管理人の選任の審判については，選任された管理人 | |
| 相続の承認及び放棄 | | | |
| 89 | 相続の承認又は放棄をすべき期間の伸長 | 期間が伸長された相続人 | |
| 90 | 相続財産の保存又は管理に関する処分 | 管理人の選任の審判については，選任された管理人 | |
| 91 | 限定承認又は相続の放棄の取消しの申述の受理 | なし | 201条4項 |
| 92 | 限定承認の申述の受理 | なし | |
| 93 | 限定承認の場合における鑑定人の選任 | 選任された鑑定人 | |
| 94 | 限定承認を受理した場合における相続財産の管理人の選任 | 選任された管理人 | |
| 95 | 相続の放棄の申述の受理 | なし | |
| 財産分離 | | | |
| 96 | 財産分離 | 相続人全員 | |
| 97 | 財産分離の請求後の相続財産の管理に関する処分 | 管理人の選任の審判については，選任された管理人 | |
| 98 | 財産分離の場合における鑑定人の選任 | 選任された鑑定人 | |
| 相続人の不存在 | | | |
| 99 | 相続人の不存在の場合における相続財産の管理に関する処分 | 管理人の選任の審判については，選任された管理人 | |
| 100 | 相続人の不存在の場合における鑑定人の選任 | 選任された鑑定人 | |
| 101 | 特別縁故者に対する相続財産の分与 | 分与を受けた者及び相続財産管理人 | |
| 遺　言 | | | |
| 102 | 遺言の確認 | 確認の申立てをした者 | |
| 103 | 遺言書の検認 | なし | |
| 104 | 遺言執行者の選任 | 選任された遺言執行者 | |
| 105 | 遺言執行者に対する報酬の付与 | 遺言執行者 | |

別表第1事件における手続上の措置の一覧表

| | | | |
|---|---|---|---|
| | 184条1号 | | 186条1号・2号 |
| | 184条2号 | | 186条3号・4号 |
| | | | |
| 188条4項, 67条 | 188条3項。他の手続につき188条4項, 69条～72条 | | 188条5項1号・2号 |
| | | | 188条5項2号 |
| | | | |
| | | | |
| | | | 201条9項1号 |
| | | | |
| | | | 201条9項2号 |
| | | 通知につき規則106条2項 | 201条9項3号 |
| | | | |
| | | | 201条9項3号 |
| | | | |
| | | | 202条2項 |
| | | | |
| | | | |
| | | | |
| | | | |
| | 意見の聴取につき205条 | | 206条1項 |
| | | | |
| | | | 214条1号・2号 |
| | | 通知につき規則115条 | |
| | 意見の聴取につき210条2項 | | 214条3号 |
| | | | |

第21章　別表第1事件と手続保障

| 106 | 遺言執行者の解任 | 遺言執行者〇 | |
|---|---|---|---|
| 107 | 遺言執行者の辞任についての許可 | 遺言執行者 | |
| 108 | 負担付遺贈に係る遺言の取消し | 取消しの対象となる負担付遺贈を受けた者〇 | |

**遺留分**

| 109 | 遺留分を算定する場合における鑑定人の選任 | 選任された鑑定人 | |
|---|---|---|---|
| 110 | 遺留分の放棄についての許可 | 許可された遺留分権者 | |

**任意後見契約法**

| 111 | 任意後見契約の効力を発生させるための任意後見監督人の選任 | 選任された任意後見監督人 | 218条 |
|---|---|---|---|
| 112 | 任意後見監督人が欠けた場合における任意後見監督人の選任 | 選任された任意後見監督人 | |
| 113 | 任意後見監督人を更に選任する場合における任意後見監督人の選任 | 選任された任意後見監督人 | |
| 114 | 後見開始の審判等の取消し | 成年被後見人，被保佐人又は被補助人 | |
| 115 | 任意後見監督人の職務に関する処分 | 任意後見監督人 | |
| 116 | 任意後見監督人の辞任についての許可 | 任意後見監督人 | |
| 117 | 任意後見監督人の解任 | 任意後見監督人〇 | |
| 118 | 任意後見監督人の権限の行使についての定め及びその取消し | 任意後見監督人 | |
| 119 | 任意後見監督人に対する報酬の付与 | 任意後見監督人 | |
| 120 | 任意後見人の解任 | 任意後見人〇 | |
| 121 | 任意後見契約の解除についての許可 | 本人〇又は任意後見人〇 | |

**戸籍法**

| 122 | 氏又は名の変更についての許可 | 氏の変更について，戸籍の筆頭者〇及びその配偶者〇。名の変更について，名の変更をしようとする者 | 227条 |
|---|---|---|---|
| 123 | 就籍許可 | 就職をしようとする者 | 227条 |
| 124 | 戸籍の訂正についての許可 | 戸籍の訂正をしようとする者 | 227条 |
| 125 | 戸籍事件についての市町村長の処分に対する不服 | 市町村長に対して処分を命ずる審判については，市町村長 | 227条 |

**性同一性障害者の性別の取扱いの特例に関する法律**

| 126 | 性別の取扱いの変更 | 性同一性障害者 | 232条2項 |
|---|---|---|---|

**児童福祉法**

| 127 | 都道府県の措置についての承認 | 都道府県知事又はその委任を受けた児童相談所長 | 235条 |
|---|---|---|---|
| 128 | 都道府県の措置の期間の更新についての承認 | 都道府県知事又はその委任を受けた児童相談所長 | 235条 |

別表第1事件における手続上の措置の一覧表

| | | | | |
|---|---|---|---|---|
| | 210条1項1号 | 213条1号 | 214条4号・5号 | |
| | | | 214条6号 | |
| | 210条1項2号 | 213条2号 | 214条7号・8号 | |
| | | | | |
| | | | | |
| | | | 216条2項 | |
| | | | | |
| | 220条1項1号。意見の聴取につき220条2項，3項 | 222条1号 | 223条1号 | |
| | 220条1項1号。意見の聴取につき220条2項 | | | |
| | 220条1項1号。意見の聴取につき220条2項 | | | |
| | | 222条2号 | | |
| | | | | |
| | 220条1項2号 | | 223条2号・3号 | |
| | | | | |
| | 220条1項3号 | 222条3号 | 223条4号・5号 | |
| | 220条1項4号 | 222条4号 | 223条6号・7号 | |
| | | | | |
| | 229条1項。意見の聴取につき同条2項 | | 231条1号・2号 | |
| | | | 231条3号 | |
| 228条 | | | 231条4号・5号 | |
| | | 230条1項 | 231条6号・7号 | |
| | | | | |
| | | | 232条3項 | |
| | | | | |
| | 236条1項。意見の聴取につき同条2項 | 237条 | 238条1号・2号 | |
| | 236条1項。意見の聴取につき同条2項 | 237条 | 238条3号・4号 | |

第21章　別表第1事件と手続保障

| 生活保護法等 | | | |
|---|---|---|---|
| 129 | 施設への入所等についての許可 | 生活保護の実施機関 | 240条3項 |
| 心神喪失等の状態で重大な他害行為を行った者の医療及び観察等に関する法律 | | | |
| 130 | 保護者の順位の変更及び保護者の選任 | 保護者の順位の変更について，先順位に変更される者。保護者の選任については，選任された保護者 | |
| 破産法 | | | |
| 131 | 破産手続が開始された場合における夫婦財産契約による財産の管理者の変更等 | 夫○及び妻○ | |
| 132 | 親権を行う者につき破産手続が開始された場合における管理権喪失 | 管理権を喪失する者◎ | |
| 133 | 破産手続における相続の放棄の承認についての申述の受理 | なし | |
| 中小企業における経営の承継の円滑化に関する法律 | | | |
| 134 | 遺留分の算定に係る合意についての許可 | 許可に係る合意の当事者全員 | |

＊申立却下審判をする場合の陳述聴取，申立却下審判に対する即時抗告についても記載している。
＊＊告知を不要とする特則，通知に関する規定等についても記載している。
＊＊＊「審判を受ける者となるべき者」については，金子修編著『一問一答家事事件手続法』（商事法務，2012年）260頁〜271頁に依拠している。ただし，12の2については大口善徳ほか編著『ハンドブック成年後見2法—成年後見制度利用促進法，民法及び家事事件手続法改正法の解説

490

| | | | |
|---|---|---|---|
| | 240条4項 | 240条5項 | 240条6項1号・2号 |
| | 意見の聴取につき241条2項 | | 241条3項 |
| | 242条3項，152条1項 | | 242条3項，156条2号 |
| | 242条3項，169条1項1号 | 242条3項，170条1項 | 242条3項，172条1項3号・4号 |
| | | | 242条2項 |
| | | 243条2項 | 243条3項 |

　―』（創英社・三省堂，2016年）100頁～101頁及び大塚竜郎「成年後見の事務の円滑化を図るための民法及び家事事件手続法の一部を改正する法律の逐条解説（下）」銀行法務21・804号28頁を参照しており，16の2については筆者（笠井）の解釈である。それらのもののうち，必要的陳述聴取の対象者である場合に〇，その陳述聴取が審問の期日においてされる場合に◎を付した。

# 第22章

# 別表第2事件と手続保障

## 内 海 博 俊

---

## 第1 はじめに

　筆者に与えられたテーマは「別表第2事件[1]と手続保障[2]」であるが，家事ないし非訟事件に関して理論的研究を試みた経験も，これらに関する実務に接した経験も欠けている筆者には，広範に自説を展開するような用意がない。そうでなくとも，家事事件手続法に関しては，多くの実務家・研究者の手による解説がすでに公表されているところであり，その中には，立法への直接的・間接的な関与者によるものも多く含まれている。したがって，筆者に付け加えることのできる新たな視点があるとは考え難い。そのような状況においてではあるが，本稿では，「『ポスト家事事件手続法』の手続保障の議論は，大きくその次元を変えていく可能性がある」のだとすれば[3]，筆者のような者がなるべく先入観なく従来の議論を「読み直す」ことにも，ささやかな意義

---

1) 本稿では別表第2事件との表現を用いるが，より正確を期して表現すれば，家事事件手続法別表第2に掲げられた家事審判事件ということになろう。
2) 本稿のような問題を論じるに当たっては，手続保障とはそもそも何であるのかを定義することが望ましい（このことは多くの専門用語に当てはまることであるが，手続保障については，マジック・ワードとして濫用される危険が夙に指摘されるところである（山本和彦「手続保障」法教415号35頁））が，さしあたり定義を留保した上で議論を進めることをお断りしたい。そのため，手続保障が何らかの具体的な価値や機能を有することを本稿では前提とせず，可及的に規範的意義の小さい概念として用いることとする。
3) 山本和彦「家事事件手続における職権主義，裁量統制，手続保障」判タ1394号69頁。

493

第22章　別表第２事件と手続保障

を見出すことができるかもしれないという希望的観測に基づき，筆者なりの視点から前記のテーマに対して接近を試みることとしたい。

　もっとも，本稿の内容は極めて抽象度の高い準備的考察に止まるものであり，それゆえ，実務への直接的な示唆に乏しいものとならざるを得ないことは，予めお断りしなければならない。

# 第2 若干の前提

## 1 家事事件手続法と手続保障

　ところで，家事審判手続における手続保障に関心が向けられる背景には，改めて記すまでもないところであろうが，以下のような事情がある。すなわち，家事審判法[4]のもとにおける家事審判手続は，職権（探知）主義を原則とし「今日的な意味における当事者権や手続保障の観念を欠いて」[5]いた旧非訟事件手続法[6]の諸規定を包括的に準用[7]し，家事審判の手続に関する固有の規律を，少なくとも法律レベルにおいてはほとんど用意していなかった[8]。対して家事事件手続法は，形式面において（新）非訟事件手続法の準用を避け，いわゆる自己完結的法典を志向しているだけでなく，実質面においても，いわゆる職権（探知）主義を維持する一方で，家事（審判）事件における当事者・関係人に対する手続保障のための，あるいは少なくともその機能を果たし得る規定を整備することにその重点の少なくとも一つを置いているもの

4）昭和22年法律第152号。以下本稿を通じて旧法という。なお家事事件手続法は旧法の改正でなく新法の制定という形式を採っており，家事事件手続法の施行により旧法は廃止された。

5）三木浩一「非訟事件手続法・家事審判法改正の課題」ジュリ1407号９頁。

6）明治13年法律第14号。現行非訟事件手続法（平成23年法律第13号）の制定に伴い，旧非訟事件手続法は非訟事件手続に関する一般法としての役割を終えたが，「外国法人の登記及び夫婦財産契約の登記に関する法律」として存続しており，廃止されてはいない。経緯につき，金子修編著『一問一答非訟事件手続法』（商事法務，2012年）11頁。

7）旧法７条本文「特別の定めがある場合を除いて，審判及び調停に関しては，その性質に反しない限り，非訟事件手続法……第１編の規定を準用する」。

8）ただし家事審判規則においては，個別の事件類型ごとに，いくつかの手続保障に資する規定が用意されていた。畑瑞穂「相手方がある非訟・家事審判事件における当事者対立構造と手続規律」ジュリ1407号36頁注29など参照。家事事件手続法制定に際して，法律事項と規則事項の分配（基準）の見直しが一つの課題とされたことにつき，例えば，竹下守夫「家事審判法改正の課題」家月61巻１号47頁。

494

とされる。[9] 少なくともその限りで，家事事件手続法と手続保障の密接な結び
つきを疑う余地は乏しい。

## 2 別表第2事件と手続保障

　もっとも，本稿に求められるのは，特に別表第2事件を念頭に置いて手続
保障を論じることである。ここでは，別表第2事件につき家事審判事件一般
あるいは別表第1事件と区別して議論をするための視点を設定する／できる
ことが少なくとも暗黙の前提となっているように思われるが，そのような視
点を定めることの意義は，少なくとも過去においては必ずしも自明ではな
かったことに注意する必要がある。なぜなら，旧法は，家事事件手続法にお
ける別表第1・第2事件の区別に概ね[10]対応する甲類・乙類審判事件の区別
を有してはいたが，どちらに分類される審判事件であれ，その手続に関して
は，少なくとも適用される法律の条文というレベルにおいては，原則として
同一の規律[11]に服していたからである。
　しかしながら，周知の通り，家事事件手続法はその第2編第1章第1節第
6款[12]において，別表第2事件一般に[13]適用される特則を7か条にわたって

---

9) 金子修編著『一問一答家事事件手続法』（商事法務，2012年）25頁など。具体的な規定
　　としては，期日調書の作成に関する家事事件手続法46条，事実の調査の通知に関する同法
　　63条，事件記録の閲覧・謄写を原則として認める同法47条3項，4項，証拠調べの申立権
　　を認める同法56条を挙げることができる。当然ながら，これらの規定は別表第2事件にも
　　適用され，後述する同法67条以下の特則と共に当事者等への手続保障の役割を果たすこと
　　になる。さらに，即時抗告審における手続保障にかかわる同法88条，89条も重要である。
10) 旧法における乙類審判事項のうち，夫婦財産契約による財産の管理者の変更等（法別
　　表第1の58），扶養義務の設定（同法別表第1の84）と扶養義務の設定の取消し（同法
　　別表第1の85），推定相続人の廃除（同法別表第1の86）と推定相続人の廃除の審判の
　　取消し（同法別表第1の87）は，別表第1に掲げる事項についての審判事件とされた。
　　金子・前掲注9）51頁。
11) 前掲注8）でも触れたとおり，規則のレベルでは別論を要する可能性がある。
12) 以下本稿を通じて「本款」という。なお本款の表題は「家事調停をすることができる
　　事項についての家事審判の手続の特則」であるが，家事事件手続法66条以下の各条文の
　　規律対象は「別表第2に掲げる事項についての家事審判」となっている。ちなみに家事
　　調停の対象は，家事事件手続法244条において「人事に関する訴訟事件その他家庭に関
　　する事件（別表第1に掲げる事項についての事件を除く。）」となっており，家事審判事
　　項に限れば，おそらく（全家事審判事件－別表第1事件）が家事調停の対象となるとい
　　うことであろう。この範囲が別表第2事件の範囲と一致しない場合には，そのような事
　　件に家事事件手続法66条以下を適用ないし準用すべきか，という解釈問題を生じうる。
　　例えば準拠法が外国法となるケースを想定する場合には，この問題に取り組む必要性を
　　生じ得るが，本稿では立ち入らない。
13) 一方で本法は，特定の家事審判事件の手続にのみ適用される多くの各則を用意している。

495

第22章　別表第2事件と手続保障

採用した。[14] しかもそれら規定の多くは，すぐ後に確認するように，手続保障に関わりを有するものと考えられる。これらのことによって，家事事件手続法のもとでは，別表第2事件を括り出してそこにおける手続保障について論じることは，条文の体系からみて必然とまでいえるかは別としても，違和感の少ないものとなったということができそうである。さらにいえば，本款の新設につながる議論それ自体は，家事事件手続法の立法過程において初めて登場したものではない。というのは，旧法下における長期にわたる議論の蓄積において，乙類審判事項あるいは別表第2事件の審理手続については，一定の特別な考慮ないし取扱いが必要であるという認識はすでに有力なものとなっており，本款は，そうした認識に基づく議論の一つの到達点として起草されたとみる方が実態に即しているともいえそうだからである（第4）。家事事件手続法における本款の採用に向けた議論が比較的円滑に進められたように見える（第3）ことも，その一つの傍証をなすといえるかもしれない。

　しかしながら，だからといって，別表第2事件がなぜ，あるいはいかなる意味において手続保障に関して特別の考慮を要するのかという点に関して，厳密な共通理解が成立しているということが直ちに帰結されるわけではないように思われる。またこのことは，本款の各条文を解釈・運用していく上で生じ得る各種の問題点にアプローチする際に留意される価値があると思われるにもかかわらず，現時点においては，十分に議論の俎上に置かれていないか，少なくとも十分な整理が試みられていない可能性がないとはいえないようにも見受けられる。本稿の問題意識は，この点に関する問題提起にあるということもできよう。

## 3　本款の概観

### (1)　規　定

　より立ち入った問題意識を示す前に，本款の内容を一瞥しておきたい。本款には，審判申立書の相手方への送付ないし申立ての通知に関する家事事件手続法67条，当事者からの必要的陳述聴取に加えて申立てがあれば期日にお

---

14) もっとも，別表第2事件に適用される特則は，この7か条のほかにも散在している。金子・前掲注9）122頁。

ける口頭審問を要求する同法68条1項及び2項，当事者に対する審問期日への相手方当事者の立会権を原則として保障する同法69条，同法63条より広く「特に必要がないと認める場合を除き」事実上の調査に関する通知を求める同法70条，相当の猶予期間をおいた上で審理の終結日を定めることを要求する同法71条等が含まれており，手続保障に関わりを有している規定が多く含まれることは明らかである[15]。

### (2) 存在意義に関する立法担当官の説明

一方，本款全体の存在意義に関しては，以下のような説明が立法担当官によって与えられている。すなわち，まず，旧法における乙類審判事件に概ね対応する別表第2事件への分類のメルクマールは，直接には調停による解決に親しむところにあった[16]が，この基準によって別表第2事件に分類された諸事件は，①「基本的に当事者が自らの意思で処分することのできる権利または利益に関する事件」であり②「公益性がさほど高くなく」，それゆえ，「職権探知主義の下でも，裁判の基礎となる資料の収集等について当事者のより主体的な手続追行に委ねるのが合理的である」。また，これらの事件は③「申立人と相手方の間に利害対立があるのが通常」であり，そのため「当事者それぞれが自らの主張を述べ，その主張を裏付ける裁判資料を提出する機会を保障することが重要」である[17]というのである。もっとも，後（第4）において検討するためここでは立ち入らないが，このような説明は，直ちに違和感を呼び起こすものではないようにもみえる一方で，上記諸要素のより具体的な意義，また相互の関係や重み付け等に関しては，必ずしも明確ではないとの指摘を許すものでもあるように思われる。

---

15) 合意管轄を許容する家事事件手続法66条・審判日の定めに関する同法72条も手続保障と無関係とまではいえないように思われるが，関わりはやや間接的とも思われるため，本稿の中心的な関心からはやや外れることになろうか。

16) 金子・前掲注9）51頁。

17) 金子・前掲注9）119頁。本文中の①を基準として②③の性質を有する事件類型を過不足なく抽出することの困難ないし限界については，高田裕成編著『家事事件手続法』（有斐閣，2014年）123頁以下の議論を参照。またいくつかの事件類型に関しては，各則による対応が試みられていることにつき，同書124頁〔金子修発言〕参照。

# 4 小括 —— 本稿の問題意識

　もっとも，ここまでに確認された内容は，いずれも目新しいものでなく，家事事件手続，あるいは別表第2事件の審判手続に関心を有する者にとっては常識に属する事項とさえいい得るものである。また，本款の新設が相対的に円滑に進められたとすれば，そのことは，本款のごとき諸規定を設けるべきことに異論の余地は乏しく，したがって，本稿に残された検討の余地もまた多くはないということを意味する可能性さえある。だとすれば，本款一般に関して本稿において改めて検証すべき問題は，皆無ではないとしても多くはなさそうであり，限られた紙幅にも鑑みるなら，本稿では，一般的・抽象的な検討は省いて，本款に含まれる各条文の規律内容に直接にアプローチすることが適切ではないかとも思われる。

　しかし，あえて本稿では，本款のような形式及び内容を有するまとまった規定群を設けることの背後にある考え方に関して，若干の総論的な検討ないし確認作業を試みたい。その必要性については，さしあたり以下のようにコメントすることができよう。

　第一に，少なくとも一般論として，立法過程の円滑性は，結果として採用された諸規定の妥当性及び解釈の安定性を必ずしも保障しない。かえって，運用段階に至って初めて論争点が顕在化し，しかしその解決の手がかりを立法過程に見いだすことが困難であるという状況が生じることも少なくないように思われるからである。そのような事態に備えて一定の検討を試みておくことは，少なくとも全く無意味なことではあるまい。

　第二に，本款は，家事審判手続全体との関係では別表第2事件にのみ適用される特則であるが，同時に，別表第2事件一般に適用される総則・通則としての性格を有する。このような条文構成は，いわゆるパンデクテン方式が広く採用される我が国の立法において特に異例のことではないが，以下のことからすれば，本款の構成について，それは必ずしも当然の帰結であったとまではいえない可能性がある。というのも，まず，乙類審判事件・別表第2事件内部においても多種多様な事件が含まれ，手続保障という視点からも必

ずしも一様に論じられるわけではないとの指摘がかねてより存在している[18]。加えて，すでに触れたように，家事事件手続法は非訟事件手続法の準用を避けた自己完結的法典とされており，このことは，一覧性を高めるために，少なくとも一定の範囲においては，共通する内容の条文であっても重複を厭わず書き下すという編集方針が採られたことを意味している可能性がある。だとすれば，本款に含まれる諸規定に関しても，一覧性を優先して各事件類型に関してそれぞれ規定を書き下すということもあり得た（またそうすれば，事件類型ごとの差異をよりきめ細かく反映させた文言を設けることも，コストの問題は別として，論理的にはあり得た）と指摘することが，不可能ではなさそうだからである。そして，以上にもかかわらず，家事事件手続法において，別表第2事件に共通に妥当する通則を括り出し，それらを総則的に法典に一度だけ書き込むという方針があえて採用されたとの理解も不可能ではないのだとすると，本款の運用においては，別表第2事件に属する各種事件に関して，その共通性と個別性の評価をめぐる「綱引き」，すなわち，共通の条文に関して事件（類型）ごとに異なった運用をすることが果たして，またどの程度許容あるいは推奨され得るかをめぐる議論が生じる可能性もまた皆無ではないということになりそうである。とすれば，本款がこのような形式と内容において採用されたことの背後にある思考の可視化を試みておくことには，そのような事態に際して一定の検討のための手がかりを提供するという意味が，少なくともある程度は残され得るように思われる。

　第三に，手続保障は，別表第2事件固有ではなく，非訟手続，ひいては民事手続一般（より厳密にいえば国家の私人に対する介入一般）に共通する課題である。だとすれば，本款の適用範囲が直接には別表第2事件であるとしても，本款のような規律を必要とする根拠となるような（例えば3(2)で触れた立法担当官の挙げる）性質を全部又は一部有しているかもしれない他の事件ないし手続類型に関して，本款が間接的な影響を与える可能性も無視できな

---

18) 旧法下における一例として，梶村太市＝徳田和幸編『家事事件手続法〔第2版〕』（有斐閣，2007年）371頁〔大橋眞弓〕，古谷健二郎「家事審判手続における職権主義と手続保障　実務の視点からの整理及び実感」判タ1237号23頁。新堂幸司「訴訟と非訟」同『民事訴訟法学の基礎』（有斐閣，1998年）217頁における著名なマッピングの試みにおいても，別表第2事件の配置は一様ではない。

第22章　別表第２事件と手続保障

い。やや誇張を含むかもしれないが，本款の定めるところが，別表第２事件
と何らかの意味で共通性を認められる他の事件においても類推適用されてい
くといった展開も全く想定されないわけではないのである。ただし，その際
には，第３の３で改めて触れるように，非訟事件手続法において本款に対応
する規定群が採用に至らなかったことが，手続保障に関する一般的，事件類
型横断的に妥当する共通の規律を構想することの困難さ（あるいは不適切さ）
を示している可能性に注意を要しそうである。しかしまた，逆に，非訟事件
手続法に対応する規定群が欠けることとなったからこそ，本款がより存在感
を示す（あるいは示さざるを得ない）という展開も予測されないではない。仮
定に仮定を重ねる議論に安易に踏み入るべきではないが，本款の背後にある
思考を可視化する作業は，そのような事態が仮に生じた際に，生産的に思考
と議論を進めるための一つの手がかりとなりうると期待される。

# 第3 立法過程

## 1　概　要

　本款の制定経緯が必ずしも論争的なものではなかったようにみえることは
既に述べたところであるが，改めて，本款が現在のような形において採用さ
れることとなった経緯について，簡単な確認を試みておきたい。

　説明の便宜のため全体の流れを簡単に振り返っておくと，家事事件手続法
の立法作業は，非公式には，平成18年に活動を開始し，平成21年に「非訟事
件手続法及び家事審判法に関する調査・研究報告書」（以下，「報告書」とい
う）[19] を取りまとめた「非訟事件・家事審判手続研究会」（高田裕成座長）[20] に
おける検討に始まる。程なく，平成21年３月より法制審議会非訟事件手続
法・家事審判法部会（伊藤眞部会長。以下「部会」という）における審議が開
始され，「報告書」はその第１回会議において参考資料とされた。[21] 部会はそ
の後「非訟事件手続法及び家事審判法の見直しに関する中間試案」（以下，

---

19)　http://www.moj.go.jp/shingi1/shingi_090313-1.html
20)　高田・前掲注17)　５頁〔金子修発言〕。
21)　前掲注19)。

500

「中間試案」）の公表（平成22年7月）等を経て，「非訟事件手続及び家事事件手続に関する要綱案」（以下，「要綱案」という）を取りまとめた。要綱案は平成23年2月，法制審議会において，「非訟事件手続法及び家事事件手続法の見直しに関する要綱」として原案どおり了承され，これに基づいて作成された法案が平成23年5月，国会において成立し，家事事件手続法及び非訟事件手続法となった。

## 2　家事事件手続法

　本款に着目して改めてこの流れを追っていくと，まず，「報告書」では，本款に含まれる各規定のもとになる問題意識は概ね可視化されているように思われるが，条文体系のあり方への言及は見当たらないようである。もっとも，「報告書」とともに部会第一回会議の参考資料とされた竹下守夫博士の論文においては，「乙類事件に特有の審判手続を設ける」ことが「相当」であるとの「私見」がすでに提示されている[22]。

　そして部会における議論では，初期（第2回会議）において，直接には非訟事件を念頭[23]に，相手方のある事件[24]とない事件について，多くの留保を含みつつ，さしあたり区別して検討を進めることが確認されたようである[25]。さらに第8回会議では，「調停をすることができる事項についての審判事件は，相手方がある事件……と構成[26]した上で，……当事者双方が攻撃防御を

---

22）竹下・前掲注8）54頁。博士はそのアイディアが，約40年前に家庭裁判所の側から示されていた（東京家庭裁判所編『家庭裁判所の制度と展望―家事部―』（1970年）246頁）ことを挙げられる。

23）ただし，そこでの議論の射程が家事事件に及びうることは，部会の共通認識となっていたように窺われる。例えば，当日の配布資料「非訟事件手続に関する検討事項(1)」では，相手方のある事件の例として，乙類審判事件が掲げられている。

24）「相手方がある」か否かを画する一般的基準は，この時点では棚上げされていた。また，その後非訟事件手続法に相手方のある事件について特則を設けることが断念されるに至ったことから，部会において「相手方」の有無を一般的に画する基準の定立が，少なくとも明示的にはなされなかったものと思われる。さらにいえば，その困難が立法を断念する一つの理由であったとみる余地もある（後記3参照）。ただし，乙類審判事項の多くが「相手方のある」事件に属するものとされるべきことが議論の前提とされていたと思われることは，本文において後述される通りである。

25）部会第2回会議議事録（http://www.moj.go.jp/content/000012246.pdf）3頁以下を参照。

26）いうまでもなく，相手方の有無と調停の可否は論理的には別問題である。

尽くすことができるよう，審理構造等を検討する」[27]ことが承認されている[28]が，この時点[29]では，まとまった特則が置かれることについてまで，少なくとも明示的に合意がされていたわけではないようにもみえる。

「中間試案」では，家事事件手続法66条（合意管轄）に相当する規律を設けることの是非のみは別の箇所[30]で提案されているが，同法67条ないし71条に相当する規律に関しては，内容上はなお両論併記ないし未確定の部分を残しつつ，第2部（家事審判法の見直し）第2（家事審判に関する手続）2（家庭裁判所の手続）(6)「調停をすることができる事項についての家事審判事件の特則」というタイトルの下，ひとまとまりの形での提案に含められている[31]。そして「要綱案」においても，第2部第2（家事審判に関する手続）1（総則）(1)（家事審判の手続）カに「家事調停をすることができる事項についての家事審判の手続の特則」なる項が置かれ，別建てとなっていた合意管轄に関する規律もここに加えられた[32]。なお，この位置は，家事事件手続法における本款の位置づけ（家事事件手続法第2編（家事審判に関する手続）第1章（総則）第1節（家事審判の手続）第3款）にほぼ対応しているとみてよさそうである。

## 3　非訟事件手続法

　一方，すでに触れた通り，非訟事件手続法に関しても，相手方のある事件に関する特則を設けるという構想が存在していた。「中間試案」においては，「相手方がある非訟事件については，当事者双方に攻撃防御を尽くすことができるようにするために，特則を置くものとす」べきか否かが，両論併記の形でパブリック・コメントに付されている。ここで想定されている特則の内

---

27)　部会配布資料8「家事審判手続に関する検討事項(1)」第2の1（http://www.moj.go.jp/shingi1/shingi_090925-1.html）。

28)　部会第8回会議議事録（http://www.moj.go.jp/content/000012281.pdf）27頁〔伊藤眞発言〕。

29)　「乙類審判一般の審理手続を創設する」ということまでの合意があったわけではないことにつき，前掲注28)・第8回会議議事録28頁〔増田勝久発言・脇村真治発言〕参照。

30)　「中間試案」（http://www.moj.go.jp/content/000051792.pdf）73頁。

31)　なお筆者の見る限りでは「中間試案」に対するパブリック・コメント（http://www.moj.go.jp/shingi1/shingi04900049.html）の中に編集方針それ自体に対する意見は見当たらない。

32)　「要綱案」（http://www.moj.go.jp/content/000069475.pdf）48頁。

容には，合意管轄（の採否），事件係属の通知，（必要的）陳述聴取及び必要的審問あるいは審問申立権の付与（の採否），審問の立会権，審理の終結日，裁判日の定め等が含まれており，全く同様の規律となるか否かは別として，家事審判手続における別表第2事件に関する特則，言い換えれば後の本款と対応する問題意識が窺われるものとなっている。

しかし，研究者を中心として有力な支持者を得ていたにもかかわらず,[33] この提案は「要綱案」には採用されず，非訟事件手続法への採用は見送られる結果となった。その理由については「部会においても，どの事件を相手方がある非訟事件とするのかについて必ずしも意見の一致がみられないことからも明らかなとおり，相手方のあるものと相手方のないものという形で切り分けて，異なる規律を適用することが困難であること等の事情」[34] が挙げられている。深入りすることは避けるが，若干敷衍しておくと，ここには，まず，対象事件を概ね列挙し尽くした上で，本款の適否も明定しておくことが可能[35] であった家事事件手続法と異なり，通則法たる非訟事件手続法と，各種の法律に定められている各則的規定とが組み合わさって具体的な規律内容が定まることになる非訟事件では，特則が適用されるべき「相手方がある事件」を立法あるいは解釈によって明確化することが少なくとも困難であるとの認識があったようである。他方で，相手方のある事件であっても，「事件類型ごとにあるべき手続規律というのは異なるので」「通則的規定を設けずに最初から個別の法令で対応した方が良い」という意見が存在していた[36] ことも無視できないように思われる。もっとも，立法過程で後者のような考慮がどの程度の重要性を有していたかについては，部会に携わった者の間でも

---

33) 三木・前掲注5）13頁，畑・前掲注8）34頁。
34) 「非訟事件手続に関する要綱案（案）の補足説明」（www.moj.go.jp/content/00005986
7.pdf）16頁及び部会第30回会議議事録（www.moj.go.jp/content/000070531.pdf）29頁
〔脇村真治発言〕。
35) 実際には，家事事件手続法では，本款の適否は調停に付することの可否という基準で分けられることとなった。厳密には，仮にこうした一般的基準が，実質的に本款の定める規律の全部又は一部が妥当すべき事件を選別する基準として完璧なものではないとしても，事件類型ごとの特則として同様の規律を用意するという対応（高田・前掲注17）254頁〔高田裕成発言〕）が本法内において可能であったことも，本法における本款の採用を容易にした要素に含まれよう。
36) 畑瑞穂ほか「非訟事件手続法Number 01」論究ジュリ11号177頁〔金子修発言〕。

*503*

第22章　別表第2事件と手続保障

評価が完全には一致していないようにみえる。[37) 38)]

# 4　小　括

　以上の立法過程に関しては，さしあたり以下のような整理ができそうである。まず，非訟事件手続，家事事件手続に共通の方針として，「相手方のある事件」に関して分けて議論を進めることについては，早期からコンセンサスが成立しており，家事事件手続法においては「調停をすることができる事件」が「相手方のある事件」に当たるとされた。その手続に関してひとまとまりの特則を整備する方針は，いわば規定路線であった可能性も小さくなさそうであるが，より慎重な見方によっても，「中間試案」の起草時点では，明示可能な方針となっていたとみることができそうである。部会においては，個別の事件類型が別表第2事件に含められるべきかに関する議論は散見されるが，この方針自体に対する異論はほとんど見受けられない。

　他方，非訟事件手続法に関しては，相手方がある事件に関する通則的規定を設ける方針が「要綱案」の段階で断念された。その際，テクニカルな問題に加えて，各種の非訟事件の個別性に鑑みて相手方がある事件に関する通則的規定を採用することは実質的にも適切でないとの考え方も，どの程度有力であったかは別にして，少なくとも存在していた。このことは，本款に間接的にせよより普遍的な存在意義を見出すことの当否にも関心を有する本稿にとっては，興味深いことといえよう。もっとも，これらのことが与える示唆は一様ではない。一般的に相手方がある非訟事件に関する通則規定を設けることが妥当でないのだとすれば，本款の存在意義を，その直接の対象たる別表第2事件を超えて拡張的に理解しようとすることには慎重である必要があると論じることも可能であるが，その一方で，通則的規定を設けることが本来は望ましく，かつ，通則的規定の内容として想定されたものが本款の内容と近しいものであったのだとすれば，本款に，相手方のある非訟事件における手続的規律に関する「参照モデル」としての意義をなお見出そうとするこ

---

37)　畑ほか・前掲注36)　178頁〔山本和彦発言，増田勝久発言，岡崎克彦発言〕参照。
38)　会社非訟事件の一部に関しては，非訟事件手続法整備法における会社法の改正によって，すでに一定の対応が試みられている。その内容につき，畑瑞穂ほか「非訟事件手続法Number 02」論究ジュリ12号166頁以下〔金子修発言〕等。

とにも,[39] 全く理由がないわけではなさそうだからである。

# 第4 別表第2事件の特殊性をめぐって

## 1 前 説

　いずれにしても, 別表第2事件, あるいはより広く相手方のある非訟事件の審理手続には, そうでない事件に比して, 手続保障に関して特別の考慮を必要とするということについては, 一貫して共通了解があったと言ってよさそうである。だとすれば, そのような共通了解を支える認識ないし考え方が, 実質的には立法過程以前に確立し, 関係者間で共有されていた可能性も高いように思われる。以下では, そのような認識・考え方が, より具体的にいかなる根拠に基づくものである／あったのかについての検討に進みたい。

　その際, とくに注意すべきは, 相手方のある事件においては手続保障が（より）重要であるという同一の主張が異なる複数の認識・考え方によって支えられている可能性, さらにいえば, そのような意味における認識・考え方の不一致が望ましい手続（保障）のあり方, ひいては本款の解釈・運用に関する意見の相違を導く可能性の有無・程度である。非訟事件手続法のレベルにおいて相手方のある事件に関する通則的規定を設けることが断念されたという事実は, そうした不一致がどこかに存している可能性を示唆するものでもありうる。

　もっとも, 非訟事件の審理手続における手続保障が必要とされる理由が何であるかに関しては, すでに多様な議論の蓄積があり, その到達点を整理するすぐれた試みも存在している。[40] 以下で試みられるのは, 上述のような視点に基づく従来の議論の再整理に過ぎない。

---

39) 畑ほか・前掲注36) 179頁〔山本和彦発言〕。
40) 定評ある要約として, 高田裕成「家事審判手続における手続保障論の輪郭」判タ1237号33頁。

第22章　別表第2事件と手続保障

## 2　若干の前提

### ⑴　別表第2事件の特殊性

　前述（第2の3⑵）の通り，立法担当官は，別表第2事件につき本款が必要とされた理由を，①「基本的に当事者が自らの意思で処分することのできる権利または利益に関する事件」であり②「公益性がさほど高くなく」，それゆえ「職権探知主義の下でも，裁判の基礎となる資料の収集等について当事者のより主体的な手続追行に委ねるのが合理的である」こと，またこれらの事件は③「申立人と相手方の間に利害対立があるのが通常」であり，そのため「当事者それぞれが自らの主張を述べ，その主張を裏付ける裁判資料を提出する機会を保障することが重要」であることに求めている。他方，非訟事件手続法につき，「相手方のある」事件一般に類似のルールを設けることが議論されたことに一定の根拠があるのだとすれば，そもそも「相手方のある」こと自体（これを④とする）が本款のごときルールを要請するのだとの理解の余地もあり得そうである。しかし，そこにおいて「相手方のある」ことが持つ特殊性を立法担当官が列挙した事情に尽きるものではないものとして捉えるべきどうかは，必ずしも明らかではない[41]。

### ⑵　手続保障の一般的根拠

　他方で，繰り返しになるが，家事事件手続法が手続保障の充実を図ろうとしている対象は，別表第2事件に限定されているわけではない。期日調書の作成及び事件記録の閲覧謄写（法46，47条），事実の調査の通知（法63条）等，当事者等の手続保障に資する規定が，別表第1事件を含めたあらゆる家事審判事件に適用されるべき通則として整備されている。このことは，別表第2事件の特殊性，例えば前記①ないし④のような特徴を有しない事件であっても，なお当事者等に対する手続保障は少なくとも一定程度は必要である（と

---

41）　④相手方が存在することと③相手方との間に利害対立がある（蓋然性が高い）ことは論理的には別のことであるが，そもそも相手方がある事件と構成するかどうかの段階で，利害対立が生じにくい者を相手方として観念する必要はないのだとすれば，分けて考えることの意義は大きくない（言ってしまえば「相手方がいる」とは，利害対立がある者が存在する蓋然性が高いということの言い換えに過ぎない）可能性もある。

第4　別表第2事件の特殊性をめぐって

少なくとも法は考えている）ということを示している。そうであるとすれば，単に別表第2事件に関して手続保障が必要とされる根拠を特定するだけでは不十分ということになる。まず，より普遍的に家事審判を含めた非訟事件一般において（も）手続保障が要請される根拠について確認した上で，それとの対比を試みるのでなければ，手続保障に関して，別表第2事件を特別扱いする理由を明らかにすることはできないように思われるからである。

　もっとも，厳密にその根源に遡ることは，明らかに本稿の限界を超えるものといわざるを得ない。ただ，いわゆる審尋請求権あるいはデュー・プロセスに関する議論の展開の一つの公約数的な到達点として，「自己の法的地位に不利な影響を受ける者に意見陳述の機会を事前に保障する」ことが，憲法上の具体的保障を伴うかどうかは別として重要である[42]こと，また，そこでの意見表明の機会が「当を得た」あるいは不意打ちのないものであるべきことを挙げることができるとすれば，さしあたりこれを，普遍的な手続保障への要請の，唯一絶対のものであるかはともかく，有力な根拠として位置付けることができるように思われる[43] [44]。

# 3　一般的根拠の延長による説明とその限界

## (1)　前　提

　そして，以上のような議論は，別表第2事件について当事者に対する手続保障が必要とされる根拠としても援用可能と思われる。しかし，別表第2事件について他の事件においてよりも手続保障に関して特別の配慮をする必要性を基礎付ける根拠には直ちにはなりえない。いうまでもなくこの議論は，当事者その他の利害関係人に不利益を及ぼす可能性があるあらゆる事件・手続に及びうるものだからである。

---

42)　高田・前掲注40) 38頁。

43)　ただし，このような説明は，かような意見表明の機会付与がなぜ重要であるのかに答えるものではなく，少なくともその意味において，根源的な説明とはなりえない。この点に関する本法を念頭に置いた検討として，例えば，山本・前掲注3) 69頁がある。そこでは「根源的手続保障論」と「手段的手続保障論」の対比が試みられているが，最終的な結論は「哲学的な問題」に依存するものとして留保されている。

44)　なお山本和彦教授は，非訟事件が行政的性質を有するとの認識から，そこにおける手続保障と行政事件における手続保障との連続性をも指摘される（山本・前掲注3) 70頁）。

## (2) リスクの程度による説明

それでは，別表第2事件において，少なくとも一般的な傾向として，当事者等に及ぼされる不利益の程度あるいはそれが及ぶ蓋然性が大きいと論じることは可能であろうか。確かに，例えば，③当事者間の利害対立の存在は，ゼロ・サム的性格，つまり一方にとって有利な審判は他方にとって不利益なものである蓋然性が高く，それゆえ少なくとも一方にとって不利益な結果が生じることが避けがたいということを示しているものと理解する余地も，全くないわけではないかもしれない[45]。しかし，仮にこのような議論が妥当するとしても，そのことは，別表第2事件以外の事件において当事者等に及ぶ不利益の程度・蓋然性が大きくないということを含意しない。例えば，いわゆる地位剥奪型の事件等において，当事者等に同程度のリスクが生じるのであれば，その者に別表第2事件におけるのと同程度の手続保障が与えられないでよい理由をこのような議論から直ちに導くことは困難であるようにも思われる[46]。

## (3) 不意打ちリスクに関する相違による説明

これとは別に，不意打ち防止の観点から，生じうる不利益の程度・蓋然性に仮に差がなくとも，（相手方のある）別表第2事件においては類型的に不意打ちが生じやすいので特別の配慮が必要である，という議論を展開することも考えられなくはない。すなわち，利害対立関係にある相手方（当事者）が存在する場合，当該相手方から，当該相手方にとって有利な（自分にとっては不利な）情報が裁判所に対して提供されることが予想される。こうした，

---

45) 金子修「家事事件手続法下の家事審判事件における職権探知と手続保障」判タ1394号11頁参照。ただし，文脈は本稿と同一ではない。同論文は，本稿でいうゼロ・サム性が，相手方の提出した資料に対する反論の機会を保障することの重要性を帰結することを強調する。そのこと自体に違和感はないが，同論文も認めるように，対立する相手方がいる場合であっても「裁判所が自ら収集した資料については，すべての当事者に反論の機会を与える必要が生ずる」のであれば，そのための手当てによって前者もカヴァーされてしまうのではないかとも思われる。だとすれば，前者の指摘が手続保障に関して利害対立のある相手方が存在する場合を分けて扱うべき真の理由を明らかにするものであるかは断言できないように思われる。
46) 念のため付言すると，その保障が同一の条文（群）によらねばならない必然性はないから，そのような事件について本款の適用がないことが直ちに不当となるわけではない。

第4　別表第2事件の特殊性をめぐって

相手方から裁判所に提供される情報（さらには当該情報に対する裁判所の暫定的な評価）に対するアクセス（察知と反論の機会）を保障しなければ，他の事件と同程度に，不意打ちの恐れが少ない状況を確保することはできないのではないかという議論である。不意打ち防止に価値を認める限り，この議論自体には少なくとも一定の説得力を認めることができるようにも思われる。

　もっとも，職権探知主義が妥当する限り，家事審判手続においては，裁判所は，相手方以外にも，少なくとも理論的には無限定の多様な情報収集チャネルを有している。そして，それらのチャネルを通じてもたらされる情報に対するアクセスの確保（による不意打ちの防止）は，一定の場合に「事実の調査」につき当事者等への通知を義務付ける家事事件手続法63条等によって，一般的に図られている[47]だとすれば，前記の議論に基づく要請も同条によってカバーされるのではないかとの指摘の余地もなお残り得るようにも思われる。別の言い方をすれば，別表第2事件における不意打ちの危険性の存在を指摘することだけでは，家事事件手続法70条のごとき規律を設けることの必要性を示すことはできるとしても，同条において同法63条と異なる要件を採用することを直ちに正当化できるわけではない（仮にそうだとして，どちらがどちらに合わせるべきかはまた別の問題であるが）可能性が残されるのではないだろうか。

### (4)　小　括

　非訟手続において（も）当事者等に対する手続保障が必要であることの一般的な根拠が，「自己の法的地位に不利な影響を受ける者」に（不意打ちのない）「意見陳述の機会を事前に保障する」ことになると考えた場合，そのことから，別表第2事件における当事者双方にもそのような意味で手続保障が与えられるべきであることは導くことができそうである。しかし同じことから，他の（別表第1）事件においてと異なる程度・内容の手続保障が必要であるという議論はそれほど容易には導かれない。仮に導くことができたとしても，それほど強い説得力を獲得できるかどうかには，疑問が残りうるよう

---

47）家事事件手続法が「事実の調査」概念を広く捉えているとされることにつき，高田・前掲注17）210頁〔高田裕成発言，金子修発言〕。

*509*

にも思われる。念のため付言すると，このことは，本款を起草すること及び
その規律内容が，過剰あるいは不必要であったということを示唆するわけで
は必ずしもない。「相手方」の有無など形式面の相違があるため単純な比較
は容易でないとしても，本款と同程度の手続保障が，別表第1事件における
利害関係者に保障されないことがあるとすれば，そのことこそを問題にすべ
きであるとの議論も成り立ち得るからである。

# **4** 一般的根拠から独立した（可能性のある）議論

## (1) 総 説

　3における検討は，別表第2事件あるいは相手方のある事件に存在してい
るが，国家が私人の法的地位に不利益を与える可能性のある場面一般に及ぶ
わけではない，いってみれば別表第2事件に特有の事情に着目する可能性を
排除するものではない。だとすれば，そうした事情が，手続保障に関する特
別の考慮，ひいては本款のごとき規律を必要としたのだと理解する余地は別
途残されていよう。実際にも，そのような理解が従来から有力になされてき
た可能性は小さくないものと思われる。本款についての立法担当官の説明に
も，そのような角度からなされているものとして理解すべきものが含まれて
いるからである。しかし，こうした議論の内実がいかなるものであり，また
どこまで説得力を見出しうるものであるのかを明らかにするためには，少し
慎重な整理が必要となるように思われる。

## (2) 処分可能性

　例えば，第2の3(2)で触れた立法担当官の説明によれば，別表第2事件は
①「基本的に当事者が自らの意思で処分することのできる権利または利益に
関する事件」であることを，「職権探知主義の下でも，裁判の基礎となる資
料の収集等について当事者のより主体的な手続追行に委ねるのが合理的であ
る」理由の一つとしている。確かに，係争利益の処分可能性が家事調停によ
る解決の論理的前提をなすと考える限りにおいて，別表第2事件の多く[48]が

---

48) ただし，別表第2事件全てに①の性質を全面的に認めることについては，民法819条6
　項に基づく親権者の変更に関する事件を例として，懸念も示されている（高田・前掲注
　17) 126頁〔窪田充見発言〕。

①のような性格を有していることはおそらく間違いのないことである。しかし，そのことが手続保障に関する特別の配慮を基礎付けるという認識は，部会に関与していた者を含む有力な論者の間でも，必ずしも支持されていたわけではない[49] [50]。むしろ，本款のごとき規律を要求するのは事件が有する「争訟性」であって，処分可能性ないし調停可能性はその近似値として条文上振り分けの基準として採用されたに過ぎないとの見方が有力であるようにさえみえる[51]のである。そのようにいうと争訟性[52]の意味するところが直ちに問題となりそうであるが，さしあたり，ここでは，立法担当官の説明にいう③「申立人と相手方の間に利害対立があるのが通常」であることに対応するものと考えることとして議論を進めたい。

### (3) 公益性の（相対的）欠如

一方で，立法担当官の説明には，処分可能性それ自体ではなく，そこから示唆される当該事件の②「公益性（の欠如）」が，「職権探知主義の下でも，裁判の基礎となる資料の収集等について当事者のより主体的な手続追行に委ねるのが合理的である」ことを基礎付けるものであると理解する余地もありそうである。このような議論は，従来，遺産分割事件等に関して当事者の裁判所の職権探知活動に対する「寄りかかり」の傾向への懸念から，当事者の協力義務（と表裏をなすものとしての職権探知・調査の撤退）が肯定されるべきであるとの議論が有力に展開されてきたことを想起させる。確かに，家事事件手続法は当事者の協力義務に関して，直接の法的効果を意図しない規定としてではあるが，同法56条2項[53]を創設し，またこの規定により，同法のもとでは，場合によっては裁判所の職権探知義務からの解放が帰結され得るとの理解も示されている[54]そうした裁判所の職権的活動からの撤退の当否に

---

49) 高田・前掲注17) 127頁〔増田勝久発言，山本克己発言〕。
50) ただし，合意管轄を認める家事事件手続法66条の規律に関しては，処分可能性がその正当化により大きな役割を果たしている可能性がある。
51) 高田・前掲注17) 127頁〔高田裕成発言〕。
52) ここでの留保は，立法担当官と争訟性という用語を用いている研究者の見解が一致しているという前提があるわけではないことを明らかにするためのものである。
53) 金子修編著『逐条解説家事事件手続法』（商事法務，2013年）198頁。
54) 金子・前掲注45) 16頁。

*511*

第22章　別表第２事件と手続保障

立ち入る余力は本稿には残されていないが，仮にそうした撤退の余地がありうるとすれば，それを正当化する「必要条件」[55]として手続保障が必要となることが，本款が創設された意義の一つであるとの理解は不可能ではなさそうである。

　もっとも，少なくとも以下のことにはなお注意が必要と思われる。第一に，そのような理由から（も）手続保障が要請されるとしても，そのことは，政府が私人に不利益を課す可能性のある場面場合一般と異なる（より手厚い）手続保障が必要とされることを当然に帰結するわけではない[56]。第二に，裁判所の職権的活動からの撤退に対して慎重な立場を採る者においても，本款のような規律は不要となると考えられているわけではないようにみえる[57]。そのような立場のもとでは，本款の存在意義については，何らかの別の説明が必要となるように思われる。


### (4)　争訟性

　(2)でも触れた通り，別表第２事件を選別する基準として重視されているのは争訟性の有無であり，処分可能性又は調停可能性はその近似値として立法上の基準とされているに過ぎないとの有力な見方が存在する。選別された別表第２事件の審判手続に本款のごとき特別のルールが必要とされることの理由としても，これを争訟性に求めることには有力な支持があるようにも見受けられる[58]。しかし，争訟性があるとなぜ手続保障に関して異なる考慮が必要となるのかに関しては，必ずしも明快な回答が得られているわけではない[59][60]。

---

55) 高田・前掲注40）42頁。ただし同論文の力点は，手続保障は裁判所の撤退の「十分条件」ではないこと，換言すれば，裁判所の撤退に見合うレベルの手続的権利が保障されたからといって，直ちに裁判所の撤退が許される，あるいは望ましいということにはならないことにあるともいえる。

56) ただし，裁判所の職権活動が撤退する場面では，当事者双方の形式的な武器対等を保障することの意義が高まるという議論は，不可能ではないかもしれない。後掲注69）参照。

57) 平田厚「家事事件手続法における職権主義の消極性と積極性」判タ1394号59頁は，「家事事件において当事者権が保障されることは，もとより望ましいことであるが，そのためにかえって家庭裁判所の後見的役割が減殺されることのないように」すべきとする。

58) 畑・前掲注8）35頁参照。

59) 山本・前掲注3）71頁。

60) なお，3(2)でみたように，ある事件において争訟性ないし当事者間の利害対立が高い蓋然性をもって存在することは，当該事件がゼロ・サム性を帯びる，すなわち，当該事

第4　別表第2事件の特殊性をめぐって

　もっとも，従来の議論の中に検討の手がかりを見出すことはできるように
も思われる。筆者のみる限りそれは，争訟性の高い非訟事件における当事者
は，もっとも争訟性の高い類型の事件，端的には訴訟を審判する際に用いら
れている，判決手続における当事者により近い手続上の保障を与えられるべ
きであるとのアイデア（以下，仮に「訴訟のアナロジー」と呼ぶ）が，広く普
及していることがうかがわれるということに他ならないように思われる。問
題は，このような訴訟のアナロジーを用いる従来の議論が，読者の直感に訴
えることをその説得力のもっぱらの源泉としてきたというわけではないよう
に思われる一方で，そこで想定されているアナロジーのより具体的な正当化
のプロセスはおそらく一通りではなく，そのため，各々が有しうる説得力や
射程にも相違がありうるように見受けられることである。そこで，項を改め
た上で，本稿の残された紙幅を用いて，必ずしも網羅的ではないが，争訟性
ある非訟事件への訴訟のアナロジーを正当化し得るいくつかの議論の筋道を
整理し，その説得力あるいは限界を可視化することを試みることとしたい。

# 5　訴訟のアナロジーの正当性をめぐって

## (1)　沿革から

　一つの筋道として，母法を含んだより長期的な沿革に着目する以下のよう
な議論が考えられる。いま問題としている争訟性がある非訟事件は，大雑把
には，いわゆる古典的非訟事件と対比される，20世紀になって非訟手続にお
ける審判がなされるようになった（「訴訟事件の非訟化」），いわゆる真正争訟
事件[61]に相当するものといえそうである。そうであるとすれば，現代におい
ても，真正争訟事件の流れを汲む争訟性ある非訟事件については，古典的非
訟事件と異なる，より判決手続に近い規律が妥当すべきであるというもので

---

件が少なくとも一方当事者にとって不利益な結果をもたらす蓋然性が高いことを示唆し
ている可能性がある。とすれば，そのことが，当該事件において当事者双方に事前の意
見陳述の機会を付与することを要請する根拠の一つとなるとみる余地はないではないが，
併せて指摘したように，そのことが当該事件について他の事件と異なる程度・内容の手
続保障を要求する根拠として十分に説得的なものであるかはなお明らかではないように
も思われる。
61)　斎藤秀夫＝菊池信男編『注解家事審判法〔改訂〕』（青林書院，1992年）105頁〔林屋
礼二〕，高田裕成「訴訟と非訟」伊藤眞＝山本和彦編『民事訴訟法の争点』（有斐閣，
2009年）12頁。

*513*

ある。もっとも，一方で判決手続の諸原則からの離脱こそが非訟化の目的であったという側面を否定できないのだとすれば，このような議論に必然性が認められるわけではないようにも思われる。

### (2) 憲法から

他方で，特に現行憲法下では，アナロジーの正当化の源泉を，沿革それ自体よりもむしろ憲法規範に求めることが一つの選択肢となる。非訟化とそれに伴う判決手続の諸原則からの離脱には，裁判を受ける権利を保障し，かつ対審と判決の公開を求める憲法32条及び82条に照らして限界があると主張するわけである。もっとも，これも周知の通り，乙類審判事項（の一部）に関して「純然たる訴訟事件」に当たらないとし，そこには，これらの憲法規定の保障は及ばないとの判例理論[62]が確立している。この判例理論に従う限り，争訟性ある事件類型においても，純然たる訴訟事件に当たらない限り，その手続をいかなるものとするかに関し憲法は語るところがなく，したがって，争訟性ある非訟事件の手続に関する特別の配慮の必要性を憲法上のダイレクトな要求として基礎付けることは難しい，ということにならざるをえないようにも思われる。

### (3) 学説の発展

#### ア　判決手続を参照することの自覚

そこで学説は，直接的な裁判規範としての憲法論からは後退しつつ，しかし，憲法の理念ないし要請を反映した，あるいは憲法論をさしあたり離れるとしても立法政策上合理的な非訟手続の規律を，事件類型ごとに「具体的な制度設計へ結びつけようとする」[63]方向へと発展していくこととなった[64]。少なくとも争訟性のある非訟事件に関しては，判決手続に妥当する諸ルールをさしあたりの参照軸として，非訟手続にそれとは異なる規律を採用する際には，一定の正当化のプロセスを要求するという考え方が自覚的に展開される

---

62) 最大決昭和40年6月30日民集19巻4号1089頁，1114頁。
63) 髙田・前掲注61) 14頁。
64) 新堂・前掲注18) 217頁にみられる著名なマッピングの試みは,その一つの到達点ということもできる。

に至っているのは，この方向における議論の一つの到達点とみることもできそうである。[65] [66]

しかしそうだとしても，そのような考え方にいかなる根拠があるのかは別途明らかにされる必要がある。さしあたり手がかりとなるのは，このような思考方式を，「口頭弁論という審理方式……を，歴史的な試行錯誤を経た，いわば叡智の所産としての審理方式であり，適正迅速な審理を図ることことのできる合目的的な方式であるとともに，公正な手続を保障する方式でもあると見」るものであるとする分析である[67]が，ここには，少なくとも二つの質の異なる議論が並存的に想定されている可能性があるように思われる。

### イ　手続の対称性とその価値

一つは，公開主義を別として考えた場合における，口頭弁論という審理方式の主要な意義（の少なくとも一部）を対審構造，すなわち，双方審尋（対席）あるいは当事者公開を保障する手続構造であることに見出し，かつ，その価値を「当事者双方が裁判所の前で公明正大に対等に戦える手続である」という意味において「公平な裁判」の確保に資することに求める議論[68]である。

かようなフレーズ自体は目新しいものではないように思われるが，注意すべきは，ここでいわれる公平ないし公明正大さの意義は，単に意見聴取の機会なしに不利益な裁判を受けないことの保障とは次元を異にするものとみる余地があることである。なぜなら，ここでは，当事者双方をより形式的な意味あいにおいて対等に扱うこと，別の言い方をすれば，裁判所とのコミュニケーションの機会等が，実質的に与えられるということ（だけ）ではなく，それが対称的に[69]与えられることに，一定の価値が見出されている可能性が

---

65）新堂・前掲注18）219頁は，「訴訟手続に見られる諸手続保障のなにほどかを弱めたい時には，その裁判の結果の重大性とともに，その事件の性質上，その手続保障をどうしても弱めなければならないほどの必要性があるかどうかを当該手続保障の目的・機能との関係で見定め，かりにその必要性が認められるとしても，その手続保障の実質を埋め合わせる…何らかの手続的配慮が加えられないかどうか等を丹念に工夫していく」必要があるとする。

66）高田・前掲注61）15頁。

67）高田・前掲注40）45頁。

68）新堂・前掲注18）216頁。

69）判決手続において馴染みのある用語法を用いるとすれば，ある種の武器対等原則が想

第22章　別表第2事件と手続保障

あるように思われるからである。[70]

　しかし，かような議論にどの程度の説得力を見出すことができるかに関しては，少なくとも以下のことからすれば，なお慎重な考慮が必要であるように思われる。第一に，一般的に，こうした形式的な対称性の保障に一定の価値が認められるとしても，それは，どちらかといえば象徴的なものに止まっている可能性がある。別の言い方をすれば，この種の対称性が保障されないからといって，直ちに偏りある裁判がなされるリスクが事実として高まるものかどうかは明らかではなく，そうであるとするなら，このような議論を果たして，またどの程度重視するべきかは，少なくとも検討の余地のある問題であるように思われる。[71] 第二に，民事手続一般についてこのような対称性に一定の価値を認めることができるとしても，家事審判手続における職権探知主義[72] の下において，審問期日のような特定の局面について手続上の対称性を要求することになおどの程度の意味があるのかは，自明ではないように思われる。[73]

　　ウ　仮説としてのベースライン論

　近時の学説は，前記の手続構造の対称性それ自体の価値に訴える議論の説得力を，判決手続における対審的手続（の保障）に対する「叡智の所産」との評価を付け加えることによって，補強しようとしているのかもしれない。

　というのも，この評価には，それが紛争解決手続における原則的なあり方

---

　　定されていると見ることも可能かもしれない。

70）そうであるとすれば，例えば，一方当事者と法廷でコミュニケーションをとる際の相手方当事者への手続保障の形式が，事後的な報告では足りず，その場への同席（立会）権の保障でなければならないこと（法69条）の説明はより容易になりそうである。

71）念のため付言するが，本文の記述には，判断の実質的な偏りが観察されないとしても，裁判所が当事者双方に対して公平であるように「見える」外面あるいは体裁それ自体に意義を見出す議論を排除しようとする意図までがあるわけではない。

72）ただし，裁判所の職権活動が撤退する可能性のある領域だというのであれば，この点に関しては別論であり得る（4(3)及び前掲注56）参照）かもしれない。また，職権探知主義が妥当する人事訴訟において，判決手続における手続保障に関する諸原則が当然に放棄されているわけではないこととの関係も当然問題となりうるが，ここでは立ち入ることができない。

73）もっとも，この問題は職権探知主義の下でのみ生じるものではない。例えば，弁論主義が妥当する判決手続においても，裁判所による釈明権行使が広範になされる場合には，当事者双方の待遇の形式的な対称性が確保されていることによって裁判所の（見た目の）中立性が担保される程度は，弱まり得るように思われる。

として現に妥当してきたという既成事実自体が，当該手続的規律がよりよい手続であると論証できるかどうかに関するゼロベースの評価とはさしあたり独立に，そこから離れる手続的規律の採用に対する慎重な正当化を要求する根拠として妥当しうるという認識に基づくものと理解する余地があるように思われるからである。実際，こうした議論はある種の素朴な保守主義に根ざしたものとして一定の説得力を有しうるだけでなく，憲法学において，少なくとも最高裁判所のいくつかの判例法理をよく説明しうる議論として有力である，いわゆるベースライン論を想起させる[74] ものでもある。もっとも，このような考え方を採るとしても，「何が出発点として前提されるべきコスト負担の原則かは，当該論点について法律家共同体構成員の共通了解となっている標準的な手続原則は何かという問と大きく重なる」[75] といわれることになお注意しなければならない。実際，旧法下において，判決手続についてはともかく，家事審判を含む非訟手続についても，争訟性のある事件では判決手続のルールがベースラインとされるべきであるという「共通了解」があったのかどうかは少なくとも明らかでなく，[76] そもそも，前記の憲法判例の展開は，少なくとも憲法論のレベルではこれを否定するものであったと理解する余地もないわけではないように思われるのである。

　しかし他方で，そうした共通了解のあり方も，時代によって一定の変遷を辿る可能性がないわけではないとすれば，判例法理の存在にもかかわらず，学説等の展開によって，判例法理の形成時とは状況が異なるに至ったのであり，[77] それは，争訟性ある事件に関しては手続保障に関して特別な配慮を要することに関する —— 本款の採用を円滑ならしめる程度の —— コンセンサスの存在と対応しているとの理解も不可能ではないかもしれない。ただし，非訟

---

74) 長谷部恭男「憲法から見た民事訴訟法」同『憲法の境界』（羽鳥書店，2009年）142頁。
75) 長谷部・前掲注74) 144頁。
76) ただし，学説のみならず裁判所の側からも，比較的早期から，乙類審判事件の審理手続につき，「当事者公開を許すこと」等を考慮すべきとの提言がなされていたこと（東京家庭裁判所編・前掲注22) 246頁）等は，法曹共同体内の「共通了解」は，最高裁判例にもかかわらずやや異なるものとして存在していた可能性を窺わせるものといえるかもしれない。
77) 厳密には文脈がやや異なるが,最決平成20年5月8日判時2011号116頁における二つの補足意見には，昭和40年に確立した判例法理（前記(2)参照）への見直しの契機が含まれると見る向きもある。高田・前掲注61) 14頁。

事件手続法に相手方のある事件についての特則を置くことが断念されたという事実は，なお，このような共通了解の存在を疑わせる事情たりうるという可能性も，なお否定できないように思われる[78]。そうであるとすれば，このような議論が魅力的なものであるのだとしても，これによって争訟性ある事件の審理手続における特別の配慮の必要性を説明できる程度は，現時点ではなお明らかではないといわざるをえない。

### ⑷　小　括

　争訟性のある非訟事件の特殊性が，訴訟のアナロジーの射程内にあることによって基礎づけられているという仮説は，本款の存在をある意味で直観的に理解することを可能にするものでもあり，魅力的であるように思われる[79]。しかしながら，アナロジーの妥当性をゼロベースで論証することは，不可能ではないかもしれないが，必ずしも容易ではない。だとすると，現時点では，補完的あるいは代替的に，判決手続のやり方が争訟性ある事件を審理判断する手続のベースラインであるという「共通了解」に訴えることができるかどうかが一つのポイントとなるように思われる。もっとも，本稿の質量ともに不十分な検討からは，結論は留保して視点の提示に止めることが穏当であろう。

# 第**5** おわりに

　別表第２事件について，他の非訟手続とは異なる，当事者の手続保障に関する特別な配慮が試みられ，その結果として本款が編まれたことはおそらく明らかであり，そのことは，基本的には広く支持されているように思われる。しかし，そのような配慮の必要性・合理性を基礎付ける根拠が十分に特定され，またその妥当性が検証により十分に明らかにされているかは，いささか

---

78) 家事事件手続法における本款の採用それ自体が一つのターニング・ポイントとなる可能性もないわけではない。

79) このような理解によれば，例えば家事事件手続法67条は訴状の送達，同法68・69条は（非公開ではあるが）必要的口頭弁論とそこに出席する権利の保障に対応するものとして理解されることになりそうである。

心もとないと評さざるをえないようにも思われる。成果と呼ぶには甚だ心も
とないが，上記のような不安定性を直視することなしには，少なくとも厳密
には，本款の解釈を含めて，別表第2事件における手続保障とその周辺に位
置する問題を適切に議論することは困難であるという，目新しさに欠ける指
摘をもって本稿の結びとし，より具体的な検討は別の機会に譲ることを許さ
れたい。

# 第23章

# 審判の効力

## 渡部美由紀

## 第1 はじめに

　家事審判は，非訟裁判の一種であり，家庭裁判所が本案について終局的な判断をする裁判である。その対象となる家事事件は，不在者の財産管理人の選任（民25条1項）のように，当事者が自らの意思で処分することができない事項について家庭裁判所が後見的に関係人間の法律関係を形成するものから，遺産分割（民907条2項）のように，本来当事者が処分することができる事項について関係人間に紛争があるために家庭裁判所がその解決基準を示すものまで，多様である。審判は，民事訴訟でいう判決に相当する[1]。しかし，判決とは異なり，対立当事者間の権利義務関係の存否の終局的確定を目的とするのではなく，その多くは，公益的性質を有する事項につき，裁判所が，合目的的又は後見的な立場から，実体に即して，事案に応じてあるべき法律関係を形成することを目的とする。そのため，審判の効力の発生時期，内容，取消しや変更等についても，判決の効力とは異なる考慮が必要となる。

---

1) 金子修編著『一問一答家事事件手続法』（商事法務，2012年）17頁，123頁参照。

第23章　審判の効力

# 第2　審判の効力の発生

## 1　効力の発生時期

　審判は「家事審判事件が裁判をするのに熟したとき」にされる（法73条1項）。これは，家事審判事件を担当する裁判官が，もはやこれ以上審理し，当事者に攻撃防御を展開させても，それまでに得られた審理の結果が覆るおそれがないという心証に達したときをいう[2]。

　審判の効力の発生時期は，即時抗告が許される審判であるか否かによって異なる。審判に対して即時抗告ができない場合には，審判を受ける者（審判を受ける者が数人あるときは，そのうちの1人）に告知することにより効力が生じる（法74条2項）。他方，即時抗告ができる場合には，即時抗告期間内に即時抗告がされると審判の確定は遮断され（同条5項），審判が確定してはじめて効力を生じる（同条2項ただし書）[3]。確定しなければ効力を生じないものとされているのは，告知により直ちに効力が生じるとすると，後に抗告審で審判が取り消された場合に，身分関係等の法律関係が錯綜し，審判を受ける者の地位が不安定になるおそれがあるためである[4]。即時抗告期間（2週間の不変期間，法86条1項）の徒過（法74条4項参照），抗告権の放棄，即時抗告期間経過後の即時抗告の取下げ，抗告審の裁判の確定があったときにも，審判は確定する。なお，特別抗告の提起（法94条1項），抗告許可の申立て（法97条2項，102条，288条）によって確定は妨げられない[5]。

## 2　確定概念の導入

　形式的確定とは，いったんなされた裁判に対してその手続内では不服申立

---

2）秋武憲一編著『概説家事事件手続法』（青林書院，2012年）137頁〔竹内純一〕。
3）かつては，不服申立てを許さない裁判は，不服申立ての禁止が同時に職権による取消し・変更を認めない場合にのみ，告知によって確定するという見解が主張されていた。鈴木忠一「非訟事件の裁判の既判力」同『非訟事件の裁判の既判力』（弘文堂，1961年）〔初出・岩松裁判官還暦記念・訴訟と裁判（有斐閣，1956年）647頁以下〕24頁，林順碧「非訟事件の裁判の取消・変更」鈴木忠一＝三ケ月章監修『実務民事訴訟講座7』（日本評論社，1969年）82頁。
4）金子修編著『逐条解説家事事件手続法』（商事法務，2013年）245頁。
5）金子・前掲注1）133頁。

522

手段が尽きているため，もはや取消しができない状態を指す。旧法下では，即時抗告ができない審判は，これを不当と認めるときは，審判後であっても，職権で取消し・変更することができるため，審判に形式的確定力はないという見解が多数であった[6]。これに対しては，形式的確定力は裁判所の不可撤回性を意味するものではなく，形式的確定力と自己拘束力を混同しているという批判があった[7]。現行法は，審判の確定概念を導入することで，取下げの許される時期，審判の取消し・変更，再審等の規律（法78条2項，82条2項，103条1項）を整理しており，即時抗告のできない審判はその効力の発生（告知）と同時に確定するものとされる[8]。したがって，ここで形式的確定とは，当事者による通常の不服申立手段が尽きた状態を意味し[9]，家事事件手続法78条の職権による取消変更可能性とは関係がない[10]。なお，現行法では，法的安定の要請や再審手続にも期間制限が設けられていること（法103条3項，民訴342条）を考慮して，審判が確定した日から5年経過後は審判時に存在した事由を理由とする取消し・変更は認められない[11]。これに対して，裁判後の事情の変更によりその審判を不当と認めるに至ったときは，このような期間制限はない（法78条2項）[12]。

# 第3 審判の取消し・変更——自己拘束力の例外

　通常の民事訴訟においては，法的安定性の観点から，原則として，判決は

---

6）鈴木・前掲注3）24頁，佐上善和『家事審判法』（信山社，2007年）261頁，梶村太市＝徳田和幸編『家事事件手続法〔第2版〕』（有斐閣，2007年）416頁〔大橋眞弓〕等。
7）飯倉一郎「非訟事件の裁判の既判力について」民訴雑誌18号5頁。
8）本間靖規「非訟裁判の既判力に関する一考察」同ほか，河野正憲先生古稀祝賀記念『民事手続法の比較法的・歴史的研究』（慈学社，2014年）131頁，高田裕成編著『家事事件手続法—理論・解釈・運用』（有斐閣，2014年）274頁。
9）実質論としては，職権による取消し・変更の可能性がある場合も当事者に申立権のある再審申立ての対象にせざるをえないという配慮があったと思われる。高田・前掲注8）275頁〔畑瑞穂発言参照〕。
10）旧法には，審判の取消し・変更の申立権者について明確な規定はなかったが，現行法78条は職権による申立てのみを認める。
11）金子・前掲注1）137頁。
12）旧非訟事件手続法19条の規定する取消し・変更をめぐる議論について，畑瑞穂「非訟事件における裁判の取消し・変更について」青山善充先生古稀祝賀論文集『民事手続法学の新たな地平』（有斐閣，2009年）374頁。

第23章　審判の効力

これを言い渡した裁判所を拘束し，判決をした裁判所はこれを自由に撤回したり変更したりすることができなくなる（自己拘束力，自縛力）。しかし，家事審判の目的からすれば，審判が当初から不当であった場合や事後的な事情の変更により不当になった場合に，不当な審判をそのまま維持することは相当でない。そのため，家事審判には自己拘束力の例外が認められている[13]。家庭裁判所は，審判をした後，①申立てによってのみ審判をすべき場合において申立てを却下した裁判，及び，②即時抗告をすることができる審判を除いて，審判を不当と認めるときは，これを職権で取り消し又は変更することができる（法78条1項）。もっとも，即時抗告することができる審判であっても，継続的な給付を定める審判や審判確定後も長期にわたって効力が継続することが想定される審判などには，事情変更による取消し・変更を認めることが相当である。これについては，必要に応じて個別の明文規定[14]やその類推適用により対応することになる[15]。

## 第4 審判の効力

　家事審判は確定すると，審判内容に応じて内容上の効力を生じる（法74条

---

13) 金子・前掲注1）135頁, 松川正毅ほか編『新基本法コンメンタール人事訴訟法・家事事件手続法』（日本評論社，2013年）270頁〔徳田和幸〕。
14) 後見開始の審判の取消し（民10条，別表第1の2），保佐開始の審判の取消し（民14条1項，別表第1の20），保佐人の同意を得なければならない行為の定めの審判の取消し（民14条2項，別表第1の21），補助開始の審判の取消し（民18条1項，別表第1の39），補助人の同意を得なければならない行為の定めの審判の取消し（民18条2項，別表第1の40），不在者の財産管理人選任の取消し（民25条2項，別表第1の55），失踪宣告の取消し（民32条1項，別表第1の57），離婚後の子の監護者の変更（民766条2項，3項，別表第2の3），離婚又は認知の場合の親権者の変更（民819条6項，別表第2の8），親権・管理権喪失宣告の取消し（民836条，別表第1の68），扶養の審判の取消し（民880条，別表第2の9，10），相続人廃除の取消し（民894条，別表第1の87）等。また，審判前の保全処分の取消し（法112条），審判前の遺産の換価の処分（法194条3項），不在者の財産管理人の改任（法146条），遺産分割の禁止の取消し・変更（法197条）等，家事事件手続法に規定が置かれているものもある。
15) 金子・前掲注4）255頁。個別の明文規定又は類推適用による対応は，自己拘束力の例外としての取消し・変更とは別個独立の制度であると考えられる（佐上善和「成年後見事件における即時抗告」鈴木正裕先生古稀祝賀『民事訴訟法の史的展開』（有斐閣，2002年）835頁以下参照）。なお，最決平成16年12月16日判タ1172号139頁は，二重に過料を課した決定（即時抗告できる裁判）について，二重処罰の禁止の趣旨を援用して取消し・変更を認めるが，これは超法規的救済判例と考えられる。

2項)[16] 裁判の内容上の効力として問題になるのは，一般に，既判力，執行力及び形成力である。このうち，家事審判に形成力と執行力が生じることについては争いがない。例えば，審判内容が金銭の支払である場合には，支払義務者が支払に応じないときは，審判を債務名義として強制執行により金銭を回収することができるし（法75条），これが戸籍の訂正等に関する場合には，審判によって法律関係が形成され，申立人は，戸籍の届出等を行うことができる。他方，家事審判が既判力を有するか否かについては従来から争いがある。以下，執行力，形成力，既判力の順で詳しくみていく。[17]

# 1 執行力

## (1) 給付を命じる審判と執行力

執行力とは，債務名義に示された実体法上の給付義務を民事執行によって実現できる効力をいう。家事事件手続法75条は，家事審判法15条を維持し，「金銭の支払，物の引渡し，登記義務の履行その他の給付を命ずる審判は，執行力のある債務名義と同一の効力を有する」と規定する。家事審判は，関係人間の法律関係を形成するものであるが，形成された権利を実現し迅速かつ適切な紛争解決を図るためには，それとともに金銭の支払い等の給付も併

---

16) 家事審判においても，審判の無効がある（鈴木忠一「非訟事件に於ける裁判の無効と取消・変更」同『非訟事件の裁判の既判力』（弘文堂，1961年）71頁以下，斎藤秀夫＝菊池信男編『注解家事審判法〔改訂版〕』（青林書院，1992年）635頁以下〔飯島悟〕，佐上・前掲注6）250頁以下）。無効原因には，手続上のものと実体上のものがある。前者の例として，訴訟事項を家庭裁判所が家事審判手続によって裁判した場合，後者の例として現行法上認めることのできない法律効果を生じさせる裁判をした場合，実在しない当事者を相手方とする裁判をした場合，裁判の意味を確定できない裁判をした場合，実体法上欠格事由のある者が後見人に選任された場合（民847条参照）等が挙げられる。無効の審判は取消しを待たずに主張できるが（千葉地判昭和36年7月7日判タ121号121頁，大阪地判平成10年3月23日判タ976号206頁参照），外形上審判が存在していることから，即時抗告や家事事件手続法78条による取消し・変更等を求めることができる。
17) 以下につき，渡部美由紀「家事審判の既判力」徳田和幸先生古稀祝賀論文集『民事手続法の現代的課題と理論的解明』（弘文堂，2017年）563頁以下参照。また，審判のその他の効力として，遺言書検認の審判がある。遺言書検認の審判は，遺言書の偽造変造を防止しその保存を確実にするために，単にその外形的状態を検閲するものであり，この検認を経ていなくても，遺言の効力には影響がない。そのため，この審判の効力は，「一種の保存的効力ないし確定的効力」とされる（山木戸克己『家事審判法』（有斐閣，1958年）58頁，梶村太市＝徳田和幸編著『家事事件手続法〔第3版〕』（有斐閣，2016年）239頁〔大橋眞弓〕）。

*525*

せて命じ，これに執行力を付与する必要がある[18]。そのため，家事審判の主文
において給付を命じる審判（給付的審判）には，当然に執行力が認められる。
給付的審判には，夫婦間の協力扶助に関する処分の審判（法154条2項1号），
夫婦財産契約による財産の管理者の変更等の審判（同項2号），婚姻費用の
分担に関する処分の審判（同項3号），財産の分与に関する処分の審判（同項
4号），子の引渡しを含む子の監護に関する処分の審判（同条3項），祭祀承
継者の指定の審判（同条4項），親権者の指定・変更の審判（法171条），扶養
に関する審判（法185条），遺産分割の審判（法196条）等がある。

審判の執行力の客観的範囲は，主文において宣言された給付義務に限られ
る。また，その主観的範囲は，審判書に掲げられた関係人である。当該権利
義務が相続又は譲渡された場合には，執行力は承継人にも拡張される[19]。

### (2) 強制執行

審判に基づく強制執行は，民事執行法の規定に従う。執行に当たり，単純
執行文の付与（民執26条）は必要でないとするのが通説・実務であるが，近
時は，民事執行法22条3号所定の他の債務名義と同様に，執行文の付与を要
すると解する説が有力である[20]。ただし，執行が条件に係る場合や関係人に承
継があった場合には，執行文の付与が必要である（民執27条参照）。なお，審
判の中には，夫婦の同居を命ずる審判のように，給付を命じる審判であって
も，性質上強制執行になじまないものもある[21]。また，子の引渡しは，強制執
行は可能であるが，その具体的な方法については議論が多い[22]。

---

18）金子・前掲注4）247頁，日野忠和「審判の効力」岡垣學＝野田愛子編『講座・実務家
　事審判法1』（日本評論社，1989年）203頁，佐上・前掲注6）268頁等。
19）綿引末男「家事審判法総論」加藤令造編『家事審判法講座第1巻』（判例タイムズ社，
　1966年）76頁，斎藤＝菊池・前掲注16）635頁〔飯島〕。
20）梶村＝徳田・前掲注17）236頁〔大橋〕，松川ほか・前掲注13）268頁〔徳田〕等。有力
　説として，中野貞一郎『民事執行法〔増補新訂6版〕』（青林書院，2010年）271頁，徳
　田和幸「家事審判の効力と関連紛争─遺産分割を中心に─」法学論叢148巻3・4号151
　頁。綿引・前掲注19）77頁は，「一般に執行文の附記なくして執行することのできるも
　のとする場合は，…当事者の承継執行文の附記を要する例外の場合についても規定する
　のが通例と思われるので，（家審15条などの）法条の文言自体から通説の結論を導き出
　すことには疑問がある」と指摘する。
21）山木戸・前掲注17）55頁，綿引・前掲注19）75頁，梶村＝徳田・前掲注17）236頁〔大
　橋〕等。
22）梶村＝徳田・前掲注17）236頁〔大橋〕，村上正子「子の引渡請求の強制執行再考のた

## 2 形成力

### ⑴ 形成力の意味

　形成力とは，裁判によって，その対象である権利・法律関係について新しい状態を発生させ，又は既存の状態を変更又は消滅させる効力をいう[23]。法的確実性を期するために，一定の法律関係の変動については，当事者の自由な処分を許さず，必ず裁判所に審理判断させた上で裁判によりこれを宣言するものとされている。後見開始の審判（民7条），失踪の宣告（民30条），遺言執行者の選任（民1010条）など，申立てを認容する審判は形成力を有するのが一般である[24]。例えば，遺産分割の審判の場合には，審判により，遺産の分割帰属という新しい実体法的な権利・法律関係が形成され，遺産に属する各財産は，共同相続人の共有（遺産共有）から各相続人の単独所有（又は通常の共有）になる[25]。財産分与の審判も，審判によってはじめて金額等その内容が具体化する。その意味で，給付的審判にも形成力が認められる[26]。

　審判による法律関係の形成には，①その効果の発生を求める場合には常に審判の申立てをしなければならない事項（別表第1の審判事件の多くがこれに該当する[27]）と，②関係人間で合意が成立すればその法律効果が認められるが，協議が調わない場合には裁判所に審判の申立てを行い，これを受けて裁判所

---

めの覚書」筑波法政53号35頁等参照。なお，国際的な子の奪取の民事上の側面に関する条約の実施に関する法律（いわゆるハーグ条約実施法，平成26年4月1日施行）では，子が16歳未満であれば，間接強制金の支払予告命令手続をとることができ，それにもかかわらず子の返還が実施されない場合には，相手方に代わって，裁判所が指定する者（返還実施者）が子を常居所地国に返還するという代替執行の手続をとることができる（ハーグ条約実施法134条1項，136条参照）。

23）山木戸・前掲注17）53頁参照。
24）山木戸・前掲注17）53頁，松川ほか・前掲注13）267頁〔徳田〕，最大決昭和40年6月30日民集19巻4号1089頁〔夫婦の同居〕，最大決昭和40年6月30日民集19巻4号1114頁〔婚姻費用の分担〕，最大決昭和41年3月2日民集20巻3号360頁〔遺産分割〕等。
25）徳田・前掲注20）150頁。
26）梶村＝徳田・前掲注17）235頁〔大橋〕。日野・前掲注18）203頁は，審判によって給付命令を形成するとする。
27）後見開始・取消しの審判（民7条，10条），不在者の財産管理人の選任・改任の審判（民25条，26条），子の監護者の指定（民766条，749条等），親権・管理権の喪失の宣告・取消しの審判（民834条，835条），推定相続人の廃除・取消しの審判（民892条），子の氏の変更許可（民791条），養子縁組・離縁の許可（民794条，798条，811条），特別養子縁組の成立・離縁（民817条の2以下）等。

が後見的立場から関与する場合とがある（別表第2の審判事件の多くがこれに該当する[28]）。

### (2) 形成力の対世効

民事訴訟において，形成力を有する判決は，一般に，手続関係者以外の第三者に対して対世効（第三者効）を有する。もっとも，形成力による法律関係の変動は，その前提として，法律が，私人に対して，一定の事由がある場合に裁判により当該権利関係の変更を求める地位を与えていることを前提としている。換言すると，法律関係の変動について公的利益があるとはいっても，第一次的には当事者の申立てによる。形成力の第三者への拡張が当事者間での法律関係の形成を実効化するための補助手段であるとすれば，形成判決が必然的に対世効を伴う必要はない[29] 学説では，形成力を有する審判の全てに一律に対世効を認めることは疑問視されており，事案の性質や審判の内容に応じた検討がされている[30] 不在者の財産管理人の選任，後見人，遺言執行者等の選任の審判など別表第1に属する事項は，当事者の処分できない事項であり，家庭裁判所に委ねられた専権事項である。この場合，無効原因がない限り，審判には対世効があり，他の裁判所や行政機関は審判により形成された法律状態を承認しなければならない[31] これに対して，財産分与や遺産分割など，別表第2に属する争訟性のある事件の多くについては，対世効は不要である。例えば，遺産分割審判の効果を第三者に対して主張するには，財産法一般と同様の対抗要件を必要とすると解される[32]

---

28) 婚姻費用分担の審判（民760条），離婚・婚姻取消しによる財産分与（民768条2項），扶養に関する審判（民877条以下），寄与分を定める処分（民904条の2第2項），遺産分割（民907条）等。
29) 本間靖規「形成訴訟の判決効」吉村徳重＝井上正三編『講座民事訴訟6』（弘文堂，1984年）307頁以下。
30) 綿引・前掲注19）75頁，山木戸・前掲注17）54頁，梶村＝徳田・前掲注17）235頁〔大橋〕，佐上・前掲注6）267頁。
31) 山木戸・前掲注17）54頁，鈴木・前掲注3）49頁，斎藤＝菊池・前掲注16）630頁〔飯島〕，日野・前掲注18）210頁等。家庭裁判所の職分管轄性（専属管轄性）から拘束力を認めるものとして，鈴木正裕「非訟事件の裁判の既判力」鈴木忠一＝三ケ月章監修『実務民事訴訟講座7』（日本評論社，1969年）106頁以下等。
32) 綿引・前掲注19）75頁，梶村＝徳田・前掲注17）235頁〔大橋〕等。山木戸・前掲注17）54頁は，第三者保護のため対抗要件を必要とする。

第4　審判の効力

# **3**　**既判力**

## (1)　問題の所在

　民事訴訟において，確定判決は既判力（実質的確定力）を有する。既判力は，法的安定性の観点から，紛争の蒸し返しを封じるために確定判決に付与される制度的効力であり，確定判決に与えられた判断内容上の拘束力ないし通用性を意味する。後訴裁判所は，既判力によって，既判力が生じた前訴裁判所の判断（民訴114条参照）に拘束され，当事者もまた前訴基準時（最終口頭弁論終結時）までに存在した事実を主張してこれと相容れない主張をすることができなくなる。既判力は紛争の蒸し返しを封じるための効力であるから，これが作用するのは，前訴と同じような後訴が提起された場合，すなわち，前訴と同一，先決・後決，矛盾関係にある訴訟物を審判対象とする後訴が提起されたときである。

　家事審判が，確定判決の既判力と同じ意味での既判力を有するかどうかについては，従来から議論がある。既判力が問題となるのは，例えば，遺産分割の審判によって一度実体的な内容が形成された場合にそのやり直しを求めることはできるか，あるいは，申立てを却下（棄却）する審判がされた後に改めて同一の申立てがなされた場合に，この申立てをどう扱うかといった局面である。旧法同様，新法においても，既判力については規定がないため，その解決はなお解釈に委ねられている。

## (2)　審判の既判力をめぐる議論の状況

### ア　既判力否定説

　従来の学説においては，家事審判の既判力を否定する見解が支配的であった。[33] 旧法下においては，一般に，次のように論じられた。

　まず，当事者の処分が許されない事項を対象とする旧甲類審判事件には争訟性がなく，国家が端的に私法上の各種法律関係の形成について協力するも

---

33)　山木戸・前掲注17）56頁，山木克己「家事審判の効力」同『民事訴訟理論の基礎的研究』（有斐閣，1961年）〔初出1949年〕239頁，鈴木・前掲注３）41頁，綿引・前掲注19）77頁等。類型的考察の結果一定の審判に限り既判力を肯定するのは，飯倉・前掲注７）10頁以下，17頁。

*529*

のであることから，非訟事件の裁判一般と同様に既判力の観念を容れる余地がない[34]。また，形式的確定力の有無に着目して旧甲類審判事件のうち即時抗告ができないものとできるものとに分けて検討する見解もあったが[35]，これによっても，既判力は否定される。すなわち，前者については，家事審判法7条が準用する非訟事件手続法19条によりいつでも取消し・変更ができ，これは審判が当初から不当であった場合に行うことができる[36]から，既判力の論理的前提である形式的確定力が認められないか，又は，既判力による裁判変更要求の遮断を論じる意味がない。後者については，形式的確定力が観念でき，争訟性が強い審判には既判力を肯定することができるようにも思われるが，これらの事件は非訟事件であり，限定承認（旧甲類26号）や相続放棄（旧甲類29号）などの実体的効果は民事訴訟で終局的に確定されるべきこと[37]などから，やはり既判力は否定される[38]。

　他方，当事者の処分が許される事項を対象とし，比較的争訟性の強い旧乙類審判事件については，確定判決との比較により既判力の有無が検討される。既判力が付与される民事訴訟における確定判決は，二当事者対立構造の下で裁判所が審理し，当事者が申し立てた訴訟物である権利法律関係について示された裁判所の判断である（民訴114条1項参照）。これに対して，旧乙類事件の審判は，一定の形成要件を定めた法規の存在を前提とするものではなく，当事者の主張の当否についての判断というより，衡平ないし合目的性の理念を基準として，専ら家庭裁判所の権能に基づいて行われるものであって，いったんなされた判断も不要であれば取消し・変更が可能である[39]。また，審

---

34）山木戸・前掲注17）57頁。
35）先述のように，旧法下では，即時抗告ができない審判は，常に取消し・変更が認められることから形式的確定力がなく，これを前提とする既判力も当然生じないとされてきたが（佐上・前掲注6）255頁，梶村＝徳田・前掲注6）418頁〔大橋〕など），現行法では，形式的確定と取消し・変更は別に考えられる。
36）旧法下では，非訟裁判の取消し・変更は，裁判が当初から不当であった場合に限り，事情変更による不当は，非訟事件の裁判が継続的法律関係についてのものである場合には，継続的法律関係を規律する非訟裁判の性質や，非訟裁判所の後見的な役割に由来する非訟事件に特有の取消し・変更と解すべきだという見解が有力であった（鈴木・前掲注3）96頁，佐上・前掲注6）257頁）。
37）佐上・前掲注6）262頁，268頁。
38）斎藤＝菊池・前掲注16）627頁〔飯島〕，佐上・前掲注6）262頁，越山和広「非訟裁判・家事審判の既判力」法雑55巻3・4号719頁。
39）山木戸・前掲注17）57頁，山木戸・前掲注33）238頁以下，日野・前掲注18）201頁，

理手続では，職権探知主義が採用されており，当事者の手続上の地位ないし
当事者権が必ずしも制度的に十分に保障されていない。[40] さらに，家事審判事
件は，過去の事実の確定とそれに基づく権利の確定とは異なり，将来に向け
ての法律関係の形成の判断に向けられており，このような判断は基礎となっ
た事実評価とその結果が後に適合しなくなった場合には修正変更されるべき
であるという要請を内在させている。そのため，既判力は否定される。[41]

判例も，通説同様，審判の既判力を否定していると思われる。[42] 例えば，大
阪高決昭和32年10月9日（家月9巻11号61頁）は，扶養に関する審判（旧乙類
8号）の申立てが棄却され，その審判が形式的確定力を生じた場合でも，扶
養を要する状態にある者は，事情変更の有無にかかわらず，前審判と異なる
事実を主張して審判を申し立てることができるとし，「家庭裁判所の審判に
おいては必ずしも実体法上の義務の存否の確定を問題としていない。した
がって，扶養に関する審判事件は，非訟事件であって，訴訟事件ではないか
ら，扶養に関する審判は形式的確定力を有するに至っても，民事訴訟におけ
る判決のように必ずしも既判力（実質的確定力）を有するものではないと解
するのを相当とする」として既判力を否定する。

　イ　既判力肯定説

　確定判決同様に，審判に既判力を肯定する見解は，従来少数であったが，[43]

---

　208頁以下，綿引・前掲注19）78頁。鈴木・前掲注3）54頁は，非訟裁判につき原則と
　して既判力を否定するが，いわゆる真正争訟事件については既判力を認める（もっとも，
　扶養に関する審判はこれに属しないとして既判力を否定する）。
40）斎藤＝菊池・前掲注16）627頁以下〔飯島〕。
41）佐上・前掲注6）263頁以下。
42）佐上・前掲注6）263頁。最判昭和30年9月23日民集9巻10号1363頁は，戸籍届出委託
　確認の審判について既判力がないという趣旨の原判決を正当とし，最大決昭和41年3月
　2日民集20巻3号360頁は，遺産分割の審判が確定しても，その前提となる遺産帰属性
　の判断には既判力が生じないため，遺産の範囲については改めて訴訟を提起して争うこ
　とができるとする（もっとも，これをもって審判の既判力を否定するものとはいえない
　と思われる。越山・前掲注38）726頁）。既判力を否定する下級審裁判例としては，本文
　で紹介した昭和32年大阪高決のほかに，東京高決平成20年12月26日家月61巻6号106頁，
　広島高松江支決平成2年3月26日家月42巻10号45頁，札幌高決昭和61年3月27日判タ
　604号137頁，東京高決昭和58年9月28日判タ515号172頁，秋田家審昭和41年3月23日判
　タ207号209頁等がある。これらの裁判例については，本間・前掲注8）137頁以下が詳
　細に紹介している。
43）市川四郎『家事審判法概説〔増訂版〕』（有斐閣，1956年）127頁は，「たとえば，不在
　者の財産や相続財産について管理人を選任する審判は，その告知によって被選任者は，

531

第23章　審判の効力

近時，とりわけ旧乙類審判事件について審判の既判力を認める見解が有力に主張されている[44]。これによれば，既判力否定説は次のように批判される。

まず，境界確定の訴えや共有物分割訴訟のようないわゆる形式的形成訴訟においても裁判所の裁量権の行使が要請されるが，その判決には既判力が承認されているから，裁量的で合目的的な裁判かどうかが既判力の有無を決する決定的な要素ではない。形成的審判では確かに既判力対象となり得る形成原因や権利義務関係は明確に観念できないが，例えば，扶養に関する審判は一定額の扶養義務の存否を最終の審判対象にしているのだから，必ずしも明確性を欠くわけではない。家事審判も国家の紛争解決機関に持ち込まれた紛争に対する一定の解決内容を提示するものであり，同じ申立てが繰り返された場合に全面的な審判のやり直しをせざるを得ないというのは，不合理である[45]。次に，任意的口頭弁論である家事審判では，民事訴訟と比較して当事者権の保障が弱い[46]が，既判力が否定されると法的安定性が確保されず，時間と費用をかけた手続の後に出された審判の変更を，何らの事情の変更もなく新たな申立てによって求めることができるのは問題である。家事審判の手続構造から，関係人が前審判手続で容易に調査，主張できた事情についても後の手続で遮断されることがないという論理的帰結が導かれるかどうかは問われるべきである[47]。また，民法880条が扶養料の支払を命ずる審判について事情変更による審判の取消し・変更の制度を認めるのは，審判に既判力があることを前提としており[48]，審判に対する既判力を一定の条件の下に緩めて事情変更を考慮することと既判力を認めることは両立する[49]。

---

当然管理人となり，何人もその管理人たることを争い得ないのであるから，かような意味において審判にも既判力があるといって妨げないであろう」とする。また，同「家事審判における実務上の問題と判例」家月8巻12号28頁以下は，財産分与の審判についても既判力を認める。

44) 松本博之『人事訴訟法〔第3版〕』（弘文堂，2012年）12頁以下，越山・前掲注38）716頁以下，本間・前掲注8）127頁以下。
45) 越山・前掲注38）729頁。
46) もっとも，新法は，参加制度，記録の閲覧謄写に関する制度，不意打ち防止のための規定の創設等当事者や利害関係人の手続保障を拡充している。
47) 越山・前掲注38）730頁。
48) 松本・前掲注44）13頁以下。
49) 越山・前掲注38）746頁。

## (3) 検　討

### ア　対象とする審判

　家事審判事項には，争訟性がないもの（二当事者対立構造を必ずしもとらない）から争訟性のあるもの，比較的公益性が高く当事者に処分が認められないものから公益性がさほど高くなく当事者に処分が認められるものまで，多様なものが含まれる。家事事件手続法は，これらを，①調停によって解決できない事件，すなわち，当事者が自らの意思で処分することのできない権利又は利益に関する事項についての事件（比較的公益性が高い事件・別表第1審判事項）と，②調停によって解決できる事件，すなわち，当事者が自らの意思で処分することのできる権利又は利益に関する事項に関する事件（比較的公益性の低い事件・別表第2審判事項）とに大別しており，両者は手続も異なる（法20条，40条3項ただし書，66条ないし72条，82条2項，89条2項，90条ただし書等）。既判力の有無は，従来，②の類型を中心に論じられてきた[50]。そこで，以下でも，まず，別表第2審判事項に係る審判を念頭において論を進める。

### イ　既判力が問題になる局面

　通説は，審判の既判力を否定するが，他方で，同一申立てによる蒸し返しを常に肯定するわけではない。そこで，一般に既判力が作用すると考えられる場面について，確定判決と比較しながら，確定審判後の再度の申立ての取扱いを確認しておく。

### (ア)　同一の申立てを却下（棄却）する審判の効力

　民事訴訟では，請求棄却の確定判決後に，再度同一の状況下で，同一当事者間において，同一の訴えが提起された場合，前訴確定判決の既判力が作用し，後訴の請求は棄却される[51]。

　では，家事審判の申立てが却下された（棄却の実質を持つ却下の審判）後に同一の申立てがされた場合はどうか。審判に既判力がないとすれば，全く同

---

50) 既判力肯定説も，甲類審判事件については既判力を認めるための前提について問題があることを認める。越山・前掲注38) 725頁。
51) いわゆる拘束力説による。越山・前掲注38) 721頁以下参照。これに対して，一事不再理的側面を強調するのは，三ケ月章『民事訴訟法』（有斐閣，1959年）26頁以下。また，松本博之＝上野泰男『民事訴訟法〔第8版〕』（弘文堂，2015年）617頁は，既判力の消極的作用により後訴は却下されるとする。

第23章　審判の効力

一の事実関係・証拠に基づいて同じ申立てがなされたとしても，これが遮断されることはないはずである[52]。しかし，この帰結をそのまま是認する見解は少ない[53]。原則として既判力は否定しつつも前手続と全く同一の事実や証拠が何の事情変更もなく再度提出された場合に限り制限的に既判力を認めて後の申立てを却下する見解[54]，既判力の作用としての一事不再理によって却下する見解[55]，申立権の濫用として処理する見解[56]など，何らかの方法により後の申立てを斥けようとするものが多い[57]。

　　(イ)　申立てを認容し一定の法律関係を形成する審判の効力

　民事訴訟では，請求認容の確定判決後に，再度同一の訴えが提起された場合，後訴は，原則として，当事者に再度同じ判決を求める訴えの利益がないとして不適法却下される。

　家事審判の場合はどうか。結論的には，認容審判後に当該審判によって具体的に形成された法律関係自体を当事者や裁判所が争うことができないことについて争いはなく[58]，認容審判の相手方は，審判によって形成された法律関係と相容れない主張をすることはできない[59]。例えば，遺産分割審判によって一度実体的な内容が形成された場合に，単に形成された結果に不服があるとして遺産分割のやり直しを求めることはできないし，各共同相続人への所有権の帰属そのものを否認する主張は認められない[60]。

　しかし，この形成結果の不可争性の根拠については，認容裁判の前提条件となる事由について既判力を肯定する見解もあるが[61]，既判力によらず，形成

---

52）佐上・前掲注6）265頁以下。非訟事件につき，鈴木・前掲注3）49頁。
53）佐上・前掲注6）265頁以下。徳田和幸「家事審判の既判力」判タ1100号583頁は，申立てを棄却する審判の効力については別に検討を要するという。
54）鈴木・前掲注31）96頁以下。
55）後見人解任申立て棄却の場合と財産分与申立て棄却の場合につき，飯倉・前掲注7）10頁，17頁。宮脇幸彦「家事審判及び家事調停の効力(四)」戸籍155号1頁は，全く同一の事実関係・証拠に基づく再度の申立ては，原理的な意味での一事不再理の原則によって却下されるとする。
56）篠清「審判の効力」判タ250号113頁，117頁。
57）越山・前掲注38）722頁参照。
58）高田・前掲注8）268頁〔金子発言〕，徳田・前掲注53）583頁。
59）越山・前掲注38）723頁。
60）越山・前掲注38）723頁。
61）飯倉・前掲注7）12頁以下。

534

力に基づいてその形成結果は何人も承認しなければならないとする見解[62]家庭裁判所の職分管轄性等からその判断は何人も承認しなければならないとする見解[63]再度の申立ての利益がないとする見解[64]審判と実質的に同一の争点に関する紛争の蒸し返しである訴訟は信義則に照らして許されないとみる見解[65]等学説は多岐に分かれる。

### (ウ) 前の審判時に存在したが主張されなかった事由の取扱い

民事訴訟では，前訴と一定の関係にある後訴（両者の訴訟物が同一，先決・後決，矛盾関係にある場合）において，前訴基準時に存在したが前訴手続で主張されなかった訴訟物たる権利義務関係を基礎づける攻撃防御方法の提出は，既判力によって遮断される（既判力の遮断効）。

家事審判においてはどうか。通説によれば，例えば，離婚に伴う財産分与の審判の後で分与額の増額の審判を申し立てる当事者は，相手方による財産の隠匿など，前審判の当時既に存在した事実を主張することができるし[66]遺産分割審判確定後に知られざる相続人が出現し，又は相続財産の範囲が変更するなど，前提事項に変更が生じた場合は，同一の遺産分割の申立てをすることができるとされる[67]また，前提問題である遺産の範囲について判決を経ていない場合，遺産の範囲が前審判とは異なると主張して，再度同一の遺産分割の申立てをすることも可能である[68]審判に既判力を認めない通説からすれば，このような結論は当然に導かれるが，それが支持される背景には，合目的的に法律関係を形成するという審判の意義からすると，審判内容をより実体と適合できるように事後的に是正する可能性を留保すべきであること，

---

62) 山木戸・前掲注17）54頁，日野・前掲注18）210頁，斎藤＝菊池編・前掲注16）392頁〔栗原平八郎〕，梶村＝徳田・前掲注17）239頁〔大橋〕。
63) 鈴木・前掲注31）109頁，兼子一ほか『条解民事訴訟法』（弘文堂，1986年）599頁。徳田・前掲注53）583頁は「形成力又は家庭裁判所の職分管轄性」として説明する。
64) 宮脇・前掲注54）2頁，鈴木・前掲注3）49頁。
65) 吉村徳重＝牧山市治編『注解人事訴訟手続法〔改訂〕』（青林書院，1993年）220頁〔叶和夫〕。
66) 山木戸・前掲注17）56頁以下，綿引・前掲注19）77頁以下。
67) 梶村＝徳田・前掲注17）238頁〔大橋〕。失効の意義について，徳田・前掲注20）156頁。そのほかの例として，扶養を求める審判棄却後に前審判の前に存在していたが看過されていた事実関係を斟酌して扶養を命ずる審判をすることも可能と考えられる。山木戸・前掲注17）57頁。
68) 高田・前掲注8）270頁，271頁。

また，弁論主義を採用する民事訴訟手続とは異なり，職権探知主義を採用する家事審判手続では家庭裁判所による職権調査の不備の責任を全て当事者に課すべきではないことへの考慮があるものと思われる[69]。

### ウ　審判の判断内容の通用性 —— 形成力か既判力か

　家事事件では，裁判所が当事者に対して後見的な役割を果たし，合目的的に一定の処分や法律関係を形成することによって紛争解決を図る機能を持つ。紛争解決や法的安定性の見地からすれば，不当な蒸し返しを禁ずるために審判には一定の拘束力が必要である。しかし，この拘束力が既判力であるのか，形成力であるのかについては議論が分かれている[70]。そこで，形成力の訴訟法上の効果が問題となる[71]。

　ところで，審判と同様に形成力を有する形成判決の既判力の有無については，周知のように，かつて争いがあった。既判力を否定する見解は，判決の確定により形成の効果が発生し，同時に訴訟物たる形成権は目的を達して消滅するから，形成権の存否が再び争われる余地はなく，形成された法律効果が以後の紛争解決基準として通用力を持つため，形成判決に既判力を認める余地はないと主張した[72]。これに対しては，法律関係が判決によって新たに形成されたことのみから，その法律関係が当然に通用力を持つのではなく，形成結果の通用力は基準時における形成権存在の判断に与えられる通用力（既判力）に由来しており，これによって，形成判決によって形成権が消滅した後も，形成権がなかったことを前提にした主張が排斥されるという主張が有力にされた[73]。判決の形式的確定によって当該形成結果の存立自体はもはや争えなくなるが[74]，形成力には，一般に，既判力の遮断効のような攻撃防御方法

---

69) 越山・前掲注38) 731頁。
70) 注62) 参照。例えば，梶村＝徳田・前掲注17) 239頁〔大橋〕は，遺産分割審判後に当事者が具体的な分割方法をめぐって不満を申し立てたとしても，そのような蒸し返しは形成力の効果により否定される（確定した遺産分割審判により，「相続開始の時にさかのぼって」権利義務を承継する（民909条）ので，相続人らは蒸し返すことができない）とする。
71) 本間・前掲注29) 292頁以下参照。
72) 三ケ月章『民事訴訟法』（有斐閣，1959年）51頁（その後既判力を認める方向に改説。同「訴訟物再考」民訴雑誌19号51頁）等。
73) 新堂・前掲注9) 215頁以下。
74) 蒸し返し禁止を形式的確定力から導く見解もあるが，形式的確定力で他の訴訟における矛盾主張禁止効まで得られるかは疑問であり，将来の蒸し返しを阻止することは困難

第4　審判の効力

に対する訴訟法的な効果はないと解されるため,[75] 今日の通説は,形成判決に既判力を認め,形成権ないし形成原因の存在が既判力をもって確定されるとする。[76]

　審判手続は,弁論主義を採用する判決手続とは目的や手続内容が異なり,形成原因も必ずしも明確でないため,形成判決に関するこの議論を直ちに持ち込むことはできない。家事審判手続では,紛争解決の一回的解決ないし終局性というよりも,事後的であっても,処分を実質的に正当なものにすることの要請が強い。[77] 既判力の根拠は,一般にこれが法的安定を保障する制度的効力であり手続保障を前提とした自己責任があることに求められるが,[78] 職権探知主義を採る家事審判手続では,弁論主義が採用されている民事訴訟手続とは異なり,職権による訴訟資料の収集の不備の結果を全て当事者に負わせることは適切ではない。また,形成判決の既判力は,形成原因がないにもかかわらず形成判決がされたことに対する損害賠償請求を封じる必要性を例に挙げて論じられることが多いが,審判の場合には,後に同様の理由から損害賠償請求訴訟が提起されても,その訴訟では家庭裁判所の職分管轄から審判事項については判断ができないため,同様の問題は生じず,既判力を認める必要はないとも思われる。[79]

　他方,既判力肯定説が主張するように,これらのことが直ちに審判の既判力の否定につながるとはいえない。[80] むしろ,審判の場合にも,正当な理由のない蒸し返しの可能性があり,形成力が攻撃防御方法に対する失権効を持たないならば,家事事件に関する紛争解決を目的とする家事審判制度の制度的

---

　　であると思われる。本間・前掲注29）292頁以下参照。
75）　松本・前掲注44）14頁,越山・前掲注38）737頁注39。
76）　河野正憲『民事訴訟法』（有斐閣,2009年）633頁,松本＝上野・前掲注51）676頁。既判力により遮断される例として離婚訴訟で敗訴した配偶者の一方が,離婚判決は不当であるとして他方配偶者に対して損害賠償を求める後訴を提起する場合が挙げられる。
77）　飯倉・前掲注7）6頁。
78）　高橋宏志『重点講義民事訴訟法（上）〔第2版補訂版〕』（有斐閣,2013年）586頁,新堂・前掲注9）683頁など。
79）　名古屋地判昭和45年2月7日判タ244号199頁は,不在者Aの財産管理人を代理人とする移転登記手続請求控訴事件で,不在者Aの財産管理人を選任する審判は,家庭裁判所の職分管轄に基づくもので,かつ性質上いわゆる形成の裁判に属することから,利害関係人・一般民事裁判所は,Aが不在者であるとした家裁の判断に抵触・相反する主張ないし判断をなし得ないとする。
80）　越山・前掲注38）730頁,734頁以下,本間・前掲注8）150頁以下。

537

効力として，審判には一定の拘束力（既判力）が認められるべきであろう。その内容は，審判の目的・性質に相応して検討されるべきである[81]。また，仮に形成結果の不可争性を形成力から導くことができるとしても，申立てが却下（棄却）された場合には，形成的効果は生じないから，法的安定の見地からその後の法律関係を律する基準を提示するためには，やはり，既判力を付与する必要がある。新法では，①参加制度の創設・拡充，②記録の閲覧謄写に関する制度の創設・拡充，③不意打ち防止のための諸規定の創設・整備等が行われており，特に二当事者が対置される手続においては，このような手続保障の充実に既判力肯定や信義則の発現の契機を見出すことも可能であることも指摘されている[82]。

　エ　審判の既判力

　家事審判の既判力は，審判の主文において判断された事項について生じる。当事者の申立てに係る審判対象は，実体法上の特定の権利・法律関係の終局的確定を求めるものではない。制度目的及び手続内容から，実体に即した是正要請が高い場合には法的安定の要請は後退し，前手続で主張されず看過された事実であってもその主張を許す必要がある。家事審判の既判力の遮断効がどのように生ずるかについては，さらに検討が必要であるが，確定判決の既判力と比較すると，限定的・制限的な既判力といえるだろう[83]。また，既判力とは別に，相手方に手続過程を通じて，紛争解決に対する合理的期待が生じたような場合には，後の手続において，前手続で主張し得たのに主張しなかった事実の主張は，信義則により遮断される場合もありうる[84]。

　なお，審判却下後にされた同一申立ての処理については，理論上，既判力の一事不再理効により訴えを却下するのか，その拘束力を前提として処理するのかが問題となる。確定判決の場合とは異なり，審判では，権利・法律関係の確定がされるわけではない。判断の基礎となった事実関係に変動がないのであれば，前手続と同一の申立てに係る後の手続は，前手続と同一事件について再度の審理を求めるものでしかなく，一事不再理の原理から不適法で

---

81) 既判力概念の相対化を説く見解として，越山・前掲注38）733頁。
82) 本間・前掲注8）133頁以下。
83) 越山・前掲注38）733頁以下，渡部・前掲注17）574頁参照。
84) 最判昭和51年9月30日民集30巻8号799頁等参照。

あると考えてよいと思われる。

　オ　争訟性のない事項を対象とする審判の既判力

　別表第１の類型は，比較的公益性の高い事件であることから，裁判所が後見的，合目的的に当事者の法律関係を形成することが求められており，審判内容をより実体と適合させる要請が強い。また，そもそも対立する二当事者間の紛争の蒸し返しを観念することができないものも多い。手続的には，職権による事実調査及び証拠調べ（法56条）がされるが，別表第２の類型とは異なり，当事者の陳述聴取も必要的ではない（法68条参照）。そうすると，前審判時に存在していたが裁判所の調査が及ばなかった事実があるために，前審判が不当であった場合には，裁判結果の是正を認める必要から，審判に既判力を認めるべきではなく，再度の申立てを認め，その事実を改めて審判の基礎に置くべきであろう。[85]裁判前に存在した事由を持ち出して再度申立てをしてきた場合でも，これを認めてよいと考える。[86]もっとも，この類型であっても，却下（棄却）審判を受けた者が再度同一の状況で同一の申立てを行った場合には，常に全面的な審理のやり直しをしなければならないとすべきではない。例えば，後見人の解任の申立てを却下する裁判に対し，同一の事由を理由とする再度の申立てについては，[87]申立権の濫用として対応することが考えられる。[88]他方，認容審判については，不在者の財産管理人選任の審判について，「審判は，家庭裁判所が固有の職分管轄に基づきなす，いわゆる形成の裁判であるから，家庭裁判所が家事関係法令の所定の手続に基づき，これを適法に取消変更しない限り，利害関係人はもちろん一般民事裁判所もこれに拘束され，審判の主文及び理由中の判断に抵触する主張ないし判断をな

---

85）先述のように，当事者の申立てがなくとも，即時抗告ができない審判については，審判が不当であれば，職権による取消し・変更ができ（法78条，もっとも５年の期間制限あり），他方，後見開始の審判や，失踪を宣告する審判など即時抗告ができる審判については，家事事件手続法78条による取消し・変更は認められないが，即時抗告を契機に原裁判所による審判の更正（いわゆる再度の考案）が認められる（法90条）。

86）鈴木・前掲注31）102頁は，既判力が作用するのは同一事由の主張の場合のみであるとする。これに対して，本間・前掲注８）151頁は，当事者に保障される手続関与権や弁論権から，原則的にはこれを許すべきではなく，期待可能性で処理すべきだとする。

87）既判力を認める見解として，鈴木・前掲注31）96頁，飯倉・前掲注７）８頁。

88）渡部・前掲注17）578頁。

第23章　審判の効力

し得ない」とする裁判例がある[89]認容審判の拘束力は形成力ないし職分管轄性に由来すると解すればよいと思われる。

### カ　訴訟との関係

訴訟との関係では，家庭裁判所の職分管轄が問題となる。訴訟裁判所は，審判で形成された法律効果（遺産分割の訴えや遺産分割の結果としての各共同訴訟人への所有権の帰属）を訴訟裁判所で争うことができないが[90]前提となる権利義務の存否（例えば遺産帰属性）は訴訟事項として訴訟裁判所で争うことができる[91]これに関して，最大決昭和41年3月2日（民集20巻3号360頁）は「遺産分割審判手続において，分割の前提たる相続権，相続財産等の権利関係の存否について家庭裁判所が審理判定することは何ら差し支えなく，ただその判断には既判力が生じないから，後に民事判決で前提たる権利の存在が否定されれば，分割審判もその限度において効力を失うに至る」とする。この失効の意義については争いがあるが[92]訴訟により審判の前提が変わった場合には，家事審判が内容上の効力を有しないという意味で無効になり得る。その場合，既存の審判を再審によって取り消した上で審判のやり直しをするか[93]判決と抵触する限度で審判による分割の効力が否定されるとして再申立てを認めるか[94]前の遺産分割審判の続行になるかは検討する必要がある。

---

89）名古屋地判昭和45年2月7日判タ244号199頁。これに対して，不在者の財産管理人や後見人を選任する審判が認容された場合に既判力を認める見解として，市川・前掲注43）家月28頁。却下裁判には既判力を認めないものと思われる。

90）徳田・前掲注20）153頁。

91）もっとも，このような措置は，遺産分割審判の効力を不安定にする問題を含む。そのため，遺産分割審判の前提問題の処理については，山本弘「遺産分割の前提問題の確認の訴えに関する一考察―遺産確認の訴えの当事者適格を中心として」松本博之先生古稀祝賀『民事手続法制の展開と手続原則』（弘文堂，2016年）247頁以下，同「遺産分割の前提問題と訴訟手続の保障―具体的相続分確認の適法性について」『徳田和幸先生古稀祝賀・民事手続法の現代的課題と理論的解明』（弘文堂，2017年）611頁以下，今津綾子「遺産分割審判における前提問題の処理に関する一試論」『同書』595頁以下等，様々な検討がなされている。

92）徳田・前掲注20）156頁以下。

93）鈴木忠一「扶養の審判に関する問題」『非訟・家事事件の研究』（有斐閣，1971年）172頁以下，戸根住夫「訴訟と非訟」中野貞一郎先生古稀祝賀『判例民事訴訟法の理論（上）』（有斐閣，1995年）127頁以下等。

94）名古屋高決平成10年10月13日判タ999号275頁は,「その遺産でないとされた物件が前の審判で遺産の大部分または重要な部分であると扱われていたなどの特段の事情のない限り，遺産でないとされた物件についての前の審判による分割の効力のみが否定され，その余の物件については分割は有効であると解するのが相当である」とする。

第5　審判の効力と再審

# 第5 審判の効力と再審

## 1 再審制度の新設

　民事訴訟では，確定した終局判決について，重大な手続上の瑕疵があったり，判決の基礎となっている裁判資料に異常な欠陥があったりする場合（民訴338条1項各号）には，当事者は，当該確定判決の取消しと事件の再審理を求めて，再審の訴えを提起することができる。再審により確定判決の既判力は打破され，事件の再審理が可能になる。

　旧非訟事件手続法は，民事訴訟法の抗告に関する規定を準用するという規定（旧非訟25条）のみを有しており，再審の規定を持たなかったため，家事審判に対して再審が許されるか否かについては議論があった。[95] 多数説は，家事事件手続においても，重大な瑕疵のある裁判の効力をそのまま存続させることは相当でないとして，旧非訟事件手続法25条が準用する抗告に関する規定を若干広く解釈して，いわゆる準再審を認めていた。[96] すなわち，即時抗告の対象となる審判については，審判が当初から不当であった場合に職権による取消し・変更は認められないから，確定後に審理のやり直しを求めるには，審判が却下のときを除いて，（準）再審手続によるべきものとされていた。[97] 判例にも，民事訴訟法349条に規定する準再審の規定が家事事件手続にも準用されることを前提として判断を示したものがある。[98] この見解に対しては，事情変更による取消し・変更で対処すればよいという主張がされていたが，[99]

---

95) 家事審判法7条によって，旧非訟事件手続法が包括的に準用される。

96) 綿引・前掲注19）89頁，斎藤＝菊池・前掲注16）98頁〔菊池〕等。佐上・前掲注6）306頁は，非訟事件手続法25条から民事訴訟法349条を準用することには無理があり（鈴木・前掲注3）99頁参照），民事訴訟法の再審が手続法一般に妥当する基本的考え方であるとして，それを類推する。

97) 佐上・前掲注6）305頁参照。なお，前審判が却下であり，前審判の手続的不当性を主張する場合には，再審による取消しの必要はなく，別に審判を申し立てればよいとされる。同・308頁。

98) 最判平成7年7月14日民集49巻7号2674頁は，子と血縁上の父であると主張する者が，子と戸籍上の父との間の親子関係不存在確認の訴えを提起していたところ，この訴えの帰趨が定まる前に子を第三者の特別養子とする審判がなされた場合には，家事審判法7条，非訟事件手続法25条，民事訴訟法429条〔現行349条〕により準再審の事由があるとする。また，最判平成10年7月14日判タ984号99頁。

99) 鈴木・前掲注3）100頁以下，伊東乾＝三井哲夫編『注解非訟事件手続法〔改訂〕』（青

*541*

第23章　審判の効力

いずれの見解に立っても審判に重大な瑕疵がある場合には，その審判を何らかの形で取り消す必要があるという方向性は共通していた。[100] このような状況を踏まえて，新法は再審制度を明文化した。

## 2　審判の効力と再審

　再審の対象となるのは，確定した審判その他の審判であって，事件を完結するものである（法103条1項）。家事審判においても包括的に民事訴訟法の再審の規定が準用されている（同条2項）。したがって，審判に再審事由（民訴338条1項各号）がある場合には，審判が取り消され，本案の再審理が行われる。再審事由は，裁判時における瑕疵に限定されている点で，裁判後の事情変更を考慮する裁判の取消し・変更と異なる。もっとも，再審事由のどの部分が準用されるか，及び準用の結果については解釈に委ねられている。[101] また，家事事件手続法78条による取消し・変更が認められない審判も，再審の対象となる。

　再審は，前手続の判断に付与された既判力を打破して事案の再審理を認めるものであるため，通常，既判力と結び付けて論じられる。仮に審判に既判力を認めないとすれば，再審で取り消さなくても新たな申立てをすることは妨げられないから，再審を認める必要はないはずであるが，[102] 審判によって何らかの積極的な法律関係が形成されたが，これについて手続的に大きな瑕疵があるような場合には，現に存する形成力や執行力を消滅させるために，再審によって審判を取り消す意味があろう。[103]

　他方，審判に既判力を認めるとすれば，これを打破するためには，原則と

---

　　林書院，1995年）246頁〔豊泉貫太郎〕。
100)　金子・前掲注1）166頁。
101)　再審事由のうち，確定した判決と抵触するとき（民訴338条1項10号）に関しては，判決の場合には既判力の抵触を避ける趣旨で認められているが，家事審判では，個別的な判断が重要であり，通説のように既判力が生じないと解すれば，この事由が再審事由となることは稀であると思われる（佐上・前掲注6）307頁，西塚静子「家事審判と再審」『兼子博士還暦記念・裁判法の諸問題（上）』（有斐閣，1969年）734頁以下参照）。
102)　もっとも，財産分与の審判のように除斥期間の定めのあるものについては，例外的に再審を認める必要がある。綿引・前掲注19）89頁注63参照。
103)　高田・前掲注8）320頁〔山本克己発言〕。

第5 審判の効力と再審

して再審を経ることが必要になるが,[104] 審判の既判力が判決の既判力と全く同様とはいえないとすれば，再審事由を構成し直す必要があろう。[105] また，即時抗告ができない審判で，審判時に再審事由に当たるような瑕疵がある場合には，取消し・変更の対象になる審判と，再審の対象になる審判は重複する。この場合，いずれの方法でも是正が可能であると思われる。[106]

---

104) 本間・前掲注8）134頁以下。
105) 越山・前掲注38）733頁。例えば，新証拠の発見などが考えられようか。なお，制限的に既判力を認めるとすれば，前審判時に存在した事情のうち，失権的効果が及ばないものについては，再審を経なくとも主張ができることになるが，認容審判の場合は，形成力や執行力を有する審判が形式的に存在する以上，これを再審により取り消す意味がある。
106) 高田・前掲注8）320頁〔金子修発言〕。

*543*

# 第24章

# 審判前の保全処分

渡 邉 充 昭


## 第1 はじめに

### 1 　審判前の保全処分の意義

　家事事件手続法105条1項は，「本案の家事審判事件（家事審判事件に係る事項についての家事調停の申立てがあった場合にあっては，その家事調停事件）が係属する家庭裁判所は，この法律に定めるところにより，仮差押え，仮処分，財産の管理者の選任その他の必要な保全処分を命ずる審判をすることができる。」と規定し，同条2項は，「本案の家事審判事件が高等裁判所に係属する場合には，その高等裁判所が，前項の審判に代わる裁判をする。」と規定している。審判前の保全処分とは，上記の家庭裁判所がする審判及び高等裁判所がする審判に代わる裁判のことをいう。

　家事審判法の下における審判前の保全処分は，終局審判が効力を生じるまでの間に，事件の関係人の財産に変動が生じて後日の審判に基づく強制執行による権利の実現が困難となったり，あるいは，その間における関係人の生活が困難や危険に直面するという事態を生じることが少なくないことから，これに対処するため，暫定的に関係人間の権利義務を形成して，権利者の保

護を図る[1] という観点から，民法及び家事審判法の一部を改正する法律（昭和55年法律第51号）によって設けられた制度である[2]。そのような制度の必要性自体は，家事事件手続法上も変わりはないため，家事事件手続法上の審判前の保全処分においても，基本的な部分については，家事審判法下の規律が維持されている。

## 2 審判前の保全処分の類型

　審判前の保全処分については，家事事件手続法105条1項が「この法律の定めるところにより」と規定しているとおり，全ての家事審判事件が審判前の保全処分の本案たる家事審判事件となるわけではない。審判前の保全処分を申し立てることができる事項については，家事事件手続法第2編第2章において，個別に定められている[3]。ただし，民法及び家事事件手続法の類推適用によって，家事審判事件の対象となるものと解される事件，例えば，内縁関係解消による財産分与請求事件等については，同審判事件を本案の家事審判事件として審判前の保全処分をすることができるものと解されることについては留意が必要である[4]。

　審判前の保全処分の申立てをすることができる事項については，多岐にわたっており，個別的な要件や保全処分の具体的内容は，別稿において触れられるため，概括的に説明するに留めることとする。具体的な保全処分の態様

---

1) 最高裁判所事務総局編「改正民法及び家事審判法規に関する執務資料」（法曹会，1981年）73頁。
2) 審判前の保全処分の制度が設けられるまでは，家事審判規則中に審判前の仮の処分の制度が設けられていたが，旧法中に明文の規定がなかったことから，その効力を巡って解釈が大きく分かれており，審判前の仮の処分については執行力を有しないという考え方が大勢を占め，また，財産分与や遺産分割手続について，当時の民事訴訟法上の仮差押え，仮処分をすることの可否についても，消極に解する立場が有力であり，家事審判手続において実効性のある保全的措置をとる途は閉ざされていたとされる（斎藤秀夫＝菊池信男編『注解家事審判法〔改訂〕』（青林書院，1992年）642頁〔安倍嘉人〕参照）。
3) 例えば，筆者は祭祀承継者指定事件を本案事件として，祭具の処分禁止の仮処分が申し立てられた事案に接したが，祭祀承継者指定事件については，保全処分を申し立てられる旨の規定が設けられていないため，このような申立ては，不適法である。
4) 家事審判法の下においても，同様に解されてきた（斎藤＝菊池・前掲注2）643頁）〔安倍〕，永吉盛雄「審判前の保全処分」岡垣學＝野田愛子編『講座・実務家事審判法1』（日本評論社，1989年）46頁等参照）。

については，次の4類型[5]に分けて，説明されることが多い。

### (1) 第1類型

　財産の管理者を選任し，又は事件関係人に対し，事件本人の財産の管理若しくは事件本人の監護に関する事項を指示することができるとされているもの（例えば，後見開始を本案とする保全処分のうち法126条1項に規定するものなど。）。

### (2) 第2類型

　事件本人の財産上の行為につき財産の管理者の後見を受けるべきことを命ずることができるものとされているもの（例えば，後見開始を本案とする保全処分のうち法126条2項に規定するものなど。）。

### (3) 第3類型

　事件本人の職務の執行の停止又は職務代行者の選任の類型（例えば，法127条1項に規定する成年後見人の解任の審判事件等を本案とする保全処分，同法174条1項に規定する親権喪失，親権停止又は管理権喪失の審判事件を本案とする保全処分など。）。

### (4) 第4類型

　仮差押え，仮処分その他必要な仮処分の類型（例えば，法157条1項に規定する婚姻等に関する審判事件を本案とする保全処分など。）。

## 3　審判前の保全処分の性質

　審判前の保全処分に対応する本案手続は，非訟手続たる家事審判手続であり，保全の対象となるのも本案手続の終局審判によって初めて具体的に形成される権利である。したがって，審判前の保全処分は，民事訴訟事件を本案として一般には既存のものと観念される具体的権利を保全の対象とする民事保全法上の保全処分とはその性格を異にしており，特殊保全処分の一種と解

---

　5）最高裁判所事務総局・前掲注1）76頁以下等。

第24章　審判前の保全処分

される[6]。

　もっとも，審判前の保全処分についても，事件の処理手続における保全的措置の一態様であることに変わりはなく，民事保全法と同様に，緊急性，暫定性，付随性といった基本的な性格を有しているものということができる。そのため，家事事件手続法においても，民事保全法の規定が一部準用されている（法115条）ほか，緊急性に配慮し，調書の作成に関し，同法46条の特則を設け（法114条2項），また，審判前の保全処分について，密行性が要求されるものがあることを踏まえ，記録の閲覧等の規律について，家事事件手続法47条3項の特則を設けている（法108条）。

# 第2　本案係属要件

## 1　家事審判法からの変更点

　家事事件手続法105条1項は，「本案の家事審判事件（家事審判事件に係る事項について家事調停の申立てがあった場合にあっては，その家事調停事件）が係属する家庭裁判所」が，審判前の保全処分を命ずる審判をすることができるものと規定している。

　家事審判法下においては，同法15条の3第1項の規定によって，審判前の保全処分の申立てをするには，本案の家事審判の申立てがあったことを要するものとされており，家事調停の申立てがされているだけでは，審判前の保全処分の申立てをすることはできないものとされていた。

　したがって，家事調停の申立てがあったときにも，審判前の保全処分の申立てをすることができることとした家事事件手続法の規律は，家事審判法の規律の重要な変更点であるということができる[7]。

---

6）この点に関する旧法下の議論について，斎藤＝菊池・前掲注2）642頁以下〔安倍〕，太田豊「家事事件に関する保全処分」鈴木忠一＝三ケ月章監修『新・実務民事訴訟講座8』（日本評論社，1981年）260頁以下参照。

7）家事審判法下における本案係属要件に関する解釈論，家事法制定過程における議論の状況をまとめたものとして，長谷部由起子「非訟事件手続・家事事件手続における実効性確保―審判前の保全処分に関する法改正」法時83巻11号22頁以下。

## 2 新たな規律が設けられた理由

上記のように，家事事件手続法において，家事調停の申立てがあったときにも，審判前の保全処分の申立てをすることができるとした理由は，次の点にある[8]。

第一に，保全処分を必要とするような事案においては，当事者間での話合いによる紛争解決が困難であることが少なくないと思われるものの，家事審判法下における実務においても，保全処分が命じられた後で，本案の家事審判事件が調停に付され，最終的には話合いによる解決に至ることもまれではなく[9]，場合によっては，現時点での緊急事態に対して早急に暫定的な救済を得るため，一時的には保全処分を求めるが，最終的な解決は可能な限り調停による話合いによりたいと考える当事者がいることもあり得るため，当事者のニーズに柔軟に応える必要性が認められる。また，家事調停の申立てがあった場合にも審判前の保全処分の申立てをすることができるとする規律を採用すれば，家事調停事件の係属中に，急遽保全処分を要する事態となったとき[10]に，家事審判事件を別途申立て，又は，調停を不成立にして審判移行するのを待つまでもなく，直ちに保全処分の申立てをすることができ，より迅速性の要請に資することにもなる。

第二に，前述のとおり，審判前の保全処分の本案手続は，非訟手続たる家事審判手続であり，保全の対象となるのも本案手続の終局審判によって初めて具体的に形成される権利義務である。したがって，審判前の保全処分を命ずるためには，権利義務が形成される蓋然性が必要となるものと解され，そのような蓋然性を肯定するためには，少なくとも，本案たる家事審判事件が係属している必要があるというのが，家事審判法15条の3の規律であった。しかし，別表第2に掲げる事項に関する家事調停事件については，調停が成立しない場合には，当然に審判に移行し，家事調停の申立ての時に，家事審

---

8) 金子修編著『逐条解説家事事件手続法』（商事法務，2013年）341頁以下参照。
9) 金子・前掲注8）342頁では，子の監護者指定及び子の引渡しの審判事件とこれを本案とする保全処分の申立てがされた場合が具体例として挙げられている。
10) 金子・前掲注8）342頁では，離婚後の財産分与を求める家事調停事件の係属中に申立人に分与することが見込まれる相手方名義の土地建物が処分される可能性が急に高まったときが具体例として挙げられている。

*549*

判の申立てがあったものとみなされる（法272条4項）など，家事調停手続と家事審判手続との間に，密接な関連性や連続性を肯定することができ，このような観点を踏まえると，家事調停の申立てをもって，家事審判の申立てがあったものに準じて考え，家事調停の申立てをしたときに，審判前の保全処分の申立てをすることができるとしても，理論上無理はない。

なお，家事審判法の規律を家事事件手続法において上記のように変更した根拠が，「家事調停の申立てをしたときに，家事審判の申立てがあったものに準じて考える」ことができるという点にある以上，家事調停の申立てとともに，あるいは，家事調停事件の係属中に申し立てられた審判前の保全処分の本案事件は，当該家事調停事件ではなく，同事件が審判移行された後に想定される家事審判事件であることには留意が必要である。

したがって，審判前の保全処分の審判書には，本案事件の表示をすることが多いと思われるが，その際，単に，「本案事件」として，係属中の家事調停事件の事件番号と調停事件名のみを記載することは，やや正確性を欠くのではないかと思われる[11]。

## 3　家事事件手続法施行後の運用状況

家事事件手続法施行後，調停段階で審判前の保全処分の申立てがされることは，珍しいことではない。特に，婚姻費用や養育費の仮払仮処分や，子の監護者指定及び引渡しの仮処分が多く目に付くところである。このような現状から，調停段階で，審判前の保全処分の申立てをしたいという当事者のニーズが一定程度，現実に存在していたことが裏付けられる。

なお，家事事件手続法の制定過程の議論においては，話合いの最中に保全処分をされては，調停による話合いの雰囲気が壊れてしまうため，調停段階で保全処分を認める実益はないのではないかという指摘がされていたようである[12]が，調停段階で審判前の保全処分の申立てがされたというだけで，直ちに不成立になるという事例が多いという印象はない。むしろ，筆者は，同

---

11）「本案の家事審判事項に係る家事調停事件」とした上で，係属中の家事調停事件の事件番号と調停事件名を記載すれば，本案の家事審判事項と家事調停事件との関連性が明らかになるといえようか。

12）高田裕成編著『家事事件手続法』（有斐閣，2014年）324頁以下〔金子修発言〕参照。

居中の妻が子を連れて別居すると宣言しているとして，夫が申し立てた子の監護者指定の調停事件係属中に，その可能性が高まったとして，子の監護者指定の仮処分の申立てがされた事案において，妻が，別居を思いとどまり，子の監護者指定の調停事件（及びこれと同時に進行している夫婦関係調整調停事件）の中で，家庭裁判所調査官による子の調査を実施することとし，協議が続けられたという事例に接したことがある。また，婚姻費用分担調停事件の申立てと同時に，あるいは，その係属中に，婚姻費用の仮払仮処分の申立てがされることにより，婚姻費用の暫定払の合意ができることもあり得る。その結果，同時に進行している夫婦関係調整調停事件に焦点を移すことができ，離婚条件の協議が進み，婚姻費用の最終的な清算を含めた，紛争の解決が促進されるという例もあろう。

# 第3 保全処分の端緒

審判前の保全処分は，申立てによってすることができる。

もっとも，第1類型の保全処分については，事件本人等の財産上の権利を制約するものではなく，しかも公益性の高い処分であるから，家庭裁判所の後見性を発揮させる必要があると考えられるため，[13]家事事件手続法においても，家事審判法の下におけるのと同様の規律が設けられ（法126条1項等），家庭裁判所が職権で審判前の保全処分を命ずることができる。

また，家事審判法の下においては，第1類型以外の保全処分については，事件本人の能力又は権能に制約を加え（第2類型又は第3類型），あるいは，審判の相手方に作為又は不作為の義務を課すなど，当事者等の地位に重大な影響を与えることとなるから，職権の余地を認めず，申立権者の明示の申立てがあってはじめて命じ得るものとされていた。[14]しかし，成年後見人の解任の審判事件を本案とする成年後見人の職務の執行停止又はその職務代行者の選任の審判前の保全処分については，家庭裁判所が職権で成年後見人を解任することができる（民846条）以上，職権で成年後見人の職務の執行の停止

---

13) 最高裁判所事務総局・前掲注1）97頁。
14) 最高裁判所事務総局・前掲注1）96頁。

*551*

第24章　審判前の保全処分

等ができるものとするのが相当であるとして，職権によっても，上記審判前の保全処分をすることができることとされた（法127条1項）。このほか，成年後見監督人の解任の審判事件（法127条5項），保佐人，保佐監督人，補助人，補助監督人，未成年後見人，未成年後見監督人，任意後見監督人及び任意後見人の各解任の審判事件に関しても，同様の規律が設けられている（法135条，144条，181条，225条1項及び同条2項において，127条1項が準用されている[15]）。

　家事審判法の下においては，審判前の保全処分の申立ては，書面又は口頭のいずれの方式によることもできたが（家審規3条1項），家事事件手続法の下においては，その申立ては，書面でしなければならないこととされている（法49条1項）。

　審判前の保全処分が申立てによってされる場合，申立てに当たっては，その趣旨及び保全を求める事由を明らかにしてする必要がある（法106条1項）。

　このうち，「申立ての趣旨」の明示が求められるのは，保全処分においては，申立人の求める処分の具体的な内容が明示されていないと，審判の対象が不明確で，緊急の要請にも応じ得ないし，疎明義務を負っている申立人自身にとっても，疎明の対象が定まらないため，その義務を十分に尽くし得ず，さらに，相手方にとっても疎明の対象が定まらないため，審問等に際し，防御の焦点を合わせにくいという問題が生じ得るためである。したがって，例えば，金銭の仮払の仮処分の申立てに当たっては，仮払を求める金員の額を具体的に明示する必要があるものと考えられる[16]

　「保全を求める事由」については，民事保全手続でいう被保全権利に当たる本案審判の認容の蓋然性と保全の必要性とが考えられる。本案審判認容の蓋然性については，申立ての趣旨を根拠付けるに足りる具体的な事実関係を明らかにする必要があるし，保全の必要性については，どのような緊急性があるのか具体的な事情を明らかにする必要性がある。

---

15）なお，審判前の保全処分の申立権者については，最高裁判所事務総局家庭局監修『家事事件手続法執務資料』（司法協会，2013年）204頁以下の「保全処分一覧表」にまとめられている。

16）金子・前掲注8）346頁。なお，家事審判法の下においても同様に解されてきた（最高裁判所事務総局・前掲注1）98頁参照）。

第4 審理手続

# 第4 審理手続

## 1 疎明義務

　本案の家事審判の審理は，職権主義的な手続構造のもとで行われ，裁判所が職権で事実の調査をし，必要と認める証拠調べをすることが予定されている（法56条1項）。

　また，家事審判法の下における規律と異なり，家事事件手続法の下においては，当事者には，裁判所の判断の基礎となる裁判資料の形成に関し，主体的に活動する手段・方途を与えることが相当であるという考えから，家事事件手続法56条1項により，証拠調べの申立権が認められるに至った。しかし，本案の家事審判事件の審理における当事者の役割としては，あくまで「事実の調査及び証拠調べに協力する」（法56条2項）とされ，申立人に自ら積極的に資料を収集して裁判所に提出する一般的な義務は課されていない。

　これに対し，審判前の保全処分の手続は，特に緊急性が高く，迅速処理が強く要請される。

　そこで，家事事件手続法106条2項は，審判前の保全処分の申立人は，保全処分を求める事由，すなわち，本案認容の蓋然性と保全の必要性を疎明[17]しなければならないこととし，申立人に疎明義務を負わせ，迅速な裁判資料の収集の確保を図っている。[18]

## 2 家庭裁判所による職権調査等

　審判前の保全処分において，保全を求める事由の疎明責任を申立人に負わせた以上，申立人が，その責任を尽くさない場合，家庭裁判所が積極的に事実の調査又は証拠調べをする義務はない。もっとも，申立人の提出した資料のみによって却下した場合，申立人の地位の保護に著しく欠けたり，未成年

---

17）疎明の概念については，民事訴訟法におけるそれと同様である（金子・前掲注8）200頁）。
18）家事審判法下の規律を基本的に維持したものである（金子・前掲注8）347頁）。家事審判法下の考え方については，斎藤秀夫＝菊池信男編『注解家事審判規則・特別家事審判規則〔改訂〕』（青林書院，1992年）152頁〔安倍嘉人〕参照。

第24章　審判前の保全処分

者の保護に欠ける場合もあり得る。また，逆に，申立人の提出した資料からは保全を求める事由の疎明があると評価できる場合でも，そのまま審判前の保全処分を出したのでは，相手方等の地位の保護を不当に害するという場合もあり得る。このような場合，家庭裁判所の後見的機能を発揮させ，事案に即した公正妥当な結果を導くため，家事審判法と同様，家事事件手続法においても，家庭裁判所が，職権調査及び証拠調べをすることができる旨を規定している（法106条3項）。[19]

　また，審判前の保全処分において，家庭裁判所による職権調査等が認められた上記趣旨に鑑みれば，上記のような必要性が認められる場合に限って補充的に職権調査等をするべきである。事実の調査や証拠調べに関する総則的な規定である家事事件手続法56条1項が，「家庭裁判所は，職権で事実の調査をし，かつ，申立てにより又は職権で，必要と認める証拠調べをしなければならない。」と規定しているのに対し，同法106条3項が，「家庭裁判所（中略）は，審判前の保全処分の申立てがあった場合において，必要があると認めるときは，職権で，事実の調査及び証拠調べをすることができる。」と規定しているのも，このことを明らかにするためである。

　なお，家庭裁判所による職権調査等が，補充的で裁量的なものであることに照らすと，これを行わなかったからといって，当然に審理不尽となるものではないと考えられる。[20]

# 3　陳述の聴取

　審判前の保全処分が，「仮の地位を定める仮処分」[21]である場合，原則とし

---

19)　したがって，家庭裁判所の職権調査等は，単に，申立人の疎明の足りない部分を補充するためばかりでなく，申立人の提出した疎明資料の価値を減殺したり，申立人にとって，不利益な資料の収集のためにもすることができるものと解される（斎藤＝菊池・前掲注18）153頁〔安倍〕参照）。
20)　斎藤＝菊池・前掲注18）153頁〔安倍〕。
21)　「仮の地位を定める仮処分」に関する定義規定は，家事事件手続法には置かれていないが，本案の審判事件で問題とされる権利や法律関係についての現在の危険や不安を除去するために本案の審判の効力が生ずるまでの間，暫定的な法律関係を形成するもので，本案の執行の保全を目的としないものをいう（詳細は，金子・前掲注8）350頁（注）部分を参照。）。なお，後見命令等と異なり，保全処分としての財産の管理者（例えば，法126条1項に規定する財産の管理人）の場合，選任されても本人（例えば，成年後見人になるべき者）の財産の管理処分権を制限するものではないと解されていることから，

554

第4 審理手続

て，審判を受ける者となるべき者の陳述を聴取することが必要である（法107条本文）。これは，仮の地位を定める仮処分には，仮差押えや係争物に関する仮処分とは異なり，将来の本執行の保全を目的とするものではないことから密行性の要求のない場合が多いこと，本案の審判事件よりも簡易迅速な手続により自己に関係する法律関係が形成されることとなる者の手続保障を図るためであり，民事保全法23条4項本文の趣旨と異なるところはない。

ただし，同項は，口頭弁論又は債務者が立ち会うことができる審尋の期日を経なければ，仮処分の発令をすることができないと定めているのに対し，家事事件手続法107条本文は，審判を受ける者となるべき者に対する陳述聴取の方法を限定していない。したがって，審判を受ける者となるべき者からの陳述聴取を審問の期日で行うか，書面で行うかは，事案に応じた裁判所の適切な裁量に委ねられているものと解される[22]。

なお，筆者が経験する範囲では，婚姻費用や養育費の仮払を求める申立ての場合，書面で相手方の陳述聴取をする例が多いように思われる。

もっとも，あらゆる事案について，審判を受ける者となるべき者からの陳述を必要とすると，保全の目的を達することができない場合があり得る[23]。そ

---

財産の管理者の選任は，仮の地位を定める仮処分ではないと解されている。家事事件手続法105条1項において，「仮処分」と「財産の管理者の選任その他の必要な保全処分」とが区別されて規定されていることも，この趣旨を明らかにするものと考えられる（高田・前掲注12）330頁〔山本克己及び金子修の各発言〕参照）。

22）家事審判法15条の3第7項は，民事保全法23条4項の規定を準用していたから，家事事件手続法107条本文は，家事審判法の規律を一部変更したものである。そして，このような規律の変更は，「審判前の保全処分の手続における緊急性および暫定性に鑑み」てされたと説明されている（金子・前掲注8）350頁）。しかし，緊急性や暫定性といった性質自体は，民事保全手続においても同様であるから，前記のような説明で，民事保全手続と異なる規律を設けたことを十分に説明し尽くしているといえるのか疑問がある。もっとも，審判前の保全処分の本案たる家事審判の手続において，職権探知主義が採用されており（法56条1項参照），上述のとおり，審判前の保全処分においても，補充的であるにせよ，家庭裁判所に一定の後見的な役割が期待されていると解されることからすると，陳述聴取の方法を裁判所の適切な裁量に委ねたことには，それなりの合理性があると思われる。

23）具体例として，成年後見人が不当に財産を処分するおそれが高いとして申し立てられた成年後見人の解任の審判を本案とする職務執行の停止の保全処分が申し立てられた場合が挙げられる。審判を受ける者となるべき者である成年後見人に対して陳述聴取の通知が発せられたことにより，当該成年後見人が保全処分発令の可能性を察知し，直ちに不当な財産処分を強行すれば，陳述聴取の手続を執ったことによって，保全処分の目的に反する結果をもたらすことになる（金子・前掲注8）351頁参照）。

第24章　審判前の保全処分

こで，家事事件手続法107条ただし書は，そのような事情のある場合を必要的陳述の聴取の規律から除外することとしている。

　なお，審判前の保全処分の手続においては，裁判長がその必要がないと認めるときには，調書の作成を要しないこととされている（法114条1項ただし書）。これは，審判前の保全処分の緊急性に基づく迅速処理の要請からくるものであるが，上記の陳述の聴取を審問期日において実施した場合，審問調書の作成がされることが多いと思われる。

## 4　記録の閲覧謄写等に関する特則

　家事審判手続においては，当事者から記録の閲覧謄写等又はその複製の許可の申立てがあった場合，原則として，これを許可しなければならないこととされている（法47条3項）。しかし，審判前の保全処分については，その性質上，密行性が要求されるものも存在する。したがって，上記のような規律を，そのまま，審判前の保全処分に適用することは妥当ではない。

　そこで，家事事件手続法108条は，密行性を確保する必要性がなくなるまで，具体的には，審判前の保全処分の事件における審判を受ける者となるべき者に対し，当該事件が係属したことを通知[24]し，又は審判前の保全処分を告知するまでは，申立てを相当と認める場合に限り，これを許可することができると規定している。

## 5　審判前の保全処分の審理に関するその他の規律

　審判前の保全処分は，審判であるから，審判前の保全処分の特則である家事事件手続法第1章第4節の各規定が適用されるほか，原則として，審判についての手続の一般的な規定（法第1章第1節（第6款を除く），第2節，第3節及び第5節）が適用される。ただし，審判前の保全処分の本案が，別表第2に掲げる事項についての審判事項であっても，審判前の保全処分それ自体は，別表第2に掲げる事項についての審判事項ではないから，同審判事項の特則である家事事件手続法66条ないし72条，82条2項等は，適用されない。

---

24) ここでいう「通知」とは，通知すること自体を目的に独立して行うものに限らず，呼出状や書面照会書の送付など事件が係属したことを知らせる効果があることが当然に期待できるものを含む（金子・前掲注8）352頁）。

第4　審理手続

　したがって，審判前の保全処分において当事者から提出された資料が，家庭裁判所の事実の調査によって，判断の基礎資料となる点は，他の審判事件の場合と同様である。もっとも，審判前の保全処分においては，申立人に疎明義務が課されていることとの関係上，家庭裁判所が，その資料について，判断の基礎資料としないこととする裁量の余地は，大きくないものと解される。[25]

　なお，事実の調査との関係では，次の点を問題とする余地がある。すなわち，家事事件手続法の条文構造に忠実に考えれば，審判前の保全処分においても家事事件手続法63条が適用されることになるものと思われる。しかし，同条は，「家庭裁判所は，事実の調査をした場合において，その結果が当事者による家事審判の手続の追行に重要な変更を生じ得るものと認めるときは，これを当事者及び利害関係参加人に通知しなければならない。」と規定し，事実の調査をした場合に，その通知を義務づける規定である。そのような規定を，密行性が強く要求される類型を含む審判前の保全処分に適用することが相当ということができるかという問題である。

　この点については，事実の調査の通知は，当事者に記録の閲覧謄写の機会を与えて，反論の機会を保障するために設けられた制度であるが，審判前の保全処分においては，前述のように，記録の閲覧謄写の許可の申立てがあった場合に関して密行性に配慮する規定が設けられ（法108条），当事者に記録の閲覧謄写の機会を与える要請が一定程度後退していると考えられるから，事実の調査の通知について定めた家事事件手続法63条は，審判前の保全処分には適用されないと解釈することはできるのではないかと考える。[26]

---

25)　金子・前掲注8）347頁。
26)　松川正毅ほか編『新基本法コンメンタール人事訴訟法・家事事件手続法』（日本評論社，2013年）245頁〔山本和彦〕には，家事事件手続法63条が適用されるのは，別表第1に掲げる事項に係る家事審判の手続に限定される旨の記述がある。しかし，家事事件手続法上の審判概念は，別表第1に掲げる事項に係る家事審判，別表第2に掲げる事項に係る家事審判のほか，家事事件手続法第2編に定める事項（審判前の保全処分もこれに該当する。）に関する審判に分けられるところ（法39条），事実の調査の通知について特則（法70条）があることの明らかな別表第2に掲げる事項に係る家事審判はともかくとして，同法第2編に定める事項に関する審判の審理において，同法63条の適用が排除される具体的な理由は示されていない。
　　なお，例えば，密行性の要求される仮差押え，係争物に関する仮処分は，現状を維持するためのものであり，家事事件手続法63条にいう「手続の追行に重要な変更を生じ得

557

第24章　審判前の保全処分

## 6　審理に関する実情等

### (1)　審判前の保全処分を担当する裁判体について

　平成27年現在，名古屋家庭裁判所においては，審判前の保全処分の審理を担当する裁判体と本案の審判事件又は本案の審判事件に係る事項についての家事調停事件（以下「本案の審判事件等」という。）を担当する裁判体は，基本的に同一である。

　この点について，同一の裁判体が本案の審判事件等を担当することは，本案の審判認容の蓋然性の判断の見通しを重視して，保全処分の発令に慎重になる傾向があるため，審判前の保全処分の審理を担当する別の裁判体があって然るべきであるとの指摘もある[27]。

　しかし，本案の審判事件等と審判前の保全処分においては，判断資料はかなり共通しており，同一の裁判体が本案の審判事件等と審判前の保全処分の審理を担当した方が効率的である。また，本案の審判認容の蓋然性を重視するあまり，迅速な審理が妨げられるということは適当とはいえないものの，その一方で，本案の審判と審判前の保全処分の判断が逆になるという事態もまた，好ましいことではないように思われ，そのような事態を避けるという見地からは，同一の裁判体が審理に関与した方が，メリットがあるといえるのではないだろうか。さらに言えば，審判前の保全処分の対象が，本案の終局審判によって初めて具体的に形成される権利義務であることは前述のとおりであり，両手続の間には，民事訴訟手続と民事保全手続よりも密接な関連性が求められるものと考えることができることをも考慮すると，審判前の保全処分と本案の審判事件等の裁判体は，むしろ同一であることの方が望ましいという見方もできよう[28]。

　なお，仮に，裁判体が，保全の発令に慎重になる傾向があるとした場合，

---

るものと認める」ときに該当しないから，事実の調査の通知を要しないとして，審判前の保全処分の審理に当たり，同法63条の適用を回避する理屈も考えられなくはないが，それらの保全処分によって財産の処分が制限されるにもかかわらず，手続の追行に重要な変更が生じないといってしまうのは，やや乱暴な議論のように思われる。

27) 高田・前掲注12) 327頁参照〔山本克己発言〕。
28) 最高裁判所事務総局家庭局「平成7年度家事事件担当裁判官協議会における協議結果の概要—子の引渡事件の処理に関し考慮すべき事項—」家月48巻11号27頁参照。

その原因が，本案の審判認容の蓋然性の判断の見通しを重視している点のみにあるのか，あるいは，子の急迫の危険を防止するための必要性（法157条1項柱書）といった保全の必要性に関する事項が十分疎明されていない点にもあるのかは，よく分析する必要があろう[29]。裁判体が慎重になる原因が後者にもあるとすれば，本案の審判事件等とは別の裁判体が審判前の保全処分の審理を担当した場合に，同一の裁判体が審理を担当した場合と比較して迅速な審理が期待できるとは，一概にいえないことになる。

### (2) 本案の審判事項に係る調停事件が係属中に申し立てられた審判前の保全処分の審理について

本案の審判事項に係る家事調停事件が係属中に，審判前の保全処分の申立てがされた場合の審理については，本案の審判事件が係属中に審判前の保全処分の申立てがされた場合と大きく異なるところはなく，迅速な処理の要請を念頭に置いて審理がされているものと思われる。

審判前の保全処分の審問の期日を開いた方がよい場合に，調停の期日がすでに指定されているのであれば，その期日の直前や直後に，審判前の保全処分の審問期日を指定するということも考えられる。職に就いている当事者であれば，仕事の都合で，頻繁に休暇を取れない当事者もいるから，そのような運用をすれば，迅速性の要請にもかなうといえよう。

# 第5 申立ての取下げ

審判前の保全処分の申立ては，審判前の保全処分があった後でも，その全部又は一部を取り下げることができ（法106条4項），相手方の同意も要しない。家事審判の申立ての取下げについては，家事事件手続法82条が，審判があるまですることができると定めているが，審判前の保全処分については，あくまで本案の審判又は裁判がされるまでの暫定的な処分であり，その後の事情の変更によって保全の必要性が失われるに至った場合には，速やかに原

---

29) 緊急性（保全の必要性）の程度と審理計画の関係について，前掲注28）29頁以下参照。

第24章　審判前の保全処分

状に戻すことが相当であると考えられたためである。[30]

# 第6 審判と効力

## 1 効力発生時期

　審理の結果，保全を求める事由が疎明されれば，審判前の保全処分を命ずる審判がされることになる。

　この審判前の保全処分の審判は，家事事件手続法109条2項が，同法74条2項ただし書の規定を適用しないことと定めていることから，審判を受ける者に告知することによって，効力を生ずることとなる。これは，審判前の保全処分の緊急性，暫定性に鑑みたためである。

　なお，審判前の保全処分たる親権者の職務の執行を停止する審判については，審判を受ける者である職務執行を停止される当該親権者に告知する場合だけでなく，子に対し親権を行う者又は選任した職務代行者に告知することによっても効力を生じることとされている（法174条2項）。職務執行を停止される親権者が告知を拒むことで，保全処分の効力を発生させることができず，保全処分の目的を達せられないという家事審判法下の問題点を解消するために上記のような規律が設けられたものである。[31]　同旨の理由から，成年後見人，成年後見監督人，保佐人，保佐監督人，補助人，補助監督人，未成年後見人，未成年後見監督人，遺言執行者，任意後見監督人及び任意後見人の職務執行停止に関しても親権者の職務執行停止の場合と同様の規律が設けられている（法127条2項，5項，135条，144条，181条，215条2項，225条）。

## 2 効力の内容

　審判前の保全処分のうち，第1類型から第3類型までの保全処分については，形成力を具備し，保全処分による地位の創設や停止又は能力の制限は対世的効力を有する。

---

30）金子・前掲注8）348頁以下参照。
31）金子・前掲注8）569頁参照。

第6　審判と効力

また，第4類型の保全処分は，その処分内容が強制執行に親しむものである限り，執行力を有し，民事保全法その他仮差押え及び執行の停止及び効力に関する法令の規定に従い，強制執行をすることができる（法109条3項）[32]。

# 3　効力の終期

審判前の保全処分の効力の終期については，第1類型から第3類型までの保全処分については，それぞれ，明文で，本案の審判が効力を生じるまでと定められている（法126条1項，2項等）[33]。

第4類型の保全処分の終期については，明文の規定がなく，解釈で補う必要がある。

このうち，仮差押え及び係争物に関する仮処分については，この処分の内容に沿った内容の本案の審判が効力を生じた場合には，本執行の着手まで保全処分の効力が存続すると解すべきである。これに対し，保全処分の内容に沿わない本案審判がされた場合には，本案の審判が効力を生じたことにより，当該保全処分が当然に失効するという考え方もある。しかし，仮差押え及び係争物に関する仮処分については，登記等によって公示されているものであり，これらの公示方法との関係で当該保全処分が目的を達することができず，不当なものとなったことを明らかにする必要があるから，当該保全処分の取消しの審判がされるべきであり，その審判がされるまでは，当該保全処分は効力を有するものと解するのが相当である[34]。

また，第4類型の保全処分のうち，金銭の仮払，物の引渡しの仮処分につ

---

32) 最高裁判所事務総局・前掲注1）87頁参照。

33) なお，家事事件手続法74条3項が，「申立てを却下する審判は，申立人に告知することによってその効力を生ずる」と規定しているため，本案の申立てが却下された場合，その旨が申立人に告知されれば，本案の申立てを却下する旨の審判が効力を生じ，その結果，審判前の保全処分も効力を失うことになる。これに対し，家事審判法下においては，申立てを却下する審判を含めて，審判が確定することによって効力を生ずると解されていた（家審13条ただし書参照）ことから，本案の申立てを却下する審判が確定するまで，審判前の保全処分の効力は存続するものと考えられており，家事事件手続法と家事審判法との間には，規律の違いがあることに注意が必要である。それゆえ，家事事件手続法においては，申立人が，本案の申立てを却下する審判に対して即時抗告をした場合，本案の抗告裁判所に対し，改めて審判前の保全処分の申立てをする必要が生じる（金子・前掲注8）355頁参照）。

34) 最高裁判所事務総局・前掲注1）90頁，永吉・前掲注4）57頁，金子・前掲注8）354頁参照。

第24章　審判前の保全処分

いては，それらの仮処分が基本的に執行力を有することや本案の申立てが却
下された場合において，当該却下の審判が確定するまで金銭の仮払等の保全
処分の効力を維持することが相当でないときには，裁判所は，申立てにより
又は職権で，当該保全処分を取り消すことができること等を考慮すると，本
案の審判の確定によって原則として失効するものと解するのが相当である。[35]

# 第7　上　訴

## 1　原則と例外

審判前の保全処分の申立てを却下する審判及び審判前の保全処分を命ずる
審判のいずれについても，原則として，即時抗告をすることができる（法
110条1項本文，2項）。もっとも，家事事件手続法110条1項ただし書各号に
掲げる財産の管理者の選任又は財産の管理等に関する指示の保全処分，職務
代行者選任の保全処分については，即時抗告をすることができない（法110
条1項ただし書，同条2項）。[36]

## 2　申立権者

即時抗告の申立権者は，申立てを却下する審判については，申立人であり
（法110条1項），審判前の保全処分を命ずる審判については，本案の家事審判
の申立ての審判に対し即時抗告をすることができる者である（同条2項）。

## 3　執行停止・執行処分の取消し

審判前の保全処分を命ずる審判は，前述のとおり，家事事件手続法109条
2項によって，同法74条2項ただし書の適用が除外されているため，即時抗

---

35) 金子・前掲注8) 354頁参照。
36) 本案の審判事件で，家事事件手続法110条1項ただし書各号に掲げる処分に類似する不
在者の財産管理人の選任や後見人の選任の審判については，その申立てを却下する審判
及び財産管理人等を選任する審判のいずれについても，即時抗告が認められていないこ
ととの均衡や，同各号に掲げる保全処分それ自体が，本来の財産管理権者等の財産管理
権を制約するものではないから即時抗告を認めて争わせるまでの必要性がないことを考
慮したものと説明されている（金子・前掲注8) 357頁）。

562

告の有無にかかわらず，審判を受ける者に告知されることによって効力を生じる。もっとも，事案によっては，即時抗告に伴い，その執行を停止しておく必要性がある場合もあり得る。そこで，同法111条１項は，即時抗告が提起された場合において，原審判の取消しの原因となることが明らかな事情及び原審判の執行により償うことができない損害を生ずるおそれがあることについて疎明があったときには，申立てにより，執行停止又はすでにした執行処分の取消しを命ずることができると規定している。これらの処分は，即時抗告が提起された高等裁判所のほか，迅速性の要請から，当該審判前の保全処分の記録が原裁判所である家庭裁判所に存する間は，当該家庭裁判所においてもすることができる。

執行停止等の申立てについては，家事事件手続法106条２項，３項が準用され，申立人が上記疎明をする義務を負い，裁判所は，必要に応じて職権で調査することができる（法111条２項）。

## 4　原状回復の裁判

抗告裁判所が，原審判が命じた保全処分を取り消す裁判をする場合，当該抗告裁判所は，抗告人の申立てにより，同裁判において，原状回復を命ずることができる（法115条，民保33条）。審判前の保全処分は，前述のとおり審判を受ける者に告知されることによって直ちに効力を生じるため，即時抗告の申立てがされた場合であっても，原審判に基づき，原審における申立人が，物の引渡しを受け，又は物の使用等をしている場合が考えられることから，抗告裁判所が保全処分を取り消す裁判をする場合に，その裁判において，原審の申立人に対し，原審の相手方に対し，物の返還等の原状回復を命ずることが紛争の全体的解決に資すると考えられるためである。[37]

なお，原状回復の裁判の対象は，「物」又は「金銭」に限られており，「子」は，その文言上含まれていないのみならず，保全処分を取り消す裁判に付随してその手続の中で簡易迅速に原状の回復を図るという原状回復の裁判の制度によって，子の引渡しを命ずる保全処分の取消しに伴い子の返還を命ずる

---

37) 金子・前掲注 8 ) 367頁参照。

第24章　審判前の保全処分

ことは，その性質上も相当ではない。[38]

# 第8　審判前の保全処分の取消し

## 1　端　緒

　審判前の保全処分の審判確定後に，保全処分の理由が消滅し，その他事情が変更したときには，本案の家事審判事件又は家事審判事件に係る事項についての家事調停事件が係属している家庭裁判所又は審判前の保全処分をした家庭裁判所に対する申立て若しくは職権により，保全処分の審判を取り消すことができる。また，本案の家事審判事件が高等裁判所に係属する場合には，その高等裁判所が，審判前の保全処分の取消しの審判に代わる審判をすることができる。この場合，申立権者は，本案の家事審判の申立てについての審判（申立てを却下する審判を除く）に対して即時抗告をすることができる者である（法112条1項）。

## 2　審　理

　審判前の保全処分の取消しの審理については，家事事件手続法106条，109条1項，2項が準用される（法112条3項）。したがって，審判前の保全処分の取消しの申立てに当たっては，その趣旨及び取消しを求める事由を明らかにする必要があり，申立人が，当該事由の存在について疎明義務を負う。また，審判前の保全処分の審判を取り消す旨の審判は，審判を受ける者に対する告知によって，直ちに効力が生じる。もっとも，事案によっては，取消しの審判の効力を直ちに生じさせるのが相当でないと考えられる場合もあり得るため，家庭裁判所は，審判前の保全処分を取り消す旨の審判において，審判の効力を一定期間生じないこととする旨の宣言をすることができることとされている（法115条，民保34条）。[39]

---

38）斎藤＝菊池・前掲注18）159頁〔阿部潤〕参照。
39）審判の効力を一定期間生じないこととする宣言は，即時抗告をすることができる審判においてすることができるものであるため（民保34条ただし書参照），高等裁判所がする審判前の保全処分を取り消す審判に代わる裁判においてはすることができない（金

第8　審判前の保全処分の取消し

なお，取消しの審判に遡及効が認められるかどうかについては，家事事件手続法上，明文の規定がない。事情の変更等により，審判前の保全処分の内容が事後的に不当となったことが取消しの理由であるとすれば，その効力は遡及することなく，将来に向かってのみ生ずると解するのが論理的であろう[40]。

# 3　審判等

家庭裁判所が審判前の保全処分の取消しの審判をする場合，又は高等裁判所が取消しの審判に代わる裁判をする場合にも，その審判において，原状回復を命ずることができる（法115条，民保33条）。もっとも，継続的給付を命ずる仮処分の場合，取り消されるのは，事情の変更を生じたとき以降の仮処分に限られるから，原状回復の範囲も，事情の変更が生じたとき以降に給付した物等に限られることになろう[41]。

審判前の保全処分の取消しの申立てを却下する審判，保全処分の取消しの審判及び原状回復の審判に対しては，家事事件手続法110条1項各号に掲げる審判前の保全処分の取消しの審判に対するものを除き，即時抗告の申立てをすることができる[42]（法113条1項，2項）。また，審判前の保全処分の取消しの審判に対する即時抗告の申立てに伴い，執行停止の申立てをすることもできる（同条3項）。

---

子・前掲注8）368頁）。家事事件手続法115条が，民事保全法33条について「審判前の保全処分の取消しの裁判」について準用すると規定しているのに対し，同法34条については「第112条第1項の審判前の保全処分の取消しの審判」について準用すると規定しているのも，このことを明らかにする趣旨と思われる。

40)　斎藤＝菊池・前掲注2）653頁〔安倍〕，永吉・前掲注4）55頁〔永吉〕，金子・前掲注8）257頁参照。

41)　民事保全法における保全の必要性が消滅した場合と原状回復の範囲について，瀬木比呂志監修『エッセンシャル・コンメンタール民事保全法』（判例タイムズ社，2008年）276頁以下〔増森珠美〕参照。

42)　ただし，金子・前掲注8）364頁は，審判前の保全処分の取消の審判に対する即時抗告をせずに，これに付随してされた原状回復の審判のみについて即時抗告をすることについては，家事審判法の下において，消極的に解する見解が多数であり，家事事件手続法においても，そのような解釈が妥当するとされる。

*565*

第24章　審判前の保全処分

# 第9　担保

　審判前の保全処分を命ずる場合，審判前の保全処分の審判，審判前の保全処分を取り消す審判等に対する即時抗告に伴う執行停止の裁判において執行停止を命ずる場合には，担保を立てさせ，担保を立てることを条件とすることができるものとされており（法115条，民保14条，法111条１項，113条３項参照。），担保を立てる場合の一般的規律として，民事保全法４条の規定が準用される（法115条）。

# 第10　審判前の保全処分と本案審判との関係

　審判前の保全処分のうち，仮の地位を定める仮処分として，金銭の支払や物の引渡しが命ぜられ，これに基づいて履行がされた場合に，この履行状態を後の本案審判においてどのように取り扱うべきかという点については，見解が分かれている[43]。

　もっとも，民事訴訟では，本案訴訟と保全処分の関係について，最判昭和35年２月４日（民集14巻１号56頁）が，「原告（被上告人）が仮処分の執行により特定した土地の引渡を受けた後，該土地が所論のように滅失したとしても裁判所はかかる事実を斟酌することなくして（換言すれば仮処分の執行のなかった状態において）請求の当否を判断すべきものと解するを相当とし」と判示し，最判昭和54年４月17日（民集33巻３号366頁）も，「仮処分における被保全権利は，債務者において訴訟に関係なく任意にその義務を履行し，又はその存在が本案訴訟において終局的に確定され，これに基づく履行が完了して始めて法律上実現されたものというべきであり，いわゆる満足的仮処分の執行自体によつて被保全権利が実現されたと同様の状態が事実上達成されているとしても，それはあくまでもかりのものにすぎないのであるから，このかりの履行状態の実現は，本来，本案訴訟においてしんしやくされるべき筋合いのものではない」と判示しているところである。

　家事審判は，保全の対象が本案の審判がされることによって初めて具体的

---

43）見解については，永吉・前掲注４）58頁以下にまとめられている。

に形成されるため民事訴訟とその性質を異にする部分があるが，保全と本案の関係については，民事訴訟の場合と，考え方を異にする理由はないものと思われる。したがって，本案の審判においては，保全処分又はこれに基づく履行状態を考慮しないという見解が相当と思われる。[44]

【参考文献】
文中に掲げたもののほか，
岡部喜代子「審判前の保全処分を巡る諸問題」判タ1100号572頁以下
金子修編著『一問一答家事事件手続法』（商事法務，2012年）
秋武憲一編著『概説家事事件手続法』（青林書院，2012年）

---

[44] 佐上善和『家事審判法』（信山社，2007年）173頁以下参照。裁判例として，福岡高決昭和59年1月6日家月36巻12号67頁がある。
　　なお，前記昭和54年最判の意義は，前記昭和35年最判の趣旨を再確認したというよりは，むしろ，「仮処分執行後に生じた被保全権利の目的物の滅失等被保全権利に関して生じた事実状態の変動については，本案裁判所が，仮処分債権者においてその事実状態の変動を生じさせることが当該仮処分の必要性を根拠づけるものとなっており，実際上も仮処分執行に引き続いて仮処分債権者がその事実状態の変動を生じさせたものであるため，その変動が実質において当該仮処分執行の内容の一部をなすとみられるなど，特別の事情がある場合を除いては，本案に関する審理においてこれをしんしゃくしなければならないもの，と解するのが相当である」と判示している点にある。
　　慶田康男「審判前の保全処分をめぐる諸問題」野田愛子＝梶村太市総編集『新家族法実務大系第5巻』（新日本法規出版，2008年）335頁は，上記最判昭和54年の判示事項を，審判前の保全処分と本案の家事審判との関係に敷衍し，子の監護者指定・子の引渡し申立事件を本案の家事審判事件として子の引渡しを命ずる審判前の保全処分が出され，子が仮処分債権者である申立人に現実に引き取られたというような事例の場合，仮処分の執行の範囲に属すると考えられる事実関係を本案の家事審判事件の判断資料として斟酌することは許されないが，申立人の手元に引き取られた後の子の生活の具体的内容，安定不安定の別，原状における監護者との親和性などは，仮処分執行後の新事態として本案の家事審判事件の判断資料とすることが許容されるとする。

# 第25章

# 審判前の保全処分
— 本案家事審判係属の
要件を中心に

青 木　　哲

## 第1　はじめに

　家事審判事件について，裁判所は，「仮差押え，仮処分，財産の管理者の選任その他の必要な保全処分」を命ずることができる（法105条1項）。これを「審判前の保全処分」という。家事審判が効力を生ずるまでの間に，事件の関係人の財産に変動が生じて後日の審判に基づく強制執行による権利の実現が困難となることや，関係人の生活が困難や危険に直面するという事態が生ずることがある。これに対処するため暫定的に権利義務関係を形成して，権利者の保護を図ろうとする趣旨の制度である[1]。

　審判前の保全処分は，家事審判事件の係属する家庭裁判所（抗告審に係属する場合には，係属する高等裁判所）の管轄とされ（法105条），本案となる家

---

1) 最高裁判所事務総局編『改正民法及び家事審判法規に関する執務資料』（法曹会，1981年）73頁，金子修編著『逐条解説家事事件手続法』（商事法務，2013年）340頁以下。

第25章　審判前の保全処分——本案家事審判係属の要件を中心に

事審判事件の係属が前提とされている。これは，保全処分の要件として本案の家事審判において一定の具体的な権利義務が形成される蓋然性が必要であり，そのような蓋然性を認めるには本案の家事審判事件の係属が必要であると考えられたためである[2]。家事審判法はこの本案審判係属の要件に例外を認めていなかったが，家事事件手続法（平成23年法律52号）は，家事調停事件が係属していれば，その係属する家庭裁判所が保全処分を命ずることを認めた（法105条1項括弧書）。

　本稿では，本案係属の要件を中心に，家事事件における保全処分の沿革（第2），各種の保全処分における本案手続係属の必要性（第3）をみたうえで，家事事件手続法において，家事調停事件が係属していれば，家事審判事件が係属していなくても，審判前の保全処分を命ずることが認められたことの意義について考察したい（第4）。

# 第2　家事事件における保全処分の沿革

## 1　人事訴訟手続法（明治31年）

　戦前は，人事訴訟手続法（明治31年法律13号）[3]において，婚姻事件として，婚姻の無効・取消し，離婚のほか，夫婦の同居を目的とする訴えが定められた（1条）。また，婚姻事件について，離婚の訴え等に附帯して扶養の請求をすることができるものとされ（7条2項但書），同法16条[4]は，「扶養若ク

---

2) 金子・前掲注1）341頁以下。
3) 民法第4編・第5編（明治31年法律9号）と同時に公布され，民法の施行の日から施行された。人事訴訟手続法16条の沿革について，岡垣学『人事訴訟手続法』（第一法規出版，1981年）316頁以下を参照。
　明治23年に民事訴訟法（明治23年法律29号）が制定された際には，民事訴訟法施行条例10条において「婚姻離婚及養子縁組離縁ニ關スル訴ニ付テハ特別ノ慣例アルモノハ當分ノ内其慣例ニ従フ」とされた。また，「婚姻事件養子縁組事件及ヒ禁治産事件ニ關スル訴訟規則」（明治23年法律104号）が制定され，明治26年1月1日から施行された。同13条は「假處分ニ關シ殊ニ配偶者ノ一方又ハ養子カ住家ヲ去ルノ許可及ヒ養料ノ供給ヲ申立テタル場合ニ於テハ民事訴訟法第七百五十六條乃至第七百六十三條ノ規定ヲ準用ス」と定め，同25条は「裁判所ハ治産ヲ禁セラル可キ者ノ身體ノ監護又ハ財産ノ保存ニ付キ必要ナル處分ヲ命スルコトヲ得」（準禁治産者には準用されない。同40条3項）と定めていた。
4) 当時のドイツ民訴法（CPO）584条に倣ったものとされる。中野貞一郎「通常仮処分

570

ハ同居ノ義務，子ノ監護其他ノ假處分」について民事訴訟法756条から763条の規定（仮の地位を定める仮処分に関する規定）を準用することを定め，これらの規定は，養子縁組事件，親子関係事件，相続人廃除事件，隠居事件[5]にも準用された（26条，39条1項）。

　また，人事訴訟手続法に禁治産・準禁治産に関する手続が定められた（40条以下）。禁治産に関する事件について，同法50条前段は，裁判所が「其宣告ヲ受クヘキ者ノ監護叉ハ其財産ノ保存ニ付キ必要ナル處分」を命ずることができることを定め，同法60条は，禁治産宣告の不服申立手続において，裁判所が禁治産宣告を取り消す場合に，「判決ノ確定ニ至ルマテ禁治産者ノ監護叉ハ其財産ノ保存ニ付キ必要ナル處分」を命ずることができることを定め，これらの規定は準禁治産に関する事件に準用された（67条1項）。これらの処分は裁判所が職権で命ずるものとされた[6]。

# 2　人事調停法（昭和14年）

　昭和14年に人事調停法（昭和14年法律11号）が制定され，「家族親族間ノ紛争其ノ他一般ニ家庭ニ關スル事件」（人事調停法1条）を対象とする調停制度が設けられた。保全処分については，同法8条により借地借家調停法（大正11年法律41号）13条[7]及び22条が準用され，調停裁判所及び調停委員会が「調停前」に調停のために必要と認める処分をすることができることが定められた[8]。

---

　　か特殊仮処分か」同『強制執行・破産の研究』（有斐閣，1971年，初出1968年）265頁，272頁参照
5）裁判例として，大判大正15年6月11日大民集5巻458頁がある。
6）大森洪太『人事訴訟手続法』（日本評論社，1930年）237頁（現代法学全集33巻397頁）
7）借地借家調停法13条は，「裁判所ハ調停前調停ノ爲必要ト認ムル處分ヲ命スルコトヲ得」と定めた。借地借家調停法案を審議した借地借家調停法案委員会において，山内確三郎政府委員は「調停申立前ニ假處分ヲナスルト云フヤウナ考ハ勿論無イ」と述べている。第45回帝国議会衆議院借地借家調停法案委員会議録第4回（大正11年2月15日）4頁，法律新聞社編『借地借家調停法精義』（法律新聞社，1923年）157頁。
8）小野木常『調停法概説』（有斐閣，1942年）132頁。

第25章　審判前の保全処分——本案家事審判係属の要件を中心に

# 3　家事審判法・家事審判規則（昭和22年）

　戦後に，家事審判法（昭和22年法律152号）が制定された[9]。人事訴訟の対象とされていた禁治産・準禁治産（9条甲類1号・2号），失踪（甲類4号），扶養（乙類8号），相続人廃除（乙類9号）に関する手続は家事審判の対象とされ，家事審判法施行法（昭和22年法律153号）により，人事訴訟手続法からこれらの事項に関する手続及び隠居事件に関する手続の部分は削除された。また，夫婦の同居に関する処分（乙類1号），扶養に関する処分（乙類8号）も家事審判事項とされ，人事訴訟手続法16条の「扶養若クハ同居ノ義務」の部分は削除された（家事審判法施行法6条）。子の監護に関する処分は家事審判事項とされた（乙類4号）が，婚姻取消し・離婚の訴えにおいて，附帯申立てにより，子の監護につき必要な事項を定めることができるものとされた（人事訴訟手続法15条）。

　家事調停について，家事審判法に規定が置かれ，人事調停法は廃止された（家事審判法施行法3条）。家事審判規則（昭和22年最高裁判所規則15号）に，調停委員会（単独調停における家事審判官）は，「調停前に，調停のために必要であると認める処分を命ずることができる」ことが定められ（家審規133条，142条），「調停前の（仮の）措置」と呼ばれた。「調停前に」というのは，調停申立て後，調停手続が終了する前という意味であると解され[10]，調停申立前の処分が認められない理由として，調停前の措置は調停手続に付随し，調停手続の一環としてなされるものであること，起訴命令に対応する措置が予定されていないことが挙げられた[11]。民事調停法（昭和26年法律222号）12条に調停前の措置の規定が設けられた[12]際に，家事審判法及び家事審判規則が改正

9)　家事審判法・家事審判規則の制定過程について，堀内節編著『家事審判制度の研究』（中央大学出版部，1970年）297頁以下，太田豊『家事・人事事件に関する保全処分の研究』（司法研修所，1976年）10頁以下を参照。

10)　山木戸克己『家事審判法』（有斐閣，1958年）91頁。

11)　古林岩夫『審判または調停前の措置についての実証的研究』裁判所書記官研修所実務研究報告書6巻4号195頁，永吉盛雄「調停前の仮の措置」岡垣學＝野田愛子編『講座・実務家事審判法1』（日本評論社，1989年）311頁，315頁。

12)　同条の規定は，衆議院に提出された原案から，衆議院法務委員会（昭和26年5月10日）において北川定務委員から各派共同提案として提出された修正案により，修正されたものである（第10回国会衆議院法務委員会議録21号2頁，8頁）。最高裁判所事務総局民

572

され（民調附則11条，昭和26年最高裁判所規則10号），調停前の措置に執行力が
ないこと（家審規133条2項），調停前の措置に従わない場合の過料（5,000円
以下）の制裁（家審28条2項）が定められた。執行力が否定されたのは，調
停は本来手続をなごやかな雰囲気のうちに円滑に進行させることを趣旨とし，
強制力を伴う処分は適切でないとされたからである。[13]

　審判前の保全処分について，[14]家事審判規則に個別的な規定[15]が設けられ，
本案審判の申立てがあった場合に[16]家庭裁判所が必要な処分をすることがで
きること，家庭裁判所は処分の取消し・変更をすることができることが定め
られた（家審規23条，56条の2，74条，95条，106条）。[17]審判前の保全処分に執
行力が認められるのかについて，家事事件においても強制力のある保全処分
が必要であることから執行力を肯定する見解[18]も主張されたが，最高裁判所
規則により執行力のある仮の処分を認めることは憲法77条1項が定める規則

---

　　事局編『民事調停法規の解説』（1951年）26頁以下，石川明＝梶村太市編『注解民事調
　　停法〔改訂版〕』（青林書院，1993年）180頁〔稲田龍樹〕参照。
13) 山木戸克己「調停・審判前の仮の処分─家事審判と保全処分（再論）」同『民事訴訟法
　　論集』（有斐閣，1990年，初出1980年）264頁，266頁。
14) 家事審判法の制定過程において，昭和22年6月16日付「家事審判法案（第一案）」には，
　　第6条として「家事審判所又は調停委員会は，審判又は調停前に，審判又は調停のため
　　に必要と認める処分を命ずることができる。」という規定がみられる。堀内・前掲注9)
　　1162頁。
15) 具体的には，禁治産・準禁治産宣告事件における本人の監護又はその財産の管理につ
　　いての必要な処分（家審規23条，30条），財産分与事件における分与者の財産の保全に
　　ついての必要な処分（同56条の2。昭和25年最高裁判所規則14号により追加），親権・
　　管理権喪失事件における職務執行停止・代行者選任（同74条），後見人解任事件におけ
　　る後見人の職務執行停止・代行者選任（同86条），扶養事件における被扶養者の生活・
　　教育についての必要な処分（同95条），遺産分割事件における遺産の管理についての管
　　理者の選任その他の必要な処分（同106条）である。
16) この点につき，東京地判昭和43年4月1日判時525号65頁は，家事審判事件の前段階と
　　みられるべき調停手続中においても，仮の処分をすることができることを述べた。
17) 古林・前掲注11) 48頁は，「家事事件の申立は形式・手続ともに簡易であり，かつ費用
　　も低廉であるので実際には，さほど不利益を与えるものではない。むしろ，本案係属前
　　に仮の処分の申立を認めることによって生じる，法的複雑性を排したものであろう。」
　　という。また，河野力「仮の処分および履行確保」中川善之助ほか責任編集『家族問題
　　と家族法Ⅶ家事裁判』（酒井書店，1957年）235頁，240頁は，「家事審判手続は家庭にお
　　ける不調整を治療する手続であるから，手続中にたとえば試薬を投じたり各種の中間的
　　治療方法をほどこしつつ最終的治療にいたるという考え方に基づいたものであって，そ
　　のために，民事訴訟における保全訴訟のように独立の手続とすることの煩を避けたもの
　　である。」という。
18) 河野・前掲注17) 242頁以下，山木戸克己「家事審判と保全処分」中川善之助教授還暦
　　記念『家族法大系Ⅰ』（有斐閣，1959年）299頁，305頁，山木戸・前掲注13) 268頁以下。

*573*

制定権及び家事審判法8条による委任の範囲外であること，執行力を認める家事審判法15条の「審判」は家事審判事件の本案についての終局的裁判を意味することから，執行力を否定する見解[19]が支持された。

　他方で，家事審判事項について民事訴訟法上の仮差押え・仮処分を利用することができるのかについて，これを肯定する見解[20]もみられたが，民事訴訟法上の仮差押え・仮処分の対象は訴訟事項に限られ，被保全権利が非訟事件により形成される家事審判事項である場合は，仮差押え・仮処分をすることはできないと解された[21]。このため，実務及び学説から審判前の保全処分に執行力を認める法改正が求められた。

## 4　家事審判法改正（昭和55年）

　「民法及び家事審判法の一部を改正する法律」（昭和55年法律51号）により，家事審判法に「審判前の保全処分」の規定が置かれた。同法15条の3は，家事審判の申立てがあった場合において，「仮差押え，仮処分，財産の管理者の選任その他の必要な保全処分」を命ずることができること（1項），事情が変更した場合の保全処分の取消しの規定（2項）などのほか，審判前の保全処分の執行について，民事執行法その他の仮差押え及び仮処分の執行に関する法令の規定に従ってすること（6項）が定められ，審判前の保全処分の執行力が明文で認められた。また，家事審判規則及び特別家事審判規則において審判前の保全処分が認められる審判事件と保全処分の内容について規定が整備された。[22]

---

19）兼子一「特殊仮処分の手続」民訴雑誌1号28頁，30頁，宮脇幸彦「非訟事件と保全訴訟」判タ37号71頁，76頁。
20）中村修三「家事事件の保全処分」判タ86号21頁，24頁以下。仮差押えについて，兼子一『増補強制執行法』（酒井書店，1951年）303頁，313頁は，本案とは本執行のための債務名義を形成する訴訟手続を指すとして，家事審判手続を本案とする民事訴訟法上の保全処分を肯定する。
21）宮脇・前掲注19）74頁。
22）審判前の保全処分はその内容により次の①から④の4つの類型に分類された。①禁治産・準禁治産宣告事件における，財産の管理者の選任又は事件の関係人に対する本人の財産の管理・本人の監護に関する事項の指示（家審規23条1項，30条），②禁治産・準禁治産宣告事件における，本人の財産上の行為につき財産の管理者の後見を受けるべき旨の命令（同条2項，30条），③親権者の指定事件（同70条），親権者の変更事件（同72条），親権・管理権喪失事件（同74条），親権者が破産宣告を受けた場合の管理権喪失宣告事件（特別家事審判規則27条）における，本人の職務執行停止・代行者選任（同74条，

さらに，調停前の措置（家審規133条）に従わない場合の過料が10万円以下に引き上げられた。

## 5 民事保全法（平成元年）

　民事保全法（平成元年法91号）の制定に伴い，人事訴訟手続法16条は，「子ノ監護其他ノ仮処分」について，「仮ノ地位ヲ定ムル仮処分ニ関スル民事保全法（……）ノ規定」を準用する旨に改められた。また，審判前の保全処分について，[23] 家事審判法15条の3第6項は「民事保全法（……）その他の仮差押え及び仮処分の執行及び効力に関する法令の規定に従う」と改められた。審判前の保全処分の取消しに関して，民事保全法33条の準用により原状回復の裁判の制度が導入された。高等裁判所がした審判前の保全処分の執行に対する第三者異議の訴えの管轄裁判所について，審判前の保全処分が本案審判事件の係属を前提とし，これに付随するものであることから，「本案の審判事件が係属している家庭裁判所（その審判事件が高等裁判所に係属しているときは，原裁判所）」と定められた（家審15条の3第6項，民保45条）。

## 6 人事訴訟法（平成15年）

　平成15年に成立した人事訴訟法（平成15年法律109号）により，人事訴訟および人事訴訟を本案とする保全命令事件は家庭裁判所の管轄とされた（裁判所法31条の3第1項2号，人訴30条2項）。人事訴訟法においては，旧人事訴訟手続法16条に相当する規定は置かれなかった。旧法下では同条の保全処分について，民事訴訟法の適用により仮の地位を定める仮処分をすることがで

---

　70条，72条），④夫婦財産契約による管理者の変更及び共有財産の分割（同47条，48条3項，106条1項），子の監護事件（52条の2），財産分与事件（56条，52条の2），扶養関係事件（同95条，52条の2），遺産分割事件（同106条1項，52条の2），財産の管理者の変更及び共有財産の分割（特別家事審判規則25条）における，仮差押え，仮処分その他の保全処分である。

23）民事保全法の制定に伴う審判前の保全処分に関する改正について，法務省民事局参事官室編『一問一答新民事保全法』（商事法務，1990年）246頁以下，豊澤佳弘「家事審判前の保全処分に対する改正の影響」三宅弘人ほか編『民事保全法の理論と実務（下）』（ぎょうせい，1990年）583頁以下を参照。

　本文のほか，家事審判法15条の3第7項による民事保全法23条4項の準用により，仮の地位を定める仮処分は，原則として，審問期日において相手方の意見を聴く機会を与えなければ発令することができないものとされた。

き，同条は疑義の生ずるのを避けるための注意的規定とみる見解[24]と，民事訴訟法上の仮処分の要件によらずに認められる特殊仮処分を定めたものであるとの見解[25]とがあったが，新法においては，人事訴訟を本案とする保全命令事件について民事保全法の規定が直接適用されることを前提に[26]，旧法16条に相当する規定を置かないこととされた[27]。

# 7　家事事件手続法（平成23年）

平成23年に家事事件手続法が成立し，平成25年に施行された。家事事件手続法においては，多くの規則事項が法律事項に格上げされ，各種の審判前の保全処分の規定が法律に定められた[28]。そのほか，審判前の保全処分につい

24) 山木戸克己『人事訴訟手続法』（有斐閣，1958年）148頁，岡垣・前掲注3）326頁以下。
25) 中野・前掲注4）278頁以下。仮処分の手続は通常仮処分に関する規定の準用によるが，仮処分の要件は通常仮処分とは異なるとし，手続についても，本案の付随手続としての仮の処分の制度に改めるべきである，とする。
26) 人事訴訟法30条は，人事訴訟を本案とする保全命令事件について民事保全法が適用されることを前提に，同法の適用関係に関する規定を設けている。
27) 小野瀬厚＝岡健太郎編著『一問一答新しい人事訴訟制度』（商事法務，2004年）116頁以下参照
28) 次の四つの類型に分類される。①財産の管理者の選任又は事件の関係人に対する財産の管理等に関する指示の保全処分。この類型の保全処分が認められる本案の事件には，別表第1事件として，後見開始（法126条1項），保佐開始（法134条1項），補助開始（法143条1項），夫婦財産契約による財産の管理者の変更等（法158条1項，242条3項），破産手続が開始された場合における夫婦財産契約による財産の管理者の変更等（法242条3項）がある。また，別表第2事件として，遺産分割（法200条1項）がある。この類型については，職権による保全処分も認められている。
　②本人の財産上の行為につき，財産の管理者の後見等を受けるべきことを命ずる後見命令等の処分。この類型の保全処分が認められる本案の事件には，別表第1事件として，後見開始（法126条2項），保佐開始（法134条2項），補助開始及び補助人の同意を得なければならない行為の定め（法143条）がある。
　③成年後見人等に対して，職務の執行を停止し，又はその職務代行者を選任する旨の保全処分。この類型の保全処分が認められる本案の事件には，別表第1事件として，成年後見人等の解任（法127条1項，5項，135条，144条，181条，225条1項），特別養子縁組の成立又は離縁（法166条1項，5項），親権喪失，親権停止又は管理権喪失（法174条1項），親権を行う者につき破産手続が開始された場合における管理権喪失（同242条3項），遺言執行者の解任（法215条1項）がある。また，別表第2事件として，親権者の指定・変更（法175条3項）がある。
　④仮差押え，仮処分その他の保全処分。この類型の保全処分が認められる本案の事件には，別表第1事件として，夫婦財産契約による財産の管理者の変更（法158条2項），破産手続が開始された場合における夫婦財産契約による財産の管理者の変更等（法242条3項）がある。また，別表第2事件として，夫婦間の協力扶助に関する処分（法157条1項1号），婚姻費用の分担に関する処分（法157条1項2号），子の監護に関する処

て、[29] 家事調停事件の係属する家庭裁判所の管轄が追加され，家事調停事件が係属していれば，家事審判事件が係属していなくても審判前の保全処分の申立てをすることができることが認められた（法105条1項）。これに伴い，審判前の保全処分の取消しの管轄裁判所として，家事調停事件の係属する家庭裁判所及び審判前の保全処分をした家庭裁判所が追加された（法112条1項）。また，高等裁判所がした審判前の保全処分の執行に対する第三者異議の訴えの管轄裁判所についても家事調停事件の係属する家庭裁判所が追加された（法109条3項，民保45条）。

調停前の措置は，「調停前の処分」として法律事項とされ，「家事調停事件が係属している間」にすることができることが明確化された（法266条1項）。

# 第3 各種の保全処分における本案手続係属の必要性

## 1 民事保全手続と本案訴訟

### (1) 民事保全手続の独立性と付随性

民事保全手続は本案訴訟から独立した別個の手続であり、[30] 本案訴訟の提起や係属をその要件としていない。また，本案訴訟の係属する（官署としての）裁判所や受訴裁判所が民事保全を担当するとは限らない（民保12条）。

他方で，民事保全手続は本案訴訟に対する付随性を有する。債務者の申立てにより，保全命令を発令した裁判所は，債権者に対して，2週間以上の相当と認める期間内に，本案訴訟の提起又は係属を証する書面の提出を命じな

---

分（法157条1項3号），財産の分与に関する処分（法157条1項4号），親権者の指定又は変更（法175条1項），扶養の順位の決定及びその決定の変更又は取消し（法187条1項），扶養の程度又は方法についての決定及びその決定の変更又は取消し（法187条2項），遺産分割（法200条2項）がある。

以上のほか，一時保護中の児童（児童福祉法33条2項）について，都道府県の措置についての承認を本案の事件とする，児童の身辺へのつきまとい又は住所等の付近のはいかい禁止の保全処分（法239条）がある。

29) 本文のほか，仮の地位を定める仮処分については，審判を受ける者となるべき者の陳述を聴取しなければならない（法107条）が，陳述の聴取は審問の期日において行う必要はないこと（民保23条4項を準用しない。法115条）などの改正がされた。

30) 兼子・前掲注19）34頁，松本博之『民事執行保全法』（弘文堂，2011年）463頁。

*577*

第25章　審判前の保全処分──本案家事審判係属の要件を中心に

ければならず，債権者が期間内に書面を提出しなかった場合には，保全命令
は取り消される（本案の訴えの不提起等による保全命令の取消し。民保37条）。
また，本案訴訟において被保全権利を否定する判決が確定した場合など，事
情の変更がある場合には，債務者の申立てにより，保全命令を発した裁判所
又は本案の裁判所は，保全命令を取り消すことができる（事情の変更による
保全取消し。民保38条）。

### (2)　法人の代表者の職務執行停止・職務代行者選任の仮処分（民保56条）

　平成2年法律64号による改正前の商法270条1項は「取締役ノ選任決議ノ
無効若ハ取消又ハ取締役ノ解任ノ訴ノ提起アリタル場合ニ於テハ本案ノ管轄
裁判所ハ当事者ノ申立ニ依リ仮処分ヲ以テ取締役ノ職務ノ執行ヲ停止シ又ハ
之ヲ代行スル者ヲ選任スルコトヲ得本案ノ繋属前ト雖モ急迫ナル事情アルト
キ亦同ジ」と定め，同条2項は「裁判所ハ当事者ノ申立ニ依リ前項ノ仮処分
ヲ変更シ又ハ之ヲ取消スコトヲ得」と定めていた[31]。この仮処分の性質は通常
保全処分であると解された[32]が，兼子一「特殊仮処分の手続」（1954年）[33]は，
同条1項が本案訴訟の提起後にすることを原則としていること，同条2項が
裁判所によるその処分の取消変更を規定していることから，本案訴訟の付随
手続としての仮処分の一類型に属する特殊仮処分であり，仮処分をするのは
本案係属後においては受訴裁判所であり，本案係属前に仮処分があったとき
は，仮処分の取消し・変更の権限は受訴裁判所に移ることになると主張した。

　民事保全法においては，法人を代表する者その他法人の役員として登記さ
れた者についての職務執行停止又は職務代行者選任の仮処分命令に関する規
定が設けられ（民保56条），同条の定める仮処分命令が民事保全処分である
ことが前提とされた[34]。また，平成2年法律64号による商法改正により商法
270条は削除され，仮処分の要件や手続は民事保全法に委ねられた[35]。

---

31)　昭和25年法167号による改正前の商法（昭和13年法72号）270条から272条の規定も参照。
32)　最判昭和41年2月1日判時447号85頁，中野・前掲注4）287頁以下。
33)　兼子・前掲注19）35頁以下。
34)　山崎潮『新民事保全法の解説（増補改訂版）』（金融財政事情研究会，1991年）377頁。
35)　大谷禎男『改正会社法』（商事法務，1991年）197頁。

*578*

### 第3　各種の保全処分における本案手続係属の必要性

#### (3)　人事訴訟の附帯処分を本案とする民事保全

　家事審判事項は，原則として，民事保全の対象ではなく，審判前の保全処分の対象であるが，附帯処分事項（人訴32条）は，人事訴訟において審理裁判され得るものであるから，民事保全の被保全権利になる[36]。特に，財産分与請求権について，離婚前には，財産分与の審判の申立てをすることができず，それを前提とする審判前の保全処分をすることもできないこと[37]から，民事保全を認める必要がある。そこで，離婚訴訟に附帯する財産分与の申立てが現に係属しあるいは係属する可能性がある場合には，財産分与請求権を被保全権利として民事保全の申立てをすることができると解されている[38]。これに対して，附帯処分事項ではない家事審判事項は，人事訴訟で確定され得る権利関係ではないことから，民事保全の対象とはならないと解されている[39]。

## 2　特殊保全処分と本案要件

#### (1)　特殊保全処分の付随性

　特殊保全処分（本稿では，民事保全（旧民事訴訟法上の仮差押え・仮処分）以外の保全処分を指し，執行停止の仮の処分及び執行力を有しない調停前の措置を含む。）においては，本案事件の係属が要件とされるのが通例である。特殊

---

36)　松本博之『人事訴訟法〔第3版〕』（弘文堂，2012年）285頁。
37)　最高裁判所事務総局・前掲注1）96頁。中村也寸志「離婚に伴う財産分与請求権を被保全権利とする民事保全」東京地裁保全研究会＝大阪地裁保全研究会『民事保全実務ノート』（判例タイムズ社，1995年）190頁，193頁注3参照。その理由として，審判前の保全処分の手続において他の手続における離婚の形成の見通しを判断しなければならないことになり，付随手続である審判前の保全処分の性質と相容れないことが挙げられている。
38)　野田愛子＝安倍嘉人監修『改訂人事訴訟法概説』（日本加除出版，2007年）289頁〔瀬木比呂志〕。旧人事訴訟手続法について，中村・前掲注37)192頁，太田勝造「財産分与請求権に基づく民事保全処分の方法」丹野達＝青山善充編『裁判実務大系第4巻民事保全法』（青林書院，1999年）331頁，336頁（離婚訴訟の係属前にも民事保全の申立てをすることを肯定する）。これに対して，財産分与の申立てが既になされている場合に限定して肯定する見解（鈴木忠一＝三ケ月章編『注解民事執行法6』（第一法規出版，1984年）145頁以下〔小笠原昭夫〕）もある。この見解は，財産分与の申立てがあった場合には清算の対象となる相手方財産を凍結しておく必要があることを，財産分与の申立て後の通常仮処分を認める理由としている。
39)　松本・前掲注36)285頁。これに対して，旧人事訴訟手続法16条につき，山木戸・前掲注24)149頁は，「本案訴訟における審判の対象たる身分関係にもとづく効果である権利関係については，当該人事訴訟に併合して請求できないものであっても，判決までの暫定的法律状態を定めるものとしてその保全のために必要な仮処分ができる」とする。

*579*

第25章　審判前の保全処分──本案家事審判係属の要件を中心に

保全処分と本案の関係について一般的に述べた文献として，兼子・前掲論文[40]は，仮処分が本案の付随的手続として構成されている場合は，本案を担当している受訴裁判所が，現段階における本案の結果の見通しを斟酌して，仮処分の許否を判断し，その審理の進度に応じて見通しが変転すれば，これを仮処分に反映させて，その取消し・変更をすることができる，という。また，松浦馨「略式訴訟の必要性とその性格」（1965年）[41]は，通常の仮処分に対する（執行停止の仮の処分を区別した狭義の）特殊の仮処分の特徴として，①しばしば職権による仮処分が許されること，②その審理は通常，本案手続の中で行われること，したがって，③本案係属前には，また，本案裁判所以外の裁判所では，仮処分が行われないのが原則であることを挙げ，特殊仮処分においては，事件の性質が公益に関するために職権による処分が必要であり，本案手続と離れて性急に本案裁判所以外の裁判所が別個に不統一に仮処分を発するのではなく，本案裁判所が本案の審理を行いつつ仮処分の発令・変更・取消しをする，という。このように特殊保全処分においては，本案の裁判所が本案の審理を行いつつ保全処分の発令・変更・取消しをするものとされ，本案の手続の係属が前提とされるという特質がある[42]。

## (2)　倒産法上の手続開始前の保全処分

　裁判所は，破産手続開始の申立てがあった場合[43]に，利害関係人の申立て又は職権により，債務者の財産に関し必要な保全処分を命ずることができる（破産法28条1項）[44]。破産申立てを機に債権者からの取立ての圧力が高まり，

---

40)　兼子・前掲注19）34頁。

41)　松浦馨「略式訴訟の必要性とその性格」民訴雑誌11号3頁，14頁。

42)　岡垣学「非訟事件における仮の処分」鈴木忠一＝三ケ月章監修『実務民事訴訟講座7』（日本評論社，1969年）113頁，117頁。

43)　保全処分の要件として破産手続開始原因の疎明を要するのかについて，債権者による申立てにおける開始原因の疎明（破産18条2項）があれば足りるとする見解（石田真「破産宣告前の仮差押・仮処分その他の保全処分（破産法155条）」判タ197号216頁，伊藤眞『破産法・民事再生法〔第3版〕』（有斐閣，2014年）138頁以下）と，申立ての適法要件としての開始原因の疎明とは別に，保全処分のために開始原因の疎明を要する（より高度な心証を要する）という見解（野村秀敏「保全処分の要件──破産原因の疎明の要否」新倒産判例百選（1990年）40頁，41頁）などがある。

44)　民事再生法30条1項及び会社更生法28条1項は，再生手続・更生手続開始の申立てがあった場合に，再生債務者・開始前会社の業務及び財産に関し必要な保全処分を命ずることができることを定める。会社法540条2項も，特別清算開始の申立てがあった時か

債務者による財産処分や財産隠匿のおそれが高まることから，開始決定までの間の財産処分や弁済を禁止する趣旨であり，[45]破産申立てがされたことが保全処分の必要性の基礎にある。手続開始前の保全処分は本案である破産申立事件に付随する手続とされ，保全処分を管轄するのは，破産申立事件の係属する地方裁判所（破産裁判所）であり，申立棄却決定に対して即時抗告が提起された場合には抗告裁判所である[46]（破産法33条2項，28条1項）。裁判所は，職権で，保全処分を変更し，又は取り消すことができる（破産法28条2項）。

### (3) 執行停止の仮の処分

#### ア 請求異議の訴え等における執行停止の仮の処分

請求異議の訴え等における執行停止の仮の処分（民執36条，38条4項）は，原則として，請求異議の訴え等（本案訴訟）が提起された場合に，受訴裁判所（急迫の事情がある場合には，裁判長）がするものとされる（民執36条1項）。ただし，急迫の事情があり，受訴裁判所による仮の処分を得る時間的余裕がない場合には，請求異議の訴え等の提起前であっても，執行裁判所が同条1項の仮の処分を命ずることができる（同条3項）とされ，本案係属の要件は緩和されている。

執行裁判所による執行停止の裁判は，受訴裁判所による執行停止の裁判が得られるまでの措置であるから，執行裁判所は仮の処分を命ずる際に，受訴裁判所による執行停止の裁判の正本を提出すべき期間を定め，この期間が経過し，又は受訴裁判所における執行停止の裁判が提出されると，執行裁判所による仮の処分は効力を失う（同条4項）。このように，執行裁判所による執行停止の仮の処分は，受訴裁判所による執行停止の裁判が得られるまでの暫定的な効力しか有しないものとされている。

---

ら，清算会社の財産に関し必要な保全処分をすることができることを定める。

45) 東條敬「倒産法における保全処分」鈴木忠一＝三ケ月章『新・実務民事訴訟講座13』（日本評論社，1981年）27頁以下，田頭章一『講義破産法・民事再生法』（有斐閣，2016年）31頁。

46) 破産申立事件に対する保全処分の非独立性という見地から説明するものとして，吉川大二郎「破産法上の保全処分――民訴法上の保全処分に対する特質」同『増補仮処分の諸問題』（有斐閣，1968年）289頁，302頁。

第25章　審判前の保全処分──本案家事審判係属の要件を中心に

### イ　行政処分の執行停止の仮の処分

行政事件訴訟法25条は，行政庁の処分の取消しの訴えの提起が，処分の効力，処分の執行又は手続の続行を妨げないこと（執行不停止の原則）を定めたうえで，処分の取消しの訴えが提起された場合に，裁判所が，申立てにより，執行停止（「処分の効力，処分の執行又は手続の続行の全部又は一部の停止」）をすることができることを定める[47]執行停止が処分の取消しの訴えの提起がされた場合に限定されている理由として，保全のために密行性を要することがほとんど考えられないこと，本案の係属する裁判所がそれとのにらみ合せの上で執行停止をすべきか否かを決めるのが適当であることが挙げられている[48]。

### (4)　調停前の措置等

### ア　民事調停における調停前の措置

民事調停においては，「調停前の措置」として，「相手方その他の事件の関係人に対して，現状の変更又は物の処分の禁止その他調停の内容たる事項の実現を不能にし又は著しく困難ならしめる行為の排除を命ずること」ができる（民調12条1項，15条）。調停前の措置は執行力を有しない（同法12条2項）。調停前の措置は，当事者の申立てにより，民事調停を調停委員会で行う場合には調停委員会が，裁判官だけで行う場合には裁判官が行う（同法12条1項，15条）。「調停前」というのは，調停申立て後，調停の成否確定前という意味であり，調停申立て前は含まない[49]調停前の措置は，「調停のために特に必要がある」ことを要件とし，調停そのものの成立を容易にすることを目的としていること，起訴命令のような債務者の利益の保護のための法的措置が講じられていないことが，その理由として挙げられている[50]。

---

47）執行停止の実体的要件は，「処分，処分の執行又は手続の続行により生ずる重大な損害を避けるため緊急の必要がある」こと（行訴25条2項），「公共の福祉に重大な影響を及ぼすおそれがあるとき」でないこと，「本案について理由がないとみえるとき」でないこと（同条4項）である。南博方原編著『条解行政事件訴訟法〔第4版〕』（弘文堂，2014年）506頁〔八木一洋〕。
48）杉本良吉「行政事件訴訟法の解説(二)」曹時15巻4号499頁，510頁。
49）最高裁判所事務総局民事局・前掲注12）27頁，石川＝梶村・前掲注12）185頁以下〔稲田〕。
50）小山昇『民事調停法〔新版〕』（有斐閣，1977年）258頁。

イ　労働審判における調停又は労働審判前の措置

　労働審判においては，審判と調停の手続が峻別されておらず，労働審判委員会が労働審判手続の期日において調停を行うものとされている（労働審判規則22条）[51]。労働審判においては，「調停又は労働審判のために特に必要がある」ことを要件として，「調停又は労働審判前の措置」をとることができる（労働審判法29条2項，民調12条）。「調停又は労働審判前の措置」は，労働審判の申立てを前提として，当事者の申立てにより，労働審判委員会が行う。

　　ウ　家事調停における調停前の処分

　家事事件手続法266条1項は，「家事調停事件が係属している間」，「調停のために必要であると認める処分」を命ずることができることを定め，調停前の処分について家事調停事件の係属の要件を明確に定めている[52]。民事調停における調停前の措置とは異なり，家事調停における調停前の処分は職権により行われる[53]。原則として，調停委員会が命ずるが，急迫の事情があるときは，調停委員会を組織する裁判官が命ずることができる（法266条1項，2項）。

　家事審判法の下では，「調停のために」という調停前の措置（家審規133条）の目的について，調停の成立を容易可能にするためであり，調停内容の実現を確保することを目的とするものではないとする見解[54]と，調停も債務名義の形成手続であることから，調停内容の実現を保全することも含むとする見解[55]とがあり，家事事件手続法においても検討されるべき課題とされる[56]。もっとも，「調停のために必要であると認める処分」について，前者の見解は，調停の成立を容易可能にするために調停成立の妨害となるような事態が生ずるのを防ぐ処分であるとしつつ，調停の内容の実現が阻害されるおそれがあれば調停の成立も困難になるからそのような危険を防止する処分も含まれるとするので，両者の見解の違いは大きくない。

---

51）菅野和夫ほか『労働審判制度〔第2版〕』（弘文堂，2007年）198頁。
52）金子・前掲注1）799頁。
53）金子・前掲注1）799頁。
54）岡垣学『特殊保全処分の研究』（司法研修所，1961年）251頁，山木戸・前掲注18）（家族法大系I）301頁。
55）太田豊・前掲注9）190頁，斎藤秀夫＝菊池信男編『注解家事審判規則・特別家事審判規則〔改訂〕』（青林書院，1992年）399頁〔向井千杉〕。
56）金子・前掲注1）799頁。

第25章　審判前の保全処分──本案家事審判係属の要件を中心に

## **3**　各種の保全処分と審判前の保全処分の比較

　民事保全手続は，本案の民事訴訟や人事訴訟とは独立の手続とされ，訴え提起前に保全処分を利用することができる。これに対して，審判前の保全処分は，原則として家事審判事件の係属後にその係属する裁判所が命ずるものであり，本案の手続に付随する手続である。民事保全においては，本案である訴訟手続とは別に簡易迅速な手続により必要な保全をするという要請が高いのに対して，本案の審判手続と審判前の保全処分との間には手続の性質に大きな違いがない[57]。

　特殊保全処分のうち，倒産法上の保全処分は，特定の債権者の権利の保全ではなく，総債権者の利益のために[58]債務者の財産を保全することを目的とする。特定の債権者の権利の保全のためには，倒産手続申立前であっても，民事保全の手続を利用することができる点で，審判前の保全処分とは異なる。

　特殊保全処分が本案の裁判所による付随的手続とされる理由として，強制執行停止及び行政処分の執行停止について，本案との関連が手続上密接であること[59]や，仮の処分が許されるべきか否かが，本案請求が認容されるかどうかの見込みにかかっていること[60]が指摘されている。このことと類似して，審判前の保全処分は，後述するように，その対象である権利関係が本案手続において具体的に形成される見込みを要するとされている[61]。請求異議の訴え等における執行停止の裁判においては，例外的に，本案の訴えの提起前に執行裁判所が仮の処分をすることが認められ，その暫定的効力が定められている。審判前の保全処分についても，家事事件手続法においては，例外的に，家事調停係属中の保全処分が認められた。

　民事調停における調停前の措置，労働審判における調停又は審判前の措置，家事調停における調停前の処分（以下，「調停前の措置等」という。）は，調停

---

57)　金子・前掲注1）343頁注1。
58)　吉川・前掲注46）294頁以下。
59)　兼子・前掲注19）33頁以下。
60)　中野・前掲注4）292頁。このことが，仮の処分の裁判を本案の受訴裁判所に担当させる大きな理由であるとされる。同297頁注20。
61)　太田豊「家事事件に関する保全処分」鈴木忠一＝三ケ月章監修『新・実務民事訴訟講座8』（日本評論社，1981年）251頁，271頁。

*584*

や労働審判の成立を容易にすることを目的とし、執行力を有しない点で、審判に基づく権利の実現や関係人に生じる損害や危険の回避を目的とし、執行力を有する審判前の保全処分とは異なる。また、審判前の保全処分については保全されるべき権利関係が必要とされるのに対して、調停前の措置等においては、保全されるべき権利関係は重視されない[62]。民事調停等の対象である権利関係については、それが訴訟事項であれば民事保全の手続を利用することができるが、家事審判事項については原則として民事保全の手続は利用できない。

保全処分の内容に着目すると、例えば、成年後見人等の解任の審判事件を本案とする職務執行停止・職務代行者選任の保全処分（法127条1項など）は、取締役解任の民事訴訟を本案とする職務執行停止・職務代行者選任の保全処分と類似するが、前者は本案の審判事件に付随する手続であるので本案係属が原則として要求されるのに対して、後者は民事保全の手続とされるので本案訴訟の提起は要求されない。

家事審判事項であり、人事訴訟の附帯処分事項でもある財産分与請求権については、離婚前は、附帯処分を本案とする民事保全の対象とされ、本案である附帯処分の申立ては必要とされない[63]が、離婚後は、財産分与の審判を本案として審判前の保全処分をすることになり、家事調停又は本案となる家事審判の申立てを要する。

---

62) 佐上・後掲注69) 578頁以下。
63) 家事審判法の下で、原田晃治「家事紛争と民事保全処分との交錯—財産分与請求権を保全するための民事保全処分事件の処理をめぐる問題点」司法研修所論集80号62頁、65頁以下は、離婚訴訟に附帯する財産分与請求について民事保全処分を認めると、審判前の保全処分の要件として家事審判事件の係属を要求した趣旨を没却するおそれがあることを指摘しつつ、ある程度本案事件の審理が進まないと本案認容の蓋然性の判断が困難であるという点について、保全処分の「申請段階において、申請人が、後に述べるような疎明資料を十分に提出する慣行を作り上げ、また、従前の裁判例等の集積によって、相当初期の段階で本案認容の蓋然性についての心証を形成することも可能である」とする。

第25章　審判前の保全処分─本案家事審判係属の要件を中心に

## 第**4**　家事調停係属中の審判前の保全処分が認められたことの意義

## **1**　家事審判法

### ⑴　本案審判係属の必要性

　家事審判法15条の3は，家事審判の申立てがあった場合に，家庭裁判所又は家事審判事件が係属する高等裁判所[64]が，「仮差押え，仮処分，財産の管理者の選任その他の必要な保全処分」を命ずることができることを定め，審判前の保全処分の前提として，本案たる審判事件の申立てがあり，かつ，同事件が終了せずに係属していることが必要であると解された[65]。

### ⑵　本案審判認容の蓋然性を重視する通説的理解

　通説的理解によると，審判前の保全処分の実質的要件として，保全の必要性とともに本案審判認容の蓋然性が必要である。この理解によると，昭和55年改正により審判前の保全処分が強制力を付与されたことに鑑み，権利関係の直接的な規律を正当化するに足るだけの実質的根拠として，保全処分の対象たる権利関係が本案手続において具体的に形成される見込みのあること，すなわち，本案の申立てが認容される蓋然性の存在が必要である[66]。家事審判は権利義務関係を具体的に形成する手続であるから，保全処分の要件である本案認容の蓋然性の判断には本案の審判手続における権利義務関係の形成の

---

64)　最高裁判所事務総局・前掲注1）115頁注6は，家事審判法15条の3第1項・5項の規定は，管轄裁判所を定めるにとどまるが，「保全処分は審判の付随処分であり，本案の審判手続における審理の状況を十分反映させる必要があるから，保全処分の申立てがあった場合においては，本案の審判事件の係属する部に配てんするよう配慮することが望ましい」とする。

65)　斎藤秀夫＝菊池信男編『注解家事審判法〔改訂〕』（青林書院，1992年）645頁〔安倍嘉人〕。

66)　太田豊・前掲注61）271頁。このことの正当性の裏づけとなる例として，「禁治産・準禁治産宣告事件において，いかに本人の財産の管理又はその財産の保全の必要性が大きい場合であっても，禁治産・準禁治産の宣告の蓋然性がなければ財産の管理者の選任又は後見命令・保佐命令の発令は許されるべきでないこと，また，財産分与事件において，保全処分を発令するかどうか，……いかなる態様のものとするかを決定するにあたっては，実際に財産分与を命ずるかどうか，……いずれの方法によるのが相当かについての本案手続における見通しが立たなければならないこと」を挙げている。

状況を密接に反映させる必要がある。このため，保全処分の申立てがされた場合には，本案の終局審判で形成されるべき具体的権利義務関係の内容についての見通しを立てることが重要であり，申立ての趣旨に沿った審判がされる見通しが立たない場合には保全処分をすることはできない[67]。保全命令の発令は本案審判事件の審理がかなり進行してからなされるのが通常であり，本案審判事件の審理を留保したまま保全処分事件についてのみ審理を進めていくことは保全処分の付随的性格上許されず，保全処分の内容についても，原則として本案審判で命ぜられるべき処分の範囲内でなされなければならない[68]，とされた。

### (3) 保全の必要性を重視する見解

上記のような本案審判認容の蓋然性を重視する通説的理解に対して，佐上善和「家事審判における保全処分」(1994年)[69] は，審判前の保全処分における本案審判係属の要件について，本案を離れて保全の要件を審理することが適切でないという趣旨で，本案と保全処分の一体的処理には理解を示す[70] が，通説が，審判前の保全処分の発令を本案の申立て認容の蓋然性に強く依存させ，具体的権利義務の形成の見通しが立つまでは保全処分をすることができないとすることに対して，家事審判において被保全権利が流動的であることを前提として保全の必要性を検討する必要があるとする[71]。この見解によると，審判手続は解決案の選択肢の中から合理的なものを取捨選択していく過程であるという点で調停手続の構造と同質性を有することから，被保全権利を観念しない調停前の措置を手掛かりとして，審判前の保全処分の要件について，被保全権利の認容の蓋然性を中心とした構成から保全の必要性に移行させる必要がある[72]。すなわち，審判前の保全処分が審判手続を円滑に進め，審判の成立を容易にする目的と機能を持つものであることを承認し，保全の必要性

---

67) 最高裁判所事務総局・前掲注1）74頁以下。
68) 永吉盛雄「審判前の保全処分」岡垣＝野田・前掲注11）44頁以下，54頁。
69) 佐上善和「家事審判における保全処分」木川統一郎博士古稀祝賀『民事裁判の充実と促進（中)』（判例タイムズ社，1994年）565頁。
70) 佐上・前掲注69）567頁。
71) 佐上・前掲注69）575頁。
72) 佐上・前掲注69）578頁以下。

を考慮することにより，被保全権利が本案において認容される蓋然性を問うことなく保全処分をなし得る，という。[73]

### (4)　調停係属中の審判前の保全処分

　家事審判法の下でも，家事調停の申立てがされたが，調停が成立しなかった場合には，家事審判の申立てが擬制される（家審26条１項）ので，家事審判事件の係属が肯定される。また，家事審判の申立てがされた後，家事調停に付された場合には，審判事件は係属しているので，審判前の保全処分をすることができる。[74]

　問題は，家事調停の申立てがされ，調停事件の係属中に，審判前の保全処分をすることができるかどうかである。昭和55年の法改正の際には，調停手続の進行中に強制力ある保全的措置を認めるべきかどうかにつき，調停前の仮の措置に強制力を付与する方法及び調停手続中においても保全処分をなし得るものとする方法の２つの観点から検討された。[75]強制力ある保全的措置は家事調停の本質に適合しないという問題があること，調停段階で強制力ある保全的措置をする必要性に疑問があること，調停前の措置に関する過料額の引き上げがされたこと（前掲第２の４）から，調停前の措置に強制力を付与することとはされず，強制力ある保全処分は審判事件が係属している場合に限ってできることとされた。このため，家事調停事件が係属していても，家事審判事件が係属していなければ，審判前の保全処分をすることはできないが，執行力ある保全処分の必要があれば，調停を不調として審判に移行させればよい，と考えられた。[76]

---

73）　佐上・前掲注69）580頁。なお，佐上善和『家事事件手続法Ⅱ別表第１の審判事件』（信山社，2014年）47頁は，成年後見開始の審判について，成年後見を開始する際には，後見人による身上監護，財産管理の必要性が考慮されるべきであるとしたうえで，「遺産分割や土地収用といった１回限りの行為に対応するために，後見を開始するのは効果が大きすぎるであろう。このような場合には，審判前の保全処分としての後見命令で十分に対処できるといえる」として，本案手続が後見開始の審判には至らない場合における審判前の保全処分を肯定する。

74）　家事審判係属中に家事調停に付された場合にも，審判前の保全処分は審判事件の係属する家庭裁判所の管轄であるとされた。古林・前掲注11）46頁

75）　最高裁判所事務総局・前掲注１）94頁以下。

76）　橘勝治＝宇佐見隆男「民法及び家事審判法の一部を改正する法律の解説」家月32巻8号159頁，182頁。

これに対して，調停不成立の際には家事調停の申立て時に家事審判の申立てがあったとみなされる（家審26条）ので，家事調停の申立てがされれば，潜在的には家事審判事件も係属していると考えることが可能であること，執行力のある保全処分が必要な場合に家事審判に移行しなければならないとするのは柔軟性に欠けることから，家事調停事件の係属中に審判前の保全処分をすることを認める見解も主張された。[77]

# 2　家事事件手続法

## (1)　家事調停係属中の保全処分を認める改正とその趣旨

　家事事件手続法は，105条1項において，「本案の家事審判事件（家事審判事件に係る事項について家事調停の申立てがあった場合にあっては，その家事調停事件）が係属する家庭裁判所は，……必要な保全処分を命ずる審判をすることができる。」，同条2項において「本案の家事審判事件が高等裁判所に係属する場合には，その高等裁判所が，前項の審判に代わる裁判をする。」と定め，家事審判事件の係属を前提に，家事審判事件が係属する家庭裁判所または高等裁判所が審判前の保全処分を命ずることを原則としつつ，旧法を改めて，家事審判事件が係属していなくても，家事調停の申立てがあれば，家事調停事件が係属する家庭裁判所が審判前の保全処分をすることを認めた。[78]

　その趣旨として，①家事審判手続では保全処分を命ずる場合に，本案審判において一定の具体的な権利義務が形成される蓋然性が必要であり，そのような蓋然性を認めるためには，少なくとも本案の家事審判事件が係属していることが必要であること，②家事調停事件が係属していれば，調停が成立しない場合に，家事調停申立て時に家事審判の申立てがあったものとみなされ（法272条4項），別途家事審判の申立ては不要とされているため，このような両手続の密接な関連性及び連続性を考えれば，家事調停の申立てをもって家事審判の申立てがされた場合に準じて考えることができること，③家事調停事件の係属中に保全処分を要する事態となったときに，家事審判の申立てを

---

77)　太田勝造・前掲注38）338頁，340頁。
78)　立法の経緯及び立法過程の議論について，長谷部由起子「非訟事件手続・家事事件手続における実効性確保—審判前の保全処分に関する法改正」法時83巻11号22頁以下を参照。

第25章　審判前の保全処分──本案家事審判係属の要件を中心に

すること又は調停を不成立にして審判に移行することを要することなく保全
処分の申立てをすることができ，迅速性の要請に沿うこと，が挙げられてい
る[79]。

### (2)　審判前の保全処分の取消しに関する改正

　審判前の保全処分の取消し（法112条）は，本案の審判事件の審理が進む
に従って本案審判認容の蓋然性がないことが明らかになってきた場合や保全
の必要性が消滅した場合に，これらの事情の変更を審判前の保全処分に反映
させようとする趣旨であり，申立て又は職権ですることができる。取消しの
効果に遡及効はなく，取消審判の告知のときから将来に向かって効力が生ず
る[80]。

　家事審判法において，本案前の保全処分の取消しをする（家審15条の3第
2項）のは本案の審判事件の係属する（官署としての）裁判所であると解さ
れた[81]。これに対して，家事事件手続法112条は，審判前の保全処分の取消し
をする管轄裁判所として，①本案の家事審判事件が係属する家庭裁判所（1
項），②本案の家事審判事件が高等裁判所に係属する場合におけるその高等
裁判所（2項）に加えて，③家事審判事件に係る事項について家事調停の申
立てがあった場合におけるその家事調停事件が係属する家庭裁判所（1項括
弧書），④審判前の保全処分をした家庭裁判所（1項）を挙げている。②は審
判前の保全処分の本案に対する強い付従性（付随性）を考慮したものとされ
る[82]。③により，本案の審判事件の係属前に，家事調停事件の係属する家庭裁
判所が審判前の保全処分をした場合に，家事調停事件の係属する家庭裁判所
がその取消しをすることができる。また，④により，家事調停事件の係属中
に審判前の保全処分がされ，調停の不成立により審判に移行し，家事審判事

---

79)　金子修編著『一問一答家事事件手続法』（商事法務，2012年）170頁以下，金子・前掲
　　注1）342頁。
80)　梶村太市＝徳田和幸編著『家事事件手続法〔第3版〕』（有斐閣，2016年）221頁〔大橋
　　眞弓〕。
81)　斎藤＝菊池・前掲注65）653頁〔安倍〕。最高裁判所事務総局・前掲注1）111頁は，職
　　権による取消しについて，家庭裁判所が本案の審判手続において保全処分と矛盾する心
　　証を形成した場合を想定している。
82)　金子・前掲注1）362頁。

*590*

件が異なる家庭裁判所の管轄に属した場合に，家事調停事件の係属した家庭
裁判所がその取消しをすることができる。[83]

## 3　家事調停係属中の審判前の保全処分が認められたことの意義

### (1)　家事調停事件が係属していれば保全処分が認められることについて

　家事調停事件が係属していれば家事審判事件が係属していなくても審判前
の保全処分をすることができるようになったことについて，立案担当者は，
前述したように，家事調停事件と家事審判事件の密接な関連性及び連続性を
考慮する。[84] また，家事審判法下で主張されていたように，家事調停が係属し
ている場合には，家事審判の申立てが潜在的にされていると考えることがで
きるとする見解もある。[85]

　これに対して，家事調停事件と家事審判事件は別事件であり，審判前の保
全処分を家事調停事件の係属に係らしめる必然性はなかったとの評価もされ
ている。[86] 調停事件の係属する家庭裁判所が保全処分を行ったが，調停が成立
せずに，別の裁判体が本案の家事審判を担当する場合[87] には，保全処分を行
う裁判体と家事審判事件の裁判体が異なることになる。また，前述したよう
に，家事調停事件の係属中に審判前の保全処分がされ，調停の不成立により
審判に移行し，家事審判事件が異なる家庭裁判所の管轄に属することも想定
されており，この場合に，家事調停事件の係属した家庭裁判所も保全処分の
取消しをすることができる。このように，本案審判を担当する裁判所が保全
処分の発令・取消しをするという原則は，他の裁判所による保全処分の発
令・取消しを認めるという点で維持されていない。

　また，家事調停係属中の保全処分が認められたことで，本案審判係属要件
の論拠として，具体的な権利義務形成の蓋然性の判断には本案審判手続にお
ける権利義務関係の形成の状況を密接に反映させる必要があるという説明が

---

83) 金子・前掲注1）361頁。
84) 梶村太市『新版実務講座家事事件法』（日本加除出版，2013年）81頁は，立案担当者の
　　説明を妥当な考え方であるとする。
85) 松川正毅ほか編『新基本法コンメンタール人事訴訟法・家事事件手続法』（日本評論社，
　　2013年）315頁〔遠藤賢治〕。
86) 高田裕成編著『家事事件手続法』（有斐閣，2014年）326頁〔増田勝久・畑瑞穂発言〕。
87) 保全処分を行う裁判体について，高田・前掲注86）327頁以下参照。

*591*

第25章　審判前の保全処分──本案家事審判係属の要件を中心に

説得力を持ち得るのかが問われている[88]。前述の立案担当者の説明によると，本案審判認容の蓋然性を認めるには本案審判手続の係属が必要であることにはなお合理性があるとしつつ，調停手続と審判手続の関連性及び連続性から家事調停の申立てをもって家事審判の申立てに準じて考えるという。しかし，調停事件と審判事件を，具体的な権利義務の形成過程として連続的に捉えることができるという趣旨であるとすれば，審理の内容面での連続性を肯定し得るのかには疑問がある。むしろ，家事調停事件の係属中に，調停の取下げと家事審判の申立て又は家事審判への移行を要することなく審判前の保全処分を認める必要性から，本案審判の係属前に本案審判認容の蓋然性の判断をすることを，例外的に認めたものであると考える。

　そもそも，本案審判認容の蓋然性を認めるために，本案審判の係属が常に必要であるというわけではない。審判前の保全処分には執行力・強制力が付与されていることから，その要件として，具体的な権利義務形成の蓋然性が必要であるとされる。しかし，保全処分の内容が本案審判において形成される具体的な権利義務関係の内容に関わらず認められる性質のものである場合には，何らかの権利義務関係が形成されることの蓋然性が認められれば保全処分を認めることができる[89]。また，具体的な権利義務形成について裁判所の裁量性が低い場合や裁判例の集積があるような場合[90]には，本案審判の手続における権利義務関係の形成の状況を反映させなくても，本案審判における具体的な権利義務形成の蓋然性を判断することができる。子の引渡しが命ぜられる場合のように，保全処分と本案審判とで結論が異なることを避けるべきとされる[91]場合もあるが，それ以外の保全処分において，必ずしも，保全

---

88）長谷部・前掲注78）27頁。
89）最高裁判所事務総局・前掲注１）101頁は，財産の管理者の選任・財産の管理等に関する事項の指示の保全処分について，「審判手続中の財産の管理や事件本人の監護を一般的に図るものであって，当面本案の審判手続が維持されていれば，本案審判においていかなる権利義務関係が具体的に形成されるかにかかわりなくなされる性質の処分である。したがって，この保全処分については，本案審判の申立認容の蓋然性としては，申立却下の審判がされることはないであろうという点についての蓋然性をもって足りるものと解してよいのではなかろうか」とする。
90）原田・前掲注63）66頁参照。
91）梶村太市ほか「子の引渡し保全処分事件の処理をめぐる諸問題」家月47巻７号１頁，44頁以下は，子の引渡し保全処分においては，子の福祉が最重要であり，緊急性とが求められるとともに，本案審判と結論が異なることは避けなければならず，終局的なもの

処分と本案審判との結論の一致が強く求められるわけではない。そうだとすると，本案審判の係属の必要性には例外を認める余地があるように思われる[92]。

　他方で，本案審判係属前に審判前の保全処分を認める場合には，保全処分が命じられた後に本案審判の申立てがなされないという事態への対応を要する。この点で，家事調停の申立てがされている場合には，家事調停事件の係属する家庭裁判所が職権で保全処分を取り消すことができ（法112条1項括弧書），また，家事調停が不成立の場合には家事審判の申立てが擬制される（法272条4項）ので，そのような事態を防ぐことができる。

### (2) 家事調停事件が係属していなければ保全処分が認められないことについて

　家事事件手続法105条により，別表第2事件については，家事審判事件が係属していなくても，家事調停事件が係属していれば（申立人からみれば，家事調停の申立てをすれば），審判前の保全処分が認められることとなった[93]が，成年後見人等の解任を本案とする職務執行停止・職務代行者選任の保全処分（法127条1項など）など，調停をすることのできない別表第1事件については，本案審判の係属の要件に例外は認められなかった[94]。

　このような立法に対して，今後の課題として，調停をすることのできない事件も含めて，保全処分と本案審判との一体的処理の必要性の強弱と緊急に

---

であることが求められる，とする。また，金子・前掲注1）343頁注2も，「子の利益に配慮すれば，本案の審判事件と結論を異にすることによる弊害を想起せざるを得」ない，とする。これに対して，長谷部・前掲注78）27頁は，「仮処分の理由が一方の監護下にある子を他方が暴力的に奪ったことにあるとすれば，離婚後の子の監護者がいずれの親になるかにかかわらず，とりあえず子を元の監護者に引き渡すべきであるという判断は成り立ち得よう」とする。

92) 金子・前掲注1）343頁注1は，審判前の保全処分の手続が本案の手続とその性質に大きな違いがなく，その審理が重複することを指摘しつつ，「当面の危難を防止し，現状を維持したり，本案において求められている内容の一部を暫定的に実現することを先行させた上で，本案である家事審判の手続を行うことは十分に合理的であり，審判前の保全処分を本案とは区別して迅速に処理する必要性は否定できない。」とする。

93) 具体的には，夫婦間の協力扶助に関する処分（法157条1項1号），婚姻費用の分担に関する処分（同項2号），子の監護に関する処分（同項3号），財産の分与に関する処分（同項4号），親権者の指定又は変更（175条1項），扶養の順位の決定及びその決定の変更又は取消（187条1号），扶養の程度又は方法についての決定及びその決定の変更又は取消し（187条2号），遺産の分割（200条1項）がある（金子・前掲注1）343頁注2）。

94) 長谷部・前掲注78）27頁。

仮の措置を講ずる必要性の程度の双方を考慮して，本案審判係属の要否を検討することが指摘されている。[95]前述したように本案審判の係属の必要性には例外を認める余地がある。家事調停事件が係属していない場合には，家事審判の申立てをすることに困難はないので，通常は例外を認める必要はないが，緊急に保全処分を認める必要があれば形式的に家事審判の申立てを求めるべきではない。他方で，本案審判係属前に審判前の保全処分を認める場合には，起訴命令の制度のない簡易な付随手続において，本案審判の申立てがなされないという事態に対してどのように対応するのかが課題になるように思われる。

＊本稿のテーマについては，関西民事訴訟法研究会（2017年3月25日開催）において報告の機会を得て，先生方からご教示を賜りましたこと，お礼を申し上げます。本研究は，JSPS科研費15H01925（研究代表者：窪田充見教授），16K03405の助成を受けたものです。

---

95）長谷部・前掲注78）27頁。

# 第26章

# 審判の取消し・変更の制度と再審

岡 田 幸 宏

# 第1 はじめに

　家事審判も，神ならぬ人である裁判官が判断を下す以上，誤りと完全に無縁とはいえない。特別の定めのある場合という限定はつくが，審判に対する不服申立てとして即時抗告が定められ（法85条1項），その申立てに対しては，抗告裁判所による裁判の可能性だけでなく，原審である家庭裁判所自らがその審判を更正すること（再度の考案）も認められている（法90条）。また，抗告審である高等裁判所の決定についても，憲法違反等を理由とする特別抗告（法94条）や，高等裁判所の許可にもとづく許可抗告（法97条）が，最高裁判所への非常の不服申立てとして認められ，特別抗告については，不服申立てのできない審判にもその可能性が開かれている。さらに，確定した審判その他の事件を完結する裁判については，一定の要件の下で，再審が認められる（法103条）とともに，審判には，判決にはない，取消し・変更といった制度も定められている（法78条）。

　以上のように，家事事件手続法では，違法あるいは不当な審判その他の裁判を正すための方法が，場面に応じて複数用意されているが，本稿では，こ

のうち，もっぱら，審判の取消し・変更と再審に焦点をあてて検討を試みたい。審判さらには非訟の裁判が既判力を有するかは一つの問題である[1]が，もし審判が必ずしも既判力を有するものでないとすれば，上記の両制度はともに審判の取り消しと変更を目的とする制度として，それぞれの守備範囲が問題となるからである。さらに，同一審級での再審理による審判の取消し・変更という点では，再度の考案についても，その守備範囲を確認しておく必要があろう。

なお，本講座の性格上，本稿では，家事審判についての取消し・変更の制度と再審をそのテーマとするが，その検討に際しては，非訟事件手続の裁判についての取消し・変更の制度（非訟59条）と再審（非訟83条）に関する議論も参照していきたい。旧法である家事審判法では，家事審判については旧非訟事件手続法の第1編の準用が定められていた（家審7条[2]）。そのため，取消し・変更の制度や再審の問題は，もっぱら一般法である非訟事件の裁判について論じられてきた経緯がある。また，新法の立法は新非訟事件手続法の立法と並行して進められ，本稿の興味対象に関して両法でほぼ同一の規定が置かれ，立法に際しての議論もかなりの部分で共通するからである。

# 第2 非訟事件の本質と取消し・変更

判決には覊束力（自縛性）があるため，変更の判決（民訴256条）及び更正決定（民訴257条）という極めて限定的な例外を除いて，裁判所には，自らの下した判決を取消し・変更することは認められていない。これに対して，審判は，対立する両当事者間の権利義務関係の存否の確定を目的とするものでなく，裁判所が公益的性質を有する事項につき合目的的または後見的な立場

---

1）家事審判を含めて非訟事件の裁判が既判力を有するかについては，鈴木忠一「非訟事件の裁判の既判力」同『非訟事件の裁判の既判力』（弘文堂，1961年）1頁以下〔垂水克己＝兼子一編『訴訟と裁判〔岩松裁判官還暦記念〕』（有斐閣，1956年）初出〕，鈴木正裕「非訟事件の裁判の既判力」鈴木忠一＝三ケ月章監修『実務民事訴訟講座7』（日本評論社，1969年）95頁以下が詳しい。

2）家事審判法7条
　「特別の定めがある場合を除いて，審判及び調停に関しては，その性質に反しない限り，非訟事件手続法（明治31年法律第14号）第1編の規定を準用する。ただし，同法第15条の規定は，この限りでない。」

から事案に応じて裁量権を行使し，あるべき法律関係を形成するものである。そのため，審判が当初から不当であった場合又は事後的な事情の変更により不当になった場合には，これをそのまま存続させるのは相当ではない。これが，審判について取消し・変更を認めるべき理由であり[3]，このことは非訟事件手続の終局決定においても異ならない[4]。

旧非訟事件手続法19条[5]には，非訟事件の裁判の取消し・変更が規定されており，これが前述の家事審判法7条によって家事審判にも準用されていた。家事事件手続法の立法においては，この制度が原則として維持され，家事審判について，家庭裁判所が自ら下した審判を不当と認めるときに，職権で，これを取り消し又は変更し得ることが明文をもって規定されている（法78条1項）[6]。ただ，①申立てによってのみ審判をすべき場合において申立てを却下した審判（同項1号），及び，②即時抗告をすることができる審判（同項2号）は，取消し・変更の対象から除外されている。前者は，職権で変更できることにすると申立てなしで裁判ができることになり，申立てによってのみ裁判をすべきであるとして職権による裁判を否定した趣旨が失われるためであり，後者は，職権で取消し・変更ができるとすると，不服申立ての方法を即時抗告に限定して法律関係の早期安定を図った趣旨が失われるためである[7]。また，この規定は，審判以外の裁判についても準用されている（法81条1項）。

なお，新非訟事件手続法でも，非訟事件手続の終局決定について同様の規定が置かれている（非訟59条1項）[8]が，旧非訟事件手続法では，不服申立てとして通常抗告も認められていた（旧非訟20条1項）のが，新非訟事件手続

---

3）金子修編著『一問一答家事事件手続法』（商事法務，2012年）135頁。
4）金子修編著『一問一答非訟事件手続法』（商事法務，2012年）94頁。なお，鈴木忠一「非訟事件に於ける裁判の無効と取消・変更」同『非訟事件の裁判の既判力』94頁以下（民訴雑誌4号，初出）。
5）旧非訟事件手続法19条
　「1　裁判所ハ裁判ヲ為シタル後其裁判ヲ不当ト認ムルトキハ之ヲ取消シ又ハ変更スルコトヲ得
　　2　申立ニ因リテノミ裁判ヲ為スヘキ場合ニ於テ申立ヲ却下シタル裁判ハ申立ニ因ルニ非サレハ之ヲ取消シ又ハ変更スルコトヲ得ス
　　3　即時抗告ヲ以テ不服ヲ申立ツルコトヲ得ル裁判ハ之ヲ取消シ又ハ変更スルコトヲ得ス」
6）金子・前掲注3）135頁。
7）金子・前掲注3）135頁以下。
8）金子・前掲注4）94頁以下参照。

第26章　審判の取消し・変更の制度と再審

法では不服申立てが即時抗告に一本化されている（非訟66条）。そのため，旧非訟事件手続法に比べて，取消し・変更の余地が狭まったとされている[9]。

## 第3　家事審判の取消し・変更制度

### 1　取消し・変更の理由としての審判の不当

審判をした家庭裁判所は，その審判を不当と認めるときに，これを取消し又は変更することができる。ここで審判の不当とは，審判の内容が現在の具体的事情に照らして適当でないことを意味するが，これには，審判の当初から不当であった場合（原始的不当）と，審判の当初は不当でなかったがその後の事情の変更によって不当になった場合（後発的不当）とが考えられる。

家事審判法7条による旧非訟事件手続法19条の準用の下でも，原始的不当及び後発的不当の両者ともが取消し・変更の理由になるとの見解が通説であったといえる[10]。ただ，旧非訟事件手続法19条による取消し・変更が許されるのは，裁判が形式的確定力を有するまでであり，その後の事情変更により審判が不当になった場合には，同条とは別の，明文規定のない事情変更による取消し・変更を認めるべきであるとの見解も有力に主張されていた[11]。この点に関して家事事件手続法78条2項ただし書は，事情変更による審判の不当も同条の取消し・変更の対象であることを示すとともに，同項本文が審判の取消し・変更をその確定の日[12]から5年に限るのに対して，事情変更による場合はこの限りでないとも規定して，審判の確定後の取消し・変更も本条の

---

9) 金子修編著『逐条解説非訟事件手続法』（商事法務，2015年）227頁注1参照。
10) 斎藤秀夫＝菊池信男編『注解家事審判法〔改訂〕』（青林書院，1992年）88頁〔菊池信男〕参照。
11) 鈴木忠一・前掲注1）28頁以下，鈴木・前掲注4）95頁以下，伊東乾＝三井哲夫編『注解非訟事件手続法〔借地非訟事件手続規則〕〔改訂〕』（青林書院，1995年）215頁以下〔三井哲夫〕など。
12) 即時抗告をすることができる審判は，本条の取消し・変更の対象とはならない（法78条1項2号）ため，ここでは，即時抗告をすることができない審判の確定の日が問題となる。裁判の確定は当事者の通常の不服申立てが尽きたときとされる。そのため，即時抗告をすることができない審判は，告知によって効力が生じ（法74条2項本文），それと同時に確定するものと解されている（金子修編著『逐条解説家事事件手続法』（商事法務，2013年）246頁）。

598

対象となることを明らかにしている[13) 14)]。ちなみに，このことを審判の確定からみるならば，本条による取消し・変更の可能性が残されていても審判は確定していることを意味するが，この点には注意を要しよう[15)]。

なお，前述のように即時抗告をすることができる審判は，本条の取消し・変更の対象とはならない。旧非訟事件手続法が不服申立ての方法として通常抗告も認めていたのと異なり，家事審判に対する不服申立ての方法としては，家事審判法時代から即時抗告のみが認められ（家審14条），現行法にこれが引き継がれている。このため，この制度が活用される場面は，家事審判法時代から極めて少なかったともいえる[16)]。なお，本条の対象となる審判の例としては，遺留分放棄の取消しが挙げられている[17)]。

## 2 審判の取消し・変更と新たな審判

新非訟事件手続法も不服申立ての方法を即時抗告に限ったため，不服申立てのできない裁判だけが取消し・変更の対象となり，この点では非訟の裁判と家事審判とは統一されている。しかし，家事審判については，その取消し・変更として想定されるケースが，それぞれ同じ事件類型の独立した審判事項として家事事件手続法の別表中に掲げられている。この点で，非訟の裁判に比べ，審判では，取消し・変更の制度を用いる余地がさらに限定される可能性が指摘されている[18)]。ここでは，家事事件手続法78条と個別の審判による取消し・変更が定められる場合の適用関係が問題となる。同法78条では，後述のように，裁判所が職権で審判の取消し・変更できることがその特徴の

---

13) 新非訟事件手続法59条2項は，非訟事件の終局決定について同様の規定を置いている。
14) 後発的不当も法78条における取消し・変更の理由となることを正面から規定せず，ただし書の中で間接的に規定した点を批判する論稿として，戸根住夫「非訟事件の裁判の取消し，変更と再審」同『民事裁判における適正手続』（信山社，2014年）29頁以下。
15) 高田裕成編著『家事事件手続法』（有斐閣，2014年）274頁以下参照。
16) 高田・前掲注15）275頁参照。
17) 金子・前掲注12）254頁以下。
18) 高田・前掲注15）278頁以下。立法担当者からは，「非訟事件における各種管理人の選任に関しては，選任した管理人が役目を終えたので任を解きたいという場合は，非訟法の取消し・変更の規律を使って取り消してしまい，しかもその効力は遡及しないと解釈することで実務は動くと思うのですが，家事事件では別途そういう取消しの処分も審判でできることを想定した規定を置いているので，敢えて重ねて読む意味もないのかなと思っていた」旨が述べられている〔金子修発言〕。

*599*

一つといえる。ただし，問題となる審判に対して即時抗告ができるために，そもそも同法78条の対象から外れる場合が少なくないとも思われるし，また，必要に応じて，例えば同法128条7項にあるように，職権によっても取消しの審判のできることが個別に規定されているように解される。個別の審判としての規定がとくに定められている以上は，そちらが優先して適用され，同法78条の適用の余地はないものと解されよう[19]。

なお，個別の規定に関連して付言すれば，家事事件手続法78条の適用対象とはならない，即時抗告に服する審判であっても，別の家事審判事件としてその取消し・変更が規定されている場合もある[20]。即時抗告に服する審判の中には事後的な事情変更が予想され，事情変更があった場合にはそれを理由とする取消し・変更を認めるのが相当と考えられるものもあるところ，家事審判事件の多様性から総則に一般的な規律を置かずに，必要に応じて個別に明文の規定により対応するという形がとられている[21]。

## 3 職権による取消し・変更

家事事件手続法78条1項は，審判の取消し・変更を職権によるものと規定している。

家事審判法7条によって家事審判について旧非訟事件手続法の規定が準用されていたが，同法19条2項には「申立ニ因リテノミ裁判ヲ為スヘキ場合ニ於テ申立ヲ却下シタル裁判ハ申立ニ因ルニ非サレハ之ヲ取消シ又ハ変更スルコトヲ得ス」と，申立てによる審判の取消し・変更の可能性も認めるような規定が置かれていた。その一方で，同法20条2項には，「申立ニ因リテノミ裁判ヲ為スヘキ場合ニ於テ申立ヲ却下シタル裁判ニ対シテハ申立人ニ限リ抗告ヲ為スコトヲ得」とする規定もあった。この両者の関係をどのように理解するかをめぐって学説が対立することとなった。審判の取消し・変更について申立てを認める見解もあったが，むしろ，取消し・変更についての申立権

---

19) 金子・前掲注12) 255頁。
20) 例えば，後見開始の審判の取消し（別表第1の2項），失踪の宣告の取消し（別表第1の57項），親権喪失，親権停止又は管理権喪失の審判の取消し（別表第1の68項），扶養の順位の決定の変更又は取消し（別表第2の9項），扶養の程度又は方法についての決定の変更又は取消し（別表第2の10項）など。
21) 金子・前掲注3) 136頁，金子・前掲注12) 255頁。

を認めない見解が旧非訟事件手続法の下では有力であったといえる。[22]

　これに対して，家事事件手続法78条1項1号は，明文をもって，申立てを却下した審判をそもそも取消し・変更の対象から除外している。旧非訟事件手続法19条2項に審判の取消し・変更の申立権を認めた立場からすればここに実質的な改正がなされたことになり，申立権を認めなかった立場からすれば，従来の規律を維持し疑義を払拭したに過ぎないことになる。[23] 家事事件手続法をどのように位置づけるかはともかくとして，審判の取消し・変更はあくまで職権によることが家事事件手続法で明確にされ旧法下の議論に決着をつけたことは間違いない。

　なお，事情変更は一般に当事者や審判を受ける者が認識することが多いが，これらの者が事情変更を主張して家事事件手続法78条による取消し・変更を求めたとしても，取消し・変更には申立権が認められないため，それは職権発動を促すに過ぎないことになる。[24] 家事事件手続法成立後の学説の中には，申立てによってなされた審判に対する取消し・変更については，事情変更による場合も含めて，関係者からの申立てを必要とすべきであったと新法を消極的に評価するものもある。[25] 確かに，関係者に申立権を認めた方が，取消し・変更の制度の効用が発揮されるかもしれない。しかし，職権発動を促すだけでも十分に意味のあることであろう。また，前述のように，家事審判には事情変更について個別の審判が用意されており，これには申立てが認められているため，取消し・変更について申立権のないことが問題となることは，実際には多くないように思われる。

# 4　取消し・変更の期間制限

　前述のように，原始的不当を理由とする審判の取消し・変更については審判の確定から5年間の期間制限が規定されている（法78条2項）。これは家事事件手続法において新たに加えられた制限である。審判が期間の制限なくいつまでも取消し・変更できるとするのは，法的安定の要請からして相当でな

---

22) 伊東＝三井・前掲注11) 214頁〔三井〕参照。
23) 高田・前掲注15) 276頁〔金子修発言〕参照。
24) 金子・前掲注9) 227頁以下参照。
25) 戸根・前掲注14) 24頁，33頁。

第26章　審判の取消し・変更の制度と再審

い場合もあると考えられる。また，後述するように再審の手続についても期
間制限が設けられていること（法103条3項，民訴342条）とのバランスを考慮
すれば期間制限を設けるのが相当といえる[26]。5年という期間も再審の期間を
参考にされたものである[27]。ただし，事後的な事情の変更によって審判が不当
になった場合は期間制限に馴染まないという理由から，期間制限には服しな
いものとされている[28]。

## 5　取消し・変更に際しての陳述の聴取

審判の取消し・変更は裁判所の職権によって行われるが，審判の取消し・
変更が，その審判の当事者及び審判を受ける者の利益や法的地位に少なから
ぬ影響を与える可能性のあることは否定できない。そのため，審判の取消
し・変更をする場合には，これらの者の手続保障を図るためにその陳述を聴
くことが義務づけられている（法78条3項）[29]。なお，審判以外の裁判の取消
し・変更についても，家事事件手続法78条が準用されている（法81条1項）
が，陳述の聴取については準用から除外されている。陳述の聴取は簡易迅速
処理の要請に反する結果となりかねないところ，審判以外の裁判にも多様な
ものがあり事案によって事情がかなり異なることから，陳述の聴取の要否を
裁判所の適正な裁量に委ねたものである[30]。

## 6　審判の効力

取消し・変更の審判が遡及効を有するか否かについては，特段の規定は置
かれておらず，解釈に委ねられている。原始的不当の場合には，取消し・変
更の審判は原則として遡及効を有するが，後発的不当の場合は，原則として
遡及効はないと解することになろう[31]。なお，遡及効が認められる結果，審判
の取消し・変更によって法律関係が不安定になると解される場合には，裁判

---

26）金子・前掲注3）136頁以下。
27）金子・前掲注12）256頁。
28）金子・前掲注3）137頁。
29）金子・前掲注3）137頁。
30）金子・前掲注12）264頁。
31）金子・前掲注12）257頁。

602

所は，審判の取消し・変更を差し控えるべきである。[32]

# 7 不服申立て

取消し・変更の審判に対する不服申立ては，取消し後又は変更後の審判が原審判であるとした場合に即時抗告することができる者に即時抗告権が認められている（法78条4項）。取消し・変更の審判に対する不服申立ては，取消し・変更の対象となる審判に対する不服申立てと実質において異ならないためである。[33] ただし，ここでの不服申立てが問題となるのは，家事事件手続法78条によって取消し・変更される場合であり，加えて，もともとの審判については即時抗告ができずに取消し・変更された後の審判が即時抗告できる場合に限られるため，実際に即時抗告できる場面は極めて限定されよう。[34]

# 8 平成16年12月16日最高裁決定と条文外の取消しの可能性

家事事件手続法78条は，以上のような内容で，家事審判についての取消し・変更の制度を定めている。一部には家事事件手続法で新たに規定された事項もあるが，その骨格部分は家事審判法7条において準用する旧非訟事件手続法19条の規律を原則として維持し立法されたものといえる。[35]

ところで，法的安定性からすれば，審判の取消し・変更は家事事件手続法78条に基づいてのみ可能とされるべきである。ところが，旧非訟事件手続法19条による非訟の裁判の取消し・変更に関して，同条の規律から外れながらも，裁判の取消し・変更を認めた事例（最決平成16年12月16日判タ1172号139頁）が知られている。家事事件手続法78条が旧非訟事件手続法19条の規律を維持したことを踏まえると，この事例は，家事事件手続法78条によらない審判の取消し・変更の余地を考察するのに重要と考えられる。やや長くなるが

---

32) 高田・前掲注15）279頁, 梶村太市＝徳田和幸編著『家事事件手続法〔第3版〕』（有斐閣，2016年）249頁〔大橋眞弓〕参照。

33) 金子・前掲注12）257頁。

34) 非訟の裁判の取消し・変更についても同様の規定が置かれている（非訟59条4項）。ただ，非訟の裁判については，申立てを却下した終局決定に対して一般に即時抗告することができる（非訟66条2項）。そのため，例えば，申立てを認容する決定に対して即時抗告が許されず新非訟事件手続法59条によってこれが取り消され，申立て却下に変更された場合に，同条4項の適用が想定される。

35) 金子・前掲注3）135頁。

第26章　審判の取消し・変更の制度と再審

その内容を紹介しておく。

---

　　A社では，取締役及び監査役の退任後，すみやかにその後任が選任されず，支店所在地での退任登記手続までに，取締役には２年以上，監査役には１年以上かかってしまった[36]。この選任の懈怠に対して，広島地裁は，A社取締役Yに過料の裁判（旧非訟208条ノ２第１項[37]）〔第１裁判〕をし，その異議申立期間も経過した。ところが，広島地裁は，この過料の裁判の存在を看過し，同一の事由により，Yに同様の過料の裁判〔第２裁判〕をし，その異議申立期間も経過して，Yに対して，同一事由による二重の過料の裁判が確定した。

　　原々審（広島地裁）は，確定した第１裁判が存在するにもかかわらず第２裁判がされたことを理由に，旧非訟事件手続法19条１項を適用して第２裁判を取り消す原々決定をした。検察官からの抗告に対して原審は，原々決定は旧非訟事件手続法207条３項[38]の「過料の裁判」に当たり，抗告は即時抗告によるべきところ，即時抗告期間経過後にされた不適法なものであるとして抗告を却下した。これに対して検察官より許可抗告が申し立てられた。

　　最高裁は，まず，原々決定は非訟事件の裁判を取り消す裁判で，これに対する抗告は通常抗告（旧非訟20条１項[39]）であり，原審の判断には裁判に影響を及ぼすことが明らかな法令の違反があるとする。その一方で，通常抗告に服する非訟事件の裁判も確定したときには，旧非訟事件手続法19条１項による取消し及び変更をすることができないと，異議申立期間経過後に過料の裁判を取り消した原々決定の問題点を指摘する。その上で，「非訟事件の裁判は，法律上の実体的権利義務の存否を終局的に

---

36）最判昭和43年12月24日民集22巻13号3334頁は，株式会社の取締役・監査役の退任登記は新たな取締役・監査役が選任されるまでは許されないとする。
37）旧非訟事件手続法208条ノ２第１項
　　「裁判所ハ相当ト認ムルトキハ当事者ノ陳述ヲ聴カスシテ過料ノ裁判ヲ為スコトヲ得」
38）旧非訟事件手続法207条３項
　　「当事者及ヒ検察官ハ過料ノ裁判ニ対シテ即時抗告ヲ為スコトヲ得抗告ハ執行停止ノ効力ヲ有ス」
39）旧非訟事件手続法20条１項
　　「裁判ニ因リテ権利ヲ害セラレタリトスル者ハ其裁判ニ対シテ抗告ヲ為スコトヲ得」

確定する民事訴訟事件の裁判とは異なり，裁判所が実体的権利義務の存在を前提として合目的な裁量によってその具体的内容を定めたり，私法秩序の安定を期して秩序罰たる過料の制裁を科するなどの民事上の後見的な作用を行うものである……。このような非訟事件の裁判の本質に照らすと，裁判の当時存在し，これが裁判所に認識されていたならば当該裁判がされなかったであろうと認められる事情の存在が，裁判の確定後に判明し，かつ，当該裁判が不当であってこれを維持することが著しく正義に反することが明らかな場合には，当該裁判を行った裁判所は，職権により同裁判を取り消し又は変更することができるものと解すべきである。」本件においては，確定した本件第1裁判が存在したにもかかわらず，その存在が看過され，同一事由について本件第2裁判がされたものであるから，本件第2裁判は不当であってこれを維持することが著しく正義に反することが明らかであり，本件第2裁判を取り消すことができるものというべきであり，職権により本件第2裁判を取り消した原々決定は，結論において是認することができる。

　さて，裁判が確定してから5年間はその取消し・変更が可能となった新非訟事件手続法の下でこのようなケースがどう処理されるかはひとまず措くとして，旧非訟事件手続法19条1項の下での本件決定が極めて特殊例外的な処理であったことは間違いない。最高裁も前提とするように，確定した非訟の裁判については，旧非訟事件手続法19条1項の取消し・変更はできないと一般に解されていたからである。最高裁は，旧非訟事件手続法19条1項のほかに，極めて限定された要件のもとで，職権による裁判の取消し・変更の余地のあることを認めていたことになる。

　家事事件手続法の下で，78条1項のほかに，審判について取消し・変更の余地があるのかは問題となる。新法の立法に際して，上述の最高裁決定の存在が当然に意識されていたが，特殊な事案については解釈によって個別に救済するのが相当と解されるため，最高裁決定の内容を踏まえた一般的な規律を置くなどの特段の手当はなされなかったとされている[40]。そうであるとすれ

---

40）金子・前掲注3）136頁，金子・前掲注12）255頁。なお，新非訟事件手続法について

第26章　審判の取消し・変更の制度と再審

ば，家事事件手続法78条の外側に，取消し・変更の余地がなお残っていると
もいいうる[41]が，この点はむしろ消極的に解すべきであろう[42]。家事事件手続
法において，個別の規定や家事事件手続法78条1項による取消し・変更の制
度及び後述する再審の制度が整備されたことを勘案すると，条文外の取消
し・変更を認めることは法的安定性を著しく損なうものと考えられるからで
ある。

# 第4　再度の考案

　審判に対する不服申立てとしては，特別の定めがある場合に限って，即時
抗告が認められている（法85条1項）。即時抗告は，抗告状を原裁判所に提出
して行われる（法87条1項）が，原裁判所（家庭裁判所）は，即時抗告を理由
があると認めるときは，自ら審判を更正しなければならないものとされてい
る（法90条本文）。いわゆる「再度の考案」の規定である。

　以上のように，家事事件手続法においては，明文をもって原裁判所による
更正（再度の考案）が規定されているが，家事審判法では，これを直接に定
める条文は存在しなかった。家事審判法7条によって旧非訟事件手続法25
条[43]が準用されるが，旧非訟事件手続法25条によって民事訴訟法333条が準
用され，非訟の裁判に対する抗告において再度の考案が認められるかについ
ては，学説上の争いがあった。旧非訟事件手続法19条1項の裁判の取消し・
変更が，本質上民事訴訟法の再度の考案の一種であること及び抗告の有無に
かかわらずできることを理由に，同条項による取消し・変更が行われる範囲
で，非訟事件に民事訴訟法上の再度の考案の準用を否定する見解も主張され
ていた[44]。しかし，旧非訟事件手続法25条によって民事訴訟法333条に規定さ

---

は，金子・前掲注4）94頁以下，金子・前掲注9）226頁，参照。
41）高田・前掲注15）277頁以下参照。
42）梶村＝徳田・前掲注32）247頁注204〔大橋〕も，例外を安易に認めるべきではないと
　　する。
43）旧非訟事件手続法25条
　　「抗告ニハ特ニ定メタルモノヲ除ク外民事訴訟ニ関スル法令ノ規定中抗告ニ関スル規
　　定ヲ準用ス」
44）鈴木忠一・前掲注1）109頁以下。

れる再度の考案の準用を認めるのが有力説[45]であり，また判例[46]でもあった。つまり，家事審判法7条による旧非訟事件手続法25条の準用，同条による民事訴訟法333条の準用という2段階の準用によって，審判に対する即時抗告についても再度の考案が一般に認められてきたといえる。

　家事事件手続法は，立法にあたって後者の有力説の解釈が明文化されたものである。原裁判所が自らの判断について再考し，その即時抗告を理由があると認めるときは，抗告裁判所に判断を求めることなく自ら審判を是正できれば，簡易迅速な処理が可能となり，当事者の利益になるとの考慮から定められたものである[47]。

　さて，原裁判所による更正（再度の考案）も，原裁判所自らが，その審判の更正，すなわち，取消し・変更をするという点で，家事事件手続法78条の取消し・変更の制度と同様であるため，両者の適用場面及び守備範囲が問題となる。この点，再度の考案は，即時抗告の申立てがあった場合に原裁判所がその審判を見直すというように，当事者等の申立てが契機になる手続である。これに対して，家事事件手続法78条による取消し・変更は，即時抗告の認められない審判に対する，職権による手続である。以上のように，両者は適用場面が全く異なり両立する関係にある[48]。

　ところで，民事訴訟法333条に関する通説では，新たな主張や証拠も再度の考案に利用できると解されている[49]が，審判に対する再度の考案においても同様に，原裁判所は，原審判後の事情を考慮できるかは問題となる。この問題と関連するが，家事事件手続法別表第2に掲げる事項についての審判には，再度の考案が認められていない（法90条ただし書）。これは，別表第2に

---

45）林順碧「非訟事件の裁判の取消・変更」鈴木忠一＝三ケ月章監修『実務民事訴訟講座7』（日本評論社，1969年）86頁，伊東＝三井・前掲注11）285頁以下〔豊泉貫太郎〕など。また，家事審判手続における再度の考案を認める見解として，山木戸克己『家事審判法』（有斐閣，1958年）48頁以下。

46）大決大正5年12月16日民録22輯2424頁。

47）金子・前掲注12）291頁。なお，新非訟事件手続法71条にも再度の考案についての明文規定が同様の理由から置かれている。金子・前掲注9）272頁参照。

48）金子・前掲注12）292頁。

49）新堂幸司ほか編『注釈民事訴訟法8』（有斐閣，1998年）431頁〔三宅弘人＝古閑裕二〕，兼子一ほか『条解民事訴訟法〔第2版〕』（弘文堂，2011年）1679頁〔松浦馨＝加藤新太郎〕，秋山幹男ほか（菊井維大＝村松俊夫原著）『コンメンタール民事訴訟法VI』（日本評論社，2014年）442頁，など。

*607*

掲げられる事項についての家事審判事件は，相手方があり紛争性の高い事件のためより手厚い手続保障が図られているところ[50]もし再度の考案を認めたのであれば，手厚い手続保障が図られたことやそのために審理の終結の制度（法71条）が設けられた意義を没却しかねないからとされる[51]仮に，審理の終結の制度のある審判に再度の考案が認められ，審理終結後の事情がここで斟酌できるとすれば，審理の終結の制度を設けた趣旨は完全に没却されることになるが，新法は再度の考案自体を排除することでこの問題に対応したといえる[52]逆に，このように新たな主張や証拠の利用を認めるべきでない場合が予め排除されているのであれば，むしろ再度の考案を認めている意味を勘案して，家事事件手続法90条の再度の考案においても新たな主張や証拠に基づく判断が許されると解すべきであろう[53]

　なお，更正の審判に対する不服の主張は，変更された審判を原審判としてこれに対する即時抗告においてすることができるため，取消し・変更の場合と異なり，特段の規定は置かれていない[54]

# 第5 再審制度

## 1 家事事件手続法における再審規定の明文化

　家事事件手続法103条では，通常の不服申立ての方法が尽きて確定した家事審判であっても，その成立過程に一定の手続上の重大な瑕疵がある場合には，再審によってその是正を求めることが認められている。

　しかし，この家事事件手続法103条が定める再審についての規律も，家事事件手続法の制定に際して新たに導入されたものである。家事審判法下にお

---

50）その詳細については，金子・前掲注3）119頁以下参照。
51）金子・前掲注12）291頁以下。
52）金子・前掲注12）292頁。なお，同様のことは審理の終結の制度がある非訟事件においても問題となるが，家事事件手続法と異なり新非訟事件手続法では再度の考案を排除するような規定は置かれていない。そのため，再度の考案のための資料は，終結前に得られたものに限られると解釈することで対応することが示唆されている。金子・前掲注9）274頁。
53）金子・前掲注12）292頁参照。
54）金子・前掲注12）292頁。

いては，家事審判に再審が認められるか否かが学説において争われていた。具体的には，家事審判法及び家事審判法7条によって準用される旧非訟事件手続法が再審に関する規定を有していなかったところ，判決以外の裁判についての再審（準再審）を定める民事訴訟法349条は，非訟の裁判や家事審判にも準用されるのか，という形で問題とされていた。

準用を否定する見解は，旧非訟事件手続法25条は「民事訴訟ニ関スル法令ノ規定中抗告ニ関スル規定」の準用を認めているが，民事訴訟法349条は再審に関する規定であり抗告に関する規定でないことをその理由としていた[55]。ただし，この否定説においても，手続上の重大な瑕疵のある審判を放置するのを是認するのではなく，取消し・変更の制度を利用してこれに遡及効を持たせることにより対処すればよい，換言すれば，取消し・変更の制度に再審にあたる働きをさせればよいとする見解も有力に主張されていた[56]。

しかし，旧非訟事件手続法25条によってもともと準用が意図されていたのは旧旧民事訴訟法の抗告に関する諸規定であり，そこに規定されていた再審抗告（旧旧民訴466条3項[57]）を受け継いでいる民事訴訟法349条も旧非訟事件手続法25条によって準用されるとする見解が通説であった[58]。また，家事審判法下の最高裁の判例にも，準再審の規定が家事審判の手続にも準用されることを前提とするものが存在していた[59]。

以上のような家事審判法下の状況を踏まえて，家事事件手続法に再審の明文規定が置かれることとなった。規定の明文化に際しては，重大な瑕疵のある裁判の効力をそのまま存続させることが相当でないことは，家事事件の手続においても同様と解されること，上述した最高裁判例が存在すること，審判の取消し・変更については別途要件を明確化し再審事由がある場合と区別

---

55) 鈴木忠一・前掲注1）99頁，伊東＝三井・前掲注11）289頁〔豊泉〕。また，家事事件手続法成立後のものとして，戸根・前掲注14）43頁以下。

56) 鈴木忠一・前掲注1）102頁以下。

57) 旧旧民事訴訟法466条3項
「再審ヲ求ムル訴ニ付テノ要件存スルトキハ不変期間ノ満了後ト雖モ此ノ訴ノ為定メタル期間内ハ抗告ヲ為スコトヲ得」

58) 斎藤＝菊池・前掲注10）97頁〔菊池〕，兼子ほか・前掲注49）1753頁〔松浦〕など。

59) 最判平成7年7月14日民集49巻7号2674頁及びその差戻し後の再上告審判決である最判平成10年7月14日判タ984号99頁。

第26章　審判の取消し・変更の制度と再審

して規定するのが相当であること等の事情が考慮されている[60]いずれにせよ，一定の重大な瑕疵のある審判については，再審によって是正されうることが，家事事件手続法では明確にされたのである。

なお，確定判決に対する再審の制度は，確定判決が既判力を有して紛争解決の実効性を確保しているのに対して，一定の要件のもとで既判力を打破するものとして位置づけられている[61]そのため審判についての再審を考えるにあたっても，審判に既判力があるのかは問題となりうるが，家事事件手続法はこの点について特段の規定を置かず，解釈に委ねるという立場をとっている[62]私見は，審判に確定判決と同様の既判力を認めることは消極に解している。しかし，審判に既判力が認められるか否かにかかわらず，審判によって何らかの積極的な法律関係が形成されており，その審判の成立に重大な手続的な瑕疵がある場合には，やはり再審によってこれを遡及的に取り消す必要性があり，この点に審判に対する再審制度の意義が認められよう[63]

## 2　再審制度と取消し・変更制度の相違

取消し・変更の制度に再審に類する機能を持たせることができ，また持たせるべきという見解も説かれるように，両者の役割には少なからず共通する面もある。審判に既判力を否定する場合はなおさらといえる。家事事件手続法における再審制度を検討するに際しては，取消し・変更の制度との規律の違いをまずは把握しておく必要があろう。

まず，審判の取消し・変更は，職権によってのみなされるものであり，関係人には取消し・変更についての申立権は認められていない。これに対して再審は申立てによるものとされている（法103条1項）。また，取消し・変更の対象からは，即時抗告をすることができる審判が除外されているのに対し

---

60）金子・前掲注3）166頁，金子・前掲注12）335頁。なお，同様の理由から新非訟事件手続法83条に，家事事件手続法とほぼ同一の再審に関する規定が置かれている。金子・前掲注4）121頁，金子・前掲注9）323頁。

61）兼子ほか・前掲注49）1691頁〔松浦〕，高橋宏志『重点講義民事訴訟法（下）〔第2版補訂版〕』（有斐閣，2014年）766頁以下，高田裕成ほか編『注釈民事訴訟法第5巻』（有斐閣，2015年）459頁〔内山衛次〕など。

62）高田・前掲注15）268頁〔金子修発言〕参照。また，家事事件手続法下の解釈の例として，梶村＝徳田・前掲注32）236頁以下〔大橋〕参照。

63）高田・前掲注15）320頁参照。

第5　再審制度

て，再審にはそのような制限はなく，即時抗告ができる審判もその対象となる。さらに，取消し・変更は，家事審判が当初から不当な場合だけでなく，審判後の事情変更によって不当になった場合にも認められるが，再審は，審判成立段階での瑕疵に限定される。以上のように，取消し・変更の制度と再審の制度は，役割を分担しており，両制度を併存させる意義が説かれている[64]。ただし，取消し・変更の制度と再審の制度とで対象となる審判が重複する場面も認められる。即時抗告できない審判について，再審事由となる手続的な瑕疵が審判時に存在し，そのために審判が不当という場合である。このような審判については，取消し・変更によっても再審によっても審判の是正を図ることができるが，申立権の有無という点で異なっている[65]。

　なお，前述のように，事情変更の場合を除いて，確定後5年に限って取消し・変更が可能とされて，申立て期間（法103条3項，民訴342条2項）の点で再審と規律が統一されている。

## 3　再審事由

　民事訴訟法第4編の再審に関する規定は，同法の341条と349条を除いて，確定した審判や事件を完結するその他の裁判[66]に対する再審の申立てと再審に関する手続に準用される（法103条3項）。家事審判法における通説では，家事審判法7条による旧非訟事件手続法25条の準用，同条による民事訴訟法349条の準用，同条2項による同法338条から348条の準用というように，審判に対する再審については，3段階の準用を経ていたことになる。家事事件手続法ではこれが，民事訴訟法の再審に関する規定を直接に準用するように整理されており（逆に準再審の規定は準用から排除されている），判決と審判と

---

64）金子・前掲注3）169頁，金子・前掲注12）335頁。
65）金子・前掲注12）335頁。
66）本文のように，審判だけでなく，その他の裁判も再審の対象となるが，「事件を完結するもの」に限られている。これは，移送の決定（法9条1項，2項）や除斥又は忌避についての裁判（法12条1項）などの手続上の裁判その他審判の前提となる裁判に再審事由がある場合には，その裁判に対して独立した再審の申立てをすることができないことを明確にするためである。再審の対象となるその他の裁判は，家事事件が審判及び調停の成立によらないで完結した場合における手続費用の負担の裁判（法31条，民訴73条1項）などのように，審判の前提とならない自己完結的な裁判に限られる。金子・前掲注3）166頁以下。

611

第26章　審判の取消し・変更の制度と再審

いうそれぞれの裁判の特徴を踏まえて準用の具体的な内容を考察しやすく
なったともいえる。

　ところで，民事訴訟法では，確定判決に対して再審を訴えを提起するため
に再審事由（民訴338条1項1号〜10号）の存在を要求しており，これが審判
についても準用されることになる。もっとも，準用という形式をとらずに，
審判という裁判に適する再審事由を家事事件手続法の中に独自に規定するこ
とも可能性としてはありえた訳で，実際に，中間試案の段階では，そのよう
な方向性も示されていた。[67]　しかし，民事訴訟法の解釈自体必ずしも確定して
いないところがあり，それを家事事件手続法に当てはめた場合にどうなるの
かを検討して表現し直すことが困難との判断から，家事事件手続法では民事
訴訟法の再審の規定を包括的に準用することにし，どの部分が準用されるの
か，その準用した結果どのようになるかを解釈に委ねたとされている。[68]　そこ
で，本来，確定判決を対象として規定された再審事由が，どのような形で審

---

67）「非訟事件手続法及び家事審判法の見直しに関する中間試案」90頁以下参照。
　　なお，次のような内容が再審事由の案として示されていた。
　　「①　次に掲げる事由がある場合には，確定した終局裁判に対し，再審の申立てによ
　　り，不服を申し立てることができるものとする。ただし，再審の申立人が即時抗告によ
　　りその事由を主張したとき，又はこれを知りながら主張しなかったときは，この限りで
　　ないものとする。
　　　a　法律に従って裁判所を構成しなかったこと。
　　　b　法律により裁判に関与することができない裁判官が裁判に関与したこと。
　　　c　法定代理権，任意代理権又は代理人が手続行為をするのに必要な授権を欠いたこ
　　　　と。
　　　d　裁判に関与した裁判官が事件について職務に関する罪を犯したこと。
　　　e　刑事上罰すべき他人の行為により，裁判に影響を及ぼすべき裁判の資料を提出す
　　　　ることを妨げられたこと。
　　　f　裁判の資料となった文書その他の物件が偽造又は変造されたものであったこと。
　　　g　証人，鑑定人，通訳人又は宣誓した当事者若しくは法定代理人の虚偽の陳述が裁
　　　　判の資料となったこと。
　　　h　裁判の基礎となった民事若しくは刑事の判決その他の裁判又は行政処分が後の裁
　　　　判又は行政処分により変更されたこと。
　　　i　裁判に影響を及ぼすべき重要な事項について判断の遺脱があったこと。
　　　j　不服の申立てに係る裁判（却下又は棄却の裁判を除く。）の結果が前に確定した
　　　　裁判（却下又は棄却の裁判を除く。）の結果と抵触すること。
　　②　①dからgまでに掲げる事由がある場合においては，罰すべき行為について，有罪
　　の判決若しくは過料の裁判が確定したとき，又は証拠がないという理由以外の理由
　　により有罪の確定判決若しくは過料の確定裁判を得ることができないときに限り，再審
　　の申立てをすることができるものとする。」
68）高田・前掲注15）321頁〔金子修発言〕参照。

第5 再審制度

判に対して準用されるのかが問題となる。この点，再審事由が手続保障の欠缺や瑕疵といった点から基礎づけられるとすれば，[69] 審判と判決とで要求される手続保障が異なれば再審事由の適用において当然に異なる考慮が必要と考えられる。[70] 審判には既判力が認められず手続保障も判決に比べると厳格でないとすれば，再審事由を判決よりも緩やかな基準で認めること，例えば，確定判決に対する再審では認められないような再審事由の類推適用を可能とする余地もあろう。

なお，民事訴訟法338条が定める再審事由のうち，3号，6号，10号などの準用について議論がなされており，[71] 以下，これらの点について簡単に触れておきたい。

3号は，代理権の欠缺を再審事由として規定しているが，現在の民事訴訟法の学説及び判例では，これを手続保障の欠缺の場合一般に拡張する傾向にある。[72] 例えば，最高裁は，訴状の送達が無効で，被告が訴訟に関与する機会が与えられないまま判決がなされた事件に3号の再審事由を認めている。[73] また，訴状の送達が有効であっても，補充送達として訴状を受け取った者と被告との間に利害対立があり，訴状の交付が期待できず，また実際に交付されなかった場合にも3号の再審事由を認めている。[74] さらに，判決の効力が第三者に拡張される場合に，当該第三者に判決の効力を及ぼすことが手続保障の観点から看過することができない場合について3号の再審事由を認めた判例もある。[75] このように，3号の再審事由は，民事訴訟法の下でも手続保障が欠けた当事者を保護するために広く認められる傾向にある。家事審判手続に準再審規定の準用を前提とした前述の最高裁判例[76] も，直接には再審に関する事例ではないが，手続に関与する機会がなかったことに3号適用の可能性を

---

69) 例えば，吉村徳重「再審事由」小室直人・小山昇先生還暦記念『裁判と上訴（下）』（有斐閣，1980年）112頁以下，119頁以下参照。

70) 松川正毅ほか編『新基本法コンメンタール人事訴訟法・家事事件手続法』（日本評論社，2013年）311頁〔加波眞一〕参照。

71) 高田・前掲注15）321頁以下参照。

72) 高田ほか・前掲注61）492頁以下〔内山〕参照。

73) 最判平成4年9月10日民集46巻6号553頁。

74) 最決平成19年3月20日民集61巻2号586頁。

75) 最決平成25年11月21日民集67巻8号1686頁。

76) 前掲注59）掲記の判例参照。

613

第26章 審判の取消し・変更の制度と再審

認めている。家事事件手続法の下でも，3号の再審事由を手続保障の欠けた場合に拡張していくことは踏襲されるべきであり，例えば，送達以外の方法による告知の瑕疵も，送達の瑕疵と同様に3号の適用が認められるものと考える。[77]

6号では，「判決の証拠となった文書その他の物件が偽造又は変造されたものであったこと」が再審事由と規定されている。「判決の証拠となった」に関して民事訴訟法の解釈では，偽造・変造された文書等が，判決主文に影響する事実認定に用いられたことが必要とされている。[78] 自由な証明が妥当する家事事件手続法で同様の趣旨の規定を置くとしても，うまく実質を表現することが難しかったという。[79] 6号の準用に関しては，民事訴訟法の場合と比して再審事由を厳格にとらえずに，裁判に提出された文書等の中に偽造・変造されたものがあれば，それだけで再審事由を認めることも許されるのではないか。

10号は，既判力抵触に関する規定と一般に理解されている。そのため，家事審判法下には，既判力の生じない審判について10号は準用されないという見解も主張されていた。[80] しかし，裁判によっていったん形成された事項と同一の事項を，後に別の裁判によって再度形成することは許容されないとも考えられる。[81] 事情が変わっていないにもかかわらず別の裁判がなされたような場合には，後から確定した審判を10号の準用による再審で取り消すことができよう。また，先決的な訴訟事項について確定判決が存在するのを看過してそれと矛盾する審判がなされた場合も，10号の準用による再審でこの審判を取り消すことができるとする見解も主張されている[82]が，賛成すべきである。

なお，4号から7号の事由については，再審の訴えを提起するのに，有罪確定判決等が必要とされている（民訴338条2項）。この民事訴訟法338条2項

---

77）高田・前掲注15）322頁〔畑瑞穂発言〕参照。
78）兼子一ほか・前掲注49）1731頁〔松浦〕，高田ほか・前掲注61）496頁〔内山〕など。
79）高田・前掲注15）321頁〔金子修発言〕参照。
80）西塚静子「家事審判と再審」兼子一博士還暦記念『裁判法の諸問題（上）』（有斐閣，1969年）735頁。
81）「非訟事件手続法及び家事審判法の見直しに関する中間試案の補足説明」134頁，70頁参照。
82）松川ほか・前掲注70）311頁〔加波〕。

第 5　再審制度

が規定する要件も，もちろんのこと家事事件手続法103条3項による準用の対象となる。ただし，学説の中に，2項要件が再審による救済を困難にしている要因であるとして，どこまで厳格に準用すべきかについて検討する余地を指摘するものがある[83]。傾聴すべき指摘であり，2項要件の充足は，審判に対する準用ではできる限り広く認めるべきであろう。

　ちなみに，再審の補充性（民訴338条1項ただし書）についても準用されることになり，即時抗告や異議申立てで再審事由を主張したとき，又は知りながら主張しなかった場合には，再審の申立ては許されないものと解される。それ以外にも補充性の対象となる場合があるのかは問題となる[84]が，できる限り再審の可能性を認めるように補充性の対象は限定すべきと考える。

## 4　再審の申立権者

　家事事件手続法において，再審の申立権者について明文の規定は置かれていない。原裁判の当事者が再審の申立権を有することには争いはないが，それ以外の者に再審の申立権が認められるかは議論の余地がある。この点について立法担当者は，「確定裁判の基礎に重大な誤りがあったり，手続に重大な瑕疵がある場合には，当事者以外の第三者であっても裁判を受ける者またはこれに準ずる者については，そのような瑕疵のない状態での適正な裁判を求める利益を有する」として，再審の申立適格を当事者に限る必要はないとする[85]。

　判決に対する再審の訴えでも，判決効が第三者に拡張される場合には当該第三者に再審の申立権が認められている[86]ことを勘案すれば，審判に対する再審でも当事者以外の第三者に申立権が認められる場合のあることを議論の出発点とすべきであろう。その際には，まずは，第三者に手続保障が欠けたことを理由とする，例えば，必要的な陳述聴取がなされなかった場合について3号の再審事由が問題になると考える[87]。しかし，立法担当者も，「裁判

---

83)　松川ほか・前掲注70）311頁〔加波〕。
84)　松川ほか・前掲注70）309頁以下〔加波〕参照。
85)　金子・前掲注3）167頁。なお，非訟に関しては，金子・前掲注4）122頁。
86)　最決平成25年11月21日民集67巻8号1686頁。ただし，再開される本案についての当事者適格も要求されている。
87)　高田・前掲注15）323頁〔畑瑞穂発言〕参照。

*615*

第26章　審判の取消し・変更の制度と再審

を受ける者またはこれに準ずる者」と絞りをかけるように，第三者一般に再審の申立権を認めるべきではなく，再審の申立権を一定の者に限って認めるべきである。その具体的な基準をどう設定するかは難しいが，別表第1の場合の審判を受ける者となるべき者[88]の立場を弱体化させないことを理由に，即時抗告権者である第三者に限って再審申立ができるとする見解[89]は，基準が明確なため魅力的である。いずれにせよ，具体的な事例の蓄積を待つ必要があるともいえる。

　なお，以上との関連で，第三者が当事者に手続保障の欠けたことを理由として再審を申し立てることができるか，逆に，当事者が第三者に手続保障の欠けたことを理由として再審を申し立てることができるかも問題となる[90]審判の裁判としての本質やその効力を考慮すれば，どちらの場合も認められよう。

## 5　再審の手続

　再審の手続については，前述のように民事訴訟法第4編の規定が準用される（法103条3項）ほか，その性質に反しない限り，各審級における家事事件手続に関する規定も準用される（法103条2項）。そのため，本案は決定手続となるが，管轄裁判所（民訴340条）や，再審期間とその例外（民訴342条），再審の却下や棄却（民訴345条）及び再審開始の決定（民訴346条），それらに対する不服申立て（民訴347条），本案の審理及び裁判（民訴348条）といった事項は，再審の訴えに準じることになる。ただし，家事事件手続の規律に適するように，家事事件手続法は何点かの修正を加えている。

　まず，再審開始決定があると本案の審理に進むが，審判では民事訴訟法と同様の意味で不利益変更禁止の原則といったものが考えられないため，民事訴訟法348条1項の準用では「不服申立ての限度で」という文言が除外されている[91]。

　また，審判以外の裁判に対する即時抗告は，特別の定めがある場合を除い

---

88）　金子・前掲注3）260頁以下にその一覧が資料として掲載されている。
89）　高田・前掲注15）323頁〔山本克己発言〕。
90）　高田・前掲注15）323頁〔畑瑞穂発言〕参照。
91）　金子・前掲注12）337頁。

616

て，執行停止の効力を有しないものとされている（法101条2項）。再審開始の決定に対する即時抗告については，抗告審で再審開始の決定についての判断が覆される可能性があるのに，再審の手続を進行させるのは相当でないということから，執行停止の効力が特に定められている（法103条4項）。

さらに，再審の審理の結果，原裁判を正当とする場合には，再審の申立てを棄却することになるが，この棄却決定は，実質的に原裁判を維持するものであるため，原裁判に対して即時抗告することができる者に限って即時抗告が認められている（法103条5項）。

なお，以上の内容は，新非訟事件手続法においても異ならない[92]。

# 第6 結びに代えて

以上に，取消し・変更の制度（法78条），再度の考案（法90条），再審（法103条），さらに個別の審判による取消し・変更を含めて，家事事件手続法における4種類の制度を概観してきた。一部には対象について重畳する場合も認められるが，それぞれの制度は，家事事件手続法において役割を一応分担し合っているものといえよう。

なお，即時抗告と結びついている再度の考案は独自の役割を果たすことになろうが，他の3者では，家事事件手続法の特徴ともいえる，取消し・変更を求める審判の新規申立てが実務運用の中心になり，再審や取消し・変更の制度は，これを補充する役割を担うことになるように思われる。もしそうであるとすれば，同様の方針で取消し・変更や再審の制度が整備された非訟とは，実際の制度の運用が異なってくる可能性もある。いずれにせよ，家事事件手続法及び新非訟事件手続法の実務を注視していくことが必要である。

---

92）金子・前掲注9）326頁以下。

# 第27章

# 家事審判事件の抗告審における審理

松田　亨

## 第1　はじめに

　大阪高裁には民事部が14か部あるが，家事抗告事件は特定の2か部に集中的に配てんされている。当部（第9民事部）もその一つであり，通常の控訴事件のほかに取り扱う抗告事件の事件数は増加傾向にあり，ここ2，3年は毎月35件（年間400件）前後である。家事事件手続法が平成25年1月1日から施行されて5年目を迎え，家事抗告審における実務の運用もそろそろ定着してきた感がある。

　ところで，家事事件手続法下の実務全般の解説書としては，周知のとおり金子修編著『逐条解説家事事件手続法』（商事法務，2013年）や『一問一答家事事件手続法』（商事法務，2012年）などが定番であるが，法改正後に実務の状況を踏まえた論稿は，特に抗告審においてあまり例をみない。弁護士諸氏からは，各種協議会等において，家事事件手続法の下で，高裁における家事抗告事件の実務の運用が今ひとつ見えてこないという声も聞く。

　そこで，本稿では，特に家事抗告事件の審理にスポットを当て，理論と実務の運用と問題点を紹介することを試みた。紙面の都合上，所与のテーマは

第27章　家事審判事件の抗告審における審理

限られるが，いずれも家事事件手続法下の家事抗告審においてトピックとなるべき論点の一つであると考えている。実務の一助となれば幸いである。

# 第2　家事事件手続法の定めと抗告審の審理

## 1　見直しの背景

　家事審判法から家事事件手続法への見直しの背景には，国民の権利意識の変化，家族をめぐる社会情勢，家族間の利害対立の複雑困難化という状況がある。見直しの方向性としては，家事事件の手続を国民が利用し易くするとともに，当事者等が手続に主体的に関わる機会を保障し，かつ，裁判の結果に納得を得られるように手続の明確化，透明化が志向されている。

## 2　見直しの要点

　見直しの要点は，大別すると次の３点である。

### (1)　手続保障を図るための制度
　家事事件手続法では，手続を明確化，透明化し，当事者等の手続上の予測可能性を確保することにより，不意打ち防止が図られている。具体的には，主張や資料の提出期限を区切り，審理終結日を定め，審判日を指定することとされた（法71条，72条）。手続の記録化（調書の作成，法46条）や事実の調査の通知の規定（法63条，70条）が設けられ，審問期日における必要的な陳述聴取（法68条等）や審問期日における相手方の立会権も確保されている（法69条）。参加制度を拡充し，家事審判法では明確でなかった参加人の権限等が明確にされ（法41条，42条），記録の閲覧謄写に関する制度（法47条）が整備されたのもその一環である。
　特に抗告審では，原審の当事者等への抗告状の写しの送付（法88条）や必要的な陳述聴取の規定が設けられた（法89条，93条）。

### (2)　国民が利用し易い制度づくり
　家事事件手続法では，遠隔地等のため，裁判所に出頭することが困難な当

*620*

事者のために，電話会議システムやテレビ会議システムの利用が可能になった（法54条，258条，268条）。通訳人（法55条）や手続救助の制度（法32条）を導入するなど利用者の便宜を図っているのもその一環である。調停手続では，調停条項案の受諾書面の利用範囲を拡充し，遺産分割に限られないものとした（法270条）。

特に抗告審では，家事審判法ではできなかった高等裁判所でも自庁で家事調停に付することができるようになった（法274条）。

### (3) 裁判手続の基本的事項に関わる規定の整備

家事事件手続法の下では，管轄（法4条，117条，128条）や移送（法9条）の規定を整備したほか代理権の範囲を明確にし（法17条，24条），手続代理人の選任規定を新設した（法23条）。また，家事審判の申立ての取下げについても整備されている（法82条）。

特に抗告審では，不服申立てについて，家事審判に対する不服申立て（法85条〜98条）と審判以外の裁判に対する不服申立て（法99条〜102条）を分けて規律することとし，即時抗告の方式等抗告審の手続を明確にしたほか，許可抗告（法97条，98条），特別抗告（法94条〜96条），再審の規定（法103条，104条）も整備された。

さらに，家事審判法の下では，抗告審が原審判を取り消す場合，原審に差し戻す建前であったが（家審規19条），実務上は原則として取消自判する運用であった。家事事件手続法ではこの実務の取扱いが明記され，取消自判が原則とされた（法91条2項）。

また，民事訴訟や民事抗告には不利益変更禁止の原則の適用があり（民訴331条，304条），附帯控訴，附帯抗告ができるが（同法331条，293条1項），家事事件手続法ではいずれも準用から外された（法93条3項による民訴304条，293条の準用除外）。そのため，抗告審における移審の範囲をめぐり，上訴（抗告）不可分の原則との関係で議論がある。

*621*

第27章　家事審判事件の抗告審における審理

# 第3 家事抗告事件の審理の実際

## 1 手続保障を図るための制度の観点から

### (1) 抗告状の写しの送付

　　ア　家事審判に対する抗告があった場合には，抗告裁判所は，原則として原審における当事者及び利害関係参加人（抗告人を除く。）に対し，抗告状の写しを送付しなければならない（法88条）。原審における相手方に対する申立書の写しの送付（法67条）に対応する。

　　この規定は，周知のとおり，婚費分担の家事抗告審において，相手方に抗告状が送付されることなく反論の機会を全く与えられないままに相手方の不利益に原審判が変更されたことに対する特別抗告が棄却されたような事態を回避すべく設けられた[1]。その趣旨は，抗告されるような事件では，抗告人と原審の当事者等の間に高い紛争性が認められるから，原審における当事者及び利害関係人にできるだけ早い段階から防御の機会を与えるところにある。これは，別表第2事件と第1事件とを問わない。そうであるならば，抗告が不適法であると速やかに判断できる場合，抗告状や抗告理由書の記載自体から抗告に理由がないとして速やかに即時抗告を棄却できる場合には，そもそも原審の当事者等に防御の機会を与える必要がないから，直ちに抗告却下又は抗告棄却の裁判をする方が当事者等の利益に適う。そこで，このような場合には，抗告状の写しの送付は不要とされた（法88条1項本文）。

　　イ　抗告状の記載内容等から，抗告状の写しを送付することにより，紛争が激化するとか，一方当事者が危害行為に出るリスクが高いなど抗告審における手続の円滑な進行が妨げられるおそれがあると認められる場合には，抗告状の写しの送付に代えて抗告があったことを通知すれば足りる（法88条1項ただし書）。もっとも，抗告審では原審とは異なり，当事者の言い分がほぼ尽くされ，原審の結論も一応出されているので，実際にはこのような事態は想定されにくい。

---

1) 最決平成20年5月8日判時2011号116頁，なお，加藤新太郎「抗告審の審理における手続保障」判タ1375号52頁。

ウ　特に別表第1事件で問題となるが，原審が申立てを却下し，申立人が抗告した場合，抗告状の写しを送付すべき「相手方」は存在しない（例えば，成年後見人解任事件の当該後見人）。これらの者も原審における審判を受ける者となるべき者である以上，相手方に準じて抗告状の写しを交付して手続保障を図ることも考えられる。しかし，これらの者は，もともと原審の手続に参加しておらず（手続参加しておれば利害関係参加人として抗告状の送付を受けることになる（法88条1項本文）），抗告審の当初の段階から防御の機会を与える必要性に乏しいといえるし，原審判を取り消す（審判を受ける者となるべき者に不利益に変更される）場合，陳述聴取は必ずしも必要的ではないが（後記(4)イ），個別の規定により手当てがされているから（例えば，法120条），抗告状の送付の対象からは除かれている。

エ　抗告状には，抗告理由（原審判の取消・変更事由）の具体的な記載がない場合も少なくない。そこで，原審における当事者等に実質的な防御の準備の機会を保障するため，抗告審は，抗告の提起後14日以内に原審に提出された抗告理由書の写しを，抗告状の写しと同様，当事者等に送付することとされた（規則55条，58条）。

オ　ところで，実務の運用では，抗告状や抗告理由書の写しの送付の機能は，上記のように相手方の手続保障に限らないことに留意すべきである。すなわち，実際には，申立人の抗告理由に一応理由がありそうな場合など，事実の調査（法93条1項，56条1項）として審判を受ける者や受ける者となるべき者に陳述を聴取するための準備行為が必要な場合がある。その際，事前に抗告状や抗告理由書の写しを送付して内容をよく了知させ，円滑な陳述聴取を図るという取扱いが考えられるところである。

## (2)　計画的な審理運営の実践

ア　家事事件手続法では，別表第2事件について審理終結日（法71条），審判日（法72条），決定日を定めることになった（法93条1項）。手続の明確化，透明化である。これにより，実務の運用でも，いつ審理が終結し，いつ結論が出されるのか分からないような五月雨式，漂流型の審理は陰を潜め，家事抗告事件の公正かつ迅速な処理を目指して，裁判所及び当事者の責務として計画審理を実現する機運が生まれた（法2条参照）。計画審理を履践すること

第27章　家事審判事件の抗告審における審理

により，当事者において格段に審理の見通しを立て易くなったことは疑いない。

　　イ　以下，当部における計画的な審理運営を具体的に紹介する。

まず，家事抗告事件の配てんを受けた主任裁判官は，記録を検討して審理計画を立て，次のとおり，各事件類型への振り分けを行う。

　①　**類型Ⅰ【即時処理型】～審理期間は概ね１か月以内**

抗告が不適法又は理由のないことが明らかであり，相手方に抗告状の写しを送付するまでもなく（法88条１項本文），却下か棄却が相当な事案。

　②　**類型Ⅱ【抗告状送付型】～審理期間は概ね１か月半以内**

相手方に反論を求めるまでの必要はないが，抗告が不適法又は理由のないことが明らかとまではいえず，相手方に抗告状の写し等を送付するのが相当な事案。この場合，反論を出すのであれば審理終結日までに提出するように連絡する。具体的には，ⅰ事件受理後２週間程度で審理終結日及び決定日を決定し，双方に通知するとともに，相手方に抗告状の写し等を送付する。ⅱ４週目に審理終結日，７週目に決定日をそれぞれ設定する。

　③　**類型Ⅲ【反論期限設定型】～審理期間は概ね２か月以内**

相手方の反論を求める必要がある事案。具体的には，ⅰ事件受理後２週間程度で審理終結日及び決定日を決定し，双方に通知するとともに，相手方に抗告状の写し等を送付する。ⅱ４週目に反論期限の提出日，６週目に審理終結日，９週目に決定日をそれぞれ設定する。

　④　**類型Ⅳ【延長型（その他の事案）】～審理期間は概ね３か月以内**

類型ⅠないしⅢに該当しない事案。例えば，子の監護に関する処分において家庭裁判所調査官に対し調査命令を発する必要がある事案，事実の調査又は証拠調べの必要がある事案，調停に付するのが相応しい事案。具体的には，ⅰ事件受理後２週間程度で相手方に抗告状の写し等を送付する。ⅱ４週目に反論期限の提出日を設定する。ⅲその後，再反論を促し，調査命令，調査嘱託，調停等事案に応じて必要な手続を行った後，審理終結日及び決定日を決定し，双方に通知する。

　　ウ　各事件類型の振り分けの実情等について紹介すると，抗告されるような事案では，当事者間の対立が激しい場合が多く，必然的に相手方の書面による反論を求めることが多い。感覚的には，類型Ⅲで処理しているケース

*624*

第3 家事抗告事件の審理の実際

が8割を超えると思われる。他方，類型Ⅰはほとんどなく，類型Ⅱも数は少ない。類型Ⅳの数は少ないが，遺産分割や財産分与で原審の争点整理が不十分な場合や，抗告審で新たな主張が出てきた場合等で争点整理をやり直すケース，子の福祉に関する事件で家庭裁判所調査官に調査を命ずるケースなどが考えられる。

　　エ　別表第1事件には，審理終結日，審判日，決定日を定める規定はない（法93条1項，69条～72条，ただし，推定相続人の廃除及び廃除の取消しの審判事件については特別の規定がある。法188条4項）。もっとも，例えば，後見開始や成年後見人解任事件，児童福祉法28条所定の都道府県の措置についての承認事件などでは，審判を受ける者（審判の名宛人，却下審判では申立人，認容審判では自己の権利関係が形成される者）のほか審判を受ける者となるべき者（認容審判により自己の法律関係が形成される者，例えば，成年被後見人や成年後見人，都道府県知事・児童相談所長）がある。抗告審の実務としては，このような紛争性の高いケースが予想される事件類型については，双方の主張と反論を噛み合わせ，メリハリの効いた審理を実施するため，上記のように計画的な審理運営に準じた取扱いをすることが望ましい。

### (3) 家庭裁判所調査官による調査の実際

　　ア　家事事件手続法では，家庭裁判所調査官に事実の調査をさせることができる（法58条）。高等裁判所にも家庭裁判所調査官が配置されており（裁判所法61条の2），上記の規定は抗告審においても準用されている（法93条1項）。

　　イ　調査命令の対象事件は，主として，①親権者指定・変更，②子の監護に関する処分（監護者指定や変更，子の引渡，面会交流），③別表第1事件のうち児童福祉法28条（児童養護施設等への入所の承認），親権停止・喪失，未成年後見人選任，未成年者養子縁組，特別養子縁組のような子の福祉に関する事件について，調査官調査の必要性について検討する。検討の際には，担当裁判官が，必要性の有無，調査事項，調査方法等について，高裁に配置された家庭裁判所調査官に意見を求め，協議しているのが実情である。

　　ウ　家庭裁判所調査官に事実の調査を命じるケースとしては，①原審において，必要な調査官調査が実施されていない場合，この中には，関連事件

*625*

第27章　家事審判事件の抗告審における審理

における調査報告書が書証となっているが，調査時点から相当期間が経過し，子に関わる状況が変化しているものも含まれる。②原審が判断の基礎とした調査報告書に重大な問題がある場合，③原審が判断の基礎とした事情に，その後大きな変更がある場合などが考えられる。このようなケースでは，後記2(1)のエのとおり，迅速処理の要請と当事者に対する審級の利益の保障とのバランスを考慮し，事件を原審に差し戻す運用も考えられる。

　エ　主な調査事項は，子の（現在の）監護状況，子の意向・心情，当事者の監護態勢，当事者の意向（主張整理），学校，児童相談所等の関係機関に対する調査などである。調査官調査は，当事者，子，監護補助者，関係機関職員への面接調査のほか，親子交流場面の観察を実施することもある。この点は原審と変わりがないが，特に抗告審における迅速処理の要請から，速やかな実施が求められる。

### (4)　必要的な陳述聴取の意義について

　ア　家事事件手続法は，別表第2事件とそれ以外の家事審判事件とに分けて規律している。

　まず，別表第2事件以外の家事審判事件に対する抗告事件については，抗告裁判所は，原審における当事者その他審判を受ける者（抗告人を除く。）の陳述を聴かなければ，原審判を取り消すことができない（法89条1項）。これは，抗告されるような事件では，二当事者（申立人・相手方）対立構造をとらなくても（相手方がなくても）紛争性が高いと考えられ，抗告審で原審判を取り消し，自判又は差し戻す場合には，原審の当事者や審判を受ける者（審判の名宛人）に反論の機会を保障する必要があるからである。抗告人は，抗告状や抗告理由書で言い分を述べているから，改めて反論の機会を確保する必要はない。ただし，抗告審の実務では，相手方の反論に対し，必要に応じて抗告人にも適宜再反論の機会を与えるという取扱いである。

　イ　利害関係参加人であっても，審判を受ける者でなければ，必要的な陳述聴取の対象からは外れる。原審において利害関係参加人がいる場合，他の当事者が抗告すると抗告審においても引き続き利害関係参加人としての地位に就くから，手続追行できるし，事実の調査について通知を受けることで（法93条1項，63条，70条），陳述聴取に対する反論の機会も与えられている

からである。

　また，審判を受ける者となるべき者（認容審判により自己の法律関係が形成される者）についても，必要的な陳述聴取の対象からは外れている。これは，原審で申立てが却下された場合，審判を受ける者となるべき者にとっては何らの法律関係も形成されていないことになり，抗告審で認容審判に変更されるとしても，その法律関係が未形成であるのは原審の状況と同じであるからである。それとの均衡上，原審と同様に必要的な陳述聴取の一般的な規定（法68条1項）の対象から外し，個別の必要的な陳述（意見）聴取の規定（法120条ほか）に委ねた。

　ただし，以上はあくまでも必要的な陳述聴取の問題である。抗告審の実務では，個別の手当てがない場合でも，原審判を取り消し，変更するような重大な局面では，具体的な事案に応じて裁量で陳述聴取すべきであるし，実際にも「審判を受ける者」ではなくても，利害関係があれば陳述を聴取する（書面による）取扱いである。

　　ウ　次に，別表第2事件は，性質上，二当事者（申立人・相手方）の対立構造をとることから，原審の段階から相手方に反論の機会を保障する要請が強い（法68条1項）。そこで，即時抗告が不適法であるとき又は理由がないことが明らかなときを除き，全て原審における当事者（抗告人を除く。）の陳述を聴かなければならないとされた（法89条2項）。

　ここでいう陳述の聴取は事実の調査の一方法であるが，方法に制限はない。裁判官による審問，家庭裁判所調査官による調査，書面照会等が考えられる。抗告審の実務では，前記(2)イのとおり，計画的審理運営の実践における類型Ⅱ，類型Ⅲにあるように，当事者双方に対し主張と反論を書面により求めるという取扱いがほとんどである。類型Ⅳの中には，家庭裁判所調査官に調査を命じたり，裁判官が審問を開いて調停を試みたりするケースもあるが数は少ない。

　　エ　ここで留意すべきなのは，抗告審における別表第2事件に係る必要的な陳述聴取の規定（法89条2項）は，原審における別表第2事件に係る必要的な陳述聴取の規定（法68条2項）に対する「特別の定めがある場合」に当たるということである（法93条1項）。したがって，抗告審における陳述聴取には家事事件手続法68条の規定の適用はなく，たとえ当事者の申出がある

*627*

第27章　家事審判事件の抗告審における審理

ときでも審問を開いて期日で陳述聴取をすることは必要的ではない。すなわち，抗告審では，当事者の申出の有無にかかわらず，審問の期日を開くことなく，前記(2)イのとおり，計画的審理運営の実践における類型Ⅱ，類型Ⅲにあるように当事者双方に対し主張と反論を書面により求めるという取扱いがほとんどである。この運用は，抗告審における効率的かつ迅速処理の要請によく適うものといえる。

　この点に関し，原審で陳述を聴取せずに申立てを却下した事案（法68条1項）に対し，抗告審で陳述を聴取して自判する場合，抗告審が実質的には第一審となるから，当事者から審問の申出があった場合には，家事事件手続法68条2項の趣旨を尊重し，審問を開いて期日で陳述を聴取するという考え方もできる[2]。もっとも，抗告審における迅速処理の要請からすると，このようなケースであっても，審理終結日までに当事者双方に十分な攻撃防御を尽くさせることができるのであれば，あえて審問期日を開くまでのことはなく，書面による陳述聴取で足りるという運用も可能であると考える。事案の性質に応じて決すべき事柄であろう。

## 2　裁判手続の基本的事項に関わる規定の整備の観点から

### ⑴　自判原則について

　ア　家事審判法の下では，抗告裁判所は抗告に理由があると認められるときは，審判を取り消して，家裁に差し戻すのが原則であり，高裁が自判するのは例外とされていた（家審規19条1項）。これは，家庭裁判所調査官や家事調停委員が配置されている家庭裁判所の高度の専門性を尊重し，判断をなるべく家裁に一元化するという背景があったものと考えられる。

　しかし，実務の運用は，抗告審が抗告に理由があると認める場合，特に家庭裁判所調査官の専門的知見を要するケース等（例えば子の福祉に関わる事件）は別として，抗告審が自判する例が多かった。その後，高裁にも家庭裁判所調査官が配置されて（裁判所法61条の2），専門性を備えるに至り，原則差戻しの運用では迅速処理の要請に悖ることになった。

　そこで，家事事件手続法では，従前の抗告裁判所の実務の運用に合わせて，

---

2）金子修編著『逐条解説家事事件手続法』（商事法務，2013年）291頁注。

必要的な差戻し等の場合（民訴307条，308条1項，法93条3項）を除き，原則として自判すべきこととされた（法91条2項）。

　イ　抗告裁判所が自判する場合の「審判に代わる裁判」（法91条2項）というのは，審判が家庭裁判所の行う裁判であるところから，あえて審判の用語を外したにすぎない（控訴審では「決定」の形をとる。）。これも性質上は審判であり，「審判以外の裁判」（法99条参照）とは異なる。

　ウ　抗告裁判所が抗告に理由があると判断して，自判する場合，抗告審の主文については，一部取消しの可否や変更主文の在り方について問題となる。

　例えば，婚姻費用，養育費についてその額が高額にすぎる場合，適正額を超える部分のみを取り消す（変更）のではなく，全体を取り消（変更）して，全部について自判し，改めてその金額を形成することになる。婚姻費用，養育費の主文が過去分（未払分）と将来分とに分かれている場合，過去分についてのみに理由があるときも，前同様，全体を取り消（変更）して，新たな金額を形成し，支払を命じることになる。

　これは，前記1(4)イのとおり，家事審判事件では原審の審判により一応権利関係が形成されても，抗告されると未だ権利関係は形成されない状態になり，抗告審の決定によって改めて権利関係が形成されるという考え方による。この点に関し，権利関係の一部を原審判によって形成させ，残りを抗告審の決定によって形成させると，債務名義が分断されて，強制執行の場面で混乱を生じさせることになると指摘されている[3]。

　エ　抗告審が事件を差し戻す場合，民事訴訟法305条から308条の規定が準用される（法93条3項）。申立てを不適法として却下した原審判を取り消す場合には，さらに審理をする必要がない場合を除いて，原審に差し戻さなければならない（民訴307条）。審級の利益を確保するためである。

　原審判の内容が不当な場合，原審判の手続が違法な場合など，それ以外の事由で原審判を取り消す場合（民訴308条）に，事件を原審に差し戻すかどうかは原則として抗告審の裁量に委ねられている[4]。この問題は，要するに迅速

---

3) 松本哲泓「抗告審決定の主文について」家月65巻5号125頁。
4) 控訴審につき最判昭和55年12月9日判タ435号90頁参照。

第27章　家事審判事件の抗告審における審理

処理の要請と当事者に対する審級の利益の保障とのバランスの問題である。

　この点に関し，養育費の算定に当たり，失業した義務者の収入につき潜在的稼働能力に基づいて認定した原審判につき，義務者の退職理由，退職直前の収入，就職活動の具体的内容とその結果，求人状況，義務者の職歴等の諸事情について審理不尽があったとして，原審判を差し戻した決定例がある[5]。しかし，婚姻費用，養育費の算定は，もともと標準的算定方式[6]を用いて，簡易迅速に処理されることが要請されており，上記のような諸事情は，陳述書や客観的な資料によって比較的容易に明らかになることからすると，抗告審で自判することも十分可能であったように思われる（当部では，このような事案では，前記1⑵イ③の類型Ⅲ【反論期限設定型】に従い，審理終結日までに双方に書面による攻撃防御を十分に尽くさせた上で，自判する例である。）。

　　オ　当部で差し戻した例としては，家事事件手続法の施行当初は，原審が事実の調査の通知（法70条），審理終結日や審判日の定め（法71条，72条）を怠ったため，手続違反として原審判を取り消し，差し戻される例が散見された（やや特殊な例だが，調停段階から相手方が不出頭であり，普通郵便で実家宛てに通知等してきたところ，審判移行後も不出頭を続け，審判書を特別送達して初めて実家には当初から相手方が住んでおらず，相手方はそれまでの書類を全く受け取っていなかったことが（申立人が抗告したことにより）後日判明したケースで，結果的に，家事事件手続法の求める手続保障の規定（法70条～72条）が全く履践されなかったとして（公示送達によるほかない），原審判を取り消し，事件を原審に差し戻した例がある。）。

　ほかに，原審が，母から父に対し，子の監護者指定と子の引渡しを求める本案と保全処分とを並行審理し，申立てをいずれも却下したのに対し，母から抗告された事案で，原審の調査報告書では主に父の下での現状の監護状況しか調査対象とされていなかった事例がある。原審が保全処分を先行させて保全の必要性なしとして申立てを却下するのであれば調査はそれで足りたのかもしれないが，本案も併せて判断するのであれば，同居当時の母の監護状態や今後の監護の見込みとその適否についてもその調査対象とすべきであっ

---

5）東京高決平成28年1月19日判時2311号19頁。
6）東京・大阪養育費等研究会「簡易迅速な養育費等の算定を目指して」判タ1111号285頁。

第3　家事抗告事件の審理の実際

た。この事案については，保全処分については保全の必要性なしとして抗告を棄却したが，本案については上記の調査をさせ，当事者にこの点についてさらに攻撃防御を尽くさせるために原審に差し戻した。

　また，遺産の大部分を占める預貯金について寄与分が主張されていた事案で，原審が預貯金については当事者間に合意がないため当然分割され，遺産分割の対象から外れるとして寄与分の申立てを却下したのに対し，その後，共同相続された普通預金債権等は，いずれも相続開始と同時に当然に相続分に応じて分割されることはなく，遺産分割の対象となるとした最大決平成28年12月19日（民集70巻8号2121頁）による判例変更を受けて，さらにこの点について審理を尽くさせるために原審に差し戻した事例がある（ただし，この種のケースでは，預貯金の遺産全体に占める割合が僅かな場合には抗告審で自判することも十分可能であると思われる。）。

　さらに，親族間で対立の激しい成年後見開始事件において，原審が，事件本人の能力判定の資料として，四親等内の親族がその内容を争っているのに，原審申立人（医師である）の所属する医療機関の「判断能力判定についての意見」をそのまま採用して成年後見を開始した上，原審申立人の代理人弁護士を後見人に選任した事例がある。本来，後見人の選任自体に対して不服申立ては許されないが（法123条1項1号，これは家庭裁判所が公平さを疑わせるような選任はしないことが前提となっているはずである。），本件の事案では，この前提を欠くのみならず，判断能力判定の資料にも疑義が生じたことから（法119条1項ただし書），その内容が不当であるとして原審判を取り消して，事件を原審に差し戻した。

### (2)　不利益変更の禁止について

　ア　家事抗告審においては，民事控訴審における不利益変更の禁止が採用されていない（法93条3項による民訴296条1項，304条の準用除外）。不利益変更の禁止は，処分権主義（民訴304条）に由来するが，家事審判事件は非訟事件であり，家裁が公益的，後見的観点から裁量をもってあるべき権利又は法律関係を形成すべきもので，当事者の申立てに拘束されることがないからである。その結果，相手方において，抗告人の不服の限度を超えて（不利益変更禁止の原則を打破して），抗告審の審判の範囲を拡張するための制度（附

*631*

帯抗告）を設ける必要もなくなる。

　イ　実際上，家事抗告事件においては，何をもって「利益」「不利益」というのか判然としない。例えば，遺産分割において，誰に土地建物，有価証券，現金預金のいずれを取得させる（それに見合う代償金を支払わせる）のかということは，相続人の主観的な希望はさておき，具体的相続分（評価額）が同じである以上，そこに利益・不利益は観念できない。

　また，子の監護に関する処分（面会交流）において，面会頻度と時間を毎月1回8時間と定めるのと毎月2回各4時間とするのではいずれが当事者にとって利益なのか，これも観念しえないであろう[7]。

　ウ　これに対し，金銭的な給付を目的とする請求のように定量的に利益・不利益が分かりやすい婚姻費用，養育費などの事件類型に限って，不利益変更禁止（民訴304条）の趣旨を入れるという選択肢も考えられるが，家事事件手続法はこれを採用しなかった。

　そのため，原審が申立人（母）からの養育費請求に対し毎月5万円という審判をしたケースで，①相手方（父）のみが「高すぎる」として抗告したのに，抗告審では，その意に反し毎月6万円に「増額」したり，逆に，②申立人（母）のみが「安すぎる」として抗告したのに，その意に反し毎月4万円に「減額」したりしても違法ではない。不利益変更禁止の原則が働かず，附帯抗告の制度がない以上，やむなしともいえるが，これでは，不利益変更された当事者の納得は得られないであろうし，このような事態をおそれて抗告がためらわれるという危惧も頷ける。

　エ　そこで，抗告審の実務の運用としてはどうあるべきか。差し当たり，抗告審では，上記のような事態が起こり得ることを念頭に置き，当事者にとって不意打ち的な判断を回避し，当事者間の衡平に配慮することに注力すべきである。とはいえ，抗告審が原審判を不利益に変更する心証を得たからといって，全ての事件について審問期日を開き，当事者に釈明するという運用も実際的ではない。抗告審では，前記1⑷エのとおり，迅速処理の要請か

---

7）　実際の面会交流事案では，間接強制を意識して（最決平成25年3月28日民集67巻3号864頁参照），頻度，時間，場所，受渡方法，立会人，代替日の設定などについて詳細な「面会交流実施要領」を定めることがあり，これを全体としてみた場合，ますます利益・不利益の観念を入れることは困難である。

ら別表第2事件における必要的な陳述聴取においても，当事者の申出による審問期日を開くことまでは求められていないからである（法89条2項，93条1項）。

まずは，抗告審の当初の段階から不利益変更禁止の原則が働かないことを当事者双方によく周知し，そのつもりで審理に臨んでもらうことが肝要である（手続代理人弁護士においても，依頼者に対しこの点の説明が求められる。）。そのために，抗告審としては，例えば，前記1(2)イの③類型Ⅲや④Ⅳの審理において，抗告状の写しを送付し，双方に審理終結日と決定日を通知する際，事務連絡として，その旨を通知しておく運用が考えられる（前記(1)ウのとおり，家事審判事件では原審判により一応権利関係が形成されても，抗告されると未だ権利関係は形成されない状態になり，抗告審の決定によって改めて権利関係が形成されるという考え方がベースとなる。）。

オ　先の例で，養育費毎月5万円という原審判に対し，相手方（父）のみが「高すぎる」と抗告したケースで，申立人（母）が原審で毎月7万円の支払を求めていたのであれば，抗告審においても，原審と同様に改めて権利関係が形成される状況にあるから，少なくとも毎月7万円が相当という反論を示唆すべきであろう（実際，申立人（母）は，早期解決のために抗告しなかったものの，原審の結論には満足していない例が多い。）。このように双方の主張・反論を噛み合わせ，攻撃・防御が尽くされれば，抗告審が毎月6万円をもって相当であると判断しても，抗告人（父）の不意打ち感は緩和されるし，客観的資料に基づく算定であるから，相手方（母）にとっても衡平に悖ることはない。

これに対し，抗告審において，相手方（母）から毎月5万円では「安すぎる」という反論がないのに，抗告審が毎月6万円の養育費が相当であると判断すると，抗告人（父）の不意打ち感は拭えない。そうかといって，抗告審の相手方（母）が明確に争っていないため（客観的な資料に基づくと算定額は毎月6万円になるのに）毎月5万円でよしとするならば，相手方（母）にとって衡平に悖ることになる。抗告審の手続運営としては，このような事態は避けなければならない。

第27章　家事審判事件の抗告審における審理

## ⑶　上訴（抗告）不可分の原則について

　ア　不利益変更の禁止が問題となるもう一つの局面として，上訴（抗告）不可分の原則との関係がある。すなわち，民事訴訟では，控訴されると判決の確定が遮断され，事件全体が控訴審に移審する。控訴審では，不利益変更禁止の原則により，不服申立て部分のみが弁論の対象となり（民訴296条1項），不服申立ての限度でおいてのみ判決される（同法304条）。その結果，原判決中，不服申立てのない部分は確定が遮断され，控訴審に移審するが，控訴審では審判の対象から外れる。この部分も控訴審における審判の対象とするためには，控訴申立ての拡張や附帯控訴することを要するのである。

　この点に関し，数個の請求（A，B）についてされた1個の判決（単純併合）の場合，この原則の妥当性に疑問があるとの指摘がある。上記の例で，原審ではA，B請求がいずれも棄却され，A請求のみ控訴された場合でも，1個の全部判決に対する控訴である以上，B請求についても判決の確定は遮断され，控訴審に移審することになるが，そのような合理性・必要性があるのかという疑問である[8]。

　イ　家事抗告審においては，不利益変更禁止の原則の適用がないところから，問題を一層複雑にする。すなわち，家事審判においても申立ての併合（法49条3項）や手続の併合（法35条）の制度があり，数個の申立てが一つの審判でされることがある。この審判に対して抗告された場合，移審の効果はどの範囲で生じるのかという問題である。

　例えば，子の監護に関する処分として併合された複数（A，B）の子の養育費の1個の原審判に対し，Aのみについて抗告された場合を考える。移審の効果と審理の対象という切り口から次の3説が考えられる[9]。①移審の効果はA，Bについて生ずるが（Bについても確定は遮断される），α不利益変更が禁止されない結果，Bも審理の対象となる。β抗告の趣旨に鑑み，審理の対象はAのみとし，Bは事実上審理の対象から外れる。②移審の効果は，抗告されたAについてのみ生じ（Bは確定する），当然審理の対象もAのみとなる[10]。

---

8）　徳田和幸「上訴不可分の原則の根拠・妥当範囲」民訴雑誌53号113頁。
9）　松本・前掲注2）134頁。
10）　金子・前掲注1）304頁，高田裕成編著『家事事件手続法』（有斐閣，2014年）309頁。

634

第3　家事抗告事件の審理の実際

　まず，Ａ，Ｂ事件が併合されて一つの審判でされたのであれば，上訴（抗告）不可分の原則が働くから，通常共同訴訟における共同訴訟人独立の原則（民訴39条）のような規定がない以上，家事審判事件についても移審の効果はＡ，Ｂについて生じると考えるのが素直であろう。そして，家事審判では不利益変更禁止の原則がないことを貫けば，理屈の上では①α説のようにＢも審理の対象となる。しかし，抗告制度の趣旨からすると，双方ともに不服がなく，審理の対象とすることを意識していないＢについてまで原審判を変更できるというのは，いかに裁判所が当事者の申立てに拘束されず，後見的立場から事件の内容に介入できるとしても，行き過ぎの感を免れない。移審の効果を認めながらも，基本的に審理の対象から外す①β説が相当であると考える。

　　ウ　しかし，具体的なケースに当てはめると，問題はそう単純ではない。例えば，養育費の算定においては，義務者の基礎収入（パイ）を未成年者間で分け合う状況にある。そうだとすれば，複数の未成年者に対する養育費の支払義務は密接不可分であり，未成年者の一部のみを切り離して算定することは相当でないことになる（このことは，標準的算定方式において，子が複数いる場合，義務者の基礎収入に子の数に応じた指数の合計を分子，分母に割り振って養育費を算定していることからも窺うことができる。）。結局，先の例では，不服の対象ではないＢについて審理の対象から外すことは相当でない。抗告審における審理の対象を明確にする立場からは，このようなケースでは，立法論として，Ｂについてなお附帯抗告を認めるという選択肢もあり得る。[11]　あるいは，実体法上，密接不可分の関係にある場合には，手続上も必要的併合を認め，Ａについて抗告されれば，Ｂについても抗告したことになるという考え方もできるであろう。[12]

　現行法上は，差し当たり，移審の効果を認めながらも，基本的に審理の対象から外す①β説に従いつつも，裁判所が不服申立てのないＢについても原審判を変更することが相当であると判断した場合にはこれを認める運用が考えられる。その際，当事者双方の手続保障（不意打ちの防止）の観点から，

---

11)　高田・前掲注9）309頁。
12)　高田・前掲注9）308頁，309頁。

*635*

第27章　家事審判事件の抗告審における審理

抗告審としては，前記(2)エと同様，Aだけではなく，Bについても審理の対象とする旨を当事者双方によく周知し，そのつもりで審理に望んでもらうことが肝要である。[13]

　エ　これに対し，同じく子の監護に関する処分でも，複数の子の監護者指定や面会交流については局面を異にする。未成年者の監護者指定と面会交流とは対をなすものであるし（面会交流を求め得るのは監護者に指定されなかった非監護親である。），Aに関する面会交流実施要領の変更が監護親の負担にどう影響し，Bに関する面会交流の条件にどう連動するのか，一概にいえるものではない。このようなケースでは，養育費の算定とは異なり，不服の対象ではないBについて審理の対象から外すことが相当かどうか，ケースごとに判断せざるを得ないように思われる。抗告審としては，公益的，後見的観点から事件類型ごとに不服申立てのない部分についても原審判を変更することが相応しいか判断することが重要となる。

　オ　この問題については，抗告審において，上訴不可分の原則はどの範囲で妥当するのか，これに伴い審判の確定遮断効や移審の効果の範囲と抗告審における審理の対象との関係のほか，立法論としては，不利益変更禁止の原則の適用除外と附帯抗告や必要的併合の要否などを家事審判事件の事件類型ごとに検討する必要があると思われる。

## 3　国民に利用し易い制度づくりの観点から

### (1)　抗告審における自庁調停について

　ア　家庭裁判所は，訴訟又は家事審判事件が係属している場合，いつでも職権で事件を家事調停に付することができる（法274条1項）。この点は，家事審判法（家審11条，19条）と変わりはない。ただ，家事審判法の下では，高等裁判所には家事調停を行う権限がなかったために，家事調停により事件を解決するためには，事件を家庭裁判所の調停に付する必要があった。しか

---

13)　もっとも，家事審判の確定証明は，裁判所の許可を必要とせず，書記官の職務権限として交付することができるから（法47条6項），原審においてBにつき確定証明書が交付されると，抗告審においても，事実上，Bにつき原審判が確定したものとして審理せざるを得ない。このようなケースでは，家事審判の確定遮断効や移審の効果の範囲について考え方が分かれるのであるから，確定証明書の交付について裁判部の職種間の連携が望まれる。

し，このような方法は迂遠であって，迅速処理の要請にも反するし，抗告審の裁判官が結論を見据えて説得することもできず効率的ではない。そこで，家事事件手続法では，高裁にも自ら事件を調停に付して，自ら成立させることができるようにした（法274条1項，3項）。

イ 高等裁判所における調停実施機関は次のとおりである。

① 高等裁判所の裁判官の中から指定された裁判官1人及び家事調停委員2人以上で組織する調停委員会（法274条4項）。

② 高等裁判所は，相当と認めるときは，合議体である高裁が自ら家事調停を行うことができる。ただし，当事者から申立てがある場合には，調停委員会を組織しなければならない（法274条5項，247条1項ただし書，2項）。高等裁判所が自庁調停を行う場合，3人の裁判官の中から指定した受命裁判官に調停させることができる（単独調停，法274条5項，258条1項，53条）。なお，家事調停官（法250条）に調停させることは予定されていない。

ウ 抗告審の実務では，合議体の裁判官3人のうち，主任裁判官を務める陪席裁判官が単独調停の形で調停を実施している。これに家事調停委員が加わって調停委員会を組織した例はない。

### (2) 自庁調停の実際

ア 抗告審の実務においては，家事調停に付する事件は限られている。それは，抗告審では原審判によって一応の結論が出されており，まずは，その当否を迅速に判断することが求められているからである。調停に付する場合でも，出口の見えない漂流型の審理にならないように，あらかじめ審理終結日，決定日を定めておいてから（法93条1項，71条，72条），計画的に調停を進めることが肝要である。

イ 抗告審における調停に馴染む事件類型としては，今のところ遺産分割事件のほかに例をみない。例えば，原審判において共有分割や換価分割を命じられたが，これでは実質的な解決が期待できないケースや，その後，代償分割に必要な資金の手当てができたようなケースである。

ほかに，換価分割を命じられたが，その後，任意売却のほか細かな売却条件を詰めるというケースもある。ただ，そのような場合でも，調停に付するのは，双方手続代理人弁護士の解決に向けた意欲と熱意に負うところが大き

*637*

第27章　家事審判事件の抗告審における審理

く，抗告審から進んで調停を試みることはない。

　ウ　これに対し，婚姻費用，養育費などの金銭給付や，子の監護に関する処分については調停に付した例をみない。もともと抗告されるような事件は，感情的な対立も含めて紛争性が高く，およそ調停の成立が見込めないというのが第一の理由である。

　さらに，上記の金銭給付は標準的な算定表を用いて簡易，迅速に処理されることが予定されており，特に権利者において時間のかかる調停を敬遠する（原審で調停不成立を経験しているところから，義務者の引き延ばしを嫌い，迅速処理を望む）という実情がある。子の監護に関する処分についても，子は日々成長，発達するから，抗告審で時間をかけすぎると原審の調査報告書などの資料が陳腐化したり，子の精神的な発達や成熟度に伴って状況に変化が生じ，適正，迅速な解決へ向けて却って障害となることの懸念が大きい。

　エ　家事審判には既判力がなく，事情変更が生じれば，その都度家庭裁判所に調停や審判の申立てができるのであるから，抗告審としては，まずは原審判の当否を迅速に判断することが大切であって，迅速処理の要請を第一に志向すべきである。

# 第4　おわりに

　以上，家事事件手続法下における抗告審の審理における理論と実務の運用について紹介させて頂いた。限られた紙面の中で意を尽くすには程遠い内容になったが，家事抗告審の審理の実際について少しでもご理解頂ければ幸いである。最後に，やや細部にわたるが，抗告審ならではの手続上の留意点について日々思うところを掲げさせていただく。

　一つは，住所秘匿事案では，抗告に関する書類の送付ができるように送達場所の届け出をお願いしたいということである。この場合，送達場所の届け出住所が非開示を希望する住所以外の場所である場合には格別問題はないが，送達場所の届け出住所が非開示を希望する住所である場合は，郵便送達報告書に非開示希望の住所が記載されてしまう可能性があるので，「非開示に関する申出書」を添付してもらった上で，交付送達をするか，送達受取人の届け出をしてもらう必要がある。

638

次に，書面等の提出期限の遵守をお願いしたいということである。抗告人又は相手方から，審理終結日の当日又は直前に新たな主張・反論や資料が提出されることがある。他方当事者に認否反論等の機会を与える必要がある場合には，審理終結日の変更や終結した審理を再開せざるを得ない。

　当然，審理は遅延する。新たな資料（例えば，離婚判決の確定，源泉徴収票など）の入手が審理終結日の直前である場合など，やむを得ない場合は別として，このような事態は避けていただきたい（そうでなければ，資料の信用性など良い心証は得られない）。

　最後に，証拠資料については，説明書を提出し，証拠番号を付記していただきたい。作成日や作成者が不明のもの，主張と証拠資料のつながりが判然としないもの，証拠資料のどの部分を見ればよいのか判然としないような証拠資料が提出されることが少なくない（特に，原審で数多くの関連事件について事実の調査が行われ（法93条1項，56条），証拠資料が混在している場合など）。遺産分割事件，財産分与事件等対象財産の整理が必要な事案においてはもとより，婚姻費用，養育費等の事案においても，一覧性のある証拠資料の説明書を提出してもらい，証拠番号（甲号証，乙号証）の付記をしてもらうと審理の充実，促進に役立つものと思われる。

# 事 項 索 引

## 【あ】

相手方のある（非訟）事件
　………………… 34上, 311上, 501上

## 【い】

異議権（不服申立権）………… 61上, 64上
異議（の）申立て……… 437下, 484下, 495下
異議申立権の放棄……… 398上, 485下, 496下
意見の聴取〔移送〕……………… 137上
意見の聴取〔自庁処理〕………… 141上
意見の聴取〔付調停〕…… 240下, 372下, 409下
意見表明権………………… 66上, 237上
遺言執行者の解任………… 303上, 469上
遺言執行者の選任………………… 527上
遺言書の検認……………………… 525上
遺言に関する審判事件…………… 244上
遺言能力…………………………… 451上
遺言の効力………………………… 283下
遺言無効確認（訴訟）…… 243下, 244上, 350下
遺産確認訴訟（遺産確認の訴え）
　………………………… 243下, 334下
遺産からの収益…………………… 278下
遺産関連紛争……………………… 262下
遺産の範囲
　……… 202上, 266下, 275下, 280下, 283
遺産の範囲に関する合意………… 267下
遺産の評価方法…………………… 298下
遺産の分割に関する審判事件……… 244上
遺産の分割の審判事件
　………………… 129上, 201上, 325上
遺産評価の基準時………………… 256下
遺産分割時説……………………… 302下
遺産（の）分割（の）審判
　……… 201上, 229上, 332上, 521上, 527上
遺産分割調停事件（手続）……… 237下, 491下
遺産分割調停の対象……………… 262下
遺産分割手続における争点整理……… 247下
遺産分割の前提問題…… 241下, 269下, 303下
遺産分割の対象財産…… 261下, 300下, 318下
遺産目録…………………………… 246下

意思（の）尊重義務〔成年後見〕
　………………………… 14下, 30下, 37下
意思能力………………… 44上, 233上,
　253上, 277上, 446上, 88下, 138下, 229下
萎縮効果………………………… 423下, 425下
移審の効果………………………… 634上
移送………………………………… 135上
移送の申立権……………………… 137上
一事不再理………………………… 534上
一時保護委託……………………… 197下
一部取消しの可否………………… 629上
一部の相続人を除いてなされた遺産
　分割…………………………… 270下
一部分割…………………………… 242下
１類審判事項……………………… 330上
一般調停事件……… 307上, 410下, 502下
遺留分減殺請求………… 17上, 263下, 350上
遺留分減殺請求の遺産分割への一元
　化……………………………… 344下
遺留分に関する審判事件………… 244上
遺留分放棄の許可………………… 210下
遺留分放棄の取消し……………… 599上
医療ネグレクト…………………… 158下

## 【う】

氏（又は名）の変更についての許可の
　審判（事件）……………… 167上, 243上

## 【え】

縁組能力…………………………… 451上

## 【お】

応訴管轄〔家事審判事件〕……………… 128上
応訴管轄〔国際裁判管轄〕………………… 88上
乙類審判事件（事項）………… 15上, 156上,
　215上, 241上, 335上, 495上, 530上
親子関係存否（不存在）確認事件
　………………… 101上, 456下, 460下
親子交流場面の観察……………… 113下

事項索引

音声の送受信による通話の方法……… 295上

## 【か】

外観説 ……………………… 456下, 476下
外国公示送達 ………………………… 111上
外国裁判の承認 …………… 13上, 93上
外国送達 …………………………… 108上
科学的見地からの資料収集 ……… 207上
確定遮断効 ………………… 64上, 636上
確定証明書 ………………………… 636上
確定判決と同一の効力
　　　　　　……… 370下, 483下, 497下
家事抗告事件 ……………………… 619上
家事雑事件 ………………………… 507下
家事審判への当然移行 …………… 421下
家事調停委員の除斥 → 調停委員の除斥
家事調停官 ………… 637上, 359下, 411下
家事調停事項 ……………………… 347下
家事調停手続における調査活動 …… 413上
家事調停申立書の記載事項 → 申立書の記
　載事項
家事手続案内 ……………… 165下, 188下
家事非訟事件 ………………………… 59上
片親疎外（Parental Alienation）…… 421上
家庭裁判所調査官による事実の調査
　　　　……… 53上, 129上, 162上, 225上, 281上,
　　389上, 401上, 443上, 625上, 3下, 106下,
　　112下, 118下, 169下
家庭裁判所調査官による調査活動
　　　　　　……………… 410上, 413上
家庭裁判所調査官の意見 ………… 405上
家庭裁判所調査官の期日立会い
　　　　　　……………… 298上, 414上
家庭破綻説〔嫡出推定〕…………… 477下
過熱現象 …………………………… 421上
仮の地位を定める仮処分
　　　　……… 167上, 554上, 571上, 13下, 113下
仮払仮処分 ………………………… 550上
過料の裁判 …………………………… 4上
簡易確定手続 ………………………… 22上
簡易却下（制度）………… 435上, 360下
簡易呼出し ………………………… 327上
管轄裁判所〔家事調停事件〕……… 130上
管轄裁判所送達 …………………… 110上

管轄の利益 ………………………… 123上
管轄配分説〔国際裁判管轄〕……… 85上
関係人 ………………… 191上, 460上
関係人概念 ………… 158上, 175上, 215上
監護者の指定 → 子の監護者の指定
間接管轄要件〔外国裁判の承認〕…… 94上
間接強制〔子の引渡し〕… 120上, 137下
間接強制〔面会交流〕
　　　　　……… 205上, 69下, 73下, 94下
間接強制の金額〔面会交流〕……… 96下
完全陳述義務 ………………………… 77上
鑑定実施 …………………… 4下, 25下
鑑定省略 …………………………… 26下
関連請求〔国際裁判管轄〕………… 88上

## 【き】

期日の呼出し ……………………… 153上
既判力 …… 338上, 458上, 529上, 610上, 228下
既判力肯定説 ……………………… 531上
既判力抵触 ………………………… 614上
既判力否定説 ……………………… 529上
義務的裁量 ………………………… 68上
義務の履行状況の調査 …… 437上, 506下
義務の履行の勧告
　　　　……… 437上, 72下, 94下, 119下, 506下
義務履行の命令 …………… 506下, 511下
逆推知説〔国際裁判管轄〕………… 85上
客観的証明責任 …………… 75上, 231上
給付的審判 ………………………… 526上
狭義の弁論（主張）………………… 183上
行政過程への司法関与 …………… 195下
強制参加 …………………… 165上, 360上
強制執行〔ハーグ条約〕…………… 144下
強制執行〔面会交流〕……………… 68下
行政処分の非訟化 ………………… 28上
強制調停 …………………………… 387上
職務上の当事者 …………… 255上, 276上
許可抗告 …………………… 64上, 595上
許可参加 …………………… 67上, 166上
許可代理 …………………………… 262上
居住用不動産の処分 ……… 15下, 28下
寄与分 ………… 202上, 266下, 280下, 283下
帰来時弁済型の合意 ……………… 51下
記録閲覧権 ………………… 61上, 189上

事項索引

記録閲覧制度の拡充 …………………63上
記録の閲覧(謄写) …………153上, 161上,
　162上, 168上, 199上, 286上, 314上, 429上,
　464上, 495上, 538上, 556上, 190下, 250下,
　379下, 396下, 417下, 510下
記録の閲覧(謄写)の不許可事由(非
　開示事由) …………………433上, 403下
禁反言 ………………………………221上

【け】

経過の要領 …………………………63上
形式的意味の当事者 ………152上, 215上
形式的確定 …………………………522上
形式的関係人概念 …………………178上
形式的手続保障 ……………………148上
形式的(な)当事者概念
　………67上, 157上, 191上, 353上, 461上
形式的な意味での当事者 …………461上
形成的裁判・形成的審判 ……354上, 532上
形成力 ………………………457上, 527上
継続性の原則 ………………………128下
血縁説〔嫡出推定〕 ………………477下
欠格事由・欠格条項 ………………38上
原因事実を争わないこと ……453下, 475下
権限外行為許可 ………………45下, 51下
原始的不当 …………………………598上
原状回復の裁判 ……………………563上
限定承認又は相続の放棄の取消しの
　申述の受理の審判事件 …………243上
権能の失効 …………………………221上
権能の濫用 …………………………221上
権利参加 ………………………67上, 165上
権利又は法律上保護される利益を害
　された者 …………………………161上

【こ】

合意管轄〔家事調停事件〕 …………130上
合意管轄〔国際裁判管轄〕 ………86上, 88上
合意管轄〔別表第2事件〕 ……128上, 497上
合意説〔合意に相当する審判〕 ………457下
合意に相当する審判
　………432上, 348下, 416下, 435下, 465下
合意に相当する審判における合意の

法的性質 …………………349下, 471下
合意に相当する審判の沿革 ………439下
合意に相当する審判の構造 ………444下
合意に相当する審判の主体(調停機
　関) ………………………447下, 481下
合意に相当する審判の制度趣旨 ……437下
合意に相当する審判の対象 ……447下, 471下
合意に相当する審判の当事者
　…………………………448下, 472下
合意の正当性 ……………455下, 476下
公益性(公益的性質)(公益的性格) … 42上,
　199上, 200上, 511上, 533上, 551上, 596上,
　8下, 282下, 350下, 467下
公開原則(公開性)
　……………7上, 336上, 438下, 469下
攻撃防御方法の提出権 ……………281下
後見開始等の審判事件 ……… 126上, 159上,
　193上, 242上, 253上, 472上
後見開始の審判(事件)
　…………167上, 341上, 527上, 2下, 4下
後見開始の審判の取消しの審判 ……167上
後見監督人等の選任 ………………20下
後見性(後見的配慮)(後見的観
　点)(後見的介入)(後見的立場) ……2上,
　38上, 172上, 182上, 200上, 324上, 382上,
　636上, 146下, 204下
後見制度支援信託 ……………21下, 31下
後見センター ………………………2下
後見等事務の終了 …………………17下
後見等命令 …………………………13下
後見人等及び後見監督人等に対する
　報酬 ………………………………8下
後見人等の解任(の審判事件)
　………………193上, 343上, 469上, 20下
後見人等の選任(の審判事件) ……193上, 6下
抗告許可の申立て …………………522上
抗告権の放棄 ………………………522上
抗告状の写しの送付
　…………44上, 65上, 155上, 464上, 622上
抗告審における計画的な審理運営 … 623上
抗告審における自庁調停 → 自庁調停〔抗
　告審〕
抗告審における手続上の留意点 ……638上
抗告審における取下げ → 申立ての取下げ
　〔抗告審〕

643

事項索引

抗告審における必要的な陳述聴取
　→　必要的陳述聴取〔抗告審〕
抗告の取下げ……………………… 325上
抗告不可分の原則 ………………… 634上
抗告理由書………………………… 623上
公示送達………………… 254下, 494下
公序要件〔外国裁判の承認〕……… 94上
更生計画認否の決定 ………………… 6上
高等裁判所における調停 → 自庁調停〔抗
　告審〕
口頭による申立て ………………… 310上
後発的不当………………………… 598上
甲類(審判)事件………241上, 335上, 530上
国際裁判管轄……………… 84上, 106上
国際民事手続法…………………… 83上
戸籍の訂正についての許可の審判事
　件………………………… 159上, 465上
古典的非訟事件…………………… 513上
子ども(の)代理人 → 子の手続代理人
「子どものための法律援助」制度…… 292上
子に関する特別代理人の選任の審判
　事件……………………… 243上, 277上
子に対する手続保障 ……………… 441上
子(ども)の意見表明権
　………… 66上, 237上, 262上, 271上, 445上
子の意向(心情)確認(把握)調査
　………… 400上, 402上, 418上, 112下
子の意思の把握・考慮 ……… 71上, 203上,
　272上, 392上, 411上, 442上, 87下, 106下,
　185下
子の氏の変更……………………… 204下
子の氏の変更についての許可の審判
　事件……………………………… 243上
子の仮の引渡し(子の引渡しの仮処
　分)…………………… 113下, 129下
子の監護者の仮の指定(子の監護者
　の指定の仮処分)………… 551上, 113下
子の監護者の指定 ………… 100下, 124下
子の監護状況の調査 ……402上, 417上, 112下
子の監護に関する処分(の審判事件)
　……… 98上, 127上, 133上, 193上, 242上,
　262上, 270上, 277上, 333上, 343上, 448上,
　450上, 625上, 99下
子の監護に関する処分の調停事件
　…………………… 243上, 278上, 99下

子の代理人 → 子の手続代理人
子の陳述聴取…………… 87下, 111下, 125下
子の手続行為能力 → 手続行為能力
子の手続参加の制限 ……………… 279上
子の手続代理人……………50上, 70上, 173上,
　262上, 269上, 451上, 87下, 167下, 186下
子の手続代理人に関する諸外国の類
　似の制度………………………… 273上
子の手続代理人の活動 …………… 285上
子の手続代理人の選任が有用な事案
　…………………………………… 282上
子の手続代理人の報酬 → 手続代理人の報
　酬
子の手続代理人の法的性格………… 276上
子の引渡し…………………… 207上, 99下
子の引渡しの保全処分 → 子の仮の引渡し
　(子の引渡しの仮処分)
子の必要的陳述聴取 → 必要的陳述聴取
　〔子の〕
子の返還申立事件〔ハーグ条約〕
　………… 16上, 56上, 438上, 143下, 204下
子の利益の確保…………………… 49上
婚姻共同生活地〔国際裁判管轄〕……… 86上
婚姻費用の分担に関する処分の審判
　事件……6上, 133上, 201上, 244上, 345上
婚姻費用分担調停事件
　…………………… 307上, 408下, 491下
婚姻費用分担の審判 ………… 98上, 332上

【さ】

財産の管理者の選任〔審判前の保全
　処分〕………………………… 12下
財産の分与に関する処分の審判事件
　…………… 201上, 244上, 325上, 345上
財産分与の審判…… 74上, 97上, 527上, 528上
財産目録調製……………………… 51下
再審 ………………… 541上, 595上, 608上
再審開始の決定…………………… 616上
再審期間…………………………… 616上
再審事由………………… 611上, 612上
再審制度と取消し・変更制度の相違
　…………………………………… 610上
再審の補充性……………………… 615上
再審の申立権者…………………… 615上

事項索引

再調停の申立て〔面会交流〕············73下
再度の考案············539上, 595上, 606上
裁判官のみによる調停手続 → 単独調停
裁判所概念·········213上, 214上, 217上
裁判所技官による診断
·················162上, 389上, 101下
裁判所と当事者の役割分担 → 当事者と裁
判所の役割（分担）
裁判所の裁量権行使による要件設定
·····························200上
裁判所の責務·······················219上
裁判資料の収集·······154上, 182上, 381上
裁判長による手続代理人の選任
·················263上, 368上, 230下
裁判長の釈明権 → 釈明権
裁判の公開（対審）原則····10上, 18上, 469下
裁判を受ける権利······················6上
参加制度の拡充·······················538上
参加による関係人·····················176上
算定表···················202上, 638上
参与員からの意見の聴取···············297下
参与員による説明聴取··················3下
参与員による報告書の点検·············34下

【し】

事案解明義務·······60上, 75上, 79上, 208上,
211上, 393上, 280下, 310下
事件記録の取り寄せ···················398下
事件処理における科学性···············411上
事件の関係人················162上, 463上
事件の関係人に対する指示·············13下
事件の係属の通知
··············164上, 187上, 356上, 464上
事件の実情················312上, 363下
試行的面会交流············89下, 118下
自己決定の尊重・自己決定権···236上, 37下
自己拘束力·······················524上
死後事務·······················35下
死後離縁をするについての許可の審
判事件················243上, 465上
事実の調査·······61上, 182上, 381上, 509上,
238下, 400下
事実の調査〔合意に相当する審判〕··454下,
478下

事実の調査の嘱託···················390上
事実の調査の通知···········153上, 155上,
199上, 433上, 464上, 469上, 495上, 126下,
212下, 250下, 402下, 418下
事情説明書·······················313上
施設への入所等についての許可の審
判事件················243上, 450上
自庁処理（の裁判）（の決定）··125上, 131上,
141上, 319上, 241下, 430下
自庁調停················132上, 429下
自庁調停〔抗告審〕···········636上, 388下
執行処分の取消し···················562上
執行停止·······················562上
執行停止の仮の処分···················581上
執行文の付与·······················526上
執行力·············458上, 525上, 573上
実質的関係人·······················178上
実質的手続保障············26上, 148上
実質的当事者············192上, 353上
失踪の宣告（の審判）···················527上
失踪の宣告の審判事件···············242上
失踪の宣告の取消しの審判事件······242上
実体的真実（発見）·····200上, 220上, 430上
実体法説〔合意に相当する審判〕
·····························450下, 472下
指定当局送達·······················110上
児童虐待················149下, 179上
児童相談所長による申立て·············155下
児童相談所長の申立権·········186下, 193上
指導措置の勧告·······················177下
児童の権利（に関する）条約
·········69上, 236上, 262上, 271上, 443上
児童福祉施設の長···················183下
児童福祉司の手続への立会いの可否
·····························188下
児童福祉法28条事件 → 都道府県の措置に
ついての承認等の審判事件
児童福祉法の規定による都道府県の措置に
ついての承認等の審判事件 → 都道府県
の措置についての承認等の審判事件
児童を現に監護する者···············190下
自判原則·······················628上
市民後見人·······················7下
社会貢献型後見人···················7下
社会福祉機関との連絡···············425上

645

事項索引

借地借家調停法…………………386上, 571上
借地非訟事件………………………………3上
釈明権(の行使)
　　……………184上, 209上, 231上, 286下
自由な証明………26上, 34上, 62上, 336上,
　384上, 467上, 478下
主観的立証責任…………………………393上
主たる監護者………………………105下, 129下
主張責任………………………231上, 238上
出頭勧告…………………………………401上
受命裁判官による事実の調査………390上
受理面接…………………………165下, 174下
準拠法の決定……………………88上, 115上
準口頭申立て……………………310上, 360下
純然たる訴訟事件
　　……2上, 514上, 227下, 438下, 469下
渉外家事事件……………………83上, 105上
障害者の権利に関する条約……………237上
証拠調べ…62上, 225上, 383上, 385上, 250下
証拠調べの申立権 → 申立権〔証拠
　調べ〕
証拠提出責任……………………………75上
証拠の偽造又は変造……………………614上
自用地理論………………………………313下
消費者裁判手続…………………………22上
情報要求権………………………………66上
職務執行停止の保全処分(仮処分)
　　………551上, 560上, 578上, 585上, 21下
職務上の当事者…………………255上, 276上
職務代行者の選任の保全処分
　　………551上, 578上, 585上, 21下
書証の申出………………………………401下
職権参加…………………………67上, 194上
職権主義………………329上, 336上, 429上
職権探知主義……60上, 72上, 150上, 197上,
　205上, 218上, 220上, 223上, 227上, 229上,
　238上, 266上, 382上, 463上, 467上, 248下,
　279下, 398下, 424下, 466下
職権探知の義務(の解放)
　　………77上, 222上, 226上, 511上
職権による手続の開始(職権開始事
　件)…………………………42上, 73上
処分(可能)性…………65上, 74上, 181上,
　510上, 533上, 180下, 421下
所有権確認訴訟…………………………242下

資料の引き継ぎのための事実の調査
　の対象…………………………………265下
資料を提出しない自由…………………284下
新家庭形成説〔嫡出推定〕……………477下
信義則上の責務…………………218上, 227上
審級の利益………………………………629上
親権者の指定又は変更の(審判)事件
　　……129上, 193上, 262上, 270上, 277上,
　365上, 450上, 625上, 101下, 192下, 204下
親権者の指定又は変更の調停事件
　　………243上, 270上, 101下, 491下
親権喪失事件と都道府県の措置につ
　いての承認等の審判事件の比較対
　照………………………………………201下
親権喪失事件の構造…………180下, 191下
親権喪失事由……………………………163下
親権喪失(等)の(審判)事件………159上,
　193上, 262上, 277上, 303上, 365上, 450上,
　474上, 153下, 180下, 191下
親権喪失(等)の審判…167上, 468上, 625上
親権喪失の審判の取消し……185上, 365上
親権停止が検討されるべき事案の類
　型………………………………………157下
親権停止の期間…………………160下, 194下
親権停止の要件…………………………157下
親権と監護権の分属……………………124下
親権に関する審判事件………243上, 277上
親権又は監護権の行使に対する妨害
　排除請求………………………………101下
人事訴訟手続法…………………………570上
人事調停法………………………386上, 571上
真実義務…………………………………77上
斟酌要求権………………………………66上
身上配慮義務……………………14下, 31下
審尋請求権(審問請求権)………11上, 14上,
　60上, 66上, 144上, 189上, 230上, 507上,
　282下
人身保護請求(人身保護法に基づく
　請求)……………………100下, 102下, 132下
真正争訟事件……………………513上, 531上
親族照会…………………………3下, 36下
迅速性の要請・迅速処理(の要請)…25上,
　61上, 182上, 200上, 315上, 549上, 556上,
　559上, 590上, 628上, 392下
親族の関与可能性………………………183下

人的不統一国 ··························· 91上
審判移行 → 審判手続への移行
審判行為能力 ····················· 234上
審判事件の調停前置主義的運用
 ···················263下, 351下, 371下
審判事件の付調停 → 付調停（審判事件）
審判前の保全処分 ····· 437上, 545上, 569上,
 113下, 161下, 166下
審判前の保全処分と本案審判との関
 係 ································ 566上
審判前の保全処分の性質 ·············· 547上
審判前の保全処分の取消し ···· 564上, 590上
審判前の保全処分を担当する裁判体
 ···································· 558上
審判手続から調停手続への移行 → 調停手
 続への移行
審判手続への移行
 ··············· 130上, 264下, 391下, 419下
審判の確定 ························· 524上
審判の結果により直接の影響を受け
 る者（もの）··········67上, 159上, 165上,
 170上, 173上, 185上, 192上, 363上, 463上,
 184下, 189下, 204下, 213下, 232下
審判の効力の発生時期 ··············· 522上
審判の効力発生時期（審判前の保全
 処分）····························· 560上
審判の告知······169上, 170上, 171上, 195上,
 199上, 464上, 183下, 212下
審判の取消し・変更 ············ 523上, 596上
審判の取消し・変更の期間制限······· 601上
審判の不当························· 524上, 598上
審判の無効························· 525上
審判日の指定············ 155上, 464上, 471上,
 497上, 126下, 212下, 250下
「審判物」概念（の提唱）········ 329上, 337上
審判物としての廃除事由·············· 223下
審判への資料の引き継ぎ·············· 265下
審判を受ける者
 ··············· 169上, 170上, 462上, 626上
審判を受ける者となるべき者········· 67上,
 159上, 165上, 185上, 192上, 363上, 462上,
 627上, 182下
審問 ····························· 466上
審問（の）期日···· 154上, 196上, 628上, 182下
審問請求権 → 審尋請求権（審問請求権）

審問立会権 ········· 26上, 44上, 61上, 155上,
 189上, 199上, 216上, 230上, 497上, 110下,
 231下
審問による陳述聴取 ···· 199上, 211下, 231下
審問の二義性························· 81上
審問（期日）への立会い
 ········ 393上, 464上, 125下, 212下, 250下
審理終結（日）（の指定）··········· 44上, 64上,
 155上, 199上, 464上, 471上, 497上, 608上,
 126下, 212下, 231下, 250下

## 【す】

推定相続人の手続保障·················· 231下
推定相続人の廃除 ········3上, 16上, 185上,
 303上, 365上, 207下, 217下
推定相続人の廃除の事由（原因）
 ······························211下, 220下
推定相続人の廃除の審判事件········· 68上,
 156上, 243上, 343上, 465上, 468上, 476上
推定相続人の廃除の調停（旧法下）··· 209下
推定相続人の廃除の取消し（の審判
 事件）··················243上, 215下, 234下

## 【せ】

生活保護法等の規定による施設への入所等
 の許可の審判事件 → 施設への入所等に
 ついての許可の審判事件
請求すべき按分割合に関する処分
 （の審判事件）····················· 247上, 363下
制限行為能力者····················· 333上
制限行為能力者の審判 ·············· 341上
性質上の非訟事件 ·············2上, 33上
性同一性障害者の性別の取扱いの特
 例に関する法律に規定する審判事
 件 ································ 243上
成年後見開始（等）の事件 → 後見開始等の
 審判事件
成年後見制度の利用の促進に関する
 法律 ·························1下, 24下
成年後見制度利用支援事業·············· 26下
成年後見人の医療同意権·················· 29下
成年後見人（等）の解任（の審判事件）
 ··················303上, 365上, 585上

*647*

事項索引

セーフガード条項 ……………… 100上, 102上
説明書面 …………………………………… 397下
選択的連結 ………………………………… 90上

## 【そ】

相互保証要件〔外国裁判の承認〕……… 95上
争訟性のある(強い)非訟事件・争訟
　的非訟事件 …… 25上, 35上, 335上, 513上
相続開始時説 ……………………………… 302下
相続債権者・受遺者に対する請求申
　出の公告・催告 …………………………… 42下
相続財産管理人選任申立事件 ………… 40下
相続させる旨の遺言 ………… 303下, 328下
相続的協同関係の破壊 ……… 212下, 221下
相続人捜索の公告 ………………………… 44下
相続人のあることが明らかでないと
　き ………………………………………………… 40下
相続人の範囲 ……………………………… 275下
相続人の不存在に関する審判事件 … 248上
送達条約 …………………………………… 109上
双方立会手続説明 ……………………… 374下
即時抗告(移送関係) …………………… 139上
即時抗告権 ……………………… 169上, 196上
即時抗告に服する審判 ………………… 600上
即時抗告への一本化 …………………… 598上
訴訟係属の通知 …………………………… 164上
訴訟事件の非訟化 …………… 1上, 513上
訴訟事件・非訟事件2分論 …… 2上, 180上
訴訟担当構成(家事事件手続法18条
　関係) ……………………… 255上, 257上
訴訟と非訟 …………………………………… 1上
訴訟のアナロジー ……………………… 513上
訴訟(事件)の非訟化
　……………… 8上, 20上, 335上, 513上
訴訟非訟二分論・訴訟非訟峻別論
　……………………… 2上, 15上, 331上
その他家庭に関する事件 …… 349下, 415下
疎明 ……………………………… 259上, 553上
損害賠償命令手続 ………………………… 21上

## 【た】

第三者が未成年被後見人に与えた財
　産の管理に関する処分の審判事件

　……………………………………………… 277上
代償財産(理論) ……… 278下, 303下, 330下
対世効・対世的効力
　……… 200上, 354上, 458上, 528上, 560上
代替執行〔ハーグ条約〕……… 527上, 144下
立会権　→　審問立会権
単位法律関係 ……………………………… 89上
段階的進行モデル ……………………… 268下
段階的連結 ……………………… 90上, 92上
単純連結 ……………………………………… 90上
単独調停 ……………… 358下, 481下, 490下

## 【ち】

地域的不統一国 …………………………… 91上
嫡出推定が及ばない子 ………………… 480下
嫡出推定規定 ……………………………… 476下
嫡出否認事件 ……………… 100上, 459下
嫡出否認の訴えの特別代理人の選任
　の審判事件 ……………………………… 243上
中央当局送達 ……………………………… 110上
中間合意 …………………………………… 406下
中断　→　手続の中断
調査結果の当事者へのフィードバッ
　ク ………………………………………… 415上
調査(の)嘱託 ……… 390上, 429上, 290下
調査人〔後見監督〕……………… 19下, 34下
調査報告書の開示 ……………………… 425上
重畳的連結 ………………………………… 90上
調書の作成 ……… 153上, 199上, 465上,
　495上, 556上, 267下
調整活動 …………………………………… 403上
調停案の提示 ……………………… 239下, 427下
調停委員会の権限 ……………………… 355下
調停委員会を組織する裁判官の権限
　…………………………………………… 357下
調停委員からの意見の聴取 ………… 297下
調停委員の除斥 ………………………… 357下
調停可能性 ………………………………… 511上
調停係属中の審判前の保全処分
　……………………………… 588上, 591上
調停合意説 ………………………………… 397上
調停条項案 ………………………………… 266下
調停条項案の書面による受諾(制度)
　……………… 252下, 297下, 381下, 382下

648

事項索引

調停成立率……………………………… 394下
調停前置主義……… 263下, 350下, 368下,
　416下, 466下
調停前置主義違反の効力 …………… 353下
調停前の処分…………577上, 583上, 384下
調停前の措置…………572上, 575上, 582上
調停提出資料の審判段階における閲
　覧謄写 …………………………………… 436上
調停手続から審判手続への移行 → 審判手
　続への移行
調停手続においてなされた合意の撤
　回 ………………………………………… 267下
調停手続における資料収集手続…… 400上
調停手続への移行 …………………… 416下
調停に代わる決定 …………………… 387上
調停に代わる審判 …… 398上, 58下, 77下,
　253下, 292下, 410下, 416下, 426下, 489下
調停に代わる審判に服する旨の共同
　の申出………………258上, 296下, 496下
調停に代わる審判の取消し ………… 494下
調停に代わる審判の法的性格……… 293下
調停による解決の妥当性…………… 368下
調停の審判化…………………………… 418下
調停判断説……………………………… 397上
調停不成立…… 327上, 370下, 488下, 494下
調停又は労働審判前の措置………… 583上
調停をしない措置…… 316上, 327上, 386下
直接管轄………………………………… 84上
直接強制〔子の引渡し〕……… 119下, 136下
陳述聴取(審問)の二義性…………… 63上

## 【つ】

通訳人の立会い……………………… 119上

## 【て】

DNA親子(父子)鑑定
　…………………………385上, 461下, 478下
定期監督〔後見監督〕………………… 18下
定型書式の利用 → 申立書の定型書式の利
　用
手続案内………………………………… 310上
手続からの排除………………………… 371上
手続協力義務(違反)………60上, 66上, 72上,

76上, 77上, 79上, 209上, 211上, 222上, 393
　上, 280下
手続協力権……………………… 66上, 79上
手続係属の通知 → 事件係属の通知
手続権侵害……………………………… 65上
手続行為………………………………… 233上
手続行為能力…………70上, 172上, 233上,
　251上, 277上, 290上, 452上, 108下
手続行為能力の制限 ………………… 240上
手続上の家庭裁判所 ………………… 354下
手続上の救助…………264上, 291上, 89下
手続選択(権)…………54上, 372下, 409下
手続選別(インテーク) ……………… 413上
手続代理(人)………………………… 261上
手続代理人選任命令 ………………… 269上
手続代理人の代理権の消滅………… 265上
手続代理人の代理権の範囲………… 264上
手続代理人の報酬
　………………264上, 279上, 291上, 89下
手続代理の積極的活用 ……………… 239上
手続の受継……………………………… 373上
手続の中止…………352下, 373下, 429下
手続の中断……………………………… 373上
手続の非公開性 → 密行性(手続の非公開
　性)
手続の併合…………………… 134上, 634上
手続は法廷地によるとの原則……… 93上
手続費用額確定処分(決定)
　………………………264上, 292上, 89下
手続法説〔合意に相当する審判〕
　………………………………449下, 472下
手続法と実体法の適応問題………… 93上
手続法の継続的形成 ………………… 82上
手続保障の意義………………………… 144上
手続保障の欠缺………………………… 613上
テレビ会議(システム)
　………295上, 300上, 290下, 376下, 501下
電話会議システム ……295上, 299上, 250下,
　290下, 295下, 376下, 481下, 501下
電話会議システムを利用する場合の
　留意点〔調停手続〕………………… 378下

## 【と】

ドイツ家庭事件及び非訟事件の手続に関す

649

事項索引

る法律（ドイツ家事事件及び非訟事件の
手続に関する法律）→ FamFG
倒産債権査定手続………………………21上
倒産法上の保全処分…………………580上
当事者概念………153上, 157上, 191上,
213上, 214上, 217上, 353上
当事者が遠隔の地に居住していると
き……………………………………296上
当事者権…………60上, 72上, 145上, 183上,
189上, 280下
当事者参加……164上, 165上, 216上, 356上,
460上
当事者参加人…………………………215上
当事者主義…………………238上, 329上, 336上
当事者主義的運用（当事者主義的運
営）………78上, 230上, 392上, 248下,
279下, 280下
当事者主体性 → 当事者の(手続)主体性
当事者処分性 → 処分(可能)性
当事者(の役割)と裁判所の役割(分
担)………60上, 72上, 80上, 189上, 213上
当事者となる資格を有する者
……………159上, 165上, 193上, 204下
当事者による異議申立て……486下, 495下
当事者による更正……………………266上
当事者の意向調査……………………401上
当事者の協力義務 → 手続協力義務(違反)
当事者の(手続)主体性…………60上, 66上,
72上, 182上
当事者の処分可能性 → 処分(可能)性
当事者の審問を行う必要性の高い事
件……………………………………303上
当事者の責務…………………208上, 218上
特殊保全処分…………………547上, 579上
特別縁故者に対する相続財産分与
……………………………248上, 46下
特別抗告………………64上, 595上, 621上
特別受益………202上, 266下, 280下, 283下,
309下, 336下
特別代理人……………70上, 258上, 277上
特別の事情による訴え(申立て)の却
下……………………………………88上
特別の授権……………………………258上
特別養子縁組の成立の審判…………467上
特別養子縁組の成立の審判事件

……………101上, 127上, 243上, 473上, 625上
特別養子縁組の離縁の審判事件
……………127上, 243上, 277上, 450上
土地管轄規定…………………………85上
都道府県の措置についての承認の
審判事件………450上, 625上, 170下,
179下, 187下
都道府県の措置についての承認等の
審判事件の構造……………………187下
都道府県の措置についての承認の審
判事件………………243上, 277上, 303上
都道府県の措置の期間の更新につい
ての承認の審判事件………243上, 277上
取消訴訟………………………………196下
取消し・変更の審判の効力…………602上

【な】

なりすまし防止………………………300上

【に】

23条審判………………………………465下
24条審判………………………………398上
２類審判事項…………………………330上
任意後見監督人の選任(の審判事件)
……………………………243上, 10下, 36下
任意後見契約…………………………9下, 35下
任意参加………………165上, 356上, 363上
任意的関係人…………………………176上
任意の補正の促し……………………317上
認知請求事件…………………100上, 463下

【は】

ハイブリッド型手続…………………20上
配分的連結……………………………90上
母親優先の原則………………………128下
原裁判所による更正…………………606上
反致……………………………………92上

【ひ】

非開示申出書(非公開の申出)
……………………………432上, 401下

650

事項索引

非公開（主義）…………429上，228下，469下
被告主義〔国際裁判管轄〕…………85上
非訟事件とすることの合憲性〔推定
　相続人の廃除〕…………219下，226下
非訟事件に関する憲法の保障………11上
非争訟的非訟事件………………26上
非相続人が加わった遺産分割………270下
必要的関係人………176上，178上，187上
必要的参加………………165上
必要的陳述聴取………155上，167上，187上，
　196上，467上，496上，125下，182下，183下，
　250下
必要的陳述聴取〔仮地位仮処分〕
　………………………167上，116下
必要的陳述聴取〔抗告審〕
　………………………44上，167上，626上
必要的陳述聴取〔子の〕………49上，71上，
　167上，168上，172上，450上，87下，125下
必要的陳述聴取〔審判の取消し変更〕
　………………………153上，602上
必要的な差戻し…………………629上
否認請求手続………………21上
秘密保護………………24上

【ふ】

ファースト・トラック手続…………25上
FamFG…………61上，76上，175上，273上
不意打ち（防止）
　………81上，147上，508上，635上，417下
夫婦関係調整（調停）事件……86上，270上，
　299上，306上，413上，415上，551上，56下，
　78下，117下，491下，502下
夫婦間の協力扶助に関する処分の審
　判事件……………………125上，242上
夫婦間の協力扶助に関する処分の調
　停事件……………………243上
夫婦財産契約による財産管理者の変
　更………………………156上
不在者の財産管理人の選任
　………………521上，528上，50下
不作為を目的とする債権執行（子の
　引渡し）……………………137下
附帯抗告……………………631上
附帯処分……………579上，77下，99下

負担付遺贈に係る遺言の取消し……303上
付調停………………………131上
付調停〔抗告審〕………………621上
付調停〔人事訴訟等〕………………351下
付調停〔審判事件〕………409下，428下
付調停の相当性………………431下
不貞行為の相手方に対する慰謝料請
　求………………………263下
不統一法国………………91上
不動産鑑定士による鑑定書………288下
不動産鑑定手続………………258下
不動産鑑定評価書………………257下
不動産業者の査定書………………257下
扶養義務の設定及び設定の取消し…156上
扶養に関する審判事件…………247上
扶養の程度又は方法についての決定
　の審判事件………………372上
不利益変更（の）禁止（の原則）
　…………349上，616上，621上，631上
文書提出命令……33上，80上，147上，211上
紛争性………181上，198上，232上，622上，
　180下，493下

【へ】

併合管轄………………319上
併合管轄〔国際裁判管轄〕………………95上
並行審理………………319上
ベースライン論………………516上
別期日調停………………297上
別席調停………………417下
別表第1事件………………593上
別表第1事件と第2事件との区別の
　合理性………………180上
別表第1事件と手続保障………457上
別表第2事件と手続保障………493上
別表第2事件の特則………………154上
変更主文の在り方………………629上
弁護士代理の原則………………261上
弁論権……61上，144上，183上，189上，280下
弁論主義………73上，205上，218上，382上，
　283下，407下，466下

651

## 【ほ】

報告の請求……………………………… 391上
法人の代表者の職務執行停止・職務
　代行者選任の仮処分……………… 578上
法治国家原則…………………………… 81上
法定代理（人）………236上, 252上, 454上
法定代理権の消滅……………………… 259上
法定代理構成（家事事件手続法18条
　関係）…………………………………… 255上
法定代理人との実質的な利益相反… 278上
法廷地国際私法説……………………… 89上
法的観点の指摘………………………… 178上
法的審尋請求権………………………… 177上
法律関係の性質決定…………………… 89上
法律による関係人……………………… 176上
保護者指導の実効性を高めるための
　司法関与……………………………… 200下
保佐開始の審判（事件）…242上, 341上, 4下
補充性の原則〔人身保護請求〕……… 134下
補助開始の審判（事件）…242上, 341上, 4下
補正命令…………………………313上, 340上
保全の必要性………552上, 586上, 114下
保存的効力……………………………… 525上
本案（審判）係属の要件
　……………………548上, 570上, 586上
本案（審判）認容の蓋然性
　………………552上, 586上, 592上, 113下
本国管轄………………………………… 107上
本人の意思の尊重 → 意思（の）尊重義務
　〔成年後見〕

## 【み】

ミーダブ（Med/Arb）…………399上, 423下
未成年後見監督人の選任の審判事件
　………………………………………… 277上
未成年後見に関する審判事件
　……………………127上, 243上, 277上
未成年後見人に関する特別代理人の
　選任の審判事件……………………… 277上
未成年後見人の解任の審判事件…… 277上
未成年後見人の選任の審判事件
　……………………………………277上, 625上
未成年者を養子とする養子縁組の許可の審

判事件 → 養子縁組をするについての許
　可の審判（事件）
密行性（手続の非公開性）
　……………200上, 300上, 383上, 251下
密行性〔保全処分〕
　……………548上, 555上, 556上, 116下
民事審判………………………………… 23上
民事保全手続…………………………… 577上
民訴条約………………………………… 109上

## 【む】

蒸し返し（の禁止）………222上, 529上, 536上

## 【め】

明白性の原則〔人身保護請求〕……… 133下
面会交流（事件）
　…203上, 270上, 299上, 415上, 75下, 402下
面会交流権……………………………… 59下
面会交流原則実施（論）…………204上, 79下
面会交流支援事業……………………… 90下
面会交流の意義………………………… 64下
面会交流の定め（内容）………………… 68下
面会交流の判断基準…………………… 65下
面会交流の法的性質……………60下, 63下

## 【も】

申立権〔移送〕…………………………… 137上
申立権〔証拠調べ〕……62上, 153上, 199上,
　208上, 223上, 382上, 395上, 464上, 495上,
　417下
申立権〔親権喪失〕……………………… 182下
申立権〔成年後見〕……………………… 24下
申立権の濫用…………………………… 222上
申立書の写しの（原則）送付………199上,
　313上, 315上, 496上, 109下, 418下
申立書の写しの送付の例外………… 314上
申立書の記載事項………………311上, 360下
申立書の却下……………………340上, 362下
申立書の定型書式の利（活）用
　………………………………………317上, 363下
申立てによる審判の特定（申立ての
　特定）…………………………………311上, 340上

事項索引

申立ての趣旨……………313上, 339上, 552上
申立ての趣旨の変更……………5下, 483下
申立ての(趣旨)拘束力………333上, 5下
申立ての取下げ……………258上, 322上
申立ての取下げ〔抗告審〕………325上
申立ての取下げ〔審判前の保全処分〕
　………………………………559上
申立ての取下げの擬制………327上
申立ての取下げの制限………8下, 494下
申立ての取下げの要件に関する例外
　的規律………………………324上
申立ての併合………………318上, 634上
申立ての変更………………320上, 339上
申立ての理由………………313上, 339上

## 【や】

役員責任査定手続………………21上

## 【ゆ】

優先管轄………………………134上, 359上

## 【よ】

養育費請求……………………98上, 632上
養育費請求調停事件…………307上, 491下
養育費に関する審判……………201上
要件事実………………………152上
要件事実的審理…………………75上
要件設定 → 裁判所の裁量権行使による要
　件設定
養子縁組をするについての許可の審
　判(事件)……101上, 243上, 448上, 450上,
　625上
養子の離縁後に親権者となるべき者
　の指定の調停事件…………243上, 278上
養子の離縁後に未成年後見人となる
　べき者の選任の審判事件…243上, 277上

## 【り】

利益相反行為…………………16下, 28下
離縁調停事件……………………306上
離縁等の場合における祭具等の所有

権の承継者の指定(の審判事件)
　……………………………171上, 244上
利害関係参加………164上, 165上, 188上,
　192上, 216上, 270上, 363上, 452上, 460上,
　626上, 182下, 189下
利害関係参加人…………………166上, 215上
利害関係人……………………160上, 495下
利害関係人による異議申立て………484下
利害関係を疎明した第三者…161上, 168上
履行の確保……………………430上, 505下
履行の勧告 → 義務の履行の勧告
離婚後の紛争調整事件……………391下
離婚調停〔渉外事件〕……………95上
離婚の過程モデル…………………413上
立証責任の分配…………………202上
領事条約…………………………109上
領事送達…………………………109上
両性説〔合意に相当する審判〕
　……………………………451下, 472下
臨検捜索許可状…………………151下

## 【れ】

連結点……………………………90上

## 【ろ】

労働審判…………………………21上

## 【わ】

和合ファンタジー………………419上

*653*

# 判 例 索 引

## 【大正】

大判大正 4 年 4 月30日民録21輯625頁 ················· 42下

大決大正 5 年12月16日民録22輯2424頁 ················· 607上

大決大正 6 年 1 月31日民録23輯177頁 ················· 241上

大判大正15年 6 月11日大民集 5 巻458頁 ················· 571上

大判大正15年 6 月17日大民集 5 巻468頁 ················· 235上

## 【昭和】

大決昭和 3 年 6 月29日大民集 7 巻592頁 ················· 63上

大決昭和 5 年12月 4 日大民集 9 巻1118頁 ················· 319下

大判昭和12年 6 月29日新聞4157号14頁 ················· 239上

大判昭和14年11月18日大民集18巻1269頁 ················· 230下

大判昭和16年 4 月 5 日大民集20巻427頁 ················· 266上

最大判昭和25年 2 月 1 日刑集 4 巻 2 号88頁 ················· 6上

最判昭和29年 4 月 8 日民集 8 巻 4 号819頁 ················· 306下, 322下

最判昭和30年 5 月31日民集 9 巻 6 号793頁 ················· 327下

最判昭和30年 9 月23日民集 9 巻10号1363頁 ················· 531上

大阪高決昭和30年12月14日高民集 8 巻 9 号692頁 ················· 137下

大阪高決昭和31年10月 9 日家月 8 巻10号43頁 ················· 308下

仙台高決昭和32年 2 月 1 日家月 9 巻 3 号23頁 ················· 224下, 226下

大阪高決昭和32年10月 9 日家月 9 巻11号61頁 ················· 531上

最判昭和33年 7 月25日民集12巻12号1823頁 ················· 256上

釧路家審昭和33年10月 3 日家月10巻10号73頁 ················· 225下

最判昭和34年 6 月19日民集13巻 6 号757頁 ················· 319下

最判昭和35年 2 月 4 日民集14巻 1 号56頁 ················· 566上

最判昭和35年 3 月15日民集14巻 3 号430頁 ················· 101下, 132下

最大決昭和35年 7 月 6 日民集14巻 9 号1657頁 ········· 2上, 6上, 198上, 469下

東京高決昭和35年 7 月 7 日東高民時報11巻 7 号209頁 ········· 208下, 225下

千葉地判昭和36年 7 月 7 日判タ121号121頁 ················· 525上

京都家審昭和36年11月24日家月14巻11号119頁 ················· 221下

福島家審昭和36年12月22日判タ140号88頁 ················· 448下

東京高決昭和37年 4 月13日判タ142号74頁 ················· 308下

大阪高決昭和37年 5 月11日判タ142号74頁 ················· 224下

*655*

判例索引

最判昭和37年 7 月13日民集16巻 8 号1501頁‥‥‥‥‥‥‥‥‥‥‥‥‥‥472下
福島家平支審昭和38年 6 月24日判タ159号143頁‥‥‥‥‥‥‥‥‥‥‥‥448下
青森地弘前支判昭和38年 6 月27日判タ163号208頁‥‥‥‥‥‥‥‥‥‥‥239上
最判昭和38年 9 月17日民集17巻 8 号968頁‥‥‥‥‥‥‥‥‥‥101下, 132下
大阪家審昭和38年 9 月18日判タ163号211頁‥‥‥‥‥‥‥‥‥‥‥‥‥311下
最判昭和38年11月15日民集17巻11号1364頁‥‥‥‥‥‥‥‥‥‥‥‥‥135上
松江家浜田支審昭和38年12月18日家月16巻 5 号168頁‥‥‥‥‥‥‥‥224下
最判昭和39年 3 月25日民集18巻 3 号486頁‥‥‥‥‥‥‥‥‥‥85上, 106上
盛岡家審昭和39年12月 1 日判タ181号206頁‥‥‥‥‥‥‥‥‥‥‥‥‥448下
東京家審昭和39年12月14日判タ185号195頁‥‥‥‥‥‥‥‥‥204上, 59下
横浜地判昭和40年 3 月29日下民集16巻 3 号501頁‥‥‥‥‥‥‥‥‥‥‥42下
福岡高宮崎支決昭和40年 6 月 4 日家月18巻 1 号67頁‥‥‥‥‥‥‥‥‥226下
最大決昭和40年 6 月30日民集19巻 4 号1089頁
　　　‥‥‥‥‥‥‥2上, 197上, 198上, 331上, 336上, 514上, 527上, 228下, 273下, 438下
最大決昭和40年 6 月30日民集19巻 4 号1114頁
　　　‥‥‥‥‥‥‥‥‥‥‥‥‥332上, 514上, 527上, 228下, 438下, 469下
札幌高決昭和40年11月27日判タ204号195頁‥‥‥‥‥‥‥‥‥‥‥‥‥128下
最判昭和41年 1 月21日民集20巻 1 号94頁‥‥‥‥‥‥‥‥‥‥‥‥‥‥321上
最判昭和41年 2 月 1 日判時447号85頁‥‥‥‥‥‥‥‥‥‥‥‥‥‥‥578上
最大決昭和41年 3 月 2 日民集20巻 3 号360頁
　　　‥‥‥‥‥‥‥2上, 23上, 202上, 332上, 527上, 531上, 540上, 228下, 273下
秋田家審昭和41年 3 月23日判タ207号209頁‥‥‥‥‥‥‥‥‥‥‥‥‥531上
最大決昭和41年12月27日民集20巻10号2279頁‥‥‥‥‥‥‥‥‥‥4上, 18上
最判昭和42年 4 月18日民集21巻 3 号671頁‥‥‥‥‥‥‥‥‥‥‥‥‥‥17下
東京地判昭和43年 4 月 1 日判時525号65頁‥‥‥‥‥‥‥‥‥‥‥‥‥573上
大阪家審昭和43年 5 月28日判タ235号293頁‥‥‥‥‥‥‥‥‥‥‥‥‥85下
最判昭和43年 5 月31日民集22巻 5 号1137頁‥‥‥‥‥‥‥‥‥‥‥‥259上
最判昭和43年 7 月 4 日民集22巻 7 号1441頁‥‥‥‥‥‥‥‥‥102下, 132下
最判昭和43年 8 月27日民集22巻 8 号1733頁‥‥‥‥‥235上, 239上, 257上
大阪高決昭和43年12月24日判タ241号264頁‥‥‥‥‥‥‥‥‥‥‥‥‥85下
最判昭和43年12月24日民集22巻13号3334頁‥‥‥‥‥‥‥‥‥‥‥‥604上
最判昭和44年 2 月20日民集23巻 2 号399頁‥‥‥‥‥‥‥‥‥‥‥‥‥135上
最判昭和44年 5 月29日民集23巻 6 号1064頁‥‥‥‥‥‥‥‥‥456下, 462下
宮崎家裁日南支審昭和44年 7 月21日判タ252号313頁‥‥‥‥‥‥‥‥‥348上
最決昭和44年11月11日民集23巻11号2015頁‥‥‥‥‥‥‥‥‥‥‥‥487下
名古屋地判昭和45年 2 月 7 日判タ244号199頁‥‥‥‥‥‥‥‥537上, 540上

最判昭和45年 6 月11日民集24巻 6 号516頁‥‥‥‥‥‥‥‥‥‥‥483下
大阪家審昭和45年12月10日判タ269号328頁‥‥‥‥‥‥‥‥‥‥448下
最大決昭和45年12月16日民集24巻13号2099頁‥‥‥‥‥‥‥‥4上，6上
福島家審昭和46年 5 月19日判タ279号384頁‥‥‥‥‥‥‥‥‥‥513下
最決昭和46年 7 月 8 日判タ266号170頁‥‥‥‥‥‥‥‥‥‥‥‥332上
最判昭和46年 7 月23日民集25巻 5 号805頁‥‥‥‥‥‥‥‥‥‥‥345上
東京家審昭和46年11月19日判タ289号402頁‥‥‥‥‥‥‥‥‥‥225下
最判昭和47年 7 月 6 日民集26巻 6 号1133頁‥‥‥‥‥‥‥‥‥‥259上
京都家審昭和47年 9 月19日家月25巻 7 号44頁‥‥‥‥‥‥‥‥‥‥81下
最判昭和47年11月 9 日民集26巻 9 号1566頁‥‥‥‥‥‥259上，337下
東京家審昭和47年11月15日家月25巻 9 号107頁‥‥‥‥‥‥‥‥322下
最決昭和48年 3 月 1 日民集27巻 2 号161頁‥‥‥‥‥‥‥‥‥‥‥‥3上
最決昭和49年 9 月26日集民112号735頁‥‥‥‥‥‥‥‥‥‥‥‥‥‥3上
最判昭和50年 6 月27日家月28巻 4 号83頁‥‥‥‥‥‥‥‥‥‥‥‥93上
最判昭和51年 7 月19日民集30巻 7 号706頁‥‥‥‥‥‥‥‥‥‥‥259上
最判昭和51年 9 月30日民集30巻 8 号799頁‥‥‥‥‥‥‥‥‥‥‥538上
最判昭和52年 3 月31日民集31巻 2 号365頁‥‥‥‥‥‥‥‥‥‥‥‥93上
最判昭和52年 9 月19日判時868号29頁‥‥‥‥‥‥‥‥‥302下，330下
広島高岡山支決昭和53年 8 月 2 日家月31巻 7 号56頁‥‥‥‥‥‥208下
東京高決昭和53年10月19日判タ375号128頁‥‥‥‥‥‥‥‥‥‥210上
最大判昭和53年12月20日民集32巻 9 号1674頁‥‥‥‥‥‥‥‥‥332下
最判昭和54年 2 月22日判タ395号56頁‥‥‥‥‥‥‥‥‥302下，331下
大阪高決昭和54年 3 月23日家月31巻10号59頁‥‥‥‥‥‥‥‥‥230下
熊本家審昭和54年 3 月29日家月31巻10号77頁‥‥‥‥‥‥‥‥‥226下
最判昭和54年 4 月17日民集33巻 3 号366頁‥‥‥‥‥‥‥‥‥‥‥566上
東京高決昭和54年 6 月 6 日判時937号42頁‥‥‥‥‥‥‥‥‥‥‥210上
最決昭和55年 7 月10日判タ425号77頁‥‥‥‥‥‥3上，332上，227下
最判昭和55年12月 9 日判タ435号90頁‥‥‥‥‥‥‥‥‥‥‥‥‥629上
最決昭和56年 3 月26日集民132号363頁‥‥‥‥‥‥‥‥‥‥‥‥‥‥3上
東京高判昭和56年 5 月26日判時1009号67頁‥‥‥‥‥‥‥‥‥‥128下
浦和家審昭和56年 9 月16日家月34巻 9 号81頁‥‥‥‥‥‥‥‥‥‥83下
最判昭和56年10月16日民集35巻 7 号1224頁‥‥‥‥‥‥‥‥‥‥‥85上
東京高決昭和58年 9 月28日判タ515号172頁‥‥‥‥‥‥‥‥‥‥531上
福岡高決昭和59年 1 月 6 日家月36巻12号67頁‥‥‥‥‥‥‥‥‥567上
最決昭和59年 2 月10日判タ523号155頁‥‥‥‥‥‥‥‥‥‥‥‥‥‥5上
最決昭和59年 3 月22日判タ524号203頁‥‥‥‥3上，332上，222下，227下

*657*

最決昭和59年7月6日判タ539号325頁 ························· 60下, 76下
最判昭和59年7月6日家月37巻5号53頁 ···························· 92上
最判昭和59年7月20日民集38巻8号1051頁 ························· 93上
大阪高決昭和59年10月15日判タ541号235頁 ····················· 249上
最決昭和60年7月4日判タ570号47頁 ···························· 332上
名古屋高金沢支決昭和60年7月22日判タ609号84頁 ··············· 220下
最判昭和61年3月13日民集40巻2号389頁 ················ 334下, 335下
札幌高決昭和61年3月27日判タ604号137頁 ····················· 531上
名古屋高金沢支決昭和61年11月4日家月39巻4号27頁 ··········· 230下
東京高決昭和63年5月11日判タ681号187頁 ····················· 268下

【平成】

最大判平成元年3月8日民集43巻2号89頁 ····················· 469下
最判平成元年3月28日民集43巻3号167頁 ······················ 335下
最判平成元年11月24日民集43巻10号1220頁 ···················· 49下
広島高松江支決平成2年3月26日家月42巻10号45頁 ············ 531上
名古屋高金沢支決平成2年5月16日家月42巻11号37頁 ·········· 224下
最判平成2年7月20日民集44巻5号975頁 ······················ 338上
岡山家審平成2年12月3日家月43巻10号38頁 ················· 334上
最判平成3年4月19日民集45巻4号477頁 ··············· 303下, 328下
東京高判平成3年7月30日判タ765号280頁 ····················· 283下
大阪高決平成4年3月19日家月45巻2号162頁 ················· 248上
最判平成4年4月10日判タ786号139頁 ················· 305下, 322下
最判平成4年9月10日民集46巻6号553頁 ······················ 613上
東京高決平成4年12月11日判時1448号130頁 ·················· 226下
東京高決平成5年7月28日家月46巻12号37頁 ················· 210上
東京高決平成5年9月6日家月46巻12号45頁 ················· 124下
最判平成5年10月19日民集47巻8号5099頁 ············ 102下, 133下
山口家萩支審平成6年3月28日家月47巻4号50頁 ·············· 311下
最判平成6年4月26日民集48巻3号992頁 ·············· 102下, 133下
最判平成6年7月8日判タ859号121頁 ················· 103下, 134下
最判平成6年11月8日民集48巻7号1337頁 ····················· 103下
最判平成7年3月7日民集49巻3号893頁 ······· 283下, 309下, 336下
最判平成7年7月14日民集49巻7号2674頁 ·············· 541上, 609上
東京家審平成7年10月9日家月48巻3号69頁 ··················· 84下
岐阜家大垣支審平成8年3月18日家月48巻9号57頁 ············· 87下

判例索引

浦和家審平成 8 年 5 月16日家月48巻10号162頁 ················· 171下
最判平成 8 年 6 月24日民集50巻 7 号1451頁················· 85上, 106上
東京高決平成 8 年 9 月 2 日家月49巻 2 号153頁 ················· 224下
横浜家審平成 8 年 9 月11日家月49巻 4 号64頁 ················· 210上
最判平成 8 年11月26日民集50巻10号2747頁················· 321下
最判平成 9 年 3 月14日判時1600号89頁················· 335下
東京地判平成 9 年 5 月28日判タ985号261頁 ················· 323下
最判平成 9 年11月11日民集51巻10号4055頁················· 85上
熊本家審平成10年 3 月11日家月50巻 9 号134頁 ················· 211上
大阪地判平成10年 3 月23日判タ976号206頁 ················· 525上
最判平成10年 4 月28日民集52巻 3 号853頁 ················· 13上, 94上
最判平成10年 7 月14日判タ984号99頁 ················· 541上, 609上
最判平成10年 8 月31日判タ986号176頁 ················· 456下
名古屋高決平成10年10月13日判タ999号275頁················· 540上, 272下
最判平成11年 4 月26日判タ1004号107頁 ················· 103下, 134下
最判平成11年 5 月25日家月51巻10号118頁 ················· 103下, 134下
長野家上田支審平成11年11月11日家月52巻 4 号30頁 ················· 84下
静岡地裁浜松支判平成11年12月21日判時1713号92頁················· 72下
最判平成12年 1 月27日民集54巻 1 号 1 頁················· 89上, 101上
最判平成12年 2 月24日民集54巻 2 号523頁 ················· 310下, 336下, 337下
最判平成12年 3 月14日判タ1028号164頁 ················· 456下
最決平成12年 5 月 1 日民集54巻 5 号1607号················· 61下, 76下, 100下
横浜家審平成12年 5 月11日家月52巻11号57頁 ················· 171下
仙台高決平成12年 6 月22日家月54巻 5 号125頁 ················· 197下
東京高決平成12年 9 月 8 日判時1732号86頁 ················· 26下
東京家審平成13年 6 月 5 日家月54巻 1 号79頁 ················· 80下, 82下, 84下
東京高決平成13年11月 7 日金判1159号28頁················· 224下
大阪高決平成14年 1 月15日家月56巻 2 号142頁 ················· 68下, 96下
横浜家審平成14年 1 月16日家月54巻 8 号48頁 ················· 82下
東京家審平成14年 5 月21日家月54巻11号77頁 ················· 82下
大阪高決平成14年 6 月 5 日家月54巻11号54頁 ················· 36下
最決平成14年 7 月12日判タ1109号138頁 ················· 193上, 215下, 232下
神戸家決平成14年 8 月12日家月56巻 2 号147頁 ················· 96下
福岡高決平成14年 9 月13日判タ1115号208頁 ················· 164下
東京高決平成15年 1 月20日家月55巻 6 号122頁 ················· 114下
東京高決平成15年 1 月20日家月56巻 4 号127頁 ················· 128下

659

判例索引

東京高決平成15年 3 月12日家月55巻 8 号54頁‥‥‥‥‥‥‥‥‥‥‥‥‥‥108下
大阪高決平成15年 3 月27日家月55巻11号116頁‥‥‥‥‥‥‥‥‥‥‥‥‥‥226下
東京地判平成15年11月17日判タ1152号241頁‥‥‥‥‥‥‥‥‥‥‥‥‥‥‥314下
福岡高那覇支決平成15年11月28日家月56巻 8 号50頁‥‥‥‥‥‥‥‥‥‥‥86下
最判平成16年 4 月20日判タ1151号294頁‥‥‥‥‥‥‥‥‥‥‥‥306下, 323下
福岡高判平成16年 7 月21日判時1878号100頁‥‥‥‥‥‥‥‥‥‥‥‥‥‥‥24下
和歌山家審平成16年11月30日家月58巻 6 号57頁‥‥‥‥‥‥‥‥224下, 226下
最決平成16年12月16日判タ1172号139頁‥‥‥‥‥‥‥‥‥‥‥524上, 603上
釧路家北見支審平成17年 1 月26日家月58巻 1 号105頁‥‥‥‥‥‥224下, 226下
仙台高秋田支決平成17年 6 月 2 日家月58巻 4 号71頁‥‥‥‥‥‥‥‥‥‥131下
東京高決平成17年 6 月28日家月58巻 4 号105頁‥‥‥‥‥‥‥‥‥‥‥‥‥107下
最判平成17年 7 月11日判時1911号97頁‥‥‥‥‥‥‥‥‥‥‥‥‥‥‥‥‥323下
最判平成17年 9 月 8 日民集59巻 7 号1931頁‥‥‥‥‥‥‥278下, 301下, 333下
最決平成17年12月 6 日判タ1207号147頁‥‥‥‥‥‥‥‥‥‥‥‥‥‥‥‥136下
東京家八王子支審平成18年 1 月31日家月58巻11号79頁‥‥‥‥‥‥‥‥‥‥84下
大阪家高決平成18年 2 月 3 日家月58巻11号47頁‥‥‥‥‥‥‥‥‥85下, 87下
横浜家相模原支審平成18年 3 月 9 日家月58巻11号71頁‥‥‥‥‥‥‥‥‥‥86下
京都家審平成18年 3 月31日家月58巻11号62頁‥‥‥‥‥‥‥‥‥‥‥‥‥‥85下
大分家審平成18年10月20日判時1980号95頁‥‥‥‥‥‥‥‥‥‥‥‥‥‥‥249上
広島高決平成19年 1 月22日家月59巻 8 号39頁‥‥‥‥‥‥‥‥‥100下, 128下
東京地判平成19年 1 月30日判例集未登載‥‥‥‥‥‥‥‥‥‥‥‥‥‥‥‥‥27下
最決平成19年 3 月20日民集61巻 2 号586頁‥‥‥‥‥‥‥‥‥‥‥‥‥‥‥613上
最決平成19年 3 月23日民集61巻 2 号619頁‥‥‥‥‥‥‥‥‥‥‥‥‥‥‥‥13上
東京高決平成19年 8 月22日家月60巻 2 号137頁‥‥‥‥‥‥‥‥‥‥81下, 84下
東京高決平成20年 1 月30日家月60巻 8 号59頁‥‥‥‥‥‥‥‥‥‥‥‥‥164下
最決平成20年 5 月 8 日判時2011号116頁
　　‥‥‥‥‥‥‥‥5上, 6上, 64上, 146上, 190上, 198上, 332上, 517上, 622上, 281下
東京地判平成20年 7 月11日裁判所ウェブサイト‥‥‥‥‥‥‥‥‥‥‥‥‥195下
東京高決平成20年 9 月16日家月61巻11号63頁‥‥‥‥‥‥‥‥‥‥‥‥‥‥98上
岡山家津山支決平成20年 9 月18日家月61巻 7 号69頁‥‥‥‥‥‥‥‥‥‥96下
鳥取家審平成20年10月20日家月61巻 6 号112頁‥‥‥‥‥‥‥‥‥‥‥‥‥248上
甲府家審平成20年11月 7 日家月61巻 7 号65頁‥‥‥‥‥‥‥‥‥‥‥‥‥131下
東京高決平成20年12月18日家月61巻 7 号59頁‥‥‥‥‥‥‥‥‥115下, 131下
東京高決平成20年12月26日家月61巻 6 号106頁‥‥‥‥‥‥‥‥‥‥‥‥531上
最判平成21年 3 月24日民集63巻 3 号427頁‥‥‥‥‥‥‥‥‥‥‥‥‥‥‥320下
東京地立川支決平成21年 4 月28日家月61巻11号80頁‥‥‥‥‥‥‥‥‥‥138下

660

福岡高那覇支決平成21年 5 月29日判タ1307号302頁 ……………………………………112上

横浜地判平成21年 7 月 8 日家月63巻 3 号95頁…………………………………………96下

東京家審平成21年 8 月14日家月62巻 3 号78頁…………………………………………249上

東京高判平成22年 3 月 3 日家月63巻 3 号116頁…………………………………………96下

名古屋高決平成22年 4 月 5 日裁判所ウェブサイト………………………………………36下

東京家審平成22年 5 月25日家月62巻12号87頁…………………………………………100下

和歌山家決平成22年 7 月20日リマークス44号66頁……………………………………139下

大阪高決平成22年 7 月23日家月63巻 3 号81頁…………………………………………66下

最判平成22年10月 8 日民集64巻 7 号1719頁……………………………………277下, 326下

東京高決平成22年10月28日家月64巻 8 号72頁…………………………………………85下

東京高判平成22年12月 8 日金判1383号42頁……………………………………………34下

最決平成23年 4 月13日民集65巻 3 号1290頁……………………………………………35上

最決平成23年 7 月27日判タ1357号85頁……………………………………346上, 391下

広島高岡山支判平成23年 8 月25日判タ1376号164頁……………………………………17下

甲府家決平成23年10月19日家月64巻 8 号67頁…………………………………66下, 85下

旭川家判平成23年12月12日民集68巻 6 号568頁…………………………………………476下

東京高決平成24年 1 月12日家月64巻 8 号60頁…………………………………………85下

広島高決平成24年 2 月20日判タ1385号141頁……………………………………………35下

札幌高判平成24年 3 月29日民集68巻 6 号572頁…………………………………………476下

東京高決平成24年10月18日判タ1383号327頁……………………………………114下, 130下

大阪地堺支判平成25年 3 月14日金判1417号22頁…………………………………………35下

最決平成25年 3 月28日民集67巻 3 号864頁……………205上, 632上, 67下, 94下, 96下

最決平成25年 3 月28日判時2191号48頁…………………………………………………69下

最決平成25年 3 月28日判時2191号46頁…………………………………………………71下

東京高決平成25年 6 月25日判タ1392号218頁……………………………………25下, 26下

東京高決平成25年 6 月25日家月65巻 7 号183頁…………………………………………81下

東京高決平成25年 7 月 3 日判タ1393号233頁……………………………………283上, 81下

最決平成25年11月21日民集67巻 8 号1686頁……………………………………613上, 615上

最判平成26年 2 月14日民集68巻 2 号113頁………………………………………………67上

最判平成26年 2 月25日民集68巻 2 号173頁……………………………………308下, 326下

東京地判平成26年 3 月11日判タ1412号182頁……………………………………………35下

東京高決平成26年 3 月13日判時2232号26頁……………………………………………96下

最判平成26年 4 月24日民集68巻 4 号329頁………………………………………………94上

東京高決平成26年 5 月21日判タ1416号108頁……………………………………………47下

最判平成26年 7 月17日民集68巻 6 号547頁…………436下, 456下, 457下, 459下, 476下

大阪家審平成26年 8 月15日判タ1418号394頁……………………………………………100下

判例索引

最判平成26年12月12日判タ1410号66頁‥‥‥‥‥‥‥‥‥‥‥‥‥‥‥‥308下
東京高決平成27年2月27日判タ1431号126頁‥‥‥‥‥‥‥‥‥‥‥‥‥‥47下
東京高決平成28年1月19日判時2311号19頁‥‥‥‥‥‥‥‥‥‥‥‥‥630上
東京地立川支判平成28年2月5日判時2323号130頁‥‥‥‥‥‥‥‥76下, 97下
最判平成28年3月1日民集70巻3号681頁‥‥‥‥‥‥‥‥‥‥‥‥‥‥31下
東京家決平成28年10月4日判時2323号135頁‥‥‥‥‥‥‥‥‥‥‥‥96下
最大決平成28年12月19日民集70巻8号2121頁‥‥‥‥‥631上, 277下, 307下, 319下
東京高決平成29年2月8日判例集未搭載‥‥‥‥‥‥‥‥‥‥‥‥‥‥‥96下
最判平成29年4月6日判タ1437号67頁‥‥‥‥‥‥‥‥‥‥‥‥‥‥‥307下

## 講座 実務家事事件手続法(上)

定価：本体8,000円（税別）

平成29年12月12日　初版発行

編著者　金　　子　　　　修
　　　　山　本　和　彦
　　　　松　原　正　明

発行者　尾　中　哲　夫

発行所　日本加除出版株式会社

本　　社　郵便番号 171-8516
　　　　　東京都豊島区南長崎 3 丁目 16 番 6 号
　　　　　　　　　　ＴＥＬ　（03）3953 - 5757（代表）
　　　　　　　　　　　　　　（03）3952 - 5759（編集）
　　　　　　　　　　ＦＡＸ　（03）3953 - 5772
　　　　　　　　　　ＵＲＬ　http://www.kajo.co.jp/

営　業　部　郵便番号 171-8516
　　　　　東京都豊島区南長崎 3 丁目 16 番 6 号
　　　　　　　　　　ＴＥＬ　（03）3953 - 5642
　　　　　　　　　　ＦＡＸ　（03）3953 - 2061

組版・印刷　㈱郁　文　／　製本　牧製本印刷㈱

落丁本・乱丁本は本社でお取替えいたします。

Ⓒ 2017

Printed in Japan

ISBN978-4-8178-4445-3 C2032 ¥8000E

---

**JCOPY**　〈出版者著作権管理機構　委託出版物〉

　本書を無断で複写複製（電子化を含む）することは，著作権法上の例外を除き，禁じられています。複写される場合は，そのつど事前に出版者著作権管理機構（JCOPY）の許諾を得てください。
　また本書を代行業者等の第三者に依頼してスキャンやデジタル化することは，たとえ個人や家庭内での利用であっても一切認められておりません。

〈JCOPY〉　ＨＰ：http://www.jcopy.or.jp/，e-mail：info@jcopy.or.jp
　　　　　電話：03-3513-6969，FAX：03-3513-6979